43년차 공무원이 알려주는 실제 노하우!

나도 이제 공무원이다

43년차 공무원이
알려주는 실제 노하우!

나도 이제 공무원이다

박정녀 지음

프로방스

프롤로그

공무원이 되는 길은 많다

"공채만 있을까요? 서류심사와 면접"만으로도 공무원 또는 공무직이 될 수 있다.

취업이 불안한 시대이다. 정규직원 되기가 하늘의 별따기보다 어렵다고 한다. 정년까지 근무할 수 있는 '공무원'이라는 직업에 대한 관심이 많아졌다. 본인과 부모도 원한다. 배우자를 선택할 때 1위가 공무원이다. 국회사무처 2021년 제19회 8급 공개경쟁 채용시험 원서 접수현황을 보면, 행정(일반) 선발 예정인원 23명 대비 원서접수 인원이 3,065명으로 경쟁률이 무려 133.3:1이다.

공무원이 되기 위해서는 열심히 공부하면 된다. 하지만 아무리 열심히 공부했다 하더라도 한두 문제 오답으로 떨어지는 공시생들이 많아 지켜보기에 안타깝기 그지없다. 결국 이 길이 아닌가 보다 하고 다른 길을 찾기도 한다. 이런 학생들에게 말해 주고 싶어 이 책을 펴내기로 마음먹었다.

공무원 생활을 일찍 시작하는 사람이 유리하다. 공무직으로 시작하여 정규 직원이 되기도 한다. 자기개발을 위해 계속 노력한다면 좋은 일이 분명히 있다. 나는 은행에 취업하기 위해 공부하고 있는 중에 국회 임시직이 필요하다고 해서 처음으로 국회에 들어왔다. 국회에서 잠시 근무하다가 은행에 입사할 계획이었다. 임시직으로 근무하고 있는데, 국회사무처 기능직 시험이 있어서 노력한 끝에 합격했다. 은행 채용시험보다 한 달 먼저 국회 기능직 시험이 있었다. 그 당시의 결정으로 43년이란 긴 시간 동안 국회 공무원으로 근무하고 있으며, 곧 퇴직을 앞두고 있다.

국회사무처에서 계속 근무할까? 아니면 은행 쪽으로 취업을 할까? 를 두고 좋은 점과 나쁜 점을 표로 작성해 고민해 보았다. 1979년 당시에는 은행에서 받는 월급이 공무원 월급보다 다섯 배가 많았기 때문에 고민하지 않을 수 없었다. 그러나 결정적으로 여성 은행원은 결혼을 하면 퇴사해야 했기에 국회사무처에 남기로 하였다. 지금 생각하면 올바른 의사결정이었다고 생각한다.

이 책은 국회의 채용정보를 중심으로 담았다. 1장은 '나는 43년차 공무원이다', 2장은 '공무원에 대한 오해와 진실은?' 3장은 '왜 공무원을 좋은 직업이라고 하는가?' 4장은 '43년차 공무원이 알려주는 실제 노하우' 5장은 '이젠 진짜 공무원으로 행복하게 살자'의 5개 챕터로 나누었다. 특히 4장에 필자의 노하우를 모두 담았으니 눈여겨보길 바란다.

세상이 변하고 있다. 정년이 보장되고 안정된 조직이라는 개념에서 자기 자신을 잘 단련시켜야 살아남을 수 있다. 공무원이 되려고 준비하는 공시생들에게 필자의 경험과 지혜를 조금이나마 나누어 주고 싶어 이 책을 썼다.

특히 공무원이 되기 위해 준비하고 있는 공시생, 취준생, 특성화고 학생, 대학생에게 정보를 알려주고 싶다. 공무원이 되고자 하는 이들에게 이 책을 통해 좀 더 쉽게, 시험이 아닌 "서류전형과 면접"만으로도 국회 공무원이 될 수 있는 방법을 안내해 주고 싶다.

원고가 책으로 만들어지기까지 많은 도움을 주신 남편과 자녀, 항상 응원해 주신 서인석 전 보좌관, 이민경 전 보좌관, 국회 동료들, 부족한 원고를 받아들여 책으로 출간해 주신 프로방스 대표님과 편집자님께 감사의 마음을 전한다. 특히 책이 나올 수 있을 때까지 함께해 주신 황상열 작가에게 감사의 마음을 전한다.

2022년 4월
6급 주무관 박정녀

차 례

프롤로그 _

공무원이 되는 길은 많다 _ 4

제1장 | 나는 43년차 공무원이다

1. 서울 입성, 1979년 11월 6일 _ 14
2. 나는 입법부 공무원이다 _ 18
3. 파란만장한 국회 공무원 생활 _ 22
4. 도전! 그리고 인생의 터닝 포인트! _ 28
5. 국회의원 세비 준비 위해 한국은행에 가다 _ 31
6. 1980년대 월급은 어떻게 받았을까? _ 35
7. 2010년 12월 31일 밤샘작업(예산 통과를 위한 지원업무) _ 40

제2장 | 공무원에 대한 오해와 진실은?

1. 이 시대에 공무원이 대세인가? _ 46
2. 공무원 월급으로 살 수 있는가? _ 50
3. 공무원은 정말 철밥통인가? _ 53
4. 공무원은 승진이 느린가? _ 56
5. 공무원은 칼퇴(정시퇴근)가 가능한가? _ 60
6. 법률은 방망이로 뚝딱 만들어지는 것인가? _ 64
7. 국회의원실 보좌직원은 더 필요한가? _ 69

제3장 | 왜 공무원을 좋은 직업이라고 하는가?

1. 정년이 보장된다_ 74
2. 월급이 밀리는 일이 없다_ 78
3. 자기 할 일만 잘하면 된다_ 82
4. 공무원 연금, 확실한 노후보장_ 86
5. 지옥 같은 시험에서 천국으로 가자_ 91
6. 공무원 복지, 혜택 누릴 수 있다_ 96

제4장 | 43년차 공무원이 알려주는 실제 노하우

1. 공무원 시험에 공채만 있을까?_ 102
2. 면접만으로 가능할까?(미리 경력 쌓아라)_ 105
3. 국회의원실 보좌진은 어떻게 들어갈 수 있을까?
(4급 보좌관, 5급 선임비서관)_ 109
4. 국회의원실 직원은 어떻게 들어갈 수 있을까?
(비서관 6급, 7급, 8급, 9급, 인턴비서)_ 114
5. 기타 직군(공무직, 기간제근로자)에 합격하려면?_ 119
6. 8급 합격수기_ 123
7. 입법고시 합격수기_ 128

제5장 | 이젠 진짜 공무원으로 행복하게 살자

1. 만약 지금 행복하다면 성공한 공무원이다 _ 136
2. 자기개발은 행복으로 가는 길이다 _ 141
3. 주인의식이 있다면 "하는 일마다 즐겁다" _ 145
4. 준비된 사람은 행복하다 _ 149
5. 제2의 인생을 디자인하여 멋지게 살자 _ 153
6. 국회 내 숲 해설(숲속으로 풍덩!) _ 157
7. 사계절의 한강! _ 161

에필로그 _

이제 공무원은 시험만 답이 아니다 _ 164

[부 록] | 채용공고 및 기출문제

1. [○○○의원실] [4급 보좌관 채용공고] _ 168
2. [○○○의원실] [5급 선임비서관 채용공고] _ 169
3. [○○○의원실] [6급 비서관 채용공고] _ 170
4. [○○○의원실] [7급 비서관 채용공고] _ 171
5. [○○○의원실] [8급 비서관 채용공고] _ 172
6. [○○○의원실] [9급 비서관 채용공고] _ 173
7. [○○○의원실] [인턴비서 채용공고] _ 174
8. 2021년도 국회사무처 공무직근로자(행정실무원) 채용시험 공고 _ 176
9. 2021년도 국회사무처 관리국 기계직 9급(기계서기보) 경력경쟁채용시험 공고 _ 181

10. 2021년도 국회사무처 디지털운영담당관실 전산직 9급(전산서기보)
경력경쟁채용시험 공고_ 186
11. 2022년도 국회사무처 방송국 일반임기제공무원(6호·7호) 채용시험 공고_ 192
12. 2022년도 국회사무처 관리국 공무직근로자(시설관리) 채용시험 공고_ 198
13. 2022년도 국회사무처 시행 제20회 8급 공개경쟁채용시험 공고_ 206
14. 2022년도 제38회 입법고시 공고_ 216
15. 2022년도 국회 예산결산특별위원회 전문임기제 나급(입법조사업무)
경력경쟁채용시험 공고_ 228
16. 국회도서관 전문경력관 나군(자료조사 담당) 공무원 채용계획 공고_ 233
17. 국회부산도서관 일반임기제공무원(자료수집·정리) 채용계획 공고_ 238
18. 국회예산정책처 자료분석지원요원(RA) 채용공고_ 244
19. 2022년도 제3회 기간제근로자 채용 공고(입법조사원)_ 249
20. 2022년도 제3회 국회입법조사처 공무원 채용 공고_ 252
21. 기출문제 및 정답표
- 8급 공개경쟁채용 시험문제 가형_ 258
- 9급 공개경쟁채용 시험문제 가형
  - 건축직 시험문제 가형_ 328
  - 경위직 시험문제 가형_ 366
  - 방송기술직 시험문제 가형_ 404
  - 사서직 시험문제 가형_ 444
  - 속기직 시험문제 가형_ 482
  - 전기직 시험문제 가형_ 522
  - 전산직 시험문제 가형_ 558
  - 토목직 시험문제 가형_ 596

제1장

◇◇◇◇◇◇◇◇◇◇◇◇◇◇◇◇◇◇◇◇

나는
43년차 공무원이다

1 서울 입성, 1979년 11월 6일

"서울 첫 입성! 1979년 11월 6일!"

고등학교 3학년 2학기에 취직이 되어 혼자서 서울에 올라오던 생각이 난다. 서울은 난생 처음이었다. 국회에 취직되어 서울로 간다는 사실에 기쁨이 커서 두렵지도 않고 즐겁기만 했다. 부모님이 논에서 일을 하고 계셨다. 나는 논두렁에 서서 큰 소리로 말을 했다.

"엄마, 아빠! 저 서울에 갑니다. 돈 많이 벌어서 효도할께요."

이렇게 손을 흔들며 익산 터미널로 향했다.

시골길은 비포장도로라서 버스 뒷좌석에 앉은 내 몸은 널뛰듯이 붕 올라갔다가 내려왔다. 내려올 때 사람들은 엉덩이가 아프다며 소리를 질렀다. 그 상황에서도 나는 아픈 것도 느끼지 못하고 즐겁기만 했다. 익산 터미널에서 고속버스표를 샀다. 버스 탈시간만을 기다렸다. 가슴은 콩닥콩닥 뛰었다. 기분은 날개를 달고 날아갈 듯 가볍기만 했다. 그래도 서울은 초행길이라 불안한 마음을 감출 수 없었다.

고속버스를 타고 서울로 올라오는 내내 창밖을 뚫어져라 보았다. 누런 벼가 황금물결을 치고 있었다. 곳곳에 벼를 벤 곳이 마치 바둑판을 그려놓은 듯했다. 창밖으로 지나가는 행인들과 논에서 일하는 농부들을 보며 부모님 생각에 눈시울이 젖었다. 태어나 처음으로 부모님 곁을 떠났다. 기쁨도, 불안함도 뒤로하고 깜빡 잠이 들었다. 서울에 거의 도착하니 깨어났다. '여기가 어디지?'하며 허둥지둥 불안한 마음을 감출 수가 없었다.

나를 품어줄 서울! 대망의 서울! 참으로 크기도 하다.

서울에 사는 언니들이 터미널에서 내가 도착하기를 기다리고 있었다고 한다. 고속버스가 도착할 때마다 나를 찾느라 언니들의 두 눈은 커져만 갔다. 내 동생이 잘 오는지 불안한 마음으로 기다리고 있었다고 했다. 드디어 만났다. 이산가족을 만나듯 서로 얼싸안고 안도의 숨을 내쉬었다. 이렇게 서울 첫 입성은 흥분과 불안과 기쁨이 함께하는 시작이었다.

언니들은 '내 동생 대견하다'면서 손을 꼭 잡고 칭찬을 해 주었다.

"언니! 내가 혼자서 서울에 왔다." 아직도 흥분상태였다. 내 자신이 대견했다. 언니들을 만나고 나서부터 불안감이 즐거움으로 바뀌면서 조잘조잘 입을 열었다.

언니 둘이 살고 있는 소사동으로 갔다. 두 언니는 반 지하의 조그마한 방에서 살고 있었는데, 이제는 나까지 셋이서 살아야 했다. 동생이 시골에서 올라왔다고 돼지고기를 숭덩숭덩 썰어 넣어 김치찌개를 끓여주었다. 그때의 김치찌개 맛은 잊을 수가 없다. 세 자매가 누워서 얘기했다.

"엄마는 건강하시니? 아빠는 여전하시니? 시골은 매일 바쁘게 살고 계시지? 동생들은 학교에 잘 다니고 있니? 지금도 밤중에 배를 저어 그물을 내리고, 새벽에 그물을 건져 물고기를 잡아 오시니?"

"언니! 한 가지씩만 물어봐요. 무엇부터 대답을 할까요?"
"부모님은 여전히 바쁘게 일하시고. 물고기도 잡아 팔고 계세요."

형제와 자매가 많아서 수업료, 참고서 등 돈이 많이 필요한데, 부모님이 무척 힘드시겠다는 언니들의 말에 목이 메었다.

"엄마 말씀이, 돈을 만들어 내도 모자라겠구나, 하셨어!"

어린 시절 우리는 돈이 필요한 당일 전날까지 엄마에게 얼마가 필요한지를 메모지에 써서 드려야 했다. 엄마는 아무리 힘이 들어도 돈이 필요한 날짜를 어기는 날이 없으셨다. 자식들을 울리는 일도 없으셨다. 우리 부모님은 현명하시고 대단한 분들이셨다.

새벽 4시가 되면 어김없이 일어나시는 부모님은 의논하셨다. "내일은 정녀

수업료 주는 날이고, 오늘은 규만이 참고서 사는 날이네."두 분은 상의를 끝내고 부엌으로 나가셨다. 엄마가 쌀을 씻어 가마솥에 안치시자 아버지는 아궁이에 불을 지피셨다. 그렇게 두 분은 하루 일과를 의논하며 시작하셨다.

"정녀야! 왜 말이 없니?" 셋째언니가 물었다. 나는 깊은 잠에 빠지고 있었다. 아마도 서울에 온 첫 날이라 많이 피곤했던 것 같다.

"내일은 여의도로 첫 출근을 해야 하니 우리도 그만 자자. 우리 동생 직장생활 잘하겠지!"

앞으로의 직장생활 파도가 얼마나 높을지, 아니면 잔잔하게 흐를지, 그 당시에는 전혀 몰랐다. 아무리 힘이 들어도 잘 해낼 자신이 있다고 믿고 싶었다. 나는 부모님의 걱정에도 촌티 팍팍 내며 위풍당당하게 서울에 입성하였다. 국회사무처 공무원 생활이 시작되었다.

1979년도 짜장면 값은?

◎ 1979년도의 짜장면 값은 얼마일까?
(정답 400원)

◎ 1979년도의 버스비는 얼마일까?
(정답 600원)

2 나는 입법부 공무원이다

국회는 1979년부터 2022년까지(43년) 긴 세월 동안 몸담고 있었기에 어쩌면 집보다 편한 곳이라 여겨진다. 어려웠던 일, 죽고 싶을 만큼 힘들었던 일들이 영화필름처럼 지나간다. 그 힘든 시간도 국회라는 울타리가 있었기에 견딜 수 있었다. 아니 이겨낼 수 있었다. 나는 국회 공무원으로 근무한 것이 자랑스럽다.

국회 대지 10만 평에 들어가는 문이 제1문, 제2문, 제3문, 제4문, 제5문, 제6문이 있다. 제1문으로 들어서면 파란 잔디와 웅장한 본관이 보이고, 오른쪽으로 국회도서관이 보인다. 왼쪽으로는 국회의원회관이 보인다.

산책하며 국회 둘레길을 걸어가 보면, 국회도서관 뒤로 국회의정관이란 건물에 국회방송국이 눈에 들어온다. 그 뒤로 헌정기념관이 보인다. 국회의 역사를 한눈에 볼 수 있도록 지어진 곳이다. 국회에 관광을 온 학생들이 꼭 들러야 하는 곳이다. 그 옆 국회헌정회 건물이 있다. 국회의장님 사셨던 곳을 헌정회 사무실로 쓰고 있다. 지금은 한남동에 국회의장님이 사시고 계시다.

국회헌정회를 지나면 의원동산이 보인다. 의원동산으로 올라가면 한옥으로 지은 사랑재가 있다. 외빈들이 오면 사랑재에서 회의를 한다. 주말이면 직원들의 결혼식이 사랑재 앞마당에서 이루어진다. 참으로 멋진 곳이다.

산책로를 따라 걷다보면 어린이집이 보이고, 넓은 운동장도 보인다. 봄이 되면 체육대회를 운동장에서 했다. 운동을 좋아하는 나는 선수로 출전했던 추억이 미소를 머금게 한다. 위원회 대표로 400미터 계주를 뛰었던 일, 줄다리기, 족구, 피구, 팔씨름 등등 너무나 즐겁고 행복한 시간이었다. 위원회 팀을 위해 에어로빅으로 응원하던 생각이 가장 기억에 남는다.

소통관이 보인다. 하나로 마트, 여행사, 화장품, 생활용품, 등산용품, 전자제품, 약국, 서점, 외계인 식당, 기념품 가게, 꽃집, 안경점, 떡집, 건강식품점 등 믿고 살 수 있어 편리하다.

국회의원회관 건물이 웅장하게 서있다. 300명의 국회의원들 사무실이 있는 곳이다.

국회 공무원은 국회의 상임위원회에 소속되어 법률 제정과 관련된 업무를 수행하는 공무원이다. 국회의원 임기는 4년이다. 4년마다 비슷하게 국회는 돌아간다. 1년 중 크게 임시국회와 정기국회로 시작한다. 임시국회는 국회법에 따라 필요에 의해 일시적으로 소집하는 국회. 16대 국회부터 상시 개원 체제를 도입,

2·4·6월의 1일에 자동 개회된다. 또한 대통령이나 국회의원 4분의 1 이상이 요구하면 열린다. 정기국회는 정기적으로 소집되는 국회로 매년 1회, 9월 1일 열리며 회기는 100일 이다.

국회의원은 입법부인 국회를 이루는 구성원으로 국민의 선거에 의하여 선출된다. 임기는 4년이고 국회의원 한 사람이 헌법상의 지위를 갖는 장관급 기관이다.

나는 국회사무처에서 11개의 부서를 이동하며 근무를 했다. 국토교통위원회, 교육위원회, 예산결산특별위원회, 법제사법위원회, 여성가족위원회, 인사과, 운영총괄과, 의사국, 기획조정실, 문화소통기획관실, 방송국 등 중요한 부서에서 일을 했다. 주로 일이 많은 부서를 찾아다니며 근무했다. 덕분에 승진도 빨랐다.

국회는 내 인생의 반 이상을 보낸 곳이다. 43년 동안 그만두고 싶다는 생각을 한 번도 해본 적이 없다. 그러한 마음을 가지고 살았다는 자신이 참 대견스럽게 여겨진다. 퇴직을 앞두고 있는 이 하루하루가 다른 날보다 소중하고 귀하다는 생각이 든다.

퇴직을 앞둔 나는 많은 생각에 잠긴다. 임시직으로 들어와 승진시험에 합격하여 지금까지 다니고 있으니, 그 얼마나 축복된 삶이었는지 감사할 뿐이다. 국회가 있었기에 어려움들을 견뎌낼 수 있었다.

43년차 꿀팁!

1. 공무원은 일찍 시작할수록 유리하다.
2. 공채가 어려우면 별정직, 공무직, 기간제 등에 먼저 도전하라.
3. 입사해서 공채 준비하여 원하는 곳으로 가는 것도 좋은 방법이다.
4. 공무직에서 일반직이 되는 경우도 있고, 8급에서 5급 공채를 준비해 가는 경우도 있다.

3 파란만장한 국회 공무원 생활

"나의 30대는 혹독한 겨울"

시부모님을 모시고 생활한 지 2년쯤 되었을 때였다. 남편이 부자가 되겠다는 부푼 꿈을 꾸며 사업을 시작하였다. 그런데 남편과 동업을 한 사장님이 갑자기 쓰러져 세상을 달리하는 바람에 하늘에서 날벼락을 맞게 되었다. 모든 단꿈은 하루아침에 사라졌다. 날마다 사채업자들이 시커먼 옷을 입은 채 칼을 들고 우리 집에 들이 닥쳤다.

"남편! 어디 있어?"
"바른대로 말해 "

안방에 들어와 방바닥에 칼을 꽂으며 으름장을 놓았다. 또 어떤 날은 사무실로 찾아왔다. 창피하고 겁이 났다. 사람이 안보이는 곳으로 채권자를 데리고 가서 사정 얘기를 했다.

“죽고 싶어도 독약 살 돈이 없어 죽지 못하고 있어요.”

이런저런 얘기를 하다 보니 불쌍하다며 가진 돈을 다 주고 가는 채권자도 있었다. 세상에는 나쁜 사람만 있는 것이 아니었다.

내 월급은 은행 등 일곱 군데에서 차압했다. 국회 지출계장님은 나를 세워놓고 무슨 여자가 차압이 이렇게 많이 되었냐고 했다. 나머지 급여는 새마을금고에서 공제해 갔다.

지금은 월급의 절반 또는 최저생계비를 남기고 차압할 수 있다고 한다. 그러나 나머지는 새마을금고에 대출금으로 납부했다.

나는 국회에서 일을 해서 월급을 받았지만, 그 월급은 채권자들에게 압류되어 생활을 할 수 없었다. 먹고 사는 것 조차 힘들었다. 쥐구멍이라도 있으면 들어가고 싶은 마음은 차라리 호강이었다. ‘이렇게 사느니 죽어야 하는 것 아닌가?’라는 생각이 들었다. 쓸데없는 생각을 할 때 내 귓가에 속삭이는 소리가 들렸다.

‘죽기로 작정하면 무엇인들 못하겠어.’
‘가난아, 어디 해보자. 누가 이기는지.’

아이들을 시부모님께 맡기고 할 수 있는 일은 다 찾아서 돈을 벌어야 했다.

새벽 3시 30분부터 밤 12시까지, 자전거로 신문을 돌리고 집에 돌아와 출근 준비를 하였다. 근무하면서 점심시간, 퇴근 후 책 세일즈, 보험설계사, 논문 타이핑, 인쇄소의 편집, 백화점 쇼핑백 붙이기 등 할 수 있는 일은 다했다. 이렇게 일을 해도 끝이 보이지 않았다.

어느 한여름 밤에, 시아버님은 "너무 덥구나!" 하시면서 부채질을 계속하며 잠을 이루지 못하셨다.

시아버님은 "아가야, 조금만 벽에 붙어라."라고 하셨다.

그러면 나는 웃으면서 "벽 뚫고 나갈까요."라고 답했다.

나는 칼잠으로 잠깐 자고 또다시 하루를 시작했다. 그러던 어느 날, 도저히 안되겠다 싶어 어려운 결정을 내렸다.

친정어머니에게 300만 원을 빌려 아이들만 데리고 이사를 하였다. 새벽에 일을 나가는 나였기에 어린 딸 둘은 어린이집도 스스로 알아서 가야 했다, 어린이집이 끝나면 둘이서 손을 잡고 집에 왔다. 그리고는 둘이서 놀다가 밥을 먹고 그대로 잠이 들곤 하였다.

어느 여름 장마철에 비가 계속 내리자 집 천정에서 고인 빗물이 폭포처럼 쏟아졌다. 옥상에 있던 낙엽, 쓰레기 등이 물 빠지는 곳을 막아버렸기 때문이었다. 주인아줌마는 미안하다고 하셨다. 철없는 아이들은 우리 집에 폭포가 있다며 좋다고 첨벙대며 놀고 있었다. 워낙 싼 방이라 비가 오면 천정에도, 부엌에도 물이 고였다. 고인 물은 퍼내야 하는 집이었다.

너무 힘들었지만 이를 악물고 돈을 벌기 시작했다. 돈을 벌어 빚을 갚아야만 했기 때문이다. 월급을 받으면 1원도 쓰지 않고 빚을 갚았다. 지금 생각해도 가슴이 미어지는 것은 아이들에게 짜장면 한 그릇 사 주지 못했다는 것과 모든 옷을 주위에서 얻어다 입혔다는 것이다.

주일날 집사님께서 아이들이 입은 옷을 보며 "박집사! 아이들 옷 좀 빨아 입히지."라고 말씀하셨다. 남의 것을 얻어 입히다 보니 소매 자락이 누렇게 되어 빨아도 지워지지 않는 것을 집사님은 알 리가 없었다. 나는 서러움에 북받쳐 남몰래 펑펑 울었다.

그래도 아이들은 잘 크고 있었다. 아마도 하나님께서 보호해 주셨기 때문이라고 믿고 싶었다. 새벽부터 밤늦게까지 일을 해야 해서 아이들을 돌볼 시간이 없었다. 오로지 하나님께 기도를 했다. 지금 생각해 보면 어떻게 그렇게 살 수 있었는지 아찔하다.

사막에 떨어져도 살아올 수 있을 만큼 훈련이 되었다. 그렇게 보내면서 빚은 조금씩 갚아 나가고 있었다. 13년 만에 빚잔치가 끝이 났다. 얼마나 홀가분했던지 소리를 질렀다.

"야호~ 드디어 해냈다. 내가 승리했다."
"국회가 나를 살렸다."

어렵고 힘들게 사는 동안 친정식구들의 도움과 직장동료들의 배려를 많이 받았다. 나는 결심했다. 그래 이렇게 많은 도움을 받았으니 나도 다른 사람에게 도움을 주는 삶을 살아야겠다고 생각했다. 그래서 사회복지사가 되어야겠다고 다짐을 했다. 목표는 사회복지관 관장이 되는 것으로 삼았다. 사이버 대학에 시간제로 공부하기 시작했다.

직장에서 학비를 조금씩 지원해 주었기에 11년 동안 꾸준히 공부하여 141학점으로 대학을 졸업하고 사회복지사, 평생교육사 자격증을 받았다. 퇴직을 하면 앞으로 무엇을 할 것인지 연구하고, 생각한 결과 시간을 잘 보낸 듯하다.

새벽 운동을 하고, 점심시간을 이용해서 여러 가지 자격증을 준비했다. 저녁에 할 수 있는 공부를 하면서 은퇴준비를 하였다. 사회복지사, 평생교육사, 인성교육전문가, 다문화교육사 2급, 요양보호사, 장애인활동보조인, 숲해설가, 노인여가활동지도사, 대한민국 명품강사 양성과정, 진로적성상담사, 진로직업상담사, 학교안전지도사 1급, 동화구연지도사, 정리수납전문가, 분노조절상담지도사, L.I.F.E.G 기초과정 등 지금은 책을 쓰기 위해 독서를 하고 정리하며 하나씩 준비하고 있다.

독서를 하면서 나는 보물을 찾았다. 한 권씩 읽고 정리하면서 온몸에 전율을 느꼈다. 2년 동안 100권을 읽었다. 60세가 되어서야 책 속에 보물이 있다는 것을 알게 되었다. 퇴직 후 취미생활 한 가지를 더 찾은 샘이다. 계속해서 블로그를 통해 글을 쓰고자 한다. 나처럼 힘든 사람들을 위해 조금이나마 위로가 되었으면 한다. 아니 힘이 되었으면 좋겠다.

43년차 꿀팁!

"보물"

1. 퇴직을 앞두고 찾은 나의 취미생활 한 가지 : "독서하며 기록하기"

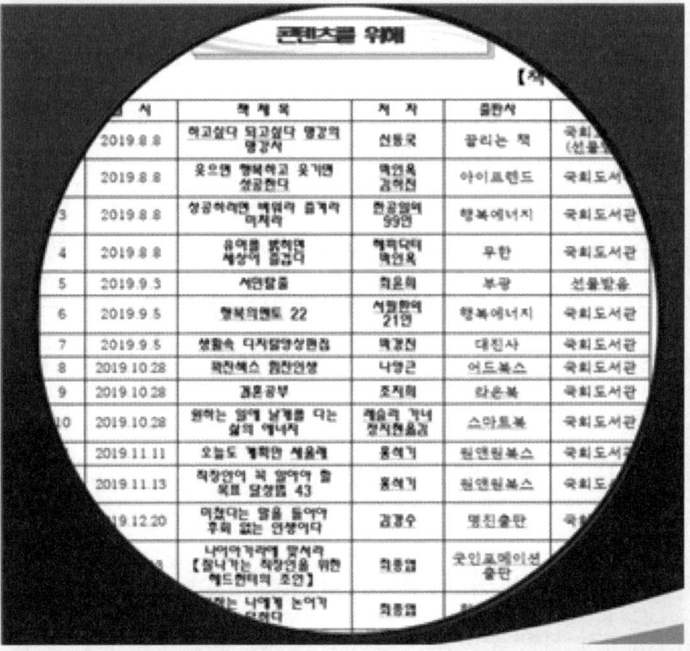

콘텐츠를 위해

	일 시	책 제 목	저 자	출판사	
	2019.8.8	하고싶다 되고싶다 명강의 명강사	선동국	끌리는 책	국회도서관 (선물받음)
	2019.8.8	웃으면 행복하고 웃기면 성공한다	박인옥 김하진	아이프렌드	국회도서관
3	2019.8.8	성공하려면 배워라 즐겨라 미쳐라	[illegible] 99인	행복에너지	국회도서관
4	2019.8.8	유머를 밝히면 세상이 즐겁다	해피닥터 박인옥	무한	국회도서관
5	2019.9.3	[illegible]	[illegible]	부광	선물받음
6	2019.9.5	행복의멘토 22	[illegible] 21인	행복에너지	국회도서관
7	2019.9.5	생활속 디지털영상편집	[illegible]	대진사	국회도서관
8	2019.10.28	[illegible]	[illegible]	어드북스	국회도서관
9	2019.10.28	결혼공부	[illegible]	라온북	국회도서관
10	2019.10.28	원하는 일에 날개를 다는 삶의 에너지	[illegible]	스마트북	국회도서관
	2019.11.11	오늘도 계획만 세울래	홍석기	원앤원북스	국회도서관
	2019.11.13	직장인이 꼭 알아야 할 목표 달성법 43	홍석기	원앤원북스	국회도서관
	2019.12.20	미쳤다는 말을 들어야 후회 없는 인생이다	[illegible]	명진출판	[illegible]
	[illegible]	나이아가라에 맞서라 【잘나가는 직장인을 위한 헤드헌터의 조언】	[illegible]	굿인포메이션 출판	
		[illegible]	[illegible]	[illegible]	

2. "블로그"를 통해 보물을 찾아보자.

3. 여의도퀸의 블로그 https://blog.naver.com/jungpark7030/222555111897

4 도전! 그리고 인생의 터닝 포인트!

시험은 내 인생의 터닝 포인트가 되어 주었다.

1979년 나는 은행원이 되기 위해 열심히 공부하고 있었다. 그런데 국회사무처에에서 기능직 시험 공고가 났다. 이직하지 말고 공무원으로 남아 있으라는 것인지, 정식 공무원이 될 수 있는 시험이 공지되었다. 옆에 있는 동료들은 먼 미래를 보면 공무원이 훨씬 좋겠다고 했다.

온종일 시험 준비에 바빴다. 빈틈만 나면 시험 준비에 온 정신을 쏟았다. 새벽부터 밤늦게까지 시험 준비를 하였다. 내 인생에서 가장 열심히 산 시간이었다. 큰일을 할 때는 항상 고비가 있는 듯하다. 나에게도 소름끼치는 무서운 일이 일어났다.

어느 날인가 몹시도 추운 새벽 날이었다. 눈까지 수북이 쌓여 걷기가 힘들었다. 온몸을 웅크리고 종종걸음으로 사무실로 출근하는 길에 승용차 한 대가 내 뒤에서 멈춰 섰다. 소리를 들으니 한 사람이 차에서 내리는 듯했다. 승용차는 나를 따라 오는 것 같더니, 내 앞 저만치 떨어진 곳에 섰다. 그리고 내린 한 사람은 내가 빨리 걸으면 빨리 쫒아오고, 천천히 걸으면 천천히 뒤를 따라왔다. 캄캄한 새벽녘에는 사람 만나는 것이 제일 무섭다고 했는데, 정말 무서웠다.

머리는 쭈뼛 섰고, 등짝은 오싹해지며 발걸음을 재촉하는데, 낯선 그 사람이 갑자기 내 쪽으로 달려오더니 내 가방끈을 끊은 후 가방을 열어 도시락을 내동댕이치며 지갑을 꺼내고는 눈 속으로 가방을 던져버리는 것이었다. 그 순간 나의 몸과 손발은 얼어붙어 버렸다. 그 낯선 사람은 재빨리 승용차에 타더니 사라지고 있었다. 온몸의 맥이 풀리고 기운을 차릴 수 없었지만, 그래도 난 집으로 돌아가지 않고 가방과 도시락을 챙겨서 갈 수밖에 없었다. 당시 나에겐 기능직 시험이 더 절박했기 때문이었다.

드디어 시험 날이 되었다. 어찌나 떨리던지, 어떻게 시험을 치렀는지 알 수가 없었다. 온몸은 지칠 대로 지쳐 버렸다. 시험 끝나니 마음은 홀가분했다. 이제는 합격 발표 날만 기다렸다. 참으로 시간이 더디 갔다. 따르릉 전화벨만 울리면 깜짝 놀랐다. 혹시 나에게 온 전화가 아닐까 하면서 기대하게 되었다.

"축하합니다. 합격했습니다."
"야호~ 합격이다."

얼마나 기쁘던지 소리를 질렀다. 모두들 축하해 주었다. 합격전화 한 통화에 소매치기 당했던 모습, 동료들의 눈치를 보며 준비했던 시간들, 새벽부터 밤늦도록 힘들었던 순간들이 눈 녹듯 사라지고 구름 위에 붕 떠있는 것 같았다. 나의 절박함이 영광의 합격으로 이어진 순간이었다.

합격한 후에 그동안 힘들었던 얘기 보따리를 풀어놓을 수 있었다. 모두들 장하다며 칭찬의 말을 했고, 그때의 기분은 너무나 좋았다.

이렇게 고비고비를 넘다 보니 40년이 훌쩍 넘어 퇴직을 앞두고 있다.

어렵게 이직 준비를 하거나, 취업 준비를 하는 사람들에게 전하고 싶다. 열심히 하면 끝은 해피엔딩이라고 말하고 싶다. 뜨거운 열정은 그 누구도 이길 수 없다는 것을 말해 주고 싶다.

책 소개

"책 소개"

1. (대한민국 1호 용기부여가의) 내 인생의 터닝포인트 / 박혜정 지음
   성남 : 북코리아, 2018
2. 나를 바꾼 11가지 당신 이야기 : 내 인생의 터닝포인트 / 줄리아 오길비 지음 ;
   권경희 옮김 서울 : 솔출판사, 2011

5 국회의원 세비 준비 위해 한국은행에 가다

국회의원 세비를 지급하는 회계과에 근무할 때였다. 당시에는 국회의원 세비를 지급하는 전날에 한국은행에 가야 했다. 즉, 매달 20일이 국회의원 세비 지급일인데, 그 전날 19일은 한국은행에 가는 날이었다. 국회 관용차량을 타고 주무관님을 따라 한국은행에 갔다. 나는 한국은행을 간다는 즐거운 생각에 갓 스무 살을 넘긴 아리따운 처녀답게 깔끔하게 차려입고 신명나게 출근하였다.

한국은행에서 업무를 마치고 나와 차를 타고 국회로 돌아오는 길이었다. 차가 광화문 네거리에 도착하고 신호 대기에 걸려 잠시 정차하였다. 광화문의 넓은 도로에는 수많은 승용차로 꽉 차 있었다. 그 많은 차를 보며 나도 모르게 소리를 질렀다.

"워메, 뭔 차가 저리 많댜."

엉겁결에 튀어나온 내 사투리에 같이 간 주무관이 배꼽을 잡고 박장대소하였다. 젊은 처녀의 입에서 봇물 터지듯 나온 사투리가 반전 매력을 주었다고 한다. 그분은 그날 이후 퇴직할 때까지 복도에서 마주치기라도 하면 언제나 웃고 계셨다.

국회의원님들의 세비 준비를 위해 전날(19일)은 문을 잠그고 책상에는 아무것도 없이 다 내려놓는다. 책상 위에 급여봉투를 쫘악 깔아놓는다. 그다음에는 수표를 올려놓는다. 그리고 만 원짜리, 오천 원짜리, 천 원짜리, 오백 원짜리, 백 원짜리, 십 원짜리를 맞게 올려놓는다. 천 원짜리 한 장이라도 남거나 모자라면 안된다. 정확히 맞아야만 봉투 속에 넣는다.

1980년도에는 가불이라는 제도도 있었다. 가불 때문에 직원들끼리 많은 일이 생기기도 했다. 지금 생각하면, 당시에는 사람들 사는 것이 어려웠던 것 같다. 국회의원들도 어려웠으니, 직원들은 얼마나 어려웠을지 짐작이 간다. 그때 나의 월급은 3만 5천 원이었다. 모두들 힘들었던 시절이었다. 구내식당 백반이 400원이었지만, 모두들 도시락을 싸가지고 다녔다. 점심시간에 모두 모여 도시락을 펼치면 반찬이 여러 종류였고, 맛도 전부 달랐다. 그 시절 맛깔나게 반찬을 싸가지고 오신 분도 있었다. 그 반찬이 가장 먼저 없어졌다. 참 즐거운 점심시간이었다.

세비 전날에는 새벽 출근을 하였다. 길치인 나는 국회의사당의 둥근 돔을 바라보면서 걸었다. 부천에서 영등포역까지 버스로 와서는 영등포역에서 국회만 바라보고 40분을 걸어 출근을 하였다. 처음에는 길을 잘 몰라서 걸었고, 나중에는 운동 삼아 걸었고, 그다음엔 교통비가 차곡차곡 저축으로 쌓여서 걸었다.

이때만 해도 여의도는 허허벌판이었다.

태평로에서 이전 한 지 4년째 되는 1980년의 윤중로 벚나무는 지금의 벚나무와 비교할 수 없었다. 굵고 넉넉한 줄기로 바뀐 지금의 벚나무도 나처럼 세월을 고스란히 담고 있는 것이다. 새벽 출근길에 윤중로 쪽으로 들어서면, 벚나무를 포함한 모든 것들이 이국적으로 보인다. 아름드리 벚나무가 장관을 이루고 있기에 환호성이 절로 나온다.

40년 전 국회 내의 건물은 달랑 본관 하나와 건물 밖 의원회관이 전부였다. 한겨울에는 정문에서 사무실까지 들어오려면 한강의 칼바람이 무척 매서웠다. 한강의 바람에 볼 살이 떨어져 나가는 것 같아서 눈물이 저절로 흘러내리곤 했다.

국회의원 세비를 봉투에 넣을 때마다 나는 부러웠다. 수표를 넣고 있었으니 어찌 부럽지 않을 수 있겠는가. 그땐 국회의원이 하늘같았다. 검정 승용차에 기사까지 있었으니, 전생에 나라를 몇 번 구했을 것이다.

"똑똑한 자식 잘 키워 국회의원 시키면 되지."

1975년대 국회모습

〈출처: 인터넷 사진 1975년대 국회 모습〉

6 1980년대 월급은 어떻게 받았을까?

1980년대에는 누런 봉투에 담긴 현금을 월급으로 받았다.

지출계 직원들은 국회직원들에게 월급을 주기 위한 업무로 월급 전날이 가장 바빴다. 월급 전날, 먼저 사무실 문을 잠그고 시작한다. 책상 위에 연필 한 자루라도 올려놓으면 안되었다. 월급봉투를 책상 위에 깔아놓은 다음에 수표를 올려놓고, 만 원짜리, 천 원짜리로 지폐를 쌓아 놓는다. 모든 수표와 현금은 남거나 모자라면 안된다. 지폐가 정확히 맞게 올려져 있으면, 다음에는 오백 원짜리, 백 원짜리, 오십 원짜리, 십 원짜리 동전까지 올려놓고 정확하게 들어맞아야 한다.

"아이고 천 원이 모자라요."

"여기 있어요. 요놈이 여기에 딱 붙어 있네요."

일일이 찾아낸다. 나올 때까지 모든 봉투를 뒤진다. 신권을 월급봉투에 넣을 경우, 지폐 두 장이 들어가기도 한다. 오늘 주님은 어디 가셨을까? 운이 좋은 날은 바로 찾을 수 있지만, 운이 나쁜 날은 지칠 대로 지친 늦은 시간에 찾기도 한다. 김 선생님께서 말씀하신다. 이렇게 돈을 한없이 만져볼 수 있는 기회를 준 것에 감사하자고….

직원들은 웃어가며 피로를 풀어낸다. 한 달에 두 번 작업을 한다.
"국회의원 세비 날은 매월 20일", 의원세비를 위해 19일에 준비를 한다.
"국회직원 월급 날은 매월 25일", 직원월급을 위해 24일에 준비를 한다.

월급날은 세상에서 가장 뿌듯한 날이자 기쁘고 행복한 날이다. 이런 좋은 날에 엉엉 우는 직원도 있다. 월급을 타서 갔는데 잃어버린 경우이다. 동선을 따라 찾고 찾아도 날아가 버린 누런 봉투는 찾을 수가 없다. 현금이기에 잃어버리면 찾을 수가 없다. 한 달을 헛수고한 경우이다.

1979년도 내 월급은 35,000원이었다. 월급을 받으면 십일조는 봉투에 넣어두고 교통비, 식대비, 용돈 외에는 모두 저축을 했다. 재형저축의 예금이자가 30% 정도였던 것 같다. 조금씩 늘어나는 통장에 가슴이 부풀도록 기분이 좋았다. 부천에서 출근하던 나는 버스를 타고 영등포에서 내렸다. 영등포에서 국회까지 버스를 한 번 더 타면 되는데, 국회의사당의 돔을 보며 걸었다. 버스 토큰 하나라도 아끼기 위해서였다. 걷기 좋은 계절에는 걸으며 많은 생각을 했다.

40분을 걸어 국회에 도착했다. 힘은 들어도 오늘 버스비를 저축할 수 있어 좋았다. 그리고 점심은 도시락으로 해결했다. 직원들과 함께 먹는 도시락은 정말 맛이 좋았다. 구내식당 백반 값은 400원이었지만, 도시락을 먹는 날은 400원을 저축할 수 있었다. 운이 좋은 날은 계장님이 점심을 사 주시는 날이었다. 어찌나 맛이 좋던지, 그때의 기억을 잊을 수가 없다.

월급봉투 생각하면 가슴 한쪽이 시큰해진다. 그만큼 많은 사연이 담겨 있는 월급봉투이다. 지금이야 월급이 통장으로 자동 이체되고, 명세서라는 것도 대부분 온라인으로 전해지니, 특별히 애환이나 기쁨이 담길 일이 없지만, 월급봉투는 지상 최고의 봉투였다. 봉투를 받으면 혹시 지난달보다 조금 더 나온 건 아닐까, 아니면 몇 푼이라도 더 뗀 건 아닐까, 슬그머니 따져보기도 했다. 하지만 늘 십 원짜리 하나도 틀리지 않게 들어 있었다.

월급봉투를 받고 나면 재미있는 풍경이 벌어지기도 했다. 어떤 직원은 용돈을 좀 챙겨보려고 경리직원에게 수령액을 고쳐 달라며 애교작전을 펴기도 했다. 빈 봉투 하나만 얻을 수 없냐며 통사정을 하는 남자직원도 있었다. 가불이라도 한 사람은 월급봉투가 한숨 봉투가 되기도 했다. 가불해서 쓸 때는 좋았지만, 얇아진 봉투를 받고 나면 한 달을 살아갈 생각에 눈앞이 캄캄해지는 것이다.

월급날이 되면 우리나라 대다수의 남편들은 우쭐해져서 집에 들어간다. 아내는 월급봉투를 기다리고 있다. 남편이 퇴근해서 집에 오기만을 기다리는 아내가 행여 남편의 기척이 들리면 반색을 하면서 맞이하게 마련이다. 아내는 괜히 아무것도 묻어있지 않은 남편의 옷을 털어주는 척하기도 하고, 남편은 평소에는 스스로 잘 벗던 양복도 아내가 벗겨줄 때까지 기다려 보기도 한다. 아이들이 있는 집은 용돈을 주는 날이기도 했다.

보너스를 받는 달에는 두툼한 월급봉투와 고기 몇 근을 사들고 집에 들어간다. 이날은 잔칫집 분위기다. 돼지고기가 듬뿍 들어간 김치찌개가 저녁상에 올려져 있고, 평소 아내가 그렇게 눈을 흘기던 소주병도 떡 하니 밥상 위에 놓여 있기도 했다. 또 아이들과 함께 외식을 할 확률이 가장 높은 날이기도 했다. 온 가족이 손을 잡고 나들이를 가는 풍경이 그려진다.

기쁨 속에는 항상 그만한 애환이 있는 것 같다. 월급쟁이 신세가 엄청 나아진 건 아니지만, 쥐꼬리만 한 공무원 월급은 항상 아픔을 동반했다. 아내들은 생활비에 쫓기듯 살아갈 수밖에 없었다. 남편과 아이들이 잠든 사이 몽당연필에 침 묻혀 가며 가계부를 적었다. 계산하고 또 계산하고, 세어보고 또 세어봐도 월급은 왜 항상 부족했었는지 모르겠다. 월급을 이리 쪼개고 저리 나눠 봐도 아이들 내복 하나 살 돈이 궁했던 시절이었다.

추운 겨울, 월급은 받았지만 아궁이에 들어갈 연탄은 낱개로 사다 써야 한다고 생각하면 한숨이 나왔다. 잠든 남편과 아이들의 얼굴을 바라보며 눈물짓던 아내가 어디 한둘이었을까? 그래도 다음날 아침이면 남편 기죽이지 않으려고 용돈을 떼어 준 뒤 배웅하고 나서, 터져 나오는 것은 한숨뿐이었다. 언제 돈을 모아 셋방살이를 면해 볼까를 생각하면 거대한 절벽이 내 앞을 가로막고 있는 것 같은 느낌에 무릎에 힘이 빠지던 시절이었다.

가장이 성실해서 월급을 꼬박꼬박 가져다주는 집은 그래도 괜찮았다. 어떤 가장은 월급봉투를 통째로 술집에 바치기도 했다. 한 달 내내 외상으로 먹은 술값에 울상이 되었다. 월급날이면 술집 주인이나 아가씨들이 회사 정문에서 진을 치던 풍경도 그리 낯선 것만은 아니었다. 외상값을 갚은 기념으로 또 한 잔 하고 집에 들어가면, 기다리다 지친 아내의 눈에서는 불꽃이 튄다. 그러다 남편 손에 든 빈 월급봉투를 확인하는 순간, 아내는 억장이 무너지며 울부짖는다.

누런 월급 봉투

그땐 그랬었는데."

누런 봉투의 월급, 현금을 꺼내 세어보고 또 세어보는 게 기쁨이고, 가장 큰 낙이고, 가장 뿌듯한 날이다

"삥땅"

누런 월급봉투 빈 봉투 하나만 얻을 수 없을까요? 직원들이 사정을 하는 날이다. 마눌님 모르게 삥땅을 치기 위해서이다.

7 2010년 12월 31일 밤샘작업 (예산 통과를 위한 지원업무)

예산결산특별위원회에서 근무할 때에는 예산안과 결산처리를 위해 밤샘을 할 때가 많았다. 눈에서 진물이 날 정도로 예산안과 결산을 수정하고 또 수정했다. 남들은 예산결산특별위원회가 법률안을 다루지 않아 편한 부서가 아니냐고 말하지만, 예결산 철이 되면 다른 부서 보다 두세 배 이상 힘든 곳이었다.

예산안과 결산 처리과정

예산안 심의 절차는 제출 - 회부 - 상임위원회 예비 심사 - 예산결산특별위원회 종합심사 - 본회의 심의의결 - 정부 이송 및 공고의 순으로 이어진다.

'제출'정부는 예산안을 편성하여 회계연도 게시 120일 전까지 국회에 제출하여야 한다. 예산안의 편성 및 제출은 정부만이 할 수 있다.

'회부'의장은 예산안을 소관상임위원회에 회부하고, 소관상임위원회는 예비심사를 하여 국회의장에게 보고한다. 본회의에서 예산안에 대한 정부의 시정연설을 청취한다.

'상임위원회 예비 심사'각 상임위원회는 예산안이 회부되면 "예산안 상정 → 제안설명→전문위원 검토보고→대체토론(소위원회 심사)→찬반토론→의결(표결)"의 순서로 심사. 상임위원회의 예비심사는 예산결산특별위원회를 구속하지는 않으나 예산특별위원회는 예비심사의 내용을 존중하도록 하고 있다. 상임위원회에서 삭감한 세출예산 각 항의 금액을 증액하거나 새 비목을 설치할 경우에는 상임위원회 동의를 얻어야 한다.

'예산결산특별위원회 종합심사'의장은 상임위원회의 예비심사를 거친 예산안을 예비심사 보고서를 첨부하여 예산결산특별위원회에 회부한다. 예산결산 특별위원회 심사절차: 제안설명→전문위원 검토보고→종합정책질의→부별심사 또는 분과위원회 심사→찬반토론→의결(표결)

종합정책 질의: 국무위원 전원을 대상으로 국정전반에 대하여 각 위원회 질의와 관계국무위원회 답변으로 진행

부별심사: 경제부처 또는 비경제부처로 심사대상 부처를 나누어 위원들의 질의와 관계 국무위원의 답변으로 진행

예산안등조정소위원회 심사: 종합정책 질의의 부별 심사과정에서 나타난 위원

들의 질의 및 요구사항, 소관상임위원회 예비심사결과를 토대로 예산안을 종합 조정하고 단일의 수정안을 마련하여 예산결산특별위원회 전체회의에 보고한다.

본회의 심의의결

예산결산특별위원회의 심사를 거친 예산안은 본회의에서 재적의원 과반수의 출석과 출석의원 과반수의 찬성으로 의결한다.

국회는 예산안 심의과정에서 그 규모 및 내용을 수정할 수 있으나, 금액을 증액하거나 새 비목을 설치하기 위해서는 정부의 동의를 얻어야 한다.

국회는 회계연도 개시 30일 전까지 의결하여야 한다.

'정부 이송 및 공고'국회가 의결한 예산은 정부에 이송되어 대통령이 공고한다. 법률과는 달리 예산의 공고는 효력 발생요건이 아니다.

결산 심의 절차

결산 심의 절차 - 제출 - 상임위원회 예비심사 - 예산결산 특별위원회 종합심사 - 본회의 심의의결로 이어진다

'제출'정부는 감사원의 검사를 거친 결산을 다음 회계연도 5월 31일까지 제출한다. 결산보고서에는 성인지결산서, 국가채무관리보고서 등을 첨부한다.

'상임위원회 예비심사'결산이 제출되면 소관상임위원회에 회부하여 예비심사

를 행한다

'예산결산특별위원회 종합심사' 예비심사를 거친 결산은 예산결산특별위원회에 회부된다.

예산결산특별위원회 심사절차: 제안설명 → 전문위원 검토보고 → 종합정책질의 → 부별심사 또는 분과위원회심사 → 결산심사소위원회심사 → 찬반토론 → 의결(표결)

'본회의 심의의결'예산결산특별위원회의 심사를 거친 결산은 본회의에 부의되어 의결한다. 결산의 심사결과 위법·부당한 사항이 있을 때에는 정부·해당기관에 시정 요구한다. 정부·해당기관은 시정요구를 받은 사항을 지체없이 처리하여 결과 보고한다.

예결특위에서 근무하는 모든 직원들이 힘들게 일을 하지만, 특히 주무관들이 많은 고생을 한다. 예산과 결산의 편집과정이 쉽지 않은 작업이었다. 예결산의 금액을 수정하고 편집하여야 하기 때문에 신경을 많이 써야 하고 집중해야 했다. 밤늦은 시간에 남편이 데리러 왔다가 이런 말을 했다. "국회 직원들 정말 고생하는구나. 국회 밖에서 볼 때는 그렇게 힘들게 일 한다고 생각하지 못했는데, 정말 고생한다."고 격려해 주었다.

예산결산특별위원회 회의장에서도 주무관들의 소관업무가 많다. 국회의원과 국무위원 등 100여 명이 모여서 회의를 하면 마이크 작동을 보좌해야 하고, 자료 세팅해야 하고 간식까지, 다방면에서 순발력을 발휘해야 한다.

국회 상임위원회나 특별위원회에 근무하는 주무관들은 무슨 일을 하냐고 묻는 경우가 많다. 국회의원의 회의 보좌와 사무 처리를 주된 업무로 하고 있다. 때로는 밤샘 또한 감당해야 한다. 회의장 내의 모든 것이 기록되고 후세에 유산으로 남기 때문일까? 국회의원이 참여하는 모든 회의장 업무는 최고의 집중력뿐만 아니라 순발력과 정확성이 요구된다.

제2회의장

예산결산특별위원회 제2회의장

제2장

◇◇◇◇◇◇◇◇◇◇◇◇◇◇◇◇◇◇◇◇◇

공무원에 대한 오해와 진실은?

1 이 시대에 공무원이 대세인가?

2년 넘게 코로나 19가 기승을 부리고 있다. 취준생들은 공무원이 되는 게 가문의 영광이라고 한다. 험난한 시대임에 틀림없다. 월급을 받지 못해 힘들어 하는 사람들도 많다. 직원들에게 급여는 주지만, 대표자인 자신은 한 푼도 가져가지 못하는 경우도 있다. 아니 대출을 해서 주는 대표도 있다. 이렇게 매달 진행하다 보면 문을 닫는 분들도 있다. 안타까움에 가슴이 먹먹해진다.

"공무원이 편하고 안정적이다."라는 말은 여기에서 나왔다. 본인 일만 하면 급여 걱정이 없다. 복지도 좋다. 정년이 보장되어 있다. 퇴직 후에는 연금이 있기 때문에 공무원이 대세라고 한다.

국회에서도 방역을 철저히 한다. 코로나에 걸린 직원이 국회에도 2,000명을 훌쩍 넘긴 지 오래이다. 국회를 방문한 유관기관 직원이 국회에 코로나 바이러스를 전파시키기도 하지만, 학교에 다니는 자녀를 통해 온 가족이 전염된 경우도 있다. 무증상으로 사무실에 출근했다가 난리가 난 적도 있다. 출근하지 말고 집에서 전화를 해야 한다. 무심코 출근하여 점심을 먹은 후 차를 마시다가, 우리 아이가 학교에서 코로나에 전염되었다고 말하자 사무실에서 격리해야 한다고 난리였다.

곧바로 퇴근하여 다른 직원과 같이 모두 PCR 검사를 받으러 갔다. 결과가 나올 때까지 집에서 격리생활을 해야 했다. 다행스럽게도 우리 사무실 직원 전원이 음성판정이 나왔다. 아직까지 코로나 접종을 하지 않은 사람은 일주일 집에서 격리되었다가 출근을 했다.

코로나는 공무원에게도 조용히 다가왔다. 철통같은 방역에도 슬금슬금 하나 둘씩 늘어나 2,000명이나 넘었으니 말이다.

공무원의 인기가 상승한다. 누구나 되고 싶어 한다. 취준생도, 공시생도, 알바생도, 특히 부모님들의 간절한 마음은 더 심하다. 조카도 병원에서 근무하지만 정년이 보장되어 있지 않다고 했다. 신분이 불안하니 공무원이 되고자 공부하고 있다. 직장에서 일하는 것도 힘들지만, 집에 오면 공무원 시험 준비를 한다.

"엄마! 시험준비 다 되었어요."
"그래, 우리 딸 '시험본다' 생각하고 집중, 준비 시작."

조카는 엄마 앞에서 시험을 본다. 시간은 40분. 그 시간 안에 4장을 풀기에는 빠듯하다. 아래한글, 엑셀, 파워포인트 등 편집을 잘해야 한다. 집중해서 해야 하니 손가락이 바쁘다.

엄마는 딸 옆에서 안타깝게 바라본다. 엄마 손가락도 딸과 함께 키보드를 두드리고 있다. 10분, 20분, 30분, 시간이 지날수록 가슴은 콩닥콩닥 뛴다. 엄마이기에 힘든 과정을 바라보고 있다. 40분이 되었다.

"이제 그만, 손 내려."

"엄마! 오늘은 조금 늘었어요. 기분 좋은 하루입니다."

얼마나 잘 보았는지 채점을 한다. 그래도 다행인 것이 엄마가 컴퓨터 선생님이기에 채점도 가능한 것이다. 딸에게는 다행이다. 이렇게 시험으로 하루를 마감한다. 엄마, 딸 모두 시험을 보고 채점이 끝나면 긴 숨을 쉬며 서로를 바라본다. 모의시험을 잘 본 날은 웃으면서 엄마를 쳐다보지만, 그렇지 않은 날은 풀이 죽는다.

"예쁜 딸! 오늘도 수고했다. 잘했다. 합격을 위해 좀 더 힘을 내보자. 파이팅!"

"엄마! 오늘도 성공입니다. 사무실에서 온종일 힘들었지만, 이렇게 엄마와 함께하니 기분이 좋아요."

오늘도 시험 준비에 한바탕 전쟁을 치르고 과일로 열기를 식힌다. 모의시험을 잘 본 날은 이불 속에서도 미소가 지어진다고 했다. 오늘 하루도 수고했다며 자신을 위로한다.

요즘 젊은 청년들은 안정된 직장을 위해 자신의 열정을 바친다. 어떠한 직장이든 정규직원이 되기를 소망한다. 우리 조카도 마찬가지이다. 고모 덕분에 공무원이 되기를 목표로 잡았다고 한다. 목표가 있으니 하루가 즐겁다고 한다. 공무원이 되면 60세까지는 정년이 보장되기 때문이다. 이래서 공무원이 대세라는 말을 하는 것 같다.

'조카가 한 번에 합격하기를 간절히 바라본다.'

실기시험 40분!

1. 하루에 한 번은 매일 시험 준비한다.
2. 행정실무원 시험 볼 때처럼 40분의 타임을 맞추고 준비한다.
3. 꾸준히 노력하는 자에게는 이길 자가 없다.

2 공무원 월급으로 살 수 있는가?

1979년 11월의 내 월급은 35,200원이었다. 공무원이 아닌 일반 회사에 다니는 사람은 최소 50,000원 이상 받았다. 은행에 근무하는 친구는 월급으로 150,000원을 받았다. 당시 최고의 직장이라고 여겨지던 은행에 취업하기로 마음먹었다.

"미스박! 여기에서 근무하는 것보다 은행으로 가는 것이 좋겠어."

"미스박의 주산 실력이 아깝구만. 실력 발휘도 하고, 월급도 많은 은행에 취직하는 것이 좋겠어."

1980년대 국회 직원들의 따뜻한 인정이 참 좋았다. 나랑 같이 근무하셨던 김우영 선생님은 공무원이 되는 것이 좋은지, 은행에 들어가는 것이 좋은지, 표를 만들어 장단점을 분석해 주셨다. 결론은 은행으로 가는 것이 좋다고 하셨고,

준비하라고 조언해 주셨다. 지방에서 서울로 온 나를 위해 은행에 들어가기 위한 문제지를 사 주시기도 했다.

키 166cm, 몸무게 50kg, 까무잡잡한 피부에 단발머리, 토끼처럼 뛰다시피 걸어가는 모양새 때문에 멀리서 보아도 나라는 것을 금방 알 수 있다고들 했다. 근무한 부서가 지출계여서 하루에도 은행을 20번 이상 왔다갔다했다. 군소리 없이 열심인 나를 직원들은 이쁘게 봐 주었다.

그러나 내가 아무리 멋을 내어도 촌티를 벗을 수가 없었던 모양이다. 사투리를 하는 내 모습이 재미있었는지 동료들이 자주 말을 시켰다. 내가 말을 할 때마다 사무실은 웃음바다가 되었다.

임시직인 내가 받는 월급은 정말 적었다. 고향에서는 국회 다닌다고 부러워했지만, 정작 나는 친구들 만나기가 겁이 났었다. 친구들은 나한테 대한민국 국회 직원이니까 커피값을 내라고 했지만, 내 월급이 박봉이라고 말할 수는 없었다.

국회의 구내식당 밥값은 400원이었지만, 선뜻 사먹기가 쉽지 않았다. 대부분 도시락을 싸와서 같이 점심을 먹곤 했다. 책상 위에 도시락을 꺼내놓으면 남자 직원의 아내의 음식솜씨가 그대로 드러났다. 동료들은 '하하', '호호' 웃으며 도시락을 먹었다. 그때의 도시락을 먹었던 즐거움은 잊을 수가 없다.

공무원으로 살아가기가 힘들었지만, 대다수가 열심히 근무했고 저축하며 살았다. 나는 버스요금과 점심값을 아껴서 국회 새마을금고에 저축을 했다. 박봉으로 생활하기 힘들었지만, 아끼며 살 수밖에 없었다.

사투리!

자주 쓰는 사투리를 표현하자면?

"후딱 후딱" = 빨리 빨리

"거시기를 거시기허라니까." = 그것을 이렇게 하라니까.

"그건 쪼까 거시기헌디" = 그건 조금 별로인 것 같은데

"허벌나게 맛있구마잉." = 정말 맛있다.

"거시기 거시기" = 말이 생각나지 않으면 거시기 무조건 거시기라고 한다.

3 공무원은 정말 철밥통인가?

철밥통의 대명사. 본래 철밥통이라는 게 공무원에 대한 정치적 중립성 보장과 부정부패 억제, 행정 안정성 유지 차원에서 만들어진 제도이다. 그나마 고급 공무원들은 외부에서 보는 눈이라도 많지만, 실무에 직접 종사하는 하급 공무원들(6급 이하. 대외적으로 주무관)은 외부에서 보는 눈도 거의 없다. 만약 처우가 좋지 않으면 이런 유혹에 너무나도 쉽게 빠지기 때문에 이들의 철밥통을 마냥 비난만 할 수도 없다.

물론 예외가 몇몇 있긴 한데, 1997년 외환위기 당시 공무원의 20% 정도가 명예퇴직된 적이 있고, 1961년 5.16 군사정변 때에는 공무원들에게 사표 제출을 요구했었다고 들었다.

국회도 예외는 아니었다.

1980년 초 출근을 했는데, 여기저기서 수군거리는 소리가 들렸다. 혀를 차는 소리가 들렸고, 며칠 뒤에는 난리가 났다.

"면직이라니!, 이렇게 억울할 수가 있나"

공문에 80명의 명단이 나왔다. 명단에 있는 분은 아무 소리도 내지 못하고 짐을 싸서 집으로 갔다. 공무원은 인사명령이 나면 그대로 따라야 한다. 하지만 80명의 동료들 중에는 발을 동동구르며 자신이 무엇을 잘못했는지, 면직 이유가 뭐냐며 항의하는 등 여기저기서 난리가 났다. 나는 들어온 지 얼마 되지 않아서 어리둥절할 뿐이었다.

인사명령 공문을 받은 그날로 짐을 싸서 집으로 돌아간 80명의 직원들은 면직을 받아들일 수 없었지만, 새로운 살길을 찾아야 했다. 소문에 의하면, 사업을 해서 돈을 많이 번 분들도 있었고, 어떤 분은 너무 억울해서 실명이 되었다는 얘기도 있었다.

10년이라는 세월이 흘러 면직된 80명의 동료들은 소송을 통해 복직이 되었다. 10년이라는 아픈 세월이 있었지만, 다시 근무하게 된 직원들은 많이 어색해했다. 복직해서 몇 년 근무하다가 정년퇴직하신 분들도 있고, 명예퇴직한 분들도 있었다. 법률에 근거해서 신분보장이 되기 때문에 공무원을 철밥통이라고 하는 것일까?

철밥통!

〈출처: 인터넷 뉴스〉

4 공무원은 승진이 느린가?

'승진'

가슴 설레며 기다리는 승진! 뒤처지지 않으면 기분 좋은 승진! 대부분 이변이 없는 한 6급까지는 승진을 한다. 나는 임시직으로 들어와 시험을 치러 기능직이 되었고, 국가공무원법 개정(법률 제11530호. 2012. 12. 11 개정. 2013.12.12. 시행)에 따른 인사발령으로 일반직이 되었다. 30년 만에 6급으로 승진하였다.

근무를 하면서 게으름을 피운 적이 없다. 항상 먼저 출근을 했고, 집안일보다는 직장일이 우선이었다. 공무원의 승진은 정말 느리다. 공무원의 승진 제도에 대해서 알아본다.

1) 승진제도

결원보충의 한 방법으로서 하위계급에 재직하고 있는 공무원을 상위계급에

임용하는 것

승진임용의 종류: 일반승진(심사승진, 시험승진), 근속승진, 특별승진, 공개경쟁 승진

승진임용 방법 및 기준: 근무성적평정·경력평정, 그밖에 능력의 실증에 따름 (국가공무원법 제40조)

2) 보통승진심사위원회

구성 설치: 임용권자 또는 임용제청권자 단위별

구성: 위원장 포함 3인 이상(부득이한 경우 2인 이상으로 구성 가능)

3) 위원회의 심사기준

- 근무성적의 평정결과
- 승진후보자 명부상의 순위
- 인사기록카드상의 평가 결과(다면평가를 실시한 경우 다면평가 결과를 포함할 수 있음)
- 필수보직기간 이상 재직경력 보유 여부
- 당해계급에서의 근무연수
- 전문성, 업무추진 역량 및 업무개선 실적 및 성과(창의적이고 적극적인 업무추진, 업무개선, 규제완화, 민원처리, 예산절감 등 성과 창출)
- 당해 기관의 보직경로 및 보직관리기준(임용령 제48조 제1항 제1호에 의한 인사교류 포함)
- 금품 및 향응 수수, 공금 횡령·유용, 음주운전 등 각종 범죄경력
- 기타 경력, 전문성, 인품(국가관, 충성심, 청렴도, 신망도, 책임감 등), 역량(기획·연구·집행 능력, 업무추진능력, 지휘·통솔능력 등), 포상 등 국가에 기여 여부 등

4) 승진소요 최저연수

승진소요 최저연수가 경과해야 일반승진, 근속승진, 특별승진(1호, 3호) 가능

4급: 3년 이상

5급: 4년 이상

6급: 3년 6개월 이상

7급 및 8급: 2년 이상

9급: 1년 6개월 이상

5) 승진소요 최저연수 계산에서 제외되는 기간

휴직·직위해제·징계처분기간 및 임용령 제32조에 따른 승진임용 제한기간

6) 근속승진

대상계급 및 근속승진 기간(임용령 제35조의4 제1항~제3항)

7급: 11년 이상 / 8급: 7년 이상 / 9급: 5년 6개월 이상

기본운영원칙 근속승진은 승진후보자명부 작성 단위기관별로 운영 「직제상」 정원표에 상위계급의 정원이 없는 경우에도 근속승진기간을 초과하는 인원수만큼 상위계급에 결원이 발생된 것으로 간주, 6급 근속승진은 7급 11년 이상 재직자 중 매년 성과우수자 40%를 근속승진

※ 6급 근속승진 인원범위 30% → 40%로 확대('19.11.5. 공무원 임용령 개정)

7) 특별승진

승진임용의 제한사유(임용령 제32조)가 없는 자 중, 아래 요건을 충족한 자는

특별승진 임용될 수 있다.

8) 승진임용의 제한

승진임용 제한 대상(임용령 제32조 제1항·제2항) 징계처분 요구 또는 징계의결 요구, 징계처분, 직위해제, 휴직 또는 시보임용 기간 중 다만, 공무상 질병휴직 중인 자가 명예퇴직하거나 공무로 사망한 경우 특별 승진이 가능하다

아무리 승진이 늦어도 5급 사무관 대우까지 왔으니 대단하다고 생각한다. 끝까지 한 우물을 판 결과이다. 10대 후반에 국회에 들어와 60대 초반까지 근무하였으니, 내 인생의 절반은 공무원에 몸담은 것이다. 승진이 늦다 하여도 너무 늦은 듯하다.

느린 거북이!

〈출처: 인터넷 사진〉

5 공무원은 칼퇴(정시퇴근)가 가능한가?

공무원은 항상 칼퇴를 한다는 편견을 가진 사람들이 매우 많다. 취준생들은 물론, 심지어는 현직 사기업 직장인들조차 공무원들은 무조건 정해진 시간에 칼퇴를 한다고 잘못 아는 사람들이 많은데, 그렇지 않다.

요즘 국회는 상시국회이다. 회의가 있는 날은 전날부터 늦도록 준비한다. 밤에 자료가 늦게 나오는 날에는 새벽 6시부터 발간실에 가야 한다. 정시의 칼출과 칼퇴는 어림도 없다. 회의가 끝난 후에도 해야 할 일이 많다.

법사위 행정실에 근무할 때는 새벽에 퇴근하기도 하고, 집에 못 간 적도 많다. 우리나라 모든 법안이 법사위를 거쳐야 하기 때문이다. 그 많은 법안들이 한 치의 오차도 없어야 한다. 법안이 들어오면 정리를 한다. 소관 법안, 타위원회 법안, 전체 계류, 소위 계류, 통과 법안 등 회의가 끝나고 나면 정리하는 것도 내 몫이었다.

“칼출근은 정해진 시간에 출근하는 것을 말하며, 줄임말로는 ‘칼출’”

공무원이 칼출을 하는 경우는 많다. 대체로 9시 정각 직전에 출근해서 업무를 보는 경우가 많다. 그러나 실제로는 오전 8시까지 모두 도착해 업무 준비를 하고 있어야 되는 상황이 부지기수이다. 특히 정부청사, 도청, 특별시청, 광역시청 같은 곳은 오전 8시에 출근하면 상당히 늦게 출근한다는 소리를 들을 정도이다. 실제 정부청사, 도청, 특별시청, 광역시청 같은 곳은 새벽 5시부터 업무를 시작하는 경우도 태반이다.

물론 당연하다면 당연하겠지만, 정시 출근이 올바른 것이다.

실제로 대기업 역시 말이 좋아 칼출근 & 칼퇴근을 칼같이 지킨다고 하지, 실제로는 직장상사들이 칼출근 & 칼퇴근을 할 것을 부하 직원들에게 강권해도 부하 직원들이 알아서 조출 &야근을 하는 경우가 많다. 조출 & 야근을 하지 않고 정시출근 & 정시퇴근을 하면 살인적인 업무량을 감당하지 못하기 때문이다. 더욱 충격적인 것은 절대다수의 대기업 직원들은 집에 가서도 마음껏 쉬지 못하고 공부를 해야 된다. 냉정하게 말해 취침시간, 식사시간, 세면시간을 제외하고 하루 종일 일에 투자를 해야 하는 사람들이다.

위원회에 근무하는 조사관들은 정시 퇴근보다는 밤 11시가 넘어야 퇴근하는 일이 많다. 공무원들도 본인이 맡은 일에 따라 출근이 빠르거나 퇴근이 늦기도 한다.

국회가 하는 일

국회사무처는 국회의장의 지휘·감독을 받아 국회 및 국회의원의 입법활동을 지원하고 국회의 행정 업무를 수행한다.

❖ 입안과정

국회의원이 법제실에 법률안 입안을 의뢰하면 다음과 같은 과정으로 입안지원이 이루어진다. 공무원은 모든 국민에게 평등해야 하므로 일반적인 기업과는 다르게 일처리가 상당히 경직되어 있을 수밖에 없다.

모든 업무를 공정하게 진행해야 하는 공무원은 국민 입장에선 다소 답답하게 보이더라도 경직적으로 일처리를 진행할 필요가 있다. 공무원을 비판할 때 유연하지 않은 일처리를 이유로 비판하는 것은 정당한 비판이라고 보기는 어렵다. 특히 감시 없이 지나치게 많은 권한을 주게 되면 월권행위가 일어날 수도 있다.

❖ 국회의 회기

국회는 일정한 기간을 정하여 개회되며, 그 기간을 회기라 한다. 국회는 회기 동안 활동능력을 가지며 안건을 심사한다.

❖ 정기회

집회는 매년 9월 1일에 집회하되 그날이 공휴일인 때에는 그 다음날에 집회한다. 회기는 100일 동안 한다.

주요활동은 다음 연도의 예산안을 심의·확정하며, 법률안 및 기타·안건을 처리하고, 국정에 관한 교섭단체 대표연설 및 대정부 질문 등을 실시한다.

❖ 임시회

집회는 대통령 또는 국회 재적의원 4분의 1이상의 요구 시, 재적의원 4분의 1이상의 국정조사 요구 시 30일 이내로 한다.

주요활동은 주요 현안에 대하여 정부측 설명을 듣고 대책을 논의함. 법률안 및 기타 안건을 처리한다.

6 법률은 방망이로 뚝딱 만들어지는 것인가?

법률안이 공포되기까지 수많은 절차가 있다. 국회에서 가장 큰 업무는 법률안을 만드는 과정이다. 법률안이 어떻게 만들어지는지 쉽게 풀어보겠다.

"법률안 처리과정"은 제안(제출) → 위원회 회부 → 입법예고 → 위원회 심사 → 법제사법위원회 체계자구 심사 → 전원위원회 심사 → 본회의 심의의결 → 정부이송 → 대통령의 거부권 행사 → 공포

'제안(제출)' – 국회의원 10인 이상의 찬성으로 제안되어야 한다.(위원회도 그 소관에 속하는 사항에 관하여 법률안 제안)

정부 제출은 국무회의 심의를 거쳐 대통령이 서명하고, 국무총리 및 관계 국무위원이 부서하여 제출해야 한다.

'위원회 회부'– 국회의장은 법률안이 법의 또는 제출되면 이를 의원에게 배부하고, 본회의에 보고한 후(폐회, 휴회 등으로 보고할 수 없을 때에는 생략) 소관위원회에 회부하여 심사하도록 한다.

❖ 입법 예고

'위원회 심사' – 상임위원회: 위원회는 회부된 법률안에 대하여 위원회 상정 → 제안자 취지설명 → 전문위원 검토보고 → 대체토론 → 소위원회 심사보고 → 축조심사 → 찬반토론 → 의결(표결)의 순서로 심사한다.

'법제사법위원회 체계자구 심사' – 법제사법위원회: 위원회의 심사를 마친 법률안은 법제사법위원회에 회부되어 체계자구 심사를 거쳐야 된다.

'전원위원회 심사' – 체계자구 심사를 거친 법률안은 본회의에 상정되어 심사보고, 질의토론을 거쳐 재적의원 과반수의 출석과 출석의원 과반수의 찬성으로 의결된다.

'정부이송' – 국회에서 의결된 법률안은 정부에 이송되어 15일 이내에 대통령이 공포한다.

'대통령의 거부권 행사' – 법률안에 이의가 있을 때 대통령은 정부이송 후 15일 이내에 이의서를 붙여 국회로 환부하고, 그 재의를 요구할 수 있다.

재의 요구된 법률안에 대하여 국회가 재적의원 과반수의 출석과 출석의원 3분의 2 이상의 찬성으로 전과 같은 의결을 하면 그 법률안은 법률로서 확정된다.

정부이송 후 15일 이내에 대통령이 공포하지 않거나 재의 요구를 하지 않을 경우 그 법률안은 법률로서 확정된다.

'공포' – 대통령은 법률안이 정부에 이송된 지 15일 이내에 공포하여야 한다.

법률로 확정되거나, 확정 법률의 정부이송 후 5일 이내에 대통령이 이를 공포하지 않을 경우 국회의장이 공포한다.

법률은 특별한 규정이 없으면 공포한 날로부터 20일을 경과함으로써 효력을 발생한다.

각 상임위원회에서 법안이 회부되어 오면 접수하면서 상임위원회는 바빠진다. 담당 조사관들은 검토보고 쓰기에 집중한다. 부처의 의견도 듣고 검토보고를 쓰면서 수석전문위원과 의견을 나눈다. 그 후 주무관들은 편집하고, 발간하며, 회의에 지장이 없도록 회의장에 자료를 세팅한다. 전체회의에 상정하고 소위원회에 회부하여 소위원회 회의를 한다. 이때 수석전문위원님의 검토보고로 소위원회를 진행한다. 소위원회에서 의결한 후 전체회의에서 의결하면 법제사법위원회에 회부한다.

법제사법위원회에서 본회의로 이송되어 본회의 심의 의결되면 정부 이송하고, 법률안이 공포되면 법률안이 효력을 발생한다.

❖ 맞춤서비스

회원가입을 한 후 목록 형태로 제공되는 최근 국회접수 제정·개정법률안에서 관심 법률안을 선택함으로써 해당 법률안의 국회 심사정보를 제공받을 수 있다.

❖ 의안 정보시스템

국회는 법률안, 예산안, 동의안 등을 심의하여 헌법이 요구하는 국회의 기능을 수행하고 국민의 의사를 국정에 반영하게 된다.

이와 같이 국회에서 심의하는 법률안, 예산안, 동의안 등과 같은 안건을 의안이라고 부른다. 의안 정보시스템 사이트에서는 처리된 의안, 계류 중인 의안, 의안통계 등을 볼 수 있다.

❖ 국회 입법예고

입법예고는 위원회에 회부된 법률안을 심사하기 전에 위원장이 그 법률안의 입법 취지와 주요 내용 등을 국회공보 또는 국회 인터넷 사이트에 게재하는 방식으로 국민들에게 알리고, 국민들은 법률안에 대해 의견을 제시할 수 있는 제도이다. 입법예고 사이트에서는 진행 중인 입법예고와 종료된 입법예고를 볼 수 있다.

❖ 심사경과 현황

심사경과 현황은 법률안의 현재 국회심사 상태정보를 말한다. 법률안의 국회심사 과정을 다음과 같이 7단계로 구분한 현황정보를 제공한다.

❖ 심사경과 현황도

법률안 접수 → 소관위 회부 → 입법예고 → 소관위 상정 → 소관위 의결 → 본회의 상정/의결 → 정부 이송

이처럼 고생했지만 국회의원 임기(4년)가 끝날 때까지 처리되지 아니하면 공포

되지 못한 법률안은 자동 폐기된다. 법률안이 방망이로 뚝딱 만들어지는 것은 아니다. 수많은 사람들이, 그리고 국회의원, 직원들의 수고가 아니면 절대 법률안은 만들어지지 않는다.

의장 의사봉!

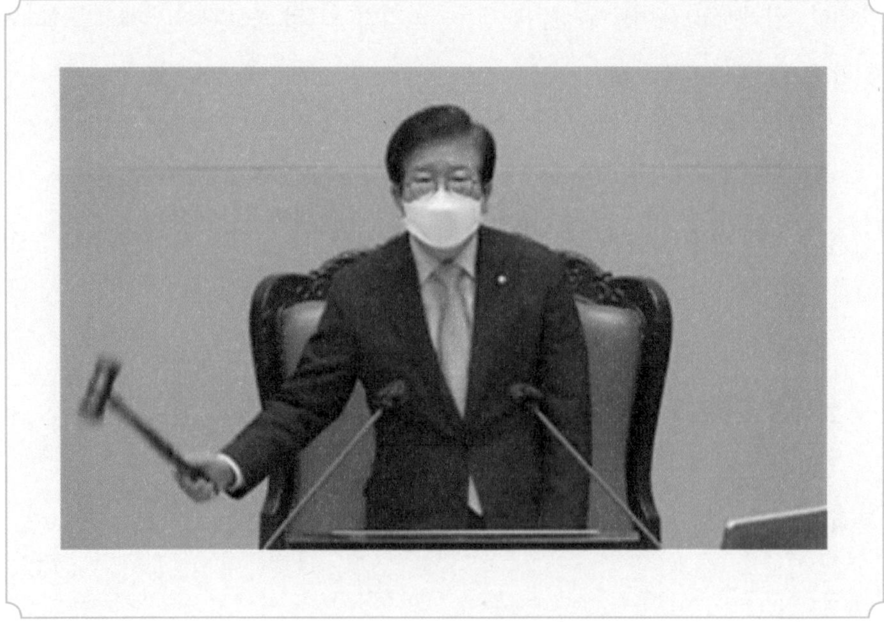

7 국회의원실 보좌직원은 더 필요한가?

국회의원실에서 근무하는 보좌직원 중에서 가장 높은 직위는 4급 보좌관 국회 공무원이다. 공무원의 분류에서는 특수경력직 공무원이자 별정직 공무원에 속한다. 각 의원실마다 2명의 보좌관이 있다.

보좌진들은 국정감사, 선거 등 국가행사가 있는 시기가 되면 죽도록 고생한다. 퇴근도 못 한다. 평소에도 휴일근무와 야근이 잦은 편이며, 일이 많아지면 아예 국회에서 숙식을 하는 경우도 허다하다. 공무원이지만 지향하기엔 힘든 환경이다.

국회의원의 임기에 맞춰 그들의 직장도 최대 4년 동안 유지될 수 있는데, 국회의원의 의지에 따라, 혹은 본인 의지에 따라 중간에 면직될 수 있다. 그러나 보좌관 본인의 선택으로 의원실을 옮기는 경우도 있어 상당히 유동적인 직업이지만 안정성이 높은 편은 아니다.

신분이 보장되지 않는 특수경력직 공무원이기 때문에 비정규직과 유사하다고 볼 수 있다. 그렇긴 해도 총 근무연수 10년을 채울 경우 공무원 연금을 받을 수 있다. 안정적인 직종은 아니지만, 능력이 출중한 보좌관의 경우에는 스카우트되는 사례가 많아 오랫동안 근무할 수 있다.

국회의원 보좌관 출신으로 정계에 입문하여 국회의원 등 선출직 의원이 된다든지, 보좌하던 의원의 지역구를 물려받는 경우도 있다. 사실 유능한 보좌관의 경우 함께 일하던 국회의원이 낙선하더라도 다른 의원실에서 근무하게 되는 경우도 많다.

2015년 통과된 공무원 연금법 개정안에서 공무원 연금의 최소 납입기간이 20년에서 10년으로 단축되었으며, 보좌관 경력만으로 공무원 연금을 탈 수 있는 수혜자들이 앞으로 크게 늘게 되었다. 사실 9급 출신 공무원을 기준으로 10년 정도의 근무 경력만으로는 연금 수령액이 월 몇십만 원 정도밖에 안되지만, 보좌관은 급수가 4급이기도 하고, 호봉도 가산되기 때문에 기본급이 높게 책정되어 있다. 따라서 10년 만 근무하여도 적잖은 공무원 연금을 받을 수 있게 된다.

직급별 업무로 알아보면 다음과 같다.

국회의원 보좌관은 총 9명으로 4급 보좌관 2명, 5급 선임비서관 2명, 6급/7급/8급/9급 비서관 각 1명, 인턴 1명으로 구성된다. 보좌관들은 정무, 정책, 비서 업무 등 다양한 업무를 수행하는데, 과거 3명~5명 정도였던 시절에는 모든 것을 할 줄 알아야 했지만, 현재처럼 인원이 늘어나면서 업무가 분화되었다.

가장 일반적인 예는 보좌관들을 총괄하는 수석 보좌관과, 지역구를 담당하는 지역구 보좌관, 그리고 운전기사를 겸하는 수행비서, 행정비서 각 1명씩 두고 나머지는 전부 정책을 담당하는 경우이다. 그러나 어떤 업무에 가중을 두는가에 따라 다양한 조합이 가능하고, 실제로도 의원실마다 조금씩 다르다.

국회의원회관

제3장

◇◇◇◇◇◇◇◇◇◇◇◇◇◇◇◇◇◇◇◇◇

왜 공무원을 좋은 직업이라고 하는가?

1 정년이 보장된다

정년이 보장된다는 것은 법률이 정한 정년까지 자신의 일자리가 없어질까에 신경 쓰지 않고 출근할 수 있다는 것이다. 고용이 보장되기 때문에 공무원을 선호하는 것이다.

대학, 대학원을 졸업한 직장인들이 60살 정년까지 가기는 쉽지 않다. 일하는 중에 조기퇴직이나 명예퇴직으로 회사를 떠나게 된다. 요즘은 입사 5년차도 희망퇴직 대상자가 되는 세상이다. 나는 1979년에 국회에 들어와 43년간 근무하고 2022년 6월 30일에 퇴직한다. 근무를 열심히 한 것도 있지만, 공무원이었기에 긴 세월을 국회라는 울타리 안에서 보낼 수 있었다. 정년퇴직은 친구들의 부러움을 한몸에 받기도 하는 일이다.

공무원의 장점으로는 학력·성별·나이·경력에 차별 없이 응시 가능하다는 것이다, 일반 사기업을 준비하는 학생들은 '스펙'을 쌓기 위해 학점, 토익, 어학연수, 공모전, 인턴, 각종 대외활동 등 많은 것을 준비하지 않으면 취업하기 어렵다.

공무원의 신분은 법으로 보장된 신분이다. 정당한 사유 없이 면직, 휴직 등 신분상의 불이익을 당하지 않는다. 법에 저촉되지 않으면 정년인 만 60세까지 근무 가능하다

공무원 연금제도는 매력적인 제도이다, 기여금은 연금 급여에 소요되는 비용으로 공무원 개인이 다달이 봉급에서 내는 금액을 말한다.

매년 지급되는 복지포인트는 개인차에 따라 차등하게 지급된다. 별도의 복지전용카드를 사용한 후 정산하는 방식으로 공무원 연금 매장과 병원, 식당, 서점, 등산용품 등에서 사용할 수 있다.

공무원은 정년이 보장되어 좋기도 하지만 단점도 있다. 업무 난이도에 비해 낮은 임금에 시달린다. 공무원의 본봉은 매우 적고, 대신 수당이 있다.

초과 근무수당 상한선이 제한된다. 공무원은 하루 최대 4시간 정도 초과 근무수당이 지급되며, 4시간을 초과하게 되면 그 이상 초과근무를 해도 4시간의 초과수당만 받는다. 1개월에 최대 인정되는 초과 근무시간은 57시간이다. 부서에 따라서는 1개월에 57시간보다 많이 초과근무를 하는 곳도 적지 않은데, 이런 경우 57시간보다 더 일한 시간은 무료봉사를 하게 되는 것이다.

성인병 등 각종 질환에 시달린다. 절대다수의 공무원들은 행정직 업무를 수

행하기 때문에 사무실 안에서 근무를 하는 경우가 매우 많다. 그렇기 때문에 몸을 거의 움직이지 않아 비만, 당뇨, 고혈압, 두통, 치질, 거북목 증후군 등 전형적인 사무직의 직업병들을 앓고 있다. 그렇기 때문에 공무원들은 여타 직장인들보다도 운동을 훨씬 열심히 많이 해야 한다. 공무원들은 언제나 존경받고 품위 있는 모습을 보여주는 품위유지 의무를 엄격하게 지켜야 된다는 점에서 정신적인 스트레스를 받는 일이 있다.

공무원 연금이 개정되어 오히려 국민 연금보다 못한 상황이 될 수도 있다고 한다. 직업 안정성이 매우 낮을 수도 있다. 공무원은 조그만 범죄를 저질렀을 경우, 법적으로 당연 퇴직 시키도록 정해져 있다. 공무원은 만만한 직장이 아니다. 오히려 대기업 이상으로 압도적으로 힘든 경우가 많다.

공무원은 범죄를 저지르지 않으면 쉽게 면직되지 않는다. 그렇다보니, 능력보다는 인간성을 상당히 중시하는 경우가 많다. 개인주의적 성향이 매우 강한 1990년대 생부터는 불합리한 것에 대해서 참지 못하고 직장상사들에게 이의를 제기하는 경향이 높다.

공무원들은 전체적으로 사무직 업무를 수행하기 때문에 문서 작성을 잘해야 된다. 대기업 사무직 직원들보다도 훨씬 더 많은 문서를 작성하는데, 공문 작성은 국민들의 혈세로 만들어지기 때문에 단 한 차례의 실수조차 있어서는 안 된다. 현직 공무원들은 어떻게든 워드, 엑셀, 파워포인트 이 3가지를 마스터하면 좋다. 공무원들은 문서로 말한다고 한다.

어려운 시기에 60세까지 정년이 보장되어 있는 공무원이 되기 위해 준비하는 공시생들이 계속 늘어나고 있다. 돈을 많이 버는 대기업으로 갈 것인가, 아니면 정년이 보장되어 있는 공무원 세계로 발을 디딜 것인가는 개인의 가치관 차이라고 생각한다.

메신저 화법!

⊙ 메신저 화법의 10가지 비밀

1. 바로 행동을 하게 만든다.
2. 반복해서 머리에 각인시킨다.
3. 같은 표현도 세련되게 말한다.
4. 시작은 부드럽고 짧게 말한다.
5. 팩트만 말한다.
6. 메시지를 스토리에 담아 말한다.
7. 의미를 담아 쉽게 말한다.
8. 예리한 송곳처럼 심플하게 말한다.
9. 근거가 있는 이야기로 이끈다.
10. 마지막 말은 하고자 하는 말로 집어주며 마무리한다.

2 월급이 밀리는 일이 없다

공무원 생활 43년 동안 월급을 받지 못한 적이 없다. 매달 25일이 되면 꼬박꼬박 월급을 받았다.

1980년도에는 수기로 월급 내역이 작성된 누런 봉투 속에 들어있는 현금으로 월급을 받았다. 25일은 마음이 두둑한 하루였다. 십일조 내고, 한 달 용돈 2,000원으로 살아야 했다. 너무 적은 용돈이었지만, 한 달 내내 월급봉투를 가지고 다니면서 아껴두었다가 새마을금고 출자금 예금통장에 입금하고 나면 혼자 웃음을 지을 수 있었다.

하는 일에 비해 적은 보수, 평균 합격 나이대인 20대 후반 기준 승진 상한선에 한계가 뚜렷함에도 불구하고, 본인이 스스로 그만두지 않는 한 정년까지 근무할 수 있었다. 호봉 승급에 따른 급여 인상과 튼튼한 복지를 비롯하여 출퇴근 시간이 보장되어 있으며, 휴가와 수당에 대해 눈치를 안 봐도 되는 점이 나에겐 긍정적으로 받아들여졌다.

9급 공무원은 박봉이었다. 9급 공무원에 대한 과거의 인식은 '먹물'의 심리적 하한선으로 갈 수 있는 직종 정도였다. '면서기 박봉' 키워드를 입력해 보면, 과거 시대를 살았던 사람들의 얘기들을 들을 수 있다.

'양반의 자손이라면 공부 열심히 해서 하다 못해 면서기라도 해야 한다'는 식의 이야기가 당시에 나왔던 것으로 보았을 때 과거 9급 공무원의 지위가 현재의 9급 공무원의 지위보다 대책 없이 낮았다고 할 수 있다.

과거와 현재의 9급 공무원의 지위를 비교할 때 극명한 차이점은 '대졸자'의 비중이다. 외환위기 이전의 기업들은 높은 부채비율을 바탕으로 공격적인 투자를 진행했으며, 이 때문에 사원을 많이 뽑았다. 그리고 노동자들도 대기업에 취업하기가 쉬웠다. 따라서 대우가 다소 밀리는 7, 9급 공무원에 매달려야 할 이유가 없었고, 그러다 보니 고졸자들이나 대학 중퇴자 등 대기업 입사가 어려운 사람들이 9급 공무원에 도전하는 분위기가 되었기 때문에 과거의 인식을 가지고 있던 사람들은 '대졸자들이 9급 공무원에 도전하는' 세태를 이해하지 못하는 것이다. 1990년대 이전에는 권위주의적인 사회 풍토 때문에 뒷돈을 받거나 향응 접대를 받을 수 있었고, 전산화 이전이기 때문에 서류를 조작해 부정을 저지를 여지가 많았다고 한다.

1997년 외환위기에 이르면서 이러한 사회적 분위기에는 대격변이 일어나게 되었다. 사기업은 사원을 많이 채용하는 것이 정리해고의 부담을 안는 행위라는 인식 하에 최소한의 사원만을 채용하기 시작했고, 채무도 최소한으로 줄였다. 노동자들 역시 사기업에 입사한 후 운이 나쁘면 40대에도 퇴직해야 한다는 불안감이 생겼다.

공무원이라고 자녀의 대학 등록금이 지원되는 것은 아니고, 국가장학금 면에서도 대체로 손해를 보는 편이지만, 학자금에 대해서는 전액 무이자 대출로 지원된다. 그뿐만 아니라 신원보장과 기대수익이 확실해 고액을 저이자로 대출할 수도 있다. 그 외에 중년 이상이 되면 암 등으로 투병생활을 길게 할 수도 있는데, 몇 개월쯤 와병을 해도 잘릴 걱정 없이, 병원비 걱정 없이 보낼 만한 직업은 공무원 외에는 거의 없다. 안정성 면에서 최상의 조건을 최말단 9급부터 보장받다 보니 공무원의 인기가 올라가기 시작했다.

경제위기 극복 후 국가 경제가 전체적으로 저성장에 돌입한 뒤, 국내 기업들은 노동단가가 저렴한 국외로 생산시설을 이전하였다. 그 결과 국내의 일자리는 많이 줄어들게 되었으며, 외환위기 등의 굵직한 경제 위기가 한 번씩 터져 준 이후로 노동시장의 유연화는 점차 증대하였다. 중견기업, 심지어 대기업에서도 40대 중반에 정리해고를 당하는 경우가 생기고, 신규 일자리도 고용 안정을 보장할 수 없는 비정규직 일자리가 크게 증가함에 따라 안정적인 일자리 선호 현상이 생겼다.

IT 혁신 이후 인터넷 강의 인프라가 확대되고, 정보 공유가 원활해진 이후에는 공무원 시험 학원도 대형화되었다. 공무원 시험 선호 현상은 사회적 현상으로 자리잡게 되었다. 종전에도 노량진에 공무원 시험 학원이 없었던 것은 아니었으나, 이 시점을 기점으로 노량진 학원의 주류는 공무원 시험 학원 위주로 크게 바뀌었다.

일반 회사는 몇 년씩 급여를 받지 못하고 생활에 허덕여 왔다. 한 집안의 가장들은 이직하는 경우가 많았다. 국가 경제가 힘들어지니 모두들 공무원이 되길 희망하였다. 박봉이라고 해도 월급이 밀리는 일이 없기 때문이다. 40년 전에는 공무원 월급이 은행 월급보다 3배 정도 작았다. 내 경우에는 임시직이어서 5배 이상 차이가 났다. 안되겠다 싶어 은행 취직시험 준비를 하고 있을 때 기능직을 뽑는 시험이 있어 방향을 바꾸어 국회에 그대로 남게 되었다. 지금 생각하면 은행에 입사하지 않고 공무원으로 남아 있었던 것이 참 다행이라는 생각이 든다. 퇴직을 앞두고서도 매월 월급을 받고 있으며, 거기에 연금까지 받을 생각을 하니 노후에도 생활 걱정이 없기 때문이다.

정년퇴직

⊙ 정년퇴직을 앞두고 챙겨야 할 일

1. 43년간 일한 자신에게 줄 선물 준비
2. 퇴직 10년 전부터 적금건강을 위하여 적금 임플란트를 위하여 치아보험 가입여행을 위하여 적금 크루즈여행(세계일주)을 위하여 적금고마운 분들과의 식사를 위해 적금

⊙ 제2의 인생! 봄소식을 알리는 새싹처럼 나의 인생 또한 봄이 시작될 것이다.

3 자기 할 일만 잘하면 된다

공무원은 자기 할 일만 잘하면 된다. 인사명령에 따라 부서가 옮겨지면 업무도 달라진다. 특히 위원회에 근무를 하게 되면 더욱더 그러하다. 법안이 들어오면 조사관들은 법안을 파악하고, 자료를 수집하고, 검토보고서 소위원회 자료를 만든다. 만들어진 자료를 수석전문위원과 계속 수정하여 자료가 완성된다.

자료가 완성된 후 주무관은 편집하여 발간 의뢰한다. 발간된 자료를 회의장에 세팅한다. 하나의 오차도 없어야 한다. 각자 맡은 업무를 잘하면 된다. 회의가 있는 날에는 긴장한다. 실수가 없어야 하기 때문이다. 회의전 세팅은 잘되었는지, 회의장이 덥진 않은지, 마이크는 잘 작동되는지 등을 체크한다. 회의가 시작되면 직원들은 긴장 속에 있는다.

자기 일을 소홀히 하면 큰일 난다. 누가 뭐라 해도 자기 할 일은 확실하게 책임져야 한다. 그래야 무난하게 회의를 마칠 수 있다.

회사에는 크게 두 가지 유형의 직원이 있다.

'소 같은 직원과 여우같은 직원이다.' 소 같은 직원은 소처럼 일을 한다. 상사가 무슨 일을 시키든 조용하고 성실하게 한다. 반면 여우같은 직원은 업무를 할당받으면 조용히 일하지 않는다. 자신이 맡은 일이 얼마나 어려운지 주변 사람들과 상사에게 계속 어필한다. 그리고 자기가 일을 잘하고 있다고 은근슬쩍 떠벌려서 자신이 유능한 직원임을 주변 사람들에게 각인시킨다. 시간이 지나면 여우같은 직원은 일을 잘하든, 못하든 정말 유능한 직원으로 인식된다.

나는 소 같은 직원이다. 업무를 전달받으면 성실히 처리한다. 일이 아무리 힘들어도 전혀 내색하지 않는다. 주변 사람들에게 내 일이 얼마나 어렵고 힘든지, 맡은 일로 인해 내가 어떤 어려움을 겪고 있는지 말하지 않는다. 그저 묵묵히 처리할 뿐이다. 끝날 때까지 상사에게 한 번도 가지 않고 조용하고 우직하게 맡은 일을 처리한다. 그 결과 어떻게 되었을까? 나는 그저 그런 직원이 되었다. 일을 못하는 것도 아니고, 잘하는 것도 아닌 평범한 직원이 되어 있다. 그러다 보면 진급은커녕 내 성과를 입증할 만한 뚜렷한 지표가 없었다. 그저 맡은 일만 소처럼 하다 보니 내가 얼마나 성과를 냈는지는 아무도 모른다. 그저 누구나 할 수 있는 만큼만 일한 것이 되고 말았다.

직원 중에 여우같은 직원이 있다. 일을 하면서 엄청나게 투덜댄다. 굉장히 고난도의 일을 처리하는 듯 업무 내용이 까다롭다고 구구절절 주변 사람들에게 설명하고, 끊임없이 주변 동료들에게 알린다. 업무와 관련해서 일이 많다고 동료들에게 계속 전한다. 상사에게는 두말할 것도 없다. 자기는 굉장히 어려운 일을 맡았고, 이런 점 때문에 자기 일이 어렵다고 계속 어필한다.

평가는 어찌 받을까? 투덜이가 되지 않았냐고? 아니다. 유능한 직원으로 인식되기 시작했다. 늘 어려운 일을 맡은 직원이고, 어떤 어려운 일이든 능히 처리하는 직원이 되었다. 그 결과 그는 누구보다 빠른 승진으로 이어졌다.

퇴직을 앞두고 지난 일들을 회상해 보니 어떤 것이 옳은지는 알 수 있다. 승진이 좀 늦어지더라도 자기 할 일을 묵묵히 하는 사람들이 있었기에 회의가 순조롭게 진행되지 않았나 싶다. 43년차인 나는 소처럼 일하라고 말하고 싶다. 아무도 모를 것이라고 하지만, 다 알고 있다. 겉으로 보여지는 것이 다는 아니다. 자기가 맡은 일을 묵묵히 잘한다면 임시국회, 정기국회 등 모든 것이 잘될 것이다.

하찮다고 생각하는 단순 업무에도 충실하지 않으면 회의에 큰 낭패를 본다. 어느 것 하나 놓쳐서는 안된다. 회의가 무사히 끝나면 안도의 한숨을 쉰다. 몸은 피곤에 젖어 있지만 기분만은 최고이다. 오늘도 열심히 일한 나에게 가슴에 손을 얹고 칭찬을 해준다.

"참 잘했다."
"오늘도 수고했어요."

직원들은 안도의 숨을 쉬며 내일의 회의를 준비한다.

서도나, 까로도 감사

"서도나" 감사

그래서 감사 / 그래도 감사 / 그러나 감사

"까로도" 감사

그러니까 감사 / 그러므로 감사 / 그럼에도 감사

4 공무원 연금, 확실한 노후보장

공무원 연금! 확실한 노후보장!

공무원 생활은 박봉임에도 연금이 있어 견딜 수 있었다. 42년 전 임시직으로 시작된 내 월급은 35,000원이었다. 아끼고 아껴도 구내식당에 갈 수가 없었다. 구내식당 백반 값이 400원이었다.

1979년도의 여의도는 허허벌판이었다. 한겨울의 여의도 바람은 온몸을 꽁꽁 얼리기에 충분했다. 언니들과 함께 사는 집은 부천(소사)이었다. 출근하려면 약 2시간이 소요되었다. 버스를 타기 위해서는 15분을 걸어야 했고, 소사에서 영등포역에 도착한 후 시내버스를 갈아타면 국회에 도착했다 시골에서 온 나는 불안했고, 거기에 멀미까지 고통이었다. 고통을 해소할 방법이 있을까 생각하다가 나는 영등포역에서 국회의사당까지 운동 삼아 걷기로 결정했다.

국회의사당의 돔을 바라보며 40분간 걸었다. 걸으며 기도하고, 찬양하고, 하루 일과를 생각하며 걸었다. 한겨울의 여의도 칼바람은 완전무장을 하고 걸은 나의 얼굴을 푸르딩딩하게 만들었다. 정문에서 안내실까지가 더 추었다. 7분 정도의 시간이 아주 길었던 것으로 기억하고 있다. 이렇게 아침 출근 시 토큰 하나를 아낄 수 있었다.

점심은 도시락을 싸가지고 다녔다. 1979년도에는 직원 80% 이상이 도시락을 싸가지고 다녔다. 점심시간에는 하던 일을 멈추고 책상에 모여 도란도란 얘기를 하며 도시락을 먹었다. 꿀맛이었다. 구내식당에 가지 않아 식대비와 토큰 하나를 아낄 수 있었다. 아낀 것을 써버리면 아낀 보람이 없기에 새마을금고 회원통장에 입금하였다. 조금씩 불어나는 새마을금고 회원통장을 보면 걸어서 출근하는 것도, 도시락을 먹는 것도 큰 기쁨이 되었다.

연금을 받기까지 기여금을 1년, 10년, 20년, 33년까지 급여에서 떼었다. 2022년 7월부터 연금을 받는다. 퇴직을 앞두고도 걱정이 없다. 공무원으로 43년을 근무한 나에게 연금은 선물이고, 기쁨이고, 큰 힘이 되었다.

공무원 연금

공무원 연금은 국민 연금보다 보험료를 훨씬 많이 내고, 가입기간도 길다. 공무원은 직장인들보다 2배 많은 기여금(연금보험료)를 낸다. 공무원 연금은 자기 소득의 18%를 연금보험료로 납부한다. 9%는 본인의 월급에서 내고, 나머지 9%는 고용주인 국가가 대신 내준다. 직장인은 본인 부담분 4.5%, 회사 부담분

4.5%를 합쳐 총 9%를 보험료로 내고 있다. 월급이 100만 원이라고 가정하면, 국민 연금으로는 4만 5천 원을 내지만 공무원 연금으로는 9만 원을 내는 것이다.

가장 큰 차이는 평균 가입기간

공무원 연금은 1960년에, 국민 연금은 1988년에 만들어졌다. 국민 연금은 제도 시행이 늦었기 때문에 30년 이상의 장기가입자가 최근에서야 나오고 있는 것이다. 공무원 연금의 가입기간이 국민 연금보다 훨씬 더 길다는 것이다. 공무원 연금의 납부 강제성이 국민 연금보다 더 높다는 점도 장기가입자가 많은 이유다. 공무원 연금은 휴직 기간에도 내야 한다. 휴직 기간 보험료를 낼 형편이 안된다면 복직하고 몰아서 납부한다.

공무원 연금은 2009년과 2016년 두 차례 개혁을 했다. 공무원 연금이 국민 연금보다 더 좋아지지 않았다. 동일한 보험료를 냈을 때 받는 연금액은 국민 연금이 더 많다. 공무원들은 공무원 연금에 강제 가입하는 대신 국민 연금에 가입할 수 없다.

2016년 연금 개혁으로 공무원연금의 지급률은 1.9%에서 1.7%로 인하됐다. 30년 재직한 공무원의 소득 대체율은 51%다. 공무원으로 재직한 기간을 평균한 월 소득이 100만 원이면, 매달 51만 원의 공무원 연금이 나오는 것이다.

공무원 연금 수급자들에게 불리한 제도

퇴직 후 공무원 연금을 받고 있으면 65세 이상 어르신들에게 지급하는 기초연금을 받을 수가 없다. 공무원 연금이라고 하더라도 연금액은 천차만별이지만, 공무원 연금 수급자라는 이유로 기초연금을 받지 못한다. 퇴직 후 제2의 직장에서 일정 수준 이상의 소득이 있으면 공무원 연금을 받을 수가 없다. 지급이 정지되기 때문이다.

2022년 기준으로 239만 원 이상의 사업·근로 소득부터 공무원 연금을 감액해서 지급한다. 국민 연금 또한 노후에 소득이 발생하면 연금이 일정 부분 감액된다. 최대 50%, 최대 5년까지 감액되는데, '공무원 연금은 아예 지급이 정지되고 기간도 무제한이다.' 평생 연금을 내기만 하고 사망할 때까지 받지 못할 수 있다.

박봉으로 시작해서 지금까지 열심히 살아온 공직생활 43년! 공무원 연금이 있기에 걱정이 없다. 확실한 노후보장으로 행복하다. 건강한 몸으로 여행을 하며 남편과 알콩달콩 살아갈 생각이다.

의사당 내의 "무궁화"

5 지옥 같은 시험에서 천국으로 가자

"시험! 시험! 시험!"

아무리 쉬운 시험이라고 해도 시험은 긴장되고 어렵다. 지옥 같은 시험에서 합격의 천국으로 빨리 들어가는 것이 가장 좋은 방법이다. 공무원 공채시험을 위해 적게는 1년에서 3년 동안 시험 준비하는 사람은 아주 행복한 경우다. 10년 이상, 아니 40세가 넘도록 준비하는 지인도 보았다. 너무 안타까웠다. 기본기가 튼튼하지 못하면 한두 문제를 뛰어넘지 못해 지옥에서 벗어나질 못한 경우이다.

기능직 시험

1979년도에 임시직으로 들어와서 기분 좋게 하루하루를 근무하기 시작했다. 당시 실업고등학교는 3학년 2학기가 되면 대부분 취업하기 때문에 교련복을 입고 국회로 출근했던 기억이 난다. 까무잡잡한 시골 여상생과 근무하는 대선배님은 나를 보기만 해도 웃음이 나왔다고 했다. 사투리로 말만 해도 사무실 직원들이 동물원 구경하듯이 몰려와 웃음바다가 되었다. 회계과에 근무했기에 은행을 하루에도 20번 이상을 씩씩하게 다녔다. 국회에 취직했다는 생각에 나의 발걸음은 가벼웠다. 시간이 흐르자 보수가 너무 적다는 생각이 들었다. 은행직원보다 5배 정도는 적었다. 대선배님에게 의논을 구했다.

"월급이 너무 적어서 은행으로 간다고? 생각 좀 해보자. 어디 우리 사무실 막내에게 고민이 있단 말씀이구먼."

"저에게 이런 고민이 있어요. 어떻게 하면 좋을까요?"

"은행으로 가면 좋은 점과 나쁜 점, 국회에 남으면 좋은 점과 나쁜 점, 이렇게 표를 만들어 적어 보자. 똑똑한 막내의 고민을 해결해 줘야지."

"감사합니다. 고맙습니다. 역시 최고의 선배님이십니다."

시험을 보기로 결정이 되자 선배님께서 시험에 필요한 책을 사 주셨다. 이렇게 시험공부를 시작했다. 합격을 목표로 새벽부터 밤늦도록 근무하며 틈날 때마다 공부하고 또 공부했다. 시험은 역시 힘들었다. 이렇게 시험 준비가 다 되어갈 때쯤 국회에서 기능직 시험이 공고되었다. 정식으로 공고된 시험은 한 달 후로 공지되었다. 시험공고가 나자 선배님들께서 다시 고민하기 시작했다.

"은행을 가면 월급은 많아서 좋지만, 먼 미래를 보면 국회에 남는 것이 현명할 것 같구나."

"왜죠? 이유가 뭐죠?"

"은행은 결혼하면 그만 두어야하기 때문이지. 국회에 남으면 정년퇴직 때까지 근무할 수 있고, 앞으로 승진하면 월급도 많아지지 않겠니?"

'시험을 준비하자. 국회 기능직시험에 대비하자.'목표를 바꾼 나는 한 달 동안 지옥 같은 시험 준비에 열을 올렸다. 하루에 3시간 잠을 자면서 지옥 같은 시험에서 천국으로 가자고 나에게 약속을 했다. 그 결과 합격의 천국 문으로 들어갈 수 있었다. 그 얼마나 기뻤는지, 합격소식을 알려준 직원을 와락 껴안았다.

"와~ 천국이 이런 것이구나!"

자격증 시험

제2의 인생을 준비하기 위해 자격증 취득 준비에 오늘도 열공을 한다. 수업을 듣고 교재에 밑줄을 그어가며 시험에 나올 만한 내용들을 중점으로 해서 공부한다. 아무리 쉽다 해도 긴장되고 어렵다. 우리 사회는 자격증이 없으면 아무리 잘해도 인정하지 않는다. 나에게 필요한 자격증을 따겠다는 결심이 서자, 대학에 들어가야 했다. 그 후 사이버대학에 시간제로 등록하여 11년 만에 사회복지학과를 졸업했다. 졸업하며 사회복지사, 평생교육사 등 자격증을 받았다.

"선배님! 축하드립니다. 긴 시간 승리하셨네요."

"고마워요. 국회 덕분에 끝까지 할 수 있었어요."

여고시절 그토록 가고 싶었던 대학에 들어가서 내 힘으로 졸업했다는 것은 나의 자존감을 높여주는 일이었다. 그 뒤로는 무엇이든 할 수 있는 내가 되었다. 그 힘과 영향력으로 계속해서 자격증 취득에 도전했다. 민간자격증을 하나 따기 위해서도 20회 강의를 듣고 시험을 준비했다. 마무리 공부를 마치고 시험에 들어가기 전 가슴은 콩닥콩닥 뛴다. 이렇게 하나하나 자격증을 준비한 것이 18개에 이른다. 지금도 해야 할 목표가 생기면 고민한다.

계획은 한강을 걸으며 나에게 묻곤 한다

"시간이 되니?, 여건이 되니?, 돈이 있니?"

그래. 나에게 불가능한 일은 없다. 시험 준비하기가 힘들고 어렵지만, 나는 손을 불끈 쥐고 도전을 외친다.

"도전! 도전! 도전!"

막내딸이 실용음악과를 가기 위해 목이 터져라 연습하던 모습이 생각난다. 고등학교 3학년 때는 눕기도 어려운 작은 방에 갇혀 입시를 준비하던 딸이었다. 2시간 동안 방에서 나올 수 없도록 문밖에서 열쇠를 채워 놓았다고 했다. 막내딸이 원하는 실용음악과에 가기 위해 지옥 같은 입시 준비를 했고, 그 덕분에 1등으로 합격해서 천국 문으로 들어가는 기쁨을 만끽했다. 합격은 막내딸이 했는데 내가 더 좋았다. 이렇게 지옥 같은 시험에서 합격의 천국 문을 모두 다 열기 바란다.

국회 직원이 되기 위해 공채시험이 어려우면, 자격증을 갖추고 서류심사와 면접으로 천국 문을 열기 바란다.

1979년도 쌀값?

"1979년 당시 쌀 한 가마의 가격은?" (정답: 37,000원)

6 공무원 복지, 혜택 누릴 수 있다

국회공무원 43년차로 공무원 복지 혜택을 가장 많이 누리며 근무했다. 공무원의 복지제도를 다시금 짚어본다. 공무원 복지제도가 나에겐 가장 큰 혜택이었다.

연금제도

공무원의 퇴직, 사망 또는 공무상 장애 발생 시 본인 및 유족에게 적정한 급여를 지급하여 노후 소득보장 및 직무충실을 유도하고자 1960년에 도입했다. 급여 성격에 따라 정부·공무원이 공동 부담으로 운영을 하고 있다. 연금! 생각만 해도 환한 미소가 지어진다.

연금이 있기에 43년을 달려온 듯하다. 맞벌이 부부로 젊은 시절을 바쁘게 보냈지만, 퇴직 후에는 부부가 연금을 받을 수 있다는 것이 큰 장점이다. 남편 연금을 포함해서 600백만 원 이상을 받아 생활한다고 생각하면 걱정이 없다.

후생 복지제도

공무원의 다양한 복지수요를 효과적으로 충족시키고, 공무원이 건강하고 활기차게 근무할 수 있는 여건을 조성하여 일과 삶의 균형을 지원하고, 정부의 생산성을 높이고자 맞춤형 복지제도, 연금매점의 복지시설, 구내식당, 체력 단련실, 고성연수원, 의무실, 한방실 등 직원들의 후생 복지제도가 다양하다

체력 단련실

직원들의 건강을 위해 이른 아침 6시부터 오후 10시까지 운영한다. 준비운동을 한 후 런닝머신에서 달리고 걷기도 한다. 다리근육을 키우며 전신운동이 된다. 기구들을 통해 팔, 다리 등 근육을 키우기에 안성맞춤이다. 시간이 갈수록 건강해지는 나의 모습을 보며 체력 단련실을 찾는다.

후생복지 중 단체보험(실비)이 가장 큰 복지로 다가온다.

당뇨로 인해 내분비내과에 다녀야 하고, 매일 약을 먹어야 하는 나에게는 가장 매력적인 제도였다. 합병증검사, 통원치료, 약처방을 실손보험비로 가능하다

공무원 복지 포인트 1인당 연간 50만 원에 해당하는 500포인트를 기본적으로 지급받는다. 맞춤형 복지포인트 제도가 도입되며 건강검진, 자기계발, 여행 등 자신이 원하는 대로 사용할 수 있다는 것이 최고의 복지 혜택이다.

퇴직(예정)관리

퇴직(예정)공무원이 보람되고 의미 있는 은퇴 후 삶을 설계·준비할 수 있도록 돕고, 재직 중 쌓은 전문성과 경륜을 활용한 새로운 사회적 기여활동을 할 수 있도록 지원하고 있으며, 퇴직 준비교육(공무원연금공단, 각급 교육훈련기관 등), 전직지원 컨설팅(제이앰커리어, 퇴직공무원 사회공헌 사업(Know-how+) 등을 운영하고 있다.

퇴직을 앞두고 무엇을 할 것인지 고민해 보았다. 시간이 가장 많이 걸리는 것부터 하는 것이 좋겠다는 생각에 한국예술대학교에 시간제로 수업을 신청하여 141학점으로 대학을 졸업하였다. 사회복지학을 전공했고 2022년 9월학기부터 대학원 심리상담을 공부할 계획이다.

책 쓰기에 푹 빠져있다. 책을 쓰기 위해서는 독서를 많이 해야 한다. 1년에 50권은 거뜬히 읽고 있다. 책 속의 보물들을 캐내고 있다. 책을 쓰기 위해 '인생글감옥'에 들어갔다. 1주에 3회, 새벽 5시 30분부터 7시 30분(2시간)까지 알찬 시간이다. 시작 전 스트레칭으로 몸을 풀고 복식호흡과 명상으로 글 여행을 떠난 후 책 쓰기를 시작한다. '인생글감옥'의 한만정 교장선생님과 함께 책 쓰기에 성공할 것이다.

복지제도가 아무리 좋다고 해도 자신이 활용하지 않으면 아무 소용이 없다. 어떠한 복지제도가 있는지 자세히 알아보고 활용하여 많은 혜택을 누리며 근무하기를 적극 추천한다.

자격증 취득

[Q & A] 물어 보세요!

⊙ 자격증은 어디서 취득하나요?

⊙ 글쓰기 독서모임은 어디에서 하나요?

⊙ 책 쓰기 모임은 어떻게 찾아야 하나요?

1. 책 쓰기를 하려면, 먼저 독서를 많이 해야 한다.
2. 독서를 할 때는 읽고, 남기고 싶은 내용을 워딩한다.(본, 깨, 적)
3. 남기고 싶은 내용 밑에 내 생각까지 정리해서 파일로 만들면 좋다.
4. 황상열 작가님과 글쓰기 모임을 하면 많은 도움이 된다.
5. 제2의 인생을 위해서 자격증을 취득한다.

제4장

◇◇◇◇◇◇◇◇◇◇◇◇◇◇◇◇◇◇◇◇

43년차 공무원이 알려주는 실제 노하우

1 공무원 시험에 공채만 있을까?

공무원 지망생이라면 하루라도 빨리 합격하는 것이 현명하다. 공무원 시험을 몇 년째 계속 치르지만, 한두 문제로 떨어지는 공시생들은 운이 없다. 그런 사람이 있다면 주변 사람들은 극구 말린다. 이제 그만하고 취업하라고. 너무 아깝다. 조금만 공부를 더하면 꼭 합격할 수 있으리라는 생각이 앞선다. '두고 봐라. 내가 보여 주겠다'고 다짐하지만, 또 떨어진다. 여자 친구도 더 이상 버티지 못한다. 나 또한 붙잡을 수도 없다. 젊은 청춘을 고시원에서 보내고 있는 인생을 볼 때 안타깝기 그지없다.

인생은 내가 사는 것이다. 나의 인생을 남이 대신 살아주지 않는다. 내 인생을 남이 시키는대로 살 수 없다. 내가 삶의 주체가 된다. 주인의식을 가지고 살지 않으면 안된다. 주인의식이 없으면 살아가는 의미를 잃어버리는 일도 생긴다.

국회에도 공채가 9급, 8급, 5급이 있지만, 공채시험을 보지 않아도 재능과 자격증이 있다면 공채보다 훨씬 쉽게 들어갈 수 있다.

우리나라 국회의원 수는 300명이다. 보좌진만 해도 2,700명이 근무하고 있는 곳이다. 임명권자가 국회의원이기 때문에 서류심사와 면접으로 국회직원이 될 수 있다. 이 책을 자세히 읽어보면 어떻게 해야 보좌진이 될 수 있는지 상세하게 알려주고 있다. 보좌진의 보수는 "43년차 꿀팁!" 참고.

국회사무처, 국회도서관, 예산정책처, 입법조사처 등 기관마다 자격을 갖추고 있다면 다양하게 선택해서 들어갈 수 있다.

현재의 자리에서 주인으로 살 때 인정받으며 근무하면 된다. 나는 임시직으로 출발했다. 하지만 끝까지 국회에서 살아남겠다는 굳은 마음으로 생각하고, 배우며 노력했다. 43년이라는 긴 시간을 국회에서 근무하였다. 임시직에서 6급까지 승진했으니 성공했다고 자부한다. 무슨 일을 하거나, 어느 자리에 있거나 내가 항상 주인이라는 의식으로 근무할 때 진정한 주인이 될 수 있다.

어떤 직렬이든 나의 역량에 따라 들어가야 한다. 먼저 들어가서 근무 외의 시간을 잘 활용하면 공무원으로 쉽게 들어갈 수 있는 길이 보인다. 내가 원하는 곳에 어떠한 자격이 필요한지, 내가 할 수 있다면 무엇이든 준비하라고 말하고 싶다. 학벌이 필요하다면 야간이든, 사이버든 공부하면 된다. 자격증이 필요하면 새벽이든, 퇴근 후에 공부하여 취득하면 된다. 준비하고 있는 자에게는 분명히 기회가 오기 마련이다. 공채만 고집할 것이 아니라 쉽게 들어갈 수 있는 것이 있는지, 내가 꼭 되고 싶은 것이 있는지 선택해 보길 추천한다.

보좌직원 보수

2022년도 국회의원 보좌직원 보수 지급기준

※ 2022년 공무원보수 등의 업무지침(인사혁신처 소관) 미확정 상태로서, 향후 지침 개정시 수당 지급기준 등 변동 가능성 있음.

구 분	4급상당(21호봉)	5급상당(24호봉)	6급상당(11호봉)	7급상당(9호봉)	8급상당(8호봉)	9급상당(7호봉)
1. 월정급여(1개월)	**6,619,280원**	**5,828,610원**	**4,075,090원**	**3,528,190원**	**3,097,530원**	**2,756,780원**
본봉	5,102,100원	4,809,900원	3,221,500원	2,723,900원	2,359,800원	2,046,500원
초과근무수당	-	476,710원	406,590원	367,290원	329,730원	302,280원
관리업무수당	459,180원	-	-	-	-	-
의원보조수당	218,000원	152,000원	132,000원	132,000원	113,000원	113,000원
정액급식비	140,000원	140,000원	140,000원	140,000원	140,000원	140,000원
직급보조비	400,000원	250,000원	175,000원	165,000원	155,000원	155,000원
직책수행경비	300,000원	-	-	-	-	-
2. 비월정급여(1년)	**8,163,360원**	**7,695,840원**	**5,154,400원**	**4,358,240원**	**3,775,680원**	**3,274,400원**
정근수당 (4년이상 5년미만 기준)	2,040,840원	1,923,960원	1,288,600원	1,089,560원	943,920원	818,600원
명절휴가비	6,122,520원	5,771,880원	3,865,800원	3,268,680원	2,831,760원	2,455,800원
월 평균	**7,299,560원**	**6,469,930원**	**4,504,620원**	**3,891,370원**	**3,412,170원**	**3,029,640원**
연 급여	**87,594,720원**	**77,639,160원**	**54,055,480원**	**46,696,520원**	**40,946,040원**	**36,355,760원**

◆ **비월정급여 내역**

구분	지급월	지급액
정근수당	1월, 7월	각 본봉의 0%(1년미만) ~ 50%(10년이상) ※ 근무연수에 따라 1년당 5%씩 증가
명절휴가비	설, 추석	각 본봉의 60%(연 120%)

◆ **기타 수당**

<table>
<tr><th>구분</th><th>비고</th></tr>
<tr><td>정근수당가산금
(매월)</td><td>• 근무연수 5~10년미만: 5만원, 10~15년미만: 6만원, 15~20년미만: 8만원, 20~25년미만: 11만원, 25년이상: 13만원</td></tr>
<tr><td>가족수당
(매월)</td><td>• 요건 해당자의 부양가족 신고에 의하여 지급 (☞신청서 : [전자게시판-국회게시판-급여·수당/4대보험]에서 "가족수당"으로 검색)
• 지급액 : 배우자 4만원, 배우자 외의 부양가족 2만원(단, 둘째자녀는 6만원, 셋째이후자녀는 10만원)
• 지급요건 : 해당 공무원과 주민등록표상 세대를 같이 하며, 실제로 거주를 같이 할 것
(단, 배우자 및 자녀의 경우 예외이며, 배우자와 세대 및 거주를 같이 하는 직계존속도 인정)
<table>
<tr><th colspan="2">구 분</th><th>지급대상</th><th>비 고</th></tr>
<tr><td colspan="2">배우자</td><td>법적 혼인관계인 배우자(사실혼 제외)</td><td>혼인신고 시부터 지급</td></tr>
<tr><td rowspan="3">본인 및 배우자의</td><td>직계존속</td><td>만60세(여자:만55세) 이상의 부모, 조부모</td><td rowspan="3">지급대상이 장애의 정도가 심한 경우 나이에 관계없이 지급
(*장애인증명서 첨부)</td></tr>
<tr><td>직계비속</td><td>만19세 미만의 자녀, 손자녀</td></tr>
<tr><td>형제자매</td><td>만19세 미만의 형제자매로서, 부모가 사망하거나 장애의 정도가 심한 경우</td></tr>
</table>
• 지급한도 : 4인(단, 자녀에 대해서는 부양가족수 제한을 적용하지 않고 지급)
• 부양가족에 변동이 생긴 경우(사망, 이혼, 전출 등) 지체없이 변동신고를 해야 함</td></tr>
</table>

※ **가족 중 공무원이 2인이상**일 경우, 1인의 부양가족에 대해 가족수당 **중복신청 불가**

※ **거짓 신고를 하거나 변동신고**를 하지 않아 수당을 **중복/과다 지급**받은 경우 **전액 환수**, 해당 수당의 **지급 정지**(최대 1년) 및 **징계** 가능

※ 상기 보수 지급기준액은 각종 공제항목(소득세, 기여금, 건강보험료 등)을 **공제하기 전**의 금액임

※ 5년 이상 근속하고, 퇴직월에 15일 이상 근무한 경우 그 달의 본봉을 전액 지급하고, 그렇지 않은 경우에는 일할(日割) 계산

2 면접만으로 가능할까?(미리 경력 쌓아라)

면접의 개별 질문은 자신이 제출한 자기소개서에 근거하여 질문하는 경우가 대부분이다

"면접! 어떤 질문들이 나올까?"

면접, 생각만 해도 긴장되고 떨린다. 준비하고 있었던 내용마저도 생각나지 않아 머릿속이 하얗게 되는 것이 면접이 아닐까 하는 생각이 든다.

"1년 후, 5년 후, 10년 후 목표는?" 국회의 경험이 나에게 어떤 효과를 주는지? 국회에서 경험하고 싶은 것이 무엇인지? 내가 생각하는 최고의 가치는 무엇인지? 장·단점을 기록하고, 나의 편집 실력이 상·중·하라면 어디에 속하는지?

"가장 책임감으로 했던 일이 있다면?" 살아가면서 멘토 5명이 있다면 성공한 삶이라고 하는데 멘토가 있나요? 어떤 사람을 멘토로 삼으셨나요? 봉사활동을 해본 적이 있나요? 어떤 봉사를 할 때 마음의 즐거움이 오던가요? 행정실무원으로서 얻고자 하는 것은 있다면? 자신에게 어떤 리더십이 있다고 생각하나요?

"행정실무원에 도전하게 된 계기는?"메모를 하는 습관이 있나요? 예를 들어 본다면? 자신에게 롤 모델이 있나요? 자신이 뚜렷한 목표를 위해 노력을 하나요? 자신이 가장 잘하는 일이 있다면 3가지를 말해 보세요?

면접을 보기 전 예상 질문지를 작성해 본다면 큰 도움이 된다.

면접을 성공적으로 하려면?

면접은 자기소개서의 내용을 물어보기에, 확실하게 대답할 수 있는 것을 사실대로 진솔하게 작성해야 잘할 수 있다. 면접에 성공하기 위해서는 자기만의 스토리를 작성하고, 성공체험과 실패체험을 작성, 면접을 보는 곳에 알맞게 준비해야 한다, 자기소개서를 바탕으로 예상 질의 답변서를 작성하여 소리 내어 질문하고 대답하는 연습을 해보는 것이 중요하다, 그래야 면접 후 후회가 없다. 자기소개서는 지원동기, 합격 후 포부, 경력 사항, 성격의 장단점 순으로 작성하고, 중요하게 생각하는 순발력, 긍정적, 적극적, 성실성, 절실함, 간절함을 강조해야 한다.

면접은 절실함과 성실함, 순발력 등을 보는 것이다. 환한 모습, 목소리, 자세 등이 포함된다. 말과 표현력은 자신이 알고 있는 것을 상대방에게 어떻게 전달하느냐에 있다. 면접관들의 질문에 짧은 순간 얼마나 순발력 있게 답변하느냐가 점수를 많이 받을 수 있는 중요한 점이다.

지원동기와 합격 후 포부 70% 정도, 성격의 장단점 30%, 면접 시 가장 좋은 태도는 간절함에 있다. 절실함은 합격에 필요한 큰 점수를 받을 수 있는 요인이다. 면접에서 확실한 목표를 보여줘야 한다. "자신에 대해 소개해 보세요."라고 한다면 1분, 2분, 3분으로 나누어서 말할 수 있어야 한다. 주어진 시간 안에 일목요연하게 자기 자신을 잘 소개할 수 있도록 준비하고, 충분히 연습해야 한다.

인생 설계에 있어서 1년 후, 5년 후, 10년 후 자신의 모습이 어떻게 되어 있을지에 대해 목표와 비전을 말할 수 있으면 도움이 된다.

면접관에게 더 하고 싶은 말이 있으면 말해 보라고 시간을 주면, 30초 안에 자신을 한마디로 명료하게 설명할 수 있어야 한다. 마지막 기회로 분명한 임팩트 한 가지를 내세워 본인을 알려야 한다.

국회의사당 울타리 안에 있는 어느 직렬이든 자격을 갖추고 있다면, 도전하라! 경력을 쌓아라! 그래야 원하는 목표에 도달할 수 있다. 계획을 이루기 위해서는 목표를 끝까지 놓지 않고 노력해야 한다. 면접! 충분한 준비를 했다면 면접 시간이 기다려질 것이다.

업무의 팩트

"업무의 팩트란?"

첫째, 내일로 미루지 말라. 내일이 없다고 생각하는 자세로 일하라.

둘째, 정확한 문서 작성은 내 위주가 아니라 읽는 사람 위주로 작성해야 한다.

셋째, 한번 실수를 반복하는 것을 나에게 용납하면 안된다.

넷째, 핑계 대지 말고 책임감 있고 확실하게 답하라.

다섯째, 성공의 절반은 주제 파악이다. 자신을 과대평가하지 마라.

여섯째, 주인의식을 가지고 일하라. 주인의식으로 봐야 할 일이 보이고 성공할 수 있다.

일곱째, 후회하지 않는 일을 하라. 열정으로 꽉 찬 인생을 살라는 의미이다.

여덟째, 오늘 이 시간은 누군가에게 간절하게 살고 싶은 시간이다. 할 일을 미루지 말라.

3 국회의원실 보좌진은 어떻게 들어갈 수 있을까? (4급 보좌관, 5급 선임비서관)

4급 보좌관 2명

보좌관은 보좌진 구성원의 탑으로서 보좌관들을 진두지휘하며 비서실을 실질적으로 이끌어 나가게 된다. 신규 보좌관 채용도 일차적으로 수석 보좌관이 면담한 후 국회의원이 최종 면접하게 된다.

보좌관은 각 방에 두 명씩 둘 수 있고 각각 정무 파트와 정책 파트로 나뉠 수 있다. 일반적으로 정무-정책 조합이지만 꼭 그렇게 채용해야 한다는 원칙은 없고 의원실 특성에 맞게 채용을 하게 된다. 단 정무-정무 조합이 된다면 자연스럽게 한 분은 국회 쪽 정무를 맡게 되고 한 분은 지역구를 담당하게 된다.

정무 보좌관은 각종 선거, 지역구 관리, 자금 및 후원회, 홍보, 공보, 정치

동향 파악과 분석 업무를 담당하며 원내에서 모시는 의원님이 상임위원장이나 각종 직위를 맡게 되는 데 있어서 정무 보좌관의 역할이 크다.

정책 보좌관은 법안, 상임위, 국정감사, 각종 청문회, 예산결산, 중앙부처 관련 민원, 지역구 사업 중 중앙부처와 관련된 예산, 공청회나 토론회 관련 업무를 총괄한다.

정책 보좌관 중에는 특정 상임위에 특화된 보좌관들이 있는데 상임위가 결정되고 나면 이때 해당 상임위에 특화된 보좌관들을 1순위로 채용하기도 한다. 특정 상임위에 특화된 보좌관들은 2년마다 국회의원의 상임위가 바뀌거나 4년마다 열리는 선거에서 해당 의원이 낙선해도, 해당 상임위는 계속 존재하기 때문에 조금 더 경력을 인정받는다. 새로 상임위로 들어오는 의원들은 아무래도 조금 더 맡은 상임위에 특화된 보좌관을 선호하기 때문이다.

5급 선임비서관 2명

5급 비서관도 보좌관과 마찬가지로 두 명을 둘 수 있다. 주 업무는 정책이다. 4급 정책 보좌관의 지휘 아래 함께 협력하여 법안, 국정감사 등 전체 업무를 함께한다.

주 업무가 정책이다 보니 의원실에서 가장 허리가 되는 자리가 선임비서관들의 업무이다.

의정활동에 있어 홍보는 중요한 업무이기에 선임비서관 두 명 중에 한 명이 맡아서 하는 경우가 있고, 다른 직급의 비서관과 함께 홈페이지, SNS, 의정 보고서를 담당하기도 한다. 언론도 의정활동에 빠질 수 없는 중요한 매체이기 때문에 보좌관과 함께 언론을 담당하는 의원실이 많다.

그 외 홍보 담당이라고 하여 홈페이지, SNS, 의정보고서를 담당하기도 한다. 언론은 수석 보좌관이 직접 담당하는 게 일반적이나, 경우에 따라선 비서관선에서 담당하는 경우도 있다. 그러나 홍보업무를 외부로 위탁하는 경우도 있으므로 의원실마다 홍보 담당이 항상 있는 것은 아니다.

공약사업은 홍보를 통해 알게 해야 한다. 지역주민들을 위한 각종 공약사업을 만들어야 하고, 그 공약사업을 실행에 옮겨야 하며, 홍보를 통해 의원이 열심히 일하고 있다는 사실을 알려야 한다. 또한 언론에서 보도가 많이 되도록 해야 하는 한편, 자료의 핵심을 잘 정리하여 기자들의 마음에 들도록 보도 자료를 작성해야 한다.

민원과 업무를 놓치지 않아야 한다. 지역주민들의 민원 및 지역현안들을 꼼꼼하게 처리할 수 있어야 한다. 성격은 활달하고 호감을 주어야 하며, 처리할 수 없는 민원이 들어오면 기분이 상하지 않도록 거절할 수 있어야 한다.

정책토론회는 평소에 철저히 준비해야 한다. 확실한 콘텐츠를 만드는 것도 중요하지만, 정책토론회에 많은 사람이 참석하도록 동원하는 것도 중요하다. 공청회, 대정부 질의 등은 평소에 철저히 준비해야 한다.

국정감사 및 법안을 통해 언론에 홍보되어야 한다. 재선을 위해서는 신문, TV 등 언론에 자주 의원의 이름이 나와야 하고, 국정감사 시 확실한 질의로 국민의 눈에 띄어야 하며, 관심을 끌 수 있는 법안 발의 및 질의를 해야 한다.

국회의원실은 어떻게 구성되어 있을까? 4급 보좌관 2명, 5급 선임비서관 2명, 6급, 7급, 8급, 9급, 인턴 합해서 총 9명의 직원이 근무하고 있다. 역할 분담은 정무와 정책으로 나눠지고, 정책의 경우는 상임위원회 기관별로 담당자를 정해 업무를 한다.

보좌진에 들어가기 위해서는 어떠한 능력은 있어야 할까? 국회의원 임기는 4년이다. 4년 후에는 재선되어야 하기 때문에 충성심, 성실성과 순발력이 있어야 한다. 국정감사, 인사청문회, 법안발의, 예산결산 심사, 지역관리, 공약사업 추진, 지역민원 처리, 각종행사 추진 등 업무 처리에 탁월한 능력이 있어야 한다.

국회의원실에서는 순발력이 빠르고 정확하며 센스가 있어야 하고, 충성심도 투철해야 한다. 수많은 사람이 방문하고 지역구 민원도 많다. 이때 친화력을 발휘하여 친절하고 공손하게 대면해야 한다. 즉, 친절한 매너가 있어야 한다.

국회보좌진에는 이런 사람이 도전하면 좋다. 기사를 보며 모든 것을 글로 표현하고, 글로 답하고, 글로 인정받아야 하는 사람이다. 기자가 문제 제기를 하는 직업이라면, 국회보좌진은 문제 제기에 해결방안을 찾아 실천할 수 있는 사람이다. 국회에서 하는 모든 일은 국민에게 영향을 미치는 일이기 때문이다. 특히 지역구민이면 유리하다. 내가 보좌진을 꿈꾼다면 이사라도 가서 지역구민이 될 것이다. 이 정도의 열정은 필요하지 않을까 생각한다.

〈국회 보좌관에 도전하라 : 대한민국의 미래를 설계하는 전문직 / 서인석 지음 / 서울 : 심인, 2015〉

질의서

1. 상임위원회 회의록을 보며 질의서를 어떻게 작성했는지 잘 살펴보면서 연습하면 된다.
2. 각종 법률안은 어떻게 만들어지는지 공부하고 연습하면 합격률 높다.
3. 정책활동은 신문, 뉴스 등을 항상 체크해야 한다.
4. 홍보활동은 지역 활동을 살펴보면서 지역에 맞게, 국회의원에 맞게 쓸 줄 알아야 한다.

4 국회의원실 직원은 어떻게 들어갈 수 있을까? (비서관 6급, 7급, 8급, 9급, 인턴비서)

6급 비서관 1명

의원실마다 다르지만 주로 정책 관련 일을 맡는다. 보좌관, 비서관급이 의원들의 중요업무인 상임위 관련 정책업무를 구체적으로 보좌한다면 6급 비서관은 4급 보좌관, 5급 선임비서관들의 일을 보조하며 정책업무를 하고 특히 법안 등을 발의하는 업무가 많다. 하지만 사실적으로 토론회 등 많은 업무를 함께 하고 있어 비서관이 퇴직하여 공석이 되면 6급 비서관이 5급 선임비서관으로 승진하는 경우가 적지 않다.

6급 비서관과 5급 선임비서관의 인지도와 대우, 연봉의 차이는 한 급수 차이임에도 엄청나게 크므로 선임비서관으로 승진하기 위해서는 업무에 최선을 다하고, 보좌하는 국회의원의 신임을 쌓는 것이 중요하다. 물론 다른 보좌진들도 마찬가지다.

7급 비서관 1명

대체로 이 직급에서 운전기사를 겸하는 수행비서를 둔다. 국회의원 개인 신변 경호를 겸하는 경우가 많아서 여성의원이라도 남자를 쓴다. 가장 중요한 업무는 역시 운전인데, 단순히 운전으로만 채용할 경우 몇몇 방에서는 9급 비서관으로 쓰거나 심지어 인턴이 하는 경우도 있다. 하지만 반대로 KTX 등 대중교통편이 여의치 않은 지역구 의원인 경우 차로 이동하는 시간이 많은 의원실에서는 상위직급을 주기도 한다.

보좌관이라는 업무 자체가 굉장한 격무이기도 한데, 수행비서의 경우 저녁도 없고 주말도 없어 개인 시간을 완전히 포기해야 하는 경우가 많다. 그리고 국회의원을 수행하면서 보고 들은 일을 절대로 외부로 발설하면 안 된다는 책임이 있다.

수행비서의 장점은 다른 보좌진들이 의원의 정책 및 사무 업무를 보좌할 때 그 업무에 참여하지 않아도 되어 수행하지 않는 시간에는 휴식을 취하기도 한다. 그렇다 하더라도, 갑자기 약속이 생기고 없던 일정이 추가되는 등 유동이 많은 국회의원 일정상 언제 의원한테 호출될지 몰라 대기하는 일이 많고, 본회의 등 끝나는 시간이 정해지지 않은 일정도 많다. 심하면 새벽에 출근하고 새벽에 퇴근하기도 한다. 다른 보좌진들이 휴가를 쓸 때조차, 수행비서는 국회의원의 스케쥴이 맞춰야 하는 이유로 휴가를 맘대로 쓸 수 없기도 하다.

8급 비서관 1명

본래 6급, 7급, 9급 비서관이 있고 인턴 2명이 있던 구도에서 2017년 인턴을 1명으로 하고 8급 비서관을 두는 것으로 바뀌어, 신설된 지 몇 년 되지 않았다.

신설된 지 얼마 안 된 직급인 만큼 각 의원실마다 8급 비서관의 역할이 다르다. 주로는 본래 7급 비서관이 하던 일인 운전 및 수행 업무를 담당하지만, 의원실에 따라 여성 비서를 8급 비서관으로 채용해 행정을 맡기거나 성별에 상관없이 홍보를 맡기는 경우도 있다.

9급 비서관 1명

과거에는 흔히 '9급 여비서'라고 불렀고, 행정비서라고도 했다 그 이유는 정책업무를 제외하고 행정 업무를 모두 담당해야 하기 때문이다.

제일 중요한 일은 국회의원 후원회와 정치자금을 관리하는 업무이다. 후원회를 운영하는 국회의원들은 불법 후원금의 여부 등 중요도가 높은데 후원회원 명부 관리 및 후원금 영수증 발급, 후원회를 둔 국회의원의 회계 보고 등의 업무를 담당하게 된다. 그 외 사무실 회계, 각종 국회 지원금 수령 및 영수증 첨부 지출 보고, 인사 서류 처리, 일정 담당, 전화 통화 및 방문객 기록 유지 관리, 방문객 안내 및 접대, 국회 사무처와의 각종 연락 업무, 국회나 중앙당 일정 관리, 지인 DB 관리 등을 한다.

의원이 없어도 의원실은 돌아가지만, 행정을 주 업무로 하는 비서관이 없으면 의원실이 안 돌아간다고 할 정도로 필수 불가결 존재이다. 가장 중요한 업무가 회계이므로 이 자리만은 의원 가장 믿을 만한 사람을 쓴다. 그래서 이 자리는 잘 바뀌지 않는다.

과거에는 가장 믿을만한 사람을 고용하다 보니 친인척을 쓰는 경우가 많았는데 2016년 7월경 큰 문제가 되었던 국회의원 보좌관 친인척 고용 논란 당시 의원들의 변명은 친인척 정책 보좌관들은 정말 해당 분야의 능력이 뛰어나기 때문이었고, 친인척 행정비서관의 경우 업무의 중요도 상 믿고 맡길 사람을 써야 하므로 어쩔 수 없는 선택이었다고 할 정도로 행정비서관은 능력도 중요하지만 국회의원의 신뢰도가 더 중요한 자리이다. '잘 둔 행정비서관 하나, 두 비서관보다 낫다', '4급 보좌관과 9급 비서관 간에 손발이 잘 맞으면 천국, 둘이 어긋나면 지옥'이라는 말도 있을 정도다.

인턴 1명

현재 인턴의 공식 기간은 22개월이다. 한 의원실에서 22개월을 사용하거나 다른 의원실로 옮겨 나머지 기간을 채울 수도 있다.

의원실의 공식 막내 역할을 한다. 주요 업무가 정해지지는 않지만, 여러 분야에서 일을 배운다. 보좌진들의 손발이 되어 잔심부름부터 정책 제안까지 여러 방면에서 활약한다.

의원실마다 인턴에 맡기는 일이 상이하다. 그렇지만 정신없이 바쁜 국회의 특성상, 보좌관, 선임비서관, 비서관 상관없이 재빨리 처리해야 할 일이나 일이 많은데 일손이 부족할 때 인턴을 호출한다. 국회에서 가장 바쁜 시기인 국정감사 때는 인턴이 할 일은 심부름에 그치지 않고 보좌진들이 하는 중요한 국회 업무를 같이 하기도 한다.

국회 특성상, 일반 공공기관이나 기업보다 수직 문화가 강한 편이고 정해진 업무 없이 여러 업무를 잘 수행해야 하므로 적극적이고, 멀티가 되고, 무슨 일을 시키든지 군소리 없이 묵묵히 일 잘하는 인턴을 선호한다. 실제로 의원실에서 인턴을 공식으로 채용하는 공고를 보면 주로 요구하는 인턴의 상이 있다.

국회 인턴의 도전하는 지원자들은 국회에서 공식 별정직 공무원이 되는 것을 목표로 지원하는 경우가 가장 많다. 실제로 의원실에 공석이 생기면 정식직원이 되기도 한다.

Q & A

[Q & A] 물어 보세요!

- 보도자료는 어떻게 쓰나요?
- 홍보활동은 어떻게 하나요?
- SNS운영을 어떻게 해야 하나요?
- 질의서는 어디에서 찾아보아야 하나요?

5 기타 직군(공무직, 기간제근로자)에 합격하려면? (행정실무원, 입법조사원)

여러 직군이 있지만, 그중'행정실무원'에 대해 소개한다. 자격요건을 갖춰 준비하고 있다면 합격률은 높다. 채용 예정분야에 공무직근로자(행정실무원)의 세부업무 내용을 살펴보면, 위원회 회의지원 업무로 회의장 세팅 및 회의자료 준비, 참석자 확인 등 회의진행 보조, 행정업무 지원 및 비서업무 등, 문서관리·작성·편집 등, 일정관리, 방문인 응대 등을 들 수 있다. 공고 및 원서접수는 언제인지, 서류전형 합격자 발표, 실기시험, 면접시험 날짜를 보고 응시하면 된다.

특히 응시자격의 요건을 보고 준비를 해야 한다.

컴퓨터 활용능력(한글, 엑셀, 파워포인트 등)이 우수한 자, 우대사항으로는 워드프로세서 자격증 소지자, 컴퓨터 활용능력(1급,2급) 자격증 소지자, ITQ(아래한글, 엑셀, 파워포인트 종목) 자격증 소지자. 자격증이 없다면 미리 준비하여 자격부터 갖춰 놓아야 한다. 실기시험 대비를 철저히 해야 한다.

시험방법으로는 서류전형이 있다 응시자의 학력 및 경력 등이 소정의 기준에 적합한지 등을 서면으로 심사하여 적격 또는 부적격 여부를 판단한다. 다만, 응시인원이 선발예정 인원의 5배수 이상인 경우에는 시험 실시기관의 장이 정한 임용예정 직무에 적합한 기준에 따라 선발예정 인원의 3배수 이상을 서류전형 합격자로 결정할 수 있다.

실기시험은 서류전형 합격자에 한하여 실시한다. 문서 작성 및 편집 능력 등을 검정하며, 불합격 기준에 해당하지 아니하는 자 중에서 실기시험 성적이 우수한 순으로 합격자를 결정한다. 실기시험은 어떻게 나오는지 상황에 따라 다르지만, 시험을 보고 인터뷰한 것을 소개하면 다음과 같다.

실기시험

체감 난이도 ★★★★ 워드 실기 1급 정도로 보면 된다. 스타일 설정(★), 블록계산식(★), 하이퍼링크 파워포인트에 도표를 작성하여 한글이랑 연동하여 개체묶기, 탭 설정, 글자모양>글자위치 변경, 머리말 페이지마다 다르게 넣기, 3페이지 작성 중 종이 편집 세로-가로-세로 등 다양한 문제로 감을 잡으면 된다.

시험은 시간 안에 다 풀면 가장 좋지만, 풀 수 있는 문제부터 해결해 나갈 것을 추천한다. 어려워 보이는 문제는 나중으로 미뤄라. 실기시험에서 스타일과 블록계산이 의외로 까다롭게 나온다. 스타일의 경우 언어별(한글은 신명조, 영어는 또

다른 폰드 등)로 설정을 달리 하라는 지시가 있다. 블록계산식의 경우 워드시험과 달리 중간에 공란이 섞여 있는 표의 합계를 구하는 것도 풀어보면 좋다.

면접시험

실기시험 합격자에 한하여 실시한다. 품과 해당 직무수행에 필요한 능력 및 적격성을 검정하며, 합격기준에 해당되지 아니하면 채용 예정인원을 선발하지 아니할 수 있다. 컴퓨터 활용능력(한글, 엑셀, 파워포인트 등)이 우수한 자로 한다.

'우대사항'으로는 워드프로세서 자격증 소지자, 컴퓨터 활용능력(1급,2급) 자격증 소지자, ITQ(아래한글, 엑셀, 파워포인트 종목) 자격증 소지자는 우대한다.

자기소개서

[Q & A] 물어 보세요!

- 1년에 시험은 몇 번이나 있나요?
- 시험방법은 서류전형과 실기시험, 면접으로 하나요?
- 자기소개서는 어떻게 써야 할까요?

"공무직근로자(행정실무원) 자기소개서란?"

자기소개서란? 자신의 가치를 극대화하는 것이다. 제출서류는 이력서와 자기소개서 두 가지이다. 평가 주요 요소로 학벌, 국회 경력을 들 수 있다. 차별적인 자기소개서에는 왜 공무직근로자(행정실무원)인가?, 입사를 위해 어떤 노력을 해왔는지?, 자신이 가진 강점과 경쟁력, 입사 후 포부 및 어떻게 일하겠다는 내용이 있어야 한다.

왜 행정실무원인가? 자신의 강점을 살려서, 직무와 연관성을 연결하여 자신의 장점과 비전을 제시하면 된다. 중요한 것은 지원동기다. 왜 행정실무원이 되려 하는지? 뚜렷한 목적이 있어야 한다.

앞으로 어떻게 일할 것인가? 그동안 준비는 어떻게 했는지, 설계하고 있는 것을 자기소개서에 써야 한다. 다른 사람과 자신의 강점을 비교하는 논리로 써야 한다. 자신의 강점과 남다른 경쟁력을 활용해 성실히 해야 한다.

직무에 대한 이해에 대해서도 알아야 한다. "무조건 열심히 하겠다"는 것보다 무엇을 어떻게 준비했는지를 보여줘야 한다. 강점이란 업무와 관련해 자신이 어떤 장점, 남과 다른 경쟁력과 차별화가 되어야 한다.

자기소개서 작성 시 주의해야 할 것이 있다.

성장배경이나 학교생활은 쓰지 않는 것이 좋다. 현재 업무와 연관성이 없다면 필요 없다. 지원동기와 자신의 강점 및 경쟁력, 무엇을 어떻게 준비했고, 인생설계와 관련지어 입사 후 포부 등 어떻게 근무하겠다는 것을 쓰면 된다.

문장은 단문으로 짧게 쓰는 게 좋다. 표현할 때는 미사여구를 사용하지 마라.

6 8급 합격수기

수험 기간 도움을 주신 선생님을 비롯한 강사님들과 합격수기를 남겨주신 행정직 선배님들께 고마움을 전하기 위해, 그리고 저도 여러분께 도움이 될 수 있기를 바라며 수기를 씁니다.

[국어]

"문법"국어 9급 강의 80강 들으며 기출 동시에 풀다가 지쳐서 문법 강의 듣고, 단원별 문제 풀고, 오답노트 만들었습니다.

"독해"선국어 단원별 문제풀이와 일주일에 3지문 풀고, 주말에 다시 독해 지문 압축해서 구조화해 보는 연습을 했습니다.

"문학"선국어 유튜브에서 고전시가, 고전가사 듣고, 시조는 밥을 먹으면서 돌려 들었습니다. 시조는 늘 중요한 것 같습니다.

"어휘한자"어휘는 못하고, 한자 사자성어는 선재국어 어플로 이동 시 보며 계속 외웠습니다. 올해 들어서는 잠들기 전 선재 4권에서 음이 두 가지인 한자, 모양이 유사한 한자, 이 부분만은 다 외우자 하고 매일 10자씩은 봤습니다.

[영어]

쭉 스스로 풀어보고 기출에서 틀린 개념, 몰랐던 개념은 다시 봤습니다. 그 후 900제로 종종 감을 유지하려고 매일 day 1씩 풀이했으며, 틀린 거 다시 풀어보고 또 틀리면 정답확인, 문법사항 포스트잇 정리해서 시험 전에 체크하고 갔어요.

단어는 보카바이블 A권 표제어 1,000개만 보고 가자는 마음으로 외웠습니다.

[한국사]

140강이라는 어마어마한 시간이지만 3일 강의+1일 기출, 이런 식으로 열심히 기출문제 동시에 풀면서 들었습니다. 배경 설명이 좀 긴 느낌은 있지만 기억에 오래 남기도 합니다. 조금 넘어가고 싶다 하는 내용은 적당히 스킵하시는 센스와 함께 들으시면 좋을 듯합니다.

❖ 기출 회독

[전체 문제 + 틀린 문제 한 번 더 풀고 → 계속 틀리는 지문 / 체크표시 많은 지문 오답노트 정리]가 한 세트였습니다.

위 한 세트 기준 3.5~4일까지를 마지노선으로 잡았고요. 100분 타이머 맞춰 놓고 100문제는 풀고 넘어가도록 했습니다. 문제 옆에 조금이라도 헷갈리면 바로 체크표시를 하고, 체크표시가 많아질수록 중요하게 보았습니다. 많은 문제를 보고 싶은데 속도가 안 나는 경우, 타이머를 맞추고 120분 100페이지 풀이 목표, 이런 식으로 노력했던 것이 도움이 됐습니다.

[행정학]

선행정학 심화강의 완강 후 기본서 발췌 독하며 기출만 1, 2회독 정도 하고, 행정학 수업을 들은 지 너무 오래되어 그런지 개념의 인과관계들이 거의 사라진 상태였습니다.

그 뒤로 믿음을 가지고 핵심체크 강의를 들으면서 기출 동시에 풀었습니다. 이후 기출 회독은 문제풀이 방식대로 했고, 진도별 모의고사를 풀었습니다.

[행정법]

쉽게 이해되는 루트를 그대로 이해하려고 필기도 조금씩 남겨두었습니다. 각론은 강의를 듣고 바로 기출을 같이 풀었습니다. 행정법 난이도는 점점 상승할 테니 기출은 당연히 하고, 최신판례+고난도 특강과 더불어 앞으로는 해당년도 변호사시험 행정법 부분이 더욱 중요할 것으로 보입니다. 저는 행법은 기출 회독할 때 행정구제 소송파트부터 봤습니다. 소송파트 문제가 가장 많이 나오는 것 같고, 연관된 판례도 많아 보여 먼저 봤습니다.

[헌법]

강의가 정말 길지만 자세한 설명으로 이해가 잘 되어서 헌법의 기본과 판서를 필기했습니다. 처음에 책의 내용을 정리하려다 기출 회독을 주로 했습니다. 법원 9, 5급 공채, 입시 1차, 소방간부, 경정승진 등 모든 시행처별 헌법 기출을 풀어보는 걸 추천합니다. 국회 8 시험 직전에 올해 5급 공채와 법원직 9급 헌법을 급하게 보고 갔는데, 정답지문이었던 최신판례가 국회 8에서도 정답지문으로 등장했습니다. 헌법은 꼭꼭 해당년도 시행처별 기출 풀기를 바랍니다.

[경제학]

경제학은 너무 어려워 기출 요약강의를 들으면서 개념을 다시 정리했어요. 경제학은 풀이 시간이 꽤 걸려서 전체를 한 번에 회독 적용했습니다. 경제가 휘발성이 작다고들 하나 그래도 날아가는 개념은 있었기에, 그 개념들도 오답노트에 계속 정리해서 상기했습니다.

운동을 처음부터 꾸준히 하지 않은 것이 가장 아쉬운 점입니다. 운동을 거의 안 하니 허리도 조금씩 아파왔고, 근육들이 쉽게 뭉쳤습니다. 작은 운동이라도 꾸준히 해주시기 바랍니다.

이 공부가 밑 빠진 독에 물 붓기가 아닌가 하는 생각을 5분에 한 번씩 했던 적이 있습니다. 기회는 자기도 모르는 순간에 온다는 말처럼, 저의 수험생활도 끝이 났습니다.

항상 모든 시험에서 제가 여기서 합격해서 나가는 사람이라는 암시를 하고 시험을 봤습니다. 국회 시험을 볼 때도 일단 자신감을 가지고 모든 시험을 정성을 다해서 응시하시기를 권합니다.

[출처] 알파행정학카페

8급 시험과목

8급 시험과목

구 분	행 정
1·2차 병합시험	1. 국어 2. 영어 3. 헌법 4. 행정법 5. 행정학 6. 경제학

8급 시험방법

	시 험 방 법
제1·2차 병합시험	- 1·2차 병합 선택형 필기시험 - 과 목 : 6과목 - 문 항 수 : 과목당 25문항(5지선다) - 시험시간 : 170분 1교시(85분): 국어·헌법·경제학 2교시(85분): 영어·행정법·행정학
제3차 시험	- 면접시험 : 집단면접 및 개별면접

7 입법고시 합격수기

"국회사무처 시행 입법고시에 합격하면 무슨 일을 하나요?"

입법고시(일반행정직·법제직·재경직 등)에 합격하면 기본교육인 신임관리자과정을 거쳐 국회상임위원회, 국회사무처, 국회예산정책처 또는 국회입법조사처 등에 배치되어 법안·예산안(결산)을 비롯한 각종 의안의 검토보고서 작성업무, 본회의 및 위원회 의사진행 보좌 및 일반 행정사무, 법률안에 대한 비용추계, 법률안의 입안을 위한 기초자료 수집·제공 등을 담당하게 된다.

입법고시 합격수기

공부를 하면서 스스로 어려움을 느끼는 부분이나 심리적으로 흔들리고 있다는 생각이 들 때면, 많은 합격자 분들의 합격수기를 보면서 도움을 얻고, 마음을 다 잡고는 했습니다. 제가 다른 합격자 분들의 합격수기를 읽고 느낀 것처럼, 누군가 한 명이라도 제 합격수기를 읽고 그런 감정을 느낀다면 정말 뜻깊은 일이 될 것 같아 저의 수험생활을 글로 담아 보고자 합니다.

"경제학 1순환" 1순환을 들을 당시에 경제학 과목 같은 경우, 수업에서 배운 부분을 철저히 복습하고, 예습하며 수업에 임했습니다. 가장 잘했다고 생각하는 부분은 경제학 1순환 시기부터 하루에 경제학 문제를 적게는 5문제라도 하루도 빠짐없이 꾸준히 풀었다는 점입니다. 경제학 1순환 시기부터 최종시험을 마치기 전까지 1차 시험 직전 일주일을 제외하고는 하루도 경제학 문제를 풀지 않았던 적이 없습니다.

"행정법 1순환"행정법 1순환을 들으면서 인강으로는 작년 2순환을 빠르게 수강했던 것 같습니다. 인강으로 작년 2순환을 들을 땐 이해가 되지 않는 부분이 많았고, 답안 작성 같은 경우는 할 줄도 몰랐고, 암기도 되어 있지는 않았지만, 행정법의 경우 혼자서 공부하는 게 너무나 막막했기에 인강을 미리 들으면서 해당 수업 부분을 진도에 맞게 예습했습니다.

"행정학 1순환" 때에는 실강을 들으면서 가볍게 그날 배운 부분을 읽어보는 정도로 복습을 했습니다. 모의고사를 작성하면 항상 하위 30프로 정도여서 행정학을 포기할까도 많이 고민했던 것 같고, 수험기간 내내 행정학이 내 약점과목이 되겠다는 생각을 1순환을 들으면서 많이 느꼈던 것 같습니다.

"재정학과 통계학"의 경우에는 강의 수가 많지는 않아 PSAT 공부를 하면서 인강으로 빠르게 돌려보는 정도로 공부했고, PSAT 공부를 하느라 깊은 공부를 하지는 못했습니다. 대신에 인강 전환을 하면서도 모의고사는 꼭 참여해서 답안을 작성했습니다.

"언어논리"의 경우에는 논리 기호화 정도만 따로 공부하고, 기출을 풀어보는 정도의 공부만 했고, 자료해석은 흔히들 말하시는 양치기 및 비타민 교재를 통해 계산 정확도와 속도를 높이는 데 치중했습니다. 모르는 부분은 깊이 리뷰하지 않고 가볍게 확인하는 정도로 공부했습니다.

"헌법과목"의 경우에는 1차 시험을 볼 때에는 선생님의 핵지총을 인강으로 교재를 계속해서 회독했습니다. 헌법과목 같은 경우에는 60점을 넘기면 되는 시험이지만, 가장 첫 번째로 보는 과목이기도 하고 이후의 과목들을 응시하는 데 큰 영향을 미치게 되니 안정적으로 80점 이상 받겠다는 생각으로 조금 시간을 더 투자해 공부했습니다.

"헌법"의 경우에 효율적인 공부가 필요한 과목이라고 생각합니다. 1월부터 헌법 강의를 듣기 시작했는데, 핵심적인 내용 들을 정리하고 교재만을 반복해서 외웠습니다. 선생님께서 짚어주시는 부분을 잘 정리하고, 속도를 높이는 식의 공부가 안정적인 득점을 받는 데 주요했던 것 같습니다.

"언어논리"에서 논리파트의 경우, 상황판단의 참/거짓 문제와 비슷한 구조로 출제가 많이 되고, 잘 익혀 놓는다면 금방 풀리는 경우도 있어서 논리파트를 확실히 완성시켜 놓는 식의 공부가 좋은 것 같습니다. 그래서 논리파트의 기출문제를 모아놓은 것을 구매해 반복해서 연습했습니다. 전체적인 기출문제의 경우에도 최대한 반복해서 풀었고, 논리파트를 제외하고 순서대로 푼 다음에 마킹을 했고, 그 다음 논리파트를 하나씩 풀 때마다 마킹을 추가했습니다.

"자료해석" 과목은 처음 피셋을 접했을 때부터 가장 흥미를 느끼고 자신 있는 과목이었습니다. 기출문제들을 반복해 틀려보면서 어떤 부분을 함정으로 내는지, 계산을 어떤 식으로 해야 하는지를 직접 느꼈던 것 같습니다. 자료해석 과목의 경우에 시간만 충분히 준다면 못 풀 정도의 어려운 문제가 많이 있다기보다는 90분 내에 얼마나 많이 푸느냐가 중요하다고 생각해서 속도를 더 끌어올렸습니다.

"상황판단"의 경우 기출을 철저히 분석하고, 기출문제를 3번 정도 반복해서 풀었는데, 처음 풀 때는 채점을 하고 모든 문제의 모든 선지를 꼼꼼하게 리뷰했습니다. 두 번째 풀 때에는 퀴즈문제의 경우에 다른 방식으로 풀어볼 수 있다면 다양한 방식을 사용해 문제를 풀어보려고 시도했고, 세 번째의 경우에는 기억이 나는 것에 대한 압박감을 주고자 시간을 80분으로 줄여 풀면서 모든 선지의 정오를 판단하는 식의 방법을 택했습니다. 입법고시 기출문제 및 민경채 문제 등을 풀면서 반복되는 출제자들의 시선을 짚어보는 연습을 했습니다.

"경제학" 과목의 경우, 문제풀이는 매일 지속하면서 답안의 형식으로는 주말을 이용해서 시간을 재고 작성해 보는 등의 방식. 경제학 문제 같은 경우는 거의 하루도 빠짐없이 풀었고, 처음에는 다소 어려운 부분 같은 경우에는 풀이를 외우는 식으로 넘어갔습니다.

“국제경제학”의 경우, 실전문제집에 있는 문제는 외울 수 있을 정도로 반복해서 풀었습니다. 최대한 이해해서 풀 수 있을 정도의 수준을 만들어 놓았습니다. 국제경제학 2순환 강의는 잘 대처할 수 있을 정도의 수준을 만들어 놓으시길 추천 드립니다.

“행정법”의 경우는 수험기간 내내 정말 많은 시간을 투자했음에도 항상 어려워했던 과목입니다. 수업을 들으면 어느 정도 이해가 되는데, 막상 그 이해한 부분을 사례에 적용을 하려다 보면 전형적인 부분이 아닌 경우에는 잘되지 않았습니다. 강사님들의 모범답안만을 외우게 되고, 비슷한 문제의 경우에는 조금만 다르게 문제가 나와도 어떤 식으로 써야 할지 감을 잡지 못한 적이 많았습니다.

“재정학”의 경우에는 경제학과 비슷한 면이 많기에 비슷한 느낌으로 공부를 하면서도 재정학에서만 나오는 특수한 개념들은 교과서를 읽으면서 상세히 이해하려고 했습니다. 또한 문제 자체가 전형적인 답안들이 정해진 부분이 많이 있어서 모의고사 zip에 나온 해설 등을 통째로 외우려고 했습니다.

“통계학”에서 통계학 개념의 경우, 조금만 공부하지 않으면 금방 잊어버리고 헷갈리는 경우가 많아서 저는 일요일에는 꼭 통계학 공부에 3시간을 할애해서 주기적으로 공부를 했습니다.

선택과목의 점수가 전보다는 많이 평준화되고 있는 것 같지만, 그럼에도 통계학이 고득점에 유리하기에 많이들 선택하실 것 같은데, 간혹 소홀히하다가는 문제를 틀리게 되면 점수 상 큰 위험을 줄 수 있는 과목이니 다른 필수과목과 비슷한 비중의 공부를 해야 할 것이라 생각합니다.

[출처] 입법고시 합격 수기 / 작성자 베리타스 에듀

5급 시험과목

직류	제1차시험(선택형)	제2차시험(논문형)
일반행정	헌법 언어논리영역 자료해석영역 상황판단영역 영어 (영어능력 검정시험으로 대체) 한국사 (한국사능력 검정시험으로 대체)	필수(4) : 행정학, 행정법, 경제학, 정치학 선택(1) : 정책학, 지방행정론(도시행정 포함), 정보체계론, 조사방법론(통계분석 제외), 민법(친족상속법 제외)
법제		필수(4) : 헌법, 민법, 형법, 행정법 선택(1) : 상법, 형사소송법, 민사소송법, 세법
재경		필수(4) : 경제학, 재정학, 행정법, 행정학 선택(1) : 회계학, 통계학, 국제경제학, 상법, 세법

※ 선택과목의 만점은 필수과목 만점의 5할로 계산합니다.
※ 제2차시험의 법률과목은 시험장에서 법전을 배부합니다.

제5장

◇◇◇◇◇◇◇◇◇◇◇◇◇◇◇◇◇◇◇◇

이젠 진짜 공무원으로 행복하게 살자

1 만약 지금 행복하다면 성공한 공무원이다

나는 5급 사무관 대우를 받고 있는 주무관이다. 6급이 되기까지 30년이 넘게 걸렸다. 아무리 열심히 근무를 하더라도 위원회에서 가장 바쁘다는 법제사법위원회 행정실에서 4년 동안 열심히 일을 했다. 야근도 마다하지 않았고, 직장을 최우선으로 생각하면서 근무했다. 항상 100% 이상 일하는 것을 기쁨으로 알았다. 그러나 승진은 만만한 것이 아니었다. 사람을 비참하게 만들고, 근무 의욕을 무너뜨렸다. 이때 승진 시 최고인 임명권자를 찾아 무엇 때문에 승진이 되지 않는지 따지고 싶었다. 공무원은 일만 죽어라 한다고 승진이 되는 것이 아니다. 줄도 잘 서야 하고, 운도 따라야 한다. 근무는 중간만 해도 된다. 시간이 흘러 7급 12년 근속승진으로 승진을 하였다. 참 기나긴 시간이었다. 일찍 입사했으니 6급으로 12년간을 근무할 수 있었다.

모든 것을 내려놓고 근무하니 참으로 행복했다. 정년퇴직 12년 앞두고 자기

개발에 힘쓰기로 마음먹었다. 사이버대학 사회복지학과를 졸업하고 자격증을 취득했다. 평생교육사까지 취득하였다. 나이 들어 대학 공부를 하니 즐거움이 100배는 더한 것으로 기억된다. 대학을 졸업하면서 시간이 되고 여건이 허락하는 대로 자기개발에 힘썼다. 퇴직을 하고 나면 무엇이 필요할까 생각하면서 인성교육전문가, 다문화교육사, 요양보호사, 장애인활동보조인 등 사회복지에 관련된 자격증을 취득했다. 인성교육전문가로 8개월 동안 주말마다 실습한 일이 가장 기억에 남는다.

나무와 꽃을 좋아하는 나는 숲 해설가 전문과정을 이수하였다. 5개월간 매일 주말까지 숲 해설가로 모든 시간을 투자하였다. 남편에게 5개월만 나만의 시간을 달라고 했다."당신은 연구대상이야!"라고 호탕하게 웃으며 허락하였다. 산으로, 들로 다니며 조사하고 공부하는 시간이 즐거웠다. 퇴근 후 7시부터 10시까지 3시간 동안 이론공부를 하는 등 밤 12시가 되어야 정리를 끝낼 수 있었다.

5개월간의 수업을 마쳤다. 졸업 프로젝트로 여의도공원의 나무를 조사하였다. 서울에도 이렇게 멋진 숲이 있다는 것이 신기했다. 해가 떠오르는 시간에는 나뭇잎 사이로 비쳐지는 햇살이 에덴동산 같았다. 신비로웠다. 장관이었다. 한동안 그 자리를 떠나지 못했다. 아니 영원하길 간절히 바랐다. 함께 공부한 친구와 둘이서 새벽 5시면 여의도공원에 나가 조사하면서 행복에 빠졌다. 모르는 수종은 여의도공원 사무실 직원에게 부탁하여 설계도를 받았다. 많은 도움이 되었다. 나무의 이름을 적고 잎을 따서 마주보기인지 등 상세하게 기록하였다. 위치를 표시하며 1시간씩 여의도 공원을 누비고 다녔다. 공부가 끝나면 장독대 김치찌개로 아침을 나눴다. 그 맛을 잊을 수가 없다.

여러 가지 자격증을 취득하며 강사들의 강의에 흠뻑 빠져들었다. 나도 열심히 공부해서 강사가 되기를 꿈꾸며 다른 강사의 모든 것들을 보며 꿈을 키웠다. 대한민국 명품 강사과정이 가장 인상 깊다. 나도 퇴직하면 명품강사가 되길 꿈꾸며 독서를 한다. 글쓰기, 책 쓰기에 시간을 투자하고 있다. 요즘에는 '인생글감옥'에 들어가 새벽 5시 30분에 책 쓰기 하는 시간이 너무 좋다. 책 쓰기 초고를 2022년 3월까지 마치기로 목표를 잡았다. 그리고 2022년 안에 내 책이 나올 수 있도록 목표를 세워본다. 책이 나오면 명품강사로 활동하고 싶다. 내가 알고 있는 지식으로 누군가에게 도움을 줄 수 있는 강사로 거듭나고 싶다. 대한민국 명품강사로 1년 후, 3년 후, 5년 후의 모습을 생각해 본다.

모소대나무(중국)

4년간은 자라지 않는다. 5년째부터 하루에 1미터씩 폭발적인 원동력으로 자란다.

중국 극동지방에서 자생하는 나무 중에 '모소대나무'가 있다. 이 대나무는 우리가 흔히 보는 대나무보다 두 배 가까이 크게 자라는 나무로 알려져 있다. 모소대나무는 씨를 뿌리고 나서 처음 4~5년 동안은 일 년에 겨우 1cm 정도만 자라나서 성장 속도를 거의 느낄 수 없다고 한다. 그런 모소대나무가 5년이 지나면서부터는 폭풍 성장을 하게 되는데, 6주 동안 하루 평균 30에서 40cm 이상 자라서 평균적으로 15미터가 넘는 키를 가지게 된다고 한다.

하늘에 닿을 듯 큰 키를 가졌지만, 비바람이 몰아쳐도 쉽게 부러지지 않고 당당하게 서서 울창한 숲을 이루는 모소대나무의 비밀은 성장 속도를 느낄 수 없었던 최초 5년의 시간에 있다. 그 5년이란 시간 동안 모소대나무는 지표면 위로의 성장을 멈춘 대신 땅속 깊이 뿌리를 내리며 폭풍 성장을 시작하게 될 5년 후의 그날을 준비하고 있었던 것이다.

모소대나무의 성장과정은 나에게 좋은 교훈을 준다. 뿌리가 튼튼하면 넘어지지 않는다는 것을 깨닫게 해준다. 기초를 튼튼하게 다져 놓으면 머지않은 시기에 폭발적으로 성장과 성공을 이룰 것이라는 확신을 가져보며 나의 꿈도 멀지 않았다는 생각에 행복하다.

지난 1월은 아쉬움이 남는다. 새로운 마음으로 다시 시작해 봐야겠다. 급하게 말고, 앞만 보지 말고 옆, 뒤도 보면서, 5년을 기다려온 모소대나무처럼!

공직생활 43년차인 나는 공무원이 된 것에 감사하며, 정년퇴직하는 나에게 대견하다는 칭찬을 해본다. 이 책을 읽고 있는 분들에게 자기개발을 통해 행복을 누려보길 권한다. 지금 행복하면 성공한 공무원이라고 생각한다.

멋진 대나무

2 자기개발은 행복으로 가는 길이다

가슴 뛰는 일은 어떤 것이 있을까?"

'알아가는 것이다.'

책을 읽고 책 속에서 보물을 캐내는 것, 새벽에 한강에서 걷고 뛰는 것이 건강을 지키는 일, 잡초를 보아도 싱그럽고 예쁘다는 느낌을 받는 것, 꽃을 보면 저절로 미소를 머금게 하는 것, 내 주위에 있는 사람이 잘되는 것을 볼 때 진심으로 축하해 주는 마음, 일반상식을 알게 될 때, 유익한 정보를 알고 남에게 알려는 것, 어떤 일을 시작했을 때 끝까지 하는 인내, 일하는 것을 좋아하는 것, 내가 필요하다고 하면 온몸을 불사르는 것, 우리 아이들이 자기 몫을 다하고 있을 때가 가슴이 뛰는 일이다.

가슴이 뛰는 일을 찾는 것이 행복으로 가는 길이라 한다. 자신이 잘할 수 있는 것이 무엇인지 알아내야 한다. 그것이 무엇인지 알았다면 모든 열정과 에너지를 쏟아부어야 한다. 좋으니까 하게 되는 일이 성공으로 이어진다. 자신이 좋아하고, 하고 싶은 일을 찾는 것이 중요하다.

워런 버핏은 성공 비결을 묻는 학생들의 질문에 "돈을 많이 벌어 줄 것 같은 일을 하지 말고, 자신이 좋아하는 일을 해야 한다."면서 "나는 운 좋게 좋아하는 일을 일찍 발견할 수 있었다."고 말했다.

빌 게이츠는 같은 질문에 "최대한 많이 읽고 배워야 한다."고 말했다."긴 안목에서 생각해야 하며, 건강한 자신감을 갖는 것이 중요하다."고 강조했다.

인생 60세가 넘어 할 수 있는 일을 찾아 공부하고, 연구하고, 자격증을 따고, 강의를 듣고, 관련 책을 많이 보아야 한다. 나이는 숫자에 불과하다는 말을 하지만 몸은 그렇지 않다. 나에게 맞는 자기개발을 하는 것이 잘하는 일이고 즐거운 일이다. 한평생 살아가며 느끼는 감정들, 성취감, 무료함 등 모든 것은 나에게 자기개발을 자극하는 원천이다.

자기개발을 위해

'새벽시간'을 활용하였다. 새벽 4시 20분, 직장으로 향했다. 건강을 지키기 위해 운동하는 시간이다. 40대 때는 뛰었고, 50대 때는 빠른 걷기를, 60대에 들어서는 보통 걷기를 하고 있다.

‘점심시간’에는 꽃꽂이 자격증을 준비하였고, 성가연습 등 매일 다양한 상황에 맞게 활용하였다.

‘퇴근 후 시간’에는 대학을 졸업하기 위해 사이버강의를 들었다. 즐겁다 생각하니, 힘든줄도 모르고 사회복지학과 4년과정을 마칠 수 있었다. 퇴직 후 제2의 인생을 위해 숲 해설가, 요양보호사, 장애인활동보조인 등 자격증을 취득했다.

강의를 위해 명강사과정, 글쓰기과정, 책 쓰기를 위해 ‘인생글감옥’에 들어가 새벽마다 글을 쓰고 있다. 근무하며 틈틈이 독서를 한다. 책을 읽고 정리해서 자료로 남겨둔다. 퇴직을 앞두고 경험한 시간들이 귀하고 아깝다. 몸은 피곤하고 눈이 아파도 마음은 흐뭇하고 즐겁다. 보람되게 사는 것과 자기 개발하는 것이 행복이라 생각한다.

윤중로 벚꽃

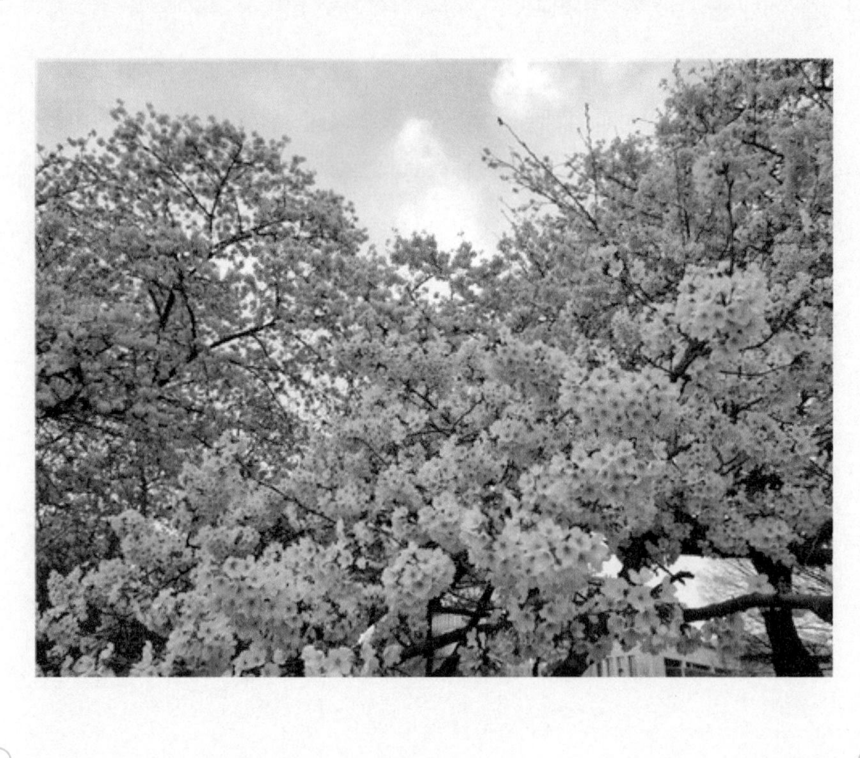

3 주인의식이 있다면 “하는 일마다 즐겁다”

세상을 탓하지 말고 나를 탓하면 좀 더 즐거운 삶을 살 수 있다. 나를 중심으로 생각하고 주인의식으로 살아간다면 환한 미래를 맞이할 것이다.

대표와 직원의 차이는 “대표는 스스로 일하고, 직원은 누가 봐야 일한다.”, “대표는 미래를 보고, 직원은 오늘 하루를 본다.”, “대표는 힘든 일을 즐겁게 하고, 직원은 즐거운 일도 힘들게 한다.”

막내딸이 음악연습실을 운영하고 있다. 대표가 직접 청소를 하면 깨끗하지만, 누군가에게 맡겨 청소를 하면 보이는 곳만 청소를 한다. 주인이 아니기에 구석구석에 있는 먼지는 보이지 않는다. 대표의식으로 청소를 할 때 고객이 깨끗함을 느낄 것이다. 대표의 입장에서 청소를 할 때 빛이 나는 것을 볼 수 있었다.

국회에서 주인의식을 가지고 근무하고 있다. 새벽부터 회의를 해도 '뭐 더 해야 할 일'이 있나 살펴보게 되고, 회의상황을 대비해 체크하고 준비하게 된다. 10만 평의 대지에 오늘도 가슴을 활짝 펴고 활기찬 하루를 시작한다.

깨끗하게 청소된 곳에서 하루가 즐겁다. 새벽마다 청소해 주시는 여사님이 고맙게 느껴지는 하루이다. 그저 '청소하나 보다'라고 지나칠 수 있지만, 주인의식으로 바라보니 고맙기만 하다. 주인의식으로 사는 멋진 나날이 고맙기만 하다. 요즘에는 회의가 있기를 간절히 바라본다. 회의가 있어야 내가 살고, 내가 있어야 빛이 나기 때문이다. 회의에 필요한 편집, 발간, 세팅 등 내가 살아있음을 증명할 수 있기 때문이다.

새벽시간에 일어나 오늘도 '인생글감옥'에서 글을 쓰며 자기개발을 위해 노력하고 있다. 이 시간이 참 좋다. 또는 새벽운동을 한다. 춥지 않으면 한강에서 운동을 하고, 추우면 옥상 8층에서 힘차게 걷는다. 아무도 없으니 가볍게 뛰기도 한다. 운동을 하며 오늘의 글감을 생각하며 양팔을 힘차게 젓는다.

"사랑해!" 누군가는 모든 것을 통틀어 '사랑해!'라고 표현한다.

'사랑해!' '미안해!' '고마워!' 라는 말을 한마디로 "사랑해!"라고 표현한다면 상대방이 제대로 이해하지 못할 수가 있다. 표현은 정확해야 한다. 미안한 일을 했을 때는'미안해'로, 고마우면'고마워'로, 감사함을 느꼈을 때는 '감사합니다'로 해야 한다.

사람은 실수할 수 있으므로 실수했다는 것을 인지했을 때는 그 즉시 표현을 해야 한다. 그 시간이 지나면 상대방은 이미 마음이 상해 있기 때문에 100% 사과의 마음을 받아들이지 않을 수 있다. 고의성은 없지만, 온라인의 시대에는 조심해야 한다. 어떤 대표는 미안한 일을 만들지 않는다고 자신하기도 한다.

어느 대표의 별명이"총대"라고 한다. 대표의 동생이 잘못한 경우에도 엄마에게 "제가 잘못 했어요." 라고 말한다. 물론 엄마는 동생이 잘못한 것을 잘 알고 계신다.

동서가 잘못했을 때는 "동서!"라고 부르면서 마음을 전한다고 한다. 이러면서 자신은 많이 배운다고 한다.

"여보! 우린 전생에 무슨 죄를 지었기에 대표를 하고 있을까요?"

대표는 월급이 밀리지 않도록 신경을 써야 한다. 위기상황에서도 대표는 대처를 잘해야 한다. 솔선수범해야 하고, 여전사가 되어야 하고, 자기 몸을 불사르듯 사업을 이끌다 보면 스스로 자기 몸에 상처를 내며 살고 있다고 한다.

시댁에서도 시어머님이 도와주시면 좋을 텐데, 동서가 스스로 도와주면 쉽게 할 수 있을 텐데 생각하지만, 한마디 말도 못하고 묵묵히 힘든 일을 도맡아 한다. 직원들과 회식할 때도 대표가 직접 고기를 구워준다. "대표님! 고기가 너무 맛있어요." "온갖 정성을 들여 구어서 그래요. 많이 드세요." 하며 미소를 지어준다. 부모와 자식, 사장과 직원, 시어머니와 며느리간의 갈등도 상대방의 입장에서 생각하면 쉽게 해결할 수 있다.

나도 대표다

나는 퇴직 후 대표가 되겠다는 생각을 해왔다. 전생에 나라를 3번 이상 구했기에 대표가 되는 것이라 생각했는데, 대표가 이렇게 힘들 줄을 미처 생각하지 못했다. 특히 '새벽 글감옥' 강좌를 들으니, 대표가 가진 책임감을 느끼게 한다.

주인으로 살 것인가? 머슴으로 살 것인가? 에서 차이가 있다.

옛날에는 머슴에게 일을 다 시키고 주인은 게을러도 되었을지 모르지만, 지금은 시대가 바뀌었다. 사장이 먼저 출근한다. 그러나 주인으로 살아야 즐겁고 행복하다.

"주인은 스스로 일하고 머슴은 누가 봐야 일을 한다."라는 명언처럼 누가 시키지 않아도 하루 한 시간을 쪼개어 주인으로 살고 있다. 퇴직 전 귀한 시간을 더 귀하게 보내고 싶다.

주인과 머슴 차이의 명언

"주인과 머슴 차이의 명언"

1. 주인은 미래를 보고, 머슴은 오늘 하루를 본다.
2. 주인은 스스로 일하고, 머슴은 누가 봐야 일을 한다.
3. 주인은 힘든 일을 즐겁게 하고, 머슴은 즐거운 일도 힘들게 한다.
4. 주인은 되는 방법을 찾고. 머슴은 안되는 핑계를 찾는다.
5. 주인은 자신이 책임을 지고, 머슴은 주인이 책임을 진다.

4 준비된 사람은 행복하다

퇴직 15년 전부터 제2의 인생을 준비하기 시작했다. 앞으로 무엇을 할 것인지 고민하게 되었다.

학교부터 가자

사이버 대학 사회복지학과에 등록해 시간제로 시작하였다. 수업은 한 학기에 3과목으로 퇴근 후 시간에 들었다. 나만의 뿌듯함을 안고 퇴근할 때, 내 어깨는 올라가 있었다. 알찬 하루가 행복하다. 141학점으로 대학을 졸업했다. 대학을 졸업하고 제2의 인생을 준비하면서 국가고시자격증, 민간자격증 등 18개의 자격증을 취득하였다.

무엇을 어떻게 준비해야 할까? 고민이 많았다. 복지관장을 해야겠다고 마음

먹었을 때는 사회복지사를 준비했고, 강의를 해봐야겠다는 생각이 들면 평생교육사를 준비했다. 그리고 무엇이 또 필요할까? 어떤 자격증이 있어야 제2의 인생에서 필요할까? 고민하다가 숲 해설가가 좋겠다는 생각이 들어 곧바로 접수하여 공부하고 자격증을 취득하였다. 또한 나이 들면 무엇이 가장 잘 어울릴까? 생각하다가 요양보호사 자격증을 취득하였다. 가족도 돌볼 수 있어 일석이조라 생각했다. 요양보호사는 나이도, 경험도 필요 없다. 다만 의지만 있고 건강하다면 얼마든지 일할 수 있어 좋다.

봉사활동으로 행복하자

직장생활을 하면서 매주 장애인 봉사활동을 다녔다. 요즘에는 시장보기와 음식 한 가지 만들어 주기 봉사를 하고 있다. 할 때는 힘들어도 마음은 참 흐뭇하다. 퇴직 후에는 요리사 자격증을 취득하여 봉사활동을 하는데 큰 역할을 할 계획이다. 솜씨는 없는데 너무 맛있다는 칭찬을 들으면 기쁘다. 장애인들은 내 요리와 활동 덕분에 일주일을 잘 살고 있다고 말해 준다. 요즘은 분리수거 봉사도 하고 있다. 시간이 날 때에는 청소까지 마무리하고 있다. 봉사활동은 받는 사람보다 해주는 사람이 더 행복하다고 생각한다.

책을 쓰자

43년 동안 직장생활을 하면서 누군가를 위해, 아니 나 자신을 위해 책을 써야겠다고 생각했다. 입법부 공무원! 공무원이 되기 위해 공부하는 공시생, 취업을 위해 공부하는 취준생들에게 알찬 정보를 주고 싶었다. 시험은 물론 어렵지만, 어려운 필기시험을 통해서만 공무원이 될 수 있는 것이 아니라고 알려주고 싶었다. 서류심사와 면접만으로도 공무원이 될 수 있다. 한 사람의 독자라도 유익할 수 있다면 즐겁게 책을 쓰자고 생각했다. 내 글을 읽는 독자가 변화, 성장, 감동, 도움 등을 얻을 수 있으면 하는 마음으로, 독자를 진정으로 위하는 마음으로 쓰기로 했다.

강의를 하자

책을 쓰고, 강의를 하자! 청소년들에게 정보를 주자! 멘토가 되어 주자!

강의를 하기 위해 1년에 30권의 목표를 가지고 준비하고 있다. 대한민국 명품강사 교육을 받으면서 느꼈던 것은 독서를 많이 한 후 책을 쓰며 준비해야 한다는 결론이었다.

"열정 / 배움 / 성장 / 책 쓰기 / 강의"

'인생글감옥'의 5가지 특징은 '새벽 05:30에 만나는 대단한 사람들이다.' '모두 다 예쁘고 잘 생겼다.' '모두들 독서와 글쓰기에 빠졌다.' '모든 사람들이 서로 잘 쓸 수 있기를 바란다.' '엄청난 에너지가 보인다.' 혼자 가면 빨리 갈 수 있지만, 함께 가면 멀리 갈 수 있다고 한다. 함께 성장하고 발전하는 것을 목표로 하나를 나누고 열정을 공유하므로 배움과 성장이 보이는 '인생글감옥'이다.

나는 날마다 / 모든 면에서 / 점점 더 / 나아지고 있다. 글을 쓰며 구호로 외치고 싶다.

글쓰기에 들어가기 전 나에게 주문을 걸어보면 어떨까 싶다.

"글 쓰는 자는 행복하다. 책 쓰는 자도 행복하다. 미래를 기다리는 나는 더 행복하다."

글 쓰는 자의 행복

"글 쓰는 자는 행복하다." (×는 박수를 치면서 하면 더 힘을 받는다.)

글×쓰×는×자×는× 행×복×하×다×
글 쓰는××× 자는×× 행복××하다××
글 쓰는 자는××××× 행복하다××××
글 쓰는 자는 행복하다

5 제2의 인생을 디자인하여 멋지게 살자

공무원 생활 43년 동안 제대로 쉼을 가져본 적이 없다. 아니 놀아 본 적이 없다. 동기모임에 참여해 간간히 여행을 다녀보았고, 출장으로 해외여행을 가보았고, 신혼여행, 가족여행을 가본 적은 있지만, 전남편 사업이 기울어진 뒤부터 13년 동안 새벽 3시 30분부터 밤 12시까지 앞만 보며 달려온 빡빡한 인생이었다. 새벽에 신문배달부터 시작하여 논문 타이핑, 책 세일즈, 보험설계사, 인쇄소 책 편집, 백화점 쇼핑백 붙이기 등 틈새시간을 쪼개어 했다. 어쩌면 당뇨가 온 것도 잠을 제대로 못 자고 일만 했기 때문일 것이다. 이렇게 바쁘게 살아왔지만, 제2의 인생을 멋지게 디자인하고 싶다. 퇴직 후 편안한 쉼과 죽고 싶을 만큼 힘든 사람에게 힘이 되어 주고 싶다.

사회공헌으로 봉사활동

현재는 장애인 1급 시장 보아주기, 음식 한 가지 만들어 주기 봉사활동을 활발히 하고 있다. 퇴직하면 요리를 배워 좀 더 맛있는 음식 만들어 주기 봉사활동을 하고 싶다고 생각하던 중 눈이 번쩍 띄는 정보를 제공받았다. "2022년 경기도 생활기술학교 상반기 교육생 모집"으로, 퇴직 후 5060 신중년 세대들의 제2인생을 위한 교육생 모집이다. 신중년 세대 경제적 노후 준비와 지속적 사회 참여 확대를 위해 소양교육, 생활기술교육, 사회봉사 연계 현장실습, 취·창업 기회 등을 지원하는 교육사업이다. 교육대상은 경기도 내 거주하는 5060세대이다.

교육기관도 많이 있지만, 내가 거주하는 곳에서 가깝고 배우고 싶은 과정이 있어 응시해 보기로 했다. 김포에 있는 김포대학교에서 "한국전통음식전문가과정" 22명 모집. 월, 화, 수 10:00–18:00 주3회, 기간은 4.27–8.10이다. 비용은 무료이다. (031-999-4699)

고양시에 있는 중부대학교에서 "치매예방지도사"25명 모집. 월 09:00–18:00 주1회, 기간은 4.4–6.27이다. 비용은 무료이다. (031-8075-1158)

이번 기회에 잘 배워서 봉사 활동을 하는데 힘이 되어 주고 싶다. 지역사회에 봉사도 하고, 장애인을 위한 음식봉사도 멋지게 해드리고 싶다.

퇴직 후 편안한 쉼

늦잠, 낮잠, 밤잠을 늘어지게 자고 싶다. 좋아하는 드라마도 마음 놓고 보고 싶다. 팝콘과 콜라를 들고 영화를 보며 큰소리로 웃고 싶다. 한적하고 분위기 있는 커피숍에서 향기 좋은 커피와 조각 케이크를 먹으며 책을 읽고 싶다. 간간이 밑줄을 그으며 여유로운 쉼을 가지고 싶다. 소소한 쉼이 또 있을까? 코로나 때문에 해외여행을 가기는 어렵지만, 남편과 팔도를 여행하는 공주가 되고 싶다. 맛있는 밥도 먹고, 간간히 간식도 즐기며 풍경 좋은 소나무가 많은 곳, 잔잔한 바다가 있는 곳, 꽃들과 이름 모를 잡초들과 얘기하며 쉼을 찾고 싶다. 모든 시중을 남편이 들어주는 쉼을 갖고 싶다.

제2의 인생을 디자인하다

하고 싶은 나의 일, 뭐가 기다리고 있을지 궁금하다. 준비는 많이 하고 있었지만, 막상 퇴직할 시기가 다가오자 어리벙벙하다. 가장 먼저 음악연습실 대여사업에 투자하여 월 이백만 원이 나올 수 있도록 임대사업을 하면서 직원으로(월 60시간) 일도 할 계획이다. 음악연습실이란 사무실을 임대하여 방음장치와 인테리어를 멋지게 하여 임대하는 사업이다. 사용자는 주로 고3생, 실용음악과, 항공사 승무원, 악기, 보컬, 유튜버 등 공부하는 사람들이 사용하는 곳이다.

내 콘텐츠를 활용하여 취준생과, 공시생들을 위해 도움을 주는 강사로 활동하고 싶다. 강사가 되기 위해 대한민국 명품강사 양성과정을 이수하였으며 진로적성상담사, 진로직업상담사, 다문화교육사, 인성교육전문가, 평생교육사 자격증을 취득하였다. 기회가 주어진다면 숲 해설가로 공기 좋은 곳에서 활동하고 싶다. 또한 어르신들을 위해 요양보호사로 활동하는 것도 큰 보람이 되리라 생각한다. 요양보호사, 실버보드게임지도사, 분노조절상담지도사 자격증도 취득하였다.

퇴직 후에 학교보안관으로 활동해 보는 것도 학생들을 위해 좋은 일이라 생각된다. 학교보안관이 되기 위해 '학교안전지도사' 자격증도 취득하였다. 하고 싶은 것을 다 할 수는 없지만 기회가 되고, 시간이 되고, 여건이 허락된다면 제2의 인생은 즐거울 것이다.

이제는 더 이상 틀에 박혀 아등바등 살지 않을 것이다. 멋진 강사로 활동하며 글을 쓰는 작가로, 내 책을 쓰는 저자로 멋진 제2의 인생을 디자인할 것이다.

메타쉐콰이어

6 국회 내 숲 해설(숲속으로 풍덩!)

"숲속으로 풍덩"

초록의 산소와 마음을 편안하게 해주는 숲, 인간을 건강하게 만들어 주는 고마운 숲, 숲과 자연을 사랑하고 있는 사람, 꽃과 화초와 나무를 사랑하는 숲 해설가!

산림전문가 숲 해설가 전문과정을 받으면서 너무 행복하고 즐거웠다. 날씨가 추우면 추워서 좋고, 비가 오면 비가 와서 좋고, 나쁜 날은 없고 좋은 날만이 이어졌다. 추우면 따뜻하게 입고, 비가 오면 비옷을 입고, 더우면 겉옷을 벗으면 되었다. 배운다는 것은 어떤 상황에서도 극복되었다

국회 내 숲 해설

국회 내 교목(5미터 이상) 약 70종, 7천여 주. 관목 50종 16만 5천 주. 국회 내 숲은 큰 숲은 아니나 어떤 숲에서보다 많은 종류의 나무를 한번에 볼 수 있는 장점이 있다.

해태상 앞 무궁화, 국회는 국민을 대표하는 기관이라서 국화인 무궁화를 많이 심었다. 약 5천 주!

해태상은 1975년 국회의사당을 태평로에서 여의도로 옮길 당시 화기로 인한 화재를 막기 위해 세워졌다. 해태제과에서 3천만 원의 예산을 들여 세웠고, 항아리에다 국산 와인인 노블와인을 양쪽에 36병씩 72병을 묻었다. 개봉일은 1백 년 후인 2075년에 할 예정이다.

잔디광장(면적 약 1만 평-축구장 4개 넓이)의 중앙을 가로지르고 있는 반송 8그루는 대한민국에서 가장 크고 아름다운 반송! 모대통령 취임식 때 모국회의장이 전망이 가린다고 이 반송을 뽑으려고 했으나 부하직원(당시 국회사무처 관리국장)의 만류로 뽑지 않았다는 구전이 전해져 오고 있다.

기념식수 잔디광장에는 김대중 대통령, 국회의장들, 미국 레이건 대통령, 조지부시 부통령의 기념식수가 있다. 의원동산 주변과 의원회관 앞뒤 등에도 국회의장과 국회사무총장의 기념식수가 있다.

국회본관 앞 금강송(80그루)은 강원도 금강송을 볼 수 있는 행운의 장소이다.

원래 국회본관 앞에는 향나무가 심겨져 있었다, 그런데 일본풍을 걷어내자는 여론에 따라 뽑아버리고, 2007년 강원도 고성군의 금강송을 고성군으로부터 무상 기증 받아 심게 되었다. 뿌리돌림, 운반비 등에 12억 원이 들었다. 금강송은 우리민족의 기상을 힘차게 나타내면서 수형이 아름답다.

화합의 꽃밭, 다양한 색깔의 국민들이 화합을 이루기를 기원하는 꽃밭이다. 의원동산 아래쪽에 화합의 상징으로 국회의원의 각 지역구에서 꽃을 가져와 심었다. 약 80여 종의 우리 꽃을 감상할 수 있다.

의원동산은 국회 내 최고의 산책 장소, 사색의 장소이다. 무궁화, 배롱나무, 느티나무, 자작나무, 전나무, 백송, 섬잣나무, 스트로브잣나무, 모과나무, 불두화, 서부해당화, 밤나무, 산딸나무(일명 십자가 나무) 등 수종이 풍부하다.

'사랑재' 라는 한옥도 있다. 국산 소나무로 만들었으며, 중요무형문화재인 신응수 대목장이 지었다. 주로 외빈 오·만찬 장소로, 국회의장이나 국회의원의 의정활동 협상, 조율 장소로 사용되고 있다. 국회직원들의 야외결혼식 장소로도 인기가 높다. 옥상정원도 있다, 구절초, 벌개미취, 기린초, 사사 등의 우리 꽃 식재 등이다.

국회운동장(인조잔디) 또는 운동장 윗길을 거쳐 운동장 주변의 나무들 소개로 윤중로(영등포구청 소유, 관리) 4월 초 벚꽃축제의 거리, 박태기 나무(일명 가룟유다 나무), 개나리, 산당화(북한말: 명자나무) 등이다.

의원회관 뒤 숲은 국회 내 수목원이라고 할 수 있다. 작은 호수와 예쁜 꽃들이 있고, 한국 고유종인 구상나무가 있으며 이팝나무, 조팝나무, 화살나무, 생강나무, 산딸나무, 자두나무, 살구나무, 매자나무, 말채나무(일명 신선나무, 빼빼나무), 황매화, 꽃사과 등이 있다. 정문 쪽에 아름드리 메타세콰이어 숲(15그루)이 우리를 반긴다.

국회도서관 앞 숲, 무한시공 조형물, 간이 숲속도서관, 아름다운 야외화장실, 산수유, 감나무, 모과나무 등이 풍요를 기원하고 있다.

국회 내에서 숲 해설가로 활동하며 제2의 인생을 살아가는 것도 행복할 것이다.

국회 산책로

7 사계절의 한강!

사계절의 행복은 여의도 한강을 제일로 꼽는다.

봄날의 한강은 희망이 솟아난다

한강을 친구삼아 함께 운동을 시작한다. 하나, 둘, 하나, 둘, 팔을 힘차게 젓는다. 기분 좋게 몸이 데워진다.

"친구야! 좀 더 빨리 걸어봐. 그래야 등에서 땀이 나지."
"그래! 알았어. 한강, 네가 앞서서 가봐. 뒤따라 갈게."

"앞서 가면 재미없지. 어깨를 나란히 하고 가자."
"역시 한강은 멋지다. 친구가 있어 운동할 맛이 난다."

봄이 오면 버드나무 가지들이 연초록으로 변한다. 버드나무 가지 밑에 연초록의 새싹들이 움트고, 성질 급한 개나리 꽃망울이 나온다. 윤중로의 벚꽃은 꽃망울을 터트려 봄을 알린다. 매년 4월이 되면 윤중로 벚꽃축제가 있다. 얼마나 많은 사람들이 벚꽃 구경을 오는지 모른다. 아침 운동을 마치고 아무도 없는 윤중로에서 벚꽃이 만개한 모습을 바라본다. 손도 활짝 펴고, 가슴도 활짝 열어 벚꽃의 향기와 시원한 봄바람을 만끽한다. 벚꽃을 사진기에 담아낸다.

여름의 한강은 열기가 뜨겁다

샛강 방향으로 운동을 시작한다. 울창한 나무들, 땀 흘리며 걷는 사람, 자전거를 타는 젊은이들에게 시원한 물소리는 활력소이다. 젊은이가 부럽다. 얼굴에서 땀이 흐르기 시작하여 등줄기까지 땀이 흐른다. 건강해지는 느낌이 좋다. 샛강의 오리 가족이 보인다. 어미오리는 새끼를 데리고 산책 중인 듯싶다. 내가 사진 찍고 있으니 경계를 한다. 혹여나 새끼오리가 다칠세라 완전 무장을 하고 바라본다. 엄마 뒤를 따르는 오리새끼 7마리가 귀엽고 예쁘다.

가을의 한강은 하늘거린다

코스모스가 약하게 생겼지만 세찬 바람에도 부러지지 않는다. 운동을 하며 그냥 지나칠 수 없다. 잠깐 멈추어서 사진 속에 담아본다. 그 옆에 장미가 탐스럽다. 어찌 그리 아름답고 향기가 좋은지, 나는 장미밭에서 떠날 줄을 모른다. 한강의 원두막이 보인다. 박이 탐스럽게 주렁주렁 달려 있지만, 아무도 따가지 않는다.

겨울의 한강은 건강지킴이다

한강을 비추는 해가 너무 멋지다. 카메라에 한 컷 담아본다. 신비로운 광경을 혼자 보기가 아깝다. 무심코 지나가면 신비로운 광경을 볼 수 없지만, 한강으로 눈만 돌리면 저절로 환호성이 터져 나온다. 여의도 한강은 건강지킴의 한강으로 많은 사람들의 사랑을 받으며 오늘도 유유히 흐른다.

계절별 한강의 모습을 자랑해 본다

아름답고 멋진 한강을 누리며 산 나는 행복한 사람이다. 정년퇴직으로 여의도를 떠나게 된다면 한강을 보지 못한다는 것이 가장 아쉬울 것 같다. 아니 벌써 눈물이 난다. 한강은 계절마다 예쁜 옷으로 갈아입는다. 언제나 반갑게 맞이해주 는 한강은 인정이 많고, 가슴이 넓고, 엄마처럼 모든 사람을 품어준다. 많은 것을 내어 주는 한강! 우리에게 소중한 물을 제공해 주는 한강! 한강이 있기에 대한민국이 아름다운 것이다.

이제 공무원은 시험만 답이 아니다

여행은 다시 갈 수 있지만, 인생은 다시 되돌아갈 수 없다. 그래서 계획이 중요한 것이 아닐까 생각한다. 인생설계에서 중요한 것은 인생의 '속도'가 아니라 '방향'이라고 생각한다.

나의 버킷리스트 중의 하나는 내 이야기를 책으로 만드는 것이다. 책을 쓰고 강의를 하는 도전에 직면해 보겠다고 마음먹었다. 강의 스킬을 배워 나가면서 나의 결심이 확고해짐과 동시에 펜을 들기 시작했다.

누군가가 보면 부끄러운 이야기일 수 있는 내 인생 보따리를 풀었다. 나는 특별하게 잘 나지도 않았고, 훌륭한 스펙을 가지고 있지 않다. 오히려 다른 사람보다 더 굴곡진 인생을 살아왔다고 말할 수 있다. 그러나 내가 가진 조그만 열정이 취업에 힘들어하는 한 사람의 인생에 도움이 될 수 있다면, 그것으로 충분히 행복하다고 생각한다.

코로나로 인한 경기침체와 일자리 부족으로 많은 사람들이 힘들어하고 있다. 내 가까운 친척인 조카는 병원에서 계약직으로 근무를 하면서 자격증을 준비하고, 60세까지 안정적으로 근무할 수 있는 곳을 찾고 있다. 조카와 같은 처지에 있는 젊은 친구들이 많다는 것을 알게 되었다.

국회에서 근무하고 싶어 하는 사람들에게 조금이나마 보탬이 되었으면 하는 바람으로 이 책을 준비하였다. 공무원 시험을 준비하고 있는 사람과 안정된 직장을 갖고 싶은 분들에게 도움이 되었으면 한다. 공무원이 되는 게 최상의 직업 선택이라고 생각하는 것은 아니지만, 불안정한 고용에서 벗어나 걱정 없이 근무할 수 있는 곳을 찾는 사람에게 좋은 정보가 되기를 희망한다.

"슬럼프에 빠진 공시생이 있다면, 이 책을 통해 다시 일어나 도전하기를 응원합니다."

2022년 퇴직하면서 박정녀 드림

[부 록]

◇◇◇◇◇◇◇◇◇◇◇◇◇◇◇◇◇◇◇

채용 공고

4급 보좌관 채용

[○○○의원실] [4급 보좌관 채용공고]

1. 모집대상

– 4급 보좌관 2명

2. 자격 및 우대조건

– 국가공무원법상 임용결격 사유가 없는 분
– 국회 업무 전반에 대한 실무능력을 겸비한 분
– 소통과 인화로 협업을 잘하는 분
– 변호사 자격증 소지자 우대

3. 주요 업무

– 입법, 정책, 국정감사 등 국회업무 전반
– 지역구 의정활동 보좌
– 기타 국회 기본업무 등

4. 근무조건

– 국회사무처 규정에 따름
– 연봉: 82,056,960원(2020년 기준), 가족수당, 복지포인트 등 국회사무처 규정에 따름

5. 전형방법

– 1차 : 서류전형
– 2차 : 면접(1차 합격자에 한하여 일정 개별 통보)

6. 접수 및 제출서류

– 제출기한 : ~ 11월 15일(월요일) 18:00까지
– 이력서(사진 첨부 및 연락처 기재, 자유 양식)
– 자기소개 및 지원동기서(분량 제한 없음, 자유 기재)
– 파일명과 메일제목은 반드시 "4급 보좌관_홍길동.hwp"으로 작성
– 접수방법 : 이메일 접수 (abc77@gmail.com)
※ 모든 서류는 이메일로만 가능하다.
– 전화 문의와 개별 방문 접수는 받지 않는다.
– 제출된 서류는 반환하지 않으며 채용 종료 후 모두 파기한다.

5급 선임비서관 채용

[○○○의원실] [5급 선임비서관 채용 공고]

1. 모집대상
- 5급 비서관

2. 자격 및 우대조건
- 국가공무원법상 임용결격 사유가 없는 분
- 국회 업무 전반에 대한 실무능력을 겸비한 분
- 소통과 인화로 협업을 잘하는 분
- 국회 경력자 / 변호사 우대

3. 주요 업무
- 입법, 정책, 국정감사 등 국회업무 전반
- 지역구 의정활동 보좌
- 기타 국회 기본업무 등

4. 근무조건
- 국회사무처 규정에 따름

5. 전형방법
- 1차 : 서류전형
- 2차 : 면접(1차 합격자에 한하여 일정 개별 통보)

6. 접수 및 제출서류
- 제출기한 : ~ 00월 00일(토요일) 18:00까지
- 이력서(사진 첨부 및 연락처 기재, 자유 양식)
- 자기소개 및 지원동기서(분량 제한 없음, 자유 기재)
- 파일명과 메일제목은 반드시 "5급 비서관_홍길동.hwp"으로 작성 부탁드립니다.
- 접수방법 : 이메일 접수 (abc@gmail.com)
  ※ 모든 서류는 이메일로만 받습니다.

7. 참고사항
- 사정에 따라 조기 마감될 수 있습니다.
- 전화 문의와 개별 방문 접수는 받지 않습니다.
- 제출된 서류는 반환하지 않으며 채용 종료 후 모두 파기합니다.

6급 비서관 채용

[○○○의원실] [6급 비서관 채용공고]

1. 모집대상
- 6급 비서

2. 자격조건 및 근무조건
- 국가공무원법상 제33조의 임용 결격사유에 해당하지 않는 자
- 성실함과 책임감이 있는 분
- 행정안전위원회 유경험자 우대

3. 근무조건
- 국회사무처 규정에 따른 보수 지급(4대 보험)

4. 주요업무
- 상임위(행안위) 정책업무 전반
- 메시지 및 홍보 관련 업무
- 의정활동 전반에 대한 보좌(수행 포함)

5. 전형방법
- 1차 서류심사
- 2차 면접 (1차 합격자에 한하여 개별 통보 예정)

6. 제출서류
- (필수) 이력서 및 자기소개서
- (선택) 본인이 직접 작성한 질의서, 보도자료 등
- 이력서, 자기소개서 등 하나의 파일로 작성
  ※ 파일명을 "6급지원-지원자명"으로 함 (예: 6급지원-홍길동)

7. 제출방법 및 모집기간
- 이메일 접수 : abc@daum.net
- 모집기간 : 2021년 9월 15일(수)까지
  ※ 이메일 제목을 "[6급지원] 지원자명"으로 함

7급 비서관 채용

[○○○의원실] [7급 수행비서관 채용공고]

1. 모집대상

○ 수행비서(7급 상당) 1인

2. 자격조건

○ 국가공무원법상 임용결격 사유가 없는 자

○ 국회 수행비서 경력자

3. 주요업무

○ 수행 업무(운전)

4. 근무조건

○ 국회사무처 규정에 따름

5. 접수방법 및 모집기간

○ 제출서류

– 이력서 1부 (수행비서 유경험자 경력 기재)

– 자기소개서 1부

※ 서류를 한 개의 '한글파일'로 작성하여 제출(예시 : 지원자명 7급)

○ 접수 : abc@gmail.com

○ 모집기간 : 10월 29일(금)까지

6. 전형방법

○ 1차 : 서류전형

○ 2차 : 면접 (1차 서류전형 합격자에 한하여 개별 통보)

8급 비서관 채용

[○○○의원실] [8급 비서관 채용공고]

1. 모집대상 : 8급 상당 비서(1명)

2. 자격요건

- 국가공무원법 제33조(임용 결격사유)에 해당하지 않는 분
- 국회 관련 업무 유경험자 우대
- 성실하고 책임감 있는 분

3. 근무조건

- 국회사무처에서 정한 보수 규정을 따름

4. 주요업무

- 홍보 및 SNS 기획, 운영
- 영상촬영·편집, 포토샵, 일러스트 등 가능자
- 블로그, 카드뉴스, 유튜브 등 제작 능통자 우대(공통)
- 의정활동 전반에 대한 보좌 및 의원실 기타업무(공통)

5. 전형방법

- 1차 : 서류심사
- 2차 : 면접(1차 합격자에 한해서 개별 통지)

6. 제출서류

- [필수]이력서, 자기소개서(경력중심으로 상세 작성)
- [필수]본인이 직접 제작한 카드뉴스, 동영상 등 포트폴리오 (자유양식)

7. 서류제출

- 이력서와 자기소개서를 하나의 한글파일로 작성
- 파일제목은"지원자명(8급).hwp"로 할 것
- 이메일(abc@naver.com)로만 접수

8. 제출기한

- 11월 15일(월) 12시까지

9급 비서관 채용

[○○○의원실] [9급 비서관 채용공고]

1. 모집대상
- 행정비서(9급 상당) 1인

2. 자격조건
- 국가공무원법 제33조의 결격사유에 해당되지 않는 분
- 컴퓨터 프로그램 활용능력

3. 주요업무
- 행정 및 일정 업무
- 정치자금, 운영비, 후원회 등 회계 업무
- 의원실 업무에 대한 전반적인 지원

4. 근무조건
- 국회사무처 규정에 따름

5. 서류심사용 제출 서류 및 제출 요령
- 이력서 1부
- 자기소개서 1부
- 서류를 1개의 한글파일로 작성 (지원자명 9급.hwp)
- 제출 기간 : 9월 28일(화) ~ 10월 1일(금)까지 이메일 접수
- 이메일 주소 : abc@gmail.com

6. 전형방법
- 1차 : 서류전형
- 2차 : 면접 (1차 서류전형 합격자에 한하여 개별 통보)

인턴비서 채용

[○○○의원실] [인턴비서 채용공고]

1. 채용분야 : 인턴 1명

2. 자격요건

- 국가공무원법상 임용 결격사유에 해당하지 않는 분
- 성실하고 매사에 적극적이며 대인관계가 원만한 분

3. 주요업무

- SNS운영, 카드뉴스 제작 등 홍보업무(포토샵 등 활용 능숙자 우대)
- 기타 의정활동 보좌

4. 근무조건 및 우대사항

- 국회사무처 규정에 따름

5. 전형방법

- 1차 서류 심사
- 2차 면접 (1차 합격자에 한하여 개별 통보)

6. 제출서류

- 이력서 및 자기소개서

* 파일명 : 인턴지원자_이름.hwp

7. 제출기한 및 방법

- 서류접수 : 2021. 11. 21. (일) 18시까지
- 접수방법 : abc@gmail.com

[부 록]

◇◇◇◇◇◇◇◇◇◇◇◇◇◇◇◇◇◇◇◇

채용시험 공 고

2021년도 국회사무처 공무직근로자(행정실무원) 채용시험 공고

2021년도 국회사무처에서 근무할 공무직근로자(행정실무원)를 다음과 같이 채용하오니 많은 분들의 응시 바랍니다.

2021년 5월 14일

국 회 사 무 총 장

1 채용예정분야 및 인원

채용예정분야	세 부 업 무 내 용	선발예정인원
공무직근로자 (행정실무원)	○ 위원회 회의지원 업무 - 회의장 세팅 및 회의자료 준비 - 참석자 확인 등 회의진행 보조 ○ 행정업무 지원 및 비서업무 등 - 문서관리·작성·편집 등 - 일정관리, 방문인 응대 등	2명

2 채용일정

구 분		일 시	비 고
공고 및 원서접수		5. 14.(금) 공고 시 ~ 5. 21.(금)	국회채용시스템 **(관련서류 우편제출)**
서류전형 합격자발표		5. 28.(금)	국회채용시스템
실기시험	시 험	6. 2.(수)	
	합격자발표	6. 4.(금)	
면접시험		6. 14.(월)	
최종합격자 발표		6. 16.(수)	국회채용시스템

※ 상기 일정은 기관 사정에 따라 변경될 수 있음.

3 응시자격

구 분	내 용
결 격	ㅇ「국가공무원법」 제33조의 결격사유에 해당하는 자 ㅇ「국회 무기계약근로자 관리규정」 및 「국회사무처 기간제 및 단시간근로자 관리지침」에 따른 징계해고 처분을 받은 날로부터 3년을 경과하지 아니한 자 ㅇ「공공기관 비정규직 근로자 관리 등에 관한 규정」 제2조제1호의 규정에 따른 공공기관에서 기간제 및 단시간 근로자 신분으로 징계해고 처분을 받은 자로 그 징계해고 처분을 받은 날로부터 3년을 경과하지 아니한 자
요 건	ㅇ 컴퓨터 활용능력(한글, 엑셀, 파워포인트 등)이 우수한 자 ㅇ 2021. 7. 1.부터 근무 가능자 【우대사항】 - 워드프로세서 자격증 소지자 - 컴퓨터 활용능력(1급,2급) 자격증 소지자 - ITQ(아래한글, 엑셀, 파워포인트 종목) 자격증 소지자
연 령	ㅇ 18세 이상

※ 응시자격의 충족 여부는 면접시험일을 기준으로 함.

4 응시원서 접수안내 (인터넷으로 접수)

ㅇ 접수기간 : 2021. 5. 14.(금) 공고 시 ~ 5. 21.(금) 17:00

ㅇ 접수방법 : 국회채용시스템(http://gosi.assembly.go.kr)에서 회원가입 후 원서접수 **(방문접수 또는 우편접수는 실시하지 않음)**

ㅇ 기타 : 응시원서 접수 시 사진등록용 전자파일(JPG)이 필요하니 미리 준비할 것

ㅇ 접수취소 : 원서접수기간에만 가능

ㅇ 응시번호 확인 : 국회채용시스템-원서접수-접수증 / 응시표 출력(5. 21.(금) 17:30 이후)

ㅇ **응시원서 접수 후 반드시 관련 서류를 등기우편으로 제출해야 함.**
(경력 및 자격은 증명서가 제출된 것에 한하여 인정함)

5 관련 서류 제출 (등기우편으로 제출)

○ 자기소개서 1부(첨부양식, A4용지 1-2장 분량)

○ 응시원서 접수 시 기재한 학위·경력·자격증 등 관련 증빙서류(아래 표 참고)

연번	증 빙 서 류	비고
1	○ 학력증명서 각 1부(해당자에 한함) - 전문대학교 이상 학력에 대한 모든 증명서를 제출하여야 함. - 원서접수 시 기재한 학위 취득여부를 확인할 수 있도록 첨부양식 작성 ※ 조회대상기관 연락처는 기관 대표전화가 아닌 반드시 해당기관의 증명서담당자 연락처를 기재	
2	○ 관련분야 재직 또는 경력증명서 1부(해당자에 한함) - 증명서에는 근무기간, 담당업무 등이 정확히 기재되어야 함. - 원서접수 시 기재한 경력을 확인할 수 있도록 첨부양식 작성 ※ 근무처별로 근무기간, 직위(급)를 정확히 기재 ※ 조회대상기관 연락처는 기관 대표전화가 아닌 반드시 해당기관의 증명서담당자 연락처를 기재 - 회사가 폐업·파산·합병 등으로 경력(재직)증명서 발급이 어려운 특별한 경우에 한해 고용보험증명서 또는 건강보험납입증명서로 대체	
3	○ 주민등록초본 1통(병적사항 기재)	
4	○ 기타 서류(해당자에 한함) - 관련분야 자격증 사본 또는 자격 증빙서류 1부	

※ 원서접수 시 **증명서 상의 경력기간 및 취득일 기준으로 작성하고 증명서가 제출되지 않은 경력 및 자격의 경우는 내용 기재와 관계없이 평가에 반영되지 않음.**

※ 제출된 증빙서류는 관계기관에 진위를 확인할 예정이며, 사실과 다르거나 허위사실 기재 또는 위·변조 시 합격 또는 임용을 취소할 수 있으며, 「국회공무원 임용시험규정」에 따라 5년간 국가공무원 응시자격이 정지됨.

※ 자기소개서 등 제출서류 작성 시 시험의 공정성을 훼손할 우려가 있는 개인 신상을 직·간접적으로 파악할 수 있도록 기재하는 경우 불이익을 받을 수 있음.

※ 제출 방법

- 증빙서류는 연번에 맞추어 제출하되, **철을 하지 않은 상태로 제출할 것**
- 접수기간 내에 **등기우편**으로 송부하며 **봉투 겉면에 채용예정분야를 반드시 기입할 것**
  (예 : 국회사무처 공무직(행정실무원))

- 접수마감일자 [2021. 5. 21.(금)]의 우체국 발송소인이 찍힌 것까지 유효
- **주소 : (07233) 서울특별시 영등포구 의사당대로1(여의도동) 의원회관 811호, 국회사무처 인사과 채용담당**

6 시험방법

○ **서류전형**
- 응시자의 학력·경력 등이 소정의 기준에 적합한지 여부 등을 서면으로 심사하여 적격 또는 부적격 여부를 판단함.
- 다만, 응시인원이 선발예정인원의 5배수 이상인 경우에는 시험실시기관의 장이 정한 임용예정 직무에 적합한 기준에 따라 선발예정인원의 3배수 이상을 서류전형 합격자로 결정할 수 있음.

○ **실기시험**
- 서류전형 합격자에 한하여 실시함.
- 문서 작성 및 편집 능력 등을 검정하며, 불합격기준에 해당하지 아니하는 자 중에서 실기시험 성적이 우수한 순으로 합격자를 결정함.

  ※ 실기시험의 세부적인 방법 및 일정은 서류전형 합격자발표 시 공고함.

○ **면접시험**
- 실기시험 합격자에 한하여 실시함.
- 인품과 해당 직무수행에 필요한 능력 및 적격성을 검정하며, 합격기준에 해당되지 아니하면 채용예정인원을 선발하지 아니할 수 있음.

  ※ 최종합격자가 임용되는 것을 포기하는 등의 사정으로 결원을 보충할 필요가 있을 때에는 최종합격자 발표일로부터 3개월 이내에 면접시험 평정성적이 우수한 사람 순으로 추가 합격자를 결정할 수 있음.

7 채용기간 및 보수수준 등

구 분	내 용
채용기간	○ 채용 시 ~ 만 60세
보 수	○ 기본급 월 1,916,040원 - 법정수당 및 명절상여금 별도 지급 ※ 기본급은 임금교섭 결과에 따라 변동될 수 있음.
근무시간	○ 09:00~18:00 - 기관 사정에 따라 변동 가능
후생복지	○ 국민연금, 건강보험, 고용보험, 산재보험 가입

8 기 타

○ 이 계획에 명시되지 아니한 사항은 「국가공무원법」, 「국회인사규칙」, 「국회공무원임용시험규정」, 「국회 무기계약근로자 관리규정」 등 인사 관련규정에 의함.

○ 응시인원이 선발예정인원과 같거나 미달하더라도 적격자가 없는 경우 전형을 거쳐 선발하지 않을 수 있음.

○ **제출된 서류에 기재된 사항이 사실과 다르거나 허위로 작성된 경우에는 합격 또는 임용을 취소할 수 있으며, 제출된 서류는 일체 반환하지 않음(원본으로 제출된 서류는 불합격자에 한해 본인이 방문할 경우 최종합격 발표일로부터 1개월 이내에 반환).**

○ 합격자 통지 후라도 신원조사 및 공무원채용신체검사 등을 통하여 공무원으로 임용하기에 부적합한 결격사유가 있을 경우 임용하지 않을 수 있음.

○ 채용시험 실시를 위하여 응시자의 개인정보를 수집할 수 있으며, 수집된 개인정보는 응시자격 판단 및 합격결정 등을 위하여 필요한 경우 그 수집 목적의 범위에 한하여 이용할 수 있음.

※ 기타 문의 사항은 국회사무처 인사과 채용담당(02-6788-2081)으로 문의하거나, 국회채용시스템(http://gosi.assembly.go.kr) 〔시험안내〕및〔1:1 질의응답〕을 이용 바람.

【국회사무처공고 제2021-225호】

2021년도 국회사무처 관리국 기계직 9급(기계서기보) 경력경쟁채용시험 공고

2021년도 국회사무처 관리국 기계직 9급(기계서기보) 경력경쟁채용시험을 다음과 같이 실시하오니 많은 분들의 응시 바랍니다.

2021년 12월 29일

국 회 사 무 총 장

1 채용예정분야 및 인원

채용예정분야	세 부 업 무 내 용	선발예정인원
기계직 9급 (기계서기보)	ㅇ 청사 내 기계설비, 소방설비 유지관리 및 공사감독 ㅇ 청사 신축(설비분야) 기획 및 안전진단 업무 ㅇ 공무직 근로자 관리	1명

2 채용일정

구 분		일 시	비 고
원서접수		공고 시 ~ 2022. 1. 10.(월)	국회채용시스템 (관련서류 우편제출)
서류전형 합격자발표		2022. 1. 14.(금)	국회채용시스템
필기시험	시 험	2022. 1. 20.(목)	
	합격자발표	2022. 1. 21.(금)	국회채용시스템
면접시험		2022. 1. 27.(목)	
최종합격자 발표		2022. 1. 28.(금)	국회채용시스템

※ 상기 일정은 기관 사정에 따라 변경될 수 있음.

3 응시자격

구 분	내 용
결 격	○「국가공무원법」 제33조의 결격사유에 해당하는 자 ○「국회공무원 임용시험규정」 등 관계법령에 따라 응시자격이 정지된 자
요 건	○ 다음 중 어느 하나에 해당하는 자 - 임용예정직급과 동일한 직급에서 2년 이상 근무한 경력이 있는 자 - 임용예정직과 관련 있는 직무분야에서 임용예정직급 상당경력이 3년 이상인 자 【우대사항】 ○ 아래의 자격증을 하나 이상 소지한 자
연 령	○ 18세 이상인 자 ○「국가공무원법」 제74조(정년)를 도과하지 않은 자

구 분	자격증
기술사	공조냉동기계, 소방, 가스, 건축기계설비
기능장	에너지관리, 가스
기 사	공조냉동기계, 소방설비(기계분야), 에너지관리, 가스, 건축설비
산업기사	공조냉동기계, 소방설비(기계분야), 에너지관리, 가스, 건축설비

※ 연령기준 외의 응시자격 충족 여부는 면접 시험일을 기준으로 함.

4 응시원서 접수안내 (인터넷으로 접수)

○ 접수기간 : 2021. 12. 29.(수) **공고 시 ~ 2022. 1. 10.(월) 17:00**

○ 접수방법 : 국회채용시스템(http://gosi.assembly.go.kr)에서 회원가입 후 원서접수
(방문접수 또는 우편접수는 실시하지 않음)

○ 응 시 료 : 5,000원(국회채용시스템에서 계좌이체·카드결제·휴대폰 결제 중 선택)

○ 기　　타 : 응시료 외에 소정의 처리비용(계좌이체·카드결제·휴대폰 결제 비용)이 소요되며, 응시원서 접수 시 사진등록용 전자파일(JPG, 200KB 미만)이 필요하니 미리 준비할 것

○ 접수취소 : 원서접수기간에만 가능

○ 응시번호 확인 : 국회채용시스템-원서접수-접수증/응시표 출력**(1. 10.(월) 17:30 이후)**

○ **응시원서 접수 후 반드시 관련 서류를 등기우편으로 제출해야 함.**
(경력 및 자격은 증명서가 제출된 것에 한하여 인정함)

5 관련 서류 제출 (등기우편으로 제출)

○ 자기소개서 1부(첨부양식, A4용지 1-2장 분량)

○ 직무수행계획서 1부(첨부양식, A4용지 5장 내외)

○ 응시원서 접수 시 기재한 학위·경력·자격증 등 관련 증빙서류(아래 표 참고)

연번	증 빙 서 류	비고
1	○ 학력증명서 각 1부 - 전문대학교 이상 학력에 대한 모든 증명서를 제출하여야 함. - 원서접수 시 기재한 학위 취득여부를 확인할 수 있도록 첨부양식 작성 ※ 조회대상기관 연락처는 기관 대표전화가 아닌 반드시 해당기관의 증명서담당자 연락처를 기재 ※ 외국학위의 경우, 담당교수 등 학위취득을 확인할 수 있는 전화번호, FAX, 이메일주소, 인터넷 URL 주소 등을 반드시 명시(필요시 학위취득 조회를 위한 본인의 별도 동의서를 제출받을 예정)	
2	○ 관련분야 재직 또는 경력증명서 1부 - 증명서에는 근무기간, 담당업무 등이 정확히 기재되어야 함. - 원서접수 시 기재한 경력을 확인할 수 있도록 첨부양식 작성 ※ 근무처별로 근무기간, 직위(급)를 정확히 기재 ※ 조회대상기관 연락처는 기관 대표전화가 아닌 반드시 해당기관의 증명서담당자 연락처를 기재 - 회사가 폐업·파산·합병 등으로 경력(재직)증명서 발급이 어려운 특별한 경우에 한해 고용보험증명서 또는 건강보험납입증명서로 대체	
3	○ 최종 학위논문 1부(사본 가능, 해당자에 한함) - 박사학위논문의 경우 국문초록 또는 세부요약문(연구목적, 연구내용 및 결과의 활용도 등을 1~2장 분량으로 자유롭게 기술) 1부 첨부	
4	○ 학위·연구논문(석사학위 이상) 및 저술 등 연구실적물 목록 1부(첨부양식, 해당자에 한함)	
5	○ 연구논문 및 저술 등 연구실적물 원본(또는 사본) 1부(해당자에 한함) ※ 연구실적물 : 한국연구재단 등재 학술지(등재 후보지 포함)이상의 간행물에 **최근 3년 이내** 게재된 주요 실적물, 기타 주요 저서 또는 학위논문 ※ 연구실적물의 경우 **주요실적**만 제출하고, 기타 실적 등은 목록에만 표기할 것	
6	○ 주민등록초본 1통	

7	○ 기타 서류 - 관련분야 자격증 사본 또는 자격 증빙서류 1부(해당자에 한함) - 외국어능력검정시험 성적표 사본 1부(소지자에 한함, 유효기간 내의 성적만 인정됨)	

※ 원서접수 시 **증명서 상의 경력기간 및 취득일 기준으로 작성하고 증명서가 제출되지 않은 경력 및 자격의 경우는 내용 기재와 관계없이 평가에 반영되지 않음.**

※ 제출된 증빙서류는 관계기관에 진위를 확인할 예정이며, 사실과 다르거나 허위사실 기재 또는 위·변조 시 합격 또는 임용을 취소할 수 있으며, 「국회공무원 임용시험규정」에 따라 5년간 국가공무원 응시자격이 정지됨.

※ 자기소개서 등 제출서류 작성 시 시험의 공정성을 훼손할 우려가 있는 개인 신상을 직·간접적으로 파악할 수 있도록 기재하는 경우 불이익을 받을 수 있음.

※ 제출 방법

- 증빙서류는 연번에 맞추어 제출하되, 철을 하지 않은 상태로 제출할 것
- 접수기간 내에 **등기우편**으로 송부하며 **봉투 겉면에 채용예정분야를 반드시 기입할 것 (예 : 관리국 기계서기보)**
- 접수마감일자[2022. 1. 10.(월)]의 우체국 발송소인이 찍힌 것까지 유효
- **주소 : (07233) 서울특별시 영등포구 의사당대로1(여의도동) 의원회관 811호, 국회사무처 인사과 채용담당**

6 시험방법

○ 서류전형

- 응시자의 학력·경력 등이 소정의 기준에 적합한지 여부 등을 서면으로 심사하여 적격 또는 부적격 여부를 판단함.
- 다만, 응시인원이 선발예정인원의 5배수 이상인 경우에는 시험실시기관의 장이 정한 임용예정 직무에 적합한 기준에 따라 선발예정인원의 3배수 이상을 서류전형 합격자로 결정할 수 있음.

○ 필기시험

- 서류전형 합격자에 한해 실시함.
- 필기시험 과목 : **기계일반, 기계설계**
- 출제수준 : 관련업무 수행에 필요한 기본적 능력과 지식을 검증할 수 있는 정도
  (보다 구체적인 출제수준·범위는 국회사무처 시행 9급 공개경쟁채용시험 등 관련시험 참고)
- 출제방식 : 각 과목별 객관식 총 20문제
- 시험시간 : 총 60분

- 각 과목 만점의 4할 이상, 전 과목 총점의 6할 이상 득점자 중 선발예정인원의 3배수의 범위 안에서 고득점자 순으로 합격자를 결정함.

○ **면접시험**

- 필기시험 합격자에 한해 실시함.
- 인품과 해당 직무수행에 필요한 능력 및 적격성을 검정하며, 합격기준에 해당되지 아니하면 채용예정인원을 선발하지 아니할 수 있음.

※ 최종합격자가 임용되는 것을 포기하는 등의 사정으로 결원을 보충할 필요가 있을 때에는 최종합격자 발표일로부터 3개월 이내에 면접시험 평정성적이 우수한 사람 순으로 추가 합격자를 결정할 수 있음.

7 기 타

○ 이 공고에 명시되지 아니한 사항은 「국가공무원법」, 「국회인사규칙」, 「국회공무원임용시험규정」 등 국회 인사관련 규정에 의함.

○ 응시인원이 선발예정인원과 같거나 미달하더라도 적격자가 없는 경우 전형을 거쳐 선발하지 않을 수 있음.

○ 제출된 서류에 기재된 사항이 사실과 다르거나 허위로 작성된 경우에는 합격 또는 임용을 취소할 수 있으며, 제출된 서류는 일체 반환하지 않음(원본으로 제출된 서류는 불합격자에 한해 본인이 방문할 경우 최종합격 발표일로부터 1개월 이내에 반환).

○ 합격자 통지 후라도 신원조사 및 공무원채용신체검사 등을 통하여 공무원으로 임용하기에 부적합한 결격사유가 있을 경우 임용하지 않을 수 있음.

○ 채용시험 실시를 위하여 응시자의 개인정보를 수집할 수 있으며, 수집된 개인정보는 응시자격 판단 및 합격결정 등을 위하여 필요한 경우 그 수집 목적의 범위에 한하여 이용할 수 있음.

※ 기타 문의 사항은 국회사무처 인사과 채용담당(02-6788-2081)으로 문의하거나, 국회채용시스템(http://gosi.assembly.go.kr) [시험안내]및[1:1 질의응답]을 이용 바람.

【국회사무처공고 제2021-227호】

2021년도 국회사무처 디지털운영담당관실 전산직 9급(전산서기보) 경력경쟁채용시험 공고

2021년도 국회사무처 디지털운영담당관실 전산직 9급(전산서기보) 경력경쟁채용시험을 다음과 같이 실시하오니 많은 분들의 응시 바랍니다.

2021년 12월 30일

국 회 사 무 총 장

1 채용예정분야 및 인원

채용예정분야	세 부 업 무 내 용	선발예정인원
전산직 9급 (전산서기보)	○ 각종 행정지원시스템 구축 및 정보화사업 관리 - 국회의원 이해충돌방지시스템, 전자문서시스템, 인적자원관리시스템 등 ○ 정보서비스 인프라 운영 및 관련정보 보안 - 서버, WEB, WAS, DB 등	1명

2 채용일정

구 분		일 시	비 고
원서접수		공고 시 ~ 1. 10.(월)	국회채용시스템 **(관련서류 우편제출)**
서류전형 합격자발표		1. 17.(월)	국회채용시스템
필기시험	**시 험**	1. 21.(금)	
	합격자발표	1. 24.(월)	국회채용시스템
면접시험		1. 27.(목)	
최종합격자 발표		1. 28.(금)	국회채용시스템

※ 상기 일정은 기관 사정에 따라 변경될 수 있음.

3 응시자격

<table>
<tr><th>구 분</th><th>내 용</th></tr>
<tr><td>결 격</td><td>○ 「국가공무원법」 제33조의 결격사유에 해당하는 자
○ 「국회공무원 임용시험규정」 등 관계법령에 따라 응시자격이 정지된 자</td></tr>
<tr><td>요 건</td><td>【필수사항】
○ 다음 중 어느 하나에 해당하는 자 중 아래의 필수자격증을 하나 이상 소지한 자
- 임용예정직급과 동일한 직급에서 2년 이상 근무한 경력이 있는 자
- 임용예정직과 관련 있는 직무분야에서 임용예정직급 상당경력이 3년 이상인 자
【필수자격증】
<table><tr><th>구 분</th><th>자격증</th></tr><tr><td>산업기사</td><td>전자계산기제어, 정보통신, 사무자동화, 정보처리멀티미디어제작전문가</td></tr><tr><td>기 사</td><td>전자계산기, 정보통신, 정보처리, 전자계산기조직응용</td></tr><tr><td>기술사</td><td>컴퓨터시스템 응용, 정보통신, 정보관리</td></tr></table>【우대사항】
○ 다음 중 어느 하나에 해당하는 자
- 전산직 공무원으로서 정보화사업 기획·발주 및 관리 경험자
- UNIX 기반 WEB, WAS, DB 등 운영 및 실무경험자
- 정부기관 정보화 개발사업 참여 및 사업관리 경험자
- 전자정부 표준 프레임워크 기반 프로그램 개발경험자
- 소프트웨어 경진대회 등에서 수상한 자
- 공직윤리, 공직자 부패방지 등 유사업무 경험자</td></tr>
<tr><td>연 령</td><td>○ 18세 이상인 자
○ 「국가공무원법」 제74조(정년)를 도과하지 않은 자</td></tr>
</table>

※ 연령기준 외의 응시자격 충족 여부는 면접 시험일을 기준으로 함.

4 응시원서 접수안내 [인터넷으로 접수]

○ 접수기간 : **공고 시 ~ 1. 10.(월) 17:00**

○ 접수방법 : 국회채용시스템(http://gosi.assembly.go.kr)에서 회원가입 후 원서접수
(방문접수 또는 우편접수는 실시하지 않음)

○ 응 시 료 : 5,000원(국회채용시스템에서 계좌이체·카드결제·휴대폰 결제 중 선택)

○ 기　　타 : 응시료 외에 소정의 처리비용(계좌이체·카드결제·휴대폰 결제 비용)이 소요되며, 응시원서 접수 시 사진등록용 전자파일(JPG, 200KB 미만)이 필요하니 미리 준비할 것

○ 접수취소 : 원서접수기간에만 가능

○ 응시번호 확인 : 국회채용시스템-원서접수-접수증/응시표 출력(1. 10.(월) 17:30 이후)

○ **응시원서 접수 후 반드시 관련 서류를 등기우편으로 제출해야 함.**
(경력 및 자격은 증명서가 제출된 것에 한하여 인정함)

5 관련 서류 제출 (등기우편으로 제출)

○ 자기소개서 1부(첨부양식, A4용지 1-2장 분량)

○ 직무수행계획서 1부(첨부양식, A4용지 5장 내외)

○ 응시원서 접수 시 기재한 학위·경력·자격증 등 관련 증빙서류(아래 표 참고)

연번	증 빙 서 류	비고
1	○ 학력증명서 각 1부 - 전문대학교 이상 학력에 대한 모든 증명서를 제출하여야 함. - 원서접수 시 기재한 학위 취득여부를 확인할 수 있도록 첨부양식 작성 ※ 조회대상기관 연락처는 기관 대표전화가 아닌 반드시 해당기관의 증명서담당자 연락처를 기재 ※ 외국학위의 경우, 담당교수 등 학위취득을 확인할 수 있는 전화번호, FAX, 이메일 주소, 인터넷 URL 주소 등을 반드시 명시(필요시 학위취득 조회를 위한 본인의 별도 동의서를 제출받을 예정)	
2	○ 관련분야 재직 또는 경력증명서 1부 - 증명서에는 근무기간, 담당업무 등이 정확히 기재되어야 함. - 원서접수 시 기재한 경력을 확인할 수 있도록 첨부양식 작성 ※ 근무처별로 근무기간, 직위(급)를 정확히 기재 ※ 조회대상기관 연락처는 기관 대표전화가 아닌 반드시 해당기관의 증명서담당자 연락처를 기재 - 회사가 폐업·파산·합병 등으로 경력(재직)증명서 발급이 어려운 특별한 경우에 한해 고용보험 피보험자격 이력내역서, 국민연금가입증명서 또는 건강보험 자격득실확인서로 대체	
3	○ 최종 학위논문 1부(사본 가능, 해당자에 한함) - 박사학위논문의 경우 국문초록 또는 세부요약문(연구목적, 연구내용 및 결과의 활용도 등을 1~2장 분량으로 자유롭게 기술) 1부 첨부	

4	○ 학위·연구논문(석사학위 이상) 및 저술 등 연구실적물 목록 1부(첨부양식, 해당자에 한함)	
5	○ 연구논문 및 저술 등 연구실적물 원본(또는 사본) 1부(해당자에 한함) ※ 연구실적물 : 한국연구재단 등재 학술지(등재 후보지 포함)이상의 간행물에 **최근 3년 이내** 게재된 주요 실적물, 기타 주요 저서 또는 학위논문 ※ 연구실적물의 경우 **주요실적**만 제출하고, 기타 실적 등은 목록에만 표기할 것	
6	○ 주민등록초본 1통(병적사항 기재)	
7	○ 기타 서류 - 관련분야 자격증 사본 또는 자격 증빙서류 1부(해당자에 한함) - 외국어능력검정시험 성적표 사본 1부(소지자에 한함, 유효기간 내의 성적만 인정됨)	

※ 원서접수 시 증명서 상의 경력기간 및 취득일 기준으로 작성하고 증명서가 제출되지 않은 경력 및 자격의 경우는 내용 기재와 관계없이 평가에 반영되지 않음.

※ 제출된 증빙서류는 관계기관에 진위를 확인할 예정이며, 사실과 다르거나 허위사실 기재 또는 위·변조 시 합격 또는 임용을 취소할 수 있으며, 「국회공무원 임용시험규정」에 따라 5년간 국가공무원 응시자격이 정지됨.

※ (유의사항) 자기소개서 작성 시 학교명, 출생지, 부모직업 등 개인 신상을 직·간접적으로 파악할 수 있도록 기재할 경우 불이익을 받을 수 있음.

※ 필수자격증을 **취득할 예정인 경우**, 원서접수 시 자격증 등록화면에 아래와 같이 입력하시기 바랍니다.

- 필수자격증 : 면접시험 시행일(2022.1.27.) 이전까지 취득할 예정인 경우

자격증	“취득예정 자격증명”	**기관**	“발급기관”
자격증번호	“취득예정”	**취득일자**	“합격발표일자

[예시]

자격증	정보통신산업기사	**기관**	한국산업인력공단
자격증번호	취득예정	**취득일자**	2022-01-26

※ 제출 방법

- 증빙서류는 연번에 맞추어 제출하되, 철을 하지 않은 상태로 제출할 것
- 접수기간 내에 **등기우편**으로 송부하며 **봉투 겉면에 채용예정분야를 반드시 기입할 것 (예 : 디지털운영담당관실 전산서기보)**

- 접수마감일자[1. 10.(월)]의 우체국 발송소인이 찍힌 것까지 유효
- 주소 : (07233) 서울특별시 영등포구 의사당대로1(여의도동) 의원회관 811호,
  국회사무처 인사과 채용담당

6 시험방법

○ **서류전형**

- 응시자의 학력·경력 등이 소정의 기준에 적합한지 여부 등을 서면으로 심사하여 적격 또는 부적격 여부를 판단함.
- 다만, 응시인원이 선발예정인원의 5배수 이상인 경우에는 시험실시기관의 장이 정한 임용예정 직무에 적합한 기준에 따라 선발예정인원의 3배수 이상을 서류전형 합격자로 결정할 수 있음.

○ **필기시험**

- 서류전형 합격자에 한해 실시함.
- 필기시험 과목 : **컴퓨터일반, 정보보호론**
- 출제수준 : 관련업무 수행에 필요한 기본적 능력과 지식을 검증할 수 있는 정도
- 출제방식 : 각 과목별 객관식 총 20문제
- 시험시간 : 총 60분
- 각 과목 만점의 4할 이상, 전 과목 총점의 6할 이상 득점자 중 선발예정인원의 3배수의 범위 안에서 고득점자 순으로 합격자를 결정함.

○ **면접시험**

- 필기시험 합격자에 한해 실시함.
- 인품과 해당 직무수행에 필요한 능력 및 적격성을 검정하며, 합격기준에 해당되지 아니하면 채용예정인원을 선발하지 아니할 수 있음.

  ※ 최종합격자가 임용되는 것을 포기하는 등의 사정으로 결원을 보충할 필요가 있을 때에는 최종합격자 발표일로부터 3개월 이내에 면접시험 평정성적이 우수한 사람 순으로 추가 합격자를 결정할 수 있음.

7 기 타

○ 이 공고에 명시되지 아니한 사항은 「국가공무원법」, 「국회인사규칙」, 「국회공무원임용시험규정」 등 국회 인사관련 규정에 의함.

○ 응시인원이 선발예정인원과 같거나 미달하더라도 적격자가 없는 경우 전형을 거쳐 선발하지 않을 수 있음.

○ 제출된 서류에 기재된 사항이 사실과 다르거나 허위로 작성된 경우에는 합격 또는 임용을 취소할

수 있으며, 제출된 서류는 일체 반환하지 않음(원본으로 제출된 서류는 불합격자에 한해 본인이 방문할 경우 최종합격 발표일로부터 1개월 이내에 반환).

○ 합격자 통지 후라도 신원조사 및 공무원채용신체검사 등을 통하여 공무원으로 임용하기에 부적합한 결격사유가 있을 경우 임용하지 않을 수 있음.

○ 채용시험 실시를 위하여 응시자의 개인정보를 수집할 수 있으며, 수집된 개인정보는 응시자격 판단 및 합격결정 등을 위하여 필요한 경우 그 수집 목적의 범위에 한하여 이용할 수 있음.

※ 기타 문의 사항은 국회사무처 인사과 채용담당(02-6788-2081)으로 문의하거나, 국회채용시스템 (http://gosi.assembly.go.kr) 〔시험안내〕및〔1:1 질의응답〕을 이용 바람.

【국회사무처공고 제2022-56호】

2022년도 국회사무처 방송국 일반임기제공무원(6호 · 7호) 채용시험 공고

2022년도 국회사무처 시행 방송국 일반임기제공무원(6호·7호) 채용시험을 다음과 같이 실시하오니 많은 분들의 응시 바랍니다.

2022년 2월 25일

국 회 사 무 총 장

1 채용예정분야 및 인원

부 서	직 급	업 무 내 용	인원
방송국	일반임기제 6호 (외주제작 관리 및 홍보)	○ 외주제작 관리·운영 - 외주 프로그램 기획·제작 및 프로그램 검수 등 ○ 국회방송 홍보 - 채널 인지도 강화를 위한 홍보 전략 수립 및 채널 마케팅 ○ 교환방송 등 프로그램 수급 관리 - 구매 프로그램 관리 및 재제작, 타 방송사와의 교환방송	1
	일반임기제 7호 (온라인 소셜 미디어 운영)	○ 소셜미디어 사업 관리·운영 - 유튜브, 페이스북 등 국회방송 SNS채널 운영 - SNS 전용 콘텐츠 기획·제작 및 홈페이지 관리 ○ 장애인 시청지원 사업 운영 및 관리 - 화면해설방송 검수 등 ○ 외주제작 관리·운영 및 시청률 조사·분석 - 외주 프로그램 기획·제작 및 프로그램 검수 - 시청률 조사·분석 등	1

2 시험일정

구 분	일 시	비 고
공고 및 원서접수	공고 시 ~ 3.8.(화)	국회채용시스템 (관련서류 우편제출)
서류전형 합격자발표	3. 18.(금)	국회채용시스템
면접시험	3.24.(목)	
최종합격자 발표	3.25.(금)	국회채용시스템

※ 상기 일정은 기관 사정에 따라 변경될 수 있음.

3 응시자격

구 분	내 용	
결 격	○「국가공무원법」 제33조의 결격사유에 해당하는 자 ○「국회공무원 임용시험규정」 등 관계법령에 따라 응시자격이 정지된 자	
병 역	○ 남성의 경우 병역을 필하였거나 면제된 자	
연 령	○ 20세 이상인 자	
자격·경력	일반임기제 6호 (외주제작 관리 및 홍보)	○ 다음 중 어느 하나에 해당하는 자 - 관련분야 박사학위 소지자 또는 관련분야 석사학위 소지 후 2년 이상 경력이 있는 자 - 관련분야에서 6년 이상 재직한 경력이 있는 자 - 6급 공무원으로 관련분야 경력 2년 이상인 자
	일반임기제 7호(온라인 소셜미디어 운영)	○ 다음 중 어느 하나에 해당하는 자 - 관련분야에서 3년 이상 재직한 경력이 있는 자 - 7급 공무원으로 관련분야 경력 2년 이상인 자
우대사항	○ 지상파, 케이블TV, IPTV 등 방송사 편성·제작 PD 업무경력자	

※ 연령기준 외의 응시자격 충족 여부는 면접 시험일을 기준으로 함.

※ 일반임기제 6호, 7호 **중복지원 불가**

4 응시원서 접수안내 (인터넷으로 접수)

○ 접수기간: **공고 시 ~ 3. 8.(화) 17:00**
○ 접수방법: 국회채용시스템(http://gosi.assembly.go.kr)에서 회원가입 후 원서접수
(방문접수 또는 우편접수는 실시하지 않음)
○ 응 시 료: **일반임기제 6호/7호 - 7천원**
(국회채용시스템에서 계좌이체·카드결제·휴대폰 결제 중 선택)
○ 기 타: 응시료 외에 소정의 처리비용(계좌이체·카드결제·휴대폰 결제 비용)이 소요되며, 응시원서 접수 시 사진등록용 전자파일(JPG)이 필요하니 미리 준비할 것
○ 접수취소: 원서접수기간 내에만 가능
○ 응시번호 확인 : 국회채용시스템-원서접수-접수증/응시표출력**(3. 8.(화) 17:30 이후)**
○ **응시원서 접수 후 반드시 관련 서류를 등기우편으로 제출해야 함.**

5 관련 제출 서류 (등기우편으로 제출)

○ 자기소개서 1부(첨부양식, A4용지 1-2장 분량)
○ 직무수행계획서 1부(첨부양식, 면접시험 시 직무수행계획에 대한 발표를 실시할 수 있음)
○ 응시원서 접수 시 기재한 학위·경력·자격증 등 관련 증빙서류(아래 표 참고)

연번	증 빙 서 류	비고
1	○ 관련분야 재직 또는 경력증명서 1부(해당자에 한함) - 증명서에는 근무기간, 담당업무 등이 정확히 기재되어야 함. - 원서접수 시 기재한 경력을 확인할 수 있도록 첨부양식 작성 ※ 근무처별로 근무기간, 직위(급)를 정확히 기재 ※ 조회대상기관 연락처는 기관 대표전화가 아닌 반드시 해당기관의 증명서담당자 연락처를 기재 - 회사가 폐업·파산·합병 등으로 경력(재직)증명서 발급이 어려운 특별한 경우에 한해 고용보험 피보험자격 이력내역서, 국민연금가입증명서 또는 건강보험 자격득실확인서 대체	

연번	증빙서류	비고
2	○ 학력증명서 각 1부 - 전문대학교 이상 학력에 대한 모든 증명서를 제출하여야 함. - 원서접수 시 기재한 학위 취득여부를 확인할 수 있도록 첨부양식 작성 ※ 조회대상기관 연락처는 기관 대표전화가 아닌 반드시 해당기관의 증명서담당자 연락처를 기재 ※ 외국학위의 경우, 담당교수 등 학위취득을 확인할 수 있는 전화번호, FAX, 이메일주소, 인터넷 URL 주소 등을 반드시 명시(필요시 학위취득 조회를 위한 본인의 별도 동의서를 제출받을 예정)	
3	○ 최종 학위논문 1부(사본 가능, 해당자에 한함) - 박사학위논문의 경우 국문초록 또는 세부요약문(연구목적, 연구내용 및 결과의 활용도 등을 1~2장 분량으로 자유롭게 기술) 1부 첨부	
4	○ 학위·연구논문(석사학위 이상) 및 저술 등 연구실적물 목록 1부(첨부양식, 해당자에 한함)	
5	○ 연구논문 및 저술 등 연구실적물 원본(또는 사본) 1부 (해당자에 한함) ※ 연구실적물 : 한국연구재단 등재 학술지(등재 후보지 포함)이상의 간행물에 **최근 3년 이내** 게재된 주요 실적물, 기타 주요 저서 또는 학위논문 ※ 연구실적물의 경우 **주요실적**만 제출하고, 기타 실적 등은 목록에만 표기할 것	
6	○ 주민등록초본 1통	
7	○ 기타 서류 - 관련분야 자격증 사본 또는 자격 증빙서류 1부(해당자에 한함) - 관련분야 표창·상훈 수상 실적 - 외국어능력검정시험 성적표 사본 1부(소지자에 한함, 유효기간 내의 성적만 인정됨)	

※ 자기소개서, 직무수행계획서 등은 반드시 첨부된 양식을 사용하여 작성·출력하여 제출

※ 원서접수 시 증명서 상의 경력기간 및 취득일 기준으로 작성하고 증명서가 제출되지 않은 경력 및 자격의 경우는 내용 기재와 관계없이 평가에 반영되지 않음

※ 제출된 증빙서류는 관계기관에 진위를 확인할 예정이며, 사실과 다르거나 허위사실 기재 또는 위·변조 시 합격 또는 임용을 취소할 수 있음

※ 자기소개서 등 제출서류에는 시험의 공정성을 훼손할 우려가 있는 정보의 기재를 삼갈 것

○ **제출 방법**

- 증빙서류는 연번에 맞추어 제출하되, **철을 하지 않은 상태로 제출할 것**
- 접수기간 내에 등기우편으로 송부하며 표지에 채용예정분야를 기입할 것
  (예 : 방송국 - 일반임기제 6호 / 7호)
- **접수마감일자(3. 8.)의 우체국 소인이 찍힌 것까지 유효**
- 주소 : (07233) 서울특별시 영등포구 의사당대로1(여의도동) 의원회관 811호
  국회사무처 인사과 채용담당

6 시험방법

○ **서류전형**

- 응시자의 학력·경력 등이 소정의 기준에 적합한지 여부 등을 서면으로 심사하여 적격 또는 부적격 여부를 판단함.
- 다만, 응시인원이 선발예정인원의 5배수 이상인 경우에는 시험실시기관의 장이 정한 임용예정직무에 적합한 기준에 따라 선발예정인원의 3배수 이상을 서류전형 합격자로 결정할 수 있음.

○ **면접시험**

- 서류전형 합격자에 한하여 실시함.
- 인품과 해당 직무수행에 필요한 능력 및 적격성을 검정하며, 합격기준에 해당되지 아니하면 채용예정인원을 선발하지 아니할 수 있음.
- 최종합격자가 임용되는 것을 포기하는 등의 사정으로 결원을 보충할 필요가 있을 때에는 최종합격자 발표일로부터 3개월 이내에 면접시험 평정 성적이 우수한 사람 순으로 추가 합격자를 결정할 수 있음.

7 근무조건

구 분	내 용
채용기간	○ 일반임기제 6호: 임용일 ~ 2023. 2. 28. ○ 일반임기제 7호: 임용일 ~ 2023. 3. 27.
근무시간	○ 「국회공무원 복무규정」에 따른 공무원 근무시간

<table>
<tr><td>보 수</td><td>

ㅇ「공무원 보수규정」에 따르며, 구체적인 연봉은 경력 및 자격 등을 고려하여 총 연봉액 한계 내에서 협의하여 결정.

구 분	상한액	하한액
일반임기제 6호	73,739천원	37,152천원
일반임기제 7호	62,019천원	29,762천원

ㅇ 기타 연봉 외 급여(직급보조비, 정액급식비, 가족수당, 시간외수당 등)는 별도 지급

</td></tr>
</table>

8 기 타

ㅇ 이 계획에 명시되지 아니한 사항은 「국가공무원법」,「국회인사규칙」 및 「국회공무원 임용시험규정」에 따름.

ㅇ 응시인원이 선발예정인원과 같거나 미달하더라도 적격자가 없는 경우 전형을 거쳐 선발하지 않을 수 있음.

ㅇ 제출된 서류에 기재된 사항이 사실과 다르거나 허위로 작성된 경우에는 합격 또는 임용을 취소할 수 있으며, 제출된 서류는 반환하지 않음(원본으로 제출된 서류는 불합격자에 한해 본인이 방문할 경우 최종합격 발표일로부터 1개월 이내에 반환).

ㅇ 합격자 통지 후라도 신원조사 및 공무원채용신체검사 등을 통하여 공무원으로 임용하기에 부적합한 결격사유가 있을 경우 임용하지 않을 수 있음.

ㅇ 채용시험 실시를 위하여 필요한 응시자의 개인정보를 수집할 수 있으며, 수집된 개인정보는 응시자격 판단 및 합격결정 등을 위하여 필요한 경우 그 수집 목적의 범위에 한하여 이용할 수 있음.

※ 기타 문의 사항은 국회사무처 인사과 채용담당(02-6788-2081)으로 문의하거나, 국회채용시스템(http://gosi.assembly.go.kr) [시험안내] 및 [1:1 질의응답]을 이용 바람.

【국회사무처공고 제2022-57호】

2022년도 국회사무처 관리국 공무직근로자 (시설관리) 채용시험 공고

2022년도 국회사무처 시행 관리국 공무직근로자(시설관리) 채용시험을 다음과 같이 실시하오니 많은 분들의 응시 바랍니다.

2022년 2월 28일

국 회 사 무 총 장

1 채용예정분야 및 인원

<table>
<tr><th colspan="2">채용예정분야</th><th>직위</th><th>세 부 업 무 내 용</th><th colspan="2">선발예정인원</th></tr>
<tr><td rowspan="3">공무직근로자</td><td rowspan="2">기 계</td><td rowspan="2">사원</td><td rowspan="2">○ 시설관리(기계 분야) 운영·점검·보수 실시
○ 시설관리(기계 분야) 관련 민원 처리
○ 각종 보고·일지 작성
○ 각종 행사 지원(개원, 제헌절, 외빈방문 등)
○ 비상 상황 대기·조치</td><td>일반</td><td>3명</td></tr>
<tr><td>장애</td><td>1명</td></tr>
<tr><td>건 축</td><td>사원</td><td>○ 시설관리(건축 분야) 운영·점검·보수 실시
○ 시설관리(건축 분야) 관련 민원 처리
○ 각종 보고·일지 작성
○ 각종 행사 지원(개원, 제헌절, 외빈방문 등)
○ 비상 상황 대기·조치</td><td colspan="2">2명</td></tr>
</table>

※ 모집단위(기계_일반, 기계_장애, 건축)간 **복수 지원은 불가**하며, 선발예정인원은 기관 사정에 따라 변경될 수 있음

2 채용일정

구 분	일 시	비 고
공 고	2. 28.(월)	
원서접수	공고 시 ~ 3. 7.(월)	국회채용시스템 (관련서류 우편제출)
서류전형 합격자발표	3. 23.(수)	국회채용시스템
면접시험	3. 29.(화)	
최종합격자 발표	3. 31.(목)	국회채용시스템

※ 상기 일정은 기관 사정에 따라 변경될 수 있음

3 응시자격

구 분	내 용
결 격	○ 「국회 무기계약근로자 관리규정」 제6조의 결격사유에 해당하는 자 ○ 「국회 무기계약근로자 관리규정」 및 「국회사무처 기간제 및 단시간근로자 관리지침」에 따른 징계해고 처분을 받은 날로부터 3년을 경과하지 아니한 자 ○ 「공공기관 비정규직 근로자 관리 등에 관한 규정」 제2조제1호의 규정에 따른 공공기관에서 기간제 및 단시간 근로자 신분으로 징계해고 처분을 받은 자로 그 징계해고 처분을 받은 날로부터 3년을 경과하지 아니한 자
연 령	○ 만 18세 이상인 자
자 격 · 경력 등	○ 다음 중 어느 하나에 해당하는 자 - 채용예정분야 기능사 자격 이상 보유자(아래 [표]관련 자격증 참고) - 채용예정분야 직업훈련기관*의 교육이수자 - 채용예정분야 실무 경력**이 2년 이상 있는 자 * 직업능력심사평가원의 인증을 받은 직업훈련기관에 한함 - 직업능력심사평가원(www.ksqa.or.kr ▶ 정보마당 ▶ 훈련기관인증평가조회) ** 채용예정분야 시설, 설비 등의 유지관리, 공사, 현장근무 등의 경력을 의미하며 사무보조, 행정업무 등의 경력은 불인정

<table>
<tr><th>구 분</th><th>내 용</th></tr>
<tr><td>자 격
·
경력 등</td><td>※ 관련 자격증
<table><tr><th>채용
분야</th><th>자 격 증</th></tr><tr><td>기
계</td><td>기능사: 온수온돌·배관·전산응용기계제도·공조냉동기계·설비보전·용접·특수용접·에너지관리·가스·위험물
산업기사: 건축설비·배관·건설기계설비·공조냉동기계·용접·에너지관리·가스·위험물
기 사: 일반기계·건축설비·건설기계설비·공조냉동기계·설비보전·용접·에너지관리·가스
기능장: 배관·에너지관리·용접·가스·위험물
기술사: 건축기계설비·기계·건설기계·공조냉동기계·산업기계설비·용접·가스
건설기술인: (특급·고급·중급·초급)공조냉동 및 설비 전문분야·용접 전문분야</td></tr><tr><td>건
축</td><td>기능사: 건축도장, 건축목공, 도배, 미장, 방수, 실내건축, 유리시공, 전산응용건축제도, 조적, 타일
산업기사: 건축, 건축목공, 건축설비, 건축일반시공, 방수, 실내건축
기 사: 건축, 건축설비, 실내건축
기능장: 건축목재시공, 건축일반시공</td></tr></table></td></tr>
<tr><td>장애인
구분모집
응시자격</td><td>○ 「장애인복지법 시행령」 제2조에 따른 장애인 및 「장애인고용촉진 및 직업재활법 시행령」 제3조에 따른 장애인으로 등록된 자
○ 응시원서 접수마감일 현재까지 장애인으로 유효하게 등록되어 있는 자
※ 장애인은 장애인 구분모집 분야 외의 다른 분야에 비장애인과 동일한 조건으로 응시할 수 있음. 다만 중복지원은 불가함.</td></tr>
</table>

※ 연령기준 외의 응시자격 충족 여부는 면접 시험일을 기준으로 함

※ 자격·경력 요건은 **온라인 원서접수 시 해당사항을 입력한 후 관련 증명서를 우편으로 제출한 경우에 한하여 인정**함

※ 장애인 구분모집 분야에 응시할 경우 **장애인증명서 사본**을 우편으로 제출하여야 함

4 근무기간, 보수수준, 근무시간 등

구 분	내 용
근무기간	○ 채용 시 ~ 만 60세
보 수	○ 기본급 월 2,035,500원 - 법정수당 및 명절상여금 등 별도 지급 ※ 기본급은 임금협약 등에 따라 변동될 수 있음.
근무시간	○ 기계 : 주·야간 교대근무 ※ 교대형태 : 6조 교대형태(여건에 따라 변경 가능) ※ 주간근무시간 : 09:00~18:00(휴게시간 1시간 포함) ※ 야간근무시간 : 18:00~익일 09:00(휴게시간 5시간 포함) ○ 건축 : 주간근무 ※ 주간근무시간 : 09:00~18:00(휴게시간 1시간 포함)
후생복지	○ 국민연금, 건강보험, 고용보험, 산재보험 가입

5 응시원서 접수안내 (인터넷으로 접수)

○ 접수기간 : 공고 시 ~ **3. 7.(월) 17:00**

○ 접수방법 : 국회채용시스템(http://gosi.assembly.go.kr)에서 회원가입 후 원서접수
(방문접수 또는 우편접수는 실시하지 않음)

○ 기　　타 : 응시원서 접수 시 사진등록용 전자파일(JPG, 200KB 미만)이 필요하니 미리 준비할 것

○ 접수취소 : 원서접수기간에만 가능

○ 응시번호 확인 : 국회채용시스템-원서접수-접수증/응시표 출력**(3. 7.(월) 17:30 이후)**

○ **응시원서 접수 후 반드시 관련 서류를 등기우편으로 제출해야 함.**

- 경력 및 자격은 원서접수 시 해당사항을 입력하고 증명서를 제출한 것에 한하여 인정함

※ 제출서류 목록 및 제출 방법 : p.4~5 참조

6 관련 서류 제출 [등기우편으로 제출]

가. **자기소개서** 1부(**[첨부양식]**, A4용지 1-2장 분량)

나. **응시원서 접수 시 기재한 경력·자격증 등 관련 증빙서류**(아래 표 참고)

연번	증 빙 서 류	비 고
1	○ 응시자격 관련 자격증 사본 등 자격 증빙서류 1부	
2	○ 응시자격 관련 재직 또는 경력증명서 1부 - 증명서에는 근무기간, 직급, 담당업무 등이 정확히 기재되어 업무 내용을 확인할 수 있는 것으로 제출 - 원서접수 시 기재한 경력을 확인할 수 있도록 **[첨부양식]**도 작성 ※ 근무처별로 근무기간, 직위(급)을 정확히 기재 ※ 조회대상기관 연락처는 기관 대표전화가 아닌 반드시 해당기관의 증명서 담당자 연락처를 기재 ※ 회사가 폐업·파산·합병 등으로 경력(재직)증명서 발급이 어려운 특별한 경우에 한해 고용보험 피보험자격 이력내역서, 국민연금 가입증명서 또는 건강보험자격득실확인서로 대체	
3	○ 학력증명서 각 1부 - <u>전문대학교 이상 학력</u>에 대한 모든 증명서를 제출하여야 함 - 원서접수 시 기재한 학위 취득여부를 확인할 수 있도록 **[첨부양식]** 도 작성 ※ 조회대상기관 연락처는 기관 대표전화가 아닌 반드시 해당기관의 증명서 담당자 연락처를 기재	
4	○ 주민등록초본 1통	
5	○ 장애인증명서 사본 1부	장애인 구분모집 응시자에 한함
6	○ 기타 자격증 사본, 자격·경력 증빙서류 등 각 1부	해당자에 한함

※ **제출서류 관련 유의사항**

- 자기소개서는 **반드시 첨부된 양식을 사용**하여 작성·출력하여 제출
- 원서접수 시 증명서 상의 경력기간 및 취득일 기준으로 작성하고, **관련 증명서가 제출되지 않은 경력 및 자격의 경우는 내용 기재와 관계없이 평가에 반영되지 않음**
- 제출된 증빙서류는 관계기관에 진위를 확인할 예정이며, 사실과 다르거나 허위사실기재 또는 위·변조 시 합격 또는 임용을 취소할 수 있음
- **자기소개서 등 제출서류 작성 시 시험의 공정성을 훼손할 우려가 있는 개인 신상을 직·간접적으로 파악할 수 있도록 기재하는 경우 불이익을 받을 수 있음**

※ **증빙서류 제출방법**

- 증빙서류는 연번에 맞추어 제출하되, **철을 하지 않은 상태로 제출할 것**
- 접수기간 내에 **등기우편으로 송부**하며 **봉투 겉면에 채용예정분야를 반드시 기입할 것** [예 : 공무직근로자(관리국 기계(일반))]

* 접수마감일자**[3. 7.(월)]**의 우체국 발송소인이 찍힌 것까지 유효

· 주소 : (07233) 서울특별시 영등포구 의사당대로1(여의도동) 의원회관 811호, 국회사무처 인사과 채용담당

7 시험방법

○ **서류전형**

- 응시자의 경력 등이 소정의 기준에 적합한지 여부 등을 서면으로 심사하여 적격 또는 부적격 여부를 판단함
- 다만, 응시인원이 선발예정인원의 5배수 이상인 경우에는 시험실시기관의 장이 정한 임용예정 직무에 적합한 기준에 따라 선발예정인원의 3배수 이상을 서류전형 합격자로 결정할 수 있음

○ **면접시험**

- 서류전형 합격자에 한해 실시하며, 인품과 해당 직무수행에 필요한 능력 및 적격성을 검정함
- 면접결과 불합격기준에 해당되지 아니한 자 중에서 평정성적이 우수한 순으로 합격자를 결정하며, 합격기준에 해당되지 아니하면 채용예정인원을 선발하지 아니할 수 있음

※ 최종합격자가 임용되는 것을 포기하는 등의 사정으로 결원을 보충할 필요가 있을 때에는 최종합격자 발표일로부터 3개월 이내에 면접시험 평정성적이 우수한 사람 순으로 추가 합격자를 결정할 수 있음

8 채용서류 반환에 관한 고지

○ 「채용절차의 공정화에 관한 법률」 제11조 및 동 법률 시행령에 따라, 채용서류의 반환을 청구하는 경우 본인임을 확인한 후 반환청구를 한 날부터 14일 이내에 반환함

○ **반환 대상 서류**

- 최종 불합격한 지원자가 우편으로 제출한 각종 서류 및 자료 일체

※ 반환 청구 제외 대상: 채용이 확정된 자(최종합격자)의 경우, 본 공고에서 요구하지 않은 서류를 자발적으로 제출한 경우, 홈페이지에 전자로 작성한 응시원서의 경우

○ **반환 청구 기한**

- 최종합격자 발표일로부터 30일 이내

○ **반환 청구 방법**

- 별첨한 채용서류 반환청구서(채용절차의 공정화에 관한 법률 시행규칙 별지 제3호 서식)를 작성하여 이메일(gosi@assembly.go.kr)로 제출

※ 이메일 제목에 응시한 채용의 '채용예정분야' 및 '채용서류 반환 청구' 기재 요망

예시) 공무직근로자(관리국 기계) 채용서류 반환 청구

○ **반환 방법 및 비용**

- 특수취급우편물(등기) 송달(**수취인 부담**)로 청구서 제출이 확인된 날부터 14일 이내 발송

※ 본 기관은 관련 법률 시행령에 따라 특수취급우편물(등기)로 송달하는 경우 소요 비용을 응시자가 부담하도록 하고 있음(수취인 부담으로 송달)을 유념해주시기 바람

※ 응시자가 본 기관을 직접 방문하여 수령하기를 원할 경우 청구서의 '반환장소'란에 '청구인이 직접 방문하여 수령 희망'으로 기재하여 제출해주시기 바람

○ **기타 유의사항**

- 청구서에 수령주소를 반드시 정확하게 기재하여 주시기 바람
- 응시자의 반환 청구에 대비하여 최종합격자 발표일로부터 30일 동안 제출서류를 보관하며, 30일 경과 후 반환되지 아니한 서류는 「개인정보 보호법」에 따라 일체를 파기할 예정임

9 기 타

○ 이 계획에 명시되지 아니한 사항은 「국회 무기계약근로자 관리규정」,「국회사무처 기간제 및 단시간 근로자 관리지침」등 국회 인사 관련 규정에 의함

○ 응시인원이 선발예정인원과 같거나 미달하더라도 적격자가 없는 경우 전형을 거쳐 선발하지 않을 수 있음

○ 제출된 서류에 기재된 사항이 사실과 다르거나 허위로 작성된 경우에는 합격 또는 임용을 취소할 수 있음

○ 최종합격자로 결정되더라도 신원조사, 채용신체검사, 제출서류 진위확인 등에서 부적격으로 판명될 경우 합격 및 채용이 취소될 수 있음

○ 채용시험 실시를 위하여 응시자의 개인정보를 수집할 수 있으며, 수집된 개인정보는 응시자격 판단 및 합격결정 등을 위하여 필요한 경우 그 수집 목적의 범위에 한하여 이용할 수 있음

※ 기타 문의 사항은 국회사무처 인사과 채용담당(02-6788-2081)으로 문의하거나, 국회채용시스템 (http://gosi.assembly.go.kr) [시험안내]및[1:1 질의응답]을 이용하시기 바랍니다.

【국회사무처공고 제2022-38호】

2022년도 국회사무처 시행 제20회 8급 공개경쟁채용시험 공고

2022년도 국회사무처 시행 제20회 8급 공개경쟁채용시험 시행계획을 다음과 같이 공고합니다.

2022년 2월 9일

국 회 사 무 총 장

1 채용예정분야 및 인원

시 험 명	구분		선발예정인원
8급 공개경쟁채용시험	행정	일반	14명
		장애	2명

※ 선발예정인원은 기관 사정에 따라 변경될 수 있습니다.

※ 최종합격자의 근무예정기관은 국회사무처, 국회도서관, 국회예산정책처, 국회입법조사처입니다.

2 시험과목

구 분	시 험 과 목
필기시험	1교시(85분) : 국어·헌법·경제학 2교시(85분) : 영어·행정법·행정학 [각 과목 5지선다 25문항(170분)]
면접시험	추 후 공 고

3 응시원서 접수기간 및 시험일정

응시원서접수기간	구분	시험장소공고일	시험일	합격자 발표일
2022. 2. 15.(화) 09:30 ~ 2022. 2. 22.(화) 17:00	필기시험	4. 15.(금)	**4. 23.(토)**	5. 20.(금)
	면접시험	5. 20.(금)	**6. 7.(화) ~ 6. 8.(수)**	6. 10.(금)

※ 응시원서 결제취소 마감일은 **2. 23.(수) 21:00**입니다.

※ 상기 일정은 기관 사정에 따라 변경될 수 있으며, 시험장소·합격자 명단 및 시험성적 안내 등에 관한 내용은 국회채용시스템(http://gosi.assembly.go.kr)에 공고 또는 게시합니다.

4 응시자격

구 분	내 용
결 격	○ 「국가공무원법」 제33조의 결격사유에 해당하는 자 ○ 「국회공무원 임용시험규정」 등 관계법령에 따라 응시자격이 정지된 자 (국회채용시스템 [자료실]의 "응시자격 정지사유 관련 국회공무원 임용시험 규정 안내" 참조)
연 령	○ 18세 이상인 자(2004. 12. 31. 이전 출생자) ○ 「국가공무원법」 제74조(정년)에 해당하지 않는 자
자격 · 경력	○ 제한 없음
장애인 응시자	- 공무원으로서 직무수행에 지장이 없어야 함 ○ 장애인 구분모집 응시대상자 : 「장애인복지법 시행령」 제2조에 따른 장애인 및 「국가유공자 등 예우 및 지원에 관한 법률 시행령」 제14조제3항에 따른 상이등급 기준에 해당하는 자 ○ 장애인 구분모집에 응시하고자 하는 자는 응시원서 접수마감일 현재까지 장애인으로 유효하게 등록되거나, 상이등급기준에 해당하는 자로서 유효하게 등록·결정되어 있어야 함 ○ 장애인은 장애인 구분모집에 응시하지 않고 일반모집에 비장애인과 동일한 조건으로 응시할 수 있음 ○ 장애인 구분모집 응시대상자는 증빙서류[장애인복지카드(장애인등록증) 또는 장애인 증명서, 국가유공자증]를 필기시험 합격자 발표일에 안내하는 기일까지 제출하여야 함

※ 응시자격요건의 충족 여부는 제20회 8급 공개경쟁채용시험 최종시험(면접시험) 시행예정일 기준

5 응시원서 접수(인터넷으로 접수)

가. 접수방법 및 시간

○ 접수방법 : 국회채용시스템(http://gosi.assembly.go.kr)에 접속하여 접수하여야 합니다.

※ 구체적인 방법은 접수기간 중에 국회채용시스템에서 처리단계별로 안내합니다.

○ 접수기간 : **2. 15.(화) 09:30 ~ 2. 22.(화) 17:00 (기간 중 24시간 접수)**

○ 응 시 료 : 5000원(국회채용시스템에서 계좌이체·카드결제·휴대폰 결제 중 선택)

※ 계좌이체는 본인계좌만 가능하며, 응시료 외에 소정의 처리비용(계좌이체·카드결제·휴대폰 결제 비용)이 소요됩니다.

○ 기　타 : 응시원서 접수 시 사진등록용 전자파일(JPG, 200KB 미만)이 필요하니 미리 준비하시기 바랍니다.

※ 저소득층 해당자(「국민기초생활보장법」에 따른 수급자 또는 「한부모가족지원법」에 따른 보호대상자)는 추후 확인절차를 거쳐 응시수수료가 환불됩니다. 단, **응시수수료는 반드시 사전 결제하여야 하며 응시수수료 미결제 시 원서를 접수하지 않은 것으로 처리됩니다.** 기타 저소득층 해당자의 응시수수료 결제방법 및 환불에 관한 사항은 국회채용시스템 안내를 참고하여 주시기 바랍니다.

나. 원서접수 시 유의사항

○ 우편접수 및 방문접수는 실시하지 않습니다.

○ 원서접수 취소기간은 2. 15.(월)~2. 23.(수) **【단, 원서접수 취소 마감일(2. 23.)에 한해 21:00까지】** 이며, 취소기간 내에 접수를 취소하는 경우 응시수수료는 자동 환불 처리되나 응시수수료 외에 소정의 처리비용(계좌이체·카드결제·휴대폰결제 비용)은 환불이 불가합니다. 원서접수 취소기간 이후에는 접수취소 및 저소득층 해당자를 제외한 응시생의 응시수수료 환불이 불가합니다.

○ 지방인재 채용목표제의 적용을 받고자 하는 자는 **원서접수 시 지방인재 해당 여부를 반드시 표기** 하여야 합니다.

※ 지방인재 채용목표제와 관련한 자세한 사항은 국회채용시스템 [자료실]에 안내하오니 내용을 숙지하여 불이익을 당하지 않도록 유의하시기 바랍니다.

○ 응시원서 기재사항 수정은 원서접수 기간 및 원서접수 취소기간에만 가능하며, 그 이후에는 수정할 수 없습니다.

○ 응시표 출력기간은 2022. 4. 1.(금) ~ 6. 10.(금)까지입니다.

6 장애인 응시자 편의지원 신청

가. 적용대상

○ 8급 공개경쟁채용시험 응시원서 접수자 중, 원서접수 마감일 현재까지「장애인복지법 시행령」 제2조에 의한 장애인으로 유효하게 등록되거나, 「국가유공자 등 예우 및 지원에 관한 법률 시행령」 제14조제3항에 의한 상이등급 기준에 해당되어 유효하게 등록·결정된 자로서, 시각·뇌병변·지

체·청각장애 등 아래 장애유형에 해당하는 사람
○ 기타 특수·중복장애, 일시적 장애 등으로 응시에 현저한 지장이 있는 자 및 임신부, 과민성대장(방광)증후군 환자 등 아래 편의지원 항목에 해당하는 사람

나. 장애유형별 편의지원 항목 및 제출서류

<table>
<tr><th colspan="3">장애유형 및 정도</th><th>편의지원 항목</th><th>제출서류</th><th>비고</th></tr>
<tr><td rowspan="9">시각장애</td><td colspan="2">공통</td><td>· 확대문제지, 확대답안지
· 보조공학기기 지참 허용
· 노트북 제공(논문형 필기시험)</td><td>장애인증명서 사본 1부</td><td></td></tr>
<tr><td rowspan="3">장애정도가 심한 사람</td><td>좋은 눈의 시력이 0.04 이하인 사람</td><td rowspan="2">· 시험시간 연장(선택형 1.7배, 논문형 1.5배)
· 음성지원컴퓨터
· 점자문제지(희망자)
· 점자답안지(점자정보단말기 지참자)
· 축소문제지(확대독서기 사용자)</td><td rowspan="2">장애인증명서 사본 1부
의사진단서 원본 1부</td><td>기존 1~2급</td></tr>
<tr><td>두 눈의 시야가 각각 모든 방향에서 5도 이하로 남은 사람 중 점자사용 필요성을 인정받은 사람</td><td>기존 3급 2호</td></tr>
<tr><td>좋은 눈의 시력이 0.06 이하이거나 두 눈의 시야가 각각 모든 방향에서 5도 이하로 남은 사람</td><td>· 시험시간 연장(선택형 1.5배, 논문형 1.2배)</td><td>장애인증명서 사본 1부</td><td>기존 3급 1,2호</td></tr>
<tr><td rowspan="5">장애정도가 심하지 않은 사람</td><td>두 눈의 시야가 각각 모든 방향에서 10도 이하로 남은 사람 중 점자사용 필요성을 인정받은 사람</td><td>· 시험시간 연장(선택형 1.7배, 논문형 1.5배)
· 음성지원컴퓨터
· 점자문제지(희망자)
· 점자답안지(점자정보단말기 지참자)
· 축소문제지(확대독서기 사용자)</td><td>장애인증명서 사본 1부
의사진단서 원본 1부</td><td rowspan="2">기존 4급 2호</td></tr>
<tr><td>두 눈의 시야가 각각 모든 방향에서 10도 이하로 남은 사람</td><td>· 시험시간 연장(선택형 1.5배, 논문형 1.2배)</td><td>장애인증명서 사본 1부
의사진단서 원본 1부</td></tr>
<tr><td>좋은 눈의 시력이 0.2이하인 사람</td><td rowspan="2">· 시험시간 연장(선택형 1.5배, 논문형 1.2배)</td><td>장애인증명서 사본 1부
의사진단서 원본 1부</td><td>기존 4,5급 1호</td></tr>
<tr><td>나쁜 눈의 시력이 0.02 이하이고, 좋은 눈의 교정시력이 0.3 이하인 사람</td><td>장애인증명서 사본 1부
의사진단서 원본 1부</td><td>기존 6급 중 좋은 눈 교정시력 0.3 이하</td></tr>
<tr><td>위 조건 외의 시각장애인</td><td>· 공통 편의지원 내용만 신청 가능</td><td>장애인증명서 사본 1부</td><td>기존 5급 2호, 6급</td></tr>
<tr><td rowspan="4">뇌병변장애</td><td colspan="2">공통</td><td>· 확대문제지, 확대답안지
· 보조공학기기 지참 허용
· 휠체어 전용책상(높은 책상)
· 별도 시험실 배정(좌석간격 조정)
· 노트북 제공(논문형 필기시험)</td><td>장애인증명서 사본 1부</td><td></td></tr>
<tr><td colspan="2">장애정도가 심한 사람</td><td rowspan="2">· 시험시간 연장(선택형 1.5배, 논문형 1.2배)
· 대필(선택형 시험)</td><td>장애인증명서 사본 1부</td><td>기존 1~3급</td></tr>
<tr><td colspan="2">장애정도가 심하지 않은 사람 중 시간연장 필요성을 인정받은 사람</td><td>장애인증명서 사본 1부
의사진단서 원본 1부</td><td rowspan="2">기존 4~6급</td></tr>
<tr><td colspan="2">장애정도가 심하지 않은 사람</td><td>· 공통 편의지원 내용만 신청 가능</td><td>장애인증명서 사본 1부</td></tr>
</table>

<table>
<tr><th colspan="3">장애유형 및 정도</th><th>편의지원 항목</th><th>제출서류</th><th>비고</th></tr>
<tr><td rowspan="4">지체장애</td><td rowspan="3">상지</td><td>공통</td><td>· 확대문제지, 확대답안지
· 보조공학기기 지참 허용
· 별도 시험실 배정(좌석간격 조정)
· 노트북 제공(논문형 필기시험)</td><td>장애인증명서 사본 1부</td><td></td></tr>
<tr><td>장애정도가 심한 사람</td><td>· 시험시간 연장(선택형 1.5배, 논문형 1.2배)
· 대필(선택형 시험)</td><td>장애인증명서 사본 1부</td><td>기존 1~3급</td></tr>
<tr><td>장애정도가 심하지 않은 사람</td><td>· 공통 편의지원 내용만 신청 가능</td><td>장애인증명서 사본 1부</td><td>기존 4~6급</td></tr>
<tr><td>하지</td><td>장애정도가 심한 사람/ 심하지 않은 사람</td><td>· 휠체어 전용책상(높은 책상)
· 별도시험실 배정(좌석간격 조정)</td><td>장애인증명서 사본 1부</td><td>기존 1~6급</td></tr>
<tr><td>청각장애</td><td colspan="2">장애정도가 심한 사람/ 심하지 않은 사람</td><td>· 보조공학기기 지참 허용</td><td>장애인증명서 사본 1부</td><td>기존 2~6급</td></tr>
<tr><td rowspan="3">기타</td><td colspan="2">특수 및 중복장애·일시적 신체장애로 응시에 현저한 지장이 있는 사람</td><td>· 장애정도를 검토하여 결정</td><td>의사진단서(의사소견서) 원본 1부</td><td></td></tr>
<tr><td colspan="2">임신부</td><td>· 별도 시험실 배정(좌석간격 조정)
· 시험 중 화장실 사용 허용
· 높낮이 조절 책상</td><td>의사소견서 또는 임신사실확인서 원본 1부</td><td></td></tr>
<tr><td colspan="2">과민성대장·방광증후군</td><td>· 시험 중 화장실 사용 허용
· 별도 시험실 배정(좌석간격 조정)</td><td>의사진단서 원본 1부</td><td></td></tr>
</table>

○ **확대문제지** : A3 규격의 118%(14point), 150%(18point)로 확대된 2종류 중 택1

○ **축소문제지** : A4 용지로 제공되며, 축소비율 82%(10pt)로 제공(확대독서기 사용자)

○ **확대답안지** : A3 규격의 표기형과 B4 규격의 표기형 중 택1

※ 상이등급자인 경우 「장애인복지법」상의 장애정도표를 기준으로 본인이 어떤 장애유형과 정도에 해당되는지 참조한 후 위의 편의지원 내용과 증빙서류를 확인 바랍니다**(의사진단서(소견서)에 해당 장애유형과 정도 기재)**.

※ 의사소견서 등 서류검토 후, 장애유형 및 정도별로 시험시간 연장, 확대문제지, 확대답안지 등 편의지원 제공 여부 및 범위를 결정하며, 신청 결과는 '8급 공개경쟁채용시험 필기시험 시간 및 장소 공고'에서 확인할 수 있습니다.

※ 점자문제지는 최신 점자규정을 반영하여 제공됩니다.

다. 제출서류 구비 시 유의사항

신청서	○ 별첨서식에 따른 신청서 1부
장애인증명서	○ 장애인증명서 사본 1부 : 장애인등록증, 장애인복지카드, 국가유공자증 중 1

<table>
<tr>
<td>의사진단서
및
의사소견서</td>
<td>
○ 발급기관 : 「의료법」 제3조에 의한 종합병원(상급종합병원 포함)
- 단, 임신부의 경우 「의료법」 제3조에 의한 병원급 또는 의원급 의료기관에서 발급 받은 것도 허용
※ 해당 지역의 종합병원은 건강보험심사평가원 홈페이지(www.hira.or.kr) [병원·약국 찾기]를 차례로 클릭하시면 조회 가능합니다.
○ 전문의의 면허번호와 서명(날인)이 있는 원본
○ 발급일자 : 2020. 2. 23.부터 인정(응시원서 접수 마감일 기준 2년 이내)
○ 의사진단서(소견서) 내용(반드시 포함되어야 할 내용)
- 상세하고 구체적인 해당 편의지원 필요성 기술(아래 예시 참고)
① 해당 장애 유형 및 정도에 대한 구체적인 진술
*시각장애의 경우, 시력 또는/및 시야값 명기
② 시험 응시 시 장애로 인한 불편사항
③ 제공받고자 하는 편의지원 서비스에 대한 필요성 인정 여부
- 제공받고자 하는 항목을 모두 기재
- 임신부 수험생의 경우에도 임신주수, 편의지원 내용과 그 필요성이 모두 기재되어야 함.
- 원서접수 시 신청한 내용과 의사진단서(소견서) 기재 내용이 다를 경우 의사진단서(소견서)에 의함.
<table>
<tr><th colspan="2">구분</th><th>의사진단서 및 소견서 작성 예시</th></tr>
<tr><td rowspan="2">시각
장애</td><td>장애
정도가
심한 사람</td><td>상기인은 ①시각장애 정도가 심한 자이며 두 눈의 시야가 각각 모든 방향에서 5도 이하로 ②시험 시 문제 판독에 점자 자료가 요구되는 자로서, ③점자문제지 및 시험시간연장, 음성지원 컴퓨터가 필요하다고 인정됩니다.</td></tr>
<tr><td>장애
정도가
심하지
않은 사람</td><td>상기인은 ①시각장애 정도가 심하지 않은 자이며 나쁜 눈의 시력이 0.02 이하이고, 좋은 눈의 교정시력이 0.3 이하에 해당하는 자로서, 시각장애로 인해 ②시험 시 문제판독이나 일반답안지 작성에 어려움이 있어 ③시험시간 연장이 필요하다고 인정됩니다.</td></tr>
<tr><td>뇌
병
변</td><td>장애
정도가
심하지
않은 사람</td><td>상기인은 ①뇌병변장애 정도가 심하지 않은 자이며 대상자의 수의적 근육조절능력이 손상된 자로서 손, 목의 운동장애로 인해 ②시험 시 필기속도가 느리고 미세한 글씨쓰기 및 답안마킹에 어려움이 있어 ③시험시간 연장이 필요하다고 인정됩니다.</td></tr>
<tr><td colspan="2">임신부</td><td>상기인은 ①임신 30주, 필기시험 예정일을 전후하여 출산이 예상되는 자로서, ②자궁의 확대로 인한 방광 압박으로 인해 요의를 참기 힘들고 이로 인해 정상적인 시험 응시에 어려움이 있어 ③시험 중 화장실 이용이 필요하다고 인정됩니다.</td></tr>
<tr><td colspan="2">기타</td><td>상기인은 ①편안 약시와 무수정체 장애에 해당되는 자로서, 눈의 운동장애로 인해 ②시험 시 문제판독이나 일반답안지 작성에 어려움이 있어 ③시험시간 연장이 필요하다고 인정됩니다.</td></tr>
</table>
</td>
</tr>
</table>

	○ 기타 ① **의사진단서(소견서)가 필요 없는 사람**의 경우에도 본인의 장애유형 및 정도, 지원받고자 하는 편의제공 항목의 필요성 등을 신청서(별첨서식)상의 빈 칸에 구체적으로 기재하여야 합니다. ② **시험시간 연장, 대필 등의 내용이 포함될 경우 반드시 (상급)종합병원의사 진단서 제출(소견서 불인정)**

라. 증빙서류 제출절차

○ 제출기한 : **2. 22.(화)** (제출 마감일 우체국 소인분까지 유효)

○ 신청방법 : 작성한 신청서(별첨서식) 및 제출서류를 아래 주소로 등기우편 발송

→ (07233) 서울특별시 영등포구 의사당대로 1 국회의원회관 811호 국회사무처 인사과 채용담당

○ 시험장 임차 및 수용계획 일정 상, 추후 별도의 보완기간이 없으므로 의문사항 발생 시 반드시 사전에 인사과 채용담당(02-6788-2081)으로 문의하시기 바랍니다.

○ 2021년도 이후 국회사무처 시행 공개경쟁채용시험에서 증빙서류를 제출하여 편의지원을 받은 수험생은 동일한 편의지원을 신청한 경우에 한하여 증빙서류 제출을 면제합니다(신청서 1부만 제출). 다만, 응시원서 접수마감일 기준 2년 이내 발급받은 증빙서류만 유효합니다.

※ 2021년도 제19회 8급 공개경쟁채용시험 응시를 위해 진단서를 제출하였더라도 진단서 발급일이 2020. 2. 22.이전 이라면, 유효기간이 지났으므로 2022년도 제20회 8급 공개경쟁채용시험 편의지원 신청 시 원서접수 마감일로부터 2년 이내의 진단서를 다시 제출해야 함.

※ 면접시험 관련 세부 편의지원 항목안내 및 신청은 필기시험 합격자 발표 시 안내할 예정입니다.

7 가산 특전

가. 가산점 적용대상자 및 가산점 비율표

구분			가산비율 및 적용범위	비고
①	택1	취업지원대상자	과목별 만점의 10% 또는 5% (선발예정인원의 30% 이내)	○ 취업지원대상자 가점과 의사상자 등 가점은 1개만 적용 ○ ①, ②는 각각 중복 적용 가능
		의사상자 등	과목별 만점의 5% 또는 3% (선발예정인원의 10% 이내)	
②	전문자격증 소지자 (변호사, 변리사, 공인회계사, 감정평가사)		과목별 만점의 5% (1개의 자격증만 인정)	

나. 취업지원 대상자 및 의사상자 등

○ 「국가유공자 등 예우 및 지원에 관한 법률」 제29조, 「독립유공자예우에 관한 법률」 제16조제2항, 「보훈보상대상자 지원에 관한 법률」 제33조, 「고엽제후유의증 등 환자지원 및 단체설립에 관한 법률」 제7조의9에 의한 고엽제후유의증 환자와 그 가족, 「5·18민주유공자예우에 관한 법률」 제20조, 「특수임무유공자 예우 및 단체설립에 관한 법률」 제19조에 따른 취업지원 대상자 및 「국가공무원법」 제36조의2에 의한 의사자 유족, 의상자 본인 및 가족은 각 과목별 득점에 필기시험의 매 과목 4할 이상 득점한 자에 한하여 각 과목별 득점에 각 과목별 만점의 일정 비율(10% / 5% / 3%)을 가산합니다.

○ 취업지원대상자 가점을 받아 합격하는 사람은 그 채용시험 선발예정인원의 30%(의사상자 등의 가점의 경우 10%)를 초과할 수 없습니다.

○ 상기 법률의 제·개정으로 인하여 기존 취업지원대상자, 의사상자 등의 여부 및 가점비율이 변경되었을 수 있으니 대상자 여부 및 가점비율은 **응시자 본인이 반드시 사전에 확인한 후, 필기시험 답안지 해당란에 반드시 표기**하여야 합니다.

※ **취업지원 대상자** 여부 및 가점비율(10% 또는 5%) 확인
: 국가보훈처 또는 지방보훈청 등 (보훈상담센터 ☎1577-0606)

※ **의사상자** 등 여부 및 가점비율(5% 또는 3%) 확인
: 보건복지부 사회서비스자원과(☎044-202-3258)

다. 전문자격증 소지자

○ 응시자가 변호사, 변리사, 공인회계사, 감정평가사 자격증을 소지하고 있을 경우 매 과목 4할 이상 득점자에 대하여 각 과목별 득점에 각 과목별 만점의 5%에 해당하는 점수를 가산합니다.

라. 가산특전과 관련한 유의사항

○ 가산특전대상자의 증빙서류(취업지원 대상자 및 의사상자 등 증명서, 자격증 사본)를 필기시험 합격자 발표일에 안내하는 기간 내에 제출하여야 합니다.

○ 취업지원 대상자 및 의사상자 등 / 전문자격증 소지자 간에는 상호 중복 가산이 가능합니다.

○ 가산특전을 받고자 하는 자는 필기시험 시행일 전일(2022. 4. 22.)까지 해당 요건을 갖추어야 하며, **반드시 필기시험 OMR 답안지의 해당란에 표기하여야 합니다.**

8 지방인재 채용목표제

가. 지방인재 채용목표제

○ 지방인재의 국회공무원 임용기회 확대 차원에서 지방인재가 선발예정인원의 일정 비율 이상이 될 수 있도록 선발예정인원을 초과하여 지방인재를 합격시키는 제도(선발예정인원이 5명 이상인 시험단위에 적용하며, 장애인 구분모집은 적용 제외)

나. 지방인재의 범위

- 최종학력이 서울특별시를 제외한 지역에 소재하는 소정의 학교를 졸업(예정)·중퇴하거나 재학·휴학 중인 자(응시원서 접수마감일 기준)
  ※ 지방인재의 상세한 범위는 국회채용시스템 [자료실]의 "지방인재 채용목표제 시행 관련 안내"를 참조하시기 바랍니다.

다. 채용목표인원 및 추가합격인원 상한(인원계산 시 소수점 이하는 반올림)

- 시험실시단계별 지방인재 채용목표인원은 당초 합격예정인원의 30%입니다.
- 지방인재 합격자 수가 채용목표인원에 미달하더라도 지방인재의 추가합격은 당초 합격예정인원의 10% 이내로 제한됩니다.

라. 실시방법

- 필기시험 합격자 중 지방인재의 비율이 30%에 미달하는 경우 매 과목 4할 이상 득점하고 전 과목 평균득점이 합격선에서 3점을 뺀 점수 이상인 지방인재 응시자 중에서 고득점자 순으로 채용목표인원에 미달하는 인원만큼 당초의 합격예정인원을 초과하여 추가합격 처리하되, 추가합격인원은 추가합격인원 상한(10%)을 초과할 수 없습니다.
- 추가합격자 결정 시 추가합격선에 해당하는 사람이 2명 이상인 경우 동점자 모두를 추가합격자로 결정합니다.

마. 증빙서류 제출

- 응시원서에 지방인재로 표기한 자는 증빙서류(졸업증명서, 재학증명서 등)를 필기시험 합격자 발표일에 안내하는 기간 내에 제출하여야 합니다.

9 기타사항

- 이 계획에 명시되지 아니한 사항은 「국가공무원법」, 「국회인사규칙」, 「국회공무원 임용시험규정」, 「지방인재 채용목표제 운영에 관한 규정」등 인사관계규정에 따릅니다.
- 합격자 통지 후라도 신원조사 및 공무원채용신체검사 등을 통하여 공무원으로 임용하기에 부적합한 결격사유가 있을 경우 임용하지 않을 수 있습니다.
- 응시자는 응시표, 답안지, 시험시간 및 장소 공고 등에서 정한 주의사항에 유의하여야 하며 이를 준수하지 않을 경우에는 본인의 불이익이 될 수 있습니다.
- 시험 실시를 위하여 응시자로부터 성명, 주민등록번호, 주소, 연락처 등 응시자격 여부 판단 및 합격 결정 등을 위하여 필요한 개인정보를 수집할 수 있고, 그 수집 목적의 범위에 한하여 이용할 수 있습니다.
  ※ 기타 문의사항은 국회사무처 인사과 채용담당(02-6788-2081)으로 연락주시거나 국회채용시스템 (http://gosi.assembly.go.kr) [시험안내] 및 [1:1질의응답] 등을 이용하여 주시기 바랍니다.

[별첨서식]

장애인 편의지원 제공 신청서

▣ 장애유형

시각 장애 :
- □ 좋은 눈의 시력이 0.04 이하인 사람
- □ 두 눈의 시야가 각각 모든 방향에서 5도 이하로 남은 사람 중 점자사용 필요성을 인정받은 사람
- □ 좋은 눈의 시력이 0.06 이하이거나 두 눈의 시야가 각각 모든 방향에서 5도 이하로 남은 사람
- □ 두 눈의 시야가 각각 모든 방향에서 10도 이하로 남은 사람 중 점자사용 필요성을 인정받은 사람
- □ 두 눈의 시야가 각각 모든 방향에서 10도 이하로 남은 사람
- □ 좋은 눈의 시력이 0.2 이하인 사람
- □ 나쁜 눈의 시력이 0.02 이하이고, 좋은 눈의 교정시력이 0.3 이하인 사람
- □ 위 조건 외의 시각장애인

뇌병변 장애 :
- □ 뇌병변 장애정도가 심한 사람
- □ 뇌병변 장애정도가 심하지 않은 사람 중 시간연장 필요성을 인정받은 사람
- □ 뇌병변 장애정도가 심하지 않은 사람

지체 장애 :
- □ 상지지체(장애정도가 심한 사람)
- □ 상지지체(장애정도가 심하지 않은 사람)
- □ 하지지체

청각 장애 :
- □ 청각 장애

기 타 :
- 사유를 자세히 기재
- □ (　　　　　　　　　　　　　　　　　　)

▣ 신청사유 :

※ 지원받고자 하는 편의제공 항목의 필요성 등을 구체적으로 기재

▣ 신청항목 :
(장애유형별 편의지원 항목 내에서 복수신청 가능)

- □ 확대문제지(118%, 14point)
- □ 확대답안지(B4규격표기형)
- □ 음성지원 컴퓨터(이어폰 등 수화기 지참자)
- □ 축소문제지(82%, 10point, 확대독서기 지참자)
- □ 시험시간 연장(선택형 1.5배, 논문형 1.2배)
- □ 보조공학기기 지참 허용
- □ 점자문제지
- □ 점자답안지(점자정보단말기 지참자)
- □ 시험 중 화장실 사용(※ 임신부 등 편의지원 항목 해당자)
- □ 노트북 제공(논문형 시험)
- □ 대필(선택형 시험)
- □ 별도 시험실(좌석간격 조정)
- □ 휠체어 전용책상(높은 책상)
- □ 시험시간 연장(선택형 1.7배, 논문형 1.5배)
- □ 확대문제지(150%, 18point)
- □ 확대답안지(A3규격표기형)
- □ 높낮이 조절 책상

▣ 인적사항 :

성명		연락처	집	
주민등록번호			휴대폰	
			E-mail	

본인은 국회사무처 8급 공개경쟁채용시험에 상기와 같이 편의지원을 신청합니다. 편의지원 가능 여부 확인을 위하여 국회사무처가 이름, 주민등록번호 등 개인정보를 제3자에게 제공(공유를 포함)하거나 제3자로부터 수집하는 것에 동의합니다.

2022.　.　.　신청자 :　　　　　　(인)

국회사무총장 귀하

국회사무처공고 제2022-27호

2022년도 제38회 입법고시 공고

2022년도 국회사무처 제38회 입법고시 시행계획을 다음과 같이 공고합니다.

2022년 1월 28일

국 회 사 무 총 장

1 채용예정분야 및 인원

시 험 명	직 류	선발예정인원	합 계
제38회 입법고시	일반행정	6명	14명
	법 제	2명	
	재 경	6명	

※ 선발예정인원은 기관 사정에 따라 변경될 수 있습니다.

※ 합격자의 근무예정기관은 국회와 그 소속기관입니다.

2 시험과목

직류	제1차시험(선택형)	제2차시험(논문형)
일반행정	헌법 언어논리영역 자료해석영역 상황판단영역 영어 (영어능력검정시험으로 대체) 한국사 (한국사능력검정시험으로 대체)	필수(4) : 행정학, 행정법, 경제학, 정치학 선택(1) : 정책학, 지방행정론(도시행정 포함), 정보체계론, 조사방법론(통계분석 제외), 민법(친족상속법 제외)
법제		필수(4) : 헌법, 민법, 형법, 행정법 선택(1) : 상법, 형사소송법, 민사소송법, 세법
재경		필수(4) : 경제학, 재정학, 행정법, 행정학 선택(1) : 회계학, 통계학, 국제경제학, 상법, 세법

※ 선택과목의 만점은 필수과목 만점의 5할로 계산합니다.

※ 제2차시험의 법률과목은 시험장에서 법전을 배부합니다.

3 시험방법

○ 제1차시험 : 선택형 필기시험
  - PSAT의 경우 각 과목 5지선다형 40문항/ 과목당 90분
  - 헌법과목은 25문항(5지선다형 / 25분)으로 60점 미만일 경우 다른 과목 점수에 상관없이 불합격이며, 제1차시험 합격선 결정 시 헌법과목 점수는 합산하지 않습니다.

○ 제2차시험 : 논문형 필기시험

○ 제3차시험 : 면접시험

※ 이전 회의 입법고시 제3차시험에 불합격한 사람에 대해서는 다음 회 입법고시의 동일한 직류에 응시원서를 제출한 경우에 한하여 해당 시험의 제1차시험을 면제하며, 자세한 사항은 '11. 기타'에서 안내합니다.

4 응시자격

구 분	내 용
결 격	○「국가공무원법」 제33조의 결격사유에 해당하는 자 ○「국회공무원 임용시험규정」 등 관계법령에 따라 응시자격이 정지된 자 (국회채용시스템 [자료실]의 "응시자격 정지사유 관련 국회공무원 임용시험규정 안내" 참조)
연 령	○ 20세 이상인 자(2002. 12. 31. 이전 출생자) ○「국가공무원법」 제74조(정년)에 해당하지 않는 자
학력 · 경력	○ 제한 없음

※ 연령기준 외의 응시자격요건 충족 여부는 제38회 입법고시 최종시험 시행예정일(제3차시험 시행예정일) 기준

5 응시원서 접수기간 및 시험일정

구 분		일 시	비 고
공 고		1. 28.(금)	국회채용시스템
원서접수		**2. 3.(목) 09:30 ~ 2. 10.(목) 17:00**	국회채용시스템 (관련서류 우편제출)
제1차시험	시험장소 공고	3. 4.(금)	국회채용시스템
	시험일자	**3. 12.(토)**	
	합격자 발표	4. 8.(금)	국회채용시스템

제2차시험	시험장소 공고	4. 8.(금)	국회채용시스템
	시험일자	**5. 24.(화) ~ 5. 26.(목)**	
	합격자 발표	7. 15.(금)	국회채용시스템
제3차시험	시험장소 공고	7. 15.(금)	국회채용시스템
	시험일자	**7. 26.(화) ~ 7. 27.(수)**	
최종합격자 발표		7. 29.(금)	국회채용시스템

※ 제2차시험 합격자를 대상으로 상기 일정 외에 인·적성 검사 일정이 별도로 지정될 수 있습니다.

※ 응시원서 접수취소 마감일은 2. 11.(금) 21:00입니다.

※ 상기 일정은 기관사정에 따라 변경될 수 있으며, 시험장소·합격자 명단 및 시험성적 안내 등에 관한 내용은 국회채용시스템(http://gosi.assembly.go.kr)에 공고 또는 게시합니다.

6 응시원서 접수(인터넷으로 접수)

가. 접수방법 및 시간

○ **접수방법** : 국회채용시스템(http://gosi.assembly.go.kr)에서 회원가입 후 원서접수

※ 구체적인 방법은 접수기간 중에 국회채용시스템에서 처리단계별로 안내합니다.

※ 방문접수 또는 우편접수는 실시하지 않습니다.

○ **접수시간** : 응시원서 접수기간(2. 3.(목) ~ 2. 10.(목))

- 2. 3.(목) : 09:30 ~ 24:00

- 2. 4.(금) ~ 2. 9.(수) : 00:00 ~ 24:00

- 2. 10.(목) : 00:00 ~ 17:00 (원서접수 마감일)

※ 시스템 장애 발생 시 연장될 수 있습니다.

○ **응시수수료** : 10,000원*

* 국회채용시스템에서 계좌이체(본인명의 계좌만 가능)·카드결제·휴대폰결제 중 선택

○ **기　　타** : 응시수수료 외에 소정의 처리비용(계좌이체·카드결제·휴대폰결제 비용)이 소요되며, 응시원서 접수 시 사진등록용 전자파일(**JPG, 200KB 미만**)이 필요하니 미리 준비하시기 바랍니다.

※ 저소득층 해당자(「국민기초생활보장법」에 따른 수급자 또는 「한부모가족지원법」에 따른 지원대상자)는 추후 확인절차를 거쳐 응시수수료가 환불됩니다. **단, 응시수수료는 반드시 사전 결제하여야 하며** 응시수수료 미결제 시 원서를 접수하지 않은 것으로 처리됩니다. 기타 저소득층 해당자의 응시수수료 결제방법 및 환불에 관한 사항은 국회채용시스템 안내를 참고하여 주시기 바랍니다.

나. 원서접수 시 유의사항

○ **접수취소** : 2. 3.(목) ~ 2. 11.(금) [단, 원서접수 취소 마감일(2. 11.)에 한해 21:00까지]

※ 응시수수료는 자동 환불 처리되나 응시수수료 외에 소정의 처리비용(카드결제·휴대폰결제·계좌이체비

용)은 환불이 불가합니다. 원서접수 취소기간 이후에는 접수취소 및 응시수수료 환불(저소득층 해당자 제외)이 불가합니다.

○ 지방인재 채용목표제의 적용을 받고자 하는 자는 원서접수 시 지방인재 해당 여부를 표기하여야 합니다(**선발예정인원이 5명 이상인 직류(일반행정, 재경)만 해당**).

※ 지방인재 채용목표제와 관련한 자세한 사항은 국회채용시스템 [자료실]에 안내하오니 내용을 숙지하여 불이익을 당하지 않도록 유의하시기 바랍니다.

○ **응시원서 기재사항**(선택과목, 지방인재 여부 등) **오기로 인한 수정**은 **원서접수 기간 및 원서접수 취소기간에만 가능**하며, 그 이후에는 수정할 수 없습니다.

※ 응시직류 변경은 **원서접수 기간에만** 가능합니다.

○ **응시표 출력기간** : 2. 21.(월) ~ 7. 29.(금)

7 장애인 응시자 편의지원 신청

가. 적용대상

○ 입법고시 응시원서 접수자 중, 원서접수 마감일 현재까지「장애인복지법 시행령」 제2조에 의한 장애인으로 유효하게 등록되거나, 「국가유공자 등 예우 및 지원에 관한 법률 시행령」 제14조제3항에 의한 상이등급 기준에 해당되어 유효하게 등록·결정된 자로서, 시각·뇌병변·지체·청각장애 등 아래 장애유형에 해당하는 사람

○ 기타 특수·중복장애, 일시적 장애 등으로 응시에 현저한 지장이 있는 자 및 임신부, 과민성대장(방광)증후군 환자 등 아래 편의지원 항목에 해당하는 사람

나. 장애유형별 편의지원 항목 및 제출서류

<table>
<tr><th colspan="3">장애유형 및 정도</th><th>편의지원 항목</th><th>제출서류</th><th>비고</th></tr>
<tr><td rowspan="4">시각장애</td><td colspan="2">공통</td><td>· 확대문제지, 확대답안지
· 보조공학기기 지참 허용
· 노트북 제공(논문형 필기시험)</td><td>장애인증명서 사본 1부</td><td></td></tr>
<tr><td rowspan="3">장애 정도가 심한 사람</td><td>좋은 눈의 시력이 0.04 이하인 사람</td><td rowspan="2">· 시험시간 연장(선택형 1.7배, 논문형 1.5배)
· 음성지원컴퓨터
· 점자문제지(희망자)
· 점자답안지(점자정보단말기 지참자)
· 축소문제지(확대독서기 사용자)</td><td rowspan="2">장애인증명서 사본 1부
의사진단서 원본 1부</td><td>기존 1~2급</td></tr>
<tr><td>두 눈의 시야가 각각 모든 방향에서 5도 이하로 남은 사람 중 점자사용 필요성을 인정받은 사람</td><td>기존 3급 2호</td></tr>
<tr><td>좋은 눈의 시력이 0.06 이하이거나 두 눈의 시야가 각각 모든 방향에서 5도 이하로 남은 사람</td><td>· 시험시간 연장(선택형 1.5배, 논문형 1.2배)</td><td>장애인증명서 사본 1부</td><td>기존 3급 1,2호</td></tr>
</table>

장애유형 및 정도			편의지원 항목	제출서류	비고
시각 장애	장애 정도가 심하지 않은 사람	두 눈의 시야가 각각 모든 방향에서 10도 이하로 남은 사람 중 점자사용 필요성을 인정받은 사람	· 시험시간 연장(선택형 1.7배, 논문형 1.5배) · 음성지원컴퓨터 · 점자문제지(희망자) · 점자답안지(점자정보단말기 지참자) · 축소문제지(확대독서기 사용자)	장애인증명서 사본 1부 의사진단서 원본 1부	기존 4급 2호
		두 눈의 시야가 각각 모든 방향에서 10도 이하로 남은 사람	· 시험시간 연장(선택형 1.5배, 논문형 1.2배)	장애인증명서 사본 1부 의사진단서 원본 1부	
		좋은 눈의 시력이 0.2이하인 사람	· 시험시간 연장(선택형 1.5배, 논문형 1.2배)	장애인증명서 사본 1부 의사진단서 원본 1부	기존 4,5급 1호
		나쁜 눈의 시력이 0.02 이하이고, 좋은 눈의 교정시력이 0.3 이하인 사람		장애인증명서 사본 1부 의사진단서 원본 1부	기존 6급 중 좋은 눈 교정시력 0.3 이하
		위 조건 외의 시각장애인	· 공통 편의지원 내용만 신청 가능	장애인증명서 사본 1부	기존 5급 2호, 6급
뇌병변 장애	공통		· 확대문제지, 확대답안지 · 보조공학기기 지참 허용 · 휠체어 전용책상(높은 책상) · 별도 시험실 배정(좌석간격 조정) · 노트북 제공(논문형 필기시험)	장애인증명서 사본 1부	
	장애정도가 심한 사람		· 시험시간 연장(선택형 1.5배, 논문형 1.2배) · 대필(선택형 시험)	장애인증명서 사본 1부	기존 1~3급
	장애정도가 심하지 않은 사람 중 시간연장 필요성을 인정받은 사람			장애인증명서 사본 1부 의사진단서 원본 1부	기존 4~6급
	장애정도가 심하지 않은 사람		· 공통 편의지원 내용만 신청 가능	장애인증명서 사본 1부	
지체 장애	상지	공통	· 확대문제지, 확대답안지 · 보조공학기기 지참 허용 · 별도 시험실 배정(좌석간격 조정) · 노트북 제공(논문형 필기시험)	장애인증명서 사본 1부	
		장애정도가 심한 사람	· 시험시간 연장(선택형 1.5배, 논문형 1.2배) · 대필(선택형 시험)	장애인증명서 사본 1부	기존 1~3급
		장애정도가 심하지 않은 사람	· 공통 편의지원 내용만 신청 가능	장애인증명서 사본 1부	기존 4~6급
	하지	장애정도가 심한 사람/ 심하지 않은 사람	· 휠체어 전용책상(높은 책상) · 별도시험실 배정(좌석간격 조정)	장애인증명서 사본 1부	기존 1~6급
청각 장애	장애정도가 심한 사람/ 심하지 않은 사람		· 보조공학기기 지참 허용	장애인증명서 사본 1부	기존 2~6급

<table>
<tr><th colspan="2">장애유형 및 정도</th><th>편의지원 항목</th><th>제출서류</th><th>비고</th></tr>
<tr><td rowspan="3">기 타</td><td>특수 및 중복장애·일시적 신체장애로 응시에 현저한 지장이 있는 사람</td><td>· 장애정도를 검토하여 결정</td><td>의사진단서
(의사소견서) 원본 1부</td><td></td></tr>
<tr><td>임신부</td><td>· 별도 시험실 배정(좌석간격 조정)
· 시험 중 화장실 사용 허용
· 높낮이 조절 책상</td><td>의사소견서 또는 임신사실확인서 원본 1부</td><td></td></tr>
<tr><td>과민성대장·방광증후군</td><td>· 시험 중 화장실 사용 허용
· 별도 시험실 배정(좌석간격 조정)</td><td>의사진단서 원본 1부</td><td></td></tr>
</table>

○ **확대문제지** : A3 규격의 118%(14point), 150%(18point)로 확대된 2종류 중 택1

○ **축소문제지** : A4 용지로 제공되며, 축소비율 82%(10pt)로 제공(확대독서기 사용자)

○ **확대답안지** : A3 규격의 표기형과 B4 규격의 표기형 중 택1

※ 상이등급자인 경우 「장애인복지법」상의 장애정도표를 기준으로 본인이 어떤 장애유형과 정도에 해당되는지 참조한 후 위의 편의지원 내용과 증빙서류를 확인 바랍니다**(의사진단서(소견서)에 해당 장애유형과 정도 기재)**.

※ 의사진단서 등 서류검토 후, 장애유형 및 정도별로 시험시간 연장, 확대문제지, 확대답안지 등 편의지원 제공 여부 및 범위를 결정하며, 신청 결과는 '입법고시 제1차시험 시간 및 장소 공고'에서 확인할 수 있습니다.

※ 점자문제지는 개정된 점자규정('17. 3. 28. 시행)을 반영하여 제공됩니다.

다. 제출서류 구비 시 유의사항

<table>
<tr><td>신청서</td><td>○ 별첨서식에 따른 신청서 1부</td></tr>
<tr><td>장애인증명서</td><td>○ 장애인증명서 사본 1부 : 장애인등록증, 장애인복지카드, 국가유공자증 중 1</td></tr>
<tr><td>의사진단서
및
의사소견서</td><td>○ 발급기관 :「의료법」 제3조에 의한 종합병원(상급종합병원 포함)
- 단, 임신부의 경우 「의료법」 제3조에 의한 병원급 또는 의원급 의료기관에서 발급 받은 것도 허용
※ 해당 지역의 종합병원은 건강보험심사평가원 홈페이지(www.hira.or.kr) [병원·약국 찾기]를 차례로 클릭하시면 조회 가능합니다.
○ 전문의의 면허번호와 서명(날인)이 있는 원본
○ 발급일자 : 2020. 2. 11.부터 인정(응시원서 접수 마감일 기준 2년 이내)
○ 의사진단서(소견서) 내용(반드시 포함되어야 할 내용)
- 상세하고 구체적인 해당 편의지원 필요성 기술(아래 예시 참고)
① 해당 장애유형 및 정도에 대한 구체적인 진술
*시각장애의 경우, 시력 또는/및 시야각 명기</td></tr>
</table>

의사진단서 및 의사소견서

② **시험 응시 시 장애로 인한 불편사항**

③ **제공받고자 하는 편의지원 항목에 대한 필요성 인정 여부**

- 장애유형 및 정도에 따른 편의지원 내용을 참조하여 제공받고자 하는 항목을 모두 기재
- 임신부 수험생의 경우에도 임신주수, 편의지원 내용과 그 필요성이 모두 기재되어야 함.
- 원서접수 시 신청한 내용과 의사진단서(소견서) 기재 내용이 다를 경우 의사진단서(소견서)에 의함.

구분		의사진단서 및 소견서 작성 예시
시각장애	장애 정도가 심한 사람	상기인은 ①시각장애 정도가 심한 자이며 두 눈의 시야가 각각 모든 방향에서 5도 이하로 **②시험 시 문제 판독에 점자 자료가 요구되는 자로서, ③점자 문제지 및 시험시간연장, 음성지원 컴퓨터가 필요하다고 인정됩니다.**
	장애 정도가 심하지않은 사람	상기인은 ①시각장애 정도가 심하지 않은 자이며 나쁜 눈의 시력이 0.02 이하이고, 좋은 눈의 교정시력이 0.3 이하에 해당하는 자로서, 시각장애로 인해 **②시험 시 문제판독이나 일반답안지 작성에 어려움이 있어 ③시험시간 연장이 필요하다고 인정됩니다.**
뇌병변	장애 정도가 심하지않은 사람	상기인은 ①뇌병변장애 정도가 심하지 않은 자이며 대상자의 수의적 근육조절능력이 손상된 자로서 손, 목의 운동장애로 인해 **②시험 시 필기속도가 느리고 미세한 글씨쓰기 및 답안마킹에 어려움이 있어** ③시험시간 연장이 필요하다고 인정됩니다.
임신부		상기인은 ①임신 30주, 필기시험 예정일을 전후하여 출산이 예상되는 자로서, **②자궁의 확대로 인한 방광 압박으로 인해 요의를 참기 힘들고 이로 인해 정상적인 시험 응시에 어려움이 있어 ③시험 중 화장실 이용이 필요하다고 인정됩니다.**
기타		상기인은 ①편안 약시와 무수정체 장애에 해당되는 자로서, 눈의 운동장애로 인해 **②시험 시 문제판독이나 일반답안지 작성에 어려움이 있어 ③시험시간 연장이 필요하다고 인정됩니다. (단, 장애판정을 받은 자에 한함)**

○ 기타

① **의사진단서(소견서)가 필요 없는 사람**의 경우에도 본인의 장애유형 및 정도, 지원받고자 하는 편의제공 항목의 필요성 등을 신청서(별첨서식)상의 빈 칸에 구체적으로 기재하여야 합니다.

② **시험시간 연장, 대필 등의 내용이 포함될 경우 반드시 (상급)종합병원 의사진단서 제출(소견서 불인정)**

라. 증빙서류 제출절차

<table><tr><td>
○ 제출기한 : 2. 10.(목) (제출 마감일 우체국 소인분까지 유효)
○ 신청방법 : 작성한 신청서(별첨서식) 및 제출서류를 아래 주소로 등기우편 발송
→ (07233) 서울특별시 영등포구 의사당대로 1 국회의원회관 811호 국회사무처 인사과 채용담당
○ 시험장 임차 및 수용계획 일정 상, 추후 별도의 보완기간이 없으므로 의문사항 발생 시 반드시 사전에 인사과 채용담당(02-6788-2081)으로 문의하시기 바랍니다.
</td></tr></table>

○ 2021년도 이후 국회사무처 공개경쟁채용시험에서 증빙서류를 제출하여 편의지원을 받은 수험생은 동일한 편의지원을 신청한 경우에 한하여 증빙서류 제출을 면제합니다(신청서 1부만 제출). 다만, 응시원서 접수마감일 기준 2년 이내 발급받은 증빙서류만 유효합니다.

※ 2021년도 제37회 입법고시 응시를 위해 진단서를 제출하였더라도 진단서 발급일이 2020. 2. 11.이전이라면, 유효기간이 지났으므로 2022년도 제38회 입법고시 편의지원 신청 시 원서접수 마감일로부터 2년 이내의 진단서를 다시 제출해야 함.

※ 면접시험 관련 세부 편의지원 항목안내 및 신청은 제2차시험 합격자 발표 시 안내할 예정입니다.

8 영어능력검정시험 성적표 제출

가. 검정시험의 종류 및 기준점수

구 분	TOEFL		TOEIC	TEPS		G-TELP	FLEX
	PBT	IBT		18.5.12. 전 시험	18.5.12. 이후 시험		
일반 응시자 기준점수	530	71	700	625	340	65(Level 2)	625
청각장애 응시자* 기준점수	352	35	350	375	204	43(Level 2)	375

*** 청각장애의 정도가 ‘두 귀의 청력손실이 80dB 이상(기존 청각장애 2·3급)’ 이거나, ‘두 귀의 청력손실이 60dB 이상이면서 두 귀에 들리는 보통 말소리의 최대의 명료도가 50% 이하’인 응시자**

※ 청각장애 응시자의 경우, 해당 영어능력검정시험에서 듣기(말하기 포함) 부분을 제외한 점수가 기준점수 이상이어야 하고 원서접수마감일까지「장애인고용촉진 및 직업재활법 시행령」 제3조에 따른 장애인으로 유효하게 등록되어 있어야 하며, 제1차시험 합격자 발표일에 안내하는 기간 내에 장애인증명서 등 증빙서류를 제출하여야 합니다.

※ 영어능력검정시험 성적은 국회채용시스템에 접속하여 등록하며, 원서접수·취소기간 및 추가 등록기간(3.14. ~ 3.16.)에만 가능합니다.

나. 영어능력검정시험의 인정범위

ㅇ 2017년 1월 1일 이후 실시된 시험으로서, 제1차시험 시행예정일 전날까지 점수가 발표된 시험 중 기준점수 이상인 시험성적에 한하여 인정되며, 그 점수는 제1차시험 성적에 반영되지 않습니다.

ㅇ 해당 검정시험기관의 정규(정기)시험 성적만을 인정하고, 정부기관·민간회사·학교 등에서 승진·연수·입사·입학(졸업) 등의 특정목적으로 실시하는 수시·특별시험 등은 인정하지 않습니다.

ㅇ 2017년 1월 1일 이후에 외국에서 응시하여 제1차시험 시행예정일 전날까지 점수가 발표된 TOEFL 성적 및 일본에서 응시한 TOEIC 성적과 미국에서 응시한 G-TELP 성적은 인정됩니다.

다. 성적 소명 방법

ㅇ 응시자는 원서접수 시에 해당 영어능력검정시험명, 등록번호(수험번호), 시험일자 및 점수 등을 **정확히 표기**하여야 하며, 외국에서 응시한 시험은 반드시 여권상의 영문성명을 사용하여야 합니다.

ㅇ 영어능력검정시험기관을 통해 성적조회가 불가능한 경우(ex. 2017년 1월에서 2020년 4월까지 점수가 발표된 시험의 경우 등)에는 **응시자 본인이 성적표 원본 제출 등을 통하여 소명할 수 있어야 하며, 향후 제출요구가 있을 시에 즉시 제출하여야 합니다.**

라. 성적 허위기재자 등에 대한 조치

ㅇ 영어능력검정시험 성적에 관하여 허위사실을 기재하거나, 성적표를 위·변조하는 등 시험결과에 부당한 영향을 줄 경우에는 당해 시험을 정지 또는 무효로 하거나 합격결정을 취소하고, 그 처분이 있은 날부터 5년간 각종 공무원 채용시험의 응시자격이 정지됩니다.

9 한국사능력검정시험 성적표 제출

가. 기준점수(등급)

시험의 종류		기준점수
한국사능력검정시험	국사편찬위원회에서 주관하여 시행하는 시험(한국사능력검정시험)을 말한다.	2급 이상

※ 한국사능력검정시험 성적은 국회채용시스템에 접속하여 등록하며, 원서접수·취소기간 및 추가 등록기간(3.14. ~ 3.16.)에만 가능합니다.

나. 한국사능력검정시험의 인정범위

ㅇ **2017년 1월 1일 이후 실시된 시험**으로서, 제1차시험 시행예정일 전날까지 점수가 발표된 시험 중 기준점수(등급) 이상인 시험성적에 한하여 인정되며, 그 점수는 제1차시험 성적에 반영되지 않습니다.

다. 성적 소명 방법

○ 응시자는 원서접수 시에 해당 시험일자, 인증번호, 인증등급 등을 **정확히 표기**하여야 합니다.

○ 필요한 경우 응시자 본인이 성적표 원본 제출 등을 통하여 소명할 수 있어야 하며, 향후 제출요구가 있을 시에 즉시 제출하여야 합니다.

라. 성적 허위기재자 등에 대한 조치

○ 한국사능력검정시험 성적에 관하여 허위사실을 기재하거나, 성적표를 위·변조하는 등 시험결과에 부당한 영향을 줄 경우에는 당해 시험을 정지 또는 무효로 하거나 합격결정을 취소하고, 그 처분이 있은 날부터 5년간 각종 공무원 채용시험의 응시자격이 정지됩니다.

10 지방인재 채용목표제

가. 지방인재 채용목표제

○ 지방인재의 국회공무원 임용기회 확대 차원에서 지방인재가 선발예정인원의 일정 비율 이상이 될 수 있도록 선발예정인원을 초과하여 지방인재를 합격시키는 제도(선발예정인원이 5명 이상인 시험단위(일반행정, 재경 직류)에 적용)

나. 지방인재의 범위

○ 최종학력이 서울특별시를 제외한 지역에 소재하는 소정의 학교를 졸업(예정)·중퇴 하거나 재학·휴학 중인 자(응시원서 접수마감일 기준)

- 보다 자세한 내용은 국회채용시스템(http://gosi.assembly.go.kr) 자료실의 「**지방인재 채용목표제 시행 관련 안내**」를 참고

다. 채용목표인원 및 추가합격인원 상한(인원계산 시 소수점 이하는 반올림)

○ 시험실시단계별 지방인재 채용목표인원은 당초 합격예정인원의 30%입니다.

○ 지방인재 합격자 수가 채용목표인원에 미달하더라도 지방인재의 추가합격은 당초 합격예정인원의 10% 이내로 제한됩니다. 다만, 제1차시험에는 추가합격인원의 제한을 두지 않습니다.

라. 실시방법

○ 제1차시험 합격자 중 지방인재 합격자의 비율이 30%에 미달하는 경우 매 과목 4할 이상, 전 과목 총점 6할 이상 득점하고, 전 과목 평균득점이 합격선에서 3점을 뺀 점수 이상인 지방인재 응시자 중에서 고득점자 순으로 채용목표인원에 미달하는 인원만큼 당초의 합격예정인원을 초과하여 추가합격 처리합니다.

○ 제2차시험 합격자 중 지방인재 합격자의 비율이 30%에 미달하는 경우 매 과목 4할 이상 득점하고, 전 과목 평균득점이 합격선에서 3점을 뺀 점수 이상인 지방인재 응시자 중에서 고득점자 순으로 채용목표인원에 미달하는 인원만큼 당초의 합격예정인원을 초과하여 추가합격 처리하되, 추가

합격인원은 추가합격인원 상한을 초과할 수 없습니다.

○ 추가합격자 결정 시 추가합격선에 해당하는 사람이 2명 이상인 경우 동점자 모두를 추가합격자로 결정합니다.

마. 증빙서류 제출

○ 응시원서에 지방인재로 표기한 자는 증빙서류(졸업증명서, 재학증명서 등)를 제1차 시험 합격자 발표일에 안내하는 기간 내에 제출하여야 합니다.

11 기 타

○ 이 계획에 명시되지 아니한 사항은 「국가공무원법」, 「국회인사규칙」, 「국회공무원 임용시험규정」, 「지방인재 채용목표제 운영에 관한 규정」에 따릅니다.

○ 이전 회의 입법고시 제3차시험에 불합격한 사람에 대해서는 다음 회 입법고시의 동일한 직류에 응시원서를 제출한 경우에 한하여 제1차시험이 면제됩니다(영어·한국사능력검정시험 성적 인정기간 경과와 관계없음).

- 제1차시험을 면제받고자 하는 경우에는 **반드시 해당 시험의 응시원서를 제출하여야 하며**, 응시원서 제출 시 제2차시험 선택과목의 변경은 가능합니다.

○ **입법고시 응시자는 영어능력검정시험 성적 및 한국사능력검정시험 성적을 원서접수·취소기간 및 추가 등록기간(3. 14.(월) ~ 3. 16.(수))에 반드시 등록하여야 하며, 미등록 또는 응시자의 귀책으로 해당 성적의 인증번호 등에 오기·오타 등이 있어 해당 기관에서 성적 인증 불가 시 해당시험 성적이 인정되지 않을 수 있습니다.**

○ **입법고시 제1차시험의 1교시 시험시간은 130분*으로, 시험 중 화장실 이용은 불가하오니 유의하시기 바랍니다.**

* 헌법과목 시험(25분) ⇒ 과목전환 시간(15분) ⇒ 언어논리과목 시험(90분)

○ 입법고시 최종합격자 중 현역 입영대상자는 육·해·공군의 장교로 입영혜택이 부여됩니다(「병역법」 제59조).

○ 응시자는 응시표, 답안지, 시험시간 및 장소 공고 등에서 정한 주의사항에 유의하여야 하며 이를 준수하지 않을 경우에는 본인의 불이익이 될 수 있습니다.

○ 합격자 통지 후라도 신원조사 및 공무원채용신체검사 등을 통하여 공무원으로 임용하기에 부적합한 결격사유가 있을 경우 임용하지 않을 수 있습니다.

○ 응시자격 여부 판단, 합격 결정 및 기타 시험 운영을 위하여 필요한 범위에서 응시자로부터 성명, 주민등록번호, 주소, 연락처 등 개인정보를 수집하고 이용할 수 있습니다.

※ 기타 문의사항은 국회사무처 인사과 채용담당(02-6788-2081)으로 문의하거나, 국회채용시스템 (http://gosi.assembly.go.kr) [시험정보] 및 [시험안내]란을 이용하시기 바랍니다.

[별첨서식]

장애인 편의지원 제공 신청서

▣ 장애유형

시각 장애 :
- □ 좋은 눈의 시력이 0.04 이하인 사람
- □ 두 눈의 시야가 각각 모든 방향에서 5도 이하로 남은 사람 중 점자사용 필요성을 인정받은 사람
- □ 좋은 눈의 시력이 0.06 이하이거나 두 눈의 시야가 각각 모든 방향에서 5도 이하로 남은 사람
- □ 두 눈의 시야가 각각 모든 방향에서 10도 이하로 남은 사람 중 점자사용 필요성을 인정받은 사람
- □ 두 눈의 시야가 각각 모든 방향에서 10도 이하로 남은 사람
- □ 좋은 눈의 시력이 0.2 이하인 사람
- □ 나쁜 눈의 시력이 0.02 이하이고, 좋은 눈의 교정시력이 0.3 이하인 사람
- □ 위 조건 외의 시각장애인

뇌병변 장애 :
- □ 뇌병변 장애정도가 심한 사람
- □ 뇌병변 장애정도가 심하지 않은 사람 중 시간연장 필요성을 인정받은 사람
- □ 뇌병변 장애정도가 심하지 않은 사람

지체 장애 :
- □ 상지지체(장애정도가 심한 사람)
- □ 상지지체(장애정도가 심하지 않은 사람)
- □ 하지지체

청각 장애 :
- □ 청각 장애

기 타 :
사유를 자세히 기재
- □ (   )

▣ 신청사유 :

※ 지원받고자 하는 편의제공 항목의 필요성 등을 구체적으로 기재

▣ 신청항목 : (장애유형별 편의지원 항목 내에서 복수신청 가능)

- □ 확대문제지(118%, 14point)
- □ 확대답안지(B4규격표기형)
- □ 음성지원 컴퓨터(이어폰 등 수화기 지참자)
- □ 축소문제지(82%, 10point, 확대독서기 지참자)
- □ 시험시간 연장(선택형 1.5배, 논문형 1.2배)
- □ 보조공학기기 지참 허용
- □ 점자문제지
- □ 점자답안지(점자정보단말기 지참자)
- □ 시험 중 화장실 사용(※ 임신부 등 편의지원 항목 해당자)
- □ 노트북 제공(논문형 시험)
- □ 대필(선택형 시험)
- □ 별도 시험실(좌석간격 조정)
- □ 휠체어 전용책상(높은 책상)
- □ 시험시간 연장(선택형 1.7배, 논문형 1.5배)
- □ 확대문제지(150%, 18point)
- □ 확대답안지(A3규격표기형)
- □ 높낮이 조절 책상

▣ 인적사항 :

성명		연락처	집	
주민등록번호			휴대폰	
			E-mail	

본인은 국회사무처 8급 공개경쟁채용시험에 상기와 같이 편의지원을 신청합니다. 편의지원 가능 여부 확인을 위하여 국회사무처가 이름, 주민등록번호 등 개인정보를 제3자에게 제공(공유를 포함)하거나 제3자로부터 수집하는 것에 동의합니다.

2022. . . **신청자 :** (인)

국회사무총장 귀하

【국회사무처공고 제2022-29호】

2022년도 국회 예산결산특별위원회 전문임기제 나급(입법조사업무) 경력경쟁채용시험 공고

2022년도 국회 예산결산특별위원회 전문임기제 나급(입법조사업무) 경력경쟁채용시험을 다음과 같이 실시하오니 많은 분들의 응시 바랍니다.

2022년 1월 28일

국 회 사 무 총 장

1 채용예정분야 및 인원

채용예정분야	세 부 업 무 내 용	인원
전문임기제 나급 (입법조사업무)	○ 국회 예산결산특별위원회 입법조사업무 – 예산·결산 및 기금 자료의 수집, 조사 및 연구	1명

2 채용일정

구 분	일 시	비 고
공 고	1. 28.(금)	
원서접수	2. 4.(금) ~ 2. 10.(목)	국회채용시스템 (관련서류 우편제출)
서류전형 합격자발표	2. 18.(금)	국회채용시스템
면접시험	2. 24.(목)	
최종합격자 발표	2. 28.(월)	국회채용시스템

※ 상기 일정은 기관 사정에 따라 변경될 수 있음.

3 응시자격

구 분	내 용
결 격	○ 「국가공무원법」 제33조의 결격사유에 해당하는 자 ○ 「국회공무원 임용시험규정」 등 관계법령에 따라 응시자격이 정지된 자
자격·경력 등	【필수사항】 ○ 다음 중 어느 하나에 해당하는 자 - 임용예정 직무분야와 관련된 박사학위를 취득한 자 - 임용예정 직무분야와 관련된 석사학위를 취득한 후 3년 이상 해당 분야의 경력이 있는 자 【우대사항】 ○ 다음 중 어느 하나에 해당하는 자 - 임용예정 직무분야와 관련된 박사학위 소지자 - 즉시 근무 가능한 자
연 령	○ 20세 이상인 자 ○ 「국가공무원법」 제74조(정년)를 도과하지 않은 자

※ 관련분야 : 경제, 정책, 재정, 환경, 복지 분야에 해당하는 학위 또는 경력

※ "근무경력 기준"으로 응시하는 경우 최종경력을 기준으로 시험공고일 현재 퇴직 후 3년이 경과되지 아니하여야 함

※ 연령기준 외 응시자격의 충족 여부는 면접시험 예정일을 기준으로 함

※ 남자의 경우 병역을 필하였거나 면제된 자 또는 최종(면접)시험 예정일 기준 6개월 내 전역이 가능한 자

4 응시원서 접수안내 (인터넷으로 접수)

○ 접수기간 : 2. 4.(금) ~ 2. 10.(목) 17:00

○ 접수방법 : 국회채용시스템(http://gosi.assembly.go.kr)에서 회원가입 후 원서접수

※ **방문접수 또는 우편접수는 실시하지 않음**

○ 응 시 료 : 1만원(국회채용시스템에서 계좌이체·카드결제·휴대폰 결제 중 선택)

※ 응시료 외에 소정의 처리비용(계좌이체·카드결제·휴대폰 결제 비용)이 소요됨

○ 접수취소 : 원서접수기간에만 가능

○ 기수취타 : 응시원서 접수 시 사진등록용 전자파일(JPG, 200KB 미만)이 필요하니 미리 준비할 것

○ 응시번호 확인 : 국회채용시스템-원서접수-접수증/응시표 출력**(2. 10.(목) 17:30 이후)**

○ **응시원서 접수 후 반드시 관련 서류를 등기우편으로 제출해야 함.**

(경력 및 자격은 증명서가 제출된 것에 한하여 인정함)

5 관련 서류 제출 (등기우편으로 제출)

○ 자기소개서 1부(**[첨부양식]**, A4용지 1-2장 분량)

○ 직무수행계획서 1부(**[첨부양식]**)

○ 응시원서 접수 시 기재한 학위·경력·자격증 등 관련 증빙서류(아래 표 참고)

연번	증 빙 서 류	비고
1	○ 학력증명서 각 1부 - **전문대학교 이상 학력에 대한 모든 증명서를 제출하여야 함.** - 원서접수 시 기재한 학위 취득여부를 확인할 수 있도록 [첨부양식] 작성 ※ 조회대상기관 연락처는 기관 대표전화가 아닌 반드시 해당기관의 증명서담당자 연락처를 기재 ※ 외국학위의 경우, 담당교수 등 학위취득을 확인할 수 있는 전화번호, FAX, 이메일 주소, 인터넷 URL 주소 등을 반드시 명시(필요시 학위취득 조회를 위한 본인의 별도 동의서를 제출받을 예정)	
2	○ 관련분야 재직 또는 경력증명서 1부 - 증명서에는 근무기간, 직급, 담당업무 등이 정확히 기재되어 업무내용을 확인할 수 있는 것으로 제출 - 원서접수 시 기재한 경력을 확인할 수 있도록 **[첨부양식]** 작성 ※ 근무처별로 근무기간, 직위(급)를 정확히 기재 ※ 조회대상기관 연락처는 기관 대표전화가 아닌 반드시 해당기관의 증명서 담당자 연락처를 기재 ※ 회사가 폐업·파산·합병 등으로 경력(재직)증명서 발급이 어려운 특별한 경우에 한해 고용보험 피보험자격 이력내역서, 국민연금 가입증명서 또는 건강보험 자격득실확인서로 대체	
3	○ 최종 학위논문 1부(사본 가능) - 박사학위논문의 경우 국문초록 또는 세부요약문(연구목적, 연구내용 및 결과의 활용도 등을 1~2장 분량으로 자유롭게 기술) 1부 첨부	
4	○ 학위·연구논문(석사학위 이상) 및 저술 등 연구실적물 목록 1부 **[첨부양식]**	
5	○ 연구논문 및 저술 등 연구실적물 원본(또는 사본) 1부 ※ 연구실적물 : 한국연구재단 등재 학술지(등재 후보지 포함)이상의 간행물에 **최근 3년 이내** 게재된 주요 실적물, 기타 주요 저서 또는 학위논문 ※ 연구실적물의 경우 **주요실적**만 제출하고, 기타 실적 등은 목록에만 표기할 것	

6	○ 주민등록초본 1통(병적사항 기재)	
7	○ 기타 서류 - 관련분야 자격증 사본 또는 자격 증빙서류 1부 - 외국어능력검정시험 성적표 사본 1부(소지자에 한함, 유효기간 내의 성적만 인정됨)	해당자에 한함

※ 제출서류 관련 유의사항

- 자기소개서, 직무수행계획서 등은 **반드시 첨부된 양식을 사용**하여 작성·출력하여 제출
- 원서접수 시 증명서 상의 경력기간 및 취득일 기준으로 작성하고, **관련 증명서가 제출되지 않은 경력 및 자격의 경우는 내용 기재와 관계없이 평가에 반영되지 않음**
- 제출된 증빙서류는 관계기관에 진위를 확인할 예정이며, 사실과 다르거나 허위사실기재 또는 위·변조 시 합격 또는 임용을 취소할 수 있으며, 「국회공무원 임용시험규정」에 따라 5년간 국가공무원 응시자격이 정지됨
- **자기소개서 등 제출서류 작성 시 시험의 공정성을 훼손할 우려가 있는 개인 신상을 직·간접적으로 파악할 수 있도록 기재하는 경우 불이익을 받을 수 있음**

※ 증빙서류 제출방법

- 증빙서류는 연번에 맞추어 제출하되, **철을 하지 않은 상태로 제출할 것**
- 접수기간 내에 **등기우편으로 송부**하며 **봉투 겉면에 채용예정분야를 반드시 기입할 것** (예 : 예산결산특별위원회 전문임기제 나급)

*** 접수마감일자[2. 10.(목)]의 우체국 발송소인이 찍힌 것까지 유효**

· 주소 : (07233) 서울특별시 영등포구 의사당대로1(여의도동) 의원회관 811호, 국회사무처 인사과 채용담당

6 시험방법

○ 서류전형

- 응시자의 학력·경력 등이 소정의 기준에 적합한지 여부 등을 서면으로 심사하여 적격 또는 부적격 여부를 판단함
- 다만, 응시인원이 선발예정인원의 5배수 이상인 경우에는 시험실시기관의 장이 정한 임용예정직무에 적합한 기준에 따라 선발예정인원의 3배수 이상을 서류전형 합격자로 결정할 수 있음

○ **면접시험**

- 서류전형 합격자에 한해 실시함.
- 인품과 해당 직무수행에 필요한 능력 및 적격성을 검정하고 평정성적이 우수한 순으로 합격자를 결정함
- 적격자가 없는 경우 전형을 거쳐 선발하지 않을 수 있음.

※ 최종합격자가 임용되는 것을 포기하는 등의 사정으로 결원을 보충할 필요가 있을 때에는 최종합격자 발표일로부터 3개월 이내에 면접시험 평정성적이 우수한 사람 순으로 추가 합격자를 결정할 수 있음.

7 기 타

○ 이 공고에 명시되지 아니한 사항은 「국가공무원법」, 「국회인사규칙」, 「국회공무원임용시험규정」, 「국회임기제공무원규정」 등 국회 인사 관련 규정에 의함.

○ 제출된 서류에 기재된 사항이 사실과 다르거나 허위로 작성된 경우에는 합격 또는 임용을 취소할 수 있으며, 제출된 서류는 일체 반환하지 않음(원본으로 제출된 서류는 불합격자에 한해 본인이 방문할 경우 최종합격 발표일로부터 1개월 이내에 반환).

○ 합격자 통지 후라도 신원조사 및 공무원채용신체검사 등을 통하여 공무원으로 임용하기에 부적합한 결격사유가 있을 경우 임용하지 않을 수 있음.

○ 채용시험 실시를 위하여 응시자의 개인정보를 수집할 수 있으며, 수집된 개인정보는 응시자격 판단 및 합격결정 등을 위하여 필요한 경우 그 수집 목적의 범위에 한하여 이용할 수 있음.

○ 기타 문의 사항은 국회사무처 인사과 채용담당(02-6788-2081)으로 문의하거나, 국회채용시스템(http://gosi.assembly.go.kr)〔시험안내〕및〔1:1 질의응답〕을 이용하시기 바랍니다.

국회도서관공고 제2022 - 14호

국회도서관 전문경력관 나군(자료조사 담당) 공무원 채용계획 공고

국회도서관 전문경력관 나군(자료조사 담당) 공무원 채용계획을 다음과 같이 공고합니다.

2022년 3월 2일

국 회 도 서 관 장

1. 채용예정직급·인원·담당업무·근무부서

채용예정직급	인원	담당업무	근무부서
전문경력관 나군 (자료조사 담당)	2명	○ 국내 법률자료의 조사 및 회답 ○ 국내외 법률정보 관련 발간 업무 ○ 기타 법률정보 조사·개발에 관한 사항	법률정보실 국내법률정보과

2. 응시자격 (면접시험일 기준)

○ 공통요건에 모두 해당하는 사람으로서, 응시자격요건 중 한 가지 이상에 해당하는 사람

가. 공통요건

- 응시연령 20세 이상(2002년 12월 31일 이전 출생자)
- 「국가공무원법」 제33조의 결격사유에 해당하지 않는 사람
- 「국회공무원 임용시험규정」 등 관계법령에 의하여 응시자격을 정지당하지 아니한 사람
- 남성의 경우 병역을 필하였거나 면제된 사람

나. 응시자격 요건

응시 자격 요건	○ 임용예정 직위와 동일하거나 이에 상당하는 직위에서 2년 이상 근무한 경력이 있는 사람 ○ 임용예정 직위 관련 직무 분야에서 3년 이상 연구 또는 근무한 경력이 있는 사람

※ 최종경력이 시험공고일 현재 퇴직 후 3년이 경과하지 않아야 함

※ 우대사항: 임용예정 직무분야 석·박사학위 소지자, 외국어 능통자

3. 시험방법

시험구분	시험방법
서류전형 (1차)	○ 응시자의 경력 등이 소정의 기준에 적합한지 여부를 서면으로 심사하여 적격 또는 부적격 여부를 판단함 ※ 다만, 응시 인원이 선발예정 인원의 5배수 이상인 경우에는 시험실시기관의 장이 정한 임용예정 직무에 적합한 기준에 따라 서류전형의 합격자를 결정할 수 있음. 이 경우 합격자는 선발예정 인원의 3배수 이상으로 함
면접시험 (2차)	≪서류전형 합격자에 한함≫ ○ 인품과 당해 직무수행에 필요한 능력 및 적격성 등을 검정하며, 합격기준에 해당되지 아니하면 채용예정 인원을 선발하지 아니할 수 있음 ○ 직무수행능력 검정은 응시분야 관련 연구·근무실적 및 직무수행계획 등에 대한 응시자 발표(파워포인트를 활용하여 5분 이내 실시) 및 면접관과의 질의·답변 방식을 포함

※ 최종합격자가 임용을 포기하거나, 결격사유 등으로 임용이 불가능한 경우에는 합격자 발표일로부터 3개월 이내에 추가합격자를 결정할 수 있음

4. 시험일정

구분	일자	비고
원서접수	2022.03.02.(수) ~ 2022.03.14.(월)	국회채용시스템 **(관련서류는 우편제출)**
서류전형 합격자 발표	2022.03.25.(금)	국회채용시스템, 국회도서관 홈페이지
면접시험	2022.03.31.(목)	
최종 합격자 발표	2022.04.04.(월)	국회채용시스템, 국회도서관 홈페이지

※ 시험일정은 기관 사정에 따라 변경될 수 있으며 변경 시 국회채용시스템에 별도 공고함

5. 응시원서 접수 안내

○ 응시원서는 인터넷으로 접수(방문접수 또는 우편접수는 실시하지 않음)
○ 접수기간: 2022. 03. 02.(수) 공고 시 ~ 2022. 03. 14.(월) 17:00

○ 접수방법: 국회채용시스템(http://gosi.assembly.go.kr)에서 회원가입 후 원서접수
○ **응시료: 7,000원**(국회채용시스템에서 계좌이체·카드결제·휴대폰 결제 중 선택)
○ 기타: 응시료 외에 소정의 처리비용(계좌이체·카드결제·휴대폰결제 비용)이 소요되며, 응시원서 접수 시 사진등록용 전자파일(JPG)이 필요함
○ 접수취소 및 환불: 원서접수기간 내에만 가능
○ 응시번호 확인: 국회채용시스템-원서접수-원서접수내역-접수증/응시표 출력
2022. 03. 14.(월) 접수마감일 17:30 이후 확인 가능
○ **응시원서 접수 후 반드시 관련서류를 우체국 "등기우편"으로 제출하여야 함**

6. 관련서류 제출 안내

○ **관련 서류는 등기우편으로 제출**
○ 모든 서류에 **스테이플러, 바인더 등 편철·제본 금지**

연번	제출서류	비고
1	○ 자기소개서 1부(**별지1**)	
2	○ 직무수행계획서 1부(**별지2**)	
3	○ 자격요건 검증을 위한 동의서 1부(**별지3**)	
4	○ 학력증명서 각 1부 - 전문대학 이상 학력에 대한 모든 증명서 제출 - 원서접수 시 기재한 학위 취득여부를 확인할 수 있도록 **별지4** 작성 예) 박사학위자: 전문대학 졸업증명서, 대학교 졸업증명서, 석사학위수여증명서 및 박사학위수여증명서 제출 ※ 외국 박사학위 소지자는 **한국연구재단 학위신고서** 첨부 ※ 합격자가 외국에서 박사학위를 받은 경우 등에는 제출된 학위신고서 및 학위증명서와는 별도로 추후 해당 대학에 학위수여 사실여부를 조회하는 등 검증절차를 거침 - 재학 중인 자(휴학·수료 포함)는 최종 학위증명서 외에 재적(수료)증명서 추가 제출	
5	○ 연구논문(석사학위 이상) 및 저술 등 연구실적물 목록 1부(**별지5**)	해당자에 한함
6	○ 최종 학위논문 1부(사본 가능) - 박사학위 논문의 경우 국문초록 또는 세부요약문(연구목적, 연구내용 등을 1~2장 분량으로 자유롭게 기술) 1부 첨부	해당자에 한함

7	○ 연구논문 및 저술 등 연구실적물 원본(또는 사본) 1부 ※ 연구실적물: 한국연구재단 등재 학술지(등재 후보지 포함)이상의 간행물에 **최근 3년 이내** 게재된 주요 실적물, 기타 주요 저서 또는 학위논문 ※ 연구실적물의 경우 주요실적만 제출하고, 기타 실적 등은 목록에만 표기할 것	해당자에 한함
8	○ 관련분야 재직증명서 또는 경력증명서 - **근무처별로 근무기간, 주당근무시간, 직위(급) 및 담당 업무가 재직 또는 경력증명서에 구체적으로 기재된 경우에 한하여 해당 경력으로 인정** (증명서는 최근 6개월 이내 발행분을 제출하되, 유효기간이 없는 등 별도의 갱신을 요하지 않는 서류는 제외) - 원서접수 시 기재한 경력을 확인할 수 있도록 **별지4** 작성 - 경력기간이 중복되는 경우, 그 중 유리한 경력 하나에 대해서만 인정 - 시간제 근무*의 경우 근무시간에 비례해서 경력의 일부를 인정 * 시간제 근무: 주 40시간 기준에 비례하여 인정 (예: 4년간 주 20시간 근무: 4년×(20시간/40시간 = 2년 인정) - 근무시간이 불분명한 프리랜서의 경우, 채용예정 직무분야에서 활동한 실적이 있는 경우 경력 일부 인정 가능(단, 이 경우 근무를 입증할 수 있는 포트폴리오, 수입규모 등 추가 자료 제출 필요) - 회사가 폐업·파산·합병 등으로 경력(재직)증명서 발급이 어려운 특별한 경우에 한해 ① 폐업자에 대한 업종 등의 정보내역 사실증명서, ② 4대보험 자격득실 이력확인서* 중 1종, ③ 소득금액증명서, ④ 관련분야 근무경력 증빙**서류로 대체(①, ②, ③, ④ 모두 제출) * 고용보험(피보험자격 내역서), 국민연금(가입이력 포함된 가입증명서), 건강보험(가입자 자격득실확인서), 산재보험(근로자 고용정보 확인서) ** 근로약정서, 인사기록카드, 업무분장 내역 등	
9	○ 외국어능력검정시험 성적표 사본 1부 - 유효기간 내의 성적만 인정 ○ 기타 자격증 사본 또는 자격 증빙서류 1부	해당자에 한함
10	○ 주민등록초본 1통(병적사항 기재)	

※ 원서접수 시 증명서상의 경력기간 및 취득일 기준으로 이력서를 작성

※ 증명서를 제출하지 않은 자격 및 경력은 내용 기재와 관계없이 평가에 반영되지 않음

※ 외국어로 작성된 자료(학력증명서, 경력증명서 등)는 번역본 첨부

※ 제출된 증빙서류는 관계기관에 진위를 확인할 예정이며, 사실과 다르거나 허위사실 기재 또는 위·변조 시 합격 또는 임용을 취소할 수 있음

○ 제출 방법

- 접수기간 내에 등기우편으로 송부하며 표지에 채용예정직급을 표기할 것
  ※ 전문경력관 나군(자료조사 담당)
- 2022. 03. 14.(월)의 우체국 소인이 찍힌 것까지 유효
- 주소: (07233) 서울특별시 영등포구 의사당대로 1 국회도서관 총무담당관실 인사담당

7. 기타사항

○ 이 계획 이외의 사항은 「국가공무원법」, 「국회인사규칙」, 「국회공무원 임용시험규정」 등 관련 규정에 의함

○ 응시인원이 선발예정인원과 같거나 미달하더라도 적격자가 없는 경우 전형을 거쳐 선발하지 않을 수 있음

○ 제출된 서류에 기재된 사항이 사실과 다르거나 허위로 작성된 경우에는 합격 또는 임용을 취소할 수 있으며, 제출된 서류는 반환하지 않음
  (원본으로 제출된 서류는 불합격자에 한해 본인이 방문할 경우 최종합격자 발표일로부터 1개월 이내에 반환)

○ 합격자 통지 후라도 신원조사 및 공무원채용신체검사 등을 통하여 공무원으로 임용하기에 부적합한 결격사유가 있을 경우 임용하지 않을 수 있음

○ 채용시험 실시를 위하여 응시자의 개인정보를 수집할 수 있으며, 수집된 개인정보는 응시자격 판단 및 합격결정 등을 위하여 필요한 경우 그 수집 목적의 범위에 한하여 이용할 수 있음

○ 문의사항

- 채용관련: 총무담당관실 인사담당(☎ 02-6788-4359)
- 업무관련: 법률정보실 국내법률정보과(☎ 02-6788-4763)

국회부산도서관 일반임기제공무원(자료 수집 · 정리) 채용계획 공고

국회부산도서관 일반임기제공무원 채용계획을 다음과 같이 공고합니다.

2021년 11월 10일

국 회 도 서 관 장

1. 채용예정직급·채용예정분야·인원·담당업무·근무부서

채용예정직급	채용예정분야	인원	담당업무	근무부서
사서서기보 (일반임기제)	자료 수집·정리	10명	○ 자료 수집·정리 - 자료의 선정 및 수집 - 자료의 분류 및 목록 작성 - 서고 자료 관리 및 보존 - 기타 자료의 수집·정리 및 보존 관련 업무	국회부산도서관 정보관리과

※ 근무지: 국회부산도서관(부산광역시 강서구 명지국제1로 161 (명지동))

2. 응시자격 (면접시험일 기준)

○ 공통요건에 모두 해당하는 사람으로서, 응시자격 요건에 해당하는 사람

가. 공통요건

- 응시연령: 18세 이상(2003년 12월 31일 이전 출생자)
- 「국가공무원법」 제33조의 결격사유에 해당하지 않는 사람
- 「국회공무원 임용시험규정」 등 관계법령에 의하여 응시자격을 정지당하지 아니한 사람
- 남성의 경우 병역을 필하였거나 면제된 사람

나. 응시자격 요건

채용예정직급	응시자격 요건
사서서기보 (일반임기제)	○ 준사서 이상 사서자격증을 소지하고 있는 사람

※ 우대사항

○ 자료 수집·정리 및 보존 업무 경력이 있는 사람

3. 근무시간·보수수준·근무기간 등

채용예정직급	근무시간 · 보수수준 · 근무기간 등
사서서기보 (일반임기제)	○ 근무시간: 주 40시간(월~금요일 09:00~18:00) - 근무 시간은 기관 사정에 따라 변경될 수 있음 ○ 연봉은 연봉한계액의 범위에서 인사혁신처가 고시한 기준에 의하여 채용대상자의 경력 등을 고려하여 결정 - 연봉한계액: 상한액 42,995,000원, 하한액 없음(2021년 기준) - 기본연봉에 포함되지 않는 수당(직급보조비, 입법수당, 급식비 등) 및 성과연봉은 별도 지급함. 그 외 지원은 없음 ○ 근무기간: 임용일로부터 2년 - 관련법규에 따라 총 7년의 범위 내에서 연장 가능 ○ 임용예정일: 2022년 1월 중

4. 시험방법

시험구분	시험방법
서류전형 (1차)	○ 응시자의 경력 등이 소정의 기준에 적합한지 여부를 서면으로 심사하여 적격 또는 부적격 여부를 판단함 ※ 다만, 응시 인원이 선발예정 인원의 5배수 이상인 경우에는 시험실시기관의 장이 정한 임용예정 직무에 적합한 기준에 따라 서류전형의 합격자를 결정할 수 있음. 이 경우 합격자는 선발예정 인원의 3배수 이상으로 함
면접시험 (2차)	≪서류전형 합격자에 한함≫ ○ 인품과 당해 직무수행에 필요한 능력 및 적격성 등을 검정하며, 합격기준에 해당 되지 아니하면 채용예정 인원을 선발하지 아니할 수 있음

※ 최종합격자가 임용을 포기하거나, 결격사유 등으로 임용이 불가능한 경우에는 합격자 발표일로부터 3개월 이내에 추가합격자를 결정할 수 있음

5. 시험일정

구분	일자	비고
원서접수	2021. 11. 10.(수) ~ 2021. 11. 19.(금)	국회채용시스템 (**관련서류는 우편제출**)
서류전형 합격자 발표	2021. 12. 1.(수)	국회채용시스템, 국회도서관 홈페이지
면접시험	2021. 12. 7.(화)	**면접장소 국회부산도서관 예정**
최종 합격자 발표	2021. 12. 10.(금)	국회채용시스템, 국회도서관 홈페이지

※ 시험일정은 기관 사정에 따라 변경될 수 있으며 변경 시 국회채용시스템에 별도 공고함

6. 응시원서 접수 안내

- **응시원서는 인터넷으로 접수(방문접수 또는 우편접수는 실시하지 않음)**
- 접수기간: 2021. 11. 10.(수) 공고 시 ~ 2021. 11. 19.(금) 17:00
- 접수방법: 국회채용시스템(http://gosi.assembly.go.kr)에서 회원가입 후 원서접수
- **응시료: 5,000원**(국회채용시스템에서 계좌이체·카드결제·휴대폰 결제 중 선택)
- 기타: 응시료 외에 소정의 처리비용(계좌이체·카드결제·휴대폰결제 비용)이 소요되며, 응시원서 접수 시 사진등록용 전자파일(JPG)이 필요함
- 접수취소 및 환불: 원서접수기간 내에만 가능
- 응시번호 확인: 국회채용시스템–원서접수–원서접수내역–접수증/응시표 출력
  2021. 11. 19.(금) 접수마감일 17:30 이후 확인 가능
- **응시원서 접수 후 반드시 관련서류를 우체국 "등기우편"으로 제출하여야 함**

7. 관련서류 제출 안내

○ **관련 서류는 등기우편으로 제출**

○ 모든 서류에 **스테이플러, 바인더 등 편철·제본 금지**

연번	제출서류	비고
1	○ 자기소개서 1부**(별지1)**	
2	○ 직무수행계획서 1부**(별지2)**	
3	○ 자격요건 검증을 위한 동의서 1부**(별지3)**	
4	○ 학력증명서 각 1부 - 전문대학 이상 학력에 대한 모든 증명서 제출 - 원서접수 시 기재한 학위 취득여부를 확인할 수 있도록 **별지4** 작성 예) 박사학위자: 전문대학 졸업증명서, 대학교 졸업증명서, 석사학위수여증명서 및 박사학위수여증명서 제출 ※ 외국 박사학위 소지자는 **한국연구재단 학위신고서** 첨부 ※ 합격자가 외국에서 박사학위를 받은 경우 등에는 제출된 학위신고서 및 학위증명서와는 별도로 추후 해당 대학에 학위수여 사실여부를 조회하는 등 검증절차를 거침 - 재학 중인 자(휴학·수료 포함)는 최종 학위증명서 외에 재적(수료)증명서 추가 제출	
5	○ 연구논문(석사학위 이상) 및 저술 등 연구실적물 목록 1부**(별지5)**	해당자에 한함
6	○ 최종 학위논문 1부(사본 가능) - 박사학위 논문의 경우 국문초록 또는 세부요약문(연구목적, 연구내용 등을 1~2장 분량으로 자유롭게 기술) 1부 첨부	해당자에 한함
7	○ 연구논문 및 저술 등 연구실적물 원본(또는 사본) 1부 ※ 연구실적물: 한국연구재단 등재 학술지(등재 후보지 포함)이상의 간행물에 **최근 3년 이내** 게재된 주요 실적물, 기타 주요 저서 또는 학위논문 ※ 연구실적물의 경우 주요실적만 제출하고, 기타 실적 등은 목록에만 표기할 것	해당자에 한함

8	○ 관련분야 재직증명서 또는 경력증명서 - **<u>근무처별로 근무기간, 주당근무시간, 직위(급) 및 담당 업무가 재직 또는 경력증명서에 구체적으로 기재된 경우에 한하여 해당 경력으로 인정</u>** (증명서는 최근 6개월 이내 발행분을 제출하되, 유효기간이 없는 등 별도의 갱신을 요하지 않는 서류는 제외) - 원서접수 시 기재한 경력을 확인할 수 있도록 **별지4** 작성 - 경력기간이 중복되는 경우, 그 중 유리한 경력 하나에 대해서만 인정 - 시간제 근무*의 경우 근무시간에 비례해서 경력의 일부를 인정 * 시간제 근무: 주 40시간 기준에 비례하여 인정 (예: 4년간 주 20시간 근무: 4년×(20시간/40시간 = 2년 인정) - 근무시간이 불분명한 프리랜서의 경우, 채용예정 직무분야에서 활동한 실적이 있는 경우 경력 일부 인정 가능(단, 이 경우 근무를 입증할 수 있는 포트폴리오, 수입규모 등 추가 자료 제출 필요) - 회사가 폐업·파산·합병 등으로 경력(재직)증명서 발급이 어려운 특별한 경우에 한해 ① 폐업자에 대한 업종 등의 정보내역 사실증명서, ② 4대보험 자격득실 이력확인서* 중 1종, ③ 소득금액증명서, ④ 관련분야 근무경력 증빙**서류로 대체(<u>①, ②, ③, ④ 모두 제출</u>) * 고용보험(피보험자격 내역서), 국민연금(가입이력 포함된 가입증명서), 건강보험(가입자 자격득실확인서), 산재보험(근로자 고용정보 확인서) ** 근로약정서, 인사기록카드, 업무분장 내역 등	해당자에 한함
9	○ **<u>준사서 이상 사서자격증 사본 또는 자격 증빙서류 1부</u>**	
10	○ 외국어능력검정시험 성적표 사본 1부 - 유효기간 내의 성적만 인정 ○ 기타 자격증 사본 또는 자격 증빙서류 1부	해당자에 한함
11	○ 주민등록초본 1통(병적사항 기재)	

※ 원서접수 시 증명서상의 경력기간 및 취득일 기준으로 이력서를 작성

※ 증명서를 제출하지 않은 자격 및 경력은 내용 기재와 관계없이 평가에 반영되지 않음

※ <u>외국어로 작성된 자료(학력증명서, 경력증명서 등)는 번역본 첨부</u>

※ 제출된 증빙서류는 관계기관에 진위를 확인할 예정이며, 사실과 다르거나 허위사실 기재 또는 위·변조 시 합격 또는 임용을 취소할 수 있음

○ 제출 방법

- 접수기간 내에 등기우편으로 송부하며 <u>표지에 채용예정직급 및 채용예정분야를 표기할 것</u>

※ 사서서기보(일반임기제)/자료 수집·정리

- 2021. 11. 19.(금)의 우체국 소인이 찍힌 것까지 유효
- 주소: (07233) 서울특별시 영등포구 의사당대로 1 국회도서관 총무담당관실 인사담당

8. 기타사항

○ 이 계획 이외의 사항은 「국가공무원법」, 「국회인사규칙」, 「국회공무원 임용시험규정」 등 관련 규정에 의함

○ 응시인원이 선발예정인원과 같거나 미달하더라도 적격자가 없는 경우 전형을 거쳐 선발하지 않을 수 있음

○ 제출된 서류에 기재된 사항이 사실과 다르거나 허위로 작성된 경우에는 합격 또는 임용을 취소할 수 있으며, 제출된 서류는 반환하지 않음
(원본으로 제출된 서류는 불합격자에 한해 본인이 방문할 경우 최종합격자 발표일로부터 1개월 이내에 반환)

○ 합격자 통지 후라도 신원조사 및 공무원채용신체검사 등을 통하여 공무원으로 임용하기에 부적합한 결격사유가 있을 경우 임용하지 않을 수 있음

○ 채용시험 실시를 위하여 응시자의 개인정보를 수집할 수 있으며, 수집된 개인정보는 응시자격 판단 및 합격결정 등을 위하여 필요한 경우 그 수집 목적의 범위에 한하여 이용할 수 있음

○ 문의사항
- 채용관련: 총무담당관실 인사담당(☎ 02-6788-4359)
- 업무관련: 국회부산도서관 기획관리과(☎ 051-608-8012)

〈국회예산정책처공고 제2022 - 3호〉

국회예산정책처 자료분석지원요원(RA) 채용공고

국회예산정책처는 예산 · 결산 및 기금을 연구 · 분석하고, 국가 재정운용 및 거시경제동향을 분석 · 전망하며, 국가의 주요 사업 및 정책에 대한 분석 · 평가 등을 통하여 의정활동을 지원하는 국회소속 국가기관입니다.

국회예산정책처에서 근무할 자료분석지원요원(RA)을 다음과 같이 채용하오니 많은 분들의 응시 바랍니다.

2022년 1월 13일

국회예산정책처장

1. 근무예정 부서 및 채용인원(16인)

근무예정 부서	인원	계약기간
기획관리관실	2인	채용일로부터 10개월 이내
예산분석실	6인	채용일로부터 10개월 이내
추계세제분석실	6인	채용일로부터 11개월 이내
경제분석국	2인	채용일로부터 11개월 이내

※ **직위간 중복지원 가능**, 사정에 따라 근무부서가 변경될 수 있음

2. 근무조건

가. 신　분 : 예산분석, 경제분석 및 사업평가 관련 자료 및 정보의 검색·수집 등을 통하여 분석·평가 업무 등을 지원하거나 인사·예산·홍보 업무 등을 보조하기 위하여 일정 기간을 정하여 채용된 자로서 공무원이 아닌 근로자

나. 주요업무 및 보수

근무시간 : 월~금(09:00~18:00), 주 5일 근무

후생복지 : 국민연금, 건강보험, 고용보험, 산재보험 가입

부서	주요업무	보수
기획관리관실	○ 회의 및 조사·분석 등 행정업무 지원 ○ 학술지 발간 지원, 자료 분석 및 전산 등 기타 관리 업무 등	200만원
예산분석실	○ 2021회계연도 결산 분석 보고서 자료수집 및 정리 ○ 2023년도 예산안 분석 보고서 자료수집 및 정리 등	200만원
추계세제분석실	○ 추계세제분석실 보고서(NABO 추계&세제 이슈, 총수입 예산안·결산 등) 작성을 위한 자료수집 및 정리 등	200만원
경제분석국	○ 경제·산업동향&이슈 및 현안보고서 발간업무 지원 ○ 세계경제 동향 및 이슈에 관한 자료수집 및 조사 등	200만원

3. 응시자격

- 「국가공무원법」 제33조의 결격사유에 해당하지 아니하며 만 18세 이상인 자(면접시험일 기준)

4. 우대요건

부서	우대 요건
기획관리관실	○ 컴퓨터활용능력 자격증 소지자 ○ 공공기관 인턴 등 경험 ○ 경제 분야 전공자
예산분석실	○ 엑셀 활용 능숙자 ○ 기초 통계분석 가능자 ○ 경제·경영 분야 전공자
추계세제분석실	○ 엑셀 등 통계프로그램 능숙자 ○ 경제·경영·통계·세무·행정 분야 전공자
경제분석국	○ 경제학 석사 재학 이상 ○ 연구소 RA 경력 ○ 대학교 또는 대학원 프로젝트 참여 경험자 ○ 기초데이터분석 및 계량분석(STATA, SPSS등) 가능자 ○ 엑셀 활용 능숙자

5. 시험방법

가. 1차 시험 : 서류전형

나. 2차 시험 : 서류전형 합격자에 한하여 면접시험

※응시인원 등을 감안하여 서류전형 및 면접시험을 통합하여 실시할 수 있음

※코로나19 확산 및 감염 예방을 위해 면접시험은 대면면접이 아닌 화상면접으로 진행될 수 있음

6. 원서접수 및 시험일정

가. 접수기간

- **공고일부터 2022. 1. 27.(목) 15:00까지**

나. 접수방법(인터넷 접수)

- 국회채용시스템(http://gosi.assembly.go.kr)에서 회원가입 후 원서접수

다. 응시료: 없음

- 다만, 국회채용시스템에서 "결제"버튼을 클릭하여야 접수가 완료됨

라. 접수취소

- 국회채용시스템에서 원서접수 기간 내 가능

마. 응시번호 확인방법

- 국회채용시스템→원서접수→접수증/응시표 출력

※ 접수마감일(2022. 1. 27.) 18:00 이후 확인 가능

※ 응시원서 접수 후 반드시 관련서류를 "이메일 또는 우편"으로 제출

바. 관련서류 제출 방법(이메일 또는 우편)

- 이메일 제출(naboinsa2@nabo.go.kr)

: 상기 E-mail주소로 관련서류(자기소개서·학위증명서·경력증명서 등)를 스캔 후 1개의 pdf 파일로 제출함(서류를 단순 사진촬영 후 제출하지 말 것)

단, 접수마감일(2022. 1. 27.) 15:00까지 메일주소로 수신된 메일에 한하여 유효함

※ "성명(응시분야)"를 메일제목 및 파일명으로 기재하여 송부, 예시: 홍길동(자료분석지원요원)

※ E-mail 제출자 중 서류전형 합격자의 경우, 별도 안내하는 기간에 관련서류 원본(학위증명서, 경력증명서, 자격취득증명서 등)을 등기우편으로 제출하여야 함

※ 예상치 못한 시스템 오류 등으로 E-mail로 관련서류 제출이 되지 않아 발생하는 불이익은 본인의 책임이며, E-mail 발송 후 인사업무 담당자[(02)6788-4611]에게 확인연락을 권장함

- 우편 제출

: 관련서류를 **등기우편**으로 제출함. **접수마감일(2022.1.27.) 15:00까지 국회예산정책처에 도달한 우편물**에 한하여 유효하며, 일반우편 등 다른 방식의 우편제출 또는 서류미비로 인하여 당하는 불이익은 본인의 책임임

※ 우편물 봉투에 수신자를 "인사업무 담당자"로 반드시 표기하여 발송

> **※ 우편제출 주소**
> **(07233) 서울시 영등포구 의사당대로 1, 국회예산정책처 총무담당관실**
> **(국회의정관 501호)**
> **※ 인사업무 담당자 ☎(02)6788-4611**

사. 합격자 발표

- 추후 개별통보, 국회채용시스템(http://gosi.assembly.go.kr) 및 국회예산정책처(http://www.nabo.go.kr → 채용안내) 홈페이지에 공고

7. 제출서류

가. 자기소개서(A4용지 2매 이내, 소정양식(별지1)으로 작성)

나. 최종 학위증명서(최종 학력이 고등학교 졸업 이하인 경우 졸업증명서) 1부

- 응시원서에 기재된 내용과 관계없이 학위증명서가 제출된 학력만 인정

다. 경력증명서 1부(해당자에 한함)

- 응시원서에 기재된 내용과 관계없이 경력증명서가 제출된 경력만 인정

라. 어학·자격취득증명서 사본 1부(해당자에 한함)

- 응시원서에 기재된 내용과 관계없이 어학·자격취득증명서가 제출된 자격증만 인정

※ 위 "나, 다"의 경우 원본 또는 원본필 날인본을 제출하여야 하며, 사본을 제출할 경우 학위 및 경력을 인정받을 수 없음(회사가 폐업·파산·합병 등으로 경력증명서 발급이 어려운 특별한 경우에 한해 고용보험증명서 또는 건강보험납입증명서로 대체)

※ 외국어로 작성된 자료(학위증명서, 경력증명서 등)는 번역본을 첨부하여야 함

8. 유의사항

가. 기재된 사항이 사실과 다르거나 허위로 작성된 경우에는 합격취소 또는 채용이 되지 아니할 수 있음

나. 응시 희망자는 자격요건 등이 적합한가를 우선 판단하여 원서를 접수하기 바라며, 응시원서상의 기재착오 등으로 인한 불이익은 일체 응시자의 책임이며, 제출된 서류는 **불합격자에 한해** 본인이 방문할 경우 최종합격 발표일로부터 1개월 이내에 반환함

다. 채용시험 실시를 위하여 응시자의 개인정보를 수집할 수 있으며, 수집된 개인정보는 응시자격 판단 및 합격결정 등을 위하여 필요한 경우 그 수집 목적의 범위에 한하여 이용할 수 있음

라. 시험계획은 사정에 의하여 변경될 수 있으며, 변경된 사항은 재공고 후 시행할 예정

마. 「국회보안업무규정」 제35조에 따른 신원조사 의뢰 결과 부적격으로 판단될 경우에는 합격취소 또는 채용이 되지 아니할 수 있음

바. 최종 합격자가 임용 포기, 결격사유 해당 등의 사정으로 결원을 보충할 필요가 있을 때에는 최

종합격자 발표일부터 3개월 이내에 추가 합격자를 결정할 수 있음

사. 다음에 해당하는 경우 인사업무 담당자에게 반드시 사전 통보하여 주시기 바람

- 코로나19 확진자·격리자인 경우, 그 밖에 코로나19 감염이 의심되는 경우
- 거소를 같이 하는 자가 코로나19 확진자·격리자인 경우
- 발열 또는 호흡기 증상(기침, 인후통 등)이 있는 경우

아. 기타 자세한 사항은 국회예산정책처 **총무담당관실 인사업무 담당자(☏6788-4611)**에게 문의 바람

[국회입법조사처 공고 제2022 - 23호]

2022년도 제3회 기간제근로자 채용공고 - 입법조사원 -

국회입법조사처는 국정 전반에 걸쳐 입법·정책에 관한 사항을 조사·분석하여 국회의원의 의정활동에 필요한 정보를 제공하는 국회소속 기관으로 국회입법조사처 조사·연구·분석업무 및 행정업무를 보조할 기간제 근로자를 다음과 같이 채용하오니 많은 응모바랍니다.

2022년 2월 28일

국회입법조사처장

1. 채용인원 : 3인

채용분야	부 서		채용인원	우대요건
입법조사원	정치행정조사실	법제사법팀	1인	- 관련분야 전공자 - 외국어 능통자 - 통계활용 및 분석 가능자 - 문서편집 능통자
	사회문화조사실	환경노동팀	3인	
		교육문화팀		
		보건복지여성팀		

※ 부서간 중복지원 불가

2. 응시자격

○ 「국가공무원법」 제33조의 결격사유에 해당하지 아니하며 만 18세 이상인 자 (면접시험일 기준)

3. 근무조건

가. 계약기간 : 계약일부터 약 9개월

나. 보　　수 : 기본급 약 194만원(명절상여금 별도)

다. 근무시간 : 주 5일, 09:00~18:00

※ 4대 보험 가입

4. 채용방법

가. 1차 : 서류전형

나. 2차 : 서류전형 합격자에 한하여 면접 실시

※ 심사일정은 국회입법조사처 홈페이지에 추후 공고

※ 코로나19 확산 및 감염 예방을 위해 면접시험은 대면면접이 아닌 화상면접으로 진행될 수 있음

5. 원서접수

가. 접수기간 : **2.28.(월)-3.9.(수)** (접수마감일 **17:00**까지 도착분에 한함)

나. 접수방법 : 국회채용시스템(http://gosi.assembly.go.kr)에서 회원가입 후 원서접수

다. 관련서류제출 : 원서접수 후 **전자우편(gs4510@assembly.go.kr)**으로 제출

- 메일제목은 아래의 예시와 같이 "지원자성명(OO실 OOOOO 지원)"으로 지정하여 송부
  예시) 홍길동(정치행정조사실 입법조사원 지원)
- 제출서류(자기소개서, 학력증명서·경력증명서 등)를 스캔 후 1개의 pdf 파일로 제출**(서류를 단순 사진촬영 후 제출하지 말 것)**
- 기간 안에 관련서류를 제출하지 않을 시 응시의사가 없는 것으로 간주

6. 제출서류

가. 자기소개서[별지 양식] : A4용지 2매 이내

나. 학위증명서 1부(최종 학력이 고등학교 졸업 이하인 경우 졸업증명서) 1부

- 응시원서에 기재된 내용과 관계없이 학위증명서가 제출된 학력만 인정

다. 경력증명서·외국어능력증명서·자격증 사본(해당자에 한함)

- 외국어로 작성된 자료(학위증명서, 경력증명서 등)는 번역본을 첨부하여야 함

7. 기타

가. 기재된 사항이 사실과 다르거나 허위로 작성된 경우에는 합격취소 또는 채용이 되지 않을 수 있음. 또한 응시원서상의 기재착오, 구비서류 미제출 등으로 인한 불이익은 응시자의 책임으로 함.

나. 응시 희망자는 자격요건 등이 적합한가를 우선 판단하여 원서를 접수하기 바라며, 제출된 서류는 반환하지 아니함.

다. 응시인원이 채용예정인원과 같거나 미달하더라도 적격자가 없는 경우 선발하지 않을 수 있음.

라. 채용시험 실시를 위하여 응시자의 개인정보를 수집할 수 있으며, 수집된 개인정보는 응시자격 판단 및 합격결정 등을 위하여 필요한 경우 그 수집 목적의 범위에 한하여 이용할 수 있음.

마. 채용계획 및 일정은 사정에 의하여 변경될 수 있으며, 변경된 사항은 재공고 후 시행함.

바. 서류전형 합격자와 면접시험 일시 및 장소, 최종 합격자는 국회입법조사처 홈페이지 채용정보 (http://www.nars.go.kr) 에 공고함.

사. 최종합격자의 임용포기, 결격사유 해당 등의 사유로 결원을 보충할 필요가 있는 경우 추가 합

격자를 결정할 수 있음.

아. **<u>다음에 해당하는 경우 인사업무 담당자에게 반드시 사전 통보하여 주시기 바람</u>**

- 코로나19 확진자·격리자인 경우, 그 밖에 코로나19 감염이 의심되는 경우
- 거소를 같이 하는 자가 코로나19 확진자·격리자인 경우
- 발열 또는 호흡기 증상(기침, 인후통 등)이 있는 경우

※ 문의 사항 : 총무담당관실 인사담당 (☏ (02) 6788 - 4517)

[국회입법조사처 공고 제 2022 - 21호]

2022년도 제3회 국회입법조사처 공무원 채용 공고

국회입법조사처는 입법 및 정책과 관련된 사항을 조사·분석하여 국회의원에게 제공함으로써 국회의원의 의정활동을 지원하기 위해 설립된 국회소속의 입법정책지원 기관입니다.

국회입법조사처와 미래를 함께하며 국가와 사회발전에 기여하고자 하는 유능한 인재를 다음과 같이 채용하고자 하오니 많은 응모바랍니다.

2022년 2월 24일

국회입법조사처장

□ 채용(예정) 분야 및 인원

근무부서	담당분야	직 위 (직 급)	인 원	우대요건
정치행정 조사실	정치제도· 정부권력구조	입법조사관 (일반임기제 5급)	1인	- 헌법 또는 정치학 분야 박사학위 소지자

□ 직무 분야

▷ 입법조사관

○ 국회의 위원회 또는 국회의원이 요청하는 사항에 대한 조사·분석 및 회답

○ 입법 정책 관련 국내외 입법 동향 및 사례 등에 관한 조사·분석 등

□ 응시자격 요건

○ 「국가공무원법」 제33조의 결격사유에 해당하지 않는 자로서 **다음 응시 자격 요건 중 최소 한 가지 이상의 자격요건을 충족한 경우** 응시할 수 있음**(면접시험일 기준)**

▶ 입법조사관(일반임기제 5급)

구 분	자격요건
학위기준	○ 관련 직무분야 박사학위 소지자 ○ 관련 직무분야 석사학위 소지 후 4년 이상의 경력이 있는 자
자격증기준	○ 변호사 자격 소지자 중 자격증 취득 후 관련 분야에서 3년 이상 근무한 경력이 있는 자
근무경력 기준	○ 임용예정직급과 동일 직급에서 2년 이상 근무한 경력이 있는 자 ○ 임용예정직급에 상당하는 3년 이상 근무경력 및 연구경력이 있는 자 ○ 관련 직무분야 민간근무경력이 9년 또는 임용예정직급에 상당하는 관리자 경력 3년 이상인 자

※ "근무경력 기준"으로 응시하는 경우 최종경력을 기준으로 시험공고일 현재 퇴직 후 3년이 경과되지 아니하여야함

※ 각 직위별 응시요건 중 민간 관리자 경력은 법인 또는 「비영리민간단체지원법」 제2조에 따른 비영리민간단체의 장 또는 부서단위의 책임자(본부장, 부장, 차장, 과장, 팀장 등)로 전임근무 등을 기준으로 함

□ 채용 계약기간 및 보수수준

▷ 근무기간

○ 일반임기제 5급 : 최초 근무기간은 **2년 이상 3년 미만**이며, 관련 법규에 따라 총 근무기간 7년 내에서 연장 가능함. 단, 성과가 탁월한 경우에는 추가로 5년 내에서 연장 가능

※ 직무수행 능력이 부족하거나 근무성적이 극히 나쁜 경우 직위해제의 사유가 될 수 있으며, 직위해제에 따른 대기명령 기간 중 능력 또는 근무성적의 향상을 기대하기 어렵다고 인정된 때에는 직권면직의 사유가 될 수 있음

▷ 보수

○ 보수는 **연봉** 한계액 내에서 경력 등을 고려하여 책정하고, 연봉에 포함되지 않는 수당은 별도 지급

〈연봉한계액 표〉

(단위: 천원)

구 분	상한액	하한액
일반임기제 5급	84,408	47,976

□ 선발 방법

○ **응시 자격요건을 갖추고 제출 서류에 이상이 없는 자에 한하여** 서류전형과 면접시험을 통하여 선발

○ 면접시험은 서류전형 합격자를 대상으로 당해 **직무수행에 필요한 능력 및 적격성 여부** 등을 검정

※ 직무수행능력 검정은 응시분야 관련 현안 또는 연구실적 등에 대한 응시자 발표 및 면접관과의 질의·답변 방식을 포함

□ 응시원서 접수

○ **접수기간** : **2022. 2. 25.(금)부터 2022. 3. 10.(목)까지**

○ **접수방법** : 국회채용시스템(http://gosi.assembly.go.kr)에서 회원가입 후 원서접수

○ **관련서류 제출** : 국회채용시스템에서 원서접수 후 관련서류를 이메일 또는 우편으로 제출

- 이메일제출 : 국회입법조사처 총무담당관실 이메일(gs4510@assembly.go.kr)로 관련 서류를 스캔 후 제출(단순 사진촬영 후 제출 불가)

※ **접수 마감일 17:00까지 수신**된 메일에 한하여 유효함

※ 성명(응시분야)를 메일 제목 및 파일명으로 기재하여 송부

[예시 : 홍길동(OO임기제O급, OOOO분야)

- 우편제출 : 관련서류를 등기우편으로 제출함. **마감일 우편 소인이 찍힌 것까지 유효**하며, 서류미비로 인하여 당하는 불이익은 본인의 책임

> **※ 우편제출 주소**
> **: 07233) 서울 영등포구 의사당대로1, 국회입법조사처 총무담당관실 (국회도서관 403호)**
> **※ 채용업무 담당자 ☎(02) 6788-4517**

□ 제출 서류

① **이력서(별지 1) 1부**

② **자기소개서(별지 2) 1부**

③ **직무수행계획서(별지 3) 1부**

④ **연구실적물 목록(별지 4) 1부 : 해당자에 한함.**

- 연구·저술이 완료된 실적물로 최근 것부터 기술하되, **공동저술의 경우 '공동저술여부'란에 공동저술(집필인원수) 표기** Ex) 공동저술(3인)

⑤ **학력사항 및 경력사항 확인 연락처(별지 4) 1부**

⑥ **최종 학위증명서 1부**

- 외국 박사 학위의 경우 **한국연구재단의 학위신고서** 첨부

※ 재학 중인 자(휴학·수료 포함)는 최종 학위증명서 외에 **재적(수료)증명서** 추가 제출

※ 합격자가 외국에서 박사학위를 받은 경우에는 제출된 학위신고서와는 별도로 추후 해당 대학에 학위수여 사실여부를 조회하는 등 검증절차를 거침

⑦ **대학 이후(대학포함) 전 학년 성적증명서 1부**

⑧ **재직증명서 및 경력증명서 1부**

- 경력증명서에는 **직급(계급)별 세부 경력사항 및 기간이 명기**되어야 함.
- **경력증명서에 기재된 경력 및 기간만 인정**
- **응시원서 기재한 경력기간과 증명서의 기간이 일치해야 함.**

⑨ **최종 학위논문 1부(사본 가능)**

- 박사학위논문 제출 시 **5매 이내의 별도의 국문초록** 첨부

⑩ **연구실적물 : 해당자에 한함.**

- 자신의 연구능력을 증명할 수 있는 **대표 연구실적물 원본 (또는 사본) 1부 제출**

※ 연구실적물 : 한국연구재단 등재 학술지(등재 후보지 포함)이상의 간행물에 최근 3년 이내 게재된 주요 실적물, 기타 주요 저서 또는 학위논문

⑪ **자격증 증명서 1부(해당자에 한함. 사본 가능)**

- **증명서가 제출된 자격만** 인정

※ 위 ⑥, ⑦, ⑧의 경우 원본 또는 원본필 날인본을 제출하여야 하며, 사본을 제출할 경우 학위 및 경력을 인정받을 수 없음.

다만 외국에서 받은 학위로서 해당학교에서 학위증명서 발급이 불가능(학위기 원본만을 교부하는 사례 등)한 경우, 예외적으로 학위증빙서류 사본(학위기 사본 등)의 제출이 가능함.

※ 외국어로 작성된 자료(학위증명서, 경력증명서 등)는 번역본 첨부하여야 함.

□ 면접일시 · 장소

○ 서류전형 합격자에 개별통지하며, 입법조사처 홈페이지 채용정보에 게시

□ 기 타

○ 상기 된 내용 이외의 사항은 관련규정(「국가공무원법」, 「국회인사규칙」, 「국회공무원 임용시험규정」, 「국회임기제공무원규정」 등 인사관계규정) 및 임용약정서에 의함.

○ 채용심사과정에서 해당 직위에 적격자가 없다고 판단될 경우에는 당초 채용예정인원 등에 불구하고 선발하지 않을 수 있음.

○ 제출된 서류에 기재된 사항이 사실과 다르거나 허위로 작성된 경우 또는 임용절차 진행 과정에서 임용할 수 없는 하자가 발견된 경우에는 합격 또는 임용을 취소할 수 있으며, **제출된 서류 및 실적물은 반환하지 않음.**

○ 채용시험 실시를 위하여 응시자의 개인정보를 수집할 수 있으며, 수집된 개인정보는 응시자격 판단 및 합격결정 등을 위하여 필요한 경우 그 수집 목적의 범위에 한하여 이용할 수 있음.

○ 최종합격자가 임용포기, 결격사유해당 등의 사유로 결원을 보충할 필요가 있는 경우 최종합격자 발표일부터 3개월 이내에 추가합격자를 결정할 수 있음.

○ 문의사항 : **국회입법조사처 총무담당관실 [☎ (02) 6788-4517]**

[부 록]

◇◇◇◇◇◇◇◇◇◇◇◇◇◇◇◇◇◇◇◇◇

기출문제 및
정 답 표

국 어

1. **다음 중 합성어로만 묶인 것은?**

① 비행기, 새해, 밑바닥, 짓밟다, 겁나다, 낯설다
② 새해, 막내둥이, 돌부처, 얄밉다, 깔보다, 본받다
③ 새해, 늙은이, 어깨동무, 정들다, 앞서다, 손쉽다
④ 비행기, 개살구, 산들바람, 겁나다, 낯설다, 그만두다
⑤ 늙은이, 막내둥이, 척척박사, 본받다, 앞서다, 배부르다

2. **다음 중 밑줄 친 단어의 쓰임이 적절하지 않은 것은?**

① 뜨거운 죽을 그릇에 담을 때에는 넘치지 않도록 <u>골막하게</u> 담아라.
② 그는 주춤하더니 다시 돌아누워 <u>시름없는</u> 투로 말했다.
③ 가만히 있는 아이를 괜히 <u>뜯적거려</u> 울린다.
④ 마주 보이는 담배 가게 <u>옆댕이</u>의 사진관을 본다.
⑤ 첫인상부터 <u>늡늡하고</u> 인색한 샌님티가 난다.

3. **<보기>의 외래어 표기 중 옳은 것을 모두 고르면?**

4. **다음 중 문장의 구성이 자연스럽지 않은 것은?**

① 불평등과 양극화가 심해진 지금의 자본주의가 자본과 시장의 폐해를 제대로 규제하고 제어하지 못한 정치 실패이자 민주주의 실패의 결과인 것은 한국만의 문제가 아니다.
② 1980년대 초부터 지난 30년 동안 미국과 유럽의 선진국들이 시장 근본주의적인 자본주의를 추구한 결과로 경제 구조뿐만 아니라 사회 구조에도 부정적 결과들이 구조화되었다.
③ 단순하게는 혼자서 삶을 꾸려 나갈 수 없다는 데서, 나아가 여러 사람과 더불어 살면서 가치 있는 삶을 만들어간다는 데서 인간이 사회적 동물이라는 진술의 원인 혹은 의미를 찾을 수 있겠다.
④ 현재의 출산 장려 정책은 분만을 전후한 수개월의 짧은 기간에 혜택을 집중시키는데, 가족과 모성의 생애주기를 고려한 종합적 건강증진보다는 건강한 신생아를 얻는 것 자체를 목적으로 하기 때문이다.
⑤ 그러나 이러한 높은 수준의 지성적 연구는 예술과 과학 사이에 존재하는 차이점보다 오히려 양자 간의 유사점에 대한 인식을 토대로 하여 성립하기 때문에 예술이나 과학 어느 하나만으로는 지칭될 수 없는 성질의 것이다.

5. **작품 창작 연대가 앞선 것부터 순서대로 나열한 것은?**

ㄱ. 아아, 날이 저문다. 서편(西便) 하늘에, 외로운 강물 우에, 스러져 가는 분홍빛 놀……. 아아 해가 저물면 해가 저물면, 날마다 살구나무 그늘에 혼자 우는 밤이 또 오것마는, 오늘은 사월(四月)이라 파일날, 큰길을 물밀어 가는 사람 소리는 듯기만 하여도 흥셩시러운 거슬 웨 나만 혼자 가슴에 눈물을 참을 수 업는고?

<보 기>

ㄱ. 게티스버그(Gettysburg)
ㄴ. 알레르기(Allergie)
ㄷ. 컬렉션(collection)
ㄹ. 미네랄(mineral)
ㅁ. 아쿠아마린(aquamarine)

① ㄱ, ㄴ, ㅁ
② ㄴ, ㄷ, ㄹ
③ ㄷ, ㄹ, ㅁ
④ ㄱ, ㄴ, ㄷ, ㄹ
⑤ ㄱ, ㄴ, ㄷ, ㄹ, ㅁ

ㄴ. 잘 있거라, 짧았던 밤들아 / 창밖을 떠돌던 겨울안개들아 / 아무것도 모르던 촛불들아, 잘 있거라 / 공포를 기다리던 흰 종이들아 / 망설임을 대신하던 눈물들아 / 잘 있거라, 더 이상 내 것이 아닌 열망들아 // 장님처럼 나 이제 더듬거리며 문을 잠그네 / 가엾은 내 사랑 빈집에 갇혔네

ㄷ. "가고 오지 못한다"는 말을 / 철없든 내 귀로 드렀노라 / 만수산(萬壽山)을 나서서 / 옛날에 갈라선 그 내 님도 / 오늘날 뵈올 수 잇엇스면 / 나는 세상 모르고 사랏노라 / 고락(苦樂)에 겨운 입술로는 / 갓튼 말도 죠금 더 영리하게 / 말하게도 지금은 되엇건만 / 오히려 세상 모르고 사랏스면!

ㄹ. 풀이 눕는다 / 비를 몰아오는 동풍에 나부껴 / 풀은 눕고 / 드디어 울었다 / 날이 흐려서 더 울다가 / 다시 누웠다 // 풀이 눕는다 / 바람보다도 더 빨리 눕는다 / 바람보다도 더 빨리 울고 / 바람보다 먼저 일어난다

ㅁ. 낙엽은 폴—란드 망명정부의 지폐 / 포화(砲火)에 이즈러진 / 도룬 시의 가을 하늘을 생각케 한다 / 길은 한줄기 구겨진 넥타이처럼 풀어져 / 일광(日光)의 폭포 속으로 사라지고 / 조그만 담배 연기를 내어 뿜으며 / 새로 두 시의 급행열차가 들을 달린다

① ㄱ－ㄴ－ㄷ－ㄹ－ㅁ
② ㄱ－ㄷ－ㅁ－ㄴ－ㄹ
③ ㄱ－ㄷ－ㅁ－ㄹ－ㄴ
④ ㄷ－ㄱ－ㄴ－ㅁ－ㄹ
⑤ ㄷ－ㄱ－ㅁ－ㄹ－ㄴ

6. 다음 글에서 비판하고 있는 핵심 내용으로 맞는 것은?

> 한 경향이나 한 시대와 같은 몇 개 되지 않은, 그것도 대부분 직관적으로 파악된 특징으로부터 일반적인 종합 개념을 만들어내서는, 이러한 일반화로부터 연역적으로 개별 현상에 접근하여 설득력 있는 종합에 도달했다고 생각하는 것이 당시에는 유행이 되다시피 했다. 필자의 '소설의 이론'의 방법론도 이와 다를 바가 없었다. 현실을 대하는 주인공의 유형이 너무 협소한가 아니면 너무 넓은가 하는 양자택일적인 사고가 결정적인 역할을 하고 있는데, 이러한 방법은 '돈키호테'의 경우 이 한 편의 소설이 갖는 역사적 미학적 풍부함을 파악하는 것조차도 힘들 정도로 너무 일반화되어 있으며, 이러한 소설의 유형에 속하는 다른 작가들, 예컨대 발자크나 폰토피탄을 두고 볼 때, 이러한 방법은 이들에게 일종의 개념이라는 외투를 억지로 입힘으로써 큰 문제가 되었다.

① 귀납적 사고의 위험성
② 다른 이론을 배척하는 태도
③ 개념의 왜곡
④ 이론의 독재
⑤ 비이성적인 것에 대한 비난

7. 다음 내용을 논리적 순서에 맞게 나열한 것은?

> ㄱ. 생태 문제는 본질적으로 도덕성의 문제다.

8. 다음 <보기> 중 중세 국어의 특징으로 옳지 않은 것을 모두 고르면?

> <보 기>
>
> ㄱ. 된소리가 등장하기 시작하였다.
> ㄴ. 성조가 사라지고 방점의 기능이 소멸되었다.
> ㄷ. 아래아(·)의 음가가 완전히 소실되었다.
> ㄹ. 중세 특유의 주체 높임법, 객체 높임법 등이 있었다.
> ㅁ. 몽골어, 여진어 등 외래어가 들어오기도 하였다.

① ㄱ, ㄷ
② ㄴ, ㄷ
③ ㄷ, ㄹ
④ ㄱ, ㄴ, ㄷ
⑤ ㄴ, ㄹ, ㅁ

9. 다음 글에서 말하는 '발전 기술'의 효과를 전망한 것으로 적절하지 않은 것은?

> 현재 수소 이용 기술 중 가장 유망한 분야로 꼽히고 있는 것이 수소와 산소를 반응시켜 전기를 생산하는 연료전지 발전(發電)이다. 연료전지는 전기를 생산하는 데 연소 과정이나 구동장치가 필요 없으며 에너지 생산의 효율성이 높아 경제적이다. 연료전지 발전 외에 핵융합 발전도 수소를 이용한 대표적 발전 기술이다. 수소와 같이 가벼운 원소

ㄴ. 그래야 인간에게도 자연에게도 바람직하다.

ㄷ. 생태 위기에 대한 윤리적 문제 제기이기 때문이다.

ㄹ. 인간은 삶의 터전이자 배경으로 삼고 있는 자연과 조화를 이루며 살아야 한다.

ㅁ. 그렇다면 자연과의 바람직한 관계 회복 역시 인간이 주도적으로 대안을 내놓아야 할 과제다.

① ㄱ－ㄷ－ㅁ－ㄹ－ㄴ

② ㄱ－ㄹ－ㄷ－ㅁ－ㄴ

③ ㄱ－ㅁ－ㄴ－ㄷ－ㄹ

④ ㄹ－ㄴ－ㄷ－ㄱ－ㅁ

⑤ ㄹ－ㄷ－ㄱ－ㄴ－ㅁ

들이 서로 충돌하면서 무거운 원소로 융합하는 것을 응용한 핵융합 발전은 핵분열 반응을 응용한 원자력 발전과 달리 방사능 유출의 위험이 거의 없다. 핵융합 발전은 아직은 실험 단계이지만 머지않아 실용화될 것으로 기대된다. 핵융합 발전과 연료전지 발전 기술은 모두 화석 연료의 고갈이란 위기에 직면해 있는 인류의 미래를 짊어질 매우 중요한 기술이다.

① 현재보다 환경오염이 감소될 것이다.

② 에너지 부족에 따른 문제들이 감소하게 될 것이다.

③ 적은 비용으로 많은 에너지를 생산할 수 있게 될 것이다.

④ 실용화 단계에 이르면 보다 안전한 삶이 가능하게 될 것이다.

⑤ 수소 생산 비용을 절감시켜 이와 관련된 산업이 활성화될 것이다.

10. 다음 중 밑줄 친 한자어의 표기가 옳지 않은 것은?

① 그는 황제를 알현(謁見)했다.

② 역사상 여러 나라가 내홍(內訌)으로 패망하였다.

③ 그 노래는 누가 작사(詐詞)했는지 의견이 분분하다.

④ 이번 사건은 과거의 잘못을 상쇄(相殺)한 셈이었다.

⑤ 나도 무론(毋論) 힘쓰겠지만, 너도 단단히 준비해라.

[11~12] **다음 글을 읽고 물음에 답하시오.**

(가) 성은 장(莊), 이름은 주(周)다. 언제 태어나 언제 죽었는지 분명치 않다. '무하유지향'(無何有之鄕)의 이상향을 꿈꾸었다. 현실이 지옥이었기 때문이다. 사형당해 죽은 사람들의 시신이 서로 베개를 베고 누워 있고, 차꼬를 차고 칼을 쓴 죄수들이 서로 밀칠 정도로 바글거리고, ㉠형륙을 당해 손발 잘린 자들이 서로 마주 볼 정도로 많았다. 그런데도 유가와 묵가의 선생이란 자들은 그들 사이에서 팔을 걷어붙이고 돌아다니며 성(聖)과 지(知), 인(仁)과 의(義)를 잘난 척 떠들어대고 있었다. 부끄러움이 무엇인지 모르는 자들이었다. 그는 생각했다. 그들이 말하는 성과 지는 차꼬나 목에 씌우는 칼의 쐐기와 다른 것이 아니었고, 그들이 내세우는 인과 의는 죄수의 형구를 채우는 자물쇠와 마찬가지라고. 그러니 세상이 평화롭게 다스려지려면 먼저 성지(聖知)와 인의(仁義)부터 끊어버려야 한다고.

(나) 온갖 ㉡은유와 상징으로 가득한 그의 이야기는 시비와 차별의 경계를 가차 없이 부수어버린다. 천자인 요임금과 은자인 허유의 지위가 뒤집히고 성 밖에 사는 천민 남곽자기가 성안에 사는 귀족에게 가르침을 베풀며, 소 잡는 백정의 신들린 칼춤에서 가장 아름다운 음악과 함께 삶을 구원하는 이치를 찾아냈다. 그는 세상 사람들이 추하다고 여겨 절름발이, 언청이, 곱사등이, 사지가 ㉢지리멸렬한 기형불구라고 칭하는 인간들, 가장 밑바닥에 있는 이들의 입을 빌려 지고(至高)의 도를 이야기했다. 그가 바란 이상향은 부유하고 귀한 자가 가난하고 천한 자의 삶을 업신여기지 않는 세상이었던 것이다.

11. **다음 중 각 단락의 내용과 일치하지 않는 것은?**

① (가): 장주는 유가와 묵가의 주장에 동의하지 않았다.
② (나): 장주는 당대의 고정 관념을 허무는 수단으로 비유와 상징을 활용하였다.
③ (다): 장주는 인간이 지닌 외형적 조건보다 내면적 아름다움을 중시했다.
④ (라): 장주는 시공 차원의 광활함과 무한함을 그것의 협소함과 유한함보다 우위에 두었다.
⑤ (마): 장주는 삶과 죽음이라는 인간의 한계 상황과 관련된 경계조차 부정하였다.

12. **밑줄 친 ㉠~㉣의 한자 표기 중 옳은 것은?**

	㉠	㉡	㉢	㉣
①	刑戮	隱喩	支離滅裂	缺乏
②	刑戮	隱維	支離滅裂	缺乏
③	刑勠	隱維	支離滅劣	抉乏
④	刑勠	隱喩	支離滅劣	缺乏
⑤	刑勠	隱喩	支離滅裂	抉乏

13. **<보기>의 밑줄 친 ㉠~㉤ 중 표준 발음으로 옳은 것을 모두 고르면?**

<보 기>

(다) 노나라의 애태타는 절름발이에다 곱사등이인 장애인으로, 보는 사람을 놀라게 하는 추한 용모를 지니고 있었지만 노나라의 많은 사람들이 그를 따른다. 위나라의 인기지리무순과 제나라의 옹앙대영도 총체적인 장애를 가진 기형불구의 인간이었지만 한 나라의 임금이 그들을 만나 이야기를 나누며 기뻐한다. 그들에게 부와 권력이 있었던 것도 아니고 뛰어난 언변이 있었던 것도 아니며 지적인 능력이 뛰어났던 것도 아니다. 그럼에도 많은 사람들이 그들을 따른 이유는 그들이 가지고 있는 내면의 아름다운 덕 때문이었다. 이들의 이야기를 통해 그는 덕이 충만해 있으면 외형의 ㉣결핍은 보이지 않는다고 이야기했다. 하지만 세상 사람들은 그걸 모르고 오히려 외형의 결핍에 가려 내면의 아름다운 덕을 보지 못했다. 그런 사람들을 두고 그는 잊어야 할 것은 잊지 않고 잊지 말아야 할 것을 잊어버린 어리석은 자들이라고 비웃었다.

(라) 사람만이 아니다. 하늘을 가릴 만큼 커다란 붕새의 비상을 높이 사지만 매미나 메추라기의 날갯짓을 낮추어보지 않았고 황하의 신 하백(河伯)과 북해의 신 약(若)을 한자리에 불러내 우주의 광활함과 천지의 장대함을 노래했다. 까치와 오동나무가 도에 관한 이야기를 주고받는가 하면 수십 만 년을 사는 거북이와 수백 만 년을 사는 상고시대의 대춘나무가 등장하여 우리의 삶이 얼마나 덧없고 짧은지 깨우쳐준다.

(마) 꿈 이야기를 했다. 어떤 사람이 꿈에서 깨어나 길흉을 점치지만 그 자체가 꿈이었다는 이야기다. 그저 꿈을 현실이라 착각한 어느 한 사람의 이야기가 아니다. 꿈속의 꿈에서 깨어나도 여전히 꿈인 것처럼 우리의 삶 또한 죽음이라는 깨어남을 통해 깨어나야 할 꿈에 지나지 않는 것이라는 이야기를 하기 위해서다.

- 이 문제는 입주민들과의 ㉠협의[혀븨]를 통해서 해결합시다.
- 외국인들은 한글의 복잡한 ㉡띄어쓰기[띄어쓰기]를 어려워한다.
- 관객들이 ㉢썰물[썰 : 물]처럼 빠져나갔다.
- 나라다운 나라 만들기라는 ㉣우리의[우리에] 소망이 이루어질까?
- ㉤반신반의[반 : 신 바 : 니] 하는 분위기였다.

① ㉠㉡㉢
② ㉠㉢㉣
③ ㉠㉣㉤
④ ㉡㉢㉤
⑤ ㉡㉣㉤

14. 다음 <보기> 중 한글맞춤법 규정에 맞게 표기한 것을 모두 고르면?

<보 기>

ㄱ. 얼룩배기
ㄴ. 판때기
ㄷ. 나이빼기
ㄹ. 이맛배기
ㅁ. 거적때기
ㅂ. 상판대기

① ㄱ, ㄷ, ㅁ
② ㄱ, ㄹ, ㅂ
③ ㄴ, ㄷ, ㄹ
④ ㄴ, ㄷ, ㅂ
⑤ ㄴ, ㅁ, ㅂ

15. 다음 설명을 참고할 때, 문장 부사가 실현된 것은?

부사는 한 성분을 수식하느냐 문장 전체를 수식하느냐에 따라 성분 부사와 문장 부사로 나뉜다.

① 개나리가 활짝 피었다.
② 집 바로 뒤에 공원이 있다.
③ 강아지가 사료를 안 먹는다.

17. 다음과 같은 사전의 풀이를 참고하여 작성한 문장 가운데 띄어쓰기가 옳지 않은 것은?

- 듯이: 의존 명사. (어미 '-은', '-는', '-을' 뒤에 쓰여) 짐작이나 추측의 뜻을 나타내는 말.
- 듯: 의존 명사. ①'듯이'의 준말. ②('-은 듯 만 듯', '-는 듯 마는 듯', '-을 듯 말 듯' 구성으로 쓰여) 그런 것 같기도 하고 그렇지 아니한 것 같기도 함을 나타내는 말.
- -듯이: 어미. ('이다'의 어간, 용언의 어간 또는 어미 '-으시-', '-었-', '-겠-' 뒤에 붙어) 뒤 절의 내용이 앞 절의 내용과 거의 같음을 나타내는 연결 어미.
- -듯: 어미. '-듯이'의 준말.
- 듯하다: 보조 형용사. (동사나 형용사, 또는 '이다'의 관형사형 뒤에 쓰여) 앞말이 뜻하는 사건이나 상태 따위를 짐작하거나 추측함을 나타내는 말.

① 예전에는 여기가 황량했던 듯하다.
② 그의 행동을 보아하니 곧 떠날 듯이 보인다.
③ 마치 구름을 걷는 듯 도무지 생시가 아닌 것만 같았다.
④ 거대한 파도가 일 듯이 사람들의 가슴에 분노가 일었다.
⑤ 물이 깊을수록 조용하듯 사람도 아는 게 많을수록 조용하다.

18. <보기>의 밑줄 친 한자어의 한글 표기로 옳지 않은 것은?

<보 기>

④ 일 끝나면 이리 와.
⑤ 의외로 철수가 빨리 왔다.

16. 다음 중 밑줄 친 '의'의 쓰임이 다른 것은?

① 아 조선의 독립국임과 조선인의 자주민임을 선언하노라.
② 민족자존의 정권을 영유케 하노라.
③ 생존권의 박상됨이 무릇 기하ㅣ며
④ 민족의 갈 길은 정해졌다.
⑤ 일본의 소의함을 죄하려 안이하노라.

오늘은 『墨子』를 읽습니다. 反戰 思想과 함께 墨子 思想의 ㉠精髓라고 할 수 있는 ㉡兼愛 思想까지 읽기로 하겠습니다. ㉢'無鑑於水'는 널리 알려진 글귀는 아닙니다. 내가 많이 紹介하는 편입니다. 물에(於水) 비추어 보지 마라(無鑑)는 뜻입니다. 물은 옛날에 거울이었습니다. ㉣銅鏡이 나오기 전에는 물을 거울로 삼았습니다. 물에 비추어 보면 얼굴만 비추어 보게 됩니다. 그렇기 때문에 '鑑於人', 사람에 비추어 보라고 하는 것입니다. 참 좋은 말입니다. 거울에 비추어 보면 ㉤外貌만 보게 되지만, 자기를 다른 사람에게 비추어 보면 자기의 人間的 品性이 드러납니다. 人文學的인 메시지이면서 많은 사람들이 共感할 수 있는 金言입니다.

① ㉠ 정수
② ㉡ 경애
③ ㉢ 무감어수
④ ㉣ 동경
⑤ ㉤ 외모

19. 다음 시에 대한 설명으로 적절하지 않은 것은?

모란이 피기까지는
나는 아직 나의 봄을 기다리고 있을 테요
모란이 뚝뚝 떨어져 버린 날
나는 비로소 봄을 여읜 설움에 잠길 테요
오월 어느 날 그 하루 무덥던 날
떨어져 누운 꽃잎마저 시들어 버리고는
천지에 모란은 자취도 없어지고
뻗쳐 오르던 내 보람 서운케 무너졌느니
모란이 지고 말면 그뿐 내 한 해는 다 가고 말아
삼백 예순 날 하냥 섭섭해 우옵네다
모란이 피기까지는
나는 아직 기다리고 있을 테요 찬란한 슬픔의 봄을

- 김영랑 <모란이 피기까지는>

① 시각적으로 분연되지 않은 단연시이지만 서술 구조상 2행이 한 연으로 묶여 전체적으로 2행 6연의 형태를 취하고 있다.
② 짧고 긴 호흡의 반복적 교체로 음악성을 구현한다.
③ 가시적 현상을 먼저 제시하고 뒤에서 이에 대한 시적 자아의 정서상 변화를 보여준다.
④ 3, 4, 5, 6행은 하나의 의미 단락으로 묶인다.
⑤ 크게 모란이 피는 상황과 모란이 진 상황을 보여준다.

21. 다음 글의 내용을 가장 잘 함축하고 있는 것은?

사람과 만물은 한가지로 천지의 큰 조화 사이에서 생겨났으니, 백성은 나의 형제요 만물은 나의 이웃이다. 그러므로 사람이 으뜸이 되고 만물은 그 다음이 된다. 그 만물을 어진 마음으로 대하는 것으로 말한다면, 아주 가는 그물을 웅덩이나 못에 넣지 아니하며, 도끼와 낫질을 하되 산림의 때를 가려서 하며, 물고기가 한 자가 되지 않으면 저자에서 팔지 못하는 것이며, 새끼와 알을 취하지 아니하며, 그물을 열어놓고 새와 짐승의 자유를 빌며, 낚시질은 하되 그물 벼리를 이어서 고기를 잡지는 않는 것이며, 활로 쏘기는 하나 잠자는 것을 쏘지는 않는 것이다.

① 차별(差別)의 정서
② 생명(生命)의 조화
③ 인애(仁愛)의 마음
④ 공감(共感)의 태도
⑤ 융화(融和)의 양태

22. 다음 작품에 대한 설명으로 적절하지 않은 것은?

님이 오마 ᄒᆞ거ᄂᆞᆯ 저녁밥을 일지어 먹고 중문(中門) 나서 대문(大門) 나가 지방(地方) 우희 치ᄃᆞ라 안자 이수(以手)로 가액(加額)ᄒᆞ고 오ᄂᆞᆫ가 가ᄂᆞᆫ가 건넌 산(山) ᄇᆞ라보니 거머횟들 셔 잇거ᄂᆞᆯ 저야 님이로다.
보션 버서 품에 품고 신 버서 손에 쥐고 곗븨님븨 님븨곰

20. 다음 글의 요지를 가장 잘 정리한 것은?

> 신문에 실려 있는 사진은 기사의 사실성을 더해 주는 보조 수단으로 활용된다. 어떤 사실을 사진 없이 글로만 전할 때와 사진을 곁들여 전하는 경우에 독자에 대한 기사의 설득력에는 큰 차이가 있다. 이 경우 사진은 분명 좋은 의미에서의 영향력을 발휘한 것에 해당할 것이다. 그러나 사진은 대상을 찍기 이전과 이후에 대해서 알려 주지 않는다. 어떤 과정을 거쳐 그 사진이 있게 됐는지, 그 사진 속에 어떤 속사정이 숨어 있는지에 대해서는 침묵한다. 분명히 한 장의 사진에는 어떤 인과 관계가 있음에도 그것에 관해 자세히 설명해 주지 못한다. 이러한 서술성의 부족으로 인해 사진은 사람을 속이는 증거로 쓰이는 경우도 있다. 사기꾼들이 권력자나 얼굴이 잘 알려진 사람과 함께 사진을 찍어서, 자신이 그 사람과 특별한 관계가 있는 것처럼 보이게 하는 경우가 그 예이다.

① 사진은 신문 기사의 사실성을 강화시켜 주며 보도 대상의 이면에 대한 이해를 돕는다.

② 사진은 사실성의 강화라는 장점을 지니지만 서술성의 부족이라는 단점도 지닌다.

③ 사진은 신문 기사의 사실성을 더해 주는 보조 수단으로서 항상 좋은 의미에서의 영향력을 발휘한다.

④ 사진은 사실성이 높기 때문에 그 서술성의 부족에도 불구하고 사람을 속이는 증거로 잘못 쓰이는 경우가 있다.

⑤ 사진은 서술성이 부족하지만 객관적인 증거로서의 가치가 크다.

> 븨 천방지방 지방천방 즌 듸 므른 듸 골희지 말고 워렁충창 건너가셔 정(情)엣말 ᄒᆞ려 ᄒᆞ고 곗눈을 흘긧 보니 상년(上年) 칠월(七月) 사흔날 골가벅긴 주추리 삼대 솔드리도 날 소겨다.
> 모쳐라 밤일싀만졍 행혀 낫이런들 우일 번ᄒᆞ괘라

① 조선 후기에 등장한 문학 형태이다.

② 평민 가객들이 주로 노래한 것이다.

③ 해학을 통해 자유로운 느낌을 주고 있다.

④ 구체적인 사물을 통해 실감나게 표현하고 있다.

⑤ 화자는 임에 대한 마음을 겉으로 드러내지 못하고 있다.

23. 다음 중 밑줄 친 부분의 한자 표기가 옳지 않은 것은?

① 좀 더 넓은 <u>堅持</u>에서는 더불어 살아가는 여러 사람들의 입장을 존중해야 한다.

② 개개의 인간이 모여 하나의 <u>集團</u>을 이룬다.

③ 혈연 중심의 가족 집단을 넘어 사회를 <u>形成</u>하게 된다.

④ 인간에게 사회는 <u>實體</u> 이상의 의미를 지닌다.

⑤ 그러한 사회를 움직이게 하는 <u>要素</u> 혹은 요인은 무엇일까?

24. 다음 (가)~(마)의 글을 논리적 순서에 맞게 나열한 것은?

(가) 충실하게 과학 방법을 적용하여 얻어진 결론도 이와 같은 한계가 있을 수밖에 없으므로 과학 방법을 적용하지 않고 얻어 낸 결론이 오류의 가능성을 가지고 있는 것은 당연하다고 할 수 있을 것이다. 통제된 실험을 할 수 없는 분야에서 상반된 결론들이 나와 사람들을 어리둥절하게 하는 경우를 볼 수 있는데, 그것은 그 분야의 특성상 엄밀하게 과학 방법을 적용할 수 없기 때문에 생기는 일이다. 특히 인간을 대상으로 하는 분야에서 이런 오류가 자주 빚어지는 것은 사람을 실험 대상으로 사용하는 데는 한계가 있을 수밖에 없기 때문이다. 과학을 이해하기 위해서는 과학이 가지고 있는 이러한 한계도 이해해야 할 것이다.

(나) '과학이냐, 아니냐' 하는 것은 결론에 의해서가 아니라, 그 결론을 이끌어 내는 과정에 의해서 가려내야 한다. 어떤 결론이 과학적이기 위해서는 그 결론이 유도되는 과정이 합리적이어야 한다는 것이다. 합리적이라 함은 정상적인 이성을 가진 사람을 납득시킬 수 있다는 뜻이다. 과학을 과정의 학문이라고 하는 것은 이 때문이다.

(다) 최근에는 과학이라는 말이 본래의 뜻과는 달리 '정확하다', '완벽하다' 또는 '좋다'는 뜻으로 널리 쓰이고 있다. 이러한 의미의 혼란은 오히려 과학이 무엇인지 알기 힘들게 만들었고, 과학 방법에 충실한 과학을 그렇지 못한 유사 과학과 구별하는 것도 어렵게 만들어 버렸다. 흔히들 '과학이냐, 아니냐' 하는 것은 그 주장하는 내용이 '진실이냐, 아니냐'에 따라 구별하는 것으로 생각하고 있다.

25. 다음 글의 밑줄 친 ㉠~㉢의 한자 표기로 옳은 것은?

과연 위대한 건 추사의 글씨다. 쌀이며 나무 옷감 같은 생활 필수품 값이 올라가면 소위 서화니 골동이니 하는 사치품 값은 여지없이 떨어지는 법인데, 요새같이 ㉠책사에까지 고객이 딱 끊어졌다는 세월에도 추사 글씨의 값만은 한없이 올라간다.

추사 글씨는 확실히 그만한 가치를 가지고 있다. 하필 추사의 글씨가 제가(諸家)의 법을 모아 따로이 한 경지를 갖추어서 우는 듯 웃는 듯 춤추는 듯 성낸 듯 세찬 듯 부드러운 듯 천변만화(千變萬化)의 조화가 숨어 있다는 걸 알아서 맛이 아니라 시인의 방에 걸면 그의 ㉡시경이 높아 보이고, 화가의 방에 걸면 그가 고고한 화가 같고, 문학자, 철학자, 과학자 누구누구 할 것 없이 갖다 거는 대로 제법 그 방 주인이 그럴듯해 보인다. 그래서 그런지 상점에 걸면 그 상인이 청고한 선비 같을 뿐 아니라 그 안에 있는 상품들까지도 돈 안 받고 거져 줄 것들만 같아 보인다. 근년래 일약 벼락부자가 된 사람들과 높은 자리를 차지한 분들 중에도 얼굴이 탁 틔고 점잖은 것을 보면 필시 그들의 사랑에는 추사의 ㉢진적이 구석구석에 호화로운 장배로 붙어 있을 것이리라.

	㉠	㉡	㉢
①	冊絲	詩經	眞籍
②	冊肆	詩境	眞跡
③	冊肆	詩境	眞寂
④	冊絲	詩經	眞迹
⑤	冊使	詩境	眞蹟

(라) 결론을 이끌어 내기 위해 사용하는 것이 바로 과학 방법이다. 과학 방법은 귀납법과 연역법이라고 하는 큰 틀을 기본으로 하고 있다. 귀납법은 실험, 관찰, 통계와 같은 방법으로 개별적 사실로부터 일반 원리를 발견해 가는 과정이다. 반면에 연역법은 우리가 확연히 알 수 있는 공리에서부터 출발하여 논리적 추론에 의해 결론을 이끌어 내는 방법이다.

(마) 과학을 이야기할 때 꼭 언급하고 지나가야 할 문제는 '과학적인 방법으로 얻어진 결과를 어느 정도 신뢰할 수 있느냐?' 하는 문제이다. 과학은 인간의 이성으로 진리를 추구해 가는 가장 합리적인 방법이기에 그 결론은 우리가 얻을 수 있는, 가장 신뢰할 수 있는 결론이라고 해야 할 것이다. 그러나 이것은 인간의 이성으로 얻은 결론이므로 인간이라는 한계를 뛰어넘을 수는 없다. 인간의 지식이나 이성이 완벽하지 못하다는 것은 누구나 인정하고 있는 사실이다. 따라서 과학적인 방법으로 얻어진 결론도 완벽하다고 할 수는 없다.

① (다)-(나)-(라)-(마)-(가)
② (다)-(나)-(마)-(라)-(가)
③ (다)-(라)-(나)-(가)-(마)
④ (마)-(가)-(라)-(다)-(나)
⑤ (마)-(라)-(가)-(다)-(나)

헌 법

1. 일반적 행동자유권에 대한 설명으로 옳은 것은? (다툼이 있는 경우 헌법재판소 판례에 의함)

① 「4·16세월호참사 피해구제 및 지원 등을 위한 특별법 시행령」에 따른 세월호 참사와 관련된 일체의 이의제기를 금지하는 서약은 세월호 승선 사망자들 부모의 일반적 행동의 자유를 침해한다.

② 비어업인이 잠수용 스쿠버장비를 사용하여 수산자원을 포획·채취하는 것을 금지하는 「수산자원관리법 시행규칙」 조항은 비어업인의 일반적 행동의 자유를 침해한다.

③ 「부정청탁 및 금품등 수수의 금지에 관한 법률」의 부정청탁금지 조항 및 금품수수금지 조항은 과잉금지원칙을 위반하여 언론인 및 사립학교 관계자의 일반적 행동자유권을 침해한다.

④ 「이동통신단말장치 유통구조 개선에 관한 법률」상 이동통신단말장치 구매지원금 상한 조항은 이동통신단말장치를 구입하고, 이동통신서비스의 이용에 관한 계약을 체결하고자 하는 자의 일반적 행동자유권에서 파생하는 계약의 자유를 침해한다.

⑤ LPG를 연료로 사용할 수 있는 자동차 또는 그 사용자의 범위를 제한하고 있는 「액화석유가스의 안전관리 및 사업법 시행규칙」 조항은 LPG승용자동차를 소유하고 있거나 운행하려는 자의 일반적 행동자유권을 침해한다.

3. 두 차례 탄핵심판(헌재 2004. 5. 14. 선고 2004헌나1 및 헌재 2017. 3. 10. 선고 2016헌나1)에 대한 결정 내용과 일치하는 것을 <보기>에서 모두 고르면? (다툼이 있는 경우 헌법재판소 판례에 의함)

<보 기>

ㄱ. 대통령의 기자회견 시 특정 정당에 대한 지지 발언은 「공직선거법」상 공무원의 선거운동금지 규정 위반이나 공무원의 정치적 중립의무 위반은 아니다.

ㄴ. 중앙선거관리위원회의 선거법 위반 결정에 대한 대통령의 선거법 폄하 발언은 대통령의 헌법수호의무 위반은 아니다.

ㄷ. 대통령이 자신에 대한 재신임을 국민투표의 형태로 묻고자 제안한 것은 헌법을 실현하고 수호해야 할 대통령의 의무를 위반한 것이다.

ㄹ. 대통령의 '직책을 성실히 수행할 의무'는 헌법적 의무에 해당하고 규범적으로 그 이행이 관철될 수 있는 성격의 의무이므로 원칙적으로 사법적 판단의 대상이 된다.

ㅁ. 헌법상 적법절차의 원칙을 국가기관에 대하여 헌법을 수호하고자 하는 탄핵소추절차에 직접 적용할 수 없다.

ㅂ. 세월호 참사에 대한 대통령의 대응조치에 미흡하고 부적절한 면이 있었기에 대통령은 생명권 보호의무를 위반하였다.

ㅅ. 대통령이 특정인의 국정개입을 허용하고 그 특정인의 이익을 위해 대통령으로서의 지위와 권한을 남용한 행위는 공무원의 공익실현의무 위반이다.

① ㄷ, ㅁ, ㅅ
② ㅁ, ㅂ, ㅅ
③ ㄱ, ㄴ, ㄷ, ㅁ

2. 평등권 또는 평등원칙 위반인 것을 <보기>에서 모두 고르면? (다툼이 있는 경우 헌법재판소 판례에 의함)

<보 기>

ㄱ. 「산업재해보상보험법」 조항이 근로자가 사업주의 지배관리 아래 출퇴근하던 중 사고가 발생하였을 경우에만 이를 업무상 재해로 인정하고 통상의 출퇴근 재해는 업무상 재해로 인정하지 아니한 것

ㄴ. 「청년고용촉진 특별법」 조항이 대통령령으로 정하는 공공기관 및 공기업으로 하여금 매년 정원의 100분의 3 이상씩 15세 이상 34세 이하의 청년 미취업자를 채용하도록 한 것

ㄷ. 산업연수생이 연수라는 명목 아래 사업주의 지시·감독을 받으면서 사실상 노무를 제공하고 수당 명목의 금품을 수령하는 등 실질적인 근로관계에 있는 경우에도 예규가 「근로기준법」이 보장한 근로기준 중 주요사항을 외국인 산업연수생에 대하여만 적용되지 않도록 한 것

ㄹ. 「학교폭력예방 및 대책에 관한 법률」 조항이 학교폭력의 가해학생에 대한 모든 조치에 대해 피해학생 측에는 재심을 허용하면서 가해학생 측에는 퇴학과 전학의 경우에만 재심을 허용하고 나머지 조치에 대해서는 재심을 허용하지 않도록 한 것

ㅁ. 「주민투표법」 조항이 주민투표권 행사를 위한 요건으로 주민등록을 요구함으로써 국내거소신고만 할 수 있고 주민등록을 할 수 없는 국내거주 재외국민에 대하여 주민투표권을 인정하지 아니한 것

① ㄱ, ㄴ, ㄷ
② ㄱ, ㄷ, ㅁ
③ ㄴ, ㄷ, ㄹ
④ ㄴ, ㄹ, ㅁ
⑤ ㄷ, ㄹ, ㅁ

④ ㄱ, ㄹ, ㅂ, ㅅ
⑤ ㄴ, ㄷ, ㄹ, ㅂ, ㅅ

4. 조세 또는 재산권 제한에 대한 설명으로 옳지 않은 것은? (다툼이 있는 경우 헌법재판소 판례에 의함)

① 조세의 부과와 징수는 국민의 재산권에 대한 중대한 제한을 초래하므로, 헌법은 조세에 관한 사항을 국민의 대표기관인 국회가 제정한 법률에 의하도록 하는 조세법률주의를 취하고 있다.

② 조세법률주의는 과세할 물건, 과세표준, 세율 등 과세요건과 조세의 부과 및 징수의 절차 등을 모두 법률로 정하여야 한다는 과세요건법정주의를 포함한다.

③ 조세에 관하여 입법의 공백이 있는 경우 이로 인하여 당사자가 공평에 반하는 이익을 얻을 가능성이 있고, 실효되긴 하였으나 그 동안 시행되어 온 법률조항이 있는 경우, 이를 근거로 과세를 하는 것은 법치주의에서 중대한 흠이 되는 입법의 공백을 방지하기 위한 적절한 해석으로서 조세법률주의에 반하지 않는다.

④ 조세법률주의에서도 조세부과와 관련되는 모든 법규를 예외 없이 형식적인 법률에 의할 것을 요구하는 것은 아니며 경제현실의 변화나 전문기술의 발달에 즉시 대응하여야 할 필요 등 부득이한 사정이 있는 경우 행정입법에 위임하는 것도 가능하다.

⑤ 「토지초과이득세법」상의 토지초과이득세는 양도소득세와 같은 수득세의 일종으로서 그 과세대상 또한 양도소득세 과세대상의 일부와 완전히 중복되고 양세의 목적 또한 유사하여 어느 의미에서는 토초세가 양도소득세의 예납적 성격을 가지고 있는데도 「토지초과이득세법」이 토초세액 전액을 양도소득세에서 공제하지 않도록 규정한 것은 조세법률주의상의 실질과세의 원칙에 반한다.

5. <보기>의 사례에 대한 설명으로 옳지 않은 것은? (다툼이 있는 경우 헌법재판소 판례에 의함)

<보 기>

변호인 甲이 피의자신문에 참여하면서 피의자 A 옆에 앉으려고 하자 검찰수사관 乙은 甲에게 피의자 A 뒤에 앉으라고 요구하는 한편 변호인 참여신청서의 작성을 요구하였다. 이에 변호인 甲은 A 뒤에 앉아 피의자신문에 참여하였고 변호인 참여신청서('변호인의 피의자신문 참여 운영 지침' 별지 1호 서식)에도 인적사항을 기재하여 제출하였다. 甲은 피의자신문 종료 후 乙에게 피의자 A와 이야기를 해도 되는지를 문의하였는데 변호인 접견신청서를 제출해야 한다는 말을 듣고 피의자와 접견을 하지 않았다.

① 乙이 甲에게 변호인 후방에 착석을 요구한 행위는 권력적 사실행위로서 헌법소원의 대상이 되는 공권력의 행사에 해당한다.

② 乙이 甲에게 행한 후방착석요구행위는 이미 종료되어 권리보호이익이 소멸하였으므로 심판이익은 인정될 수 없다.

③ 乙이 甲에게 변호인 참여신청서의 작성을 요구한 행위는 비권력적 사실행위에 불과하여 헌법소원의 대상이 되는 공권력의 행사에 해당하지 않는다.

④ 甲이 피의자 A와 접견을 하지 않은 행위는 스스로 접견을 하지 않기로 결정한 것으로 乙의 접견불허행위가 있었다고 볼 수는 없다.

⑤ '변호인의 피의자신문 참여 운영 지침'은 검찰청 내부의 업무처리지침으로 헌법소원심판의 대상이 될 수 없다.

7. 직업의 자유에 대한 설명으로 옳은 것을 <보기>에서 모두 고르면? (다툼이 있는 경우 헌법재판소 판례에 의함)

<보 기>

ㄱ. 청원경찰이 법원에서 금고 이상의 형의 선고유예를 받은 경우 당연퇴직하도록 규정한 조항은 청원경찰의 직업의 자유를 침해한다.

ㄴ. 청원경찰이 법원에서 자격정지의 형을 선고받은 경우 「국가공무원법」을 준용하여 당연퇴직하도록 한 조항은 청원경찰의 직업의 자유를 침해한다.

ㄷ. 변호사가 변호사 업무수행을 하던 중 변리사 등록을 한 경우 대한변리사회에 의무적으로 가입하게 하는 조항은 변호사의 직업수행의 자유를 침해한다.

ㄹ. 변호사가 변리사 업무를 수행하는 경우 변리사 연수교육을 받을 의무를 부과하는 조항은 변호사의 직업수행의 자유를 침해하지 않는다.

ㅁ. 의료기기 수입업자가 의료기관 개설자에게 리베이트를 제공하는 경우를 처벌하는 조항은 의료기기 수입업자의 직업의 자유를 침해한다.

ㅂ. 품목허가를 받지 아니한 의료기기를 수리·판매·임대·수여 또는 사용의 목적으로 수입한 자를 처벌하는 조항은 의료기기 수입업자의 직업수행의 자유를 침해하지 않는다.

① ㄱ, ㄹ, ㅁ

② ㄱ, ㄹ, ㅂ

③ ㄴ, ㄷ, ㅁ

④ ㄴ, ㄷ, ㅂ

⑤ ㄴ, ㄹ, ㅁ

6. 국회의 운영과 의사절차에 대한 설명으로 옳은 것을 <보기>에서 모두 고르면? (다툼이 있는 경우 헌법재판소 판례에 의함)

<보 기>

ㄱ. 회기계속의 원칙은 헌법에 명시되어 있으나 일사부재의의 원칙은 「국회법」에 명시되어 있다.

ㄴ. 「국회법」은 소위원회의 회의 비공개 사유 및 절차 등 요건을 헌법이 규정한 회의 비공개요건에 비하여 더 완화시키고 있다.

ㄷ. 위원회에서 위원장은 발언을 원하는 위원이 2인 이상인 경우 운영위원회와 협의하여 10분의 범위안에서 각 위원의 첫번째 발언시간을 균등하게 정하여야 한다.

ㄹ. 「국회법」에는 연간 국회운영기본일정으로 국회의원 총선거가 있는 월의 경우를 제외하고 연 3회의 임시회 집회일이 명시되어 있다.

ㅁ. 의장은 안건이 어느 상임위원회의 소관에 속하는지 명백하지 아니할 때에는 각 교섭단체대표의원과 협의하여 상임위원회에 회부하되 협의가 이루어지지 아니할 때에는 의장이 소관상임위원회를 결정한다.

① ㄱ
② ㄱ, ㄴ
③ ㄱ, ㄴ, ㄷ
④ ㄴ, ㄷ, ㄹ
⑤ ㄱ, ㄴ, ㄷ, ㄹ, ㅁ

8. 권한쟁의심판에 대한 설명으로 옳은 것은? (다툼이 있는 경우 헌법재판소 판례에 의함)

① 법률의 제·개정 행위를 다투는 권한쟁의심판의 경우 국회의장이 피청구인적격을 가진다.

② 국민은 국민주권주의에 의해 헌법에 의하여 설치되고 헌법과 법률에 의하여 독자적인 권한을 부여받은 기관으로 해석할 수 있으므로 권한쟁의심판의 당사자가 되는 국가기관에 해당할 수 있다.

③ 국회의원들이 국민안전처 등을 이전대상 제외 기관으로 명시할 것인지에 관한 법률안에 대하여 심의를 하던 중, 행정자치부 장관이 국민안전처 등을 세종시로 이전하는 내용의 처분을 할 경우 국회의원인 청구인들의 법률안에 대한 심의·표결권이 침해될 가능성이 있다.

④ 군 공항 이전사업에 의해 예비이전후보지가 관할 내에 선정된 지방자치단체의 의사를 고려하지 않고 사업이 진행된다면 그 지방자치단체의 자치권한을 침해할 현저한 위험이 인정된다.

⑤ 지방자치단체 상호간의 권한쟁의심판을 규정하는 「헌법재판소법」 제62조 제1항 제3호를 예시적으로 해석할 필요성은 없다.

9. **재판청구권 또는 공정한 재판을 받을 권리를 침해하는 것을 <보기> 에서 모두 고르면? (다툼이 있는 경우 헌법재판소 판례에 의함)**

<보 기>

ㄱ. 기피신청에 대한 재판을, 그 신청을 받은 법관의 소속 법원 합의부에서 하도록 한 「민사소송법」 조항

ㄴ. 형사보상의 청구에 대하여 한 보상의 결정에 대하여는 불복을 신청할 수 없도록 하여 형사보상의 결정을 단심재판으로 규정한 「형사보상법」 조항

ㄷ. 상속재산분할에 관한 사건을 가사비송사건으로 분류하고 있는 「가사소송법」 조항

ㄹ. 변호인과 증인 사이에 차폐시설을 설치하여 증인신문을 진행할 수 있도록 규정한 「형사소송법」 조항

ㅁ. 법관에 대한 징계처분 취소청구소송을 대법원의 단심재판에 의하도록 한 구 「법관징계법」 조항

ㅂ. 법무부징계위원회의 결정에 대하여 불복이 있는 경우 그 결정이 법령위반을 이유로 한 경우에만 대법원에 즉시항고를 허용하는 「변호사법」 조항

① ㄱ, ㄴ
② ㄴ, ㅂ
③ ㄷ, ㄹ
④ ㄷ, ㅂ
⑤ ㄹ, ㅁ

11. **국회의 국정감사 및 조사권에 대한 설명으로 옳지 않은 것은? (다툼이 있는 경우 헌법재판소의 판례에 의함)**

① 국회는 국정전반에 관하여 소관 상임위원회별로 매년 정기회 집회일 이전에 감사시작일부터 30일 이내의 기간을 정하여 감사를 실시한다. 다만, 본회의 의결로 정기회 기간 중에 감사를 실시할 수 있다.

② 국회는 국정감사·조사권의 행사를 통해서 국정운영의 실태를 정확히 파악하고 입법과 예산심의를 위한 자료를 수집하며 국정의 잘못된 부분을 적발·시정함으로써 입법·예산심의·국정통제 기능의 효율적인 수행을 도모할 수 있다.

③ 우리나라에서는 제헌헌법 및 1962년 헌법에서 영국·프랑스·미국·일본 등과 상이하게 일반적인 국정감사권을 제도화하였다. 이러한 국정감사제도는 1972년 유신헌법에서는 삭제되었다가, 제9차 개정헌법에 의하여 부활되었다.

④ 현행 헌법에서는 이러한 국정감사·조사권의 명문화뿐만 아니라 구 헌법에 규정되었던 "다만 재판과 진행 중인 범죄수사·소추에 간섭할 수 없다"는 단서조항을 그대로 유지하고 있다.

⑤ 헌법재판소는 교원들의 교원단체가입현황과 같은 특정 정보를 인터넷 홈페이지에 게시하거나 언론에 알리는 것과 같은 행위는 헌법과 법률이 특별히 국회의원에게 부여한 국회의원의 독자적인 권능이라고 할 수 없고 국회의원 이외의 다른 국가기관은 물론 일반 개인들도 누구든지 할 수 있는 행위로서, 그러한 행위가 제한된다고 해서 국회의원의 국정감사 또는 조사에 관한 권한이 침해될 가능성은 없다고 결정하였다.

12. **대통령의 사면권 행사에 대한 설명으로 옳지 않은 것을 <보기>**

10. **국적에 대한 설명으로 옳은 것은?**

① 평창올림픽을 앞두고 아이스하키 분야에 매우 우수한 능력을 보유한 자로서 대한민국의 국익에 기여할 것으로 인정되는 자는 대한민국에 주소가 없어도 귀화허가를 받을 수 있다.

② 대한민국에서 출생한 자로서 부 또는 모가 대한민국에서 출생한 자에 해당하는 외국인이 대한민국에 1년 이상 계속하여 주소가 있는 때에는 귀화허가를 받을 수 있다.

③ 복수국적자로서 외국 국적을 선택하려는 자는 외국에 주소가 없어도 법무부 장관에게 대한민국 국적을 이탈한다는 뜻을 신고할 수 있다.

④ 출생 당시 모가 자녀에게 외국 국적을 취득하게 할 목적으로 외국에서 체류 중이었던 사실이 인정되는 자는 대한민국에서 외국 국적을 행사하지 않겠다는 서약을 한 후 대한민국 국적을 선택한다는 뜻을 신고할 수 있다.

⑤ 배우자가 대한민국 국민인 외국인으로서 그 배우자와 혼인한 후 3년이 지나고 혼인한 상태로 대한민국에 1년 이상 계속하여 주소가 있는 자는 귀화허가를 받을 수 있다.

에서 모두 고르면? (다툼이 있는 경우 헌법재판소 판례에 의함)

<보 기>

ㄱ. 복권은 형의 집행이 끝나지 아니한 자 또는 집행이 면제되지 아니한 자에 대하여는 하지 아니한다.

ㄴ. 협의의 사면이라 함은 「형사소송법」이나 그 밖의 형사법규의 절차에 의하지 아니하고, 형의 선고의 효과 또는 공소권을 소멸시키거나 형집행을 면제시키는 국가원수의 특권을 의미한다. 넓은 의미의 사면은 협의의 사면은 물론이고 감형과 복권까지 포괄하는 개념이다.

ㄷ. 대통령의 일반사면권 행사에는 국회의 동의가 불필요하다.

ㄹ. 일반사면이란 범죄의 종류를 지정하여, 이에 해당하는 모든 범죄인에 대하여 형의 선고의 효과를 전부 또는 일부 소멸시키거나, 형의 선고를 받지 아니한 자에 대해서는 공소권을 소멸시키는 것을 말한다.

ㅁ. 특별사면이라 함은 이미 형의 선고를 받은 특정인에 대하여 형의 집행을 면제하는 것을 말한다.

ㅂ. 전두환, 노태우 전대통령에 대한 특별사면 위헌확인 사건에서 헌법재판소는 일반국민이 특별사면으로 인하여 자신의 법적 이익 또는 권리를 직접적으로 침해당했기 때문에 헌법소원심판 청구의 적법성을 인정했다.

① ㄱ
② ㄴ, ㅁ
③ ㄷ, ㄹ
④ ㄷ, ㅂ
⑤ ㄱ, ㄷ, ㅂ

13. **법원에 대한 설명으로 옳은 것은?**

① 상급법원의 재판에 있어서의 판단은 동종 사건에 관하여 하급심을 기속하는 것이므로, 하급심은 사실판단이나 법률판단에 있어서 상급심의 선례를 존중하여야 한다.

② 대법원은 법령에 저촉되지 아니하는 범위 안에서 소송에 관한 절차, 법원의 내부규율과 사무처리에 관한 규칙을 제정할 수 있다.

③ 명령·규칙이 헌법에 위반된다고 인정하는 경우뿐 아니라 명령·규칙이 법률에 위반된다고 인정하는 경우에도 대법원의 심판권은 대법관 전원의 3분의 2 이상의 합의체에서 행사한다.

④ 법관에 대한 징계처분에는 해임·정직·감봉의 세 종류가 있으며, 징계처분에 대하여 불복하려는 경우에는 징계처분이 있음을 안 날로부터 14일 이내에 전심절차를 거치지 아니하고 대법원에 징계처분의 취소를 청구하여야 한다.

⑤ 대법관이 중대한 심신상의 장해로 직무를 수행할 수 없을 때에는 대법원장의 허가를 얻어 퇴직할 수 있다.

14. **1년 이상의 징역형 선고를 받고 그 집행이 종료되지 아니한 사람의 선거권을 제한하는 「공직선거법」 조항이 청구인들의 선거권을 침해하는지 여부에 대한 설명으로 옳지 않은 것을 <보기>에서 모두 고르면? (다툼이 있는 경우 헌법재판소 판례에 의함)**

<보 기>

ㄱ. 이 사건 법률조항에 의한 선거권 박탈은 범죄자에 대해 가해지는 형사적 제재의 연장으로 범죄에 대한 응보적 기능을 갖는다.

15. **헌법재판에 대한 설명으로 옳은 것은?**

① 탄핵의 심판, 정당해산의 심판, 헌법소원에 관한 심판은 원칙적으로 구두변론에 의한다.

② 재판관에게 공정한 심판을 기대하기 어려운 사정이 있는 경우 당사자는 기피신청을 할 수 있으며 동일한 사건에 대하여 재판관을 2명까지 기피할 수 있다.

③ 심판의 변론과 서면심리, 결정의 선고는 공개한다.

④ 헌법소원심판의 청구 후 30일이 지날 때까지 지정재판부의 각하결정이 없는 때에는 심판에 회부하는 결정이 있는 것으로 본다.

⑤ 권한쟁의의 심판은 그 사유가 있음을 안 날부터 90일 이내에, 그 사유가 있은 날부터 1년 이내에 청구하여야 한다.

16. **헌법소원심판의 적법요건에 대한 설명으로 옳지 않은 것은? (다툼이 있는 경우 헌법재판소 판례에 의함)**

① 피해자의 고소가 아닌 수사기관의 인지 등에 의하여 수사가 개시된 피의사건에서 검사의 불기소처분이 이루어진 경우, 고소하지 아니한 피해자가 그 불기소처분의 취소를 구하는 헌법소원심판을 곧바로 청구하는 것은 보충성을 결여하여 부적법하다.

② 부진정입법부작위를 다투는 형태의 헌법소원심판청구의 경우에도 원칙적으로 법령에 대한 헌법소원에 있어서 요구되는 기본권 침해의 직접성 요건을 갖추어야 한다.

③ 수혜적 법령의 경우에는 수혜범위에서 제외된 자가 자신이 평등원칙에 반하여 수혜대상에서 제외되었다는 주장을 하거나, 비교집단에게 혜택을 부여하는 법령이 위헌이라고 선고되어 그러한 혜택이 제거된다면 비교집단과의 관계에서 자신의 법적

ㄴ. 선거권이 제한되는 수형자의 범위를 정함에 있어서 선고형이 중대한 범죄여부를 결정하는 합리적 기준이 될 수 있다.

ㄷ. 형 집행 중 가석방 처분을 받았다는 후발적 사유를 고려하지 아니하고 1년 이상의 징역형 선고를 받은 사람의 선거권을 일률적으로 제한하는 것은 불필요한 제한에 해당한다.

ㄹ. 1년 이상의 징역형을 선고받은 사람은 공동체에 상당한 위해를 가하였다는 점이 재판과정에서 인정된 자이므로 이들에게 사회적·형사적 제재를 가하고 준법의식을 제고할 필요가 있다.

ㅁ. 1년 이상의 징역형을 선고받은 사람의 범죄행위가 국가적·사회적 법익이 아닌 개인적 법익을 침해하는 경우라면 사회적·법률적 비난가능성의 정도는 달리 판단할 수 있다.

① ㄱ, ㄴ

② ㄴ, ㅁ

③ ㄷ, ㅁ

④ ㄱ, ㄴ, ㄹ

⑤ ㄴ, ㄷ, ㅁ

지위가 상대적으로 향상된다고 볼 여지가 있을 때에는 그 법령의 직접적인 적용을 받는 자가 아니라고 할지라도 자기관련성을 인정할 수 있다.

④ 법률이 일반적 효력을 발생하기 전이라도 이미 공포되어 있고 그로 인한 기본권의 침해가 틀림없을 것으로 예측된다면 기본권 침해의 현재성을 인정할 수 있다.

⑤ 법령에 근거한 구체적인 집행행위가 재량행위인 경우에 법령은 집행기관에게 기본권침해의 가능성만을 부여할 뿐 법령 스스로가 기본권의 침해행위를 규정하고 행정청이 이에 따르도록 구속하는 것이 아니고, 이때의 기본권의 침해는 집행기관의 의사에 따른 집행행위, 즉 재량권의 행사에 의하여 비로소 이루어지고 현실화되므로 이러한 경우에는 법령에 의한 기본권침해의 직접성이 인정될 여지가 없다.

17. 신체의 자유에 대한 설명으로 옳지 않은 것은? (다툼이 있는 경우 헌법재판소 판례에 의함)

① 보호의무자 2인의 동의와 정신건강의학과 전문의 1인의 진단으로 정신질환자에 대한 보호입원이 가능하도록 한 법률조항은 침해의 최소성 원칙에 위반되어 신체의 자유를 침해한다.

② 성폭력범죄를 저지른 성도착증 환자로서 재범의 위험성이 인정되는 19세 이상의 사람에 대해 법원이 15년의 범위에서 치료명령을 선고할 수 있도록 한 법률조항은 장기형이 선고되는 경우 치료명령의 선고시점과 집행시점 사이에 상당한 시간적 간극이 있어서, 집행시점에서 발생할 수 있는 불필요한 치료와 관련한 부분에 대하여는 침해의 최소성과 법익균형성을 인정하기 어려우므로 피치료자의 신체의 자유를 침해한다.

③ 전투경찰순경의 인신구금을 그 내용으로 하는 영창처분에 있어서도 헌법상 적법절차원칙이 준수될 것이 요청되며 이에 관한 영창조항은 헌법에서 요구하는 수준의 절차적 보장 기준을 충족하지 못했으므로 헌법에 위반된다.

④ 행정상 즉시강제는 그 본질상 급박성을 요건으로 하고 있어 법관의 영장을 기다려서는 그 목적을 달성할 수 없다고 할 것이므로 원칙적으로 영장주의가 적용되지 않는다고 보아야 한다.

⑤ 외국에서 형의 전부 또는 일부의 집행을 받은 자에 대하여 형을 감경 또는 면제할 수 있도록 규정한 법률조항은 형의 감면 여부를 법관의 재량에 전적으로 위임하고 있어 외국에서 받은 형의 집행을 전혀 반영하지 아니할 수도 있도록 한 것이어서 과잉금지원칙에 위반되어 신체의 자유를 침해한다.

18. 근로3권에 대한 설명으로 옳지 않은 것은? (다툼이 있는 경우

19. 신뢰보호원칙에 대한 설명으로 옳지 않은 것은? (다툼이 있는 경우 헌법재판소 판례에 의함)

① 신뢰보호의 원칙은 헌법상 법치국가 원리로부터 파생되는 것으로, 법률이 개정되는 경우 기존의 법질서에 대한 당사자의 신뢰가 합리적이고 정당한 반면, 법률의 제정이나 개정으로 야기되는 당사자의 손해가 극심하여 새로운 입법으로 달성코자 하는 공익적 목적이 그러한 당사자의 신뢰가 파괴되는 것을 정당화할 수 없는 경우, 그러한 새 입법은 허용될 수 없다는 것이다.

② 신뢰보호원칙의 위반 여부는 한편으로는 침해되는 이익의 보호가치, 침해의 정도, 신뢰의 손상 정도, 신뢰침해의 방법 등과 또 다른 한편으로는 새로운 입법을 통하여 실현하고자 하는 공익적 목적 등을 종합적으로 형량하여 결정되어야 한다.

③ 친일재산을 그 취득·증여 등 원인행위시에 국가의 소유로 하도록 규정한 「친일반민족행위자 재산의 국가귀속에 관한 특별법」 제3조 제1항 본문은 진정소급입법에 해당하여 신뢰보호원칙에 위반된다.

④ 「택지소유상한에 관한 법률」이 택지를 소유하게 된 경위나 그 목적 여하에 관계 없이 법 시행 이전부터 택지를 소유하고 있는 개인에 대하여 일률적으로 소유상한을 적용하도록 한 것은, 입법목적을 달성하기 위하여 필요한 정도를 넘어 과도하게 침해하는 것이자 신뢰보호의 원칙 및 평등원칙에 위반되는 것이다.

⑤ 「개발이익환수에 관한 법률」 시행 전에 개발에 착수하였지만 아직 개발을 완료하지 아니한 사업, 즉 개발이 진행 중인 사업에 개발부담금을 부과하는 「개발이익환수에 관한 법률」 부칙 제2조는 소급입법금지의 원칙과 신뢰보호의 원칙에 위반되지 않는다.

대법원 및 헌법재판소 판례에 의함)

① 노동조합으로 하여금 행정관청이 요구하는 경우 결산결과와 운영상황을 보고하도록 하고 그 위반 시 과태료에 처하도록 하는 것은 노동조합의 단결권을 침해하는 것이 아니다.

② 근로자에게 보장된 단결권의 내용에는 단결할 자유뿐만 아니라 노동조합을 결성하지 아니할 자유나 노동조합에 가입을 강제당하지 아니할 자유, 그리고 가입한 노동조합을 탈퇴할 자유도 포함된다.

③ 국가비상사태 하에서라도 단체교섭권·단체행동권이 제한되는 근로자의 범위를 구체적으로 제한함이 없이 그 허용 여부를 주무관청의 조정결정에 포괄적으로 위임하고 이에 위반할 경우 형사처벌하도록 규정하는 것은 근로3권의 본질적인 내용을 침해하는 것이다.

④ 「노동조합 및 노동관계조정법」상의 근로자성이 인정되는 한, 출입국관리 법령에 의하여 취업활동을 할 수 있는 체류자격을 얻지 아니한 외국인 근로자도 노동조합의 결성 및 가입이 허용되는 근로자에 해당된다.

⑤ 하나의 사업 또는 사업장에 두 개 이상의 노동조합이 있는 경우 단체교섭에 있어 그 창구를 단일화하도록 하고 교섭대표가 된 노동조합에게만 단체교섭권을 부여한 교섭창구단일화제도는 교섭대표노동조합이 되지 못한 노동조합의 단체교섭권을 침해하는 것이 아니다.

20. 헌법소원심판의 대상에 해당하는 것을 <보기>에서 모두 고르면? (다툼이 있는 경우 헌법재판소 판례에 의함)

<보 기>

ㄱ. 호주가 사망한 경우 딸에게 분재청구권을 인정하지 아니한 관습법

ㄴ. 서울시민 인권헌장 초안의 발표계획에 대한 서울시장의 무산 선언

ㄷ. 2016년도 정부 예산안 편성행위 중 4·16세월호참사 특별조사위원회에 대해 2016. 7. 1. 이후 예산을 편성하지 아니한 부작위

ㄹ. 공정거래위원회의 심사불개시결정 및 심의절차종료결정

ㅁ. 한국증권거래소의 주권상장폐지확정결정

ㅂ. 지방자치단체장을 위한 별도의 퇴직급여제도를 마련하지 않은 입법부작위

ㅅ. 기획재정부장관이 6차에 걸쳐 공공기관 선진화 추진계획을 확정, 공표한 행위

① ㄱ, ㄹ

② ㄷ, ㄹ

③ ㄴ, ㄷ, ㅁ

④ ㄴ, ㄷ, ㅂ

⑤ ㄱ, ㄴ, ㄷ, ㅅ

21. **죄형법정주의에 대한 설명으로 옳지 않은 것은? (다툼이 있는 경우 헌법재판소 판례에 의함)**

① 형벌구성요건의 실질적 내용을 법률이 아닌 새마을금고의 정관에 위임한 것은 죄형법정주의의 원칙에 위반된다.

② 형벌구성요건의 실질적 내용을 노동조합과 사용자 간의 근로조건에 관한 계약에 지나지 않는 단체협약에 위임하는 것은 죄형법정주의의 기본적 요청인 법률주의에 위배된다.

③ 과태료는 형벌이 아니고 행정상의 질서유지를 위한 행정질서벌에 해당되지만, 국민의 재산상 제약에 해당되어 죄형법정주의의 규율대상에 해당된다.

④ 「지방자치법」이 노동운동을 하더라도 형사처벌에서 제외되는 공무원의 범위를 당해 지방자치단체의 조례로 정하도록 한 것은 헌법에 위반되지 않는다.

⑤ 호별방문 등이 금지되는 기간과, 금지되는 선거운동 방법을 중소기업중앙회 정관에서 정하도록 위임하고 있는 「중소기업협동조합법」은 죄형법정주의에 위배된다.

22. **사생활의 비밀과 자유에 대한 설명으로 옳지 않은 것은? (다툼이 있는 경우 헌법재판소 판례에 의함)**

① 4급 이상 공무원들까지 대상으로 삼아 모든 질병명을 예외 없이 공개토록 한 것은 사생활의 비밀과 자유에 대한 침해이다.

② 성폭력범죄를 2회 이상 범하여 그 습벽이 인정된 때에 해당하고 성폭력범죄를 다시 범할 위험성이 인정되는 자에 대해 전자장치 부착을 명할 수 있도록 한 것은 사생활의 비밀과 자유를 침해하는 것이 아니다.

③ 간통죄를 처벌하는 것은 사생활의 비밀과 자유를 침해하는 것

24. **우리나라 헌법재판제도에 따른 심판과 각 관할 기관의 변천사를 도표로 나타낸 것이다. 이 중 내용이 옳지 않은 것을 모두 고르면?**

구 분	위헌법률 심판	탄핵 심판	위헌정당 해산 심판	권한쟁의 심판	헌법소원 심판
(가) 제헌헌법	헌법 위원회	탄핵 재판소	×	대법원	헌법 위원회
(나) 3차 개정헌법	헌법재판소				×
(다) 5차 개정헌법	대법원	탄핵심판 위원회	대법원		×
(라) 7차 개정헌법	헌법위원회			×	×
(마) 8차 개정헌법	헌법위원회			×	×
(바) 9차 개정헌법	헌법재판소				

① 가, 다
② 가, 라
③ 나, 다
④ 나, 바
⑤ 라, 마

으로 헌법에 위배된다.

④ 피보안관찰자에게 자신의 주거지 등 현황을 신고하게 하고, 정당한 이유 없이 신고를 하지 아니한 자를 처벌하는 것은 사생활의 비밀과 자유에 대한 침해이다.

⑤ 금융감독원 4급 이상 직원에 대한 재산등록제도 및 취업제한제도는 사생활의 비밀과 자유를 침해하지 않는다.

23. 언론·출판의 자유에 대한 설명으로 옳지 않은 것은? (다툼이 있는 경우 헌법재판소 판례에 의함)

① 인터넷게시판을 운영하는 정보통신서비스 제공자에게 본인확인절차를 거쳐야만 게시판을 이용할 수 있도록 한 '본인확인제'는 위헌이다.

② '공익을 해할 목적으로 전기통신설비에 의하여 공연히 허위의 통신을 한 자'를 처벌하고 있는 「전기통신기본법」은 죄형법정주의의 명확성원칙에 위반된다.

③ 사생활 침해를 이유로 침해받은 자가 삭제요청을 한 경우, 일정한 조건하에 정보에 대한 접근을 임시적으로 차단하는 조치를 하도록 한 것은 표현의 자유에 대한 침해가 아니다.

④ 소비자를 현혹할 우려가 있는 내용의 의료광고를 금지하는 것은 표현의 자유에 대한 침해가 아니다.

⑤ 일간신문사의 뉴스통신·방송사업 겸영을 일률적으로 금지할 것이 아니라 겸영으로 인한 언론의 집중 내지 시장지배력의 효과를 고려하여 선별적으로 통제하는 방법이 바람직함에도 불구하고, 「신문법」이 일률적으로 겸영을 금지하는 것은 신문사업자의 언론표현 방법의 자유를 침해하는 것이다.

25. 현행 헌법의 전문에 대한 설명으로 옳지 않은 것은? (다툼이 있는 경우 헌법재판소 판례에 의함)

① 헌법의 본문 앞에 위치한 문장으로서 헌법전의 일부를 구성하는 헌법서문을 말한다.

② 헌법제정 및 개정의 주체, 건국이념과 대한민국의 정통성, 자유민주주의적 기본질서의 확립, 평화통일과 국제평화주의의 지향은 물론 대한민국이 민주공화국이고 모든 권력이 국민으로부터 나온다는 사실도 헌법전문에 선언되어 있다.

③ 헌법의 제정과 개정과정에 관한 역사적 서술 외에도 대한민국의 국가적 이념과 국가질서를 지배하는 지도이념과 지도원리 등이 구체적으로 규정되어 있다.

④ 헌법전문에 기재된 3·1정신은 우리나라 헌법의 연혁적·이념적 기초로서 헌법이나 법률해석에서의 해석기준으로 작용한다고 할 수 있지만, 그에 기하여 곧바로 국민의 개별적 기본권성을 도출해낼 수는 없다고 할 것이므로, 헌법소원의 대상인 헌법상 보장된 기본권에 해당하지 아니한다.

⑤ 헌법전문은 법령의 해석기준이면서 입법의 지침일 뿐만 아니라, 구체적 소송에서 적용될 수 있는 재판규범으로서 위헌법률심사의 기준이 되는 헌법규범이기도 하다.

경 제 학

1. **정보의 비대칭성에 대한 설명으로 옳은 것은?**

① 정보의 비대칭성이 존재하면 항상 역선택과 도덕적 해이의 문제가 발생한다.
② 통신사가 서로 다른 유형의 이용자들로 하여금 자신이 원하는 요금제도를 선택하도록 하는 것은 선별(screening)의 한 예이다.
③ 공동균형(pooling equilibrium)에서도 서로 다른 선호체계를 갖고 있는 경제주체들은 다른 선택을 할 수 있다.
④ 사고가 날 확률이 높은 사람일수록 이 사고에 대한 보험에 가입할 가능성이 큰 것은 도덕적 해이의 한 예이다.
⑤ 신호(signaling)는 정보를 보유하지 못한 측이 역선택 문제를 해결하기 위해 사용할 수 있는 수단 중 하나이다.

2. **커피와 크루아상은 서로 보완재이고, 커피와 밀크티는 서로 대체재이다. 커피 원두값이 급등하여 커피 가격이 인상될 경우, 각 시장의 변화로 옳은 것을 <보기>에서 모두 고르면? (단, 커피, 크루아상, 밀크티의 수요 및 공급곡선은 모두 정상적인 형태이다.)**

<보 기>

4. **한 국가의 명목 GDP는 1,650조원이고, 통화량은 2,500조원이라고 하자. 이 국가의 물가수준은 2% 상승하고, 실질 GDP는 3% 증가할 경우에 적정 통화공급 증가율은 얼마인가? (단, 유통속도 변화 $\Delta V=0.0033$이다.)**

① 2.5% ② 3.0% ③ 3.5%
④ 4.0% ⑤ 4.5%

5. **자본이동이 완전히 자유로운 소규모 개방경제의 IS-LM-BP 모형에서 화폐수요가 감소할 경우 고정환율제도와 변동환율제도 하에서 발생하는 변화에 대한 설명으로 옳지 않은 것을 <보기>에서 모두 고르면?**

<보 기>

ㄱ. 변동환율제도 하에서 화폐수요가 감소하면 LM곡선이 오른쪽으로 이동한다.
ㄴ. 변동환율제도 하에서 이자율 하락으로 인한 자본유출로 외환수요가 증가하면 환율이 상승한다.
ㄷ. 변동환율제도 하에서 평가절하가 이루어지면 순수출이 증가하고 LM곡선이 우측으로 이동하여 국민소득은 감소하게 된다.
ㄹ. 고정환율제도 하에서 외환에 대한 수요증가로 환율상승 압력이 발생하면 중앙은행은 외환을 매각한다.
ㅁ. 고정환율제도 하에서 화폐수요가 감소하여 LM곡선이 오른쪽으로 이동하더라도 최초의 위치로는 복귀하지 않는다.

ㄱ. 커피의 공급곡선은 왼쪽으로 이동한다.
ㄴ. 크루아상 시장의 생산자잉여는 감소한다.
ㄷ. 크루아상의 거래량은 증가한다.
ㄹ. 밀크티 시장의 총잉여는 감소한다.
ㅁ. 밀크티의 판매수입은 증가한다.

① ㄱ, ㄴ, ㄷ
② ㄱ, ㄴ, ㅁ
③ ㄴ, ㄷ, ㄹ
④ ㄴ, ㄷ, ㅁ
⑤ ㄷ, ㄹ, ㅁ

3. 완전경쟁시장에서 어떤 재화가 거래되고 있다. 이 시장에는 총 100개의 기업이 참여하고 있으며 각 기업의 장기비용함수는 $c(q) = 2q^2 + 10$으로 동일하다. 이 재화의 장기균형가격과 시장 전체의 공급량은? (단, q는 개별기업의 생산량이다.)

	장기균형가격	시장 전체의 공급량
①	$\sqrt{40}$	$25\sqrt{80}$
②	$\sqrt{40}$	$100\sqrt{80}$
③	$\sqrt{80}$	$\sqrt{80}/4$
④	$\sqrt{80}$	$25\sqrt{80}$
⑤	$\sqrt{80}$	$100\sqrt{80}$

① ㄱ, ㄴ
② ㄴ, ㄷ
③ ㄷ, ㄹ
④ ㄷ, ㅁ
⑤ ㄹ, ㅁ

6. IS-LM 모형에 대한 설명으로 옳은 것을 <보기>에서 모두 고르면?

<보 기>

ㄱ. 투자의 이자율탄력성이 클수록 IS곡선과 총수요곡선은 완만한 기울기를 갖는다.
ㄴ. 소비자들의 저축성향 감소는 IS곡선을 왼쪽으로 이동시키며, 총수요곡선도 왼쪽으로 이동시킨다.
ㄷ. 화폐수요의 이자율 탄력성이 클수록 LM곡선과 총수요곡선은 완만한 기울기를 갖는다.
ㄹ. 물가수준의 상승은 LM곡선을 왼쪽으로 이동시키지만 총수요곡선을 이동시키지는 못한다.
ㅁ. 통화량의 증가는 LM곡선을 오른쪽으로 이동시키며 총수요곡선도 오른쪽으로 이동시킨다.

① ㄱ, ㄷ, ㄹ
② ㄱ, ㄹ, ㅁ
③ ㄴ, ㄷ, ㅁ
④ ㄴ, ㄹ, ㅁ
⑤ ㄱ, ㄴ, ㄷ, ㅁ

7. 수요와 공급의 가격탄력성에 대한 설명으로 옳은 것을 <보기>에서 모두 고르면?

<보 기>

ㄱ. 어떤 재화에 대한 소비자의 수요가 비탄력적이라면, 가격이 상승할 경우 그 재화에 대한 지출액은 증가한다.

ㄴ. 수요와 공급의 가격탄력성이 클수록 단위당 일정한 생산보조금 지급에 따른 자중손실(deadweight loss)은 커진다.

ㄷ. 독점력이 강한 기업일수록 공급의 가격탄력성이 작아진다.

ㄹ. 최저임금이 인상되었을 때, 최저임금이 적용되는 노동자들의 총임금은 노동의 수요보다는 공급의 가격탄력성에 따라 결정된다.

① ㄱ, ㄴ
② ㄱ, ㄷ
③ ㄴ, ㄹ
④ ㄱ, ㄴ, ㄷ
⑤ ㄱ, ㄴ, ㄷ, ㄹ

8. 현시선호이론에 대한 설명으로 옳은 것을 <보기>에서 모두 고르면?

<보 기>

ㄱ. 소비자의 선호체계에 이행성이 있다는 것을 전제로 한다.

10. 어떤 기업에 대하여 <보기>의 상황을 가정할 때, 이 기업의 가치에 대한 설명으로 옳지 않은 것은?

<보 기>

- 이 기업의 초기 이윤은 π_0=100이다.
- 이 기업의 이윤은 매년 g=5%씩 성장할 것으로 기대된다.
- 이 기업이 자금을 차입할 경우, 금융시장에서는 i=10%의 이자율을 적용한다.

① 이 기업의 가치는 $PV=\pi_0\frac{1+g}{i-g}$로 계산된다.
② 이 기업의 가치는 2,200이다.
③ 이 기업의 가치는 i가 상승하면 감소한다.
④ 이 기업의 가치는 g가 커지면 증가한다.
⑤ 초기 이윤을 모두 배당으로 지급하면 이 기업의 가치는 2,100이 된다.

11. 어떤 경제의 총수요곡선은 $P_t=-Y_t+2$, 총공급곡선은 $P_t=P_t^e+(Y_t-1)$이다. 이 경제가 현재 $P=\frac{3}{2}$, $Y=\frac{1}{2}$에서 균형을 이루고 있다고 할 때, 다음 중 옳은 것은? (단, P_t^e는 예상물가이다.)

① 이 경제는 장기균형 상태에 있다.
② 현재 상태에서 P_t^e는 1/2이다.

ㄴ. 어떤 소비자의 선택행위가 현시선호이론의 공리를 만족시킨다면, 이 소비자의 무차별곡선은 우하향하게 된다.

ㄷ. $P_0Q_0 \geq P_0Q_1$일 때, 상품묶음 Q_0가 선택되었다면, Q_0가 Q_1보다 현시선호되었다고 말한다. (단, P_0는 가격벡터를 나타낸다.)

ㄹ. 강공리가 만족된다면 언제나 약공리는 만족된다.

① ㄱ, ㄴ
② ㄴ, ㄷ
③ ㄴ, ㄹ
④ ㄱ, ㄴ, ㄷ
⑤ ㄴ, ㄷ, ㄹ

9. 어떤 기업의 생산함수는 $Q=\frac{1}{2000}KL^{\frac{1}{2}}$이고 임금은 10, 자본 임대료는 20이다. 이 기업이 자본 2,000단위를 사용한다고 가정했을 때, 이 기업의 단기 비용함수는? (단, K는 자본투입량, L은 노동투입량이다.)

① $10Q^2+20,000$
② $10Q^2+40,000$
③ $20Q^2+10,000$
④ $20Q^2+20,000$
⑤ $20Q^2+40,000$

③ 현재 상태에서 P_t^e는 3/2이다.
④ 개인들이 합리적 기대를 한다면 P_t^e는 1이다.
⑤ 개인들이 합리적 기대를 한다면 P_t^e는 2이다.

12. 어떤 경제를 다음과 같은 필립스(Phillips) 모형으로 표현할 수 있다고 할 때, 다음 설명 중 옳은 것은?

$$\pi_t = \pi_t^e - \alpha(u_t - \overline{u})$$
$$\pi_t^e = 0.7\pi_{t-1} + 0.2\pi_{t-2} + 0.1\pi_{t-3}$$

(단, π_t는 t기의 인플레이션율, π_t^e는 t기의 기대 인플레이션율, α는 양의 상수, u_t는 t기의 실업률, $\overline{u}$는 자연실업률이다.)

① 기대 형성에 있어서 체계적 오류 가능성은 없다.
② 경제주체들은 기대를 형성하면서 모든 이용 가능한 정보를 활용한다.
③ 가격이 신축적일수록 α값이 커진다.
④ α값이 클수록 희생률(sacrifice ratio)이 커진다.
⑤ t기의 실업률이 높아질수록 t기의 기대 인플레이션율이 낮아진다.

13. 어떤 국가의 인구가 매년 1%씩 증가하고 있고, 국민들의 연평균 저축률은 20%로 유지되고 있으며, 자본의 감가상각률은 10%로 일정할 경우, 솔로우(Solow) 모형에 따른 이 경제의 장기균형의 변화에 대한 설명으로 옳은 것은?

① 기술이 매년 진보하는 상황에서 이 국가의 1인당 자본량은 일정하게 유지된다.

② 이 국가의 기술이 매년 2%씩 진보한다면, 이 국가의 전체 자본량은 매년 2%씩 증가한다.

③ 인구증가율의 상승은 1인당 산출량의 증가율에 영향을 미치지 못한다.

④ 저축률이 높아지면 1인당 자본량의 증가율이 상승한다.

⑤ 감가상각률이 높아지면 1인당 자본량의 증가율이 상승한다.

14. 어떤 기업의 비용함수가 $C(Q) = 100 + 2Q^2$이다. 이 기업이 완전경쟁시장에서 제품을 판매하며 시장가격은 20일 때, 다음 설명 중 옳지 않은 것은? (단, Q는 생산량이다.)

① 이 기업이 직면하는 수요곡선은 수평선이다.

② 이 기업의 고정비용은 100이다.

③ 이윤극대화 또는 손실최소화를 위한 최적산출량은 5이다.

④ 이 기업의 최적산출량 수준에서 $P \geq AVC$를 만족한다. (단, P는 시장가격이고, AVC는 평균가변비용이다.)

⑤ 최적산출량 수준에서 이 기업의 손실은 100이다.

16. 균형경기변동이론(Equilibrium Business Cycle Theory)에 대한 설명으로 옳은 것을 <보기>에서 모두 고르면?

<보 기>

ㄱ. 흉작이나 획기적 발명품의 개발은 영구적 기술충격이다.

ㄴ. 기술충격이 일시적일 때 소비의 기간 간 대체효과는 크다.

ㄷ. 기술충격이 일시적일 때 실질이자율은 경기순행적이다.

ㄹ. 실질임금은 경기역행적이다.

ㅁ. 노동생산성은 경기와 무관하다.

① ㄱ, ㄴ

② ㄱ, ㄹ

③ ㄴ, ㄷ

④ ㄷ, ㄹ

⑤ ㄹ, ㅁ

17. 다음 그림은 국내 통화의 실질 절하(real depreciation)가 t_0에 발생한 이후의 무역수지 추이를 보여준다. 이에 대한 설명 중 옳지 않은 것은? (단, 초기 무역수지는 균형으로 0이다.)

15. 투자이론에 대한 다음 설명 중 옳지 않은 것은?

① 투자는 토빈(Tobin) q의 증가함수이다.

② 자본의 한계생산이 증가하면 토빈(Tobin) q값이 커진다.

③ 투자옵션모형에 따르면, 상품가격이 정상이윤을 얻을 수 있는 수준으로 상승하더라도 기업이 바로 시장에 진입하여 투자하지 못하는 이유는 실물부문의 투자가 비가역성을 갖고 있기 때문이다.

④ 재고투자모형은 수요량 변화에 따른 불확실성의 증가가 재고투자를 증가시킬 수도 있다는 점을 설명한다.

⑤ 신고전학파에 따르면 실질이자율 하락은 자본의 한계편익을 증가시켜 투자의 증가를 가져온다.

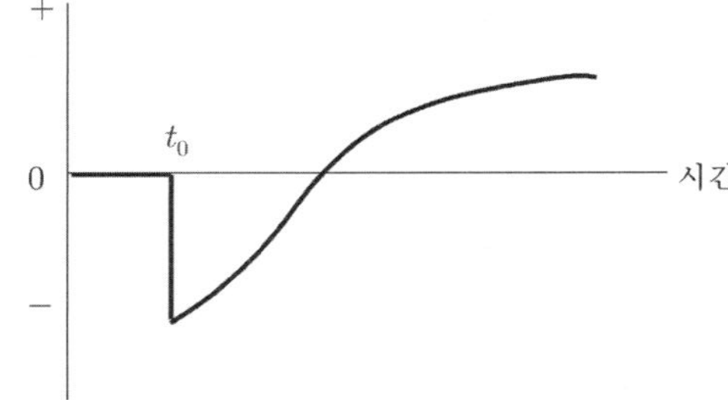

① 그림과 같은 무역수지의 조정과정을 J-곡선(J-curve)이라 한다.

② 실질 절하 초기에 수출과 수입이 모두 즉각 변화하지 않아 무역수지가 악화된다.

③ 실질 절하 후 시간이 흐름에 따라 수출과 수입이 모두 변화하므로 무역수지가 개선된다.

④ 수출수요탄력성과 수입수요탄력성의 합이 1보다 작다면 장기적으로 실질 절하는 무역수지를 개선한다.

⑤ 마샬-러너 조건(Marshall-Lerner condition)이 만족되면 장기적으로 실질 절하는 무역수지를 개선한다.

18. 어떤 소비자의 효용함수는 $U(x,y)=20x-2x^2+4y$이고, 그의 소득은 24이다. 가격이 $P_X=P_Y=2$에서 $P_X=6, P_Y=2$로 변화했다면 가격변화 이전과 이후의 X재와 Y재의 최적 소비량은? (단, x, y는 각각 X재와 Y재의 소비량이다.)

	가격변화 이전	가격변화 이후
①	$(x=2, y=6)$	$(x=2, y=8)$
②	$(x=2, y=6)$	$(x=4, y=8)$
③	$(x=4, y=8)$	$(x=2, y=6)$
④	$(x=4, y=8)$	$(x=4, y=6)$
⑤	$(x=4, y=8)$	$(x=6, y=2)$

19. 완전경쟁시장에서 물품세가 부과될 때 시장에서 나타나는 현상들에 대한 설명으로 옳은 것을 <보기>에서 모두 고르면?

<보 기>

ㄱ. 소비자에게 종가세가 부과되면 시장수요곡선은 아래로 평행이동한다.

ㄴ. 수요곡선이 수평선으로 주어져 있는 경우 물품세의 조세부담은 모두 공급자에게 귀착된다.

ㄷ. 소비자에게 귀착되는 물품세 부담의 크기는 공급의 가격탄력성이 클수록 증가한다.

ㄹ. 소비자와 공급자에게 귀착되는 물품세의 부담은 물품세가 소비자와 공급자 중 누구에게 부과되는가와 상관없이 결정된다.

21. 꾸르노(Cournot) 복점기업 1과 2의 수요함수가 $P=10-(Q_1+Q_2)$이고 생산비용은 0일 때, 다음 설명 중 옳지 않은 것은? (단, P는 시장가격, Q_1는 기업 1의 산출량, Q_2는 기업 2의 산출량이다.)

① 기업 1의 한계수입곡선은 $MR_1=10-2Q_1-Q_2$이다.

② 기업 1의 반응함수는 $Q_1=5-\frac{1}{2}Q_2$이다.

③ 기업 1의 꾸르노 균형산출량은 $Q_1=\frac{10}{3}$이다.

④ 산업전체의 산출량은 $Q=\frac{20}{3}$이다.

⑤ 꾸르노 균형산출량에서 균형가격은 $P=\frac{20}{3}$이다.

22. 노동시장에서 현재 고용상태인 개인이 다음 기에도 고용될 확률을 P_{11}, 현재 실업상태인 개인이 다음 기에 고용될 확률을 P_{21}이라고 하자. 이 확률이 모든 기간에 항상 동일하다고 할 때, 이 노동시장에서의 균형실업률은?

① $P_{21}/(1-P_{21})$

② P_{21}/P_{11}

③ $(1-P_{11})/(1-P_{11}+P_{21})$

④ $(1-P_{11})/(P_{11}+P_{21})$

ㅁ. 물품세 부과에 따라 감소하는 사회후생의 크기는 세율에 비례하여 증가한다.

① ㄴ, ㄷ
② ㄱ, ㄴ, ㄹ
③ ㄱ, ㄷ, ㅁ
④ ㄴ, ㄷ, ㄹ
⑤ ㄷ, ㄹ, ㅁ

20. 절약의 역설(paradox of thrift)에 대한 설명 중 옳은 것을 <보기>에서 모두 고르면?

<보 기>

ㄱ. 경기침체가 심한 상황에서는 절약의 역설이 발생하지 않는다.
ㄴ. 투자가 이자율 변동의 영향을 적게 받을수록 절약의 역설이 발생할 가능성이 크다.
ㄷ. 고전학파 경제학에서 주장하는 내용이다.
ㄹ. 임금이 경직적이면 절약의 역설이 발생하지 않는다.

① ㄱ
② ㄴ
③ ㄱ, ㄷ
④ ㄴ, ㄹ
⑤ ㄴ, ㄷ, ㄹ

⑤ $(1-P_{11})/(1-P_{21})$

23. 어떤 마을에 총 10개 가구가 살고 있다. 각 가구는 가로등에 대해 동일한 수요함수 $p_i = 10 - Q(i = 1, \cdots, 10)$를 가지며, 가로등 하나를 설치하는 데 소요되는 비용은 20이다. 사회적으로 효율적인 가로등 설치에 대한 설명으로 옳지 않은 것은?

① 어느 가구도 단독으로 가로등을 설치하려 하지 않을 것이다.
② 가로등에 대한 총수요는 $P = 100 - 10Q$이다
③ 이 마을의 사회적으로 효율적인 가로등 수량은 9개이다.
④ 사회적으로 효율적인 가로등 수량을 확보하려면 각 가구는 가로등 1개당 2의 비용을 지불해야 한다.
⑤ 가구 수가 증가하는 경우, 사회적으로 효율적인 가로등 수량은 증가한다.

24. 어떤 국가의 통신시장은 2개의 기업(A와 B)이 복점의 형태로 수량경쟁을 하며 공급을 담당하고 있다. 기업 A의 한계비용은 $MC_A = 2$, 기업 B의 한계비용은 $MC_B = 4$이고, 시장수요곡선은 $P = 36 - 2Q$이다. 다음 설명 중 옳은 것을 <보기>에서 모두 고르면? (단, P는 시장가격, Q는 시장의 총공급량이다.)

<보 기>

ㄱ. 균형 상태에서 기업 A의 생산량은 6이고 기업 B의 생산량은 4이다.
ㄴ. 균형가격은 14이다.
ㄷ. 균형 상태에서 이 시장의 사회후생은 243이다.
ㄹ. 균형 상태에서 이 시장의 소비자잉여는 100이다.
ㅁ. 균형 상태에서 이 시장의 생산자잉여는 122이다.

① ㄱ, ㄹ
② ㄴ, ㄷ
③ ㄱ, ㄹ, ㅁ
④ ㄴ, ㄷ, ㅁ
⑤ ㄴ, ㄹ, ㅁ

25. 두 폐쇄경제 A국과 B국의 총생산함수는 모두 $Y = EK^{0.5}L^{0.5}$와 같은 형태로 나타낼 수 있다고 하자. A국은 상대적으로 K가 풍부하고 B국은 상대적으로 L이 풍부하며, A국은 기술수준이 높지만 B국은 기술수준이 낮다. 만약 현재 상태에서 두 경제가

통합된다면 B국의 실질 임금률과 실질 이자율은 통합 이전에 비하여 어떻게 변화하는가? (단, Y, K, L은 각각 총생산, 총자본, 총노동을 나타내며, E는 기술수준을 나타낸다.)

① 임금률은 상승하고 이자율은 하락할 것이다.

② 임금률은 하락하고 이자율은 상승할 것이다.

③ 임금률과 이자율 모두 상승할 것이다.

④ 임금률은 상승하지만 이자율의 변화는 알 수 없다.

⑤ 이자율은 하락하지만 임금률의 변화는 알 수 없다.

영 어

1. Choose the word that best fits in the blank.

A country's leader must possess __________, the ability to fixate on a simple conviction and grip it, viscerally and unflinchingly, through complexity and confusion.

① flexibility
② tenacity
③ adaptability
④ versatility
⑤ credibility

2. Choose the one that is closest in meaning to the underlined word.

Rawls burst into prominence in 1958 with the publication of his game-changing paper, "Justice as Fairness." Though it was not his first important publication, it revived the social contract theory that had

3. Choose the word that best fits in the blank.

ZMapp is created by injecting plants with a genetically modified virus. This causes the plant cells to produce __________ for the Ebola virus, which scientists then extract and purify. ZMapp has been given to several individuals; however, it is relatively untested, and its safety and efficacy are not known.

① microbes
② vermin
③ toxicants
④ antibodies
⑤ detriments

4. Which of the following is NOT grammatically correct?

Something similar can be said ① <u>of</u> other cherished goods and practices. Consider the rights and obligations of citizenship. If you are called ② <u>to</u> jury duty, you may not hire ③ <u>substitute</u> to take your place. ④ <u>Nor</u> do we allow citizens to sell their votes, even though ⑤ <u>others</u> might be eager to buy them.

been languishing in the wake of Hume's critique and its <u>denigration</u> by utilitarians and pragmatists, though it was a Kantian version of it that Rawls advocated. This led to a greatly developed book version, *A Theory of Justice*, published in 1971, arguably the most important book of American philosophy published in the second half of the last century.

① laudation
② impugnment
③ homage
④ exuberance
⑤ sobriety

5. Which of the following best fits in the blank?

Most cases of emotional maladjustment are due to the fact that people will not accept themselves. They keep daydreaming about ________________ if they had another's chance. And so, disregarding their own possibilities, they never make anything worthwhile out of themselves. Well, anybody can find sufficient cause to dislike their own lot. But the most stimulating successes in history have come from persons who, facing some kind of limitations and handicaps, took them as part of life's game and played splendidly in spite of them.

① the things they've done
② all the things they do
③ what had been done
④ what they would do
⑤ which would have done

6. Which of the following best fits in the blank?

How many people hold power in a society and how they exercise it are eternal themes of political debate. At one extreme a single person rules. Such a system is usually called a monarchy (Greek for 'rule by one') when the position can be inherited within a family. It is likely to be given such names as tyranny (from examples in Greek history) or dictatorship (from Rome) when power is seized by or granted to an individual member of society. The other extreme is democracy (Greek for 'power of the people'), in which theoretically every adult can influence group decisions. Such an egalitarian approach is familiar to anthropologists, studying the customs of small tribal groups, but it has been a rarity in more developed societies. Between the two extremes is oligarchy (Greek for 'rule by a few'). In a sense all early clashes between oligarchy and democracy are an argument over ____________, with democrats pressing for a higher figure than oligarchs can accept. Even in Athens, where sophisticated democracy begins, only a small proportion of the community can vote.

① where to start the most sophisticated society
② how to build a more developed society
③ when and where to stop the monarchy
④ who will seize the power in Athens
⑤ how many to include in the few

8. Which of the following best fits in the blank?

Flu 2018 panic is in full swing, and with very good reason. Already termed "moderately severe" by the Centers for Disease Control (CDC), indications are that this flu season will only get worse, and the flu has claimed the lives of at least 30 children (and many adults) so far. Meanwhile, a new study from the University of Maryland suggests that the flu virus may not require a sneeze or cough to become airborne; it may spread simply through breathing. You already know to get the flu shot (and it's still worth getting), wash your hands copiously, and ____________ if you're sick so your flu is not contagious to others. Now, concerned folks are taking prevention a step further, donning surgical masks—both to avoid getting the flu and to prevent the spread of the flu they already have.

① fly off the handle
② beat around the bush
③ keep a low profile
④ hear it on the grapevine
⑤ cost an arm and a leg

7. What is the passage mainly about?

Originality is what distinguishes art from craft. It is the yardstick of artistic greatness or importance. Unfortunately, it is also very hard to define what originality is. The usual synonyms such as uniqueness, novelty, and freshness do not help us much, and the dictionaries tell us only that an original work must not be a copy. Thus, if we want to rate works of art on an "originality scale" our problem does not lie in deciding whether or not a given work is original but in establishing just exactly how original it is. To do that is not impossible. However, the difficulties besetting our task is so great that we cannot hope for more than tentative and complete answers, which does not mean, of course, that we should not try. Quite contrarily, for whatever the outcome of our labors in any particular case, we shall certainly learn a great deal about works of art in the process.

① Though incomplete, it is significant to measure the degree of originality in art.

② Originality can be applied to measure artistic value in a relative way.

③ A work of art is original as long as it is not a complete copy.

④ The task of establishing originality scale is not worth pursuing for practical reasons.

⑤ The inaccuracy of originality scale is greater than the benefit of using it anyway.

9. Which of the following is the most appropriate title of the passage?

In disrupting ecosystems, light pollution poses a serious threat in particular to nocturnal wildlife, having negative impacts on plant and animal physiology. It can confuse the migratory patterns of animals, alter competitive interactions of animals, change predator–prey relations, and cause physiological harm. The rhythm of life is orchestrated by the natural diurnal patterns of light and dark; so disruption to these patterns impacts the ecological dynamics. With respect to adverse health effects, many species, especially humans, are dependent on natural body cycles called circadian rhythms and the production of melatonin, which are regulated by light and dark (e.g., day and night). If humans are exposed to light while sleeping, melatonin production can be suppressed. This can lead to sleep disorders and other health problems such as increased headaches, worker fatigue, medically defined stress, some forms of obesity due to lack of sleep and increased anxiety. And ties are being found to a couple of types of cancer. There are also effects of glare on aging eyes. Health effects are not only due to over–illumination or excessive exposure of light over time, but also improper spectral composition of light (e.g., certain colors of light). With respect to energy wastage, lighting is responsible for at least one–fourth of all electricity consumption worldwide. Over illumination can constitute energy wastage, especially upward directed lighting at night. Energy wastage is also a waste in cost and carbon footprint.

10. Which of the following is the most logical sequence of the four parts to complete the passage?

Long before anyone suspected the existence of genes, farmers recognized that the traits of parents were passed down to the offspring, and thus they could improve the yield of pumpkins or the size of pigs by selectively breeding the best specimens with each other.

[A] Both approaches assume that nature and nurture are implicated in shaping our behavior, thoughts, and emotions. This trend is bound to be magnified tremendously in the next half century as a result of advances in genetics.

[B] Currently two of the liveliest branches of the human sciences are behavioral genetics, which tries to ascertain the degree of inheritability of such behavioral traits as schizophrenia, propensity to divorce, political beliefs, and even happiness, and evolutionary psychology, which searches out the mechanisms by which these traits are selected and transmitted from one generation to the next.

[C] Most of these practices were hit–or–miss, without any foundation in an understanding of how different traits are transmitted from one generation to the next. But this situation is about to change drastically in the coming decades.

[D] Although few important traits are likely to depend on the action of a single or even a few genes, some genetic engineers are confident that the era of “designer babies” is at hand.

① How to Reduce Light Pollution for Better Ecosystem
② Light Pollution Rising Rapidly on a Global Scale
③ Various Diurnal Patterns of Light and Dark
④ Importance of Light to Human Health
⑤ Inimical Effects of Light Pollution

① [A]-[B]-[D]-[C]
② [B]-[A]-[D]-[C]
③ [B]-[C]-[A]-[D]
④ [C]-[B]-[A]-[D]
⑤ [D]-[A]-[B]-[C]

11. Choose the one that is grammatically correct.

① Students apply as much commitment to the extracurricular activities as they do to their general subjects.
② She was born in the Addis Ababa province of northern Africa, an area known as its spectacular vistas.
③ It is never too early to start caring for the land you live and grow up.
④ He had few winter clothing when he arrived at the camp.
⑤ He reads storybooks to children who don't access to TV.

12. Which of the following best fits in the blank?

Contacts between American Indian groups and Europeans resulted in borrowed vocabulary, some groups borrowing very little from Europeans and others more; European languages also borrowed terms from Native American languages. The type and degree of linguistic adaptation to European culture has varied greatly among American Indian groups, depending on sociocultural factors. For example, among the Karuk of northwestern California, a tribe that suffered harsh treatment at the hands of whites, there are only a few loanwords from English, such as *ápus* 'apple(s),' and a few calques (loan translations), such as the 'pear' being called *vírusur* 'bear' because in Karuk the p and b sounds, as in English *pear* and *bear*, ______________. A large number of words for new items of acculturation were produced based on native words—e.g., a hotel being called *amnaam* 'eating place.' Native American languages have borrowed words from Dutch, English, French, Russian, Spanish (called hispanisms), and Swedish. American Indian languages have contributed numerous words to European languages, especially names for plants, animals, and native culture items. From Algonquian languages English has the words *caribou, chipmunk, hickory, moccasin, moose, opossum, persimmon, powwow, raccoon, skunk, squash, tomahawk, totem, wickiup,* and others.

14. Choose the word that best fits in the blank.

Sometimes the negative criticism of a loved one becomes the more ________ as they are the most hurtful to hear.

① disparaging
② relenting
③ exquisite
④ scrupulous
⑤ disinterested

15. Which of the following best fits in the blanks (A) and (B)?

Retailers have long been using online channels to make up for (A)________ sales at their brick-and-mortar stores, but recently, they've taken the shift to another level, introducing products (B)________ for online. The trend-conscious fashion and cosmetics sectors are at the forefront of this new strategy. Beanpole Ladies recently introduced Lime Beanpole, a series of products sold only on its website.

	(A)	(B)
①	tentative	simultaneously
②	sluggish	exclusively

① are not distinguished
② do not exist in Karuk
③ do not occur both in 'pear' and 'bear'
④ are produced by the lips only
⑤ are placed in word-initial positions

13. Choose the word that best fits in the blank.

> It is incomprehensible that the tax codes should be such a(n) ________ instead of a straightforward bracket based on gross earning, notwithstanding deduction.

① increment
② qualm
③ labyrinth
④ boon
⑤ simplicity

③	annual	optionally
④	estimated	temporarily
⑤	skyrocketing	increasingly

16. Choose the word that best fits in the blank.

> Imagine that you are holding a rubber band. Now begin stretching your rubber band by pulling it to your right. This particular rubber band can stretch twelve inches. When the rubber band is stretched twelve inches, there is nowhere to go ________ back. And when it returns, it has a lot of power and spring.

① but
② to
③ as
④ for
⑤ against

17. Where does the given sentence best fit in the passage?

A look at U.S. history reveals a succession of dominant ideals.

(A) We often characterize periods of history by a specific "look," or ideal of beauty. (B) Often these relate to broader cultural happenings, such as today's emphasis on fitness and toned bodies. (C) In sharp contrast to today's emphasis on health and vigor, in the early 1800s, it was fashionable to appear delicate to the point of looking ill. (D) The poet John Keats described the ideal woman of that time as "… a milk white lamb that bleats for man's protection." (E) Other past looks include the voluptuous, lusty woman that Lillian Russell made popular; the athletic Gibson Girl of the 1890s; and the small, boyish flapper of the 1920s exemplified by the silent movie actress Clara Bow.

① (A) ② (B) ③ (C) ④ (D) ⑤ (E)

18. What is the passage mainly about?

The distinctive long curls that Jewish men wear as sideburns, or "sidelocks," are called payots, a Hebrew word that translates into English as sides or edges. The Holiness Code in Leviticus 19–27 forbids the shaving of

19. Which of the following best fits in the blanks (A) and (B)?

Aristotle outlined three kinds of common friendships. The first is a friendship of utility. In this kind of relationship, the two parties are not in it for the affection of one another, but more so because each party receives a benefit in exchange. Similarly, the second kind of friendship is one based on pleasure. This one is more common in people that are younger. It's the kind of relationship frequently seen among college friends or people who participate on the same sports team. The final form of friendship that Aristotle outlined is the most preferable out of the three. Rather than utility or pleasure, this kind of relationship is based on a mutual appreciation of the virtues that the other party holds dear. Beyond the depth and intimacy, the beauty of such relationships is that they automatically include the rewards of the other two kinds of friendship. They're (A)__________ and (B)__________.

	(A)	(B)
①	virtuous	intimate
②	affectionate	durable
③	beneficial	pleasurable
④	accidental	intentional
⑤	utilitarian	devotional

the corners of the head. Different sects of the Jewish religion put their own flare to payots. The Yemenites call them simanim, which means signs, because they differentiate them from Yemenite Muslims. They wear long, thin and twisted locks, often reaching to the upper arm. The Skver (Hasidic dynasty) twist theirs into tight coils and wear them in front of the ear. The Gur raise their payots from the temples and tuck them under a yarmulke. The Lithuanian Jews often leave a few short strands uncut and tuck them behind their ears, a style most commonly found among yeshiva students.

① Jewish sideburns have endured thousands of years.

② For many Jewish men, sideburns represent the epitome of masculinity.

③ The Jewish religion places great emphasis on honoring the Holiness Code.

④ Different Jewish sects reflect varying responses to changing times.

⑤ Different sects of Judaism have different sideburn styles.

20. Which of the following is different from the others?

A dispute between (A)<u>an American priest</u> and a group of Kenyan nuns over two major hospitals for the poor was resolved when the nuns stormed one of the hospitals late last week. "They stormed the hospital in the morning. The sisters came with a contingent of police officers and other civilians. We are now handing over. It's all peaceful," Reverend Bob Silvio, (B)<u>a chaplain</u> in the hospital the nuns retook Friday, told Religion News Service. The Assumption Sisters of Nairobi had been in court for over six years fighting Reverend William Charles Fryda, (C)<u>a missionary</u> who helped found the church, for control over the two buildings. Fryda argued that the hospitals were his because (D)<u>he</u> founded them with money he raised, but the nuns countered that the idea to build the hospital was theirs. The case garnered widespread media attention in Kenya due to the spectacle of (E)<u>an American reverend</u> fighting with local nuns.

① (A) ② (B) ③ (C) ④ (D) ⑤ (E)

21. Which of the following best fits in the blanks (A), (B) and (C)?

The current 1987 Constitution declares South Korea a democratic republic and establishes a presidential system. The President, who is elected by nationwide direct ballot, is the head of state and serves a single five-year term. The President appoints public officials, including the Prime Minister and heads of executive agencies. The appointment of the Prime Minister must be approved by the National Assembly. Other members of the State Council are appointed by the President upon recommendation of the Prime Minister. The Constitution (A)__________ legislative power in the National Assembly. The President may attend and address the National Assembly or express his or her views by written message. The National Assembly also deliberates and decides upon the national budget bill. When the Executive plans to issue national bonds or to conclude contracts that may (B)__________ financial obligations on the state outside of the budget, it must have the prior concurrence of the National Assembly. Further, the National Assembly gives its consent to the conclusion and (C)__________ of treaties, declarations of war, the dispatch of armed forces to foreign states, and the stationing of alien forces in the territory of South Korea. The National Assembly may also pass a recommendation for the removal of the Prime Minister or a State Council member from office. Such a recommendation for removal may be introduced by one-third or more of the total

22. Which of the following is closest in meaning to the underlined expression?

These days, big data, artificial intelligence and the tech platforms that put them to work have huge influence and power. It goes without saying that when computers are making decisions, a lot can go wrong. Our lawmakers desperately need this explained to them in an unbiased way so they can appropriately regulate, and tech companies need to be held accountable for their influence over all elements of our lives. But academics <u>have dozed off at the wheel</u>, leaving the responsibility for this education to well-paid lobbyists and employees who've abandoned the academy.

① have been impudent

② have been watchful

③ have been superfluous

④ have been incapable

⑤ have been unmindful

members of the National Assembly, and must be passed with the concurrent vote of a majority of the total members of the National Assembly.

	(A)	(B)	(C)
①	reserves	neglect	endorsement
②	vests	incur	ratification
③	dissipates	denounce	convention
④	commits	discharge	revocation
⑤	bestows	defy	condolence

23. Which of the following is NOT true, according to the passage?

Britain's cotton industry grew at pace throughout the Industrial Revolution. Cotton was introduced to the country in the 16th century and by the 1700s it had changed the way people dressed. To keep up with increasing demand, cotton mills sprung up across Britain, especially in the north of England. Thanks to the water coming down from the Pennines, the North of England developed a thriving cotton industries. The fast flowing rivers coming down from the Pennines provided the power supply for the factories, although this would later be supplied by coal power. It also provided fresh, clean water with which to wash the material. Liverpool also boasted a thriving cotton industry thanks to the strong transport links through its ports. In 1774 a heavy tax on cotton thread and cloth made in Britain was repealed, further boosting the cotton industry. Furthermore, numerous inventions and technological development transformed the cotton industry, in turn helping to establish the UK as the cotton 'workshop of the world.' One such invention was the 'Flying Shuttle,' which was created by John Kay in 1733 and enabled cloth to be weaved faster than before. Another was the 'Spinning Jenny,' which was created by James Hargreaves in 1765. 'Water Frame,' patented by Richard Arkwright in 1769, embraced waterpower, but it also produced a higher quality thread than Hargreaves' Spinning Jenny. Thanks to Crompton's 'Mule' in 1779, and Boulton and Watt's

24. Which of the following best fits in the blank?

An evolutionary perspective leads one to view the mind as a crowded zoo of evolved, domain-specific programs. Each is functionally specialized for solving a different adaptive problem that arose during hominid evolutionary history, such as face recognition, foraging, mate choice, heart rate regulation, sleep management, or predator vigilance, and each is activated by a different set of cues from the environment. But the existence of all these microprograms itself creates an adaptive problem: programs that are individually designed to solve specific adaptive problems could, if simultaneously activated, ________________, interfering with or nullifying each other's functional products. For example, sleep and flight from a predator require mutually inconsistent actions, computations, and physiological states. It is difficult to sleep when your heart and mind are racing with fear, and this is no accident: disastrous consequences would ensue if proprioceptive cues were activating sleep programs at the same time that the sight of a stalking lion was activating ones designed for predator evasion. To avoid such consequences, the mind must be equipped with superordinate programs that override some programs when others are activated (e.g., a program that deactivates sleep programs when predator evasion subroutines are activated).

① enhance each program's functional product

② evolve to solve all the adaptive problems at once

steam engine a few years later, the industry was changed dramatically.

① During the 18th century, cotton changed the way British people dressed.
② Strong transport links at ports made Liverpool suitable for cotton mills.
③ Levying heavy tax on cotton thread and cloth in 1774 jeopardized the cotton industry.
④ Higher quality threads were spun by 'Water Frame' than by 'Spinning Jenny.'
⑤ England's cotton industry dramatically improved due to Boulton and Watt's steam engine.

③ ameliorate the functions of all microprograms
④ come out with mutually harmonious results
⑤ deliver outputs that conflict with one another

25. Which of the following is true, according to the passage?

Humans are notoriously bad at resisting temptation. Our tendency to value the pleasures of the present more than the satisfactions of the future comes at a considerable cost. Walter Mischel suggested with his famous marshmallow experiments with children that those who can persevere toward their long-term goals in the face of temptation to do otherwise are best positioned for success. This view of self-control, however, is wrong. Recent studies show that not self-control but pride, gratitude and compassion reduce the human mind's tendency to discount the value of the future, and help people succeed in life. So, cultivate these emotions. Reflect on what you're grateful to have been given. Allow your mind to step into the shoes of those in need and feel for them. Take pride in the small achievements on the path to your goals.

① Few people succumb to temptation.
② Pride hampers successful social interaction.
③ Marshmallow experiment findings are upheld time and again.
④ Appreciating the value of the future is linked to success.
⑤ Walter Mischel correctly characterized successful children.

행 정 법

1. **공물에 대한 설명으로 옳은 것은? (다툼이 있는 경우 판례에 의함)**

① 「국유재산법」상 국유재산은 시효취득의 대상이 되지 아니한다.

② 국유 하천부지는 자연공물로서 공용개시행위 이후에 행정재산이 되고 그 후 본래의 용도에 공여되지 않는 상태에 놓이게 되면 국유재산법령에 의한 용도폐지 없이도 일반재산이 된다.

③ 토지의 지목이 도로이고 국유재산대장에 등재되어 있다는 사정만으로 바로 토지가 도로로서 행정재산에 해당한다고 할 수는 없다.

④ 공물의 공용폐지에 관하여 국가의 묵시적인 의사표시가 있다고 인정되려면 공물이 사실상 본래의 용도에 사용되고 있지 않다거나 행정주체가 점유를 상실하였다는 정도면 족하다.

⑤ 국유재산의 관리청이 행정재산의 사용·수익을 허가한 다음 그 사용·수익하는 자에 대하여 하는 사용료 부과는 사경제주체로서 행하는 사법상의 이행청구에 해당한다.

2. **다음 중 항고소송의 대상이 될 수 있는 것은? (다툼이 있는 경우 판례에 의함)**

① 상훈대상자를 결정할 권한이 없는 국가보훈처장이 기포상자에

3. **허가에 대한 설명으로 옳지 않은 것은? (다툼이 있는 경우 판례에 의함)**

① 인·허가 등 수익적 행정처분을 신청한 여러 사람이 서로 경원관계에 있어서 한 사람에 대한 허가 등 처분이 다른 사람에 대한 불허가 등으로 귀결될 수밖에 없을 때 허가 등 처분을 받지 못한 사람은 신청에 대한 거부처분의 직접 상대방으로서 원칙적으로 자신에 대한 거부처분의 취소를 구할 원고적격이 있고 특별한 사정이 없는 한 자신에 대한 거부처분의 취소를 구할 소의 이익이 있다.

② 공익법인의 기본재산에 대한 감독관청의 처분허가는 그 성질상 특정 상대에 대한 처분행위의 허가가 아니고 처분의 상대가 누구이든 이에 대한 처분행위를 보충하여 유효하게 하는 행위라 할 것이므로 그 처분행위에 따른 권리의 양도가 있는 경우에도 처분이 완전히 끝날 때까지는 허가의 효력이 유효하게 존속한다.

③ 건축허가를 받은 자가 법정 착수기간이 지나 공사에 착수한 경우, 허가권자는 착수기간이 지났음을 이유로 건축허가를 취소하여야 한다.

④ 어업에 관한 허가 또는 신고에 유효기간연장제도가 마련되어 있지 않은 경우 그 유효기간이 경과하면 그 허가나 신고의 효력이 당연히 소멸하며, 재차 허가를 받거나 신고를 하더라도 허가나 신고의 기간만 갱신되어 종전의 어업허가나 신고의 효력 또는 성질이 계속된다고 볼 수 없고 새로운 허가 내지 신고로서의 효력이 발생한다고 할 것이다.

⑤ 정당한 어업허가를 받고 공유수면매립사업지구 내에서 허가어업에 종사하고 있던 어민들에 대하여 손실보상을 할 의무가 있는 사업시행자가 손실보상의무를 이행하지 아니한 채 공유수면매립공사를 시행함으로써 실질적이고 현실적인 침해를 가한 때

게 훈격재심사계획이 없다고 한 회신

② 「농지법」에 의하여 군수가 특정지역의 주민들을 대리경작자로 지정한 행위에 따라 그 지역의 읍장과 면장이 영농할 세대를 선정하는 행위

③ 지방자치단체의 장이 그 지방자치단체 소유의 밭에 측백나무 300그루를 식재하는 행위

④ 교도소장이 수형자를 '접견내용 녹음·녹화 및 접견 시 교도관 참여대상자'로 지정하는 행위

⑤ 제1차 철거대집행 계고처분에 응하지 아니한 경우에 발한 제2차 계고처분

에는 불법행위를 구성하는 것이고, 이 경우 허가어업자들이 입게 되는 손해는 그 손실보상금 상당액이다.

4. 조례에 대한 설명으로 옳지 않은 것은? (다툼이 있는 경우 판례에 의함)

① 조례가 법률 등 상위법령에 위배되면 비록 그 조례를 무효라고 선언한 대법원의 판결이 선고되지 않았더라도 그 조례에 근거한 행정처분은 당연무효가 된다.

② 시(市)세의 과세 또는 면제에 관한 조례가 납세의무자에게 불리하게 개정된 경우에 있어서 개정 조례 부칙에서 종전의 규정을 개정 조례 시행 후에도 계속 적용한다는 경과규정을 두지 아니한 이상, 다른 특별한 사정이 없는 한 법률불소급의 원칙상 개정 전후의 조례 중에서 납세의무가 성립한 당시에 시행되는 조례를 적용하여야 할 것이다.

③ 시·도의회에 의하여 재의결된 사항이 법령에 위반된다고 판단되면 주무부장관은 시·도지사에게 대법원에 제소를 지시하거나 직접 제소할 수 있다. 다만 재의결된 사항이 둘 이상의 부처와 관련되거나 주무부장관이 불분명하면 행정안전부장관이 제소를 지시하거나 직접 제소할 수 있다.

④ 법률이 주민의 권리의무에 관한 사항에 관하여 구체적으로 범위를 정하지 않은 채 조례로 정하도록 포괄적으로 위임한 경우에도 지방자치단체는 법령에 위반되지 않는 범위 내에서 주민의 권리의무에 관한 사항을 조례로 제정할 수 있다.

⑤ 조례안 재의결 내용 전부가 아니라 일부가 법령에 위반되어 위법한 경우에도 대법원은 재의결 전부의 효력을 부인하여야 한다.

5. 행정행위에 대한 설명으로 옳지 않은 것은? (다툼이 있는 경우 판례에 의함)

① 행정행위 중 당사자의 신청에 의하여 인·허가 또는 면허 등 이익을 주거나 그 신청을 거부하는 처분을 하는 것을 내용으로 하는 이른바 신청에 의한 처분의 경우에는 신청에 대하여 일단 거부처분이 행해지면 그 거부처분이 적법한 절차에 의하여 취소·철회되지 않는 한, 사유를 추가하여 거부처분을 반복하는 것은 존재하지도 않는 신청에 대한 거부처분으로서 당연무효이다.

② 행정행위 효력요건은 정당한 권한있는 기관이 필요한 절차를 거치고 필요한 표시의 형식을 갖추어야 할 뿐만 아니라, 행정행위의 내용이 법률상 효과를 발생할 수 있는 것이어야 되며 그 중의 어느 하나의 요건의 흠결도 당해 행정행위의 취소원인이 된다.

③ 수익적 행정행위를 취소 또는 철회하거나 중지시키는 경우에는 비록 취소 등의 사유가 있다고 하더라도 그 취소권 등의 행사는 기득권의 침해를 정당화할 만한 중대한 공익상의 필요 또는 제3자의 이익을 보호할 필요가 있고, 이를 상대방이 받는 불이익과 비교·교량하여 볼 때 공익상의 필요 등이 상대방이 입을 불이익을 정당화할 만큼 강한 경우에 한하여 허용될 수 있다.

④ 「사립학교법」 제20조 제2항에 의한 학교법인의 임원에 대한 감독청의 취임승인은 학교법인의 임원선임행위를 보충하여 그 법률상의 효력을 완성하게 하는 보충적 행정행위로서 성질상 기본행위를 떠나 승인처분 그 자체만으로는 법률상 아무런 효과도 발생할 수 없다.

⑤ 마을버스 운수업자가 유류사용량을 실제보다 부풀려 유가보조금을 과다 지급받은 데 대하여 관할 행정청이 부정수급기간 동안 지급된 유가보조금 전액을 회수하는 내용의 처분을 한 것은 '거짓이나 부정한 방법으로 지급받은 보조금'에 대하여 반환할

7. 공공의 영조물의 설치·관리의 하자로 인한 「국가배상법」상 배상책임에 대한 설명으로 옳지 않은 것은? (다툼이 있는 경우 판례에 의함)

① 영조물의 설치·관리의 하자란 '영조물이 그 용도에 따라 통상 갖추어야 할 안정성을 갖추지 못한 상태에 있음'을 말한다.

② 영조물의 설치·관리상의 하자로 인한 배상책임은 무과실책임이고, 국가는 영조물의 설치·관리상의 하자로 인하여 타인에게 손해를 가한 경우에 그 손해방지에 필요한 주의를 해태하지 아니하였다 하여 면책을 주장할 수 없다.

③ 객관적으로 보아 시간적·장소적으로 영조물의 기능상 결함으로 인한 손해발생의 예견가능성과 회피가능성이 없는 경우에는 영조물의 설치관리상의 하자를 인정할 수 없다.

④ 영조물의 설치·관리의 하자에는 영조물이 공공의 목적에 이용됨에 있어 그 이용상태 및 정도가 일정한 한도를 초과하여 제3자에게 사회통념상 참을 수 없는 피해를 입히는 경우도 포함된다.

⑤ 광역시와 국가 모두가 도로의 점유자 및 관리자, 비용부담자로서의 책임을 중첩적으로 지는 경우 국가만이 「국가배상법」에 따라 궁극적으로 손해를 배상할 책임이 있는 자가 된다.

8. 대집행에 대한 설명으로 옳은 것을 <보기>에서 모두 고르면? (다툼이 있는 경우 판례에 의함)

<보 기>

ㄱ. 대집행을 통한 건물철거의 경우 건물의 점유자가 철거의무자인 때에는 부수적으로 건물의 점유자에 대한 퇴거조치를

것을 명하는 것일 뿐만 아니라 '정상적으로 지급받은 보조금'까지 반환하도록 명할 수 있는 것이어서 위법하다.

6. **취소소송의 판결의 효력에 대한 설명으로 옳지 않은 것은?**

① 거부처분의 취소판결이 확정되었더라도 그 거부처분 후에 법령이 개정·시행되었다면 처분청은 그 개정된 법령 및 허가기준을 새로운 사유로 들어 다시 이전 신청에 대하여 거부처분을 할 수 있다.

② 거부처분의 취소판결이 확정된 경우 그 판결의 당사자인 처분청은 그 소송의 사실심변론종결 이후 발생한 사유를 들어 다시 이전의 신청에 대하여 거부처분을 할 수 있다.

③ 취소판결의 기속력은 그 사건의 당사자인 행정청과 그 밖의 관계행정청에게 확정판결의 취지에 따라 행동하여야 할 의무를 지우는 것으로 이는 인용판결에 한하여 인정된다.

④ 취소판결의 기판력은 판결의 대상이 된 처분에 한하여 미치고 새로운 처분에 대해서는 미치지 아니한다.

⑤ 취소판결의 기판력은 소송의 대상이 된 처분의 위법성존부에 관한 판단 그 자체에만 미치기 때문에 기각판결의 원고는 당해 소송에서 주장하지 아니한 다른 위법사유를 들어 다시 처분의 효력을 다툴 수 있다.

할 수 있다.

ㄴ. 대집행에 의한 건물철거 시 점유자들이 위력을 행사하여 방해하는 경우라도 경찰의 도움을 받을 수 없다.

ㄷ. 대집행 시에 대집행계고서에 대집행의 대상물 등 대집행 내용이 특정되지 않으면 다른 문서나 기타 사정을 종합하여 특정될 수 있다 하더라도 그 대집행은 위법하다.

ㄹ. 1장의 문서에 철거명령과 계고처분을 동시에 기재하여 처분할 수 있다.

① ㄱ, ㄴ
② ㄱ, ㄹ
③ ㄴ, ㄷ
④ ㄴ, ㄹ
⑤ ㄷ, ㄹ

9. 행정행위의 효력에 대한 판례의 태도로 옳지 않은 것은?

① 처분의 불복기간이 도과된 경우에는 당해 처분의 효력을 더 이상 다툴 수 없도록 그 처분의 기초가 된 사실관계나 법률적 판단도 확정되기 때문에 법원은 그에 모순되는 판단을 할 수 없다.

② 운전면허취소처분을 받았으나 나중에 행정쟁송절차에 의해 취소되었다면, 운전면허취소처분은 그 처분시에 소급하여 효력을 잃게 되고, 운전면허취소처분에 복종할 의무가 원래부터 없었음이 후에 확정된 것이다.

③ 민사소송에 있어서 행정처분의 당연무효여부가 선결문제로 되는 때에는 법원은 이를 판단하여 당연무효임을 전제로 판결할 수 있고 반드시 행정소송 등의 절차에 의하여 그 취소나 무효확인을 받아야 하는 것은 아니다.

④ 국세의 과오납이 위법한 과세처분에 의한 것이라도 그 흠이 단지 취소할 수 있는 정도에 불과한 때에는 그 처분이 취소되지 않는 한 그 납세액을 곧바로 부당이득이라고 하여 반환을 구할 수 있는 것은 아니다.

⑤ 제소기간이 이미 도과하여 불가쟁력이 생긴 행정처분에 대하여는 특별한 사정이 없는 한 국민에게 그 행정처분의 변경을 구할 신청권이 있다고 할 수는 없다.

10. 행정절차에 대한 설명으로 옳지 않은 것은? (다툼이 있는 경우 판례에 의함)

① 공무원 인사관계 법령에 의한 처분에 관한 사항이라 하더라도 전부에 대하여 「행정절차법」의 적용이 배제되는 것이 아니라, 성질상 행정절차를 거치기 곤란하거나 불필요하다고 인정되는 처분이나 행정절차에 준하는 절차를 거치도록 하고 있는 처분

11. 다음은 「감염병의 예방 및 관리에 관한 법률」의 다음 규정 중 일부이다. 이 규정에 대한 설명으로 옳은 것을 <보기>에서 모두 고르면?

> 제47조(감염병 유행에 대한 방역조치) 보건복지부장관 … 은 감염병이 유행하면 감염병 전파를 막기 위하여 다음 각 호에 해당하는 … 조치를 하여야 한다.
>
> 1. 감염병환자등이 있는 장소나 감염병병원체에 오염되었다고 인정되는 장소에 대한 다음 각 목의 조치
>
> 가. 일시적 폐쇄
>
> 나. <이하 생략>
>
> 3. 감염병병원체에 감염되었다고 의심되는 사람을 적당한 장소에 일정한 기간 입원 또는 격리시키는 것
>
> 4. <이하 생략>
>
> 제80조(벌칙) 다음 각 호의 어느 하나에 해당하는 자는 300만원 이하의 벌금에 처한다.
>
> 1. ~ 4. <생략>
>
> 5. 제47조 … 에 따른 조치에 위반한 자.
>
> 6. <이하 생략>

<보 기>

ㄱ. 제47조 제1호의 '일시적 폐쇄'는 의무의 불이행을 전제로 하지 않으므로 강학상 '직접강제'에 해당한다.

ㄴ. 제47조 제3호의 '입원 또는 격리'가 항고소송의 대상이 된다고 하더라도 입원 또는 격리가 이미 종료된 경우에는 권리보호의 필요성이 부정될 수 있다.

의 경우에만 「행정절차법」의 적용이 배제되는 것으로 보아야 한다.

② 군인사법령에 의하여 진급예정자명단에 포함된 자에 대하여 의견제출의 기회를 부여하지 아니한 채 진급선발을 취소하는 처분을 한 것은 절차상 하자가 있어 위법하다.

③ 지방의회의 동의를 얻어 행하는 처분에 대해서는 「행정절차법」이 적용되지 아니한다.

④ 도시·군계획시설결정과 실시계획인가는 도시·군계획시설사업을 위하여 이루어지는 단계적 행정절차에서 별도의 요건과 절차에 따라 별개의 법률효과를 발생시키는 독립적인 행정처분이다. 그러므로 선행처분인 도시·군계획시설결정에 하자가 있더라도 그것이 당연무효가 아닌 한 원칙적으로 후행처분인 실시계획인가에 승계되지 않는다.

⑤ 한국방송공사의 설치·운영에 관한 사항을 정하고 있는 「방송법」은 제50조 제2항에서 "사장은 이사회의 제청으로 대통령이 임명한다."고 규정하고 있을 뿐 한국방송공사 사장에 대한 해임에 관하여는 명시적 규정을 두고 있지 아니하므로, 한국방송공사 사장의 임명권자인 대통령에게 해임권한이 없다고 보는 것이 타당하다.

ㄷ. 제47조의 각 호 조치가 급박한 상황에 대처하기 위한 것으로서 그 불가피성과 정당성이 충분히 인정된다면 헌법상의 사전영장주의 원칙에 위배되는 것은 아니라 할 것이다.

ㄹ. 제80조의 벌금은 과실범 처벌에 관한 명문규정이 있거나 해석상 과실범도 벌할 뜻이 명확한 경우를 제외하고는 형법의 원칙에 따라 고의가 있어야 벌할 수 있다.

ㅁ. 법인의 종업원이 제80조의 위반행위를 하였음을 이유로 종업원과 함께 법인도 처벌하고자 한다면, 종업원의 행위의 결과에 대하여 법인에게 독자적인 책임이 있어야 한다.

① ㄱ, ㄴ, ㄷ
② ㄱ, ㄹ, ㅁ
③ ㄴ, ㄷ, ㅁ
④ ㄴ, ㄷ, ㄹ, ㅁ
⑤ ㄱ, ㄴ, ㄷ, ㄹ, ㅁ

12. **행정행위의 효력에 대한 설명으로 옳지 않은 것은? (다툼이 있는 경우 판례에 의함)**

① 행정처분에 그 효력기간이 부관으로 정하여져 있는 경우, 그 처분의 효력 또는 집행이 정지된 바 없다면 위 기간의 경과로 그 행정처분의 효력은 상실되므로 그 기간 경과 후에는 그 처분이 외형상 잔존함으로 인하여 어떠한 법률상 이익이 침해되고 있다고 볼 만한 별다른 사정이 없는 한 그 처분의 취소를 구할 법률상의 이익이 없다.

② 침익적 행정행위의 근거가 되는 행정법규는 엄격하게 해석·적용하여야 하고 그 행정행위의 상대방에게 불리한 방향으로 지나치게 확장해석하거나 유추해석해서는 아니 된다.

③ 과세처분에 취소할 수 있는 위법사유가 있다 하더라도 그 과세처분은 그것이 적법하게 취소되기 전까지는 유효하다 할 것이므로, 민사소송절차에서 그 과세처분의 효력을 부인할 수 없다.

④ 허가에 붙은 기한이 그 허가된 사업의 성질상 부당하게 짧은 경우에는 이를 그 허가 자체의 존속기간이 아니라 그 허가조건의 존속기간으로 보아 그 기한이 도래함으로써 그 조건의 개정을 고려한다는 뜻으로 해석할 수 있을 것이다.

⑤ 구 「중기관리법」에 「도로교통법 시행령」 제86조 제3항 제4호와 같은 운전면허의 취소 정지에 대한 통지에 관한 규정이 없다면 중기조종사면허의 취소나 정지는 상대방에 대한 통지를 요하지 아니한다고 할 수 있고 행정행위의 일반원칙에 따라 이를 상대방에게 고지하여야 효력이 발생한다고 볼 수 없다.

13. **손실보상의 근거규정이 없이 법령상 규정에 의하여 재산권 행사에 제약을 받은 사람이 손실보상을 청구할 수 있는지에 대한**

14. **다음은 행정입법에 대한 대법원 판결문의 일부이다. 이에 대한 설명으로 옳은 것은?**

> 「공공기관의 운영에 관한 법률」(이하 '공공기관법'이라 한다) 제39조 제2항, 제3항 및 그 위임에 따라 기획재정부령으로 제정된 「공기업·준정부기관 계약사무규칙」 제15조 제1항(이하 '이 사건 규칙 조항'이라 한다)의 내용을 대비해 보면, 입찰참가자격제한의 요건을 공공기관법에서는 '공정한 경쟁이나 계약의 적정한 이행을 해칠 것이 명백할 것'을 규정하고 있는 반면, 이 사건 규칙 조항에서는 '경쟁의 공정한 집행이나 계약의 적정한 이행을 해칠 우려가 있거나 입찰에 참가시키는 것이 부적합하다고 인정되는 자'라고 규정함으로써, 이 사건 규칙 조항이 법률에 규정된 것보다 한층 완화된 처분요건을 규정하여 그 처분대상을 확대하고 있다. 그러나 공공기관법 제39조 제3항에서 부령에 위임한 것은 '입찰참가자격의 제한기준 등에 관하여 필요한 사항'일 뿐이고, 이는 그 규정의 문언상 입찰참가자격을 제한하면서 그 기간의 정도와 가중·감경 등에 관한 사항을 의미하는 것이지 처분의 요건까지를 위임한 것이라고 볼 수는 없다. 따라서 이 사건 규칙 조항에서 위와 같이 처분의 요건을 완화하여 정한 것은 상위법령의 위임 없이 규정한 것이므로 이는 행정기관 내부의 사무처리준칙을 정한 것에 지나지 않는다.

① 「공기업·준정부기관 계약사무규칙」 제15조 제1항은 국민에 대하여 구속력이 있다.

② 법률의 위임이 없음에도 법률에 규정된 처분 요건을 부령에서 변경하여 규정한 경우에는 그 부령의 규정은 국민에 대하여 대외적 구속력은 없다.

③ 어떤 행정처분이 법규성이 없는 부령의 규정에 위배되면 그 처

다음의 설명 중 옳지 않은 것은? (다툼이 있는 경우 판례에 의함)

① 재산권의 사회적 제약에 해당하는 공용제한에 대해서는 보상규정을 두지 않아도 된다.

② 보상규정이 없다고 하여 당연히 보상이 이루어질 수 없는 것이 아니라 헌법해석론에 따라서는 특별한 희생에 해당하는 재산권 제약에 대해서는 손실보상이 이루어질 수도 있다.

③ 우리 헌법재판소는 손실보상규정이 없어 손실보상을 할 수 없으나 수인한도를 넘는 침해가 있는 경우에는 침해를 야기한 행위가 위법하므로 그에 대한 항고소송을 제기할 수 있다고 한다.

④ 대법원은 손실보상규정이 없는 경우에 다른 손실보상규정의 유추적용을 인정하는 경우가 있다.

⑤ 손실보상규정이 없으나 수인한도를 넘는 침해가 이루어진 경우 헌법소원으로 이를 다툴 수 있다.

분은 위법하고, 또 그 부령에서 정한 요건에 부합하면 그 처분은 적법하다.

④ 입찰참가자격제한처분의 적법 여부는 「공기업·준정부기관 계약사무규칙」 제15조 제1항에서 정한 요건에 합치하는지 여부와 공공기관법 제39조의 규정을 기준으로 판단하여야 한다.

⑤ 법령에서 행정처분의 요건 중 일부 사항을 부령으로 정할 것을 위임한 데 따라 부령에서 이를 정하고 있는 경우에 그 부령의 규정은 국민에 대하여 구속력이 없다.

15. 「행정심판법」의 규정에 대한 설명으로 옳은 것은?

① 특별행정심판 또는 「행정심판법」에 따른 행정심판절차에 대한 특례를 신설하거나 변경하는 법령을 제정·개정할 때 중앙행정심판위원회와 사전에 협의하여야 하는 것은 아니다.

② 대통령의 처분 또는 부작위에 대하여는 다른 법률에서 행정심판을 청구할 수 있도록 정한 경우 외에는 행정심판을 청구할 수 없다.

③ 국가인권위원회의 처분 또는 부작위에 대한 행정심판의 청구는 국민권익위원회에 두는 중앙행정심판위원회에서 심리·재결한다.

④ 행정심판결과에 이해관계가 있는 제3자나 행정청은 신청에 의하여 행정심판에 참가할 수 있으나, 행정심판위원회가 직권으로 심판에 참가할 것을 요구할 수는 없다.

⑤ 행정심판위원회는 무효확인심판의 청구가 이유가 있더라도 이를 인용하는 것이 공공복리에 크게 위배된다고 인정하면 그 청구를 기각하는 재결을 할 수 있다.

16. 다음은 「식품위생법」상 영업허가 및 영업승계에 관한 조항의 일부이다. 제39조 제3항의 신고에 대한 설명으로 옳은 것은? (다툼이 있는 경우 판례에 의함)

> 제37조(영업허가 등) ① 제36조제1항 각 호에 따른 영업 중 대통령령으로 정하는 영업을 하려는 자는 대통령령으로 정하는 바에 따라 영업 종류별 또는 영업소별로 식품의약품안전처장 또는 특별자치시장·특별자치도지사·시장·군수·구청장의 허가를 받아야 한다. <이하 생략>
>
> 제39조(영업 승계) ① 영업자가 영업을 양도하거나 사망한 경우 또는 법인이 합병한 경우에는 그 양수인·상속인 또는 합병 후 존속하는 법인이나 합병에 따라 설립되는 법인은 그 영업자의 지위를 승계한다.
>
> ② 다음 각 호의 어느 하나에 해당하는 절차에 따라 영업 시설의 전부를 인수한 자는 그 영업자의 지위를 승계한다. 이 경우 종전의 영업자에 대한 영업 허가·등록 또는 그가 한 신고는 그 효력을 잃는다.
>
> 1. 「민사집행법」에 따른 경매
>
> 2. ~ 4. <생략>
>
> ③ 제1항 또는 제2항에 따라 그 영업자의 지위를 승계한 자는 총리령으로 정하는 바에 따라 1개월 이내에 그 사실을 식품의약품안전처장 또는 특별자치시장·특별자치도지사·시장·군수·구청장에게 신고하여야 한다.

① 신고는 영업허가자의 변경이라는 법률효과를 발생시키는 행위이다.

② 신고의 수리행위에 신고필증 교부가 필요하다.

17. 행정입법에 대한 설명으로 옳지 않은 것은? (다툼이 있는 경우 판례에 의함)

① 일반적으로 법률의 위임에 따라 효력을 갖는 법규명령의 경우에 위임의 근거가 없어 무효였더라도 나중에 법 개정으로 위임의 근거가 부여되면 그때부터는 유효한 법규명령으로 볼 수 있다. 그러나 법규명령이 개정된 법률에 규정된 내용을 함부로 유추·확장하는 내용의 해석규정이어서 위임의 한계를 벗어난 것으로 인정될 경우에는 법규명령은 여전히 무효이다.

② 헌법 제107조 제2항의 규정에 따르면 행정입법의 심사는 일반적인 재판절차에 의하여 구체적 규범통제의 방법에 의하도록 하고 있으므로, 원칙적으로 당사자는 구체적 사건의 심판을 위한 선결문제로서 행정입법의 위법성을 주장하여 법원에 대하여 당해 사건에 대한 적용 여부의 판단을 구할 수 있을 뿐 행정입법 자체의 합법성의 심사를 목적으로 하는 독립한 신청을 제기할 수는 없다.

③ 행정입법에 관여한 공무원이 입법 당시의 상황에서 다양한 요소를 고려하여 나름대로 합리적인 근거를 찾아 어느 하나의 견해에 따라 경과규정을 두는 등의 조치 없이 새 법령을 그대로 시행하거나 적용하였더라도 이러한 경우에까지 「국가배상법」 제2조 제1항에서 정한 국가배상책임의 성립요건인 공무원의 과실이 있다고 할 수는 없다.

④ 「공공기관의 정보공개에 관한 법률」 제9조 제1항 제1호의 '법률에서 위임한 명령'은 법률의 위임규정에 의하여 제정된 대통령령, 총리령, 부령 전부를 의미한다.

⑤ 구 「여객자동차 운수사업법」 제11조 제4항의 위임에 따라 시외버스운송사업의 사업계획변경에 관한 절차, 인가기준 등을 구체적으로 규정한 구 「여객자동차 운수사업법 시행규칙」 제31조 제2항 제1호, 제2호, 제6호는 대외적인 구속력이 있는 법규명령

③ 관할 행정청이 신고를 수리함에 있어서는 「행정절차법」의 적용을 받지 않는다.

④ 수리대상인 사업양도·양수가 없었음에도 신고를 수리한 경우에는 먼저 민사쟁송으로 양도·양수가 무효임을 구한 이후에 신고 수리의 무효를 다툴 수 있다.

⑤ 양도계약이 있은 후 신고 전에 행정청이 종전의 영업자(양도인)에 대하여 영업허가를 위법하게 취소한 경우에, 영업자의 지위를 승계한 자(양수인)는 양도인에 대한 영업허가취소처분을 다툴 원고적격을 갖지 못한다.

이라고 할 것이고, 그것을 행정청 내부의 사무처리준칙을 규정한 행정규칙에 불과하다고 할 수는 없다.

18. 개인정보보호에 대한 설명으로 옳지 않은 것은? (다툼이 있는 경우 판례에 의함)

① 「개인정보보호법」은 개인정보의 누설이나 권한 없는 처리 또는 다른 사람의 이용에 제공하는 등 부당한 목적으로 사용한 행위를 처벌하도록 규정하고 있다. 여기에서 '누설'이라 함은 아직 이를 알지 못하는 타인에게 알려주는 일체의 행위를 말한다.

② 개인정보자기결정권의 보호대상이 되는 개인정보는 개인의 신체, 신념, 사회적 지위, 신분 등과 같이 인격주체성을 특징짓는 사항으로서 개인의 동일성을 식별할 수 있게 하는 일체의 정보를 의미하는 것이므로 개인의 내밀한 영역에 속하는 정보에 국한되고 공적 생활에서 형성되었거나 이미 공개된 개인정보는 포함되지 않는다.

③ 개인정보자기결정권이나 익명표현의 자유도 국가안전보장·질서유지 또는 공공복리를 위하여 필요한 경우에는 헌법 제37조 제2항에 따라 법률로써 제한될 수 있다.

④ 헌법 제10조의 인간의 존엄과 가치, 행복추구권과 헌법 제17조의 사생활의 비밀과 자유에서 도출되는 개인정보자기결정권은 자신에 관한 정보가 언제 누구에게 어느 범위까지 알려지고 또 이용되도록 할 것인지를 정보주체가 스스로 결정할 수 있는 권리이다.

⑤ 헌법 제21조에서 보장하고 있는 표현의 자유는 개인이 인간으로서의 존엄과 가치를 유지하고 국민주권을 실현하는 데 필수불가결한 자유로서, 자신의 신원을 누구에게도 밝히지 않은 채 익명 또는 가명으로 자신의 사상이나 견해를 표명하고 전파할 익명표현의 자유도 그 보호영역에 포함된다.

19. 행정상 의무이행 확보수단에 대한 설명으로 옳지 않은 것은? (다툼이 있는 경우 판례에 의함)

① 이행강제금은 행정법상의 작위 또는 부작위의무를 이행하지 않은 경우에 '일정한 기한까지 의무를 이행하지 않을 때에는 일정한 금전적 부담을 과할 뜻'을 미리 '계고'함으로써 의무자에게 심리적 압박을 주어 장래를 향하여 의무의 이행을 확보하려는 간접적인 행정상 강제집행 수단이다.

② 행정상 즉시강제는 그 본질상 행정 목적 달성을 위하여 불가피한 한도 내에서 예외적으로 허용되는 것이므로, 「경찰관직무집행법」 제6조 경찰관의 범죄의 제지 조치 역시 그러한 조치가 불가피한 최소한도 내에서만 행사되도록 그 발동·행사 요건을 신중하고 엄격하게 해석하여야 한다.

③ 세무조사는 국가의 과세권을 실현하기 위한 행정조사의 일종으로서 국세의 과세표준과 세액을 결정 또는 경정하기 위하여 질문을 하고 장부·서류 그 밖의 물건을 검사·조사하거나 그 제출을 명하는 일체의 행위를 말한다.

④ 공정거래위원회의 과징금 납부명령이 재량권 일탈·남용으로 위법한지는 다른 특별한 사정이 없는 한 과징금 납부명령이 행하여진 '의결일' 당시의 사실상태를 기준으로 판단하여야 한다.

⑤ 하천구역의 무단 점용을 이유로 부당이득금 부과처분과 그 부당이득금 미납으로 인한 가산금 징수처분을 받은 사람이 가산금 징수처분에 대하여 행정청이 안내한 전심절차를 밟지 않았다면 부당이득금 부과처분에 대하여 전심절차를 거쳤다 하더라도 가산금 징수처분에 대하여는 부당이득금 부과처분과 함께 행정소송으로 다툴 수 없다.

21. 행정법관계에 대한 설명으로 옳지 않은 것은? (다툼이 있는 경우 판례에 의함)

① 취소소송은 원칙적으로 처분등의 취소를 구할 법령상 보호가치 있는 이익을 가진 자이면 제기할 수 있다.

② 자치법규에 따라 행정권한을 가지고 있는 공공단체는 행정청에 해당된다.

③ 수익처분의 상대방에게도 당해 처분의 취소를 구할 이익이 인정될 수 있다.

④ 광업권 허가에 대한 취소처분을 한 후 적법한 광업권 설정의 선출원이 있는 경우에는 취소처분을 취소하여 광업권을 복구시키는 조처는 위법하다.

⑤ 구 「산림법」상 산림을 무단형질변경한 자가 사망한 경우 당해 토지의 소유권 또는 점유권을 승계한 상속인은 그 복구의무를 부담한다고 봄이 상당하다.

22. 다음 중 행정주체에 해당하는 것으로서 그에 대한 법적 성격에 대한 설명이 옳은 것을 <보기>에서 모두 고르면? (다툼이 있는 경우 판례에 의함)

<보 기>

ㄱ. 재개발조합 - 공공조합

ㄴ. 한국연구재단 - 공법상의 재단법인

ㄷ. 대한변호사협회 - 공법상의 사단법인

ㄹ. 국립의료원 - 공법상의 사단법인

ㅁ. 한국방송공사 - 영조물법인

20. 행정행위의 직권취소 및 철회에 대한 설명으로 옳지 않은 것은? (다툼이 있는 경우 판례에 의함)

① 수익적 행정행위의 철회는 법령에 명시적인 규정이 있거나 행정행위의 부관으로 그 철회권이 유보되어 있는 등의 경우가 아니라면, 원래의 행정행위를 존속시킬 필요가 없게 된 사정변경이 생겼거나 또는 중대한 공익상의 필요가 발생한 경우 등의 예외적인 경우에만 허용된다.

② 행정행위의 처분권자는 취소사유가 있는 경우 별도의 법적 근거가 없더라도 직권취소를 할 수 있다.

③ 행정청이 행한 공사중지명령의 상대방은 그 명령 이후에 그 원인사유가 소멸하였음을 들어 행정청에게 공사중지명령의 철회를 요구할 수 있는 조리상의 신청권이 없다.

④ 외형상 하나의 행정처분이라 하더라도 가분성이 있거나 그 처분대상의 일부가 특정될 수 있다면 그 일부만의 취소도 가능하고 그 일부의 취소는 당해 취소부분에 관하여 효력이 생긴다.

⑤ 직권취소는 처분의 성격을 가지므로, 이유제시절차 등의 「행정절차법」상 처분절차에 따라야 하며, 특히 수익적 행위의 직권취소는 상대방에게 침해적 효과를 발생시키므로 「행정절차법」에 따른 사전통지, 의견청취의 절차를 거쳐야 한다.

① ㄱ, ㄴ
② ㄱ, ㄷ
③ ㄴ, ㄷ, ㅁ
④ ㄱ, ㄴ, ㄷ, ㅁ
⑤ ㄱ, ㄴ, ㄹ, ㅁ

23. 행정작용에 관한 설명 중 옳은 것을 <보기>에서 모두 고르면?

<보 기>

ㄱ. 인가의 대상이 되는 행위에 취소원인이 있더라도 일단 인가가 있는 때에는 그 흠은 치유된다.

ㄴ. 행정계획의 수립에 있어서 행정청에게 인정되는 광범위한 형성의 자유, 즉 '계획재량'은 '형량명령의 원칙'에 따라 통제한다.

ㄷ. 관계법령을 위반하였음을 이유로 장례식장의 사용중지를 명하고 이를 불이행할 경우 「행정대집행법」에 의하여 대집행하겠다는 내용의 장례식장사용중지계고처분은 적법하다.

ㄹ. 이유부기를 결한 행정행위는 무효이며 그 흠의 치유를 인정하지 아니하는 것이 판례의 입장이다.

ㅁ. 행정행위의 구성요건적 효력은 처분청 이외의 다른 국가기관으로 하여금 당해 행위의 존재와 효과를 인정하고 그 내용에 구속될 것을 요구하는 효력을 말한다.

① ㄱ, ㄴ
② ㄱ, ㄷ
③ ㄴ, ㄹ
④ ㄴ, ㅁ
⑤ ㄷ, ㅁ

24. 행정심판에 있어서 당사자와 관계인에 대한 설명으로 옳지 않은 것은?

① 심판청구의 대상과 관계되는 권리나 이익을 양수한 자는 위원

25. 부작위위법확인소송에 대한 설명으로 옳지 않은 것은? (다툼이 있는 경우 판례에 의함)

① 부작위위법확인의 소는 부작위상태가 계속되는 한 그 위법의 확인을 구할 이익이 있다고 보아야 하므로 원칙적으로 제소기간의 제한을 받지 않으나, 행정심판 등 전심절차를 거친 경우에는 「행정소송법」 제20조가 정한 제소기간 내에 소를 제기해야 한다.

② 소제기의 전후를 통하여 판결시까지 행정청이 그 신청에 대하여 적극 또는 소극의 처분을 함으로써 부작위상태가 해소된 때에는 소의 이익을 상실하게 되어 당해 소는 각하를 면할 수가 없다.

③ 행정청에 대하여 어떠한 행정처분을 하여 줄 것을 요청할 수 있는 법규상 또는 조리상의 권리를 갖는 자만이 제기할 수 있다.

④ 법원은 단순히 행정청의 방치행위의 적부에 관한 절차적 심리만 하는 게 아니라, 신청의 실체적 내용이 이유 있는지도 심리하며 그에 대한 적정한 처리방향에 관한 법률적 판단을 해야 한다.

⑤ 부작위위법확인소송에는 취소판결의 사정판결규정은 준용되지 않지만 제3자효, 기속력, 간접강제에 관한 규정은 준용된다.

회의 허가를 받아 청구인의 지위를 승계할 수 있다.

② 법인이 아닌 사단 또는 재단으로서 대표자나 관리인이 정하여져 있는 경우에는 그 대표자나 관리인의 이름으로 심판청구를 할 수 있다.

③ 청구인이 피청구인을 잘못 지정한 경우에는 위원회는 직권으로 또는 당사자의 신청에 의하여 결정으로써 피청구인을 경정할 수 있다.

④ 행정심판의 경우 여러 명의 청구인이 공동으로 심판청구를 할 때에는 청구인들 중에서 3명 이하의 선정대표자를 선정할 수 있다.

⑤ 참가인은 행정심판 절차에서 당사자가 할 수 있는 심판절차상의 행위를 할 수 있다.

행 정 학

1. **국세 중 간접세에 해당되는 것으로만 묶인 것은?**

① 개별소비세, 인지세, 부가가치세, 주세
② 증권거래세, 증여세, 상속세, 관세
③ 취득세, 재산세, 자동차세, 등록면허세
④ 종합부동산세, 법인세, 소득세, 상속세
⑤ 농어촌특별세, 교육세, 레저세, 담배소비세

2. **다음 중 <보기>의 가상 사례를 가장 잘 설명하고 있는 것은?**

<보 기>

요즘 한 지방자치단체 공무원들 사이에는 민원 관련 허가를 미루려는 A국장의 기이한 행동이 입방아에 오르내리고 있다. A국장은 자기 손으로 승인여부에 대한 결정을 해야 하는 상황을 피하기 위해 자치단체장에 대한 업무보고도 과장을 시켜서 하는 등 단체장과 마주치지 않기 위해 피나는 노력을 하고 있다고 한다.

최근에는 해외일정을 핑계로 아예 장기간 자리를 뜨기도 했다. A국장이 승인여부에 대한 실무진의 의견을 제대로 올리

3. **다음 <보기>에서 설명하는 이론으로 옳은 것은?**

<보 기>

경제학적인 분석도구를 관료행태, 투표자 행태, 정당정치, 이익집단 등의 비시장적 분석에 적용함으로써 공공서비스의 효율적 공급을 위한 제도적 장치를 탐색한다.

① 과학적 관리론
② 공공선택론
③ 행태주의
④ 발전행정론
⑤ 현상학

4. **다음 중 「국가재정법」 제16조에서 규정하고 있는 재정운영에 대한 내용으로 옳지 않은 것은?**

① 재정건전성의 확보
② 국민부담의 최소화
③ 재정을 운영함에 있어 재정지출의 성과 제고
④ 예산과정에의 국민참여 제고를 위한 노력
⑤ 재정의 지속가능성 확보

5. **다음 <보기> 중 정책집행의 상향식 접근(bottom-up approach)에 대한 설명으로 옳은 것을 모두 고르면?**

지 않자 안달이 난 쪽은 다름 아닌 바로 단체장이다. 단체장이 모든 책임을 뒤집어써야 하는 상황이 될 수도 있기 때문이다. A국장과 단체장이 책임을 떠넘기려는 웃지 못할 해프닝이 일어나고 있는 것이다. 한 공무원은 "임기 말에 논란이 될 사안을 결정할 공무원이 누가 있겠느냐"고 말했다.

이런 현상은 중앙부처의 정책결정 과정이나 자치단체의 일선행정 현장에서 모두 나타나고 있다. 그 사이에 정부 정책의 신뢰는 저하되고, 신뢰를 잃은 정책은 표류할 수밖에 없다.

① 업무수행지침을 규정한 공식적인 법규정만을 너무 고집하고 상황에 따른 유연한 대응을 하지 않는 행태를 말한다.
② 관료제의 구조적 특성인 권위의 계층적 구조에서 상사의 명령까지 절대적으로 추종하는 행태를 말한다.
③ 관료들이 위험 회피적이고 변화 저항적이며 책임 회피적인 보신주의로 빠지는 행태를 말한다.
④ 관료제에서 공식적인 규칙이나 절차가 본래의 목적을 상실하여 조직과 대상 국민에게 순응의 불편이나 비용을 초래하는 것을 말한다.
⑤ 기관에 대한 정서적 집착과 같은 귀속주의나 기관과 자신을 하나로 보는 심리적 동일시 현상을 말한다.

<보 기>

ㄱ. 합리모형의 선형적 시각을 반영한다.
ㄴ. 집행이 일어나는 현장에 초점을 맞춘다.
ㄷ. 일선공무원의 전문지식과 문제해결능력을 중시한다.
ㄹ. 고위직보다는 하위직에서 주도한다.
ㅁ. 공식적인 정책목표가 중요한 변수로 취급되므로 집행실적의 객관적 평가가 용이하다.

① ㄱ, ㄴ, ㄷ
② ㄱ, ㄷ, ㅁ
③ ㄴ, ㄷ, ㄹ
④ ㄴ, ㄹ, ㅁ
⑤ ㄷ, ㄹ, ㅁ

6. 다음 중 특수경력직 공무원에 대한 설명으로 옳지 않은 것은?

① 특수경력직 공무원은 경력직 공무원과는 달리 실적주의와 직업공무원제의 획일적 적용을 받지 않는다.
② 특수경력직 공무원도 경력직 공무원과 마찬가지로 「국가공무원법」에 규정된 보수와 복무규율을 적용받는다.
③ 교육·소방·경찰 공무원 및 법관, 검사, 군인 등 특수 분야의 업무를 담당하는 공무원은 특수경력직 중 특정직 공무원에 해당한다.
④ 국회 수석전문위원은 특수경력직 중 별정직 공무원에 해당한다.
⑤ 선거에 의해 취임하는 공무원은 특수경력직 중 정무직 공무원에 해당한다.

7. **다음 중 「지방자치법」상 지방의회의 의결사항에 해당하지 않는 것은?**

① 조례의 제정 · 개정 및 폐지
② 재의요구권
③ 기금의 설치 · 운용
④ 대통령령으로 정하는 중요 재산의 취득 · 처분
⑤ 청원의 수리와 처리

8. **다음 중 정부실패의 원인으로 옳지 않은 것은?**

① 권력으로 인한 분배적 불공정성
② 정부조직의 내부성
③ 파생적 외부효과
④ 점증적 정책결정의 불확실성
⑤ 비용과 편익의 괴리

9. **다음 중 규제피라미드에 대한 설명으로 옳은 것은?**

① 새로운 위험만 규제하다 보면 사회의 전체 위험 수준은 증가하는 상황
② 규제가 또 다른 규제를 낳은 결과 피규제자의 비용 부담이 점점 늘어나게 되는 상황
③ 기업체에게 상품 정보에 대한 공개 의무를 강화할수록 소비자들의 실질적인 정보량은 줄어들게 되는 상황

12. **다음 중 공무원의 신분보장의 배제에 대한 설명으로 옳은 것은?**

① 직위해제: 해당 공무원에 대해 직위를 부여하지 않음으로써 공무원의 신분을 박탈하는 임용행위
② 직권면직: 직제 · 정원의 변경으로 직위의 폐지나 초과정원이 발생한 경우에 임용권자가 직권으로 직무 수행의 의무를 면해주되 공무원의 신분은 보유하게 하는 임용행위
③ 해임: 공무원의 신분을 박탈하는 중징계 처분의 하나이며 퇴직급여액의 2분의 1이 삭감되는 임용행위
④ 파면: 공무원의 신분을 박탈하는 중징계 처분의 하나이며 원칙적으로 퇴직금 감액이 없는 임용행위
⑤ 정직: 공무원의 신분은 보유하지만, 직무 수행을 일시적으로 정지시키며 보수를 전액 감하는 임용행위

13. **다음 중 공공부문 성과연봉제 보수체계 설계 시 성과급 비중을 설정하는 데 적용할 수 있는 동기부여이론은?**

① 애덤스(Adams)의 형평성이론
② 허즈버그(Herzberg)의 욕구충족 이원론
③ 앨더퍼(Alderfer)의 ERG(존재, 관계, 성장)이론
④ 머슬로(Maslow)의 욕구 5단계론
⑤ 해크만(Hackman)과 올드햄(Oldham)의 직무특성이론

14. **다음 중 「지방자치법」 및 「주민소환에 관한 법률」상 주민소환 제도에 대한 설명으로 옳지 않은 것은?**

④ 과도한 규제를 무리하게 설정하다 보면 실제로는 규제가 거의 이루어지지 않게 되는 상황

⑤ 소득재분배를 위한 규제가 오히려 사회적으로 가장 어려운 사람들에게 해를 끼치게 되는 상황

10. 다음 중 행태주의와 제도주의에 대한 기술로 옳은 것은?

① 행태주의에서는 인간의 자유와 존엄과 같은 가치를 강조한다.

② 제도주의에서는 사회과학도 엄격한 자연과학의 방법을 따라야 한다고 본다.

③ 행태주의에서는 시대적 상황에 적합한 학문의 실천력을 중시한다.

④ 각 국에서 채택된 정책의 상이성과 효과를 역사적으로 형성된 제도에서 찾으려는 것은 제도주의 접근의 한 방식이다.

⑤ 제도의 변화와 개혁을 지향한다는 점에서 행태주의와 제도주의는 같다.

11. 교통체증 완화를 위한 차량 10부제 운행은 윌슨(Wilson)이 제시한 규제정치이론의 네 가지 유형 중 어디에 해당하는가?

① 대중정치

② 기업가정치

③ 이익집단정치

④ 고객정치

⑤ 소비자정치

① 시·도지사의 소환청구 요건은 주민투표권자 총수의 100분의 10 이상이다.

② 비례대표의원은 주민소환의 대상이 아니다.

③ 주민소환투표권자의 연령은 주민소환투표일 현재를 기준으로 계산한다.

④ 주민소환투표권자의 4분의 1 이상이 투표에 참여해야 한다.

⑤ 주민소환이 확정된 때에는 주민소환투표대상자는 그 결과가 공표된 시점부터 그 직을 상실한다.

15. 다음 중 국회의 승인이나 의결을 얻지 않아도 되는 것은?

① 명시이월

② 예비비 사용

③ 예산의 이용

④ 계속비

⑤ 예산의 이체

16. 다음 중 균형성과표(Balanced Score Card)에서 강조하는 네 가지 관점으로 옳지 않은 것은?

① 재무적 관점
② 프로그램적 관점
③ 고객 관점
④ 내부프로세스 관점
⑤ 학습과 성장 관점

17. 다음 중 직위분류제와 관련된 개념들에 대한 설명으로 옳지 않은 것은?

① 직위: 한 사람의 근무를 요하는 직무와 책임
② 직급: 직위에 포함된 직무의 성질 및 난이도, 책임의 정도가 유사해 채용과 보수 등에서 동일하게 다룰 수 있는 직위의 집단
③ 직렬: 직무의 종류는 유사하나 난이도와 책임 수준이 다른 직급 계열
④ 직류: 동일 직렬 내에서 담당 직책이 유사한 직무군
⑤ 직군: 직무의 종류는 다르지만 직무 수행의 책임도와 자격 요건이 상당히 유사해 동일한 보수를 지급할 수 있는 직위의 횡적 군

18. 다음 <보기> 중 옳은 것을 모두 고르면?

<보 기>

ㄱ. 인간관계론에서 조직 참여자의 생산성은 육체적 능력보다

20. 다음 중 정책평가에서 인과관계의 타당성을 저해하는 여러 가지 요인들에 대한 설명으로 옳지 않은 것은?

① 성숙효과: 정책으로 인하여 그 결과가 나타난 것이 아니라 그냥 가만히 두어도 시간이 지나면서 자연스럽게 변화가 일어나는 경우
② 회귀인공요소: 정책대상의 상태가 정책의 영향력과는 관계없이 자연스럽게 평균값으로 되돌아가는 경향
③ 호손효과: 정책효과가 나타날 가능성이 높은 집단을 의도적으로 실험집단으로 선정함으로써 정책의 영향력이 실제보다 과대평가되는 경우
④ 혼란변수: 정책 이외에 제3의 변수도 결과에 영향을 미치는 경우 정책의 영향력을 정확히 평가하기 어렵게 만드는 변수
⑤ 허위변수: 정책과 결과 사이에 아무런 인과관계가 없으나 마치 정책과 결과 사이에 인과관계가 존재하는 것처럼 착각하게 만드는 변수

21. 다음 중 탈신공공관리론(post-NPM)에서 강조하는 행정개혁 전략으로 옳지 않은 것은?

① 분권화와 집권화의 조화
② 민간 - 공공부문 간 파트너십 강조
③ 규제완화
④ 인사관리의 공공책임성 중시
⑤ 정치적 통제 강조

사회적 규범에 의해 좌우된다.
ㄴ. 과학적 관리론은 과학적 분석을 통해 업무수행에 적용할 유일 최선의 방법을 발견할 수 있다고 전제한다.
ㄷ. 체제론은 비계서적 관점을 중시한다.
ㄹ. 발전행정론은 정치, 사회, 경제의 균형성장에 크게 기여하였다.

① ㄱ, ㄴ
② ㄱ, ㄹ
③ ㄴ, ㄷ
④ ㄴ, ㄹ
⑤ ㄷ, ㄹ

19. 다음 중 베버(Weber)가 제시한 이념형 관료제에 대한 설명으로 옳지 않은 것은?

① 관료의 충원 및 승진은 전문적인 자격과 능력을 기준으로 이루어진다.
② 조직 내의 모든 결정행위나 작동은 공식적으로 확립된 법규체제에 따른다.
③ 하급자는 상급자의 지시나 명령에 복종하는 계층제의 원리에 따라 조직이 운영된다.
④ 민원인의 만족 극대화를 위해 업무처리 시 관료와 민원인과의 긴밀한 감정교류가 중시된다.
⑤ 조직 내의 모든 업무는 문서로 처리하는 것이 원칙이다.

22. 다음 <보기>의 ㉠에 해당하는 것은?

<보 기>

각 중앙관서의 장은 중기사업계획서를 매년 1월 31일까지 기획재정부 장관에게 제출하여야 하며, 기획재정부 장관은 국무회의의 심의를 거쳐 대통령 승인을 얻은 다음 연도의 (㉠)을(를) 매년 3월 31일까지 각 중앙관서의 장에게 통보하여야 한다.

① 국가재정 운용계획
② 예산 및 기금운용계획 집행지침
③ 예산안편성지침
④ 총사업비 관리지침
⑤ 예산요구서

23. 다음 중 근무성적평정제도에서 다면평가제도의 장점으로 옳지 않은 것은?

① 직무수행 동기 유발
② 원활한 커뮤니케이션
③ 자기역량 강화
④ 미래 행동에 대한 잠재력 측정
⑤ 평가의 수용성 확보 가능

24. 다음 중 시험이 특정한 직위의 의무와 책임에 직결되는 요소들을 어느 정도 측정할 수 있느냐에 대한 타당성의 개념은?

① 내용타당성
② 구성타당성
③ 개념타당성
④ 예측적 기준타당성
⑤ 동시적 기준타당성

25. 다음 <보기>의 ㉠에 대한 설명으로 옳은 것은?

<보 기>

(㉠)이란 상대적으로 많이 가진 계층 또는 집단으로부터 적게 가진 계층 또는 집단으로 재산·소득·권리 등의 일부를 이전시키는 정책을 말한다. 이를테면 누진세 제도의 실시, 생활보호 대상자에 대한 의료보호, 영세민에 대한 취로사업, 무주택자에 대한 아파트 우선적 분양, 저소득 근로자들에게 적용시키는 근로소득보전세제 등의 정책이 이에 속한다.

① 정책 과정에서 이해당사자들 상호 간 이익이 되는 방향으로 협력하는 로그롤링(log rolling) 현상이 나타난다.
② 계층 간 갈등이 심하고 저항이 발생할 수 있어 국민적 공감대를 형성할 때 정책의 변화를 가져오게 된다.
③ 체제 내부를 정비하는 정책으로 대외적 가치배분에는 큰 영향이 없으나 대내적으로는 게임의 법칙이 발생한다.
④ 대체로 국민 다수에게 돌아가지만 사회간접시설과 같이 특정 지역에 보다 직접적인 편익이 돌아가는 경우도 많다.

⑤ 법령에서 제시하는 광범위한 기준을 근거로 국민들에게 강제적으로 특정한 부담을 지우는 것이다.

정답표						
가형	국어	헌법	경제학	영어	행정법	행정학
문1	3	1	2	2	3	1
문2	5	2	2	2	4	3
문3	2	1	4	4	3	2
문4	4	3	5	3	1	5
문5	3	2	4	4	2	3
문6	4	1	2	5	5	3
문7	1	2	1	1	5	2
문8	2	5	5	3	2	4
문9	5	2	2	5	1	2
문10	3	5	1	4	5	4
문11	4	4	4	1	4	1
문12	1	4	3	1	5	5
문13	3	3	3	3	3	1
문14	5	3	5	1	2	4
문15	5	4	5	2	2	5
문16	2	1	3	1	1	2
문17	4	3	4	3	4	5
문18	2	2	3	5	2	1
문19	4	3	4	3	5	4
문20	2	1	2	2	3	3
문21	3	3	5	2	1	3
문22	5	4	3	5	4	3
문23	1	5	3	3	4	4
문24	1	1	4	5	2	1
문25	2	2	1	4	4	2

국 어

1. **다음 중 어법상 옳지 않은 문장은?**

① 눈이 침침해서 안경의 도수를 돋궜다.
② 정면으로 부딪친 차들이 크게 부서졌다.
③ 그는 분을 삭히느라 깊이 숨을 들이마셨다.
④ 이 사건은 사람들의 무관심 속에 차츰 잊혀 갔다.
⑤ 신변을 보호하기 위해 경호원을 붙이기로 결정했다.

2. **다음 중 밑줄 친 부분의 표기가 옳지 않은 것은?**

① 나사는 죄야 하나?
② 봄 신상품을 선뵈어야 매출이 오를 거야.
③ 자네 덕에 생일을 잘 쇠서 고맙네.
④ 그는 오랜만에 고향 땅에 발을 딛는 감회가 새로웠다.
⑤ 장마 후 날씨가 개어서 가족과 함께 가까운 곳으로 소풍을 갔다.

3. **다음의 내용을 이해한 결과로 옳지 않은 것은?**

4. **다음 중 밑줄 친 표현의 쓰임이 옳지 않은 것은?**

① 손이 맑으면 따르는 사람도 많은 법이다.
② 우리 집 강아지들이 발을 타기 시작했다.
③ 워낙 귀가 질긴 친구라 알아듣지 못할 것이다.
④ 마을 사람들 모두 코가 빠져 아무 일도 하지 못했다.
⑤ 그는 어머니의 모습이 눈에 밟혀 차마 발걸음을 옮길 수 없었다.

5. **다음 중 외래어 표기가 옳지 않은 것은?**

① license - 라이선스
② carpet - 카펫
③ barricade - 바리케이드
④ carburetor - 카뷰레이터
⑤ towel - 타월

6. **다음 중 그 뜻이 가장 다른 것은?**

① 發憤忘食
② 守株待兎
③ 自强不息
④ 切磋琢磨
⑤ 螢雪之功

삼다02 [삼 : 따] (삼아, 삼으니)

【…을 …으로】

「1」 어떤 대상과 인연을 맺어 자기와 관계있는 사람으로 만들다.
¶ 고아를 양자로 삼다.

「2」 무엇을 무엇이 되게 하거나 여기다.
¶ 위기를 전화위복의 계기로 삼다.

「3」 ((주로 '삼아' 꼴로 쓰여))(('…으로' 성분은 단독형으로 쓰인다))무엇을 무엇으로 가정하다.
¶ 그녀는 딸을 친구 삼아 이야기하곤 한다.

① '삼다02'는 동일한 철자를 가진 다른 단어가 존재한다.
② '삼다02'는 다의어에 속한다.
③ '삼다02'는 두 자리 서술어이다.
④ '삼다02'는 어간 모음의 길이가 변동한다.
⑤ '삼다02'는 부사어를 필수적인 문장 성분으로 요구한다.

7. **다음 밑줄 친 ㉠이 ㉡에 대해 느낀 감정으로 볼 수 없는 것은?**

> 오늘따라 ㉠나 혼자 집에 남아 있기가 싫어 남편과 함께 대학으로 놀러 나가는 길이었소. 집에서 대학까지 5리는 착실히 되건만 그 늙고 어수룩한 ㉡인력거꾼은 에누리도 없이 10전을 불렀소. 북경처럼 인력거 많고 북경처럼 인력거 삯이 싼 데가 세계에 둘도 없을 게요.
>
> 이 늙은 인력거꾼은 큰길까지 채 나가기도 전부터 기침에 가슴이 메어 뛰지를 못하는 것이었소. 내 인력거가 늦어지는 까닭에 남편의 교수 시간이 늦을까 봐 마음이 조마조마해 나는 "부싱(不行)"이라고 골을 내고는 인력거를 멈추고 다른 젊고 튼튼한 인력거꾼을 골라 탔소.
>
> 그 늙은이는 아무 대꾸도 없이 내가 주는 동전 세 닢을-세 닢이래야 겨우 1전밖에 안 되는 것을-받고서는 그도 싫단 말도 없이 그 젊은 인력거꾼을 부러운 듯이 바라보며 비실비실 길가로 가서 앉는 것이었소.
>
> (중략)
>
> 지금쯤 이 찬 밤에 어느 담 모퉁이에서 그 늙고 마른 다리를 주무르며 기침에 목이 메어 있는지! 아니 영영 내 마음의 빚은 갚지도 못한 채 이 밤 안으로 세상을 떠날지도 모르오.
>
> 밤이 지나고 아침이 오면 이 밤에 이렇게 마음 쓰려 하는 것도 다 잊고 또다시 그 굶주리는 인력거꾼들에게 단돈 한 닢이라도 깎아 주려고 또다시 나는 인색을 부리고 살진 친구들을 위해서는 오히려 자진해서 내 주머니를 풀 것이오.
>
> 이것도 세상 살아가는 모순 중의 하나인가 보오.

① 인력거꾼이 인력거 삯을 싸게 불러 만족스럽다.

> 격이다. 그러한 인격자만을 훌륭한 사람이라고 부를 수 있는 것이다.
>
> (나) 그 동안 우리는 서양식 가치나 기능을 지나치게 받든 나머지 전통적 미덕의 가치를 많이 잃고 말았다. '효도'와 '우애'의 내면적 가치를 살리지 못하고 부모 형제를 가볍게 여기다가 가정과 사회의 질서가 무너졌으며, '자유'의 진정한 뜻을 바르게 이해하지 못하다가 책임과 의무를 거들떠보지 않는 방종으로 흘렀고, '평등'의 고귀한 뜻을 살려 쓰지 못하는 바람에 모두가 천민으로 평준화하는 불행에 휩쓸리고 있다. 서양식 덕목이라 해서 무조건 나쁘다는 뜻은 아니다. 그것을 어떻게 제대로 실천하느냐에 따라 결과가 크게 달라진다는 뜻이다. 가령, 평등의 뜻을 실천하면서 누구나가 '교양', '품위', '예절', '질서', '양보', '용기'와 같은 미덕을 발휘한다면 모든 국민의 의식 수준은 상향 평준화 쪽으로 발전하겠지만, 반대로 나간다면 그 결과는 하향 평준화 쪽으로 뒷걸음치고 만다. 그러한 국가사회는 자연히 천박한 사고방식에 휩쓸리게 될 것이다.
>
> (다) 평교사로 정년을 맞은 어느 초등학교 교원이 기자에게 자랑스럽게 밝힌 이야기 한 도막이 떠오른다. 자신은 비록 평교사지만 제자 중에는 국회의원, 판검사, 대학 교수와 같은 훌륭한 사람이 많이 있기 때문에 보람을 느낀다는 내용이었다. 지위나 권력을 얻은 제자를 무심히 훌륭한 사람으로 생각한 듯하나 그러한 생각은 잘못된 것이다.
>
> (라) 사실 이 세상에는 뛰어난 학자, 위대한 종교가, 유명한 예술가가 많다. 그들은 어디까지나 뛰어나고 위대하고 유명한 사람들이다. 그렇지만 그들 모두가 무조건 인격을 갖춘 훌륭한 사람이라고 보기는 어렵다. 그런데도 사람들은 흔히 훌륭하다는 말을 돈이나 권력이나 지위로 착각하고 '뛰어나다', '위

② 인력거꾼을 다시 만날까 봐 불안하다.

③ 인력거꾼에게 야박하게 대접해 미안하다.

④ 인력거꾼의 건강이 악화될까 걱정된다.

⑤ 인력거꾼이 인력거를 못 끌어서 짜증이 난다.

8. 다음 글들을 순서에 맞게 나열한 것으로 가장 적절한 것은?

우리 민족은 전통적으로 인간의 덕목을 강조해 왔다. 삼강오륜(三綱五倫)에 바탕을 둔 '충성', '효도', '우애'와 같은 단어는 지난 시절 지배 계층의 통치 논리로서 오늘날 그 실천 방법까지 액면 그대로 받아들이기는 어렵지만, 그 내용을 새로운 사회와 시대에 맞도록 손질해서 실천한다면 모두가 만고불변의 덕목으로 부끄럽지 않은 것이다. 실제로 이들 단어의 뜻을 올바르게 실천하기만 한다면 '사랑', '성실성', '끈기', '참을성', '용서', '양보', '희생', '봉사'와 같은 온갖 덕목을 함께 살릴 수도 있는 것이다.

(가) 품위 있는 단어의 뜻이 천박하게 쓰이고 있는 사례를 한 가지만 구체적으로 들어 보겠다. '훌륭하다'는 추상어의 뜻은 기본적으로 고귀한 경지를 나타내는 말이다. 그래서 선생님이나 어른들은 어린아이들에게 훌륭한 사람이 되라고 가르친다. 이때의 '훌륭한 사람'의 뜻을 한마디로 이르자면 '인격을 지닌 사람'이 될 것이다. 학문과 도덕과 예술을 두루 갖추고 그 덕성을 실천하며 사는 사람에게만 인격이라는 단어를 쓸 수 있는 것이다. 인격은 세상 사람들이 귀하게 여기는 이른바 돈이나 권력이나 지위 따위와는 아무런 관련이 없다. 예수나 석가나 공자와 같은 성인에게나 쓸 수 있는 말이 인대하다', '유명하다'는 뜻과 혼동하고 있다. 대통령, 국회의원, 대학 교수는 상당히 뛰어나고 위대하고 유명하기는 하나 그들을 한결같이 훌륭한 사람이라고 보기는 어렵다는 뜻이다.

(마) 이처럼 우리 주변에서는 '훌륭하다'는 말의 뜻이 '뛰어나다', '위대하다', '유명하다'는 뜻과 구별되지 않고 쓰이기 때문에 우리 사회는 잠시 생겼다 없어지고 마는 돈이나 권력이나 지위를 지나치게 높이 받드는 경향이 있다. 그러나 진정으로 훌륭한 것은 영원히 없어지지 않는 것이다. 그것이 곧 인격이다. 인격은 평생을 두고 노력한다 해서 쉽게 얻을 수도 없으며, 한번 얻은 인격은 영원히 없어지지도 않는다. 그래서 인격은 훌륭한 것이다. 성인들이 역사에 길이길이 남아 세상을 밝혀 주는 것도 그 때문이다.

① (가)-(나)-(다)-(라)-(마)

② (가)-(나)-(다)-(마)-(라)

③ (나)-(가)-(다)-(마)-(라)

④ (나)-(가)-(라)-(다)-(마)

⑤ (나)-(다)-(가)-(마)-(라)

※ [9-10] 다음 글을 읽고 물음에 답하시오.

(가) 인구 고령화, 미혼 인구 및 1인 가구의 증가로 국내 반려동물 인구는 1000만 시대에 이르렀다. 그중 개와 고양이를 포함한 반려동물 시장은 약 2조원대에 이르는 것으로 추정하고 있다. 이러한 추세는 신조어까지 등장시켰다. 최근 심심치 않게 등장하는 '펫팸족'이라는 단어는 반려동물을 의미하는 '펫(Pet)'과 가족을 의미하는 '패밀리(Family)'가 합쳐진 조어로 반려동물을 가족처럼 생각하는 사람을 뜻한다.

(나) 우리나라에서는 이러한 시대적 변화에 따라 올바른 반려동물 문화를 확립하고 동물에 대한 올바른 인식향상을 위한 반려동물 어울림 축제가 경기도를 중심으로 진행되고 있다.

(다) 과거에는 가정에서 몸집이 작고 귀여운 개나 고양이를 비롯해 색깔이 예쁘거나 우는 소리가 고운 새와 물고기, 진귀한 뱀이나 도마뱀, 거북이 등을 반려동물로 많이 길렀다. 그러나 최근에는 정서 함양이나 치유 목적으로 여치나 귀뚜라미 등 곤충을 기르는 사람이 늘고 있다.

(라) 영화 <마지막 황제>는 주인공 부의가 통 속의 귀뚜라미를 꺼내는 것으로 영화가 끝나 그 여운이 깊었다. 귀뚜라미는 우리나라에서도 친근한 곤충으로 예술작품 속에서 주요 소재로 이용되기도 했다. 고려시대에는 고단한 궁궐 생활을 하는 궁녀들의 외로움을 달래거나 고향을 생각하는 수단으로 귀뚜라미를 길렀다는 기록도 있다.

(마) 그리고 최근에는 농촌진흥청에서 세계 최초로 왕귀뚜라미가 노인들의 우울증과 인지기능을 개선시켜 정서적 안정에 도움이 된다는 연구 결과를 발표한 바 있다. 이는 개나 고양이 같

10. 다음의 내용이 들어갈 위치로 가장 적절한 것은?

> 과거부터 현재까지 인류는 오랫동안 곤충과 공존하며 생활해 왔다. 사람들은 곤충에 대해 해충이다, 익충이다 가리기만 했을 뿐 자세하게 곤충을 이해하지 못했다. 그러나 전설이나 구전을 통해 곤충의 신비함이 전해져 왔으며, 오랜 세월이 지나면서 곤충이 지닌 참다운 의미와 인간에게 끼친 영향 등을 담은 곤충문화가 형성됐다.

① (가)와 (나) 사이
② (나)와 (다) 사이
③ (다)와 (라) 사이
④ (라)와 (마) 사이
⑤ (마)와 (바) 사이

11. 다음 중 복수 표준어가 아닌 것은?

① 어림잡다 - 어림재다
② 변덕스럽다 - 변덕맞다
③ 장가가다 - 장가들다
④ 흠가다 - 흠지다
⑤ 기세부리다 - 기세피우다

은 반려동물뿐만 아니라 곤충 또한 노인들의 정신과 심리에 긍정적으로 작용한다는 것을 보여줘 앞으로 곤충이 반려동물로서 그 범위를 크게 확장할 수 있음을 입증하는 계기가 됐다.

(바) 한 일간지 보도에 따르면 반려곤충을 키우면 아이들의 정서함양에 좋고 재미가 있어서 컴퓨터 사용 시간을 줄이게 된다고 한다. 곤충은 오래전부터 인간의 문학, 언어, 예술, 역사, 종교, 레크리에이션 등 우리 문화 속에서 광범위하게 활용돼 왔다. 그리고 앞으로 왕귀뚜라미처럼 심리치유 효과 규명 등을 통해 새로운 가치를 지속적으로 찾아낸다면 곤충들이 반려곤충으로 환영받는 시대가 더욱 빠르게 열릴 것이다.

9. 위 글에서 알 수 있는 내용이 아닌 것은?

① 반려동물의 증가 원인
② 반려동물에 대한 인식의 변화
③ 곤충에 대한 이해와 반려동물로서의 가능성
④ 반려곤충이 인간 심리에 미치는 영향
⑤ 반려곤충이 생태계에서 차지하는 위상

12. 다음 중 띄어쓰기가 옳지 않은 것은?

① 홍수가 나서 집이 모두 강물에 떠내려 가버렸다.
② 하라는 공부는 하지 않고 잘도 놀아만 나는구나!
③ 하고 다니는 꼴이 그게 뭐니? 칠칠맞지 못하게.
④ 어머니를 도와드리려는 게 그릇을 깨뜨려버렸다.
⑤ 그가 떠난 지가 오래지만 아직도 너무 그립다.

13. 다음 밑줄 친 부분에 부합하는 훈민정음의 창제 원리로 가장 적절한 것은?

> 중세 국어에 존재했다가 사라진 글자에 'ㆆ'이 있다. 이 글자는 목구멍에서 나는 소리를 적은 글자이다. <u>'ㆆ'을 흔히 '여린히읗'이라고 부르는데 이것은 'ㅎ'에 비해 여리다</u>는 의미를 지닌다.

① 초성자는 발음 기관의 모양을 형상화하여 만든다.
② 초성자는 획을 더하여 글자를 만든다.
③ 종성자는 따로 만들지 않고 초성자를 다시 사용한다.
④ 중성자는 하늘, 땅, 사람을 본떠서 만든다.
⑤ 초성, 중성, 종성을 합쳐서 글자를 완성한다.

14. 다음 밑줄 친 ㉠~㉤을 두 부류로 나눌 때 가장 적절한 것은?

> 허기가 져 급히 먹는 ㉠<u>바람</u>에 체했다.
> 약 ㉡<u>바람</u>에 아무런 통증을 느끼지 못했다.
> 어머니는 버선 ㉢<u>바람</u>으로 아들을 맞았다.
> 문호를 개방하면서 서구화 ㉣<u>바람</u>이 불어닥쳤다.
> 출발 신호음이 떨어지자 선수들은 ㉤<u>바람</u>같이 내달았다.

① ㉠, ㉡, ㉢ / ㉣, ㉤
② ㉠, ㉡, ㉣ / ㉢, ㉤
③ ㉡, ㉢, ㉣ / ㉠, ㉤
④ ㉡, ㉣, ㉤ / ㉠, ㉢
⑤ ㉢, ㉣, ㉤ / ㉠, ㉡

15. 다음 ㉠, ㉡에 대한 설명으로 옳은 것은?

> ㉠ 나는 할머니께 맛있는 과자를 드렸다.
> ㉡ 할머니께서는 내가 드린 과자를 잘 잡수셨다.

① ㉠, ㉡에는 모두 객체를 높이는 문법 형태소가 있다.
② ㉠, ㉡에는 모두 주격 조사가 있다.
③ ㉠, ㉡에는 모두 자동사가 있다.
④ ㉠, ㉡에는 모두 주체 높임의 어미가 있다.

17. 다음 글에 대한 설명으로 가장 적절한 것은?

> 걸음걸이는 그의 의지처럼 또한 정확했다. 아무리 한 걸음 한 걸음 다가가는 걸음걸이가 죽음에 접근하여 가는 마지막 것일지라도 결코 허투른, 불안한, 절망적인 것일 수는 없었다. 흰 눈, 그 속을 걷고 있다. 휜칠히 트인 벌판 너머로 마주선 언덕, 흰 눈이다. 연발하는 총성. 마치 외부 세계의 잡음만 같다. 아니 아무 것도 아닌 것이다. 그는 흰 속을 그대로 한 걸음 한 걸음 정확히 걸어가고 있었다. 눈 속에 부서지는 발자국 소리가 어렴풋이 들려온다. 두런두런 이야기 소리가 난다. 누가 뒤통수를 잡아 일으키는 것 같다. 뒤허리에 충격을 느꼈다. 아니 아무 것도 아니다. 아무 것도 아닌 것이다.
>
> 흰 눈이 회색빛으로 흩어지다가 점점 어두워 간다. 모든 것은 끝난 것이다. 놈들은 멋적게 총을 다시 거꾸로 둘러메고 본부로 돌아들 갈 테지. 눈을 털고 추위에 손을 비벼 가며 방안으로 들어들 갈 것이다. 몇 분 후면 화롯불에 손을 녹이며 아무 일도 없었던 듯 담배들을 말아 피우고 기지개를 할 것이다. 누가 죽었건 지나가고 나면 아무 것도 아니다. 모두 평범한 일인 것이다. 의식이 점점 그로부터 어두워 갔다. 흰 눈 위다. 햇볕이 따스히 눈 위에 부서진다.

① 시공간적 배경이 제시되며 전체적인 도입부의 역할을 하고 있다.
② 인물들 사이의 갈등이 시작되면서 본격적인 사건이 전개된다.
③ 단순한 갈등이 복잡화되면서 사건 전개가 긴밀해진다.
④ 주인공 내면의 갈등이 극대화되면서 주제 의식이 부각된다.
⑤ 전체적인 사건이 마무리되면서 극적 긴장감이 해소된다.

⑤ ㉠, ㉡에는 모두 시제를 나타내는 어미가 있다.

16. **다음 글에 부합하는 작품으로 가장 적절한 것은?**

> 고전 시가 작품의 주제 중에는 임에 대한 사랑이 많다. 사랑이 시대를 초월한 보편적인 주제임을 고려할 때 이러한 상황은 쉽게 이해할 수 있다. 임에 대한 사랑은 직접 표출하기보다는 비유나 상징 등을 통해 간접적으로 표출하는 경우를 더 많이 보게 된다.

① 대쵸 볼 불근 골에 밤은 어이 뜻드르며 / 벼 뷘 그르헤 게는 어이 누리는고 / 술 닉쟈 체쟝ᄉ 도라가니 아니 먹고 어이리

② 옥으로 연고즐 사교이다 / 옥으로 연고즐 사교이다 / 바회 우희 접듀(接主)ᄒ요이다 / 그 고지 삼동이 퓌거시아 / 그 고지 삼동이 퓌거시아 / 유덕(有德)ᄒ신 니믈 여히ᄋ와지이다

③ 어듸라 더디던 돌코 누리라 마치던 돌코 / 믜리도 괴리도 업시 마자셔 우니노라 / 얄리얄리 얄라셩 얄라리 얄라

④ 오백 년 도읍지를 필마로 도라드니 / 산천은 의구하되 인걸은 간듸 업다 / 어즈버 태평연월이 꿈이런가 ᄒ노라

⑤ 잔 들고 혼자 안자 먼 뫼를 바라보니 / 그리던 님이 온들 반가옴이 이러하랴 / 말씀도 우음도 아녀도 못내 좋아 하노라

18. **다음 시에 대한 설명으로 가장 적절한 것은?**

> 눈물 아롱아롱
> 피리 불고 가신 님의 밟으신 길은
> 진달래 꽃비 오는 서역 삼만 리
> 흰 옷깃 여며 여며 가옵신 님의
> 다시 오진 못하는 파촉 삼만 리
>
> 신이나 삼아줄걸 슬픈 사연의
> 올올이 아로새긴 육날 메투리
> 은장도 푸른 날로 이냥 베어서
> 부질없는 이 머리털 엮어 드릴걸
>
> 초롱이 불빛 지친 밤하늘
> 굽이굽이 은핫물 목이 젖은 새
> 차마 아니 솟는 가락 눈이 감겨서
> 제 피에 취한 새가 귀촉도 운다
> 그대 하늘 끝 호올로 가신 님아

① 우리나라 전래의 설화를 소재로 애잔한 정서를 노래했다.
② 버림받은 여인의 절망을 전통적 정서와 가락으로 노래했다.
③ 고유의 한과 체념을 여성적인 애절한 어조로 노래했다.
④ 여인의 정절을 소재로 강인한 삶의 의지를 노래했다.

> "나 서참일세, 알겠나? 홍…… 자네 참 호살세 호사야…… 잘 죽었느니. 자네 살았으문 이만 호살 해보겠나? 인전 안경다리 고칠 걱정두 없구…… 아무튼지……."
> 하는데 박희완 영감이 들어서더니,
> "이 사람 취했네그려."
> 하며 서참의를 밀어냈다.
> 박희완 영감도 가슴이 답답하였다. 분향을 하고 무슨 소리를 한마디 했으면 속이 후련히 트일 것 같아서 잠깐 멈칫하고 서 있어 보았으나,
> "으흐흙……."
> 하고 울음이 먼저 터져 그만 나오고 말았다.
> 서참의와 박희완 영감도 묘지까지 나갈 작정이었으나 거기 모인 사람들이 하나도 마음에 들지 않아 도로 술집으로 내려오고 말았다.

19. **위 글에서 알 수 있는 내용으로 적절하지 않은 것은?**

① 안초시는 불의의 사고로 사망했다.
② 안경화는 이름이 꽤 알려진 사람이다.
③ 안초시, 서참의, 박희완 영감은 친구 사이다.
④ 박희완 영감은 생활이 넉넉하지 못한 편이다.
⑤ 서참의는 안경화를 못마땅하게 여긴다.

⑤ 영원히 돌아오지 않을 님에 대한 원망을 은근하게 노래했다.

※ [19-20] 다음 글을 읽고 물음에 답하시오.

안초시의 소위 ㉠영결식이 그 딸의 연구소 마당에서 열리었다.

서참의와 박희완 영감은 술이 거나하게 취해 갔다. 박희완 영감이 무얼 잡혀서 가져왔다는 ㉡부의 이 원을 서참의가,

"장례비가 넉넉하니 자네 돈 그 계집애 줄 거 없네."

하고 우선 술집에 들러 거나하게 곱빼기들을 한 것이다.

영결식장에는 제법 반반한 조객들이 모여들었다. 예복을 차리고 온 사람도 두엇 있었다. 모두 고인을 알아 온 것이 아니요, 무용가 안경화를 보아 온 사람들 같았다. 그 중에는, 고인의 슬픔을 알아 우는 사람인지, 덩달아 기분으로 우는 사람인지 울음을 삼키느라고 끽끽 하는 사람도 있었다. 안경화도 제법 눈이 젖어 가지고 신식 상복이라나 공단 같은 새까만 양복으로 관 앞에 나와 향불을 놓고 절하였다. 그 뒤를 따라 한 이십 명 관 앞에 와 꾸벅거리었다. 그리고 무어라고 지껄이고 나가는 사람도 있었다.

그들의 분향이 거의 끝난 듯하였을 때,

"에헴!"

하고 얼굴이 시뻘건 서참의도 한마디 없을 수 없다는 듯이 나섰다. 향을 한움큼이나 집어 놓아 연기가 시커멓게 올려 솟더니 불이 일어났다. 후— 후— 불어 불을 끄고, 수염을 한번 쓰다듬고 절을 했다. 그리고 다시,

"헴……."

하더니 ㉢조사를 하였다.

20. 다음 중 ㉠, ㉡, ㉢의 한자 표기가 모두 옳은 것은?

① ㉠永訣式 ㉡附議 ㉢弔詞
② ㉠永決式 ㉡賻儀 ㉢弔辭
③ ㉠永訣式 ㉡附議 ㉢弔辭
④ ㉠永訣式 ㉡賻儀 ㉢弔辭
⑤ ㉠永決式 ㉡附議 ㉢弔詞

영 어

1. 다음 밑줄 친 부분에 들어갈 가장 적절한 표현을 고르시오.

One century earlier Wilhelm von Humboldt taught that "There is apparent connection between sound and meaning which, however, only seldom lends itself to an exact elucidation, is often only glimpsed, and most usually remains _____."

① clear
② distinct
③ obscure
④ semantic
⑤ phonetic

2. 다음 밑줄 친 (A)와 (B)에 들어갈 가장 적절한 표현을 고르시오.

Vulnerability assessment is the analysis of the expected impacts, risks and the adaptive capacity of a region to the effects of climate change. Vulnerability assessment

4. 다음 밑줄 친 부분에 들어갈 가장 적절한 표현을 고르시오.

Passive investments by Korean investors to the overseas markets are likely to continue in the second half of the year, especially with global economic expansion _____________.

① is likely to further retreat
② is likely to be further retreated
③ likely to further retreat
④ likely to be further retreat
⑤ like to further retreat

5. 다음 밑줄 친 부분 중 문법상 옳지 않은 것을 고르시오.

If you haven't been living under a rock lately, ①you have most likely seen these cool new toys that have become extremely popular ②with celebrities and everyday people alike—the self balancing scooter with two wheels. ③They can go at a speed around 8km/h to 20km/h, ④depending on the model. It is lightweight, smart and easy to move and fun to ride. And it takes some time ⑤being used to.

(A)_______ more than simple measurement of the potential harm caused by events resulting from climate change. The term vulnerability is used very broadly in the climate change (B)_______ to include a variety of concepts including sensitivity or susceptibility to harm and lack of capacity to cope and adapt.

(A) (B)

① indicates - asset
② fortifies - possibility
③ requires - avidity
④ induces - environment
⑤ encompasses - context

3. 다음 밑줄 친 부분에 들어갈 가장 적절한 표현을 고르시오.

The nineteen-year-old Anton appointed himself head of the ______ family - a responsibility he bore unfalteringly for the rest of his life - and decided to earn grocery money by writing comic sketches for the newspapers.

① rich ② independent
③ affluent ④ destitute
⑤ amiable

6. 다음 기사의 제목으로 가장 적절한 것을 고르시오.

When people consider traveling within Korea, most think about taking a train rather than a flight. There are a number of cheap flights to Jeju Island, but flying to other destinations has seemed extravagant - particularly with the arrival of the affordable KTX bullet train that connects many cities around the country. This has hit Korea's small regional airports hard, many of which have seen their domestic routes become unprofitable. Attempting to revive sluggish demand for domestic flights, airlines have been working with travel agencies, as well as federal and regional governments, to offer travel packages for day trips around Korea that are cheaper - and faster - than taking a train. Three domestic routes have currently been discounted: Gimpo, Gyeonggi to Pohang, North Gyeongsang; Gimpo to Sacheon, South Gyeongsang; and Gimpo to Yeosu, South Jeolla. Korean Air has particularly slashed prices on domestic flights for 11 travel agencies including Mode Tour, Lotte Tour and Hanjin Travel, which are offering different day-trip packages.

① Flights Save Themselves by Providing Cheaper Day Trips
② Domestic Flight Demands Soaring High in the Summer
③ New Domestic Routes Emerging as Hot Businesses
④ Diversified Travel Packages Attract More Travellers
⑤ KTX Emerging as the Best Domestic Traveling Option

7. 글의 흐름상 가장 적절하지 못한 문장을 고르시오.

Since the 2012 World Design Capital, Helsinki, has quietly continued its pursuit of excellence in design, contemporary arts and urban planning. ①Called the “Daughter of the Baltic”, Helsinki is located on the tip of a peninsula and on 315 islands. ②The long-term vision of the Finnish capital has already started paying dividends for city construction. ③Construction cranes are active across the city, with a renewed waterfront, renovated museums and revived industrial spaces. ④This wave of progress has even spread to outlying neighborhoods, where recent openings range from cultural complexes to the most traditional Finnish attraction, the sauna. ⑤Now every corner of this cool Nordic city is heating up with passion for art and construction.

8. 다음 밑줄 친 부분에 들어갈 가장 적절한 표현을 고르시오.

Some parents of immigrant families are concerned that their children may be at a disadvantage if they do not speak or understand the majority language very well before starting kindergarten. They arrange for the majority language to be spoken by both parents to the child even at home. This solution means that they have to speak their non-native language to their child and may feel awkward. __________, there is a price to pay in the

10. 대화의 흐름으로 보아 다음 밑줄 친 부분에 들어갈 가장 적절한 표현을 고르시오.

A: I almost got into an accident last night.

B: What happened?

A: Well, I was going down the freeway when all of a sudden the car ahead of me slammed on his brakes.

B: Did you rear-end him?

A: No, but I almost did. ______________________.

B: What did you do?

A: I veered into the shoulder of the road just in the nick of time.

B: You were really lucky. It could have been worse.

① It was frustrated
② It was an impressive moment
③ I couldn’t avoid the accident
④ He just jumped on the bandwagon
⑤ It was a close call

11. 다음 밑줄 친 부분에 들어갈 가장 적절한 표현을 고르시오.

All intercultural comparisons of intelligence are ____ by the lack of true comparability, and any generalizations about ‘racial’ differences in intellectual competence which

relationship between parent and children in later years. A mother faced with a rebellious teenager may be better equipped to counter defiance and rhetoric in her own language.

① However ② Nevertheless
③ For example ④ Besides
⑤ Fortunately

9. 다음 밑줄 친 부분에 들어갈 가장 적절한 것을 고르시오.

I was in a couple's home trying to fix their Internet connection. The husband called out to his wife in the other room for the computer password. "Start with a capital S, then 123," she shouted back. We tried S123 several times, but it didn't work. So we called the wife in. As she input the password, she muttered, "I really don't know what's so difficult about typing ________."

① s123 ② Start123
③ 123S ④ start123
⑤ 123s

do not take account of this are worthless.

① vitiated
② improved
③ endorsed
④ rejuvenated
⑤ detected

12. 다음 밑줄 친 부분에 들어갈 가장 적절한 표현을 고르시오.

My girlfriend is not the sort of woman who would go back ______ her word.

① to ② up
③ against ④ into
⑤ on

13. 다음 밑줄 친 부분에 들어갈 가장 적절한 표현을 고르시오.

An election is a formal decision-making process by which a population chooses an individual to hold public office. Elections have been the usual mechanism by which modern ________________ has operated since the 17th century. Elections may fill offices in the legislature, sometimes in the executive and judiciary, and for regional and local government.

① government structure
② representative democracy
③ political influence
④ government leadership
⑤ political ideology

14. 다음 밑줄 친 부분에 들어갈 가장 적절한 표현을 고르시오.

While creating the mouse, Douglas was working at the Stanford Research Institute. The mouse was originally referred ____ an "X-Y Position Indicator for a Display System." With the cord coming out of the back of the computer mouse, Douglas said the device reminded him of the rodent mouse and the name stuck.

① as

16. 다음 밑줄 친 <u>make</u>의 문법상 올바른 형태를 고르시오.

It is highly exhilarating to contemplate the progress <u>make</u> in the study of English since the opening years of this century. That assertion, too often repeated, that Englishmen are not really interested in their own language, is no longer valid. At last we English are showing an awakened interest in our mother tongue as something living and changing.

① making
② made
③ is made
④ makes
⑤ has made

17. 다음 기사의 요지로 가장 적절한 것을 고르시오.

Something strange is going on in medicine. Major diseases, like cancer, stroke, and heart disease, are waning in wealthy countries, and improved diagnosis and treatment cannot fully explain it. Scientists marvel at this good news, but many of them say that it is not really easy to come up with interesting, compelling explanations. They are still facing the challenge to figure out which of those interesting and compelling hypotheses might be correct. The fact of the matter is that these diseases are far from gone. They

② to with
③ by with
④ to as
⑤ on

15. 다음 밑줄 친 부분 중 문법상 옳지 않은 것을 고르시오.

①Although there ②had been resistance to the high rate of immigration during the nineteenth century, only in the early twentieth century ③was several laws ④passed that restricted both the number of people who could come to the United States and where they could come ⑤from.

still cause enormous suffering and kill millions each year. But it looks as if people in the United States and some other wealthy countries are, unexpectedly, starting to beat back the diseases of aging. The leading killers are still the leading killers but they are occurring later in life, and people in general are living longer in good health.

① Major diseases are in decline because of a slow process of aging.
② A puzzle about adult diseases has been completely solved.
③ Americans are more vulnerable to major diseases than the people of other wealthy countries.
④ The changes in medicine impact the everyday life of Americans.
⑤ It is necessary to look for clues to medical dilemmas.

18. 다음 글의 순서로 문맥상 의미가 가장 잘 통할 수 있도록 나열한 것을 고르시오.

(A) A little more investigative work led the officer to the boy's accomplice: another boy about 100 yards beyond the radar trap with a sign reading "TIPS" and a bucket at his feet full of change.

(B) One day, however, the officer was amazed when everyone was under the speed limit, so he investigated and found the problem.

(C) A 10-year-old boy was standing on the side of the road with a huge hand painted sign which said "Radar Trap Ahead."

(D) A police officer found a perfect hiding place for watching for speeding motorists.

① (B)-(C)-(A)-(D)
② (B)-(D)-(A)-(C)
③ (C)-(A)-(B)-(D)
④ (D)-(B)-(C)-(A)
⑤ (D)-(C)-(B)-(A)

19. 다음 밑줄 친 부분에 들어갈 가장 적절한 표현을 고르시오.

Representing something graphically was a significant step beyond oral description of the objects and events being portrayed. Even if they were only mnemonic device –

20. 다음 밑줄 친 부분에 들어갈 가장 적절한 표현을 고르시오.

Some modern writers believe that the deliberate concealment of certain parts of the body originated not as a way of discouraging sexual interest, but as a clever device for arousing it. According to this view, clothes are the physical equivalent of remarks like "I've got a secret"; they are a tease, a come-on. It is certainly true that parts of the human form considered sexually arousing are often covered in such a way as to ____________________. People done up in shiny colored wrappings and bows affect us just as a birthday present does: we're curious, turned on; we want to undo the package.

① diminish and inhibit sexual interest
② completely hide one's bodily secret
③ exaggerate and draw attention to them
④ cover up one's physical complex
⑤ expose them vividly to the public

serving loosely as memory stimulators – depictions such as cave paintings could help a storyteller provide a more detailed and accurate account, compared with unaided recall. ___________, this illustrates one major purpose of writing. In all its forms, writing is a tool for preserving ideas that were expressed earlier. In other words (to borrow from today's computer jargon), writing is a system for information storage. Just as we seek more and more storage capacity in computers, primitive people sought systems of graphic representation of ideas to free themselves from the limitations and inaccuracies of human memory.

① For example
② In fact
③ Conversely
④ However
⑤ Unfortunately

한 국 사

1. 다음과 같은 무덤이 만들어진 시대에 대한 설명으로 옳은 것은?

옹관묘(독무덤)	목관묘(널무덤)

① 대표적 유물은 반달 돌칼과 비파형 동검 등이다.
② 애니미즘, 토테미즘 등 원시적 신앙이 출현하였다.
③ 대표적 유적은 대부분 강가나 바닷가에 자리잡고 있다.
④ 유적지에서 명도전, 반량전 등의 중국 화폐가 출토되었다.
⑤ 야요이 토기는 이 시기에 만들어진 미송리식 토기의 영향을 받은 것이다.

2. 각 국가와 그에 대한 설명으로 옳은 것은?

① 옥저 - 읍락끼리 각자의 영역을 침범하면 책화라고 하여 노비, 소, 말 등으로 변상하였다.
② 동예 - 어린 여자아이를 미리 신랑집에 데려다 놓고 살다가 결혼시키는 민며느리제가 있었다.
③ 부여 - 영고라는 제천행사는 농경사회의 유풍으로 매년 여름에 개최되었다.

4. (ㄱ)과 (ㄴ) 사이의 시기에 있었던 사실로 옳은 것은?

> (ㄱ) 왕 재위 41년 백제의 왕이 병력 3만 명을 거느리고 평양성을 공격해 왔다. 이에 왕이 군대를 내어 막다가 화살에 맞아 서거하였다.
>
> - 『삼국사기』 고구려본기 -
>
> (ㄴ) 왕 재위 3년 순장을 금지하는 명령을 내렸다. 3월에는 주와 군의 수령에게 명하여 농사를 권장케 하였고, 처음으로 소를 부려서 논밭을 갈았다.
>
> - 『삼국사기』 신라본기 -

① 고구려가 낙랑군을 축출하였다.
② 백제가 대야성을 함락시켰다.
③ 고구려가 평양으로 수도를 옮겼다.
④ 신라가 금관가야를 병합하였다.
⑤ 신라가 율령을 반포하였다.

5. <보기>의 석탑이 만들어진 시대의 탑에 대한 설명으로 옳은 것은?

> <보 기>
>
> 감은사지 3층 석탑, 불국사 3층 석탑, 화엄사 쌍사자 3층 석탑

① 이중의 기단 위에 5층으로 쌓은 석탑이 전형적인 양식이다.
② 석재를 벽돌 모양으로 다듬어 쌓은 탑으로는 분황사 탑이 있다.

④ 삼한 - 해마다 씨를 뿌리고 난 뒤인 5월과 가을 곡식을 거두어 들이는 10월에 계절제를 열었다.

⑤ 고구려 - 매년 12월에 전 국민이 하늘에 제사를 지내는데 이것을 동맹이라고 하였다.

3. 밑줄 친 ㉠에 대한 설명으로 옳은 것은?

> 대한제국 칙령 제41호 제2조에는 "군청 위치는 태하동으로 정하고, 관할 구역은 울릉 전도와 죽도, ㉠석도(石島)로 한다." 라고 기록되어 있다.

① 프랑스가 병인박해를 구실로 침입하였다.

② 영국이 러시아를 견제하기 위해 점령하였다.

③ 일본이 러·일 전쟁 중에 불법적으로 편입하였다.

④ 러시아가 저탄소 설치를 위해 조차를 요구하였다.

⑤ 일본이 안봉선 철도 부설권을 얻는 대가로 청에 귀속시켰다.

③ 말기에는 기단과 탑신에 불상의 부조를 새기는 등 다양한 변화가 나타났다.

④ 선종이 널리 퍼지면서 석종형을 기본으로 하는 승탑과 탑비가 유행하였다.

⑤ 다각다층의 석탑이 많이 만들어졌다.

6. 다음을 시기순으로 바르게 나열한 것은?

> ㄱ. 토지조사령　ㄴ. 조선광업령　ㄷ. 조선어업령　ㄹ. 회사령

① ㄱ-ㄴ-ㄷ-ㄹ

② ㄴ-ㄱ-ㄷ-ㄹ

③ ㄷ-ㄴ-ㄱ-ㄹ

④ ㄹ-ㄷ-ㄱ-ㄴ

⑤ ㄹ-ㄷ-ㄴ-ㄱ

7. **밑줄 친 ㉠과 관련된 사건으로 옳은 것은?**

> 분사 검교소감 백수한 등이 스스로 음양의 술법을 안다고 칭하여 허황되고 불경한 말로 여러 사람을 현혹시켰다. 정지상 또한 서경 사람이라 그 말을 깊이 믿고 이르기를, "상경은 터전이 이미 쇠퇴하였고 ㉠궁궐이 모두 타서 남은 것이 없으나, 서경에는 왕기가 있으니 마땅히 왕의 거처를 옮겨서 상경으로 삼아야 한다."라고 하였다.
>
> \- 고려사 -

① 만적의 난
② 이자겸의 난
③ 거란의 침공
④ 몽골의 침략
⑤ 홍건적의 난

8. **(가), (나) 인물에 대한 설명으로 옳은 것을 <보기>에서 모두 고른 것은?**

(가)	(나)
국청사를 중심으로 해동 천태종을 개창하였으며, 수행 방법으로 교관겸수를 제시하였다.	수선사 결사를 통해 불교계를 개혁하고자 하였으며, 수행 방법으로 정혜쌍수를 제시하였다.

10. **㉠~㉢에 대한 설명으로 옳지 않은 것은?**

> ㉠ 시정전시과(경종 1년) → ㉡ 개정전시과(목종 1년) → ㉢ 경정전시과(문종 30년)

① ㉠ - 4색 공복제에 입각하여 전시를 지급하였다.
② ㉡ - 문반, 무반, 잡업 계층으로 구분하여 전시를 지급하였다.
③ ㉡ - 실직자뿐 아니라 산직자에게도 전시를 지급하였다.
④ ㉢ - 무반에 대한 대우가 상승하였다.
⑤ ㉢ - 일부 관료에게는 시지를 지급하지 않았다.

11. **한국광복군이 조직된 시기로 옳은 것은?**

1938. 10. 무한에서 조선의용대 결성
↓ .... (ㄱ)
1940. 5. 한국독립당 창당
↓ .... (ㄴ)
1941. 11. 대한민국 건국강령 발표
↓ .... (ㄷ)
1941. 12. 대한민국 임시정부, 대일 선전 포고
↓ .... (ㄹ)
1942. 10. 조선민족혁명당, 임시정부에 참여

<보기>

ㄱ. (가) - 무애가를 지어 불교의 대중화에 힘썼다.
ㄴ. (가) - 불교 경전에 대한 주석서를 모아 교장(敎藏)을 편찬하였다.
ㄷ. (나) - 화엄일승법계도를 지어 화엄 사상을 정리하였다.
ㄹ. (나) - 돈오점수를 바탕으로 한 꾸준한 수행을 강조하였다.

① ㄱ, ㄷ
② ㄴ, ㄷ
③ ㄴ, ㄹ
④ ㄱ, ㄴ, ㄷ
⑤ ㄱ, ㄴ, ㄹ

9. 훈요십조의 내용으로 옳지 않은 것은?

① 궁궐을 지을 때에는 도선의 풍수사상에 맞게 지을 것
② 간쟁을 따르고 참언을 멀리하여 신민의 지지를 얻을 것
③ 경사(經史)를 널리 읽어 옛날을 거울삼아 오늘을 경계할 것
④ 농민의 요역과 세금을 가볍게 하여 민심을 얻고 부국안민을 이룰 것
⑤ 왕위는 장자상속을 원칙으로 하되, 장자가 현명하지 못할 때에는 신하들의 추대를 받은 다른 아들이 이을 것

↓ .... (ㅁ)

1943. 8. 한국광복군 인면전구 공작대 파견

① ㄱ ② ㄴ ③ ㄷ ④ ㄹ ⑤ ㅁ

12. 조선 성종 연간에 편찬된 서적으로 옳지 않은 것은?

① 국조오례의
② 동국통감
③ 동문선
④ 악학궤범
⑤ 이륜행실도

13. 다음 선언문이 발표되던 시기의 우리나라 경제 상황으로 옳은 것은?

> 오늘 우리는 전 세계의 이목이 우리를 주시하는 가운데 40년 독재 정치를 청산하고 희망찬 민주 국가를 건설하기 위한 거보를 전 국민과 함께 내딛는다. 국가의 미래요 소망인 꽃다운 젊은이를 야만적인 고문으로 죽여 놓고, 그것도 모자라서 뻔뻔스럽게 국민을 속이려 했던 현 정권에게 국민의 분노가 무엇인지 분명히 보여주고 국민적 여망인 개헌을 일방적으로 파기한 4·13 폭거를 철회시키기 위한 민주 장정을 시작한다.

① 제1차 경제 개발 5개년 계획이 추진되었다.
② 오일 쇼크를 거치며 경제 성장이 둔화되었다.
③ 미국의 원조에 힘입어 삼백 산업이 발전하였다.
④ 외환 위기가 닥쳐 IMF로부터 구제 금융을 지원받았다.
⑤ 저유가, 저금리, 저달러의 3저 호황으로 고도성장이 가능하였다.

14. 다음 사건을 시기순으로 바르게 나열한 것은?

> ㄱ. 조·명 연합군이 평양성을 탈환하고, 왜군을 추격하다가 고양의 벽제관에서 패하였다.
> ㄴ. 선조는 세자와 함께 의주로 피난하고, 임해군과 순화군을 함경도와 강원도로 보내 근왕병을 모집하게 하였다.
> ㄷ. 이순신이 이끄는 수군이 한산도에서 일본 수군을 대파하여 해상권을 장악하였다.

16. 다음은 광복 직후부터 한국전쟁 직전까지 일어난 사건이다. ㉠~㉢의 시기에 있었던 사건으로 옳지 않은 것은?

> 8·15 광복
> ↓ ……… ㉠
> 모스크바 3국 외상회의
> ↓ ……… ㉡
> 대한민국 정부 수립
> ↓ ……… ㉢
> 한국전쟁 발발

① ㉠ - 여운형, 안재홍 등 좌우익이 참여한 조선건국준비위원회를 결성하였다.
② ㉠ - 중경 임시정부 요인들이 귀국하였다.
③ ㉡ - 여운형, 김규식 등이 좌우합작운동을 전개하였다.
④ ㉡ - 조선 민주주의 인민 공화국 정부 수립을 선포하였다.
⑤ ㉢ - 반민족 행위 처벌법을 제정하였다.

17. 다음 내용이 기록된 시기에 나타난 농업의 변화에 대한 설명으로 옳지 않은 것은?

> "서도 지방 담배, 한산 모시, 전주 생강, 강진 고구마, 황주 지황 밭에서의 수확은 모두 상상등전의 논에서 나는 수확

ㄹ. 김시민이 이끄는 군관민이 왜군 2만여 명과 진주성에서 격돌하여 방어에 성공하였다.

① ㄱ-ㄷ-ㄹ-ㄴ
② ㄴ-ㄷ-ㄹ-ㄱ
③ ㄴ-ㄹ-ㄱ-ㄷ
④ ㄷ-ㄹ-ㄱ-ㄴ
⑤ ㄹ-ㄴ-ㄷ-ㄱ

15. 다음 내용을 통해 알 수 있는 사화에 대한 설명으로 옳은 것은?

> 김종직의 조의제문이 문제가 되어 그를 대역죄로 다스려 부관참시하고 그 무리들을 능지처참하였다.

① 김일손의 사초가 발단이 되었다.
② 대윤과 소윤의 권력 다툼이 계기가 되었다.
③ 도학 정치를 주장한 조광조 등이 제거되었다.
④ 위훈 삭제에 대한 훈구 세력의 반발이 원인이 되었다.
⑤ 동인이 남인과 북인으로 분열되는 결과를 가져왔다.

> 의 10배에 이른다."
>
> \- 정약용, 『경세유표』 -

① 이앙법의 보급으로 적은 노동력으로 넓은 면적의 토지를 경작할 수 있게 되었다.
② 광작을 하여 수확을 증대시켰고, 그 수확물을 장시에 내다 팔았다.
③ 상품 화폐 경제의 발달로 쌀을 비롯하여 인삼, 면화, 고추 등의 상품 작물을 재배하였다.
④ 양반 지주들은 소작지의 면적을 줄이고 노비나 머슴을 고용하여 직접 농지를 경영하였다.
⑤ 밭농사에서는 조, 보리, 콩의 2년 3작이 시작되었다.

18. 다음은 17세기 후반에 발생한 정치적 격변과 관련된 연표이다. ㉠에 해당하는 사건과 관련된 설명으로 옳은 것은?

- ○ 1659년, 기해예송
- ○ 1674년, 갑인예송
- ○ 1680년, 경신환국
- ○ 1689년, [㉠]
- ○ 1694년, 갑술환국

① 인현왕후 복위의 계기가 되었다.
② 노론의 영수 송시열이 사사되었다.
③ 윤휴가 송시열 등을 공격하면서 일어났다.
④ 김창집, 이이명 등 노론 4대신이 희생되었다.
⑤ 허적의 서자 허견의 역모 사건이 빌미가 되었다.

19. 갑오개혁의 내용에 대한 설명으로 옳은 것을 <보기> 에서 모두 고른 것은?

<보 기>

ㄱ. 은본위 화폐제도와 조세의 금납화를 실시하였다.
ㄴ. 양전사업을 실시하여 지계를 발급하였다.
ㄷ. 군국기무처라는 임시특별기구가 설치되었다.
ㄹ. 단발령을 폐지하였다.

① ㄱ, ㄷ
② ㄴ, ㄷ
③ ㄴ, ㄹ
④ ㄱ, ㄴ, ㄹ
⑤ ㄱ, ㄷ, ㄹ

20. 밑줄 친 ㉠이 지은 서적으로 옳은 것은?

> ㉠그는 한전론의 중요성을 인정하면서도 영농법의 혁신, 상업적 농업의 장려, 농기구 개량, 관개시설의 확충 등과 같은 경영과 기술적 측면의 개선을 통해 농업생산력을 높이는 문제에 더 큰 관심을 보였다.

① 열하일기
② 반계수록
③ 성호사설
④ 목민심서
⑤ 의산문답

건 축 계 획

1. **거주 후 평가(POE)에 대한 설명으로 옳지 않은 것은?**

① 건조물 사용 후 평가방법을 통해 건물을 평가하는 것이라 할 수 있다.

② 거주 후 실시되는 평가를 통해 보다 나은 건물을 창조하기 위한 건축기준과 디자인 지침을 제시한다.

③ 거주 후 평가는 조사방법을 통해 주어진 환경의 현상을 있는 그대로 기술하는 특성이 있다.

④ 건축의 연속적인 과정 속에서 최종단계에 위치하는 특성을 갖고 있다.

⑤ 건축물이 완공되기 전에 평가하여 거주 후 환경 개선 활용을 위한 방법이다.

2. **사무소 건축에서 아트리움(Atrium)의 특성에 대한 설명으로 옳지 않은 것은?**

① 매개와 결절점의 기능을 한다.

② 사용자를 위한 휴식과 커뮤니케이션 장소가 된다.

③ 실내 기후조절의 기능을 가진다.

④ 에너지절약의 관리 효과는 없다.

5. **도서관 서고 관련 모듈러계획을 하기에 앞서 고려해야 할 사항으로 옳지 않은 것은?**

① 실내 색채의 효과 및 선호도

② 공기유통과 기계장치 및 배선의 배열

③ 단위 책상의 깊이

④ 선반과 열의 깊이

⑤ 주요 통로와 교차통로의 넓이

6. **병원의 동선계획에 대한 세부계획으로 옳지 않은 것은?**

① 서로 성질이 다른 동선은 겹치지 않게 한다.

② 수술부는 비상시를 고려하여 누구나 접근이 쉬운 곳에 배치한다.

③ 방사선물질 등은 다른 동선과 중복 및 교차가 되지 않게 한다.

④ 바닥의 단차는 가능한 한 없게 한다.

⑤ 운반차가 이동하는 부분에는 운반차 받이를 설치한다.

7. **호텔의 종류에 대한 설명으로 옳지 않은 것은?**

① 아파트먼트 호텔(Apartment Hotel)은 일반 아파트와 비슷한 아파트형 호텔이다.

② 커머셜 호텔(Commercial Hotel)은 각종 비즈니스 여행자를 위한 호텔이다.

③ 컨벤션 호텔(Convention Hotel)은 노약자를 위한 호텔이다.

④ 리조트 호텔(Resort Hotel)은 피서 및 휴양을 위주로 하는 호텔이다.

⑤ 건축물에 조형적이고 상징적인 독자성(Identity)을 부여한다.

3. 사무소 건축의 코어계획에 대한 설명으로 옳지 않은 것은?

① 코어의 위치는 사무소 건축의 성격이나 평면형, 구조, 설비방식 등에 따라 결정한다.
② 편심코어형은 기준층 바닥면적이 큰 경우에 유리하며, 독립코어형은 고층일 경우 구조적으로 유리하다.
③ 중심코어형은 바닥면적이 큰 경우에 유리하며, 초고층사무소에 적합하다.
④ 임대사무소에서 가장 경제적인 코어형은 중심 코어형이며, 분리코어형은 한 개의 대공간이 필요한 전용사무소에 적합하다.
⑤ 양단코어는 한 개의 큰 공간을 필요로 하는 전용사무소에 적합하고 2방향 피난 및 방재상 유리하다.

4. 공연장 계획에서 오픈스테이지에 대한 설명으로 옳은 것은?

① 관객에게 장치, 광원을 보이지 않고도 여러 장면 연출이 가능하다.
② 관객을 스테이지에 가깝게 접근시키는 것은 어려움이 있다.
③ 무대와 객석이 동일공간에 있는 것으로 연기자와 관객 사이의 친밀감을 높일 수 있다.
④ 강연, 음악회, 연극 등에 유리하고 어떤 배경이라도 창출이 가능하다.
⑤ 무대전면의 오케스트라박스 등을 이용하여 에이프런스테이지로 사용하는 방안도 있다.

⑤ 모텔(Motel)은 자동차여행객을 위한 숙박시설이다.

8. 계단계획에 대한 설명으로 옳지 않은 것은?

① 계단참은 높이 4m 이내마다 유효너비 1.5m 이상의 계단참을 설치해야 한다.
② 계단은 엘리베이터, 에스컬레이터와 더불어 수직동선의 일종으로 슬래브에 오프닝을 해야 하므로 구조계획과 더불어 검토해야 한다.
③ 특별피난계단 출입구의 유효너비는 0.9m 이상으로 하고 피난의 방향으로 열 수 있어야 한다.
④ 계단은 사용자 레벨의 변화에 따라 시각적인 다양성을 제공할 수 있고 다양한 형태와 재료를 사용하여 건축계획에서 중요한 디자인 요소로 활용되고 있다.
⑤ 계단의 유효높이는 2.1m 이상으로 한다.

9. 우리나라에서 현재 시행되고 있는 녹색건축인증제도(G-SEED)의 7개 평가분야에 대한 기술로 옳지 않은 것은?

① 토지 이용 및 교통
② 에너지 및 환경오염
③ 재료 및 자원
④ 건축물 에너지효율등급
⑤ 실내환경

10. **건축가와 작품 그리고 특성에 대한 연결이 옳지 않은 것은?**

① 미스 반 데 로에(Mies van der Rohe) - 레이크쇼어 드라이브 아파트 - 절제된 단순미를 보여주는 국제주의 양식의 건축

② 르 꼬르뷔제(Le Corbusier) - 롱샹의 노트르담 뒤오 성당 - 콘크리트의 가소성을 표현한 벽과 지붕의 건축

③ 리차드 로저스와 렌조 피아노(Richard Rogers & Renzo Piano) - 퐁피두 센터 - 구조와 설비를 외부로 노출하여 하이테크한 디자인을 선보임

④ 프랭크 게리(Frank Gehry) - 빌바오 구겐하임 미술관 - 빌바오 도시재생의 일환으로 티타늄을 자유롭고 개방적으로 사용하여 보는 시선에 따라 다양한 입면을 보여줌

⑤ 안도 다다오(Ando Tadao) - 센다이 미디어테크 - 스틸 컬럼과 유리를 사용하여 투명성을 강조함

11. **리모델링 계획에 대한 설명으로 옳지 않은 것은?**

① 공동주택 리모델링은 내력벽의 벽식구조가 평면의 확장이나 벽의 철거에 적합하며 보, 기둥의 라멘식 구조는 리모델링하기에 융통성이 벽식구조에 비해 떨어진다.

② 리모델링은 기존 건축물의 이력사항을 조사하고 노후도 안전성, 설비 및 에너지 성능의 조사로부터 시작된다.

③ 리모델링에는 개·보수, 대수선, 증축, 개축 등의 행위가 포함된다.

④ 내력향상을 위한 벽체보강법 중 단면증가가 적은 방법으로는 강판보강이나 탄소섬유보강 등이 있다.

⑤ 최근의 그린리모델링은 환경친화적 건축물을 만들기 위해 에너지 성능향상 및 효율개선이 필요한 기존건축물의 성능을 개선하

14. **교과교실형의 학교에 대한 설명으로 옳지 않은 것은?**

① 학생들의 이동 시 소음이 발생하는 문제가 있으나 학생들의 수준별 학습에는 유리하다.

② 교과교실에 인접하여 연구실과 학습코너를 두는 것이 학습활동에 유리하다.

③ 도서 및 정보센터를 중심으로 교과영역에 따라 군을 형성하고 확장과 변화를 고려하여야 한다.

④ 홈베이스는 학생들의 이동이 적고 조용한 곳에 두는 것이 유리하다.

⑤ 해당 학교의 규모를 생각하여 교과블록을 결정할 필요가 있다.

15. **경사지를 적절하게 이용할 수 있으며 각 주호마다 전용의 정원을 갖는 공동주택형식으로 옳은 것은?**

① 타운하우스(Town house)

② 중정형하우스(Patio house)

③ 테라스하우스(Terrace house)

④ 연립주택형하우스(Row house)

⑤ 도시빌라(Urban villas)

16. **박물관(미술관)의 건축계획에 대한 설명으로 옳지 않은 것은?**

① 자연채광방식 중 정광창형식은 전시실의 중앙부를 밝게 하여 전시벽면의 조도를 균등하게 한다.

② 상설전시장과 특별전시장은 입구를 별도로 한다.

는 것이다.

12. 오피스 랜드스케이프에 대한 설명으로 옳지 않은 것은?

① 실내에 고정된 칸막이를 하지 않는다.
② 의사전달과 업무의 흐름에 기초를 둔 배치계획을 한다.
③ 변화에 따라 조절이 가능하고 경제적으로 대처할 수 있다.
④ 소음을 고려하여 바닥카펫, 천장흡음재 등을 이용하여 주변소음을 차단하는 것이 일반적이다.
⑤ 공간절약에는 크게 도움이 되지 않는다.

13. 커튼월 입면 계획에서 천장의 설비공간과 다음 층의 슬래브를 가리기 위해 주로 불투명하게 처리하는 부분으로 옳은 것은?

① 멀리언(mullion)
② 스팬드럴(spandrel)
③ 트랜섬(transom)
④ 글레이징(glazing)
⑤ 윈도 헤드(window head)

③ 벽면에 진열되는 전시물은 최량 각도 15~45° 이내에서 광원의 위치를 정한다.
④ 성인 기준으로 회화를 감상하는 시점의 위치는 화면의 대각선에서 1~1.5배의 거리로 한다.
⑤ 전시실의 동선계획 중 중앙홀 형식은 선택적 관람이 불가능하다.

17. <보기>의 밑줄 친 소규모 휴식공간에 해당하는 공간으로 옳은 것은?

<보 기>

일반주거지역, 준주거지역, 상업지역, 준공업지역 등의 지역에서는 그 환경을 쾌적하게 조성하기 위하여 연면적의 합계가 5,000㎡ 이상인 문화 및 집회시설, 종교시설, 판매시설, 운수시설, 업무시설 및 숙박시설이나 그 밖에 다중이 이용하는 시설로서 건축조례로 정하는 건축물을 건축하는 경우 소규모 휴식시설 등의 일정한 개방된 공간, 즉 일반이 자유롭게 이용할 수 있도록 개방된 <u>소규모 휴식공간</u>을 건축부지 내에 설치하도록 규정하고 있음

① 지구단위계획구역
② 공개공지
③ 공공공지
④ 조경공간
⑤ 비오톱

18. 친환경 건축의 에너지 절약을 위한 건축물 외피계획으로 옳지 않은 것은?

① 기밀성능과 단열성능이 우수한 외벽이나 창호의 사용
② 옥상녹화를 적절하게 계획하여 여름과 겨울에 단열과 보온의 효과를 증진
③ 건축물의 외피면적을 최대한 늘려 여름과 겨울에 내·외부 열의 이동을 용이하도록 계획
④ 열관류율이 낮은 외벽재료의 사용
⑤ 인공조명보다는 자연채광을 적절히 활용할 수 있는 광선반의 외피계획

19. 열섬현상(Heat Island Effect)에 대한 설명으로 옳지 않은 것은?

① 옥상녹화와 조경식재의 면적을 늘리는 것이 열섬완화, 저감에 유리하다.
② 바람길을 형성하는 단지나 건물의 배치는 열섬완화, 저감에 도움이 된다.
③ 인구와 건물이 밀집되어 있는 도심지에서 발생하기 쉽다.
④ 외부공간바닥의 재료는 표면반사율이 낮은 재료나 어두운 색상을 사용하는 것이 열섬완화, 저감에 유리하다.
⑤ 열섬현상은 도시에서의 건축물, 포장도로 등이 늘어나면서 나타난다.

20. 보성전문학교 본관, 조선일보사 사옥, 보성전문학교 도서관 등 주로 학교 관계의 설계 작업을 많이 했던 건축가는?

① 박동진
② 박길룡
③ 박인준
④ 강윤
⑤ 김세연

건 축 구 조

1. **다음 설명에 해당하는 하중 종류로 옳지 않은 것은?**

① 구조체의 중량에 의하여 지속적으로 작용하는 연직하중: 고정하중
② 쌓인 눈의 중량에 의하여 공작물에 작용하는 하중: 적설하중
③ 지진에 의한 지반운동으로 구조물에 작용하는 하중: 지진하중
④ 구조체에 부착되어 있는 설비나 마감재에 의하여 지속적으로 작용하는 연직하중: 활하중
⑤ 지하수위에 의하여 구조물에 작용하는 하중: 지하수압

2. **국부좌굴 검토를 위해 강재단면을 분류할 때, 다음 중 구속판요소는?**

① 각형강관의 플랜지
② ㄷ형강의 플랜지
③ T형강의 플랜지
④ T형강의 스템
⑤ 압연H형강의 플랜지

5. **내진 특등급 구조물에서 임의 층의 층고가 4 m라고 하면 현행 건축구조기준에서 규정하고 있는 허용층간변위의 최댓값은? (단위: mm)**

① 20
② 40
③ 60
④ 80
⑤ 100

6. **재료 및 길이가 같은 캔틸레버보에 같은 크기의 집중하중이 작용하고 있을 때, 보의 단면이 그림과 같다면 최대처짐 $\delta_1 : \delta_2$의 비는? (단, 보의 자중은 무시하며, 탄성거동한다.)**

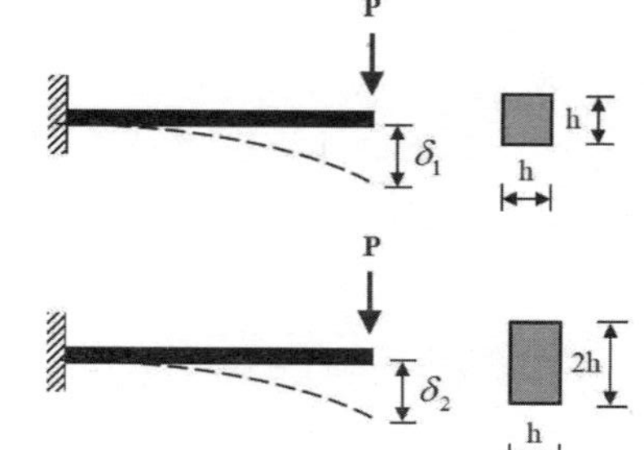

① 16 : 1
② 8 : 1

3. 콘크리트 크리프에 대한 설명으로 옳지 않은 것은?

① 일반적으로 높은 건조수축률을 가진 콘크리트는 높은 크리프를 보인다.

② 일반적으로 강도가 높은 콘크리트는 크리프를 감소시키는 효과가 있다.

③ 상대습도는 콘크리트 크리프에 영향을 끼친다.

④ 일반적으로 크리프 변형은 초기에는 증가 속도가 빠르고 시간이 지남에 따라 증가 속도가 느려진다.

⑤ 콘크리트에 작용하는 하중을 제거하면 즉시 크리프 회복이 일어난 후 탄성회복이 서서히 일어난다.

4. 현행 콘크리트 구조기준에 의한 철근콘크리트 보의 설계에서 최외단 인장철근의 순인장변형률을 휨 부재의 최소 허용변형률 이상으로 제한하는 이유로 옳은 것은?

① 건조수축을 감소시키기 위하여

② 부재의 휨 강도를 증진시키기 위하여

③ 인장철근이 먼저 항복하는 연성거동을 유도하기 위하여

④ 휨균열 및 전단균열을 막기 위하여

⑤ 처짐을 감소시키기 위하여

③ 4:1

④ 2:1

⑤ 1:1

7. 목구조의 구조계획에 대한 설명으로 옳은 것은?

① 보 또는 장선의 따냄이 필요한 경우에는 부재의 중앙부 하면을 따낸다.

② 단일기둥은 원칙적으로 이음을 피하며, 필요한 경우에는 부재의 중앙부분에서 이음한다.

③ 가새는 압축과 인장 효과를 고려하여 대칭이 되도록 배치한다.

④ 바닥틀면에 수평트러스를 설치한 경우에는 귀잡이재를 설치하여야 한다.

⑤ 지붕틀에서 인장력을 받는 각재는 좌굴 방지를 위한 연결재를 설치한다.

8. 균일 압축을 받는 용접 H형강 H-400 × 300 × 10 × 20의 플랜지와 웨브에 대한 판폭두께비는?

① 플랜지: 6.5, 웨브: 40

② 플랜지: 15, 웨브: 36

③ 플랜지: 7.5, 웨브: 40

④ 플랜지: 7.5, 웨브: 36

⑤ 플랜지: 15, 웨브: 40

9. **철근콘크리트 부재의 전단설계에 대한 설명으로 옳은 것은?**

① 단면의 계수전단력은 콘크리트와 전단철근에 의한 공칭전단강도들의 합보다 커야 한다.

② 단면의 공칭전단강도를 결정할 때에는 부재 내부의 개구부를 무시하고 전단면을 고려하여야 한다.

③ 하중이 부재의 하면에 작용하는 경우, 받침부 내면에서 유효춤 길이만큼 떨어진 단면을 전단위험단면으로 사용하여야 한다.

④ 슬래브 단면의 계수전단력이 콘크리트에 의한 설계전단강도의 1/2을 초과하는 경우 최소단면적의 전단철근을 배치하여야 한다.

⑤ 주인장철근에 60°의 각도로 설치되는 스터럽을 전단철근으로 사용할 수 있다.

10. **강재의 재료실험결과(응력-변형도)가 아래 그림과 같을 때, 이 강재로 만들어진 2 m 강봉에 일정한 축방향 인장력을 가하여 3 mm 늘어났다. 이때 가력한 인장력을 제거한다면 최종 늘어난 길이는? (단위: mm)**

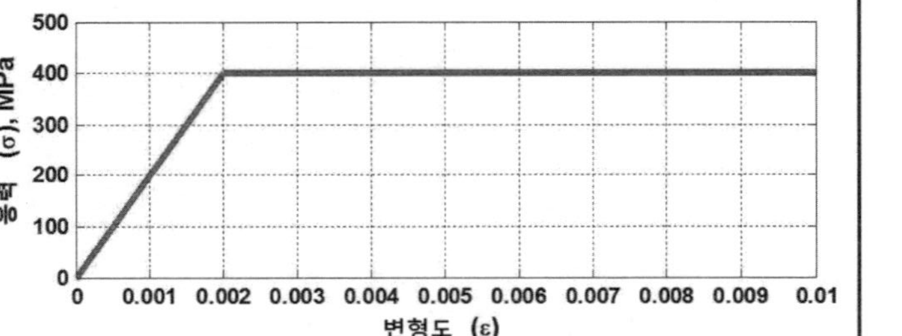

13. **프리스트레스트 콘크리트에 관한 설명으로 옳지 않은 것은?**

① 프리스트레스트력을 가하면 콘크리트의 설계기준 압축강도가 증가된다.

② 프리스트레스트력을 가하면 콘크리트 인장부분의 균열을 방지할 수 있다.

③ 설계에서는 프리스트레스에 의하여 발생되는 응력집중을 고려하여야 한다.

④ 프리스트레스트력을 가하면 처짐량을 조정할 수 있다.

⑤ 프리스트레스트력을 가하면 철근콘크리트 부재보다 단면을 줄일 수 있고, 장경간에 유리하다.

14. **다음 중 기초구조에 대한 설명으로 옳은 것은?**

① 지반에 구멍을 미리 뚫어놓고 콘크리트를 현장에서 타설하여 조성하는 말뚝을 타입말뚝이라 한다.

② 말뚝의 허용지내력은 말뚝의 극한지지력을 안전율로 나눈 값이다.

③ 직접기초는 기둥이나 벽체의 밑면을 기초판으로 확대하여 상부구조의 하중을 지반에 직접 전달한다.

④ 온통기초는 벽 또는 일련의 기둥으로부터의 응력을 띠모양으로 하여 지반에 전달한다.

⑤ 병용기초는 2개 또는 그 이상의 기둥으로부터의 응력을 하나의 기초판을 통해 지반에 전달한다.

① 0
② 1
③ 2
④ 3
⑤ 4

11. 현행 건축구조기준에 따른 건축물의 중요도가 가장 높은 구조물은?

① 연면적 5,000 m^2인 공연장
② 6층 규모의 숙박시설
③ 연면적 6,000 m^2인 전시장
④ 종합병원, 수술시설이나 응급시설이 있는 병원
⑤ 5층 기숙사

12. 현행 건축구조기준에 규정된 이중골조방식에서 연성모멘트골조가 부담해야 하는 최소 횡력의 비율은? (단위: %)

① 15
② 25
③ 35
④ 45
⑤ 50

15. 고장력볼트 M20(F10T)과 M24(F10T)의 표준구멍 크기는? (단위: mm)

① 22, 26
② 23, 26
③ 22, 27
④ 23, 27
⑤ 23, 28

16. 강구조 래티스 형식의 조립압축재에서 현행 건축구조기준에 따른 단일 래티스 부재의 세장비 및 부재축에 대한 래티스 부재의 기울기 구조제한으로 옳은 것은?

① 세장비: 140 이하, 기울기: 60° 이상
② 세장비: 140 이하, 기울기: 45° 이상
③ 세장비: 120 이하, 기울기: 60° 이상
④ 세장비: 200 이하, 기울기: 45° 이상
⑤ 세장비: 200 이하, 기울기: 60° 이상

17. **다음 그림과 같이 구조물에 수직등분포 하중이 작용할 때, 이에 대한 설명으로 옳지 않은 것은? (단, 보의 자중은 무시한다.)**

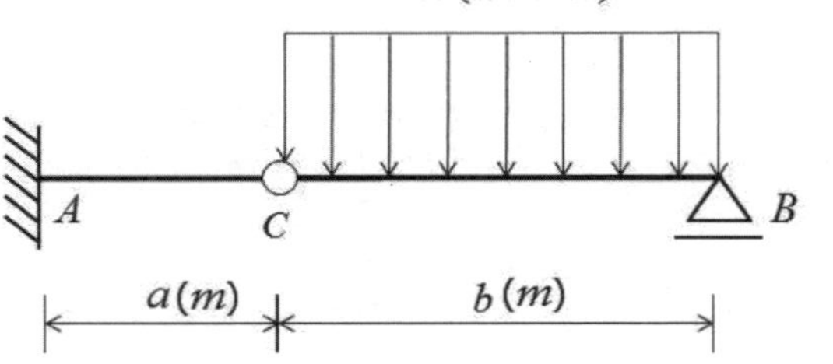

① 정정구조물이다.
② 모멘트 값이 "0"인 곳은 2곳이다.
③ A지점에서는 수평반력이 발생하지 않는다.
④ B지점에서의 수직반력은 $w \cdot b$이다.
⑤ BC부재 중앙부 단면은 중립축의 하부에서 인장응력이 발생한다.

18. **인장을 받는 항복강도 550MPa 이하 이형철근의 정착길이(l_d)에 대한 설명으로 옳지 않은 것은?**

① 이형철근의 정착길이는 기본정착길이(l_{db})에 보정계수를 곱하여 산정할 수 있다.
② 이형철근의 정착길이는 이형철근의 항복강도에 비례한다.
③ D22인 이형철근의 철근크기에 대한 보정계수는 1.0이다.

④ 다른 조건이 동일할 경우, 아연도금된 것과 도막되지 않은 철근의 정착길이는 동일하다.

⑤ 이형철근의 정착길이는 콘크리트 압축강도에 반비례한다.

19. 조적식 구조의 용어에 대한 설명으로 옳지 않은 것은?

① 가로줄눈면적은 가로줄눈에서 모르타르와 접한 조적단위의 표면적이다.

② 블록전단면적은 블록 수평면의 외곽 4변 안에 있는 면적, 즉 속이 빈 공간 등을 포함한 전체 면적이다.

③ 대린벽은 한 내력벽에 평행하게 배치되는 벽이다.

④ 보강조적은 보강근이 조적체와 결합하여 외력에 저항하는 조적 시공형태이다.

⑤ 환산단면적은 기준물질과의 탄성비의 비례에 근거한 등가면적이다.

20. 강구조의 접합에 대한 설명으로 옳지 않은 것은?

① 완전용입된 그루브용접의 유효목두께는 접합판 중 얇은 쪽 판두께로 한다.

② 모살용접의 유효길이는 모살용접의 총길이에서 모살사이즈를 공제한 값으로 하여야 한다.

③ 플러그용접의 최소중심간격은 구멍직경의 4배로 해야 한다.

④ 고장력볼트는 설계볼트장력 이상으로 조여야 한다.

⑤ 일반볼트는 영구적인 구조물에는 사용하지 못하고 가체결용으로만 사용한다.

정답표					
가형	국어	영어	한국사	건축계획	건축구조
문1	3	3	4	5	4
문2	3	5	4	4	1
문3	3	4	3	2	5
문4	1	3	3	3	3
문5	4	5	3	1	2
문6	2	1	4	2	2
문7	2	1	2	3	3
문8	4	4	3	1	4
문9	5	2	1	4	5
문10	3	5	2	5	1
문11	1	1	2	1	4
문12	1	5	5	5	2
문13	2	2	5	2	1
문14	1	4	2	4	3
문15	5	3	1	3	3
문16	2	2	4	5	1
문17	5	1	5	2	4
문18	3	4	2	3	5
문19	1	2	1	4	3
문20	4	3	1	1	2

국 어

1. **다음 중 표준 발음법에 맞게 발음하지 않은 것은?**

① 그렇게 썰면 조금 <u>얇지[얄 : 찌]</u> 않을까요?
② 경찰은 범인을 찾기 위해 주변 지역을 샅샅이 <u>훑고[훌꼬]</u> 있다.
③ 경치가 좋으니 시나 한 수 <u>읊고[읍꼬]</u> 시작합시다.
④ 어제 비가 와서 그런지 하늘이 참 <u>맑습니다[말씁니다].</u>
⑤ <u>늙고[늘꼬]</u> 병든 사람들을 보살피는 것 또한 사람의 도리가 아닌가?

2. **다음 중 한자의 독음이 옳지 않은 것은?**

① 捺印-눌인, 桎梏-질혹
② 謁見-알현, 龜裂-균열
③ 漏泄-누설, 敷衍-부연
④ 前揭-전게, 行列-항렬
⑤ 嚆矢-효시, 殺到-쇄도

6. **언어의 특성 차원에서 다음 글을 이해할 때, 가장 적절한 것은?**

> <표준국어대사전>에서는 '너무'라는 단어를 '일정한 정도나 한계에 지나치게'라는 의미로 풀이해 두고 있었다. 그래서 그동안 "너무 크다/너무 늦다/너무 먹다/너무 가깝다"처럼 '너무'를 부정적인 의미로 쓰도록 제한해 왔다. 그런데 2015년 상반기에 이의 뜻풀이를 '일정한 정도나 한계를 훨씬 넘어선 상태로'라고 수정하게 되었다. 따라서 이제 그동안 쓰던 부정적인 의미는 물론 '너무 좋다/너무 예쁘다/너무 반갑다' 등처럼 긍정적인 의미에도 쓸 수 있게 되었다.

① 언어의 창조성 측면에서 보면, 드디어 '너무'라는 말이 생겨난 거야.
② 언어의 체계성을 생각해 보면, '너무'가 부정적인 의미가 있었으니 긍정적인 의미도 있어야겠지.
③ 언어의 분절성을 생각해 보면, 한번 정해진 표준어의 용법도 바뀔 수 있는 거야.
④ 언어의 역사성에 따르면, 정해진 의미는 100년이든 200년이든 똑같아야 하는 거 아니야?
⑤ 언어의 사회성 측면에서 볼 때, 많은 사람들이 그렇게 사용하니까 인정된 거겠지.

7. **다음 중 '두 손으로 따뜻한 볼을 쓸어 보면 손바닥에도 파란 물감이 묻어난다.'라는 문장이 들어가야 할 부분으로 가장 적절한 것은?**

3. 다음 중 어법상 올바른 문장은?

① 날씨가 맑아 하늘을 날으는 매가 선명하게 보인다.
② 사기 사건의 용의자는 자신의 범죄를 감추기 위해 거짓말도 서슴치 않았다.
③ 물을 사용하신 후에는 수도꼭지를 꼭 잠궈 주세요.
④ 새로 지은 집의 담벼락에 괴발개발 아무렇게나 낙서가 되어 있었다.
⑤ 전염병의 영향으로 오늘부터 개최된 축제가 활기를 띄지 못하고 있다.

4. 다음 중 로마자 표기법에 따라 올바르게 적은 것은?

① 영등포 - Yeungdeungpo
② 종로구 - Jongro-gu
③ 촉석루 - Chokseongnu
④ 다보탑 - Dabotab
⑤ 여의도 - Yeoeuido

5. 다음 중 표기가 모두 옳은 것은?

① 우윳빛, 전셋집, 전세방, 인사말, 머릿방
② 우유빛, 전세집, 전세방, 인삿말, 머리방
③ 우윳빛, 전세집, 전셋방, 인사말, 머리방
④ 우유빛, 전셋집, 전세방, 인사말, 머릿방
⑤ 우윳빛, 전셋집, 전셋방, 인사말, 머리방

> 여기저기서 단풍잎 같은 슬픈 가을이 뚝뚝 떨어진다. 단풍잎 떨어져 나온 자리마다 봄을 마련해 놓고 나뭇가지 위에 하늘이 펼쳐 있다. (㉠) 가만히 하늘을 들여다보려면 눈썹에 파란 물감이 든다. (㉡) 다시 손바닥을 들여다본다. (㉢) 손금에는 맑은 강물이 흐르고, 맑은 강물이 흐르고, 강물 속에는 사랑처럼 슬픈 얼굴――아름다운 순이의 얼굴이 어린다. (㉣) 소년은 황홀히 눈을 감아 본다. 그래도 맑은 강물은 흘러 사랑처럼 슬픈 얼굴―― (㉤) 아름다운 순이의 얼굴은 어린다.

① ㉠
② ㉡
③ ㉢
④ ㉣
⑤ ㉤

※ [8-9] 다음 시를 읽고 물음에 답하시오.

껍데기는 가라
사월(四月)도 알맹이만 남고
껍데기는 가라

껍데기는 가라
동학년(東學年) 곰나루의 그 아우성만 살고
껍데기는 가라

그리하여 다시
껍데기는 가라
이곳에선, 두 가슴과 그곳까지 내논
아사달 아사녀가
중립(中立)의 초례청 앞에 서서
부끄럼 빛내며
맞절할지니

껍데기는 가라
한라에서 백두까지
향그러운 흙가슴만 남고
그, 모오든 쇠붙이는 가라

8. 위 시에 대한 설명으로 가장 적절한 것은?

10. 다음 글에 포함되어 있지 않은 내용은?

『삼국사기』 <견훤·궁예> 조에 실린 궁예 관련 기록을 <궁예전>이라 부를 수 있다. 이와 달리 설화 전승 집단이 <궁예전>의 전반부에 보이는 출생 과정의 신이성, 기아(棄兒) 그리고 극적 구출담과 후반부에 보이는 '궁예의 몰락과 비참한 죽음'을 토대로 하여 역사적 사실을 재해석하여 한 편의 새로운 이야기로 재구성한 것이 '궁예 설화'이다. <궁예전>이 설화화 과정을 거쳐 구전으로 전승될 수 있었던 것은 궁예 이야기에 내포된 허구적인 요소와 왕임에도 불구하고 비극적인 최후를 맞이한 역사적 사실이 설화 전승 집단의 흥미를 유발했기 때문이다.

설화 전승 집단은 <궁예전>에서 모티프를 취했음에도 불구하고 궁예와 관련된 역사적 사실을 재해석하고 있다. 따라서 궁예와 관련된 사실이나 사건을 <궁예전>과는 다른 시각에서 접근하게 된다. 이런 '궁예 설화'는 궁예와 관련된 신이성이 제거되어 행적 위주의 흥미 본위로 재구성된 이야기와 궁예의 몰락과 비참한 죽음을 그 지역에 산재되어 있는 증거물과 함께 활용하여 재구성된 이야기로 나눌 수 있다.

'궁예 설화'는 철원과 그 주변 지역을 중심으로 해서 집중적으로 전승되고 있다. 이런 '궁예 설화'를 전체적인 맥락에서 살펴보면, 철원은 원래 삼백 년 도읍터의 운을 타고 난 곳인데, 궁예의 인내심 부족과 경솔함 그리고 왕건으로 대표되는 외부 세력의 농간으로 삼십 년 도읍지로 전락하게 되었다는 것이다. 바로 이 설화 속에는 설화 전승 집단의 의식이 반영되어 있다.

비록 철원이 몇십 년이지만 한 나라의 도읍지였을 정도의

① 자연과의 교감을 통해 교훈적 의미를 찾아 전달하고 있다.
② 역설적 상황을 설정하여 주제 의식을 강렬하게 그려내고 있다.
③ '껍데기'라는 사물을 통해 섬세한 심리 변화를 나타내고 있다.
④ 현실을 냉소적으로 바라보는 역사관을 드러내고 있다.
⑤ 사회 문제에 대해 관심을 기울이고 발언하는 참여적인 성격을 드러내고 있다.

9. 위 시의 시어에 대한 설명으로 적절하지 않은 것은?

① '알맹이'는 '껍데기'와 대립되는 시어로 4·19혁명의 순수한 정신을 의미한다.
② '아사달'과 '아사녀'는 우리 민족의 원초적이고 본질적인 모습을 의미한다.
③ '한라에서 백두까지'는 우리나라를 의미하는 것으로 민족 분단의 현실을 극복하고자 하는 민족 통일에의 염원이 담겨 있는 표현이다.
④ '동학년 곰나루'는 동학 농민 전쟁의 본거지였던 웅진을 의미하고 '아우성'은 동학 전쟁 당시의 민중의 수난을 상징한다.
⑤ '쇠붙이'는 '향그러운 흙가슴'과 대립되는 시어로 민족의 통일을 가로막는 무력이나 이데올로기 대립과 같은 부정적인 요소를 일컫는다.

길지라는 자긍심이 설화 전승 집단으로 하여금 '궁예 설화'를 전승하게 한 원동력으로 보인다. 현재 철원과 포천 지역을 중심으로 전승되는 '궁예 설화'는 이 지역에 산재해 있는 증거물의 존재로 인해 전설의 형태로 계속 전승될 것으로 보이며, 그 밖의 지역에서는 증거물과 무관하기 때문에 궁예와 관련해서 행적을 위주로 한 흥미 본위의 이야기로 전승될 것으로 보인다.

① <궁예전>의 내용
② '궁예 설화'의 전승 이유
③ '궁예 설화' 속 철원의 지형
④ '궁예 설화' 설화 전승 집단의 지역적 자긍심
⑤ '궁예 설화'의 전승 전망

11. 다음 중 띄어쓰기가 모두 옳은 것은?

① 집에서∨처럼∨당신∨마음대로∨할∨수∨있는∨것은∨아네요.
② 그러려면∨고민도∨많이∨해∨보고,∨교양서적을∨읽어도봐야∨하죠.
③ 아는∨대로∨말하고∨약속한∨대로∨이행하는∨삶의∨자세가∨필요해요.
④ 직장에서∨만이라도∨부디∨예의를∨지킬∨줄∨아는∨사람이∨되어∨줘요.
⑤ 우리는∨언제든∨성장할수∨있어요.∨마음만∨먹으면∨누구든∨가능하죠.

12. 다음 중 밑줄 친 단어의 쓰임이 옳지 않은 것은?

① 오늘은 비가 와서 친구들과 집에서 호젓하게 즐거운 시간을 보냈다.
② 그는 언제나 호쾌히 부탁을 들어주는 멋진 사람이다.
③ 아름다운 이곳은 언제 봐도 참 호탕한 풍광이다.
④ 일주일 내내 야근을 했다. 과중한 업무에 몸이 호졸근히 되었다.
⑤ 호화찬란하게 꾸며 놓은 호텔에 도착하니 이제야 여행을 왔다는 실감이 났다.

13. 다음 중 표현이 가장 자연스러운 것은?

① 주어진 여건에서 최선을 다하는 것이 중요하다.
② 청소년들이 남은 여가를 선용하도록 지도해야 합니다.
③ 소위 말하는 여소 야대 정국이 출현했다.
④ 어느 나라 사람이나 오래오래 장수하기를 바랍니다.
⑤ 우리 민족은 옛날부터 기쁠 때 함께 춤추고 노래했다.

14. 괄호 속에 들어갈 적절한 단어를 ㄱ, ㄴ, ㄷ, ㄹ의 순서대로 옳게 제시한 것은?

ㄱ. 세계 석유 시장의 (　　)에 주목해야 한다. (　　)이 높다는 것은 석유의 생산국과 수출국이 소수이고, 이들 국가에 석유의 생산과 수출이 집중되어 있다는 것을 말한다.

16. 다음 예들과 동일한 구성 방식을 보이는 단어로 옳은 것은?

굶주리다, 늦더위, 높푸르다, 덮밥

① 논밭　② 첫사랑
③ 늙은이　④ 가로지르다
⑤ 곶감

17. 다음 시조에 드러난 주제적 정서를 가장 잘 표현할 수 있는 한자성어는?

슬프나 즐거오나 옳다 하나 외다 하나
내 몸의 해올 일만 닦고 닦을 뿐이언정
그 밧긔 여남은 일이야 분별(分別)할 줄 이시랴

내 일 망녕된 줄 내라 하여 모랄 손가
이 마음 어리기도 님 위한 탓이로세
아뫼 아무리 일러도 임이 혜여 보소서

추성(秋城) 진호루(鎭胡樓) 밧긔 울어 예는 저 시내야
무음 호리라 주야(晝夜)에 흐르는다
님 향한 내 뜻을 조차 그칠 뉘를 모르나다

뫼흔 길고 길고 물은 멀고 멀고
어버이 그린 뜻은 많고 많고 하고 하고

ㄴ. 현대에 들어 의사소통을 위한 다양한 매체와 방법이 대두됨에 따라 (　　　)은 과거처럼 글을 읽고 쓰는 능력만을 이야기하는 것이 아니라, 그림, 사진, 영상, 소리 등을 이해하고 표현하는 능력 전반을 가리키는 말이 되었다.

ㄷ. 최근 한국 드라마에 대한 비판 중의 하나는 자극적인 흥미에 치중한 나머지 허황되고 몽상적인 인물과 사건 설정으로 인해, 드라마 속의 이야기들이 현실화될 수 있다는 납득할 만한 (　　　)이 현저히 파괴되었다는 사실과 관련이 있다.

ㄹ. 최근 A 방송국에서 방영된 전염병을 소재로 한 시사 보도 프로그램은 메르스에 대한 국민의 궁금증을 풀어주고 불안감을 해소시켜 주었는데, 그 적절한 보도 시점 때문에 (　　　)을 칭찬해 줄 수 있다.

① 편재성(偏在性) - 시의성(時宜性) - 문식성(文識性) - 개연성(蓋然性)
② 편재성(偏在性) - 문식성(文識性) - 개연성(蓋然性) - 시의성(時宜性)
③ 편재성(偏在性) - 개연성(蓋然性) - 문식성(文識性) - 시의성(時宜性)
④ 개연성(蓋然性) - 문식성(文識性) - 편재성(偏在性) - 시의성(時宜性)
⑤ 문식성(文識性) - 시의성(時宜性) - 개연성(蓋然性) - 편재성(偏在性)

15. 다음 중 외래어 표기법에 따른 표기로 옳지 않은 것은?

① woe [wou] - 워　　② wag [wæg] - 왜그
③ yawn [jɔ : n] - 욘　　④ shank [ʃæŋk] - 섕크
⑤ mirage [mirɑ : ʒ] - 미라지

어디서 외기러기는 울고 울고 가느니

어버이 그릴 줄을 처엄부터 알아마는
님군 향한 뜻도 하날이 삼겨시니
진실로 님군을 잊으면 긔 불효(不孝)인가 여기노라.

① 석별지정(惜別之情)
② 견권지정(繾綣之情)
③ 연독지정(吮犢之情)
④ 자유지정(自有之情)
⑤ 연군지정(戀君之情)

18. 다음 밑줄 친 부분 중 물건을 세는 단위가 옳지 않은 것은?

① 여기요, 접시 두 죽만 주세요.
② 이 북어 한 쾌는 얼마입니까?
③ 어이구, 장작을 세 우리나 팼네.
④ 올해는 마늘 한 접이 얼마일까?
⑤ 삼치 한 뭇 값이 올랐네.

19. 다음 글의 전개 순서로 가장 자연스러운 것은?

ㄱ. 특히 오늘의 세계는 숨 가쁠 정도의 기술 혁신의 와중에 있고 기술 정보의 양이 기하급수적으로 증가하고 있다. 이러한 기술 정보의 폭발적 증가는 기업이 꼭 필요로 하는 정보를 정확히 그리고 신속히 입수하는 일을 어렵게 하고 있다. 이에 정보처리 및 관리 기술이 정보의 폭발적 증가로 인한 문제를 해결해 주는 수단으로서 등장하고 있는 것이다. 컴퓨터, 인공위성을 위시한 각종 원격 통신기기 등 정보 처리 내지 통신수단의 발달은 거리와 시간을 구애받지 아니하고 각종 필요한 정보를 순식간에 탐색 입수하는 것을 가능하게 한다.

ㄴ. 이러한 장애 요인을 극복하기 위하여 한국산업경제기술연구원은 정보 처리 및 관리 업무에 종사하고 있는 사람들을 대상으로 최신 기법에 대한 교육을 실시하고 있다. 이번 국제산업기술정보 워크숍은 이러한 본 연구원의 사업을 국제적으로 확대하여 아시아 태평양 지역의 신흥 개발 국가들이 안고 있는 공통 애로를 개선하는 데 도움이 될 수 있도록 하는데 그 목적이 있다. 따라서 이번 국제 워크숍이 세계 산업기술 정보 서비스 분야의 발전을 위한 국제 협력의 좋은 본보기가 되었으면 하는 것이 우리의 바람이다.

ㄷ. 진실로 오늘날의 세계는 변화의 소용돌이라고 해도 과언이 아닐 것이다. 특히 기업 경영에 중대한 영향을 미치는 기술, 시장, 디자인, 법규 및 각종 제도 등 수없이 많은 요소들이 끊임없이 변화를 거듭함에 따라 기업 환경은 점점 복잡해지

20. 다음 글에서 말하는 '감염주술'의 사례로 가장 적절한 것은?

주술의 원리가 되는 사고의 원리를 분석하면 다음의 두 가지로 귀결된다. 하나는 닮은 것은 닮은 것을 낳는다는 것이다. 다시 말해 결과는 그 원인을 닮았다는 것이다. 또 다른 하나는 이전에 서로 접촉이 있었던 것은 물리적인 접촉이 사라진 후 멀리서도 계속 상호 작용을 한다는 것이다. 앞의 것을 유사(類似)의 법칙, 뒤의 것을 접촉의 법칙 또는 감염의 법칙이라 부를 수 있다. 주술사는 유사의 법칙에 의해서 단지 어떤 것을 모방함으로써 원하는 결과를 얻을 수 있다고 생각한다. 또 두 번째 접촉의 법칙 또는 감염의 법칙에 의해서 어떤 사람에게 접촉했던 물체에 가한 행위는 그 사람의 신체에 직접 가하지 않더라도 그 행위와 같은 결과를 그 사람에게 준다고 생각한다. 유사의 법칙에 기초한 주술을 '유감주술'(類感呪術)이라 부르고, 접촉 또는 감염의 법칙에 기초한 주술을 '감염주술'(感染呪術)이라고 부른다.

유감주술에서 유사는 유사를 낳는다는 생각에 가장 익숙한 예는 적과 닮은 모습을 만들어서 상처를 입히거나 파괴해서 그 적에게 상처를 주거나 그를 죽이려는 시도이다. 닮은 모습을 괴롭히면 상대방도 마찬가지로 괴롭고, 그 모습이 파괴되면 상대방도 반드시 죽는다고 믿었기 때문에 여러 시대를 통해 이것을 사용했다. 한편 감염주술은 이전에 결합했던 것은 그 후 서로 떨어져 있어도 공감적인 관계를 계속 유지하며, 한쪽에 일어난 것은 다른 쪽에도 같은 영향을 미친다는 것이다.

고 미래에 대한 예측이 더욱 어려워지고 있다. 따라서 이러한 기업 환경하에서도 기업이 올바른 결정을 내리기 위해서는 의사결정에 필요한 제반 정보를 수집, 분석하는 기능이 그 어느 때보다도 중요하다고 할 수 있다. 기업 경영에 필요한 적절한 정보를 얼마나 정확히, 그리고 신속하게 입수하느냐가 기업 성공의 관건이 되고 있다.

ㄹ. 이와 같은 현대적인 정보 처리 및 관리 기술의 발전이 우리의 일상생활에서 얼마나 폭넓은 영향을 미치고 있는가를 한 번 생각해 보면 정말 놀랍다. 그러나 신흥 개발 국가들은 최신 정보 처리 및 관리 업무를 수행할 자질을 갖춘 고급 요원이 부족하고, 바로 이 점이 이들 나라의 발전에 큰 장애요인이 되고 있다.

① ㄱ - ㄷ - ㄴ - ㄹ
② ㄱ - ㄹ - ㄷ - ㄴ
③ ㄴ - ㄱ - ㄹ - ㄷ
④ ㄷ - ㄱ - ㄹ - ㄴ
⑤ ㄷ - ㄹ - ㄴ - ㄱ

① 오지브와족 인디언은 누군가에게 상처를 주고 싶으면 나무로 자기가 노리는 상대의 작은 상을 만들어서 그 상의 머리나 심장에 침을 찌르거나 활을 쏜다.
② 중국의 일부 민족은 아이의 태반을 기가 좋은 곳에 잘 묻는데, 만약 그렇게 하지 않아 돼지나 개가 파내서 먹으면 아이가 지혜를 잃을 것이라고 생각한다.
③ 멕시코 인디언 코라족은 죽이고 싶은 상대가 있으면 태운 점토와 헝겊 조각들로 그 사람의 인형을 만들어 주문을 외우면서 인형의 머리를 침으로 찌른다.
④ 에스키모족의 주술사는 아이를 낳기를 원하는 자에게 아이를 상징하는 작은 인형을 만들어서 의식을 거행하고 그것을 베개 밑에 넣고 자라고 지시한다.
⑤ 캐나다 누트카족의 주술사는 물고기가 잡히지 않으면 물고기 모습을 모형으로 만들어서 물고기가 몰려오는 방향으로 그것을 물에 넣는다.

영 어

1. 다음 밑줄 친 부분의 의미와 가장 가까운 것은?

I am afraid I should write this e-mail to you concerning your <u>recurrent</u> late arrival at the work place because it has caused a discontent among your co-workers.

① undeniable
② reckonable
③ unjustified
④ repeated
⑤ irregular

2. 다음 밑줄 친 부분의 의미와 가장 가까운 것은?

Once a child's self-esteem is in place, it kindles further success. Tasks flow more <u>seamlessly</u> and troubles bounce off.

① concretely

4. 다음 밑줄 친 부분에 들어갈 가장 적절한 표현은?

In this exhibition, the artist reflects her concern about the nature of the conflicts that are taking place in the Middle East. There is strength of feeling and a challenging rawness in the choice and treatment of the subject-matter. The work demonstrates strong determination in taking on such a controversial subject at this period of her life. It's a testament to her integrity and her ________ courage.

① ubiquitous
② unflinching
③ flattering
④ hypocritical
⑤ impertinent

5. 다음 밑줄 친 부분에 들어갈 가장 적절한 표현은?

The horrific criminal scenes which the terrorists left behind them were enough to ________ their truth and to show the suffering of Joubar citizens as everything in the neighborhood reflects the acts of terrorism.

① divulge
② capitulate

② dramatically
③ energetically
④ selfishly
⑤ smoothly

3. 다음 밑줄 친 부분의 의미와 가장 가까운 것은?

> The company has a very strict dress code, and they <u>spell it out</u> for you when you start working there.

① examine it carefully
② make it obscure
③ state it clearly
④ ask it nicely
⑤ order it privately

③ impair
④ meander
⑤ precipitate

6. 다음 밑줄 친 부분에 들어갈 가장 적절한 표현은?

> The personnel department ________ a job analysis, which is a detailed study of the elements and characteristics of each job.

① pulls out
② carries out
③ gets out
④ puts out
⑤ gets away

7. **다음 밑줄 친 부분 중 문법상 옳지 않은 것은?**

Problems can ① <u>be appeared unsolvable</u>. We are social animals who need to ② <u>discuss our problems</u> with others. When we are alone, problems become more ③ <u>serious</u>. By sharing, we can get opinions and find solutions. An experiment was conducted with a group of women who had low satisfaction in life. Some of the women were introduced to others ④ <u>who were</u> in similar situations, and some of the women were left on their own ⑤ <u>to deal with</u> their concerns. Those who interacted with others reduced their concerns by 55 percent over time, but those who were left on their own showed no improvement.

8. **다음 중 문법상 옳지 않은 것은?**

① With no seat at the table, the man had no choice but to stand there.
② Whether mistakes were made and things just didn't work out, he had to apologize.
③ The steps toward the goal can be practiced only by oneself.
④ There were nearly 5.6 million open jobs at the end of May.
⑤ The number of women who own guns has been rising rapidly over the past decade.

11. **대화의 흐름으로 보아 밑줄 친 부분에 들어갈 가장 적절한 표현은?**

A: How was your flight?
B: It was good but a little long flight.
A: Do you have much trouble with jet-lag?
B: ______________________.
A: Well, then shall we go to the conference room? The chief is waiting for you.

① I couldn't afford it
② That's out of the question
③ I was too busy to do that
④ It doesn't bother me that much
⑤ The first night is always ruined by it

12. **다음 문장을 영어로 옮길 때 가장 적절한 것은?**

많은 전문가들이 한국의 대(對)중국 자동차 수출이 작년부터 계속 감소해오고 있는 것을 우려하고 있다.

① Many experts are worried that China has decreased its exports since last year.
② Many experts are concerned that Korean car exports to China decreased continuously last year.
③ Many experts are worried that Korean car exports to China have stopped decreasing continuously since last year.

9. 밑줄 친 부분에 들어갈 말로 가장 적절한 것은?

> Scientists say the Philae space probe has gathered data supporting the theory that comets can serve as cosmic laboratories ________ some of the essential elements for life are assembled.

① what　　② in what
③ which　　④ of which
⑤ in which

10. 다음 밑줄 친 부분 중 문법상 옳지 않은 것은?

> Researchers at Carnegie Mellon University ① <u>have found</u> that individuals who spend even a few hours a week on-line ② <u>experiences</u> higher levels of depression and loneliness than ③ <u>those who</u> spend less or no time on the Internet. They also found that individuals who use the Internet more tend to decrease their communication with other family members and ④ <u>reduce</u> the size of their social circle. These findings are counterintuitive to ⑤ <u>what</u> we know about how socially the Internet is used.

④ Many experts are worried that Korean car exports to China have decreased continuously last year.
⑤ Many experts are concerned that Korean car exports to China have been continuously decreasing since last year.

13. 다음 문장이 들어갈 위치로 가장 적절한 곳은?

> For example, Koreans believe that inequalities in English education lead to the inequalities in job prospects and earnings.

> The so-called English divide becomes alarming in Korean society. The students' English proficiency comes to depend on how much their households earn and how much extra-curricular education they are receiving. ① The problem is that English divide is not limited to the sphere of their English proficiency. ② That is why Korean parents are spending huge sum of money in private English education. ③ That is also why there are a lot of 'wild-goose fathers' who have sent their families to English-speaking countries for their children's English education. ④ Given the shadow of polarization in the Korean society, the government should devise effective measures to narrow the English divide. ⑤

14. 글의 흐름상 적절하지 못한 문장은?

Facial emblems are used by the sender to talk about an emotion while he or she is not actually feeling it. They are different from the actual emotional expressions in that they are usually held for a longer or shorter time than the actual expression and performed by using only a part of the face. ① When you drop your jaw and hold your mouth open, you may be saying that you are dumbfounded by what the other person said. ② Widened eyes, without other features of the surprise may serve the same purpose as a verbal "Wow." ③ Facial displays are directed toward the organizational structure of the engaged conversation. ④ If you want to comment nonverbally on your disgust for a situation, a nose wrinkle or raising your upper lip should get your message across. ⑤ Sometimes one or both eyebrows will further communicate "I'm puzzled" or "I doubt that."

15. 주어진 글 다음에 이어질 글의 순서로 가장 적절한 것은?

In one survey, 8 in 10 American consumers said that they believe it's important to buy green brands and products from green companies. The U.S. consumer's focus on personal health is merging with a growing interest in global health.

16. 다음 글의 목적으로 가장 적절한 것은?

To the Tenant of Number 11:

Due to your failure to uphold the rental agreement, the Belfield Building Management serves this notice of eviction. Several warnings have been issued concerning the odor your restaurant has been emitting. Your rental agreement states clearly that the tenant cannot emit odor beyond his/her premise. You are required to vacate the property premises by September 20, 2015. Failure to conform shall result in legal action, which includes physical removal of the tenants from the property.

① 계약갱신의 시기를 알리려고
② 공지사항의 확인을 요청하려고
③ 세입자에게 퇴거를 요구하려고
④ 법률자문의 중요성을 강조하려고
⑤ 임대계약 내용의 변경을 알리려고

17. 다음 밑줄 친 부분에 들어갈 가장 적절한 표현은?

The birth of a work of art is an intensely private experience. Many artists can work only when they concentrate on their own endeavor completely alone and

(A) This label refers to people who worry about the environment, want products to be produced in a sustainable way, and spend money to advance what they see as their personal development and potential.

(B) These people represent a great market for products such as organic foods, energy-efficient appliances, and hybrid cars. It is estimated that they make up about 16 percent of the adults in the United States or 35 million people.

(C) Some analysts call this new value *conscientious consumerism.* It's clear that a sizable number of American consumers are shifting to what is often called LOHAS—an acronym for "lifestyles of health and sustainability."

① (A)-(C)-(B)
② (B)-(A)-(C)
③ (B)-(C)-(A)
④ (C)-(A)-(B)
⑤ (C)-(B)-(A)

many refuse to show their unfinished pieces to anyone. Yet, it must, as a final step, be shared by the public, in order for the birth to be successful. Artists do not create merely for their own satisfaction, but want their works recognized and appreciated by others. ______________, the hope for approval is what makes them want to create in the first place, and the creative process is not completed until the work has found an audience. In the end, works of art exist in order to be liked rather than to be debated.

① However
② In fact
③ For example
④ Rarely
⑤ Unfortunately

18. 다음 밑줄 친 부분에 들어갈 가장 적절한 표현은?

In England people remembered a day in 1910 which went down in the annals as "black Ascot." In memory of Edward VII, who had just died, all visitors to the course appeared in elegant black. It was the fashion event of the decade. Bearing this example in mind, widows of the society tried to do justice to the demands of mourning during wartime. They insisted on wearing black to express their feeling of mourning. The longer the war went on and the more victims it claimed, however, ____________________.
Only a few women wore black for a whole year or limited their jewelry to black jet. Gray and even mauve were soon considered just as proper and widows began to wear pearls when they went out.

① the less luxurious their fashion became
② the more conservative their fashion became
③ the less informal clothes became
④ the more relaxed clothing rules became
⑤ the more dominant this fashion became

19. 다음 밑줄 친 부분에 들어갈 가장 적절한 표현은?

The longing to know ourselves and to know our fellow

20. 다음 밑줄 친 부분에 들어갈 가장 적절한 표현은?

During the Second World War (1939-45), many women in Britain had gone to work in the fields and factories, but afterwards they were encouraged to return to their domestic roles as wives and mothers. The birth rate rose sharply and large families became fashionable. But at the same time ____________________.
Divorces quadrupled from 8,000 per year pre-war to 32,000 in 1950, and continued to rise. More and more women began seeking the services of psychiatrists and marriage guidance counsellors.

① women were still minorities in medicine
② women's rights were dramatically curtailed
③ the role of women began to gain recognition
④ there were indications of domestic unhappiness
⑤ the majority of jobs open to women were low-paid

man is the mainspring of all psychology. But inasmuch as the desire is to know all of man, his innermost secret, the desire can never be fulfilled in knowledge of the ordinary kind. Even if we knew a thousand times more of ourselves, we would never reach bottom and we would still remain ________________.

① an enigma to ourselves
② a master to ourselves
③ no one to everyone
④ an enigma to everyone
⑤ a master to everyone

한 국 사

1. **다음 중 단군신화의 내용이 수록되어 있지 않은 것은?**

① 『삼국유사』
② 『제왕운기』
③ 『응제시주』
④ 『동명왕편』
⑤ 『세종실록지리지』

2. **현재의 감사원과 유사한 기능을 했던 고려와 조선의 관청으로 옳게 짝지어진 것은?**

	고려	조선
①	중추원	중추부
②	비서성	승정원
③	어사대	사헌부
④	한림원	혜민국
⑤	식목도감	선혜청

4. **(가) 시기에 일어났던 사건으로 옳은 것은?**

조선총독부 설치 → 3·1운동 → 만주사변

	(가)		

① 105인 사건으로 비밀결사 단체가 해체되었다.
② 경제적 독립을 이룩하기 위해 국채보상운동이 일어났다.
③ 만주 하얼빈 역에서 안중근이 이토 히로부미를 처단하였다.
④ 홍범도가 이끄는 대한독립군 등이 봉오동에서 승리를 거두었다.
⑤ 내선일체, 황국신민화 등이 제창되어 우리말과 글을 사용할 수 없게 되었다.

5. **독립협회에 관한 설명 중 옳지 않은 것은?**

① 독립신문 창간 후 발족되었다.
② 황국협회와 협력하면서 개혁을 추구하였다.
③ 만민공동회와 관민공동회를 개최하였다.
④ 토론회 활동 이후 민중세력의 참여가 두드러졌다.
⑤ 해산된 후 헌정연구회·대한자강회로 이념이 계승되었다.

3. 다음은 어떤 책의 서문이다. 『이 책』에 대한 설명으로 옳은 것은?

> "세조께서 옥쇄를 쥐고 나라를 중흥시키시니, 창업과 수성을 겸비하신 것이다. 일찌기 좌우의 신하들에게 말씀하시기를, …(중략)… 우리 조종의 심후하신 인덕과 크고 아름다운 규범이 훌륭한 전장(典章)에 펴졌으니, …(중략)… 또 여러 번 내린 교지가 있어 법이 아름답지 않은 것은 아니지만, 어리석고 둔한 관리들이 법을 받들어 시행함에 어두웠던 것은 진실로 그 목차와 조문이 너무 번잡하고 앞뒤가 서로 맞지 않았기 때문이다. …(중략)… 이제 손익을 헤아리고 회통할 것을 산정하여 만대 성법을 만들고자 한다."
>
> - 서거정이 『이 책』을 올리면서 쓴 서문(序文)

① 국가 행사 때 사용될 의례 규범서인 『국조오례의』이다.
② 국가 통치의 기본 규범을 확립한 『경국대전』이다.
③ 후대에 모범이 될 만한 역대 국왕의 행적을 기록한 『국조보감』이다.
④ 효자, 충신, 열녀 등의 사례를 뽑아서 만든 백성들의 윤리서인 『삼강행실도』이다.
⑤ 중국 농사법에서 탈피하여 우리나라 풍토에 맞는 농법으로 편찬된 『농사직설』이다.

6. 다음은 군사제도의 변화 과정에 대한 서술이다. 시기순으로 올바르게 배열한 것은?

> ㄱ. 부국강병을 목표로 개화 정책을 추진하는 과정에서 별기군을 창설하였다.
> ㄴ. 30만 명의 광군이 조직되었다.
> ㄷ. 정규군 외에 일종의 예비군인 잡색군을 두었다.
> ㄹ. 군사의 기동력을 높이기 위해 기병부대인 신기군이 설치되었다.
> ㅁ. 장기간 근무를 하고 일정한 급료를 받는 상비군으로 삼수병이 편성되었다.

① ㄱ-ㄴ-ㄷ-ㄹ-ㅁ　② ㄴ-ㄷ-ㄹ-ㅁ-ㄱ
③ ㄴ-ㄹ-ㄷ-ㅁ-ㄱ　④ ㄹ-ㄴ-ㅁ-ㄷ-ㄱ
⑤ ㄹ-ㄷ-ㅁ-ㄴ-ㄱ

7. **다음의 기록과 관련 있는 사건에 대한 설명으로 옳은 것은?**

> 최명길이 마침내 국서를 가지고 비국에 물러가 앉아 수정을 가하였는데, 김상헌이 밖에서 그 글을 보고는 통곡하면서 찢어 버리고 임금을 뵙기를 청하였다.

① 효종이 죽자 인조의 계비의 복상기간에 대해 서인과 남인 사이에 논쟁이 일어났다.
② 사도세자가 죽임을 당한 이후, 시파와 벽파로 나뉘게 되었다.
③ 선조가 의주로 피난하고 명나라에 구원병을 요청하는 사신을 보냈다.
④ 일반 백성들의 공물부담을 줄여주기 위해 대동법을 시행하였다.
⑤ 인조가 항복하고 청나라에 사대하게 되었다.

8. **다음 사건들을 시기순으로 올바르게 배열한 것은?**

> ㄱ. 묘청의 난
> ㄴ. 이시애의 난
> ㄷ. 홍경래의 난
> ㄹ. 만적의 난

① ㄱ-ㄹ-ㄴ-ㄷ
② ㄱ-ㄹ-ㄷ-ㄴ
③ ㄴ-ㄹ-ㄱ-ㄷ

10. **밑줄 친 '나'의 활동으로 옳은 것을 모두 고른 것은?**

> 왜적이 항복한다 하였다. 아! 왜적이 항복! 이것은 <u>나</u>에게 기쁜 소식이라기보다는 하늘이 무너지는 듯한 일이었다. 천신만고 끝에 수년 동안 애를 써서 참전할 준비를 한 것도 다 허사이다. 시안과 푸양에서 훈련을 받은 우리 청년들에게 여러 가지 비밀 무기를 주어 산둥에서 미국 잠수함에 태워 본국으로 들여보내어 국내의 중요한 곳을 파괴하거나 점령한 뒤에 미국 비행기로 무기를 운반할 계획까지도 미국 육군성과 다 약속이 되었던 것을 한번 해보지도 못하고 왜적이 항복하였으니……

> ㄱ. 한인애국단 조직　ㄴ. 신탁통치 반대　ㄷ. 남북협상
> ㄹ. 제헌국회 설립　ㅁ. 반민족행위처벌법 제정

① ㄱ, ㄴ, ㄷ　② ㄱ, ㄴ, ㄹ
③ ㄴ, ㄷ, ㄹ　④ ㄴ, ㄹ, ㅁ
⑤ ㄷ, ㄹ, ㅁ

11. **다음은 삼국과 가야의 주요한 사건이다. 시기순으로 올바르게 배열한 것은?**

> ㄱ. 고구려가 평양으로 천도하였다.
> ㄴ. 백제 침류왕이 불교를 받아들였다.

④ ㄷ-ㄹ-ㄴ-ㄱ
⑤ ㄹ-ㄱ-ㄴ-ㄷ

9. 다음 전문을 직접 포함하고 있는 것은?

> 남과 북은 분단된 조국의 평화적 통일을 염원하는 온 겨레의 뜻에 따라 7·4 남북 공동성명에서 천명된 조국통일 3대원칙을 재확인하고, 정치 군사적 대결상태를 해소하여 민족적 화해를 이룩하고, 무력에 의한 침략과 충돌을 막고 긴장 완화와 평화를 보장하며, 다각적인 교류·협력을 실현하여 민족 공동의 이익과 번영을 도모하며, 쌍방 사이의 관계가 나라와 나라 사이의 관계가 아닌 통일을 지향하는 과정에서 잠정적으로 형성되는 특수관계라는 것을 인정하고, 평화 통일을 성취하기 위한 공동의 노력을 경주할 것을 다짐하면서, 다음과 같이 합의하였다.

① 6·23 평화 통일 외교 정책 선언
② 12·13 남북 기본 합의서
③ 6·15 남북 공동선언
④ 10·4 남북 공동선언
⑤ 5·24 대북조치

> ㄷ. 신라 지증왕이 우산국을 정복하였다.
> ㄹ. 고령 지역에 있던 대가야가 멸망하였다.

① ㄱ-ㄴ-ㄷ-ㄹ
② ㄱ-ㄹ-ㄷ-ㄴ
③ ㄴ-ㄱ-ㄷ-ㄹ
④ ㄴ-ㄱ-ㄹ-ㄷ
⑤ ㄹ-ㄱ-ㄴ-ㄷ

12. 조선총독부의 헌병경찰에 의한 무단통치 시기와 관련이 깊은 것은?

① 여자정신근로령을 통해 여성에 대한 강제동원이 이루어졌다.
② 조선교육령을 개정하여 황국신민화 정책을 실시하였다.
③ 조선의 식민지배를 위해 경부선을 건설하였다.
④ 신간회 설립을 허가하였다가 탄압하였다.
⑤ 태로 볼기를 때리는 태형령을 제정하였다.

13. **다음 지도의 유적들이 조성된 시기에 대한 설명으로 옳은 것을 <보기>에서 모두 고르면?**

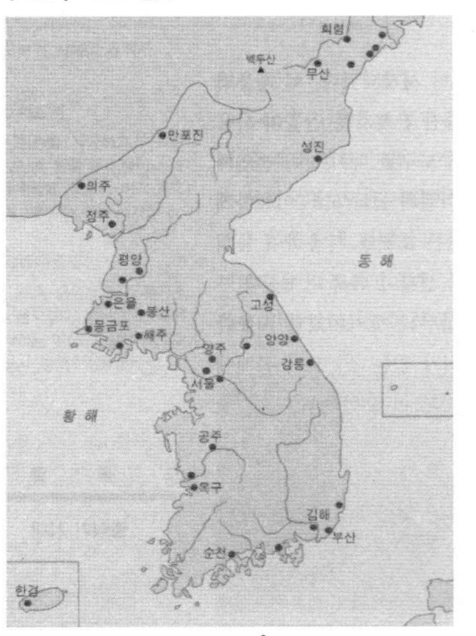

< 보 기 >

ㄱ. 민무늬 토기, 미송리식 토기 등을 사용하였다.

ㄴ. 가락바퀴나 뼈바늘로 옷이나 그물을 만들었다.

ㄷ. 굴, 홍합 등의 조개류를 먹었고, 때로는 깊은 곳에 사는 조개류를 따서 장식으로 이용하기도 하였다.

ㄹ. 움집의 중앙에 화덕을 설치하고, 햇빛을 많이 받는 남쪽으로 출입문을 내었다.

15. **고려시대에 대한 설명으로 옳지 않은 것은?**

① 지방의 모든 군현에 지방관이 파견되어 행정을 담당하였다.

② 중앙군은 2군 6위, 지방군은 주현군 · 주진군으로 편성되었다.

③ 발해의 유민들을 받아들였으며, 발해 세자 대광현을 왕족으로 대우하였다.

④ 광종은 스스로 황제라 칭하였고, 개경을 황도(皇都)라 불렀으며, 독자적 연호를 사용하였다.

⑤ 국가에 봉사하는 대가로 관료에게 수조권을 지급하는 전시과제도를 운영하였다.

16. **다음은 조선시대 사림세력의 분화과정에 대한 설명이다. (ㄱ)~(ㄹ) 세력에 대한 설명으로 옳지 않은 것은?**

> 선조 때에 이르러 사림학자들이 많이 배출되면서 사림사회에 갈등과 분화가 일어나 붕당이 형성되었다. 김효원을 지지하는 (ㄱ) 세력과 심의겸을 지지하는 (ㄴ) 세력으로 나뉘었다. 이후 (ㄱ) 세력은 정여립 모반 사건 등을 계기로 온건파인 (ㄷ) 세력과 급진파인 (ㄹ) 세력으로 다시 나뉘었다.

① (ㄱ)과 (ㄴ)의 분당은 이조전랑 자리를 둘러싼 기성사림과 신진사림 간의 경쟁에서 시작되었다.

② (ㄱ) 세력은 선비들의 수기(修己)에 역점을 두어 치자(治者)의 도덕성 제고를 중요하게 여겼다.

③ (ㄴ) 세력은 군대를 양성하고 성곽을 수리하는 등 북벌을 주장하며, 정권 유지를 도모하였다.

ㅁ. 나무로 만든 농기구로 땅을 개간하여 곡식을 심고, 가을에는 반달 돌칼로 이삭을 잘라 추수하였다.

① ㄱ,ㄴ,ㄷ ② ㄱ,ㄴ,ㄹ ③ ㄴ,ㄷ,ㄹ ④ ㄴ,ㄹ,ㅁ ⑤ ㄷ,ㄹ,ㅁ

14. 다음의 자료를 통해 알 수 있는 조세 제도에 대한 설명으로 옳지 않은 것은?

갈밭마을 여인 울음도 서러워라. 현문(懸門) 향해 울부짖다 하늘보고 호소하네. 군인 남편 못 돌아옴은 있을 법도 한 일이나, 예부터 남절양(男絶陽)은 들어보지 못했노라. 시아버지 죽어서 이미 상복 입었고, 갓난아인 배냇물도 안 말랐는데, 3대의 이름이 군적에 실리다니. 달려가서 억울함을 호소하려 해도 범 같은 문지기 버티어 있고, 이정(里正)이 호통하여 단벌 소만 끌려가네. 남편 문득 칼을 갈아 방안으로 뛰어들자, 붉은 피 자리에 낭자하구나. 스스로 한탄하네. '아이 낳은 죄로구나.'

－『목민심서』「애절양(哀絶陽)」

① 족징(族徵), 인징(隣徵), 백골징포(白骨徵布), 황구첨정(黃口簽丁) 등의 폐단이 있었다.

② 폐단을 시정하기 위해 숙종~영조 대에 걸쳐 다양한 양역변통론이 제기되었다.

③ 상층 양인 일부에게 선무군관(選武軍官)이라는 칭호를 주는 대신 군포를 부과하였다.

④ 토지 1결당 미곡 12두를 거두어 세입의 결손을 보완하고자 하였다.

⑤ 균역청에서 어세, 염세, 선세를 관할하게 하였다.

④ (ㄷ) 세력은 효종과 효종비에 대한 자의대비의 상복 문제를 놓고 사대부와 같은 예로 행해야 한다고 하여 신권을 강화하려고 하였다.

⑤ (ㄹ) 세력은 대체로 조식과 서경덕 문인들이 주류를 이루며, 광해군을 지지하였다.

17. 다음과 같은 농사기술이 널리 보급되던 시기의 생활모습이 아닌 것은?

> 일반적으로 모내기법을 귀중하게 여기는 이유는 세 가지가 있다. 김매기의 수고를 줄이는 것이 첫째이다. 두 땅의 힘으로 하나의 모를 서로 기르는 것이 둘째이다. 옛 흙을 떠나 새 흙으로 가서 고갱이를 씻어 내어 더러운 것을 제거하는 것이 셋째이다.
>
> 어떤 사람은 모낸 모가 큰 가뭄을 만나면 모든 노력이 허사가 된다 하여 모내기법을 위험한 방도라고 말한다. 그러나 여기에는 그렇지 않은 점이 있다. 무릇 벼를 심는 논에는 물을 끌어들일 수 있는 하천이나 물을 댈 수 있는 저수지가 꼭 필요하다. 이러한 것이 없다면 벼논이 아니다. 벼논이 아닌 곳에서 가뭄을 우려한다면 어찌 유독 모내기법에 대해서만 그렇다고 하는가.
>
> - 『임원경제지』

① 중국으로부터 『농상집요』 등의 농서가 수입되어 발달된 농업기술이 보급되었다.

② 광작(廣作)이 성행하게 되었는데, 광작은 지주도 할 수 있고, 병작인도 할 수 있었다.

③ 새로운 지대 관행으로 일정 액수를 지대로 납부하는 도조법이 확산되어갔다.

④ 쌀의 상품화가 활발해지면서 밭을 논으로 바꾸는 현상이 증가하였다.

⑤ 병작지를 얻기 어려워진 농민들은 도시로 옮겨가 상공업에 종사하거나 임노동자가 되었다.

라되었다.

② (ㄴ) - 여성의 단결, 남녀평등, 여성 교육 확대, 여성 노동자 권익 옹호 등을 전개하였다.

③ (ㄷ) - 강령은 '정치적 · 경제적 각성을 촉구함, 단결을 공고히 함, 기회주의를 일체 부인함.'이었다.

④ (ㄹ) - 일제 강점기 노동 운동 중 가장 규모가 큰 것이었다.

⑤ (ㅁ) - '우리의 교육은 우리들 손에 맡겨라. 일본제국주의를 타파하라. 8시간 노동제를 채택하라.'는 내용의 전단을 뿌리며 만세를 불렀다.

20. 다음 설명은 고조선 이후 만주와 한반도에 등장한 여러 나라의 특징을 나타낸 것이다. (ㄱ)~(ㄹ) 나라에 대한 설명으로 옳은 것은?

> (ㄱ) 소녀가 10여 세가 되면 양가에서 서로 혼인할 것을 약속한 뒤, 소녀는 남자집에 보내졌다. 소녀가 장성하여 처녀가 되면 다시 본가로 돌려보낸다. 처녀집에서는 돈을 요구하고 그것이 지불된 뒤에야 처녀는 신랑집으로 가게 되었다.
>
> (ㄴ) 언어와 풍습은 대체로 고구려와 같았다. 그 읍락은 산과 내[川]를 경계로 하여 구역이 나뉘어 있어 함부로 다른 구역에 들어갈 수 없었다 한다. 그리고 이를 어겼을 경우 곧 벌책을 가하여 생구(生口), 즉 노예와 소나 말로 보상하게 하였는데, 이를 일컬어 '책화(責禍)'라 하였다.
>
> (ㄷ) 이 나라에는 왕 아래에 가축의 이름을 딴 마가·우가·저가·구가와 대사자·사자 등의 관리가 있었다. 이들 가는 저마다 따로 행정 구획인 사출도를 다스리고 있어서, 왕이 직접 통치하는 중앙과 합쳐 5부를 이루었다. 왕이 죽으면 많은 사

18. 다음은 고려시대의 대표적인 역사서이다. 편찬 시기순으로 올바르게 배열한 것은?

ㄱ.『해동고승전』 ㄴ.『삼국유사』 ㄷ.『7대실록』 ㄹ.『삼국사기』

① ㄱ-ㄴ-ㄷ-ㄹ
② ㄱ-ㄷ-ㄹ-ㄴ
③ ㄴ-ㄷ-ㄹ-ㄱ
④ ㄷ-ㄹ-ㄱ-ㄴ
⑤ ㄹ-ㄱ-ㄴ-ㄷ

19. 다음은 신간회에 대한 설명이다. (ㄱ)~(ㅁ)에 대한 설명으로 옳지 않은 것은?

신간회는 3·1운동 이후 민족주의자와 사회주의자들이 처음으로 민족 연합 전선을 구축하여 독립운동을 펼쳤다는 점에서 그 의의가 크다. 전국에 약 140여 개소의 지회를 두고, (ㄱ)약 4만 명의 회원을 확보했다. 자매 단체로 (ㄴ)근우회가 있었다. 신간회는 각 지방을 순회하면서 강연회를 열었고, (ㄷ)강령을 마련하고, 노동쟁의와 소작쟁의, 동맹휴학 등을 지도했는데, (ㄹ)원산노동자총파업과 (ㅁ)광주학생운동을 지원한 것은 대표적 활동이었다.

① (ㄱ) - 농민, 노동자, 상인이 주류를 이룬 가운데 각계각층이 망

람을 껴묻거리와 함께 묻는 순장의 풍습이 있었다.
(ㄹ) 이 나라에서는 벼농사를 중심으로 한 농업이 발달하였다. 이에 따라 해마다 씨뿌리기가 끝난 5월과 추수가 끝난 10월에 하늘에 제사를 지냈다. 이 때 낮이나 밤이나 술자리를 베풀고 축제를 벌였다. 춤출 때에는 수십 명이 줄을 서서 땅을 밟으며 장단을 맞추었다.

① (ㄱ) - 서옥제라는 풍속과 동맹이라는 제천행사를 실시하였다.
② (ㄴ) - 정치와 제사가 분리된 제정분리 사회였으며, 천군이 소도라는 영역을 지배하였다.
③ (ㄷ) - 농사일이 모두 끝난 12월에 영고를 행하여, 하늘에 제사를 지내고 가무를 즐겼다.
④ (ㄹ) - 읍군과 삼로가 각각 자신의 부족을 다스렸다.
⑤ (ㄱ)~(ㄹ) 모두 중앙집권국가로 발전하였다.

헌 법

1. **기본권 주체에 대한 설명으로 옳은 것은? (다툼이 있는 경우 판례에 의함)**

① 기본권의 성격상 직장선택의 자유는 외국인에게 인정될 수 없는 기본권이므로 산업연수생으로 입국한 외국인은 그 권리의 주체가 될 수 없다.

② 초기 배아는 출생 전에 형성 중인 생명으로서 헌법상 보호의 필요성이 인정되기 때문에 기본권 주체성이 인정된다.

③ 「민법」상 성년자라면 누구나 피선거권의 제한을 받지 않는다.

④ 법인도 법인의 목적과 사회적 기능에 비추어 볼 때 그 성질에 반하지 않는 한 자연인이 당연히 누리는 인격권의 주체가 될 수 있다.

⑤ 정당추천 후보자가 선거에서 차등대우를 받는 경우에는 해당 후보자의 평등권이 문제 될 수 있을지는 몰라도 법인격 없는 사단인 정당은 선거에서의 차등대우와 관련하여 기본권의 주체가 될 수 없다.

2. **합헌적 법률해석에 대한 설명으로 옳지 않은 것은? (다툼이 있는 경우 판례에 의함)**

① 합헌적 법률해석이란 어떤 법률의 개념이 다의적이고 그 어의의

한 부정을 의미하기도 한다.

⑤ 국회의원선거에 있어서 인구편차 상하 33⅓%를 넘어 인구편차를 완화하는 것은 지나친 투표가치의 불평등을 야기하므로 대의민주주의의 관점에서 바람직하지 않고 국회구성에 있어서 국회의원의 지역대표성이 고려되어야 한다고 할지라도 이것이 투표가치의 평등보다 우선시 될 수는 없다.

4. **국회의 정족수 관련 규정으로 옳지 않은 것은?**

① 본회의의 개의 - 재적의원 1/5 이상의 출석

② 헌법개정안의 의결 - 재적의원 2/3 이상의 찬성

③ 대통령에 대한 탄핵소추의결 - 재적의원 과반수의 찬성

④ 계엄해제 요구 - 재적의원 과반수의 찬성

⑤ 국무총리 및 국무위원 해임건의 - 재적의원 과반수의 찬성

5. **헌법 제·개정과 그 특징으로 옳은 것을 모두 고르면?**

ㄱ. 제헌 헌법 (1948년) - 법률이 정하는 바에 따라 근로자는 이익의 분배에 대하여 균점할 권리가 있다는 규정을 두었다.

ㄴ. 제1차 개헌 (1952년) - 헌법상의 기본권으로서 행복추구권을 명문화하였다.

ㄷ. 제2차 개헌 (1954년) - 여당의 개헌안과 야당의 개헌안을 발췌하여 개헌안을 제안하였다.

테두리 안에서 여러 가지 해석이 가능할 때 가급적 헌법에 합치되는 해석을 택하여야 한다는 법률의 해석지침을 말한다.

② 합헌적 법률해석은 헌법을 최고법규로 하는 통일적 법질서 형성과 법적 안정성 유지를 위한 것이다.

③ 합헌적 법률해석은 위헌적 결과가 될 해석은 배제하면서 합헌적이고 긍정적인 면은 살려야 한다는 것을 말한다.

④ 합헌적 법률해석에는 법 조항의 문구가 가지는 말의 뜻과 완전히 다른 의미로 해석할 수 없다는 문의적 한계와 당해 법 조항의 제정을 통해 추구하려는 입법자의 의지와 목적을 헛되게 하는 내용으로 해석할 수 없다는 목적적 한계가 있다.

⑤ 헌법재판소의 법률에 대한 한정합헌결정은 합헌적 법률해석과 차원을 달리하는 위헌법률심판의 결정유형에 관한 문제이므로 양자는 특별한 관계가 없다.

3. 선거의 기본원칙에 대한 설명으로 옳지 않은 것은? (다툼이 있는 경우 판례에 의함)

① 선거제도의 기본원칙은 선거인, 후보자와 정당은 물론 선거절차와 선거관리에도 적용되며 선거법을 제정하고 개정하는 입법자의 입법형성권 행사에도 당연히 준수하여야 한다.

② 헌법재판소의 위헌결정에 따라 선거권 연령이 19세로 낮춰졌다.

③ 비례대표의원선거는 지역구의원선거와는 별도의 선거로 이에 관한 유권자의 별도의 의사표시, 즉 정당명부에 대한 별도의 투표가 있어야 하므로 정당명부에 대한 투표가 따로 없는 1인 1표 제도는 직접선거 원칙에 위배된다.

④ 평등선거 원칙은 일정한 집단의 의사가 정치과정에서 반영될 수 없도록 차별적으로 선거구를 획정하는 이른바 '게리맨더링'에 대

ㄹ. 제3차 개헌 (1960년) - 헌법개정 절차에 국민투표를 도입하였다.

ㅁ. 제4차 개헌 (1960년) - 제1공화국 말기에 발생되었던 부정선거 관련자의 처벌을 위해 법률의 소급 적용을 가능하게 하는 헌법적 근거를 마련하였다.

ㅂ. 제5차 개헌 (1962년) - 기본권의 본질적 내용에 대한 침해를 금지하는 규정을 신설하는 한편 헌법재판소에 관한 규정을 두었다.

ㅅ. 제6차 개헌 (1969년) - 정부형태를 대통령제에서 의원내각제로 바꾸었다.

ㅇ. 제7차 개헌 (1972년) - 기본권의 본질적 내용의 침해금지조항을 신설하였다.

ㅈ. 제8차 개헌 (1980년) - 국무총리제를 폐지하였다.

ㅊ. 제9차 개헌 (1987년) - 대통령 직선제를 도입하고 헌법재판소에 관한 규정을 두었다.

① ㄱ, ㅇ
② ㅅ, ㅇ
③ ㄱ, ㅁ, ㅊ
④ ㄴ, ㄷ, ㅂ
⑤ ㄹ, ㅈ, ㅊ

6. **집회 및 결사의 자유에 대한 설명으로 옳지 않은 것은? (다툼이 있는 경우 판례에 의함)**

① 입법자가 법률로써 일반적으로 집회를 제한하는 경우에는 헌법 제21조 제2항이 규정하고 있는 사전허가금지에 해당한다.

② 헌법 제21조가 보호하는 결사의 자유란 기존의 단체로부터 탈퇴할 자유와 가입하지 않을 자유를 포함한다.

③ 옥외집회나 시위를 주최하려는 자로 하여금 사전에 관할경찰서장에 신고하게 하는 규정은 일정한 신고절차만 밟으면 일반적·원칙적으로 옥외집회 및 시위를 할 수 있도록 보장하고 있으므로 헌법 제21조 제2항의 사전허가금지에 반하지 않는다.

④ 야간에 옥외집회 및 시위를 금지하는 「집회 및 시위에 관한 법률」 제10조는 해가 진 후부터 같은 날 24시까지의 옥외집회 또는 시위에 적용되는 한 헌법에 위반된다.

⑤ 헌법 제21조 제1항에 의해 보호되는 결사의 개념에는 공공목적에 의해 구성원의 자격이 정해진 특수단체나 공법상의 결사가 포함되지 않는다.

7. **근로의 권리에 대한 헌법재판소 결정으로 옳지 않은 것은?**

① 교원이 아닌 사람이 교원노조에 일부 포함되어 있다는 이유로 이미 설립신고를 마치고 활동 중인 노동조합을 법외노조로 할 것인지 여부는 법외노조통보 조항이 정하고 있고, 법원은 법외노조통보 조항에 따른 행정당국의 판단이 적법한 재량의 범위 안에 있는 것인지 판단할 수 있다.

② 근로의 권리는 국가에게 사용자의 처분에 따른 직장 상실에 대하여 최소한의 보호를 제공해 줄 의무를 지우는 것으로 여기에서 곧바로 직장 상실로부터 근로자를 보호하여 줄 것을 청구할 수

8. **현행법상 정당의 당원이 될 수 없는 자를 모두 고르면? (다툼이 있는 경우 판례에 의함)**

ㄱ. 국무총리
ㄴ. 사립중학교 교사
ㄷ. 국립대학 교수
ㄹ. 퇴직한 검찰총장
ㅁ. 사립대학 총장
ㅂ. 지방법원 판사
ㅅ. 주 미국 대한민국 대사

① ㄱ, ㄴ, ㅅ
② ㄴ, ㅂ, ㅅ
③ ㄱ, ㄴ, ㅂ, ㅅ
④ ㄴ, ㅁ, ㅂ, ㅅ
⑤ ㄷ, ㄹ, ㅁ, ㅂ

9. **국회의 입법절차에 대한 설명으로 옳지 않은 것은?**

① 국회의원이 법률안을 제출하는 경우에는 발의자를 포함하여 국회의원 10인 이상의 찬성으로 발의할 수 있다.

② 일정 수 이상의 국회의원의 찬성 요건 없이 국회의 위원회도 소관사항에 관하여 위원장을 제출자로 하여 법률안을 제출할 수 있다.

③ 위원회는 긴급하고 불가피한 사유로 의원회의 의결이 있는 경우를 제외하고는 의안이 그 위원회에 회부된 날부터 일부개정법률안은 15일, 제정법률안·전부개정법률안 및 폐지법률안은 20일, 체계·자구심사를 위하여 법제사법위원회에 회부된 법률안은 5

있는 헌법상의 권리가 나오지는 않는다.

③ 근로의 권리는 사회적 기본권의 성격을 가지므로 인간의 권리인 자유권과 달리 외국인에게는 기본권 주체성을 인정하기 어렵다.

④ 사업주가 기간제 근로자를 정규직으로 전환하지 않는 한 2년 이상 사용할 수 없도록 제한하는 법률규정에 대하여 해당 기간제 근로자들의 한 직장에서 계속해서 일할 권리를 보장하지 못한다 할지라도 근로의 권리를 침해하고 있는 것은 아니다.

⑤ 사용자가 적어도 30일 전에 해고를 예고하도록 하는 해고예고제도는 근로관계의 존속이라는 근로자 보호의 본질적 부분과 관련되는 것이 아니므로 해고예고제도를 둘 것인지 여부와 그 내용 등에 대해서는 상대적으로 넓은 입법 형성의 여지가 있다.

일의 기간이 경과하지 않으면 의안을 상정할 수 없다.

④ 위원회에서 심사를 마치고 진행된 표결에서 본회의에 부의할 필요가 없다고 결정한 의안은 그대로 폐기된다.

⑤ 천재지변, 전시 · 사변 또는 이에 준하는 국가비상사태의 경우에는 국회의장은 각 교섭단체대표의원과 협의하여 위원회의 안건에 대하여 심사기간을 지정할 수 있다.

10. 대통령에 대한 설명으로 옳지 않은 것은? (다툼이 있는 경우 판례에 의함)

① 사법부는 내란 또는 외환의 죄를 범한 경우를 제외하고는 대통령에 대하여 그 신분보유기간 중에는 형사재판권을 행사할 수 없다.

② 대통령은 국회에 출석하여 발언하거나 서한으로 의견을 표시할 수 있지만 국회에 출석하거나 답변해야 할 의무는 없다.

③ 헌법은 국회의 폐회 중에는 대통령이 법률안 재의요구를 할 수 없게 하는 동시에 대통령이 법률안에 대하여 법률로 공포하지 않고 보류하고 있으면 자동적으로 법률안이 폐기되도록 하고 있다.

④ 헌법은 대통령이 사면권을 행사하기 위하여 사전에 국무회의의 심의을 거칠 것을 요건으로 하며 일반사면을 명하려는 경우 국회의 동의를 얻도록 하고 있다.

⑤ 헌법재판소는 헌법 제72조의 국민투표의 대상인 중요정책을 엄격하게 해석하여 대통령이 자신의 재신임을 헌법 제72조의 국민투표와 결부·연계시키는 대통령의 행위를 위헌적인 것으로 판시한 바 있다.

11. 헌법의 기본원리에 대한 설명으로 옳지 않은 것은? (다툼이 있는 경우 판례에 의함)

① 자유민주적 기본질서 및 시장경제원리는 헌법의 지배원리로서 모든 법령의 해석기준이 된다.

② 법률조항의 불명확성이 인정된다면 장기간에 걸쳐 형성된 법원의 판례에 의해서는 그 불명확성이 치유될 수 없다.

③ 부진정소급입법에 의한 문제는 종래의 법적 상태에서 새로운 법적 상태로 이행하는 과정에서 불가피하게 발생하는 법치국가적 문제, 구체적으로 신뢰보호의 문제이므로 일반적으로는 신뢰보호원칙 위반 여부의 판단에 포섭된다.

④ 자기책임의 원리는 인간의 자유와 유책성, 그리고 인간의 존엄성을 진지하게 반영한 원리로서 그것이 비단 민사법이나 형사법에 국한된 원리라기보다는 근대법의 기본이념으로서 법치주의에 당연히 내재하는 원리이다.

⑤ 조세나 보험료와 같은 공과금의 부과에 있어서 사회국가원리는 입법자의 결정이 자의적인가를 판단하는 하나의 중요한 기준을 제공하며 일반적으로 입법자의 결정을 정당화하는 헌법적 근거로서 작용한다.

12. 기본권 제한 및 제한의 한계에 대한 설명으로 옳지 않은 것을 모두 고르면? (다툼이 있는 경우 판례에 의함)

ㄱ. 국가작용에 있어서 취해진 어떠한 조치나 선택된 수단은 그것이 달성하려는 사안의 목적에 적합하여야 함은 당연하고 그 조치나 수단이 목적달성을 위하여 유일무이한 것이어야 한다.

④ 해산된 정당과 유사한 강령을 가진 정당의 창설은 금지된다.

⑤ 위헌정당해산이 결정되면 위헌정당에 소속하고 있는 의원 중 비례대표국회의원은 당연히 그 직을 상실하지만 지역구국회의원은 별도의 심사를 거쳐서 그 의원직을 상실한다.

14. 헌법재판소가 평등권 또는 평등원칙 위반으로 판단한 결정을 모두 고르면?

ㄱ. 시각장애인에게만 안마사 자격을 인정하는 「의료법」 규정에 대한 결정

ㄴ. 형법상의 범죄와 똑같은 구성요건을 규정하면서 법정형만을 상향 조정한 「특정 범죄 가중처벌 등에 관한 법률」 규정에 대한 결정

ㄷ. 과실로 사람을 치상하게 한 자가 구호행위를 하지 아니하고 도주하거나 고의로 유기함으로써 치사의 결과에 이르게 한 경우에 살인죄와 비교하여 그 법정형을 더 무겁게 한 「특정 범죄 가중처벌 등에 관한 법률」 규정에 대한 결정

ㄹ. 점자형 선거공보의 작성 여부를 후보자의 임의사항으로 규정하고 그 면수를 책자형 선거공보의 면수 이내로 한정하는 「공직선거법」 규정에 대한 결정

ㅁ. 국·공립학교의 채용시험에 국가유공자의 가족이 응시하는 경우 만점의 10%를 가산하도록 규정하고 있는 「국가유공자 등 예우 및 지원에 관한 법률」 규정에 대한 결정

ㅂ. 제대군인이 공무원채용시험 등에 응시할 때에 과목별 득점에 과목별 만점의 5% 또는 3%를 가산하는 「제대군인 지원에 관한 법률」 규정에 대한 결정

ㄴ. 최소침해의 원칙이란 기본권의 제한에 관하여 그 목적을 달성하는 데 적합한 수단이 여러 개가 있을 경우에 입법자는 최소한의 기본권 침해를 가져오는 방법을 선택해야 한다는 것을 말한다.

ㄷ. 대통령의 국가긴급권 행사 시 그 국가작용이 국민의 기본권 침해와 직접 관련되는 경우에는 당연히 헌법재판소의 심판 대상이 될 수 있다.

ㄹ. 기본권을 제한하는 법률의 명확성에 관하여 법적 안정성과 예측가능성의 보장은 법치국가의 중요한 내용이기 때문에 법률의 규율 영역과 상관없이 동일하게 엄격한 기준이 적용된다.

① ㄱ, ㄴ ② ㄱ, ㄹ
③ ㄴ, ㄷ ④ ㄴ, ㄹ
⑤ ㄷ, ㄹ

13. 정당해산 심판에 대한 설명으로 옳지 않은 것은? (다툼이 있는 경우 판례에 의함)

① 대통령이 해외순방으로 국무회의에 참석하지 못하여 국무총리가 주재한 국무회의에서 이루어진 정당해산심판청구서 제출안에 대한 의결은 위법하지 아니하다.

② 헌법재판소에서 정당해산결정을 하기 위해서는 헌법재판관 6인 이상의 찬성이 있어야 한다.

③ 정당의 해산을 명하는 헌법재판소의 결정은 중앙선거관리위원회가 「정당법」에 따라 집행한다.

ㅅ. 공공기관과 공기업에 3년간 한시적으로 매년 정원의 3% 이상씩 34세 이하 청년 미취업자를 채용하도록 한 「청년고용촉진 특별법」 규정에 대한 결정

① ㄱ, ㄹ, ㅅ ② ㄴ, ㄷ, ㄹ
③ ㄴ, ㄷ, ㅁ, ㅂ ④ ㄴ, ㄹ, ㅁ, ㅂ
⑤ ㄹ, ㅁ, ㅂ, ㅅ

15. 적법절차에 대한 설명으로 옳지 않은 것은? (다툼이 있는 경우 판례에 의함)

① 헌법 제12조 제1항은 적법절차원칙의 일반조항이고 제12조 제3항의 적법절차원칙은 기본권 제한 정도가 가장 심한 형사상 강제처분의 영역에서 기본권을 더욱 강하게 보장하려는 의지를 담아 중복 규정된 것이다.

② 적법절차의 원칙은 법률이 정한 형식적 절차와 실체적 내용이 모두 합리성과 정당성을 갖춘 적정한 것이어야 한다는 실질적 의미를 지니고 있는 것이다.

③ 적법절차의 원리는 형사절차상의 제한된 범위 내에서만 적용되는 것이 아니라 국가작용으로서 기본권 제한과 관련되든 아니든 모든 입법작용 및 행정작용에도 광범위하게 적용된다.

④ 적법절차의 원리는 탄핵소추절차에는 직접 적용되지 않는다.

⑤ 수뢰죄를 범하여 금고 이상의 형의 선고유예를 받은 국가공무원은 별도의 징계절차를 거치지 아니하고 당연퇴직하도록 한 「국가공무원법」 규정은 적법절차 원리를 위반한 것이다.

16. 인간의 존엄과 가치에 대한 헌법재판소의 결정으로 옳지 않은 것은?

① 흡연자들이 자유롭게 흡연할 권리인 흡연권은 인간의 존엄과 행복추구권을 규정한 헌법 제10조와 사생활의 자유를 규정한 헌법 제17조에 의하여 뒷받침된다.

② 헌법재판소는 연명치료 중단에 관하여 제기된 입법부작위 위헌확인 헌법소원 심판청구에서 연명치료 중단에 관한 자기결정권이 죽음에 임박한 환자에게 헌법상 보장된 기본권에 해당한다고 보았다.

③ 경찰서 유치장에 수용되는 과정에서 속옷을 내리게 하는 방법으로 한 신체수색행위는 헌법 제10조의 인간의 존엄과 가치로부터 유래하는 인격권 및 헌법 제12조의 신체의 자유를 침해하는 것이다.

④ 마약사범에 대하여 교도소 수용 시 정밀신체검사인 항문검사를 행하는 것은 인격권을 침해하는 것이다.

⑤ 교통경찰관이 전(全) 차로를 가로막고 모든 운전자를 대상으로 무차별적으로 음주단속을 하는 것은 개인의 인간다운 생활을 할 권리 등의 기본권을 침해하는 것이 아니다.

17. 언론 및 출판의 자유에 대한 설명으로 옳지 않은 것은? (다툼이 있는 경우 판례에 의함)

① '음란'이란 인간존엄 내지 인간성을 왜곡하는 노골적이고 적나라한 성표현으로서 오로지 성적 흥미에만 호소할 뿐 전체적으로 보아 하등의 문학적, 예술적, 과학적 또는 정치적 가치를 지니지 않은 것으로서 사회의 건전한 성도덕을 크게 해칠 뿐만 아니라 사상의 경쟁 메커니즘에 의해서도 그 해악이 해소되기 어렵기 때문에 음란한 표현은 언론·출판의 자유에 의한 보호영역에 속한다고 볼 수 없다.

18. 국회의 회기에 대한 설명으로 옳지 않은 것은?

① 국회가 의안을 처리하기 위해서 집회한 날로부터 폐회하는 날까지 활동할 수 있는 기간을 회기라 한다.

② 폐회기간 동안에는 의사활동을 할 수 없는 것이 원칙이므로 폐회 중 위원회가 개회될 수 없다.

③ 회기는 선거를 통해 국회가 구성된 때부터 의원의 임기가 만료될 때까지 존속하는 의회기(혹은 입법기)와는 구별된다.

④ 국회의 회기는 의결로 정하되 의결로 연장할 수 있으며 국회는 집회 후 즉시 회기를 정하여야 한다.

⑤ 국회는 휴회 중이라도 대통령의 요구가 있을 때, 의장이 긴급한 필요가 있다고 인정할 때 또는 재적의원 4분의 1 이상의 요구가 있을 때에는 회의를 재개한다.

19. 국회의원의 법률안 심의·표결권에 대한 설명으로 옳지 않은 것은? (다툼이 있는 경우 판례에 의함)

① 입법절차의 하자는 직접적으로 국민의 기본권뿐만 아니라 법률의 심의·표결에 참여하지 못한 국회의원의 법률안 심의·표결 등의 권한을 침해한다.

② 국회의원의 법률안 심의·표결권은 비록 헌법에는 이에 관한 명문의 규정이 없지만 의회민주주의의 원리, 헌법 제40조 및 제41조 제1항 등으로부터 당연히 도출되는 헌법상의 권한이다.

③ 국회의원의 심의·표결권은 국회가 의결의 형태로 권한을 행사하는 경우에 당연히 존재한다.

④ 법률안 심의·표결권은 국회의 다수파 의원에게만 보장되는 것이 아니라 소수파 의원 등 헌법기관으로서의 국회의원 개개인에

② 인터넷언론사에 대하여 선거운동기간 중 인터넷언론사의 홈페이지의 게시판·대화방 등에 정당·후보자에 대한 지지·반대의 글을 게시할 수 있도록 하는 경우 실명을 확인받도록 하는 기술적 조치를 할 의무와 위와 같은 글이 실명인증의 표시가 없이 게시된 경우 이를 삭제할 의무를 부과한 「공직선거법」 규정은 선거의 공정성을 위한 것으로서 사전검열금지의 원칙에 위배되지 않는다.

③ 인터넷게시판을 설치·운영하는 정보통신서비스 제공자에게 본인확인조치의무를 부과하여 게시판 이용자로 하여금 본인확인절차를 거쳐야만 게시판을 이용할 수 있도록 하는 본인 확인제를 규정한 법률규정은 인터넷게시판 이용자의 표현의 자유를 침해한다.

④ 인터넷에서 「국가보안법」 이 금지하는 행위를 수행하는 내용의 정보에 대하여 방송통신위원회가 정보통신서비스 제공자 또는 게시판 관리·운영자에게 해당 정보의 취급을 거부·정지 또는 제한하도록 명할 수 있도록 하는 법률규정은 관계 중앙행정기관장의 요청에 의해 심의위원회의 심의를 거친 후 그에 따른 시정요구를 이행하지 않을 경우에 해당 명령이 내려지도록 하고 있다면 언론의 자유를 과도하게 제한하지 않는다.

⑤ 헌법상의 검열금지의 원칙은 행정권에 의하여 행하여지는 경우에 한하지만 검열을 형식적 행정기관이 아닌 독립적인 위원회에서 수행한다고 할지라도 실질적으로 절차의 형성과 기관의 구성에 지속적으로 영향을 미칠 수 있다면 해당기관은 실질적으로 행정기관으로 보아야 한다.

게 모두 보장된다.

⑤ 국회의원의 법률안 심의 · 표결권은 국회의원의 개별적인 의사에 따르더라도 포기할 수는 없다.

20. 위헌법률심판의 '재판의 전제성'이 인정되는 경우에 대한 설명으로 옳지 않은 것을 모두 고르면? (다툼이 있는 경우 판례에 의함)

ㄱ. 구체적인 사건이 법원에 계속 중이거나 현재 계속 중은 아니라도 계속될 것이 확실해야 한다.

ㄴ. 위헌 여부가 문제되는 법률이 당해 소송사건의 재판과 관련하여 적용되어야 한다.

ㄷ. 재판과 관련하여 적용되는 법률이어야 한다는 것은 직접 적용되는 것에 한하지 않고 간접 적용되는 것도 포함함을 의미한다.

ㄹ. 문제되는 법률이 헌법에 위반되는지의 여부에 따라 당해 사건을 담당한 법원이 다른 내용의 재판을 하게 되는 경우이어야 한다.

ㅁ. 법원이 다른 내용의 재판을 하게 되는 경우란 주문이 달라지는 재판을 하게 되는 것을 말하므로 주문에 변동이 있을 때에만 전제성을 인정할 수 있다.

① ㄱ, ㄷ　　② ㄱ, ㅁ
③ ㄷ, ㄹ　　④ ㄷ, ㅁ
⑤ ㄹ, ㅁ

경 호 학 개 론

1. 「국회사무처 직제」 제5조의2 경호기획관의 직무로 옳지 않은 것은?

① 국회의 경호 및 방호
② 국회의 방청
③ 국회의사당 참관의 지원 및 안전검색
④ 출입증의 발급 · 관리
⑤ 사정업무에 관한 사항

2. 행사장 경호활동 중 출입통제요령에 대한 설명으로 옳지 않은 것은?

① 모든 출입요소는 지정된 출입통로를 사용하여야 하며 기타 통로는 폐쇄한다.
② 입장 완료시간 후에 참석자는 입장을 불허함이 원칙이다.
③ 비표 비착용자는 지위고하를 불문하고 입장을 불허한다.
④ 비표 착용자를 제외하고 거동수상자에 대하여 검문검색을 실시, 신원확인 후에 입장시킨다.
⑤ 보도요원의 카메라 등도 전문기술요원의 확인 후 검사필 표찰을 부착한다.

4. 「대통령 등의 경호에 관한 법률」 제5조 및 「대통령 등의 경호에 관한 법률 시행령」 제4조에 관한 설명으로 옳지 않은 것은?

① 실장은 경호업무의 수행에 필요하다고 판단되는 경우 경호구역을 지정할 수 있다.
② 경호구역의 지정은 경호 목적 달성을 위한 최소한의 범위로 한정되어야 한다.
③ 대통령경호실의 경호구역 중 대통령집무실 · 대통령관저 등은 3중 경호구역으로 나눈다.
④ 소속공무원과 관계기관의 공무원으로서 경호업무를 지원하는 사람은 경호 목적상 불가피하다고 인정되는 상당한 이유가 있는 경우에만 경호구역에서 질서유지, 교통관리, 검문 · 검색, 출입통제, 위험물 탐지 및 안전조치 등 위해 방지에 필요한 안전 활동을 할 수 있다.
⑤ 대통령집무실 · 대통령관저 등을 제외한 각종 행사장 · 유숙지 등에 대한 경호구역은 행사의 성격, 경호위해요소 등을 고려하여 실장이 지정한다.

5. 경호 대상에 따른 분류 중 동일한 등급으로 옳은 것은?

① 대통령당선인, 법무부장관
② 현직대통령, 헌법재판소장
③ 대통령선거 후보자, 국무총리
④ 퇴임 후 6년이 지난 전직대통령, 국가정보원장
⑤ 퇴임 후 8년이 지난 전직대통령, 국회의장

3. **우발상황의 대응순서로 옳은 것은?**

① 경고 → 방벽형성 → 대적 및 제압 → 방호 및 대피
② 방벽형성 → 경고 → 대적 및 제압 → 방호 및 대피
③ 경고 → 대적 및 제압 → 방벽형성 → 방호 및 대피
④ 경고 → 방벽형성 → 방호 및 대피 → 대적 및 제압
⑤ 방벽형성 → 경고 → 방호 및 대피 → 대적 및 제압

6. **심폐소생술을 종료할 수 있는 경우로 옳지 않은 것은?**

① 심폐소생술 교육을 받은 다른 사람과 교대한 경우
② 구조자가 지쳐서 더이상 심폐소생술을 계속할 수 없는 경우
③ 환자가 사망하였다고 판단되는 경우
④ 환자가 스스로 호흡하기 시작한 경우
⑤ 전문 구조요원이 호출을 받고 현장에 도착했을 경우

7. **「국가대테러활동지침」 제3조 기본지침에 관한 내용으로 옳지 않은 것은?**

① 국가의 대테러업무를 효율적으로 수행하기 위하여 범국가적인 종합대책을 수립하고 지휘 및 협조체제를 단일화한다.
② 관계기관 등은 테러위협에 대한 예방활동에 주력하고, 테러 관련 정보 등 징후를 발견한 경우에는 관계기관에 신속히 통보하여야 한다.
③ 테러사건이 발생하거나 발생이 예상되는 경우에는 테러대책기구 및 사건대응조직을 통하여 신속한 대응조치를 강구한다.
④ 국내외 테러의 예방·저지 및 대응조치를 원활히 수행하기 위하여 국내 정보기관 간의 대테러 협력체제를 유지한다.
⑤ 국가의 대테러능력을 향상·발전시키기 위하여 전문인력 및 장비를 확보하고, 대응기법을 연구·개발한다.

8. **형식적 의미의 경호개념에 대한 설명을 <보기>에서 모두 고르면?**

< 보 기 >

ㄱ. 실정법상 일반 경호기관의 권한에 속하는 일체의 경호작용을 말한다.

ㄴ. 본질적·이론적·학문적인 입장에서 이해한 개념이다.

ㄷ. 경호의 주체, 권한 또는 제도에 따른 구분에 의한 것이다.

ㄹ. 경호대상자를 모든 인위적·자연적 위해로부터 지키는 개념이다.

ㅁ. 경호관계법에 규정된 현실적인 경호기관을 기준으로 하여 정립된 개념이다.

① ㄴ, ㄹ
② ㄷ, ㅁ
③ ㄱ, ㄷ, ㄹ
④ ㄱ, ㄷ, ㅁ
⑤ ㄷ, ㄹ, ㅁ

9. 「경비업법」상 사용하는 용어의 정의로 옳지 않은 것은?

① 시설경비업무란 경비를 필요로 하는 시설 및 장소에서의 도난·화재 그 밖의 혼잡 등으로 인한 위험발생을 방지하는 업무

② 호송경비업무란 운반 중에 있는 현금·유가증권·귀금속·상품 그 밖의 물건에 대하여 도난·화재 등 위험발생을 방지하는 업무

③ 기계경비업무란 경비대상시설에 설치한 기기에 의하여 감지·송신된 정보를 그 경비대상시설 내의 장소에 설치한 관제시설의 기

① 의장은 필요한 때 회의장 안의 질서를 방해하는 방청인을 국가경찰관서에 인도할 수 있다.

② 국회 안에 현행범인이 있을 경우에는 국가경찰공무원은 이를 체포한 후 의장의 지시를 받아야 한다.

③ 의장은 방청석이 소란할 때 모든 방청인을 퇴장시킬 수 있다.

④ 국회의원이 현행범인일 경우 회의장 안에 있어서는 의장의 명령 없이 체포할 수 없다.

⑤ 의장은 필요한 때 방호원으로 하여금 방청인의 신체를 검사하게 할 수 있다.

12. 경호의전 행사준비의 일반적 절차 중 국기를 게양하는 방법으로 옳은 것은?

① 일반가정의 경우 밖에서 보아 대문의 오른쪽에 게양한다.

② 태극기와 외국기를 나란히 부착 또는 게양 시 앞에서 보아 태극기가 오른쪽이다.

③ 위에서 밑으로 걸 때에는 깃대를 위로 하고 태극기의 건(乾)이 오른쪽에 오도록 게양한다.

④ 외국기와 함께 게양 시 알파벳 순서로 게양하되 홀수일 경우 태극기를 앞에서 보아 왼쪽에, 짝수일 경우 태극기를 앞에서 보아 오른쪽에 게양한다.

⑤ 외국기와 함께 게양 시 알파벳 순서로 하고 홀수일 경우나 짝수일 경우 항상 왼쪽에 게양한다.

기로 수신하여 도난·화재 등 위험발생을 방지하는 업무

④ 신변보호업무란 사람의 생명이나 신체에 대한 위해의 발생을 방지하고 그 신변을 보호하는 업무

⑤ 특수경비업무란 공항 등 대통령령이 정하는 국가중요시설의 경비 및 도난·화재 그 밖의 위험발생을 방지하는 업무

10. <보기>는 「대통령 등의 경호에 관한 법률 시행령」 제3조의 2 경호등급에 대한 내용이다. 괄호 안에 들어갈 단어 중 옳지 않은 것은?

< 보 기 >

실장은 법 제4조제1항제5호 및 제6호에 따른 경호대상자의 경호임무를 수행하기 위하여 (①), (②), (③), (④), (⑤) 등 국제적 관계를 고려하여 경호등급을 구분하여 운영할 수 있다.

① 해당 경호대상자의 지위와 경호위해요소
② 해당 국가의 정치·경제적 상황
③ 국제적 상징성
④ 상호주의 측면
⑤ 적대국가 유무

11. 「국회법」상 경호에 관한 규정 중 옳지 않은 것은?

13. 암살의 단계로 옳은 것은?

① 경호정보의 수집 - 무기 및 장비의 획득 - 공모자들의 임무할당 - 범행실행
② 경호정보의 수집 - 공모자들의 임무할당 - 무기 및 장비의 획득 - 범행실행
③ 공모자들의 임무할당 - 무기 및 장비의 획득 - 경호정보의 수집 - 범행실행
④ 무기 및 장비의 획득 - 경호정보의 수집 - 공모자들의 임무할당 - 범행실행
⑤ 무기 및 장비의 획득 - 범행실행 - 경호정보의 수집 - 공모자들의 임무할당

14. 「대통령 등의 경호에 관한 법률」상 대통령경호안전대책위원회 위원을 <보기>에서 모두 고르면?

< 보 기 >

ㄱ. 경찰청 경비안전국장　　ㄴ. 국가정보원 2부장
ㄷ. 관세청 조사본부장　　ㄹ. 미래창조과학부 통신정책국장
ㅁ. 식품의약품안전처 식품안전정책국장

① ㄱ, ㄷ　　② ㄹ, ㅁ
③ ㄱ, ㄴ, ㄷ　　④ ㄴ, ㄷ, ㅁ
⑤ ㄷ, ㄹ, ㅁ

15. 인질사건 발생 시 나타날 수 있는 증상 중 <보기>에 해당하는 것으로 옳은 것은?

< 보 기 >

ㅇ 시간이 흐를수록 인질범이 인질에게 일체감을 느끼게 되고 인질의 입장을 이해하여 호의를 베푸는 등 인질범이 인질에게 동화되는 현상이다.

ㅇ 인질범이 인질들의 문화를 학습하거나 정신적으로 동화되어 결과적으로 공격적인 태도가 완화되는 현상을 말한다.

① 리마증후군
② 마판증후군
③ 스톡홀름증후군
④ 갠서증후군
⑤ 서번트증후군

16. 경호대상자와 군중 사이의 최소안전구역 확보에 실패하여 경호대상자가 군중 속에 갇혀있는 상황에서 현장이탈을 시도할 때 사용하는 경호대형으로 옳은 것은?

① 역삼각형대형
② 쐐기대형
③ 다이아몬드대형
④ 함몰대형
⑤ 방어적 원형대형

17. 경호의 원칙에 관한 설명으로 옳은 것은?

① 위해자가 경호대상자의 위치와 상황을 알 수 없도록 철저히 격리

① 시위부 - 도방 - 시위대 - 장용위 - 겸사복
② 대모달 - 시위부 - 도방 - 장용위 - 성중애마
③ 대모달 - 시위대 - 겸사복 - 경무대경찰서 - 대통령경호실
④ 도방 - 대모달 - 성중애마 - 시위대 - 대통령경호실
⑤ 시위부 - 도방 - 겸사복 - 시위대 - 경무대경찰서

20. 경호공무원의 사법경찰권에 대한 내용으로 <보기>의 괄호안에 들어갈 내용으로 옳은 것은?

< 보 기 >

경호공무원(실장의 제청으로 (ㄱ)이 지명한 경호공무원을 말한다)은 경호대상에 대한 경호업무 수행 중 인지한 그 소관에 속하는 범죄에 대하여 직무상 또는 수사상 긴급을 요하는 한도 내에서 사법경찰관리의 직무를 수행할 수 있다.

위의 경우 (ㄴ) 이상 경호공무원은 사법경찰관의 직무를 수행하고, (ㄷ)이하 경호공무원은 사법경찰리의 직무를 수행한다.

① (ㄱ) 서울중앙지방검찰청 검사장 (ㄴ) 5급 (ㄷ) 9급
② (ㄱ) 서울중앙지방검찰청 검사장 (ㄴ) 7급 (ㄷ) 8급
③ (ㄱ) 서울지방경찰청장 (ㄴ) 5급 (ㄷ) 9급
④ (ㄱ) 서울지방경찰청장 (ㄴ) 7급 (ㄷ) 8급
⑤ (ㄱ) 서울지방경찰청장 (ㄴ) 5급 (ㄷ) 7급

하고 보안을 유지해야 한다는 원칙은 예방경호의 원칙이다.

② 방어경호의 원칙이란 경호원은 공격자가 나타날 시 신속히 제압하여 경호대상자를 안전하게 해야 한다는 원칙이다.

③ 우발상황 발생 시 공격 위주로 그 상황의 위해요소를 없애는 것이 요구된다.

④ 자기담당구역 책임의 원칙은 경호원 자신의 담당구역 안에서 발생하는 사태에 대해서 자신이 책임을 지고 해결해야 한다는 원칙이다.

⑤ 자기희생의 원칙이란 경호대상자는 어떠한 경우라도 절대적으로 보호되어야 하지만 경호원 자신의 신변안전도 반드시 유지해야 한다는 원칙이다.

18. 기계경비에 대한 설명으로 옳지 않은 것은?

① 기계경비는 현장에서 신속하고 정확한 대응조치를 할 수 있다.

② 기계경비는 계속적인 감시가 이루어지므로 인간의 감시보다 안정적이다.

③ 기계경비는 오경보 등의 문제로 불필요한 노력과 비용의 낭비요소가 있다.

④ 상주하는 경비원이 없으므로 인건비를 절약할 수 있어 소요비용이 저렴하고 경제적이다.

⑤ 경비원이 부상당하는 등의 인사사고가 발생할 위험이 없다.

19. 우리나라의 경호기관을 시대적 순서에 맞게 나열한 것으로 옳은 것은?

정답표					
가형	국어	영어	한국사	헌법	경호학 개론
문1	4	4	4	4	5
문2	1	5	3	5	4
문3	4	3	2	2	4
문4	3	2	1	3	3
문5	1	1	2	3	3
문6	5	2	3	1	3
문7	2	1	5	3	4
문8	5	2	1	2	4
문9	4	5	2	4	3
문10	3	2	1	3	2
문11	3	4	3	2	5
문12	1	5	5	2	3
문13	5	2	3	5	1
문14	2	3	4	3	2
문15	4	4	1	5	1
문16	5	3	4	4	5
문17	5	2	1	1	4
문18	3	4	4	2	1
문19	4	1	5	1	5
문20	2	4	3	2	2

국 어

1. **다음 중 어법상 옳지 않은 문장은?**
① 눈이 침침해서 안경의 도수를 돋궜다.
② 정면으로 부딪친 차들이 크게 부서졌다.
③ 그는 분을 삭히느라 깊이 숨을 들이마셨다.
④ 이 사건은 사람들의 무관심 속에 차츰 잊혀 갔다.
⑤ 신변을 보호하기 위해 경호원을 붙이기로 결정했다.

2. **다음 중 밑줄 친 부분의 표기가 옳지 않은 것은?**
① 나사는 죄야 하나?
② 봄 신상품을 선뵈어야 매출이 오를 거야.
③ 자네 덕에 생일을 잘 쇠서 고맙네.
④ 그는 오랜만에 고향 땅에 발을 딛는 감회가 새로웠다.
⑤ 장마 후 날씨가 개어서 가족과 함께 가까운 곳으로 소풍을 갔다.

3. **다음의 내용을 이해한 결과로 옳지 않은 것은?**

4. **다음 중 밑줄 친 표현의 쓰임이 옳지 않은 것은?**
① 손이 밝으면 따르는 사람도 많은 법이다.
② 우리 집 강아지들이 발을 타기 시작했다.
③ 워낙 귀가 질긴 친구라 알아듣지 못할 것이다.
④ 마을 사람들 모두 코가 빠져 아무 일도 하지 못했다.
⑤ 그는 어머니의 모습이 눈에 밟혀 차마 발걸음을 옮길 수 없었다.

5. **다음 중 외래어 표기가 옳지 않은 것은?**
① license - 라이선스
② carpet - 카펫
③ barricade - 바리케이드
④ carburetor - 카뷰레이터
⑤ towel - 타월

6. **다음 중 그 뜻이 가장 다른 것은?**
① 發憤忘食
② 守株待兎
③ 自强不息
④ 切磋琢磨
⑤ 螢雪之功

삼다02 [삼ː따] (삼아, 삼으니)

【…을 …으로】

「1」 어떤 대상과 인연을 맺어 자기와 관계있는 사람으로 만들다.
¶ 고아를 양자로 삼다.

「2」 무엇을 무엇이 되게 하거나 여기다.
¶ 위기를 전화위복의 계기로 삼다.

「3」 ((주로 '삼아' 꼴로 쓰여))(('…으로' 성분은 단독형으로 쓰인다))무엇을 무엇으로 가정하다.
¶ 그녀는 딸을 친구 삼아 이야기하곤 한다.

① '삼다02'는 동일한 철자를 가진 다른 단어가 존재한다.
② '삼다02'는 다의어에 속한다.
③ '삼다02'는 두 자리 서술어이다.
④ '삼다02'는 어간 모음의 길이가 변동한다.
⑤ '삼다02'는 부사어를 필수적인 문장 성분으로 요구한다.

7. **다음 밑줄 친 ㉠이 ㉡에 대해 느낀 감정으로 볼 수 없는 것은?**

오늘따라 ㉠나 혼자 집에 남아 있기가 싫어 남편과 함께 대학으로 놀러 나가는 길이었소. 집에서 대학까지 5리는 착실히 되건만 그 늙고 어수룩한 ㉡인력거꾼은 에누리도 없이 10전을 불렀소. 북경처럼 인력거 많고 북경처럼 인력거 삯이 싼 데가 세계에 둘도 없을 게요.

이 늙은 인력거꾼은 큰길까지 채 나가기도 전부터 기침에 가슴이 메어 뛰지를 못하는 것이었소. 내 인력거가 늦어지는 까닭에 남편의 교수 시간이 늦을까 봐 마음이 조마조마해 나는 "부싱(不行)"이라고 골을 내고는 인력거를 멈추고 다른 젊고 튼튼한 인력거꾼을 골라 탔소.

그 늙은이는 아무 대꾸도 없이 내가 주는 동전 세 닢을-세 닢이래야 겨우 1전밖에 안 되는 것을-받고서는 그도 싫단 말도 없이 그 젊은 인력거꾼을 부러운 듯이 바라보며 비실비실 길가로 가서 앉는 것이었소.

(중략)

지금쯤 이 찬 밤에 어느 담 모퉁이에서 그 늙고 마른 다리를 주무르며 기침에 목이 메어 있는지! 아니 영영 내 마음의 빚은 갚지도 못한 채 이 밤 안으로 세상을 떠날지도 모르오.

밤이 지나고 아침이 오면 이 밤에 이렇게 마음 쓰려 하는 것도 다 잊고 또다시 그 굶주리는 인력거꾼들에게 단돈 한 닢이라도 깎아 주려고 또다시 나는 인색을 부리고 살진 친구들을 위해서는 오히려 자진해서 내 주머니를 풀 것이오.

이것도 세상 살아가는 모순 중의 하나인가 보오.

① 인력거꾼이 인력거 삯을 싸게 불러 만족스럽다.

격이다. 그러한 인격자만을 훌륭한 사람이라고 부를 수 있는 것이다.

(나) 그 동안 우리는 서양식 가치나 기능을 지나치게 받든 나머지 전통적 미덕의 가치를 많이 잃고 말았다. '효도'와 '우애'의 내면적 가치를 살리지 못하고 부모 형제를 가볍게 여기다가 가정과 사회의 질서가 무너졌으며, '자유'의 진정한 뜻을 바르게 이해하지 못하다가 책임과 의무를 거들떠보지 않는 방종으로 흘렀고, '평등'의 고귀한 뜻을 살려 쓰지 못하는 바람에 모두가 천민으로 평준화하는 불행에 휩쓸리고 있다. 서양식 덕목이라 해서 무조건 나쁘다는 뜻은 아니다. 그것을 어떻게 제대로 실천하느냐에 따라 결과가 크게 달라진다는 뜻이다. 가령, 평등의 뜻을 실천하면서 누구나가 '교양', '품위', '예절', '질서', '양보', '용기'와 같은 미덕을 발휘한다면 모든 국민의 의식 수준은 상향 평준화 쪽으로 발전하겠지만, 반대로 나간다면 그 결과는 하향 평준화 쪽으로 뒷걸음치고 만다. 그러한 국가사회는 자연히 천박한 사고방식에 휩쓸리게 될 것이다.

(다) 평교사로 정년을 맞은 어느 초등학교 교원이 기자에게 자랑스럽게 밝힌 이야기 한 도막이 떠오른다. 자신은 비록 평교사지만 제자 중에는 국회의원, 판검사, 대학 교수와 같은 훌륭한 사람이 많이 있기 때문에 보람을 느낀다는 내용이었다. 지위나 권력을 얻은 제자를 무심히 훌륭한 사람으로 생각한 듯하나 그러한 생각은 잘못된 것이다.

(라) 사실 이 세상에는 뛰어난 학자, 위대한 종교가, 유명한 예술가가 많다. 그들은 어디까지나 뛰어나고 위대하고 유명한 사람들이다. 그렇지만 그들 모두가 무조건 인격을 갖춘 훌륭한 사람이라고 보기는 어렵다. 그런데도 사람들은 흔히 훌륭하

② 인력거꾼을 다시 만날까 봐 불안하다.
③ 인력거꾼에게 야박하게 대접해 미안하다.
④ 인력거꾼의 건강이 악화될까 걱정된다.
⑤ 인력거꾼이 인력거를 못 끌어서 짜증이 난다.

8. 다음 글들을 순서에 맞게 나열한 것으로 가장 적절한 것은?

우리 민족은 전통적으로 인간의 덕목을 강조해 왔다. 삼강오륜(三綱五倫)에 바탕을 둔 '충성', '효도', '우애'와 같은 단어는 지난 시절 지배 계층의 통치 논리로서 오늘날 그 실천 방법까지 액면 그대로 받아들이기는 어렵지만, 그 내용을 새로운 사회와 시대에 맞도록 손질해서 실천한다면 모두가 만고불변의 덕목으로 부끄럽지 않은 것이다. 실제로 이들 단어의 뜻을 올바르게 실천하기만 한다면 '사랑', '성실성', '끈기', '참을성', '용서', '양보', '희생', '봉사'와 같은 온갖 덕목을 함께 살릴 수도 있는 것이다.

(가) 품위 있는 단어의 뜻이 천박하게 쓰이고 있는 사례를 한 가지만 구체적으로 들어 보겠다. '훌륭하다'는 추상어의 뜻은 기본적으로 고귀한 경지를 나타내는 말이다. 그래서 선생님이나 어른들은 어린아이들에게 훌륭한 사람이 되라고 가르친다. 이때의 '훌륭한 사람'의 뜻을 한마디로 이르자면 '인격을 지닌 사람'이 될 것이다. 학문과 도덕과 예술을 두루 갖추고 그 덕성을 실천하며 사는 사람에게만 인격이라는 단어를 쓸 수 있는 것이다. 인격은 세상 사람들이 귀하게 여기는 이른바 돈이나 권력이나 지위 따위와는 아무런 관련이 없다. 예수나 석가나 공자와 같은 성인에게나 쓸 수 있는 말이 인

다는 말을 돈이나 권력이나 지위로 착각하고 '뛰어나다', '위대하다', '유명하다'는 뜻과 혼동하고 있다. 대통령, 국회의원, 대학 교수는 상당히 뛰어나고 위대하고 유명하기는 하나 그들을 한결같이 훌륭한 사람이라고 보기는 어렵다는 뜻이다.

(마) 이처럼 우리 주변에서는 '훌륭하다'는 말의 뜻이 '뛰어나다', '위대하다', '유명하다'는 뜻과 구별되지 않고 쓰이기 때문에 우리 사회는 잠시 생겼다 없어지고 마는 돈이나 권력이나 지위를 지나치게 높이 받드는 경향이 있다. 그러나 진정으로 훌륭한 것은 영원히 없어지지 않는 것이다. 그것이 곧 인격이다. 인격은 평생을 두고 노력한다 해서 쉽게 얻을 수도 없으며, 한번 얻은 인격은 영원히 없어지지도 않는다. 그래서 인격은 훌륭한 것이다. 성인들이 역사에 길이길이 남아 세상을 밝혀 주는 것도 그 때문이다.

① (가)-(나)-(다)-(라)-(마)
② (가)-(나)-(다)-(마)-(라)
③ (나)-(가)-(다)-(마)-(라)
④ (나)-(가)-(라)-(다)-(마)
⑤ (나)-(다)-(가)-(마)-(라)

※ [9-10] 다음 글을 읽고 물음에 답하시오.

(가) 인구 고령화, 미혼 인구 및 1인 가구의 증가로 국내 반려동물 인구는 1000만 시대에 이르렀다. 그중 개와 고양이를 포함한 반려동물 시장은 약 2조원대에 이르는 것으로 추정하고 있다. 이러한 추세는 신조어까지 등장시켰다. 최근 심심치 않게 등장하는 '펫팸족'이라는 단어는 반려동물을 의미하는 '펫(Pet)'과 가족을 의미하는 '패밀리(Family)'가 합쳐진 조어로 반려동물을 가족처럼 생각하는 사람을 뜻한다.

(나) 우리나라에서는 이러한 시대적 변화에 따라 올바른 반려동물 문화를 확립하고 동물에 대한 올바른 인식향상을 위한 반려동물 어울림 축제가 경기도를 중심으로 진행되고 있다.

(다) 과거에는 가정에서 몸집이 작고 귀여운 개나 고양이를 비롯해 색깔이 예쁘거나 우는 소리가 고운 새와 물고기, 진귀한 뱀이나 도마뱀, 거북이 등을 반려동물로 많이 길렀다. 그러나 최근에는 정서 함양이나 치유 목적으로 여치나 귀뚜라미 등 곤충을 기르는 사람이 늘고 있다.

(라) 영화 <마지막 황제>는 주인공 부의가 통 속의 귀뚜라미를 꺼내는 것으로 영화가 끝나 그 여운이 깊었다. 귀뚜라미는 우리나라에서도 친근한 곤충으로 예술작품 속에서 주요 소재로 이용되기도 했다. 고려시대에는 고단한 궁궐 생활을 하는 궁녀들의 외로움을 달래거나 고향을 생각하는 수단으로 귀뚜라미를 길렀다는 기록도 있다.

(마) 그리고 최근에는 농촌진흥청에서 세계 최초로 왕귀뚜라미가 노인들의 우울증과 인지기능을 개선시켜 정서적 안정에 도움이 된다는 연구 결과를 발표한 바 있다. 이는 개나 고양이 같

10. 다음의 내용이 들어갈 위치로 가장 적절한 것은?

> 과거부터 현재까지 인류는 오랫동안 곤충과 공존하며 생활해 왔다. 사람들은 곤충에 대해 해충이다, 익충이다 가리기만 했을 뿐 자세하게 곤충을 이해하지 못했다. 그러나 전설이나 구전을 통해 곤충의 신비함이 전해져 왔으며, 오랜 세월이 지나면서 곤충이 지닌 참다운 의미와 인간에게 끼친 영향 등을 담은 곤충문화가 형성됐다.

① (가)와 (나) 사이
② (나)와 (다) 사이
③ (다)와 (라) 사이
④ (라)와 (마) 사이
⑤ (마)와 (바) 사이

11. 다음 중 복수 표준어가 아닌 것은?

① 어림잡다 - 어림재다
② 변덕스럽다 - 변덕맞다
③ 장가가다 - 장가들다
④ 흠가다 - 흠지다
⑤ 기세부리다 - 기세피우다

12. 다음 중 띄어쓰기가 옳지 않은 것은?

은 반려동물뿐만 아니라 곤충 또한 노인들의 정신과 심리에 긍정적으로 작용한다는 것을 보여줘 앞으로 곤충이 반려동물로서 그 범위를 크게 확장할 수 있음을 입증하는 계기가 됐다.

(바) 한 일간지 보도에 따르면 반려곤충을 키우면 아이들의 정서함양에 좋고 재미가 있어서 컴퓨터 사용 시간을 줄이게 된다고 한다. 곤충은 오래전부터 인간의 문학, 언어, 예술, 역사, 종교, 레크리에이션 등 우리 문화 속에서 광범위하게 활용돼 왔다. 그리고 앞으로 왕귀뚜라미처럼 심리치유 효과 규명 등을 통해 새로운 가치를 지속적으로 찾아낸다면 곤충들이 반려곤충으로 환영받는 시대가 더욱 빠르게 열릴 것이다.

9. 위 글에서 알 수 있는 내용이 아닌 것은?

① 반려동물의 증가 원인
② 반려동물에 대한 인식의 변화
③ 곤충에 대한 이해와 반려동물로서의 가능성
④ 반려곤충이 인간 심리에 미치는 영향
⑤ 반려곤충이 생태계에서 차지하는 위상

① 홍수가 나서 집이 모두 강물에 떠내려 가버렸다.
② 하라는 공부는 하지 않고 잘도 놀아만 나는구나!
③ 하고 다니는 꼴이 그게 뭐니? 칠칠맞지 못하게.
④ 어머니를 도와드리려는 게 그릇을 깨뜨려버렸다.
⑤ 그가 떠난 지가 오래지만 아직도 너무 그립다.

13. 다음 밑줄 친 부분에 부합하는 훈민정음의 창제 원리로 가장 적절한 것은?

중세 국어에 존재했다가 사라진 글자에 'ㆆ'이 있다. 이 글자는 목구멍에서 나는 소리를 적은 글자이다. <u>'ㆆ'을 흔히 '여린히읗'이라고 부르는데 이것은 'ㅎ'에 비해 여리다</u>는 의미를 지닌다.

① 초성자는 발음 기관의 모양을 형상화하여 만든다.
② 초성자는 획을 더하여 글자를 만든다.
③ 종성자는 따로 만들지 않고 초성자를 다시 사용한다.
④ 중성자는 하늘, 땅, 사람을 본떠서 만든다.
⑤ 초성, 중성, 종성을 합쳐서 글자를 완성한다.

14. 다음 밑줄 친 ㉠~㉤을 두 부류로 나눌 때 가장 적절한 것은?

> 허기가 져 급히 먹는 ㉠바람에 체했다.
> 약 ㉡바람에 아무런 통증을 느끼지 못했다.
> 어머니는 버선 ㉢바람으로 아들을 맞았다.
> 문호를 개방하면서 서구화 ㉣바람이 불어닥쳤다.
> 출발 신호음이 떨어지자 선수들은 ㉤바람같이 내달았다.

① ㉠, ㉡, ㉢ / ㉣, ㉤
② ㉠, ㉡, ㉣ / ㉢, ㉤
③ ㉡, ㉢, ㉣ / ㉠, ㉤
④ ㉡, ㉣, ㉤ / ㉠, ㉢
⑤ ㉢, ㉣, ㉤ / ㉠, ㉡

15. 다음 ㉠, ㉡에 대한 설명으로 옳은 것은?

> ㉠ 나는 할머니께 맛있는 과자를 드렸다.
> ㉡ 할머니께서는 내가 드린 과자를 잘 잡수셨다.

① ㉠, ㉡에는 모두 객체를 높이는 문법 형태소가 있다.
② ㉠, ㉡에는 모두 주격 조사가 있다.
③ ㉠, ㉡에는 모두 자동사가 있다.
④ ㉠, ㉡에는 모두 주체 높임의 어미가 있다.
⑤ ㉠, ㉡에는 모두 시제를 나타내는 어미가 있다.

17. 다음 글에 대한 설명으로 가장 적절한 것은?

> 걸음걸이는 그의 의지처럼 또한 정확했다. 아무리 한 걸음 한 걸음 다가가는 걸음걸이가 죽음에 접근하여 가는 마지막 것일지라도 결코 허투른, 불안한, 절망적인 것일 수는 없었다. 흰 눈, 그 속을 걷고 있다. 휜칠히 트인 벌판 너머로 마주선 언덕, 흰 눈이다. 연발하는 총성. 마치 외부 세계의 잡음만 같다. 아니 아무 것도 아닌 것이다. 그는 흰 속을 그대로 한 걸음 한 걸음 정확히 걸어가고 있었다. 눈 속에 부서지는 발자국 소리가 어렴풋이 들려온다. 두런두런 이야기 소리가 난다. 누가 뒤통수를 잡아 일으키는 것 같다. 뒤허리에 충격을 느꼈다. 아니 아무 것도 아니다. 아무 것도 아닌 것이다.
>
> 흰 눈이 회색빛으로 흩어지다가 점점 어두워 간다. 모든 것은 끝난 것이다. 놈들은 멋적게 총을 다시 거꾸로 둘러메고 본부로 돌아들 갈 테지. 눈을 털고 추위에 손을 비벼 가며 방안으로 들어들 갈 것이다. 몇 분 후면 화롯불에 손을 녹이며 아무 일도 없었던 듯 담배들을 말아 피우고 기지개를 할 것이다. 누가 죽었건 지나가고 나면 아무 것도 아니다. 모두 평범한 일인 것이다. 의식이 점점 그로부터 어두워 갔다. 흰 눈 위다. 햇볕이 따스히 눈 위에 부서진다.

① 시공간적 배경이 제시되며 전체적인 도입부의 역할을 하고 있다.
② 인물들 사이의 갈등이 시작되면서 본격적인 사건이 전개된다.
③ 단순한 갈등이 복잡화되면서 사건 전개가 긴밀해진다.
④ 주인공 내면의 갈등이 극대화되면서 주제 의식이 부각된다.
⑤ 전체적인 사건이 마무리되면서 극적 긴장감이 해소된다.

16. 다음 글에 부합하는 작품으로 가장 적절한 것은?

> 고전 시가 작품의 주제 중에는 임에 대한 사랑이 많다. 사랑이 시대를 초월한 보편적인 주제임을 고려할 때 이러한 상황은 쉽게 이해할 수 있다. 임에 대한 사랑은 직접 표출하기보다는 비유나 상징 등을 통해 간접적으로 표출하는 경우를 더 많이 보게 된다.

① 대쵸 볼 불근 골에 밤은 어이 뜻드르며 / 벼 뷘 그르헤 게는 어이 ᄂᆞ리ᄂᆞᆫ고 / 술 닉쟈 체쟝ᄉᆞ 도라가니 아니 먹고 어이리

② 옥으로 연고즐 사교이다 / 옥으로 연고즐 사교이다 / 바회 우희 접듀(接主)ᄒᆞ요이다 / 그 고지 삼동이 퓌거시아 / 그 고지 삼동이 퓌거시아 / 유덕(有德)ᄒᆞ신 니믈 여희ᄋᆞ와지이다

③ 어듸라 더디던 돌코 누리라 마치던 돌코 / 믜리도 괴리도 업시 마자셔 우니노라 / 얄리얄리 얄라셩 얄라리 얄라

④ 오백 년 도읍지를 필마로 도라드니 / 산천은 의구하되 인걸은 간 듸 업다 / 어즈버 태평연월이 꿈이런가 ᄒᆞ노라

⑤ 잔 들고 혼자 안자 먼 뫼를 바라보니 / 그리던 님이 온들 반가옴이 이러하랴 / 말씀도 우음도 아녀도 못내 좋아 하노라

18. 다음 시에 대한 설명으로 가장 적절한 것은?

눈물 아롱아롱
피리 불고 가신 님의 밟으신 길은
진달래 꽃비 오는 서역 삼만 리
흰 옷깃 여며 여며 가옵신 님의
다시 오진 못하는 파촉 삼만 리

신이나 삼아줄걸 슬픈 사연의
올올이 아로새긴 육날 메투리
은장도 푸른 날로 이냥 베어서
부질없는 이 머리털 엮어 드릴걸

초롱이 불빛 지친 밤하늘
굽이굽이 은핫물 목이 젖은 새
차마 아니 솟는 가락 눈이 감겨서
제 피에 취한 새가 귀촉도 운다
그대 하늘 끝 호올로 가신 님아

① 우리나라 전래의 설화를 소재로 애잔한 정서를 노래했다.
② 버림받은 여인의 절망을 전통적 정서와 가락으로 노래했다.
③ 고유의 한과 체념을 여성적인 애절한 어조로 노래했다.
④ 여인의 정절을 소재로 강인한 삶의 의지를 노래했다.

"나 서참월세, 알겠나? 홍…… 자네 참 호살세 호사야…… 잘 죽었느니. 자네 살았으문 이만 호살 해보겠나? 인전 안경다리 고칠 걱정두 없구…… 아무튼지……."
하는데 박희완 영감이 들어서더니,
"이 사람 취했네그려."
하며 서참의를 밀어냈다.
박희완 영감도 가슴이 답답하였다. 분향을 하고 무슨 소리를 한마디 했으면 속이 후련히 트일 것 같아서 잠깐 멈칫하고 서 있어 보았으나,
"으흐흠……."
하고 울음이 먼저 터져 그만 나오고 말았다.
서참의와 박희완 영감도 묘지까지 나갈 작정이었으나 거기 모인 사람들이 하나도 마음에 들지 않아 도로 술집으로 내려오고 말았다.

19. 위 글에서 알 수 있는 내용으로 적절하지 않은 것은?
① 안초시는 불의의 사고로 사망했다.
② 안경화는 이름이 꽤 알려진 사람이다.
③ 안초시, 서참의, 박희완 영감은 친구 사이이다.
④ 박희완 영감은 생활이 넉넉하지 못한 편이다.
⑤ 서참의는 안경화를 못마땅하게 여긴다.

⑤ 영원히 돌아오지 않을 님에 대한 원망을 은근하게 노래했다.

※ [19-20] 다음 글을 읽고 물음에 답하시오.

안초시의 소위 ㉠영결식이 그 딸의 연구소 마당에서 열리었다.

서참의와 박희완 영감은 술이 거나하게 취해 갔다. 박희완 영감이 무얼 잡혀서 가져왔다는 ㉡부의 이 원을 서참의가,

"장례비가 넉넉하니 자네 돈 그 계집애 줄 거 없네."

하고 우선 술집에 들러 거나하게 곱빼기들을 한 것이다.

영결식장에는 제법 반반한 조객들이 모여들었다. 예복을 차리고 온 사람도 두엇 있었다. 모두 고인을 알아 온 것이 아니요, 무용가 안경화를 보아 온 사람들 같았다. 그 중에는, 고인의 슬픔을 알아 우는 사람인지, 덩달아 기분으로 우는 사람인지 울음을 삼키느라고 끽끽 하는 사람도 있었다. 안경화도 제법 눈이 젖어 가지고 신식 상복이라나 공단 같은 새까만 양복으로 관 앞에 나와 향불을 놓고 절하였다. 그 뒤를 따라 한 이십 명 관 앞에 와 꾸벅거리었다. 그리고 무어라고 지껄이고 나가는 사람도 있었다.

그들의 분향이 거의 끝난 듯하였을 때,

"에헴!"

하고 얼굴이 시뻘건 서참의도 한마디 없을 수 없다는 듯이 나섰다. 향을 한움큼이나 집어 놓아 연기가 시커멓게 올려 솟더니 불이 일어났다. 후— 후— 불어 불을 끄고, 수염을 한번 쓰다듬고 절을 했다. 그리고 다시,

"헴……."

하더니 ㉢조사를 하였다.

20. 다음 중 ㉠, ㉡, ㉢의 한자 표기가 모두 옳은 것은?

① ㉠永訣式 ㉡附議 ㉢弔詞
② ㉠永決式 ㉡賻儀 ㉢弔辭
③ ㉠永訣式 ㉡附議 ㉢弔辭
④ ㉠永訣式 ㉡賻儀 ㉢弔辭
⑤ ㉠永決式 ㉡附議 ㉢弔詞

영 어

1. 다음 밑줄 친 부분에 들어갈 가장 적절한 표현을 고르시오.

> One century earlier Wilhelm von Humboldt taught that "There is apparent connection between sound and meaning which, however, only seldom lends itself to an exact elucidation, is often only glimpsed, and most usually remains _____."

① clear
② distinct
③ obscure
④ semantic
⑤ phonetic

2. 다음 밑줄 친 (A)와 (B)에 들어갈 가장 적절한 표현을 고르시오.

> Vulnerability assessment is the analysis of the expected impacts, risks and the adaptive capacity of a region to the effects of climate change. Vulnerability assessment

4. 다음 밑줄 친 부분에 들어갈 가장 적절한 표현을 고르시오.

> Passive investments by Korean investors to the overseas markets are likely to continue in the second half of the year, especially with global economic expansion ____________.

① is likely to further retreat
② is likely to be further retreated
③ likely to further retreat
④ likely to be further retreat
⑤ like to further retreat

5. 다음 밑줄 친 부분 중 문법상 옳지 않은 것을 고르시오.

> If you haven't been living under a rock lately, ①you have most likely seen these cool new toys that have become extremely popular ②with celebrities and everyday people alike—the self balancing scooter with two wheels. ③They can go at a speed around 8km/h to 20km/h, ④depending on the model. It is lightweight, smart and easy to move and fun to ride. And it takes some time ⑤being used to.

(A)_______ more than simple measurement of the potential harm caused by events resulting from climate change. The term vulnerability is used very broadly in the climate change (B)_______ to include a variety of concepts including sensitivity or susceptibility to harm and lack of capacity to cope and adapt.

(A) (B)

① indicates - asset

② fortifies - possibility

③ requires - avidity

④ induces - environment

⑤ encompasses - context

3. 다음 밑줄 친 부분에 들어갈 가장 적절한 표현을 고르시오.

The nineteen-year-old Anton appointed himself head of the ______ family - a responsibility he bore unfalteringly for the rest of his life - and decided to earn grocery money by writing comic sketches for the newspapers.

① rich
② independent
③ affluent
④ destitute
⑤ amiable

6. 다음 기사의 제목으로 가장 적절한 것을 고르시오.

When people consider traveling within Korea, most think about taking a train rather than a flight. There are a number of cheap flights to Jeju Island, but flying to other destinations has seemed extravagant - particularly with the arrival of the affordable KTX bullet train that connects many cities around the country. This has hit Korea's small regional airports hard, many of which have seen their domestic routes become unprofitable. Attempting to revive sluggish demand for domestic flights, airlines have been working with travel agencies, as well as federal and regional governments, to offer travel packages for day trips around Korea that are cheaper - and faster - than taking a train. Three domestic routes have currently been discounted: Gimpo, Gyeonggi to Pohang, North Gyeongsang; Gimpo to Sacheon, South Gyeongsang; and Gimpo to Yeosu, South Jeolla. Korean Air has particularly slashed prices on domestic flights for 11 travel agencies including Mode Tour, Lotte Tour and Hanjin Travel, which are offering different day-trip packages.

① Flights Save Themselves by Providing Cheaper Day Trips

② Domestic Flight Demands Soaring High in the Summer

③ New Domestic Routes Emerging as Hot Businesses

④ Diversified Travel Packages Attract More Travellers

⑤ KTX Emerging as the Best Domestic Traveling Option

7. 글의 흐름상 가장 적절하지 못한 문장을 고르시오.

Since the 2012 World Design Capital, Helsinki, has quietly continued its pursuit of excellence in design, contemporary arts and urban planning. ①Called the "Daughter of the Baltic", Helsinki is located on the tip of a peninsula and on 315 islands. ②The long-term vision of the Finnish capital has already started paying dividends for city construction. ③Construction cranes are active across the city, with a renewed waterfront, renovated museums and revived industrial spaces. ④This wave of progress has even spread to outlying neighborhoods, where recent openings range from cultural complexes to the most traditional Finnish attraction, the sauna. ⑤Now every corner of this cool Nordic city is heating up with passion for art and construction.

8. 다음 밑줄 친 부분에 들어갈 가장 적절한 표현을 고르시오.

Some parents of immigrant families are concerned that their children may be at a disadvantage if they do not speak or understand the majority language very well before starting kindergarten. They arrange for the majority language to be spoken by both parents to the child even at home. This solution means that they have to speak their non-native language to their child and may feel awkward. ________, there is a price to pay in the

10. 대화의 흐름으로 보아 다음 밑줄 친 부분에 들어갈 가장 적절한 표현을 고르시오.

A: I almost got into an accident last night.

B: What happened?

A: Well, I was going down the freeway when all of a sudden the car ahead of me slammed on his brakes.

B: Did you rear-end him?

A: No, but I almost did. ________________.

B: What did you do?

A: I veered into the shoulder of the road just in the nick of time.

B: You were really lucky. It could have been worse.

① It was frustrated
② It was an impressive moment
③ I couldn't avoid the accident
④ He just jumped on the bandwagon
⑤ It was a close call

11. 다음 밑줄 친 부분에 들어갈 가장 적절한 표현을 고르시오.

All intercultural comparisons of intelligence are ____ by the lack of true comparability, and any generalizations about 'racial' differences in intellectual competence which

relationship between parent and children in later years. A mother faced with a rebellious teenager may be better equipped to counter defiance and rhetoric in her own language.

① However ② Nevertheless
③ For example ④ Besides
⑤ Fortunately

9. 다음 밑줄 친 부분에 들어갈 가장 적절한 것을 고르시오.

I was in a couple's home trying to fix their Internet connection. The husband called out to his wife in the other room for the computer password. "Start with a capital S, then 123," she shouted back. We tried S123 several times, but it didn't work. So we called the wife in. As she input the password, she muttered, "I really don't know what's so difficult about typing ________."

① s123 ② Start123
③ 123S ④ start123
⑤ 123s

do not take account of this are worthless.

① vitiated
② improved
③ endorsed
④ rejuvenated
⑤ detected

12. 다음 밑줄 친 부분에 들어갈 가장 적절한 표현을 고르시오.

My girlfriend is not the sort of woman who would go back ______ her word.

① to ② up
③ against ④ into
⑤ on

13. 다음 밑줄 친 부분에 들어갈 가장 적절한 표현을 고르시오.

An election is a formal decision-making process by which a population chooses an individual to hold public office. Elections have been the usual mechanism by which modern ________________ has operated since the 17th century. Elections may fill offices in the legislature, sometimes in the executive and judiciary, and for regional and local government.

① government structure
② representative democracy
③ political influence
④ government leadership
⑤ political ideology

14. 다음 밑줄 친 부분에 들어갈 가장 적절한 표현을 고르시오.

While creating the mouse, Douglas was working at the Stanford Research Institute. The mouse was originally referred ____ an "X-Y Position Indicator for a Display System." With the cord coming out of the back of the computer mouse, Douglas said the device reminded him of the rodent mouse and the name stuck.

① as

16. 다음 밑줄 친 make의 문법상 올바른 형태를 고르시오.

It is highly exhilarating to contemplate the progress make in the study of English since the opening years of this century. That assertion, too often repeated, that Englishmen are not really interested in their own language, is no longer valid. At last we English are showing an awakened interest in our mother tongue as something living and changing.

① making
② made
③ is made
④ makes
⑤ has made

17. 다음 기사의 요지로 가장 적절한 것을 고르시오.

Something strange is going on in medicine. Major diseases, like cancer, stroke, and heart disease, are waning in wealthy countries, and improved diagnosis and treatment cannot fully explain it. Scientists marvel at this good news, but many of them say that it is not really easy to come up with interesting, compelling explanations. They are still facing the challenge to figure out which of those interesting and compelling hypotheses might be correct. The fact of the matter is that these diseases are far from gone. They

② to with
③ by with
④ to as
⑤ on

15. 다음 밑줄 친 부분 중 문법상 옳지 않은 것을 고르시오.

①<u>Although there</u> ②<u>had been</u> resistance to the high rate of immigration during the nineteenth century, only in the early twentieth century ③<u>was</u> several laws ④<u>passed</u> that restricted both the number of people who could come to the United States and where they could come ⑤<u>from</u>.

still cause enormous suffering and kill millions each year. But it looks as if people in the United States and some other wealthy countries are, unexpectedly, starting to beat back the diseases of aging. The leading killers are still the leading killers but they are occurring later in life, and people in general are living longer in good health.

① Major diseases are in decline because of a slow process of aging.
② A puzzle about adult diseases has been completely solved.
③ Americans are more vulnerable to major diseases than the people of other wealthy countries.
④ The changes in medicine impact the everyday life of Americans.
⑤ It is necessary to look for clues to medical dilemmas.

18. 다음 글의 순서로 문맥상 의미가 가장 잘 통할 수 있도록 나열한 것을 고르시오.

(A) A little more investigative work led the officer to the boy's accomplice: another boy about 100 yards beyond the radar trap with a sign reading "TIPS" and a bucket at his feet full of change.

(B) One day, however, the officer was amazed when everyone was under the speed limit, so he investigated and found the problem.

(C) A 10-year-old boy was standing on the side of the road with a huge hand painted sign which said "Radar Trap Ahead."

(D) A police officer found a perfect hiding place for watching for speeding motorists.

① (B)-(C)-(A)-(D)
② (B)-(D)-(A)-(C)
③ (C)-(A)-(B)-(D)
④ (D)-(B)-(C)-(A)
⑤ (D)-(C)-(B)-(A)

19. 다음 밑줄 친 부분에 들어갈 가장 적절한 표현을 고르시오.

Representing something graphically was a significant step beyond oral description of the objects and events being

20. 다음 밑줄 친 부분에 들어갈 가장 적절한 표현을 고르시오.

Some modern writers believe that the deliberate concealment of certain parts of the body originated not as a way of discouraging sexual interest, but as a clever device for arousing it. According to this view, clothes are the physical equivalent of remarks like "I've got a secret"; they are a tease, a come-on. It is certainly true that parts of the human form considered sexually arousing are often covered in such a way as to ______________________. People done up in shiny colored wrappings and bows affect us just as a birthday present does: we're curious, turned on; we want to undo the package.

① diminish and inhibit sexual interest
② completely hide one's bodily secret
③ exaggerate and draw attention to them
④ cover up one's physical complex
⑤ expose them vividly to the public

portrayed. Even if they were only mnemonic device – serving loosely as memory stimulators – depictions such as cave paintings could help a storyteller provide a more detailed and accurate account, compared with unaided recall. ___________, this illustrates one major purpose of writing. In all its forms, writing is a tool for preserving ideas that were expressed earlier. In other words (to borrow from today's computer jargon), writing is a system for information storage. Just as we seek more and more storage capacity in computers, primitive people sought systems of graphic representation of ideas to free themselves from the limitations and inaccuracies of human memory.

① For example
② In fact
③ Conversely
④ However
⑤ Unfortunately

한 국 사

1. 다음과 같은 무덤이 만들어진 시대에 대한 설명으로 옳은 것은?

옹관묘(독무덤) 목관묘(널무덤)

① 대표적 유물은 반달 돌칼과 비파형 동검 등이다.
② 애니미즘, 토테미즘 등 원시적 신앙이 출현하였다.
③ 대표적 유적은 대부분 강가나 바닷가에 자리잡고 있다.
④ 유적지에서 명도전, 반량전 등의 중국 화폐가 출토되었다.
⑤ 야요이 토기는 이 시기에 만들어진 미송리식 토기의 영향을 받은 것이다.

2. 각 국가와 그에 대한 설명으로 옳은 것은?

① 옥저 – 읍락끼리 각자의 영역을 침범하면 책화라고 하여 노비, 소, 말 등으로 변상하였다.
② 동예 – 어린 여자아이를 미리 신랑집에 데려다 놓고 살다가 결혼시키는 민며느리제가 있었다.
③ 부여 – 영고라는 제천행사는 농경사회의 유풍으로 매년 여름에 개최되었다.

4. (ㄱ)과 (ㄴ) 사이의 시기에 있었던 사실로 옳은 것은?

> (ㄱ) 왕 재위 41년 백제의 왕이 병력 3만 명을 거느리고 평양성을 공격해 왔다. 이에 왕이 군대를 내어 막다가 화살에 맞아 서거하였다.
>
> – 『삼국사기』 고구려본기 –
>
> (ㄴ) 왕 재위 3년 순장을 금지하는 명령을 내렸다. 3월에는 주와 군의 수령에게 명하여 농사를 권장케 하였고, 처음으로 소를 부려서 논밭을 갈았다.
>
> – 『삼국사기』 신라본기 –

① 고구려가 낙랑군을 축출하였다.
② 백제가 대야성을 함락시켰다.
③ 고구려가 평양으로 수도를 옮겼다.
④ 신라가 금관가야를 병합하였다.
⑤ 신라가 율령을 반포하였다.

5. <보기>의 석탑이 만들어진 시대의 탑에 대한 설명으로 옳은 것은?

<보 기>
감은사지 3층 석탑, 불국사 3층 석탑, 화엄사 쌍사자 3층 석탑

① 이중의 기단 위에 5층으로 쌓은 석탑이 전형적인 양식이다.
② 석재를 벽돌 모양으로 다듬어 쌓은 탑으로는 분황사 탑이 있다.

④ 삼한 - 해마다 씨를 뿌리고 난 뒤인 5월과 가을 곡식을 거두어 들이는 10월에 계절제를 열었다.

⑤ 고구려 - 매년 12월에 전 국민이 하늘에 제사를 지내는데 이것을 동맹이라고 하였다.

3. 밑줄 친 ㉠에 대한 설명으로 옳은 것은?

> 대한제국 칙령 제41호 제2조에는 "군청 위치는 태하동으로 정하고, 관할 구역은 울릉 전도와 죽도, ㉠<u>석도(石島)</u>로 한다." 라고 기록되어 있다.

① 프랑스가 병인박해를 구실로 침입하였다.

② 영국이 러시아를 견제하기 위해 점령하였다.

③ 일본이 러·일 전쟁 중에 불법적으로 편입하였다.

④ 러시아가 저탄소 설치를 위해 조차를 요구하였다.

⑤ 일본이 안봉선 철도 부설권을 얻는 대가로 청에 귀속시켰다.

③ 말기에는 기단과 탑신에 불상의 부조를 새기는 등 다양한 변화가 나타났다.

④ 선종이 널리 퍼지면서 석종형을 기본으로 하는 승탑과 탑비가 유행하였다.

⑤ 다각다층의 석탑이 많이 만들어졌다.

6. 다음을 시기순으로 바르게 나열한 것은?

> ㄱ. 토지조사령　ㄴ. 조선광업령　ㄷ. 조선어업령　ㄹ. 회사령

① ㄱ-ㄴ-ㄷ-ㄹ

② ㄴ-ㄱ-ㄷ-ㄹ

③ ㄷ-ㄴ-ㄱ-ㄹ

④ ㄹ-ㄷ-ㄱ-ㄴ

⑤ ㄹ-ㄷ-ㄴ-ㄱ

7. 밑줄 친 ㉠과 관련된 사건으로 옳은 것은?

> 분사 검교소감 백수한 등이 스스로 음양의 술법을 안다고 칭하여 허황되고 불경한 말로 여러 사람을 현혹시켰다. 정지상 또한 서경 사람이라 그 말을 깊이 믿고 이르기를, "상경은 터전이 이미 쇠퇴하였고 ㉠궁궐이 모두 타서 남은 것이 없으나, 서경에는 왕기가 있으니 마땅히 왕의 거처를 옮겨서 상경으로 삼아야 한다."라고 하였다.
>
> \- 고려사 -

① 만적의 난
② 이자겸의 난
③ 거란의 침공
④ 몽골의 침략
⑤ 홍건적의 난

8. (가), (나) 인물에 대한 설명으로 옳은 것을 <보기>에서 모두 고른 것은?

(가)	(나)
국청사를 중심으로 해동 천태종을 개창하였으며, 수행 방법으로 교관겸수를 제시하였다.	수선사 결사를 통해 불교계를 개혁하고자 하였으며, 수행 방법으로 정혜쌍수를 제시하였다.

10. ㉠~㉢에 대한 설명으로 옳지 않은 것은?

> ㉠ 시정전시과(경종 1년) → ㉡ 개정전시과(목종 1년) → ㉢ 경정전시과(문종 30년)

① ㉠ - 4색 공복제에 입각하여 전시를 지급하였다.
② ㉡ - 문반, 무반, 잡업 계층으로 구분하여 전시를 지급하였다.
③ ㉡ - 실직자뿐 아니라 산직자에게도 전시를 지급하였다.
④ ㉢ - 무반에 대한 대우가 상승하였다.
⑤ ㉢ - 일부 관료에게는 시지를 지급하지 않았다.

11. 한국광복군이 조직된 시기로 옳은 것은?

1938. 10. 무한에서 조선의용대 결성
↓ .... (ㄱ)
1940. 5. 한국독립당 창당
↓ .... (ㄴ)
1941. 11. 대한민국 건국강령 발표
↓ .... (ㄷ)
1941. 12. 대한민국 임시정부, 대일 선전 포고
↓ .... (ㄹ)
1942. 10. 조선민족혁명당, 임시정부에 참여

<보　　기>

ㄱ. (가) - 무애가를 지어 불교의 대중화에 힘썼다.
ㄴ. (가) - 불교 경전에 대한 주석서를 모아 교장(敎藏)을 편찬하였다.
ㄷ. (나) - 화엄일승법계도를 지어 화엄 사상을 정리하였다.
ㄹ. (나) - 돈오점수를 바탕으로 한 꾸준한 수행을 강조하였다.

① ㄱ, ㄷ
② ㄴ, ㄷ
③ ㄴ, ㄹ
④ ㄱ, ㄴ, ㄷ
⑤ ㄱ, ㄴ, ㄹ

9. 훈요십조의 내용으로 옳지 않은 것은?

① 궁궐을 지을 때에는 도선의 풍수사상에 맞게 지을 것
② 간쟁을 따르고 참언을 멀리하여 신민의 지지를 얻을 것
③ 경사(經史)를 널리 읽어 옛날을 거울삼아 오늘을 경계할 것
④ 농민의 요역과 세금을 가볍게 하여 민심을 얻고 부국안민을 이룰 것
⑤ 왕위는 장자상속을 원칙으로 하되, 장자가 현명하지 못할 때에는 신하들의 추대를 받은 다른 아들이 이을 것

↓ ········· (ㅁ)

1943. 8. 한국광복군 인면전구 공작대 파견

① ㄱ　② ㄴ　③ ㄷ　④ ㄹ　⑤ ㅁ

12. 조선 성종 연간에 편찬된 서적으로 옳지 않은 것은?

① 국조오례의
② 동국통감
③ 동문선
④ 악학궤범
⑤ 이륜행실도

13. 다음 선언문이 발표되던 시기의 우리나라 경제 상황으로 옳은 것은?

> 오늘 우리는 전 세계의 이목이 우리를 주시하는 가운데 40년 독재 정치를 청산하고 희망찬 민주 국가를 건설하기 위한 거보를 전 국민과 함께 내딛는다. 국가의 미래요 소망인 꽃다운 젊은이를 야만적인 고문으로 죽여 놓고, 그것도 모자라서 뻔뻔스럽게 국민을 속이려 했던 현 정권에게 국민의 분노가 무엇인지 분명히 보여주고 국민적 여망인 개헌을 일방적으로 파기한 4·13 폭거를 철회시키기 위한 민주 장정을 시작한다.

① 제1차 경제 개발 5개년 계획이 추진되었다.
② 오일 쇼크를 거치며 경제 성장이 둔화되었다.
③ 미국의 원조에 힘입어 삼백 산업이 발전하였다.
④ 외환 위기가 닥쳐 IMF로부터 구제 금융을 지원받았다.
⑤ 저유가, 저금리, 저달러의 3저 호황으로 고도성장이 가능하였다.

14. 다음 사건을 시기순으로 바르게 나열한 것은?

> ㄱ. 조·명 연합군이 평양성을 탈환하고, 왜군을 추격하다가 고양의 벽제관에서 패하였다.
> ㄴ. 선조는 세자와 함께 의주로 피난하고, 임해군과 순화군을 함경도와 강원도로 보내 근왕병을 모집하게 하였다.
> ㄷ. 이순신이 이끄는 수군이 한산도에서 일본 수군을 대파하여 해상권을 장악하였다.

16. 다음은 광복 직후부터 한국전쟁 직전까지 일어난 사건이다. ㉠~㉢의 시기에 있었던 사건으로 옳지 않은 것은?

> 8·15 광복
> ↓ ……… ㉠
> 모스크바 3국 외상회의
> ↓ ……… ㉡
> 대한민국 정부 수립
> ↓ ……… ㉢
> 한국전쟁 발발

① ㉠ - 여운형, 안재홍 등 좌우익이 참여한 조선건국준비위원회를 결성하였다.
② ㉠ - 중경 임시정부 요인들이 귀국하였다.
③ ㉡ - 여운형, 김규식 등이 좌우합작운동을 전개하였다.
④ ㉡ - 조선 민주주의 인민 공화국 정부 수립을 선포하였다.
⑤ ㉢ - 반민족 행위 처벌법을 제정하였다.

17. 다음 내용이 기록된 시기에 나타난 농업의 변화에 대한 설명으로 옳지 않은 것은?

> "서도 지방 담배, 한산 모시, 전주 생강, 강진 고구마, 황주 지황 밭에서의 수확은 모두 상상등전의 논에서 나는 수확

ㄹ. 김시민이 이끄는 군관민이 왜군 2만여 명과 진주성에서 격돌하여 방어에 성공하였다.

① ㄱ-ㄷ-ㄹ-ㄴ
② ㄴ-ㄷ-ㄹ-ㄱ
③ ㄴ-ㄹ-ㄱ-ㄷ
④ ㄷ-ㄹ-ㄱ-ㄴ
⑤ ㄹ-ㄴ-ㄷ-ㄱ

15. 다음 내용을 통해 알 수 있는 사화에 대한 설명으로 옳은 것은?

김종직의 조의제문이 문제가 되어 그를 대역죄로 다스려 부관참시하고 그 무리들을 능지처참하였다.

① 김일손의 사초가 발단이 되었다.
② 대윤과 소윤의 권력 다툼이 계기가 되었다.
③ 도학 정치를 주장한 조광조 등이 제거되었다.
④ 위훈 삭제에 대한 훈구 세력의 반발이 원인이 되었다.
⑤ 동인이 남인과 북인으로 분열되는 결과를 가져왔다.

의 10배에 이른다."

- 정약용, 『경세유표』 -

① 이앙법의 보급으로 적은 노동력으로 넓은 면적의 토지를 경작할 수 있게 되었다.
② 광작을 하여 수확을 증대시켰고, 그 수확물을 장시에 내다 팔았다.
③ 상품 화폐 경제의 발달로 쌀을 비롯하여 인삼, 면화, 고추 등의 상품 작물을 재배하였다.
④ 양반 지주들은 소작지의 면적을 줄이고 노비나 머슴을 고용하여 직접 농지를 경영하였다.
⑤ 밭농사에서는 조, 보리, 콩의 2년 3작이 시작되었다.

18. 다음은 17세기 후반에 발생한 정치적 격변과 관련된 연표이다. ㉠에 해당하는 사건과 관련된 설명으로 옳은 것은?

> ○ 1659년, 기해예송
> ○ 1674년, 갑인예송
> ○ 1680년, 경신환국
> ○ 1689년, [㉠]
> ○ 1694년, 갑술환국

① 인현왕후 복위의 계기가 되었다.
② 노론의 영수 송시열이 사사되었다.
③ 윤휴가 송시열 등을 공격하면서 일어났다.
④ 김창집, 이이명 등 노론 4대신이 희생되었다.
⑤ 허적의 서자 허견의 역모 사건이 빌미가 되었다.

19. 갑오개혁의 내용에 대한 설명으로 옳은 것을 <보기> 에서 모두 고른 것은?

<보 기>

> ㄱ. 은본위 화폐제도와 조세의 금납화를 실시하였다.
> ㄴ. 양전사업을 실시하여 지계를 발급하였다.
> ㄷ. 군국기무처라는 임시특별기구가 설치되었다.
> ㄹ. 단발령을 폐지하였다.

① ㄱ, ㄷ
② ㄴ, ㄷ
③ ㄴ, ㄹ
④ ㄱ, ㄴ, ㄹ
⑤ ㄱ, ㄷ, ㄹ

20. 밑줄 친 ㉠이 지은 서적으로 옳은 것은?

> ㉠그는 한전론의 중요성을 인정하면서도 영농법의 혁신, 상업적 농업의 장려, 농기구 개량, 관개시설의 확충 등과 같은 경영과 기술적 측면의 개선을 통해 농업생산력을 높이는 문제에 더 큰 관심을 보였다.

① 열하일기
② 반계수록
③ 성호사설
④ 목민심서
⑤ 의산문답

전 자 공 학 개 론

1. p형 반도체와 n형 반도체의 접합으로 만들어진 다이오드의 전압-전류 특성이 그림과 같을 때, 이 다이오드에 대한 설명으로 옳은 것은?

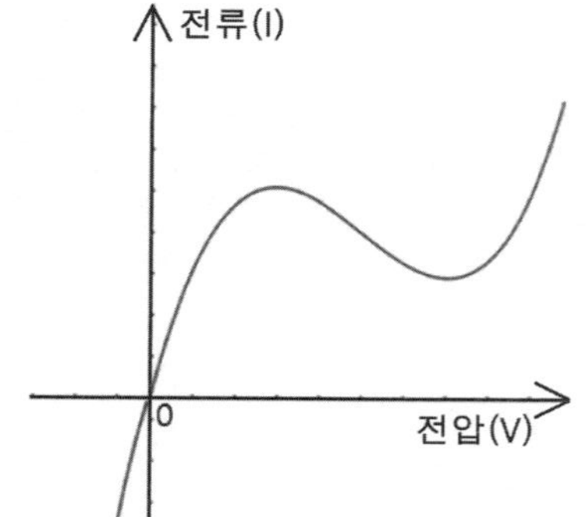

① 버랙터 다이오드로서 FM변조 회로에 사용된다.
② 제너 다이오드로서 정전압원에 사용된다.
③ 핀 다이오드로서 고전압 회로에 사용된다.
④ 발광 다이오드로서 광소자에 사용된다.

3. MOSFET을 이용한 다음 회로의 소신호 전압이득(V_o/V_i)으로 옳은 것은? (단, 전달컨덕턴스(g_m)는 3[mS]이며, 출력저항(r_o)과 C_G, C_D 및 R_G는 매우 크다고 가정한다.)

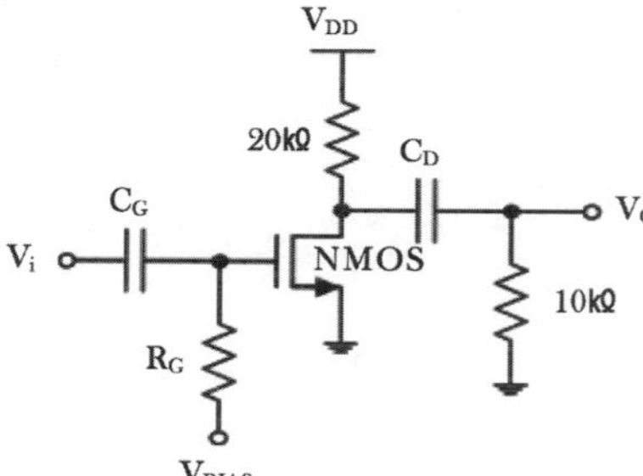

① -60
② -30
③ -20
④ -10
⑤ -5

4. 다음 회로의 논리게이트 명칭으로 옳은 것은?

① AND
② OR
③ NAND
④ NOR
⑤ EX-OR

⑤ 터널 다이오드로서 발진기 회로에 사용된다.

2. 다음 신호 $f(t)$를 라플라스 변환(Laplace Transform)한 것으로 옳은 것은?

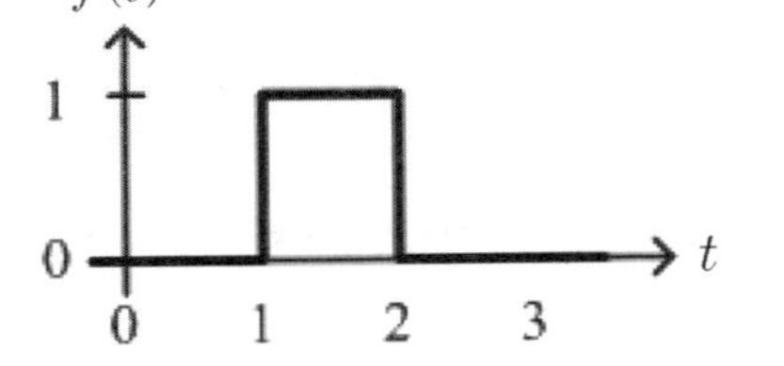

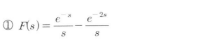

① $F(s)=\dfrac{e^{-s}}{s}-\dfrac{e^{-2s}}{s}$

② $F(s)=\dfrac{1}{s+1}-\dfrac{1}{s+2}$

③ $F(s)=e^{-s}-e^{-2s}$

④ $F(s)=\dfrac{e^{-s}}{s+1}-\dfrac{e^{-2s}}{s+2}$

⑤ $F(s)=\dfrac{1}{s-1}-\dfrac{1}{s-2}$

5. 다음 연산증폭기 회로에서 출력전압(V_o)은?

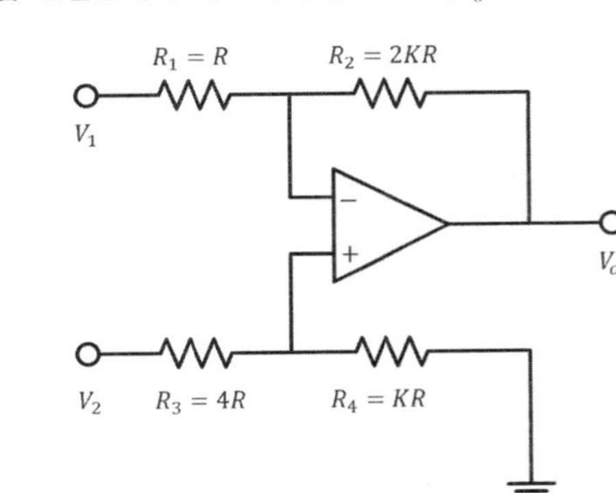

① $K\left(\dfrac{1+2K}{4+K}V_2 - V_1\right)$

② $K\left(\dfrac{1+2K}{4+K}V_2 - 2V_1\right)$

③ $K\left(\dfrac{1+K}{2+K}V_2 - 2V_1\right)$

④ $K\left(\dfrac{4+K}{1+2K}V_2 - 2V_1\right)$

⑤ $K\left(\dfrac{1+2K}{2+K}V_2 - 2V_1\right)$

6. 부궤환(Negative Feedback) 회로의 특징을 설명한 것으로 옳은 것은?

① 이득이 증가한다.
② 안정도가 감소한다.
③ 대역폭이 넓어진다.
④ 왜율이 증가한다.
⑤ 잡음이 증가한다.

7. 그림과 같이 면적 $S=50[m^2]$의 평행판 도체 사이에 두께 $l_1=5[m]$, $l_2=10[m]$, 유전율 $\epsilon_1=0.8$, $\epsilon_2=0.4$인 유전체를 넣었을 때 정전용량은 몇 [F]인가?

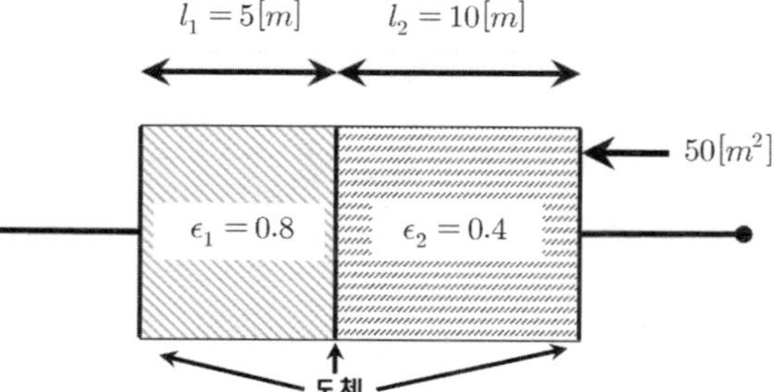

① 0.2
② 0.6

9. 다음은 어떤 논리회로의 진리표이다. 이 진리표의 논리회로로 옳은 것은?

X	Y	S	C
0	0	0	0
0	1	1	0
1	0	1	0
1	1	0	1

①
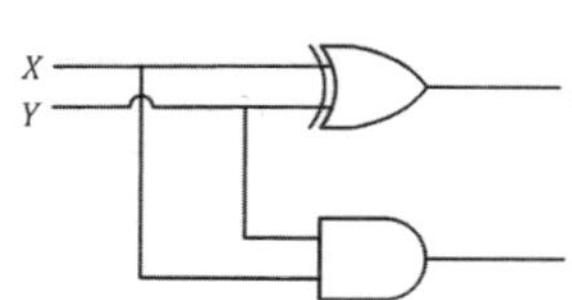

②
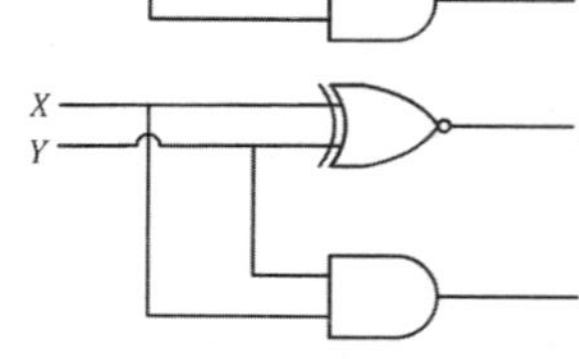

③
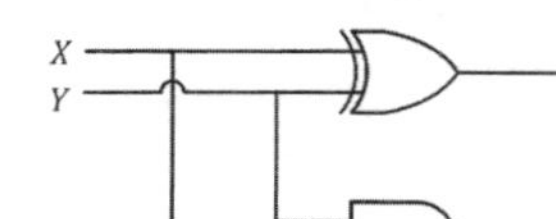

④
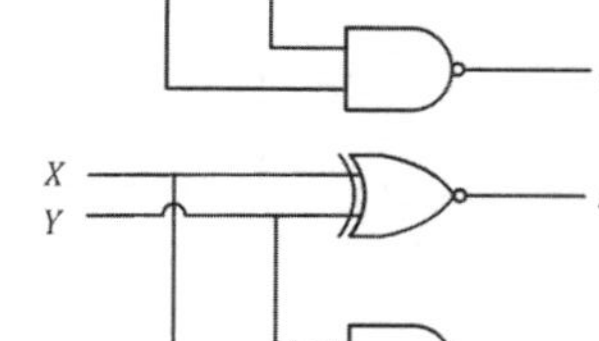

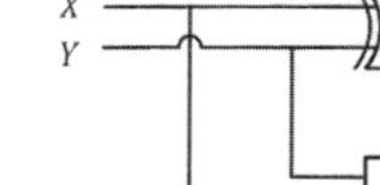

③ 0.8

④ 1.0

⑤ 1.6

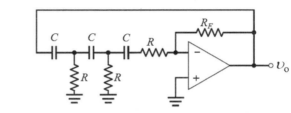

8. 다음 LC회로의 전달함수[$H(s)=V_o(s)/V_i(s)$] 식으로 옳은 것은?

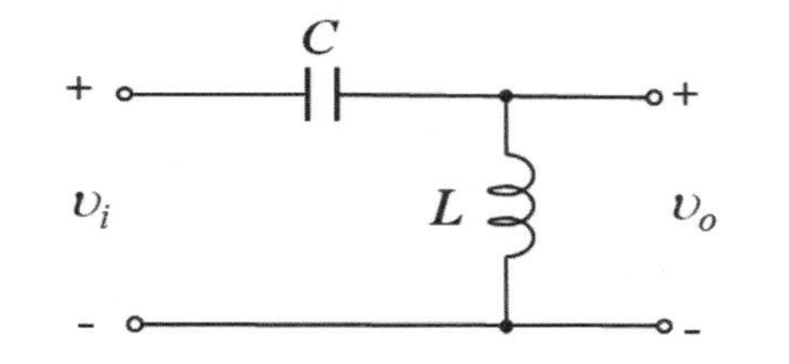

① $\dfrac{s^2}{s^2+LC}$ ② $\dfrac{s^2}{s^2+\frac{1}{LC}}$ ③ 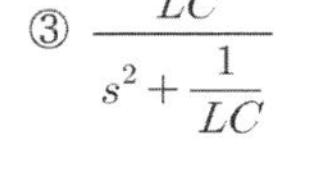 $\dfrac{\frac{1}{LC}}{s^2+\frac{1}{LC}}$

④ $\dfrac{s^2}{s^2+\frac{L}{C}}$ ⑤ $\dfrac{\frac{L}{C}}{s^2+\frac{L}{C}}$

⑤

10. 다음의 위상천이 발진기 회로에서 발진주파수와 발진에 필요한 R_F/R의 최솟값으로 옳은 것은?

	발진주파수	R_F/R 최솟값
①	$\dfrac{\sqrt{6}}{2\pi RC}$	3
②	$\dfrac{\sqrt{6}}{2\pi RC}$	29
③	$\dfrac{1}{2\pi\sqrt{6}\,RC}$	3
④	$\dfrac{1}{2\pi\sqrt{6}\,RC}$	29
⑤	$\dfrac{1}{2\pi RC}$	3

11. 공통 컬렉터(Common Collecter) 증폭기의 특징을 설명한 것으로 옳지 않은 것은?

① 입력전압과 출력전압의 크기가 거의 같다.
② 입력전압과 출력전압의 위상이 같다.
③ 출력임피던스가 매우 낮다.
④ 입력임피던스가 낮아 임피던스 정합용으로 사용한다.
⑤ 에미터 폴로어(Emitter Follower)라고도 한다.

12. 다음은 오실로스코프 화면에 나타난 구형파이다. 이 파형의 주파수 및 진폭으로 옳은 것은?

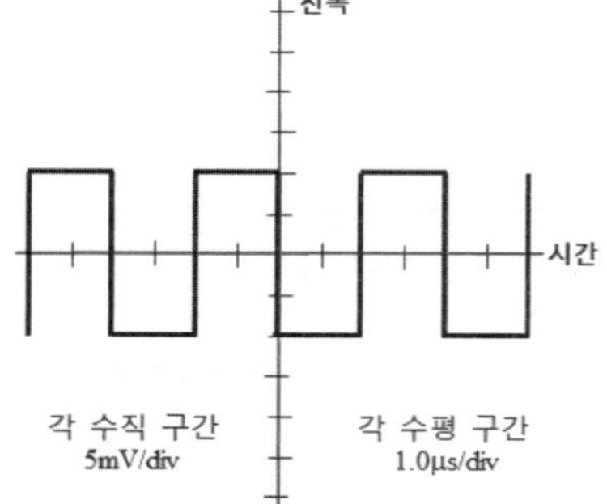

	주파수[kHz]	진폭[mV]
①	200	10
②	200	20

14. 다음 카르노 맵(Karnaugh Map)을 표현한 논리식으로 옳은 것은? (단, X는 don't care를 나타낸다.)

CD \ AB	00	01	11	10
00	0	1	1	0
01	1	X	X	1
11	1	X	X	1
10	0	1	1	0

① $AC+BD$
② $B+D$
③ $B'+D'$
④ BD
⑤ $B'D'$

15. 다음 회로에서 R_4(1Ω)저항의 역할에 대한 설명으로 옳은 것은?

③	250	10
④	250	20
⑤	400	10

13. 다음 회로에서 V_{GS}=0일 때 드레인 전류 I_{DSS}=200[㎃], 전달컨덕턴스 g_m=200[mS]인 D-MOSFET을 이용하여 공통 소스(Common Source) 증폭기를 구성하였다. 직류드레인전압(V_D)과 교류출력전압(V_{out})은 얼마인가?

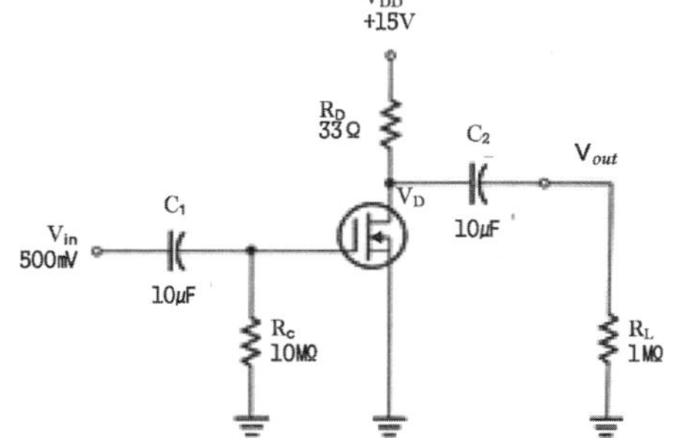

	V_D[V]	V_{out}[V]
①	8.4	3.3
②	8.4	4.3
③	7.6	4.3
④	7.6	3.3
⑤	7.6	2.3

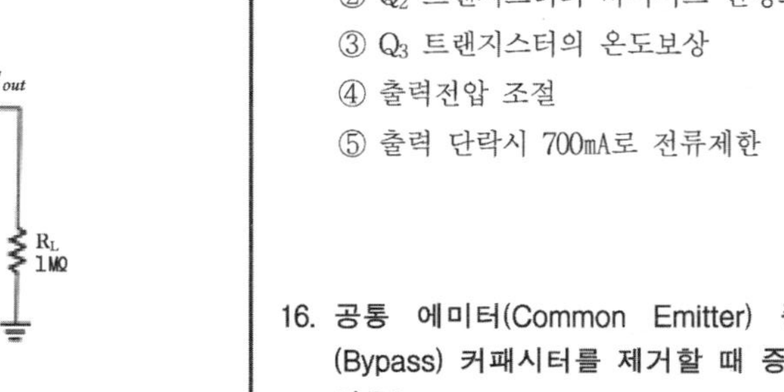

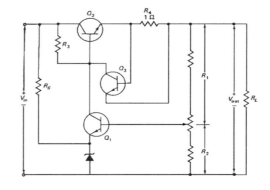

① Q_1 트랜지스터의 온도보상
② Q_2 트랜지스터의 바이어스 안정화
③ Q_3 트랜지스터의 온도보상
④ 출력전압 조절
⑤ 출력 단락시 700㎃로 전류제한

16. 공통 에미터(Common Emitter) 증폭기에서 에미터 바이패스(Bypass) 커패시터를 제거할 때 증폭기에 발생하는 결과로 옳은 것은?

① 베이스 입력임피던스가 낮아진다.
② 회로가 불안정하게 동작한다.
③ 회로의 동작점이 위로 올라간다.
④ 전압이득이 감소한다.
⑤ 회로의 동작점이 아래로 내려간다.

17. 다음 중 정현파 입력신호의 주파수 변화에 따른 출력신호의 특성을 설명한 것으로 옳은 것을 모두 고르면?

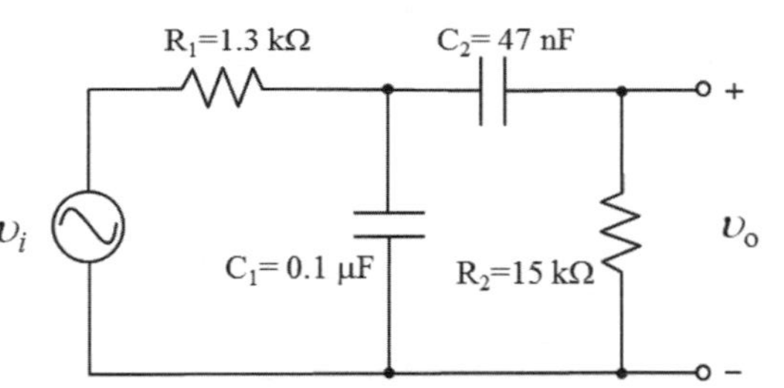

ㄱ. 대역 통과 필터 특성을 갖는다.

ㄴ. 상측 차단주파수는 $f_H = \frac{1}{2\pi R_2 C_2}$ 이다.

ㄷ. 대역폭은 $\frac{1}{2\pi}(\frac{R_2C_2 - R_1C_1}{R_1R_2C_1C_2})$ 이다.

① ㄱ
② ㄱ, ㄴ
③ ㄱ, ㄷ
④ ㄴ, ㄷ
⑤ ㄱ, ㄴ, ㄷ

18. 다음 회로를 테브난 등가회로로 나타낼 때 등가전압(V_{Th})과 등가저항(R_{Th})으로 옳은 것은?

19. 다음 CMOS 회로에서 출력 Y를 입력 A, B, C로 표현한 논리식으로 옳은 것은? (단, 입력 A, B, C는 로직 1을 표현할 때 V_{DD}가 인가되고, 로직 0을 표현할 때 0[V]가 인가된다.)

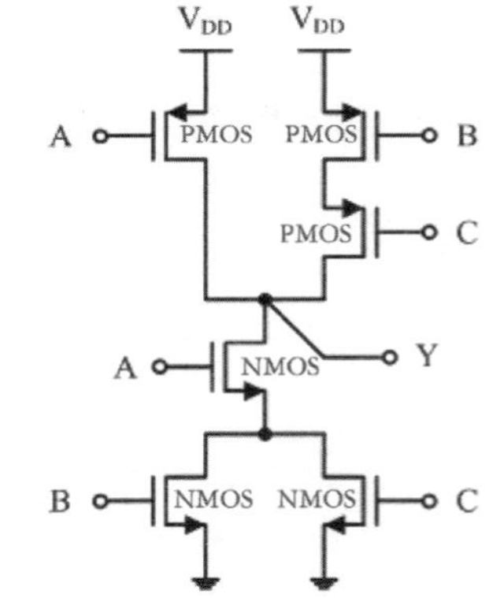

① $Y = A' + B'C'$
② $Y = A + BC$
③ $Y = A(B + C)$
④ $Y = A'(B' + C')$
⑤ $Y = A + B + C$

20. 다음 회로의 출력전압(V_{out})에 대한 설명으로 옳은 것은?

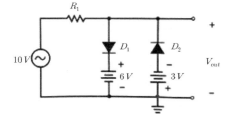

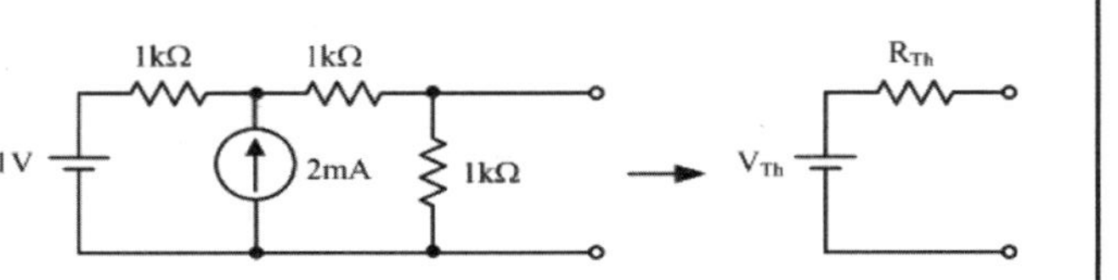

	V_{Th}[V]	R_{Th}[kΩ]
①	1	1
②	1	2/3
③	2	1
④	2	2/3
⑤	2	1/3

① 6[V] 이상, -3[V] 이하는 잘린다.
② 5.3[V] 이상, -2.3[V] 이하는 잘린다.
③ 5.3[V] 이상, -3.7[V] 이하는 잘린다.
④ 6.7[V] 이상, -2.3[V] 이하는 잘린다.
⑤ 6.7[V] 이상, -3.7[V] 이하는 잘린다.

방송통신공학

1. 다음 중 디지털 TV 방송 시스템에 대한 설명으로 옳지 않은 것은?
① DVB-T와 DVB-T2는 QPSK 또는 QAM 변조 방식을 사용한다.
② ATSC 2.0은 OFDM 방식을 사용한다.
③ 최신 디지털 TV 방송은 이동 수신을 지원한다.
④ 우리나라의 디지털 TV 전송 방식은 ATSC이다.
⑤ HD급의 영상 전송이 가능하다.

2. 다음 중 방송 통신 융합 서비스 기술에 대한 설명으로 옳지 않은 것은?
① IPTV는 초고속 인터넷 망을 통해 TV 방송, 동영상 콘텐츠와 정보 서비스를 제공하는 서비스이다.
② IPTV는 보안 기술이 중요하며 대표적으로 CAS, DRM 등의 기술이 쓰인다.
③ 양방향 데이터 방송을 위한 미들웨어 표준 기술은 멀티캐스팅 기술, QoS 기술 등을 포함한다.
④ H.264는 압축률이 우수하여 IPTV 서비스에 널리 쓰이는 미디어 포맷 기술이다.

5. 디지털 송신기에서 송신 신호 생성을 위한 처리 순서가 옳게 나열된 것은?
① 펄스성형→Up conversion→신호성상도 매핑→채널부호화
② 신호성상도 매핑→채널부호화→펄스성형→Up conversion
③ 채널부호화→신호성상도 매핑→Up conversion→펄스성형
④ 신호성상도 매핑→채널부호화→Up conversion→펄스성형
⑤ 채널부호화→신호성상도 매핑→펄스성형→Up conversion

6. 다음 중 영상 압축의 원리에 대한 설명으로 옳지 않은 것은?
① 화면 내 공간적 상관 관계를 이용하여 정보를 압축한다.
② 화면 간 시간적 상관 관계를 이용하여 정보를 압축한다.
③ 양자화 스텝 크기가 작아지면 재생 시 원래 그림에 가까워진다.
④ 화소 블록을 직교 변환할 때 주로 DCT를 사용한다.
⑤ 발생 확률이 높은 값에 길이가 긴 부호어를 할당한다.

7. 다음 중 디지털 영상 압축 방식에 대한 설명으로 옳지 않은 것은?
① MPEG-2는 HDTV의 품질을 실현할 수 있다.
② MPEG-2의 데이터 계층은 블록층, 매크로블록층, 슬라이스층, 픽처층, GOP층, 시퀀스층으로 구성된다.
③ H.264 기술은 현재 널리 쓰이고 있으며 MPEG-2와 비교하여 압축률이 개선되었다.

⑤ 스마트 TV는 방송과 인터넷을 결합하여 비디오 콘텐츠 검색, 애플리케이션 다운로드 등 쌍방향 서비스를 제공한다.

3. **채널의 대역폭이 12kHz이고, 신호 전력 대 잡음 전력 비(S/N)가 31일 때, 채널 용량은 얼마인가? (단위: kbps)**

① 4.8
② 6
③ 48
④ 60
⑤ 372

4. **다음 중 라디오 방송에 대한 설명으로 옳지 않은 것은?**

① AM 방송은 약 530~1,600kHz 주파수 대역을 10kHz씩 분할하여 사용한다.
② 단파 방송은 국제 방송용으로 많이 사용된다.
③ FM 방송은 AM 방송에 비해 잡음과 간섭이 매우 적고 음질이 좋다.
④ 단파 방송은 FM 방송과 변조 방식이 동일하다.
⑤ 디지털 라디오 방송은 기존의 음성뿐만 아니라 데이터 서비스까지 제공할 수 있다.

④ 시간과 공간 Scalability 기능은 MPEG-4에서 처음 도입되었다.
⑤ MPEG-4는 음성, 영상, 문자, 그림 등을 객체지향적으로 압축 부호화한다.

8. **어떤 채널 부호에서 부호어 간 최소 해밍 거리가 5라고 할 때 오류 정정 가능한 최대 비트 수는 얼마인가?**

① 1 ② 2 ③ 3 ④ 4 ⑤ 5

9. **자유 공간에서 송신 신호의 주파수를 2배 높이고, 송신 안테나와 수신 안테나 사이의 거리를 2배 늘렸을 때, 수신 전력은 얼마로 감소하는가?**

① 1/16
② 1/8
③ 1/4
④ 1/2
⑤ 1

10. 다음 중 디지털 변조 방식으로 올바르게 짝지은 것은?

① Bipolar, NRZ
② PSK, QAM
③ PCM, DM
④ AM, FM
⑤ ASK, PM

11. 다음 중 셀룰러 이동 통신 시스템에 대한 설명으로 옳지 않은 것은?

① 다른 셀로 이동해도 지속적으로 통화가 유지되게 해주는 기술을 핸드오버라고 한다.
② 4세대 이동 통신 기술인 LTE-A 기술은 대역 확산 방식을 사용한다.
③ CDMA에서 주파수 재사용 계수는 1이다.
④ LTE-A 기술은 MIMO 방식을 지원한다.
⑤ LTE는 모바일 TV 서비스를 지원한다.

12. 다음 중 국내 지상파 HDTV의 전송 표준 방식에 대한 설명으로 옳지 않은 것은?

① 영상 화면의 주사 방식은 비월 주사 방식을, 필드 주파수는 60Hz, 종횡비는 16:9가 사용된다.
② 영상 신호의 압축 방식은 MPEG-2가 사용된다.
③ 채널 부호화 방식은 LDPC가 사용된다.

15. 다음 중 데시벨(dB) 단위에 대한 설명으로 옳지 않은 것은?

① 시스템 출력 전압이 입력 전압보다 2배 크다면 시스템의 전압 이득은 6dB이다.
② 방송 시스템에서 출력 전력이 100kW라면 이는 50dBW이다.
③ 무선 통신 시스템에서 신호 전력 대 잡음 전력 비가 10dB라면 신호 전력이 잡음 전력보다 10배 큰 것이다.
④ 데시벨 단위계에는 상대 데시벨과 절대 데시벨이 있다.
⑤ 방송 수신기 회로에서 처리되는 신호의 최대 전압이 0.1V라면 이는 20dBmV이다.

16. 다음 중 방송 및 통신에 쓰이는 주파수 대역에 대한 설명으로 옳은 것은?

① 300kHz~3MHz 사이의 주파수 대역은 단파(High Frequency) 대역이다.
② 초단파(Very High Frequency) 대역은 위성 통신에 사용하기에 가장 적합하다.
③ 중파(Medium Frequency) 대역의 파장 범위는 100m~1km이다.
④ 주파수가 높아질수록 주로 지표파의 형태로 전파된다.
⑤ TV 방송에 쓰이는 주파수 대역은 주로 밀리미터파 대역이다.

17. 다음 그림과 같이 전송률 R_d=2Mbps를 갖는 데이터를 부호율 R_c=1/3인 채널 부호화기에 통과 시킨 후, 디지털 변조하여 R_s=1Msps

④ 음성 신호의 압축 방식은 5.1 채널 Dolby-AC3가 사용된다.

⑤ 한 채널의 대역폭은 아날로그 NTSC 대역폭과 동일하다.

13. AM 슈퍼헤테로다인 수신기(상측 헤테로다인)에서 479MHz의 전파를 수신할 때, 혼신을 야기할 수 있는 영상 주파수(Image frequency)는? (단, 중간 주파수는 44MHz이며, 단위는 MHz이다.)

① 567 ② 523 ③ 435 ④ 397 ⑤ 391

14. 다음 중 영상 신호 및 음성 신호의 특징으로 옳지 않은 것은?

① 색의 3요소는 명도, 색상, 휘도이다.

② NTSC 방식에서 컬러 영상 신호는 휘도 신호와 2개의 색차 신호로 구성된다.

③ 소리의 3요소는 높이, 크기(세기), 음색이다.

④ 빛의 3원색은 Red, Green, Blue이다.

⑤ 1초당 진동수가 높을수록 소리의 높이(Pitch)가 높아진다.

의 속도로 전송하였다. 이때 사용된 변조 방식으로 옳은 것은? (단, bps=bits/sec, sps=symbols/sec)

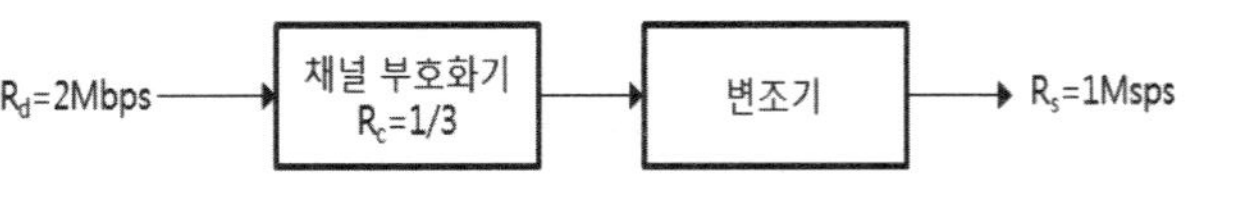

① 64-QAM

② 32-QAM

③ 16-QAM

④ 8-PSK

⑤ 4-PSK

18. 다음은 슈퍼헤테로다인 수신기의 구성 요소이다. 어떤 순서로 구성되어야 하는가?

ㄱ. 중간 주파수 증폭부	ㄴ. 고주파 증폭부	ㄷ. 저주파 증폭부
ㄹ. 주파수 변환부	ㅁ. 포락선 검파기	ㅂ. 안테나

① ㅂ-ㄴ-ㄱ-ㄹ-ㅁ-ㄷ
② ㅂ-ㄴ-ㄱ-ㅁ-ㄹ-ㄷ
③ ㅂ-ㄴ-ㄹ-ㄱ-ㅁ-ㄷ
④ ㅂ-ㅁ-ㄴ-ㄱ-ㄹ-ㄷ
⑤ ㅂ-ㅁ-ㄹ-ㄴ-ㄱ-ㄷ

19. 영상용 채널 용량이 4.0Mbps인 방송 채널에 영상 해상도 1000×500, 컬러 YUV422 포맷(화소당 16bit), 초당 30장인 영상 데이터를 송출하고자 한다. 코덱의 최소 압축률은 얼마인가? (단, 압축률 = 비압축 : 압축)

① 7.5 : 1
② 15 : 1
③ 30 : 1
④ 45 : 1
⑤ 60 : 1

20. 아이 패턴(Eye pattern)에서 얻을 수 있는 정보가 아닌 것은?

① 최적 표본화 시간(Optimum sampling time)

② 타이밍 오류에 대한 민감도(Sensitivity to timing error)

③ 영 교차 왜곡(Distortion of zero crossings)

④ 도플러 천이(Doppler shift)

⑤ 잡음 여유(Noise margin)

정답표

가형	국어	영어	한국사	전자공학 개론	방송통신 공학
문1	3	3	4	5	2
문2	3	5	4	1	3
문3	3	4	3	3	4
문4	1	3	3	4	4
문5	4	5	3	2	5
문6	2	1	4	3	5
문7	2	1	2	5	4
문8	4	4	3	2	2
문9	5	2	1	1	1
문10	3	5	2	4	2
문11	1	1	2	4	2
문12	1	5	5	3	3
문13	2	2	5	1	1
문14	1	4	2	2	1
문15	5	3	1	5	5
문16	2	2	4	4	3
문17	5	1	5	3	1
문18	3	4	2	2	3
문19	1	2	1	1	5
문20	4	3	1	5	4

국 어

1. 다음 중 밑줄 친 부분이 접두사가 아닌 것은?
   ① 막그릇에 찬밥이지만 진수성찬이 따로 없네.
   ② 올해 심을 씨감자가 비를 맞고 다 썩어버렸어요.
   ③ 최근 일본산 참다랑어의 가격이 매우 하락하였다.
   ④ 처남이 우리 집으로 이사 오면서 군식구가 늘었어.
   ⑤ 피지도 못한 꽃들을 짓밟아버린 사람은 대체 누구인가.

2. <보기>의 글에서 (   )안에 들어갈 단어의 순서로 적절한 것은?

< 보 기 >

나는 우리나라가 세계에서 가장 아름다운 나라가 되기를 원한다. 가장 부강한 나라가 되기를 원하는 것은 아니다. 내가 남의 침략에 가슴이 아팠으니, 내 나라가 남을 침략하는 것을 원치 아니한다. 우리의 (A)은 우리의 생활을 풍족히 할 만하고, 우리의 (B)은/는 남의 침략을 막을 만하면 족하다. 오직 한없이 가지고 싶은 것은 높은 (C)의 힘이다. (C)의 힘은 우리 자신을 행복되게 하고, 나아가서 남에게 행복을 주겠기 때문이다. 지금 인류에게 부족한 것은 (D)도 아니요, (E)도 아니다. 자연과학의 힘은 아무리 많아도 좋으나, 인류 전체로 보면 현재의 자연과학만 가지고도 편안히 살아가기에 넉넉하다.

5. 다음 중 자연스러운 문장은?
   ① 담당 의사의 조언은 건강에 문제가 생길 수 있으므로 정기적으로 검사를 받아 보라고 권유했다.
   ② 오늘 점심에 빵과 우유를 하나씩 사서 마셨다.
   ③ 내 생각은 네가 먼저 사과하는 게 옳다고 생각한다.
   ④ 이번 조치는 고객의 건강과 쾌적한 여행 환경을 조성하기 위한 것이다.
   ⑤ 그는 책 읽는 것을 좋아해서 눈만 뜨면 도서관에 간다.

6. 국어의 로마자 표기법에 따라 바르게 적은 것은?
   ① 집현전 Jipyeonjeon
   ② 영등포 Yeongdeungpho
   ③ 백록담 Baengnokdam
   ④ 여의도 Yeoeuido
   ⑤ 신문로 Simmunno

7. 밑줄 친 부분이 바르게 쓰이지 않은 것은?
   ① 그는 아들에게 학비와 용돈을 부쳤다.
   ② 부쳐 먹을 내 땅 한 평 없다.
   ③ 한창 커 가는 아이들에게 희망을 부치고 사는 것이 큰 낙이다.
   ④ 그 일은 이제 기력이 부쳐 할 수 없다.
   ⑤ 그들은 여행 계획을 비밀에 부쳤다.

① 經濟力 - 富力 - 武力 - 文化 - 强力
② 經濟力 - 强力 - 武力 - 文化 - 富力
③ 富力 -文化 - 强力 - 武力 - 經濟力
④ 富力 - 强力 - 文化 - 武力 - 經濟力
⑤ 富力 - 武力 - 經濟力 - 文化 - 强力

3. 다음 중 '[발음]-표기'가 잘못 연결된 것은?

① [눈꼽] - 눈곱
② [법썩] - 법석
③ [싹뚝] - 싹뚝
④ [잔뜩] - 잔뜩
⑤ [멀쩡] - 멀쩡

4. 다음의 밑줄 친 단어 중 품사가 다른 하나는?

① 그는 갖은 양념을 넣어 음식을 만들었다.
② 다른 사람들은 어디 있지?
③ 그는 헌 신문지를 바닥에 깔았다.
④ 그는 외딴 마을에서 혼자 살았다.
⑤ 그는 긴 세월을 타향에서 보냈다.

8. 밑줄 친 한자 성어의 쓰임이 바르지 않은 것은?

① 아무리 형제 사이가 견토지쟁(犬兎之爭)이라 해도 혈육이기에 서로 도와주지 않을 수 없을 것이다.
② 그는 피나는 노력의 결과 기타 연주 실력이 괄목상대(刮目相對)했다.
③ 시대가 변하고 있음에도 불구하고 그는 각주구검(刻舟求劍)과 같은 태도를 지니고 있다.
④ 그는 제 딴에는 집안의 가난을 절치부심(切齒腐心)한 모양이다.
⑤ 정책을 추진함에 있어서 다기망양(多岐亡羊)의 우를 범해서는 안 된다.

9. 다음 중 사이시옷 표기가 올바르지 않은 것은?

① 등굣길
② 전셋방
③ 대푯값
④ 선짓국
⑤ 제삿날

10. 밑줄 친 단어의 표기가 맞춤법에 맞지 않은 것은?

① 울적한 마음을 달래려고 산책을 나갔다.
② 늦깎이로 시작한 연기 생활이었던 만큼 그 길이 순탄치 않았다.
③ 밤이 깊어갈수록 새벽이 가까워진다.
④ 몸을 나지막히 눕혀 날아오는 화살을 피했다.
⑤ 코는 뭉툭하고 입은 넓죽해서 볼품이 없다.

11. 다음 중 띄어쓰기가 옳지 않은 것은?

① 객지에서 고생하는 그를 생각하니 참 안되었다.
② 내가 온 지도 닷새나 되었다.
③ 이제까지 배운 대로 해라.
④ 두 달만에 비가 왔다.
⑤ 배는 먹은 만큼 부르게 되어 있다.

12. ㉠과 가장 유사한 의미로 쓰인 것은?

아닌 게 아니라 날이라도 좀 밝은 다음이었으면 좋았겠는데, 날이 밝기를 기다려 동네를 나서는 건 노인이나 나나 생각을 않았다. 그나마 그 어둠을 ㉠타고 마을을 나서는 것이 노인이나 나나 마음이 편했다.

① 철호 가족의 가슴 아픈 사연이 방송을 타면서 수많은 독지가들이 성금을 보내 왔다.
② 원숭이는 야자열매를 따기 위해 나무를 탔다.
③ 우리는 함양에서 출발하여 지리산 줄기를 타고 남원으로 내려가

14. 다음 글의 내용과 일치하지 않는 것은?

방송과 통신이 융합하고 유무선 인터넷이 발달하면서 새로운 미디어가 출현하고, 이는 콘텐츠의 형식과 내용에 있어서도 다양한 변화를 일으켰다. 이러한 변화는 미디어 환경과 콘텐츠의 제작기술이 디지털화하면서 더욱 가속화하는 양상을 보인다. 미디어와 콘텐츠의 디지털화는 기존 매스미디어의 일방적인 커뮤니케이션만이 아니라 콘텐츠 창작자 혹은 콘텐츠 제공자가 일반 대중과 쌍방향적으로 교류, 소통하게 하는 미디어 환경을 만들고, 이것은 새로운 형식의 콘텐츠들을 창조하고 발전시키는 기반이 되었다. 온라인게임, 디지털애니메이션, 캐릭터, 인터넷콘텐츠 등 새롭게 부각되고 있는 문화콘텐츠들이 이에 속하며, 기존의 영화, TV방송물의 문화콘텐츠들도 대중들의 즉각적이고 직접적인 반응과 평가에 의해 그 성패가 좌우되는 상황으로 바뀌고 있다. 이는 인터넷이 발달한 미디어 환경에서 대중이 직접적으로 창작자에게 의견을 개진하고 창작물에 대한 구체적인 평가를 내릴 수 있는 매체와 논의의 장이 무한히 확대되어 있기 때문이다. 한편에선 인터넷 등에서 인기를 얻은 일반 대중의 창작물들이 메이저 프로젝트로 발전하는 사례도 발생하고 있다.

① 기존의 문화콘텐츠들은 대중의 관심에서 멀어져 갔다.
② 미디어와 콘텐츠의 디지털화는 새로운 형식의 콘텐츠들을 만들어내는 데 기여하였다.
③ 온라인게임, 디지털애니메이션, 캐릭터 등은 새로운 형식의 콘텐츠들이다.
④ 방송과 통신이 융합하고 인터넷이 발달하면서 콘텐츠의 형식과 내용의 변화가 나타나게 되었다.
⑤ 콘텐츠 창작자와 대중이 쌍방향적으로 소통할 수 있는 환경이 만

려 하였다.

④ 꽃가루는 바람을 <u>타고</u> 이곳저곳으로 퍼진다.

⑤ 소매치기는 사람들이 복닥거리는 틈을 <u>타</u> 여자의 가방에서 지갑을 훔쳤다.

13. 다음 글에 <보기>의 문장을 첨가하고자 할 때 가장 알맞은 곳은?

> 세계화와 정보화로 대표되는 현대사회에서 사람들은 다양한 기호, 이미지, 상징들이 결합된 상품들의 홍수 속에서, 그리고 진실과 경계를 구분할 수 없는 정보와 이미지의 바다 속에서 살아가고 있다. ㉠ 이러한 사회적 조건들은 개인들의 정체성 형성에 커다란 변화를 가져다주었다. ㉡ 절약, 검소, 협동, 양보, 배려, 공생 등과 같은 전통적인 가치와 규범은 이제 쾌락, 소비, 개인적 만족과 같은 새로운 가치와 규범들로 대체되고 있다. ㉢ 그래서 개인적 경험의 장이 넓어지는 만큼 역설적으로 사람들 간의 공유된 경험과 의사소통의 가능성은 점차 줄어들고 있다. ㉣ 파편화된 경험 속에서 사람들이 세계에 대한 '인식적 지도'를 그리기란 더 이상 불가능해진 것이다. ㉤

< 보 기 >

> 개인들의 다양한 삶과 경험은 사고와 행위의 기준들을 다양화했으며, 이로 인해 전통적인 정체성은 해체되었다.

① ㉠ ② ㉡ ③ ㉢ ④ ㉣ ⑤ ㉤

들어졌다.

15. 다음 시조의 화자와 유사한 태도를 보이는 작품은?

> 十年을 經營ᄒᆞ여 草廬 三間 지여 내니
> 나 ᄒᆞᆫ 간 ᄃᆞᆯ ᄒᆞᆫ 간에 淸風 ᄒᆞᆫ 간 맛져 두고
> 江山은 들일 듸 업스니 둘러 두고 보리라

① 말 업슨 靑山이오 態 업슨 流水ㅣ로다
갑 업슨 淸風과 님자 업슨 明月이라
이 中에 病 업슨 내 몸이 分別 업시 늙그리라

② 菊花ᄂᆞᆫ 무슴 일노 三月春風 다 바리고
落木寒天에 네 홀노 푸엿ᄂᆞ다
아마도 傲霜孤節은 너ᄲᅮᆫ인가 ᄒᆞ노라

③ ᄆᆞ음이 어린 後ㅣ니 ᄒᆞᄂᆞᆫ 일이 다 어리다
萬重雲山에 어ᄂᆡ 님 오리마ᄂᆞᆫ
지ᄂᆞᆫ 닙 부ᄂᆞᆫ ᄇᆞ람에 행혀 귄가 ᄒᆞ노라

④ 간밤의 부던 ᄇᆞ람에 눈서리 치단 말가
落落長松이 다 기우러 가노미라
ᄒᆞ물며 못다 픤 곳이야 닐러 므슴 ᄒᆞ리오

⑤ 靑草 우거진 골에 자ᄂᆞᆫ다 누엇ᄂᆞᆫ다
紅顔을 어듸 두고 白骨만 무쳣ᄂᆞ니
盞 자바 勸ᄒᆞ리 업스니 그를 슬허ᄒᆞ노라

16. 다음 글을 소재로 하여 이끌어 낼 수 있는 주제로 가장 적절한 것은?

> 정(鄭)나라의 대부(大夫) 자산(子産)은 어진 재상으로 이름이 나 있었다. 그가 진수와 유수를 지나다가 백성들이 물을 건너느라고 고생하는 것을 보고 측은히 여겨 자기의 수레에 함께 타고 건너게 해주었다. 이는 백성을 사랑하는 어진 마음에서 비롯된 행동이었다. 그러나 맹자는 자산의 이야기를 듣고 다음과 같이 말하며 정치를 할 줄 모른다고 비판하였다. "자산은 은혜롭기는 하나 정치를 할 줄 모른다. 11월에 사람들이 건널 수 있는 작은 다리를 놓고, 12월에 수레가 지나 다닐 수 있는 큰 다리를 놓으면 백성들이 물을 건너는 데 근심하지 않게 될 것이다. 군자가 정치를 바르게만 한다면 길을 가면서 오가는 사람들을 좌우로 물리치고 다녀도 괜찮을 것이다. 어떻게 한 사람 한 사람을 건네줄 수 있겠는가. 그러므로 정치를 하는 사람이 사람마다 다 기쁘게 해주려고 한다면 날마다 그 일만 하여도 모자랄 것이다."
>
> 『맹자(孟子)』, 〈이루편(離婁篇) 下〉

① 정치인의 가장 중요한 자질은 국민을 사랑하는 마음이다.
② 정치인은 사사로운 인정에 이끌리면 안 된다.
③ 정치인이 모든 사람을 다 만족시킬 수는 없다.
④ 정치인은 근본적인 해결책을 강구하여야 한다.
⑤ 정치인은 작은 일부터 실천하려고 노력해야 한다.

17. 다음 글의 내용을 이해한 것으로 적절하지 않은 것은?

> 이생도 처연해져 한탄하기를 마지않으며 말했다.

① 두 사람의 비극적 사랑과 비애가 드러나 있다.
② 유교 사상에서 강조하는 덕목이 제시되어 있다.
③ 인물의 행적과 품성을 압축적으로 서술하고 있다.
④ 사건의 전개에 비현실적인 요소가 작용하고 있다.
⑤ 일련의 사건을 통해 주인공의 고독이 해소되고 있다.

18. 다음 글의 서술 전략으로 적절하지 않은 것은?

> '중독'을 의미하는 영어 단어 'addict'의 어원을 거슬러 올라가 보면, 어떤 다른 사람이나 물건에 '매달린' 또는 '속박된' 사람을 가리키는 단어였다. 그렇다면 사람들이 속박되어 있는 중독들-특히 화학적 중독으로 인해 사망하는 사람의 수는 매년 얼마나 될까?
>
> 니코틴은 고도로 중독성이 있는 물질이며 그것에 중독되는 것은 매우 위험하다. 흡연으로부터 야기되는 각종 질환에 의해 사망하는 미국인은 매년 50만 명에 달한다. 심지어 간접흡연으로부터 야기되는 질환에 의한 미국 내 사망자 수도 5만 명이나 된다.
>
> 알코올 역시 사람을 죽이는 데에 일가견이 있는 능숙한 킬러이다. 비록 알코올의 섭취에 일말의 장점이 있다고 평가되긴 하지만, 알코올 섭취로 인한 폐해는 이를 압도한다. 전 세계적으로 수천 명이 알코올 남용으로 야기된 질환으로 사망한다. 음주 운전으로 비롯된 교통사고 사망자의 수도 무시할 수 없다. 전 세계적으로는 매년 50만 명이 알코올 때문에 사망하며, 알코올 중독자의 수만도 100만 명 단위에 달한다. 이 외 다른 중독성 정신 변성 약물들(코카인, 헤로인, 아편 등등)의 전 세계적인 희생자 수는 매년 대략 100만

"차라리 낭자와 함께 구천에 갈지언정 어찌 하릴없이 홀로 남은 생을 보전하겠소? 지난번에 난을 겪은 뒤 친척과 종들이 각각 어지럽게 흩어지고 돌아가신 부모님의 해골은 어지러이 들판에 굴러다닐 때, 낭자가 아니었다면 누가 제사 지내고 묻어주었겠는가? 옛사람이 말하기를 '살아서는 예로써 섬기고 죽어서는 예로써 장사지낸다.'라고 했는데 낭자는 이를 모두 다 실천하였으니 천성이 효성스럽고 인정이 두터운 사람이오. 감격스러움은 한량없고 자괴감을 이길 수 없소. 인간 세상에 더 머물렀다 백 년 뒤에 함께 묻힙시다."

여자가 말했다.

"낭군님의 수명은 아직 남아 있지만 저는 이미 귀신 명부에 올라 있으니 더 오래 보지 못합니다. 만약 인간 세상에 연연해하면 명을 어기는 것이니 나에게 죄를 줄 뿐 아니라 그대에게도 누가 미칠 것입니다. 저의 유골이 아무 곳에 흩어져 있으니 은혜를 베풀어주시려거든 바람과 햇빛에 드러나지 않게 해주십시오."

서로 바라보며 눈물을 흘리다가 여자가 말했다.

"낭군님, 잘 계십시오."

말을 마치자 점점 사라지더니 자취가 없어졌다.
이생이 유골을 수습하여 부모님 묘 옆에 묻어주었다. 장례를 마치고 나서 이생 또한 그리움 때문에 병이 들어 몇 달 뒤에 죽었다. 이 말을 들은 사람들은 마음 아파하고 탄식하며 그 의리를 사모하지 않음이 없었다.

김시습, 「이생규장전」

명 이상 발생한다.

모든 중독은 대가를 치르게 마련이며, 그 대가는 상당히 높은 편이다. 이러한 대가를 야기하는 중독성 약물을 제조하고, 판매와 배포를 촉진하는 사람들은 양심에 커다란 부담을 져야만 마땅할 것이다.

① 통계자료를 활용하여 근거의 신빙성을 얻고 있다.
② 의인화를 통해 설명 대상의 위험성을 부각시키고 있다.
③ 단어의 어원을 밝힘으로써 독자의 흥미를 유발하고 있다.
④ 대상에 대한 서로 다른 관점들을 비교하여 분석하고 있다.
⑤ 스스로 묻고 답하는 방식을 통해 내용을 전개해 나가고 있다.

– 3 –

19. ㉠과 ㉡에 가장 알맞은 접속어는?

> 언어의 기능은 의사소통이다. 즉, 우리가 일상생활을 할 때 주위의 사람들과 의사소통을 하게 하는 것이 언어의 주요 기능이며, 실상 언어 발생의 동기와 목적이 의사소통의 필요성에 있었다고 볼 수 있다. 인류문화가 아주 원시적이었던 선사시대에는 단순한 의사소통만으로 언어가 그 기능을 다 발휘할 수 있었다. (㉠) 인간의 사회구조가 점점 더 복잡해지고 인류문화가 발달하면서, 눈앞에 보이는 청자와의 직접적인 의사소통뿐만 아니라, 화자의 음성이 미치지 못하는 거리나 시간에 처해 있는 보이지 않는 청자와 의사소통을 해야 할 필요성이 생기게 되었다. 부족국가가 형성되고, 정치체제가 성립되면서 지방행정관에게 명령을 전달할 필요성도 생겼고, 자기가 습득한 기술이나 지식을 후손에게 전해 주고 싶은 마음도 생겼고, 보이지 않는 독자를 위해 시나 소설을 짓고 싶은 마음도 생기기도 하였다. 전화도 녹음기도 비디오도 없었던 시절, 발성하자마자 한 리(里)도 못 가 자취 없이 사라져 버리는 음성은 간접적인 의사소통에는 전혀 부적당한 매개체였다. (㉡) 시간과 공간의 장애를 초월해서 의사를 전할 수 있는 언어의 매개체를 모색하였고, 그 결과 문자가 나오게 되었다.

	㉠		㉡
①	그런데	-	그리고
②	그러나	-	그리하여
③	그런데	-	하지만
④	그리고	-	그래서
⑤	그러나	-	그리고

20. 다음은 어떤 글에 관한 개요이다. ㉠, ㉡에 들어갈 내용으로 가장 적절한 것은?

> 주제 : 바람직한 노사관계
>
> Ⅰ. 서론 : (㉠)
> Ⅱ. 본론
> 1. 노사 분쟁의 원인
> (가) 노사 간의 이해 부족
> (나) 분배의 불공정성
> 2. 노사관계 정립을 위한 방안
> (가) 노사 간의 상호 신뢰 구축
> (나) 경영에 근로자의 참여 기회 부여
> (다) (㉡)
> Ⅲ. 결론 : 상호 이해와 공정한 분배에 바탕을 둔 노사관계의 정립

① ㉠ 노사관계의 의미
　㉡ 경영 성과에 따른 공정한 분배 보장
② ㉠ 바람직한 근로자상과 기업가상
　㉡ 사용자와 근로자의 신뢰 구축
③ ㉠ 기업의 활성화 방안
　㉡ 경영 결과에 따른 성과급 보장
④ ㉠ 기업의 활성화 방안
　㉡ 근로자의 사기 진작
⑤ ㉠ 노사관계와 기업의 윤리
　㉡ 근로자와 사용자의 책임 분담

영 어

1. 다음의 밑줄 친 부분과 의미가 가장 가까운 것을 고르면?

> He did not know the origin of my sufferings, and sought <u>erroneous</u> methods to remedy the incurable illness.

① terrible
② indistinguishable
③ nasty
④ awesome
⑤ incorrect

2. 다음의 밑줄 친 부분과 의미가 가장 가까운 것을 고르면?

> The development of modern government in England in general began with the Great Reform Act of 1832. The <u>impetus</u> for this act was provided by corrupt practices in the House of Commons, and by the massive increase in population occurring during the industrial revolution.

① motivation ② obstruction
③ responsibility ④ substitute

5. 다음 중 문법상 틀린 것을 고르면?

① Tomato was borrowed from Mexico and pajamas from India.
② Our sandwich was named after a man named Sandwich.
③ That magnificent five-centuries-old palace was constructed by the Korean.
④ Placed 100 yards apart are tall towers.
⑤ In the outback are huge sheep and cattle ranches called "stations."

6. 다음의 밑줄 친 부분 중 문법상 틀린 것을 고르면?

> The number of new employees ①<u>who requires</u> extensive ②<u>training</u> in customer service procedures ③<u>has declined</u> since the company ④<u>changed</u> employment ⑤<u>agencies</u>.

7. 다음 중 문법상 틀린 것을 고르면?

① Which candidate do you think likes oysters on the half-shell?
② How come you are so late?
③ There is a man in the garden, isn't there?
④ Is he suppose to be here right now?
⑤ Why was work on Mount Rushmore finally discontinued?

⑤ strategy

3. 다음의 밑줄 친 부분과 의미가 가장 가까운 것을 고르면?

> Companies say the main <u>hurdle</u> to explosive growth in the sphere of internet business is that only 40 million people in India are estimated to have access to the Internet.

① repercussion ② incentive
③ modernization ④ reason
⑤ impediment

4. 다음의 밑줄 친 부분에 들어갈 가장 적절한 표현을 고르면?

> Why ________ the trouble of purchasing a newspaper and getting your fingers dirty when you can set a Google news alert for news items on subjects that interest you?

① break off ② do away with
③ go through ④ put off
⑤ take over for

8. 다음 대화 중 내용상 가장 어색한 것을 고르면?

① A: Hello, I'm calling to speak to Mr. Hamilton.
B: Sorry, he is currently with a client.
② A: I should have listened to my husband.
B: Yes, you really need to be independent of him.
③ A: Let me give you a ride home.
B: Thanks, but I drove to work this morning.
④ A: Please make sure you meet the deadline this time.
B: No problem. I won't let you down.
⑤ A: You sure know how to attract the audience's attention.
B: I'm flattered you think so.

9. 다음 문장을 영어로 옮긴 것 중 가장 어색한 것을 고르면?

① 이상하게 들릴지 모르겠지만 그것은 사실이다.
-> Though it sounds strangely, it is quite true.

② 나는 아침에 일찍 일어나는 데 익숙하다.
-> I am used to getting up early in the morning.

③ 그녀가 울음을 터뜨린다고 해서 놀라지 마십시오.
-> Don't be surprised even if she suddenly bursts into tears.

④ 그에게 부족한 것이 없다.
-> He lacks for nothing.

⑤ 그것을 누가했든, 그것이 무엇이든지 간에 별로 상관없다.
-> It matters little who did it or what it was.

10. 다음의 대화 중 남자의 말이 의미하는 바와 가장 가까운 것을 고르면?

> 여자 : I have yet to see your new baby.
> 남자 : She seems to grow an inch a day.

① The baby is very small.
② The baby is an inch tall.
③ The baby is growing quickly.
④ The baby is a day old.
⑤ The baby sees him every day.

13. 다음의 밑줄 친 (A)와 (B)에 들어갈 가장 적절한 표현을 고르면?

> Households can reduce water use substantially by simple actions such as (A)____ more efficient appliances and (B)____ day-to-day habits involving water consumption.

	(A)		(B)
①	regulating	-	undoing
②	installing	-	changing
③	powering	-	startling
④	operating	-	inducing
⑤	controlling	-	billowing

14. 다음의 밑줄 친 (A)와 (B)에 들어갈 가장 적절한 표현을 고르면?

> James got four letters. One was from his father. (A)___ one was from his brother. (B)____ letters were from his friend.

	(A)		(B)
①	Another	-	Other
②	Another	-	The other
③	The other	-	Another
④	The other	-	Other
⑤	Other	-	The other

11. 다음의 밑줄 친 부분에 들어갈 가장 적절한 표현을 고르면?

Josh hasn't begun working on his today's assignment ______working on his yesterday's.

① yet because he is still
② still because he is yet
③ yet as a result he is still
④ still as a result he is yet
⑤ already however he is yet

12. 다음의 밑줄 친 부분에 들어갈 가장 적절한 표현을 고르면?

The notion is fairly common that there is a fundamental conflict between science and religion. Many outstanding scientists, however, are profoundly religious and take an active part in church work. They do not feel their science and their religion are ________.

① serious matters of importance
② in good terms with each other
③ in contradiction
④ profoundly rich
⑤ inseparable

15. 다음의 밑줄 친 (A)와 (B)에 들어갈 가장 적절한 표현을 고르면?

The secretive workings of the Communist Party of China (CPC), founded in 1921, continue to fascinate the outside world even as capitalism has set down roots in Chinese soil. Inspired by the Russian Revolution in 1917 and based on the ideology of Marxism-Leninism, to this day the CPC brooks no political competition in spite of economic reforms which have China positioned as a leading world economy. The party exercises control over its members through the principle of "democratic centralism," which makes each member (A) ______ to the party organization. It has a (B) _____ structure resting on millions of local-level party organizations across the country and reaching all the way up to the highest decision-making bodies in Beijing.

	(A)		(B)
①	inferior	-	flexible
②	superordinate	-	pyramid
③	subject	-	flat
④	subordinate	-	hierarchical
⑤	attendant	-	skeletal

16. 다음의 밑줄 친 부분에 들어갈 가장 적절한 표현을 고르면?

The subjects of an intelligence test are told to do their tasks within a certain time, their results are marked, and the result of each is compared with a scale indicating what may be expected of children of the same age, i.e. what marks are expected of the relatively few bright ones, what marks are expected of the few dull ones, and what marks are expected of the bulk of the population with whom the comparison is being made. That is, the assessment of the intelligence of any subjects is essentially a(n) _____ affair.

① absolute
② troublesome
③ vague
④ contradictory
⑤ comparative

17. 다음 글의 내용과 일치하는 것을 고르면?

Indeed science is a good thing, but it is not an end in itself; it is a means toward an end and that end is human improvement. As scientists keep insisting, there is neither good nor bad in any scientific discovery; it is the use to which it is put which makes it beneficial or dangerous; and the decision does not lie with the scientists themselves but with society.

① The ultimate goal of scientists is to prove that the scientific research is complete.

18. 다음 글의 내용과 일치하는 것을 고르면?

The food industry is targeting more and more fatty, sugary food at children. Children are not being given proper guidelines by their parents. The marketing company does brilliant, very witty, very sophisticated advertisements to children. And the net effect is a rapid change in food culture. But it's this kind of culture that European lawmakers are eager to reform. European food manufacturers and retailers have been given one year to stop advertising junk food to children and improve labeling. If they don't, then new legislation could force them to comply. Some manufacturers aren't waiting for legal action. Kraft Food announced a change in global policy earlier this month. It will stop marketing products like its Oreo cookies to children from now on.

① Food manufacturers have been given one year to make more nutritious food.
② Kraft company decided to sell Oreo cookies with no marketing.
③ The advertisements of the marketing company are pretty much conventional.
④ All European food manufacturers are waiting for legal action.
⑤ Kraft company decided to take legal actions against European lawmakers.

19. 다음의 밑줄 친 부분에 들어갈 가장 적절한 문장을 고르면?

② Scientists are legally responsible for bringing human improvement.

③ Scientists determine the degree to which the scientific experiment is beneficial or harmful for human beings.

④ Scientists are those who decide whether science itself is good or bad.

⑤ Science can be a means of achieving the advancement of human beings.

Lobster hasn't always been a high-end product. In Colonial New England, it was a low-class food, in part because it was so abundant: servants, as a condition of their employment, insisted on not being fed lobster more than three times a week. In the nineteenth century, it became generally popular, but then, as overharvesting depleted supplies, it got to be associated with the wealthy (who could afford it). In the process, high prices became an important part of lobster's image. And, as with many luxury goods, expense is closely linked to enjoyment. Studies have shown that people prefer inexpensive wines in blind taste tests, but that they actually get more pleasure from drinking wine they are told is expensive. ______________________.

① If lobster were abundant everywhere, we would enjoy it more.

② The less lobster gets available, the higher its price would go.

③ If lobster went cheaper, restaurants would cut its price down.

④ If lobster were as cheap as chicken, we might enjoy it less.

⑤ People are not usually very sensitive to lobster's price.

20. 다음의 밑줄 친 부분에 들어갈 가장 적절한 문장을 고르면?

Dreams come from the part of the brain that contains memories, thoughts, and emotions. You dream during a stage of sleep called REM. You can have up to six dreams a night, and each dream usually lasts from 10 to 40 minutes. Whether or not people remember dreams depends on the individual. Some people remember many of their dreams while others do not. Alan Siegel, who studies dreams, has kept asking, "__________" He says, "Dreams help us get in touch with our deeper feelings. They can tell us a lot about ourselves, and may even help us figure out problems."

① Why do we never dream the same dream again?

② Are dreams easy to understand?

③ How long do we dream during our life?

④ What do our dreams mean?

⑤ Why are we not interested in dreams?

한 국 사

1. 다음 중 유네스코가 선정한 세계유산에 대한 설명으로 옳지 않은 것은?

① 석굴암은 통일신라시대에 조성된 석굴사원이다.
② 창덕궁은 조선시대 궁궐의 양식을 잘 보존하고 있다.
③ 남한산성은 축성기술의 발달 단계를 보여준다.
④ 무령왕릉은 벽돌무덤으로 중국 남조의 영향을 받았다.
⑤ 해인사 장경판전은 고려인의 호국염원이 담긴 팔만대장경을 보관하고 있다.

2. 다음에서 설명하고 있는 밑줄 친 '이 시기'의 생활상으로 옳은 것은?

> <u>이 시기</u>에는 뼈바늘을 비롯하여 실을 뽑는 도구인 가락바퀴도 발견되어, 옷을 만들어 입었음을 알 수 있다.

① 긁개와 밀개 등을 이용하여 동물을 사냥하였다.
② 거대한 무덤인 고인돌을 조성하였다.
③ 동굴이나 막집 등에서 생활하였다.
④ 농경을 시작하고 생산된 식량을 저장하기도 하였다.

5. 고구려의 중국에 대한 투쟁을 옳게 설명한 것은?

① 양만춘은 수나라의 별동대를 안시성에서 격퇴하였다.
② 수 양제의 침략에 대비하기 위해 천리장성을 축조하였다.
③ 고구려가 요서 지역을 선제 공격해 수나라를 견제하였다.
④ 연개소문은 당과 우호관계를 유지하였다.
⑤ 을지문덕은 당 태종에 의한 2차 침입 때 살수대첩으로 막아냈다.

6. 고려시대 토지제도인 전시과에 관한 설명 중 옳은 것은?

① 시정전시과는 토지의 수조권을 지급한 것이 아니고, 소유권을 지급한 것이다.
② 목종대에는 인품을 반영하여 18과로 세분하여 토지를 지급하였다.
③ 무신정변 이후 전시과 체제의 문란이 심화되었다.
④ 문종대에는 관료에게 지급할 토지가 부족하여 현직 관료에게 경기 지역의 토지를 지급하였다.
⑤ 왕실에는 공해전, 중앙과 지방의 관청에는 내장전을 지급하여 경비에 충당케 하였다.

7. 다음에서 설명하고 있는 불교 사상과 관련이 있는 것은?

> ○ 아미타 신앙을 바탕으로 불교를 널리 전파하는 데 앞장섰다.
> ○ 불교 경전을 폭넓게 이해하여 『대승기신론소』와 『금강삼매경론』을 저술하였다.

① 의상-화엄 사상

⑤ 계급이 등장하여 지배와 피지배 관계가 형성되었다.

3. 다음 중 위만조선에 대한 설명으로 옳지 않은 것은?

① 위만은 왕이 된 후 고조선의 준왕을 한왕(韓王)으로 책봉하였다.
② 위만은 고조선에 망명해 올 때 상투를 틀고 왔다.
③ 위만은 정권을 잡은 후에도 고조선의 전통을 계승하였다.
④ 위만은 동방의 예, 남방의 진이 한(漢)과 교역할 때 중계무역을 펼쳤다.
⑤ 위만은 왕위에 오른 후에도 조선이라는 이름을 그대로 사용하였다.

4. 발해에 대한 설명으로 옳지 않은 것은?

① 부여의 옛땅을 중심으로 건국하였다.
② 일본에 보낸 국서에 고려국왕이라는 명칭을 사용하기도 하였다.
③ 북으로는 돌궐, 남으로는 일본과 통교하였다.
④ 초기에는 당과 대립하였으나 문왕(文王)대에 이르러 국교를 수립하였다.
⑤ 10세기 초반 여진족의 침입으로 멸망하였다.

② 원효-정토 사상
③ 원측-유식 사상
④ 혜초-왕오천축국전
⑤ 진표-법상종 사상

8. <보기>는 한국 근대 독립운동가의 저술에서 인용한 글이다. 이 글을 쓴 인물에 대한 설명으로 옳지 않은 것은?

> <보기>
> 역사란 무엇이뇨? 인류사회의 '아(我)'와 '비아(非我)'의 투쟁이 시간부터 발전하며 공간부터 확대하는 심적 활동의 상태의 기록이니, 세계사라 하면 세계 인류의 그리 되어 온 상태의 기록이며, 조선사라면 조선 민족의 그리 되어 온 상태의 기록이니라. 무엇을 '아'라 하며 무엇을 '비아'라 하느뇨? 깊이 팔 것 없이 얕게 말하자면, 무릇 주관적 위치에 선 자를 아라 하고 그 외에는 비아라 하나니...

① 『황성신문』과 『대한매일신보』 등에서 언론활동을 하였다.
② 양기탁·이동녕 등과 함께 항일비밀결사인 신민회 활동에 참여하였다.
③ 국민대표회의에 창조파의 일원으로 참여하였다.
④ 『한국통사』와 『한국독립운동지혈사』 등을 저술하여 일제의 침략을 비판하고 민족정신을 고양하였다.
⑤ 타협주의를 배격하고, 의열단의 선언인 「조선혁명선언」을 작성하였다.

9. 조선 후기에 일어난 사회 변화로 옳지 않은 것은?

① 향·소·부곡의 소멸
② 농민층의 분화
③ 관노비의 해방
④ 중인 세력의 성장
⑤ 양반 호구의 증가

10. <보기>에 그 일부를 인용한 장편 서사시에 대하여 올바르게 설명한 것은?

> <보기>
>
> 동명왕의 본기를 보니 그 신비한 사적이 세상에서 이야기하는 것보다 더했다. 처음에는 믿지 못하고 귀신이나 환상 이야기로 여겼는데, 반복하여 읽어서 그 근원에 들어가니, 환상과 귀신이 아니고 신성한 것이었다. … 나라를 창시한 신기한 사적이니, 이것을 기술하지 않으면 후세 사람들이 앞으로 무엇을 보고 알 것인가? 그러므로 시를 지어 기록하여 우리나라가 본래 성인(聖人)의 나라라는 것을 천하에 알리려고 한다.

① 조선 후기에 실학자가 민족적 자각의식을 바탕으로 쓴 작품이다.
② 고구려의 발전 과정에서 왕실의 권위를 높이고 충성심을 고취할 목적으로 썼다.
③ 대몽항전기에 역사 전통을 내세워 항전의식을 고취할 목적으로 썼다.

12. 묘청의 난에 대한 설명 중 옳지 않은 것은?

① 귀족사회 내부의 족벌과 지역세력 간의 대립 양상이었다.
② 풍수사상 등 전통사상과 유학사상의 대립적 성격을 띠었다.
③ 묘청은 거란의 압력에 대항하며 칭제건원(稱帝建元)을 주장하였다.
④ 민족주의 사학자 신채호는 묘청 세력의 자주적 성격을 높이 평가하였다.
⑤ 난의 결과 서경파(西京派)가 몰락하고 서경의 분사(分司)제도가 폐지되었다.

13. 고려 광종의 정책과 가장 거리가 먼 것은?

① 노비안검법 실시
② 과거제 실시
③ 황제로 자칭하고 독자 연호를 사용
④ 법안종(法眼宗) 중심으로 교단 통합 시도
⑤ 호족과 결탁하여 문신귀족 탄압

14. 다음 지문과 관련된 단체에 대한 설명으로 옳은 것은?

> 우리는 운동상 실천으로부터 배운 것이 있으니 우리가 실제로 우리 자체를 위해, 우리 사회를 위해 분투하려면 우선 조선 자매 전체의 역량을 공고히 단결하여 운동을 전반적으로 전개해야 하는 것이다. 일어나라! 오너라! 단결하자! 분투하자! 조선의 자매들아! 미래는 우리의 것이다.

④ 조선 초기에 새 왕조의 정통성에 대한 명분을 밝힐 목적으로 썼다.

⑤ 무신집권기의 사회 혼란 속에서 고려의 역사 전통을 고취할 목적으로 썼다.

11. 밑줄 친 '내'가 추진한 정책으로 옳은 것은?

> 상왕이 나이가 어려 무릇 조치하는 바를 모두 의정부 대신에게 논의하게 하였다. 지금 내가 왕통을 계승하여 국가의 모든 일을 처리하며 우리나라의 옛 제도를 복구하고자 한다. 지금부터 형조의 사형수를 제외한 모든 서무는 6조가 각각 그 직무를 담당하여 직계한다.

① 영정법을 시행하고, 호패법을 시행하여 호구 파악에 힘썼다.

② 4군 6진을 개척하고 쓰시마 섬을 정벌하였다.

③ 홍문관을 설치하고 『경국대전』을 반포하였다.

④ 경연을 폐지하고 직전법을 실시하였다.

⑤ 역법서인 『칠정산』을 간행하고 『농사직설』을 편찬하였다.

① 여성의 지위 향상과 생활 개선 등을 행동강령으로 삼았다.

② 평양에서 자기회사, 대구에서 태극서관을 운영하였다.

③ 청년학생들이 농민을 대상으로 사회계몽활동을 전개하였다.

④ 백정들이 신분차별 타파를 위한 사회운동을 전개하였다.

⑤ 일제와 타협하여 자치권과 참정권을 획득하자고 주장하였다.

15. 대동법에 대하여 올바르게 설명한 것은?

① 광해군대에 이원익이 주도하여 전국적으로 시행하였다.

② 방납의 폐단을 시정하기 위해 공물 대신 쌀로 납입하게 하였다.

③ 군역의 폐단을 막기 위해 군포를 1필로 경감하였다.

④ 대동법으로 인해 농민의 부담이 크게 늘었다.

⑤ 균역청에서 관장하다가 호조로 이관되었다.

16. 고려의 대외 관계 가운데 거란(요)과 관련된 것은?

(가) 서희의 강동6주 획득	(나) 강감찬의 귀주대첩
(다) 윤관의 별무반 설치	(라) 천리장성 축조
(마) 동북 9성 축조	(바) 김윤후의 처인성 전투

① (가)-(나)-(다)　② (가)-(나)-(라)

③ (나)-(다)-(라)　④ (나)-(다)-(마)

⑤ (다)-(마)-(바)

17. 다음의 사건이 발생한 순서대로 올바르게 배열된 것을 고르시오.

가. 봉오동 전투
나. 자유시 참변
다. 정의부 조직
라. 통의부 조직

① 가 - 나 - 다 - 라
② 가 - 나 - 라 - 다
③ 가 - 라 - 나 - 다
④ 나 - 다 - 라 - 가
⑤ 나 - 라 - 다 - 가

18. 조선 후기 농촌사회의 양상과 관계 없는 것은?

① 상업적 농업의 보급
② 수리시설의 발달
③ 직파법(直播法)에서 이앙법(移秧法)으로 변화
④ 도조제(賭租制)에서 타조제(打租制)로 변화
⑤ 광작(廣作)의 성행

19. 다음의 사건을 시대순으로 올바르게 배열한 것은?

㉠ 대한민국 정부가 수립되었다.
㉡ 일제 잔재를 청산하기 위해 반민족행위특별조사위원회가 구성되었다.

20. 독도에 대한 설명 중 옳지 않은 것은?

① 일제는 청일전쟁 중 독도를 시네마현에 편입시켜 일본의 영토로 만들었다.
② 『삼국사기』에 의하면 신라 지증왕 때 이사부가 우산국을 정벌하여 울릉도와 독도를 우리 영토로 편입하였다.
③ 대한제국기 울릉도를 울도군으로 승격시키고 관할구역으로 석도(독도)를 규정하였다.
④ 조선 숙종대 안용복은 일본으로 가서 울릉도와 독도가 우리의 영토임을 확인받았다.
⑤ 『고려사』에는 우산국에서 고려 정부에 토산물을 바친 기록이 수록되어 있다.

ⓒ 자유당의 독재와 부정선거를 규탄하는 대규모 시위가 일어났다.

ⓓ 남과 북은 7·4남북공동성명서에서 자주·평화·민족대단결의 통일 원칙에 합의하였다.

ⓔ 10월유신을 단행하여 대통령에게 강력한 통치권을 부여하였다.

ⓕ 한국군이 베트남전에 참전하였다.

① ㉠ - ㉡ - ㉥ - ㉢ - ㉣ - ㉤
② ㉠ - ㉡ - ㉢ - ㉥ - ㉤ - ㉣
③ ㉠ - ㉡ - ㉢ - ㉥ - ㉣ - ㉤
④ ㉡ - ㉠ - ㉢ - ㉤ - ㉥ - ㉣
⑤ ㉡ - ㉠ - ㉢ - ㉥ - ㉤ - ㉣

헌 법

1. 헌법의 제정과 개정에 대한 설명으로 옳지 않은 것은?

① 불문헌법국가에서는 헌법의 변천이 불가능하다.

② 현행 헌법상 헌법개정안을 국회에서 수정의결할 수 없다.

③ 헌법변천이란 헌법이 예정한 헌법개정절차와 방법에 의하지 아니하고 헌법규범을 달리 적용함으로써 헌법의 의미와 내용에 실질적인 변화를 초래하게 되는 것을 말한다.

④ 헌법개정한계설에 의하면 헌법제정규범(상위규범)과 헌법개정규범(하위규범)은 구별된다.

⑤ 현행 헌법상 대통령의 임기연장 또는 중임변경을 위한 헌법개정은 허용되지만, 제안 당시의 대통령에게는 그 효력이 미치지 아니한다.

2. 대한민국 헌정사에 대한 설명 중 옳지 않은 것은?

① 1948년 제헌헌법은 기본적으로 대통령제를 채택하였으나 국무총리를 두고 국무원을 의결기관으로 하였으며, 단원제국회와 사기업 근로자의 이익분배균점권을 인정하였다.

② 발췌개헌이라고 불리는 제1차 헌법개정에서 양원제국회가 최초로 규정되었다.

③ 1960년 제3차 개헌에 따라 윤보선 대통령은 국민의 직접선거가 아니라 양원합동회의에서 간선되었다.

4. 신뢰보호의 원칙에 관하여 옳은 것을 모두 고르시오.(다툼이 있는 경우 판례에 의함)

ㄱ. 「택지소유상한에관한법률」 시행 이전부터 택지를 소유하고 있는 개인에 대하여 택지를 소유하게 된 경위나 그 목적 여하에 관계없이 일률적으로 소유상한을 적용토록 한 것은 신뢰보호의 원칙에 위배된다.

ㄴ. 5년의 경과규정을 두었더라도 법령시행일 이전에 적법하게 설치된 기존의 노래연습장 시설을 이전 또는 폐쇄하도록 규정한 것은 신뢰보호의 원칙에 위배된다.

ㄷ. 공무원 임용 당시에는 연령정년에 관한 규정만 있었는데 사후에 계급정년규정을 신설하여 이를 소급적용하였더라도 헌법에 위배되지 않는다.

ㄹ. 의료기관시설의 일부를 변경하여 약국을 개설하는 것을 금지하는 조항을 신설하면서, 이에 해당하는 기존 약국 영업을 개정법 시행일로부터 1년까지만 허용하고 유예기간 경과 후에는 약국을 폐쇄하도록 한 약사법 부칙조항은 기존 약국개설등록자의 직업행사의 자유를 침해하는 것이다.

ㅁ. 세무당국에 사업자등록을 하고 운전교습에 종사해 왔음에도 불구하고, 자동차운전학원으로 등록한 경우에만 자동차 운전교습을 영위할 수 있도록 법률을 개정하는 것은 관련자들의 정당한 신뢰를 침해하는 것이 아니다.

ㅂ. 공무원보수 인상률 방식에 의하여 공무원연금액을 조정하던 것을 전국 소비자 물가변동률을 기준으로 하여 연금액을 조정한 공무원연금법은 신뢰보호의 원칙에 위배된다.

① ㄱ, ㄴ, ㄷ

② ㄱ, ㄷ, ㅁ

③ ㄱ, ㄹ, ㅁ

④ ㄴ, ㄹ, ㅂ

④ 유신헌법하에서의 헌법개정안은 대통령 또는 국회재적의원 과반수의 발의로 제안되어 국민투표로 확정되었다.

⑤ 1987년 제9차 개헌에서는 재외국민보호의무를 신설하고 대법관 임명에 국회 동의를 요하도록 하였으며, 형사보상청구권을 피의자까지 확대 인정하였다.

3. 영토조항과 통일조항에 대한 설명 중 옳지 않은 것은? (다툼이 있는 경우 판례에 의함)

① 헌법상 통일조항으로부터 국민 개개인의 통일에 대한 기본권, 특히 국가기관에 대하여 통일을 위한 일정한 행동을 요구할 수 있는 권리가 도출되는 것은 아니다.

② 국민의 개별적 기본권이 아니라 할지라도 기본권보장의 실질화를 위하여는, 영토조항만을 근거로 하여 독자적으로 헌법소원을 청구할 수 있다.

③ 남북관계는 나라와 나라 사이의 관계가 아닌 통일을 지향하는 과정에서 잠정적으로 형성되는 특수관계이다.

④ 1992년 2월 19일 발효된 「남북사이의 화해와 불가침 및 교류 협력에 관한 합의서」는 남북한 당국간에 체결·발효된 합의문서에 불과하여 국가간의 조약에 준하는 것으로 볼 수 없다.

⑤ 북한법의 규정에 따라 북한국적을 취득하여 중국 주재 북한대사관으로부터 북한의 해외공민증을 발급받은 자라 하더라도, 그가 대한민국국적을 취득하고 이를 유지함에 있어 아무런 영향이 없다.

⑤ ㄷ, ㅁ, ㅂ

5. 표현의 자유와 언론·출판의 자유에 대한 설명 중 옳지 않은 것은? (다툼이 있는 경우 판례에 의함)

① 사법부가 사법절차에 의하여 심리·결정하는 방영금지가처분은 헌법에서 금지하는 사전검열에 해당하지 않는다.

② 교과서의 국정 또는 검·인정제도는 허가의 성질보다 특허의 성질을 갖는 것이므로 국가가 재량권을 갖는 것은 당연하다.

③ 외국비디오물을 수입할 때 영상물등급위원회의 추천을 받도록 한 것은 헌법에 위반된다.

④ 옥외광고물의 경우에도 그 종류, 외형, 설치뿐만 아니라 그 내용을 심사·선별하게 되면 사전허가·검열에 해당한다.

⑤ 행정기관인 청소년보호위원회 및 각 심의기관에 '청소년유해매체물'의 결정권한을 부여하는 것은 법관에 의한 재판을 받을 권리를 침해하는 것이다.

6. 입법절차에 관한 다음 설명 중 옳은 것은?

① 법률안은 20인 이상의 국회의원 또는 정부가 제출할 수 있다.
② 제출된 법률안은 소관 상임위원회와 법제사법위원회의 심사・의결을 거쳐 본회의에 회부된다.
③ 본회의의 안건심사에 있어서 위원회의 심사를 거치지 아니한 안건은 제안자가 취지 설명을 하고 의결로써 질의와 토론 또는 그 중의 하나를 생략할 수 있다.
④ 본회의에서 의결되어 정부에 이송된 법률안에 대해 대통령은 10일 이내에 재의요구권을 행사할 수 있다.
⑤ 대통령이 재의요구한 법률안은 국회에서 재적의원 과반수의 발의와 재적의원 3분의 2의 찬성으로 재의결함으로써 법률로 확정될 수 있다.

7. 죄형법정주의에 대한 설명 중 옳은 것은? (다툼이 있는 경우 판례에 의함)

① 죄형법정주의는 형벌조항을 신설할 때에 한해서 적용된다.
② 특별한 경우에는 관습법에 의해 처벌할 수 있다.
③ 모든 국민은 행위시의 법률에 의하여 범죄를 구성하지 아니하는 행위로 소추되지 아니한다.
④ 보호감호처분과 형벌의 부과는 이중처벌금지의 원칙에 반하므로 위헌이다.
⑤ 누범이나 상습범에 대한 가중처벌은 일사부재리의 원칙에 위반된다.

9. 국가배상청구권에 대한 설명 중 옳지 않은 것은?

① 국가배상청구권은 공무원의 국민에 대한 책임을 담보하고 법치국가의 원리를 구현하기 위하여 인정된 청구권적 기본권의 하나이다.
② 군무원이 직무집행과 관련하여 받은 손해에 대하여는 법률이 정하는 보상 외에 국가 또는 공공단체에 공무원의 직무상 불법행위로 인한 배상은 청구할 수 없다.
③ 헌법재판소는 국가배상청구권을 재산권과 청구권의 양 성격을 갖는 것으로 본다.
④ 국가배상청구권의 성립요건으로서 '공무원의 불법행위'에서 말하는 공무원에는 국가공무원과 지방공무원이 모두 포함되나, 공무를 위탁받아 실질적으로 공무를 수행하는 자는 포함되지 아니한다.
⑤ 현행 국가배상법에서는 당사자가 배상심의회에 배상신청을 하여 그 결과에 불복할 경우 소송을 제기할 수도 있고, 배상심의회를 거치지 아니하고 바로 법원에 소송을 제기할 수도 있다.

10. 상임위원회와 소관사항의 연결 중 옳지 않은 것은?

① 국회운영위원회 - 대통령경호실 소관에 속하는 사항
② 정무위원회 - 국민권익위원회 소관에 속하는 사항
③ 기획재정위원회 - 금융위원회 소관에 속하는 사항
④ 미래창조과학방송통신위원회 - 원자력안전위원회 소관에 속하는 사항
⑤ 정보위원회 - 국가정보원 소관에 속하는 사항

8. 교육을 받을 권리에 관한 우리 헌법재판소의 결정과 다른 것은? (다툼이 있는 경우 판례에 의함)

① 헌법 제31조 제6항이 규정하고 있는 교원지위법정주의는 교원의 권리 혹은 지위의 보장에 관한 것만이 아니라 교원의 기본권 제한의 근거규정이 되기도 한다.

② 교원의 노동권, 노동조합 등에 관하여는 헌법 제31조 제6항의 교원지위법정주의 조항이 헌법 제33조의 노동3권 조항보다 우선하여 적용된다.

③ 부모의 자녀교육권은 부모의 자기결정권에 근거하는 것이 아니라 자녀의 보호와 인격발현을 위하여 부여되는 것이므로, 부모의 자녀교육권의 행사가 자녀의 행복을 추구하는 것에 합치하지 아니하는 경우에는 국가가 이를 제한할 수 있다.

④ 「구 지방교육자치에관한법률」에서 국·공립 초·중등학교의 경우 학교운영위원회의 설치를 의무화하면서 사립학교의 경우에는 그 설치를 임의적인 것으로 규정한 것은 학부모에게 헌법상 보장된 교육참여권과 평등권을 침해하는 것은 아니다.

⑤ 입법자가 사립 초·중·고교에도 학교운영위원회 구성을 의무화하도록 한 법률개정은 사립학교의 자율성을 침해하는 것이다.

11. 예산에 대한 설명으로 옳은 것은?

① 정부는 회계연도마다 예산안을 편성하여 회계연도 개시 120일 전까지 국회에 제출하고, 국회는 회계연도 개시 30일 전까지 이를 의결하여야 한다.

② 한 회계연도를 넘어 계속하여 지출할 필요가 있을 때에는 정부는 연한을 정하여 준예산으로서 국회의 의결을 얻어야 한다.

③ 예비비는 총액으로 국회의 의결을 얻어야 하며, 예비비의 지출은 차기국회의 승인을 얻어야 한다.

④ 정부는 대내외 여건에 중대한 변화가 발생할 우려가 있는 긴급한 경우에는 국회에서 추가경정예산안이 확정되기 전이라도 이를 배정하거나 집행할 수 있다.

⑤ 국회는 정부의 동의 없이도 정부가 제출한 지출예산 각 항의 금액을 증가하거나 새 비목을 설치할 수 있다.

12. 집회 · 시위의 자유에 관한 내용으로 옳지 않은 것은? (다툼이 있는 경우 판례에 의함)

① 우리 헌법상 보호되는 집회의 자유는 오로지 '평화적' 또는 '비폭력적' 집회에 한정되고, 폭력을 사용한 집회는 보호되지 않는다.

② 야간시위를 금지한 것은 사회의 안녕질서를 유지하고 시위참가자 등의 안전과 제3자인 시민들의 주거 및 사생활의 평온을 보호하기 위한 것으로 정당한 목적 달성을 위한 적합한 수단이다.

③ '해가 뜨기 전이나 해가 진 후'라는 광범위하고 가변적인 시간대는 '야간'이라는 특징이나 차별성이 명백하게 존재한다고 할 수 없고, 그러한 광범위하고 가변적인 시간대의 시위를 금지하는 것은 목적 달성을 위해 필요한 정도를 넘는 지나친 제한이다.

④ 옥외집회, 시위에 대한 사전신고 이후 기재사항의 보완, 금지통고 및 이의절차 등을 원활하게 진행하기 위하여 늦어도 집회가 개최되기 48시간 전까지 사전신고를 하도록 규정한 것은 지나친 기본권 제한이다.

⑤ 국내에 주재하는 외국의 외교기관으로부터 100m 내의 모든 집회를 예외없이 일률적으로 금지한 것은 위헌이지만, 국회의사당으로부터 100m 내의 모든 집회금지는 합헌적인 규제이다.

13. 기본권의 주체에 관한 설명 중 옳지 않은 것은? (다툼이 있는 경우 판례에 의함)

① 기본권 주체로서의 법적 지위는 헌법소원에 의해 권리를 구제받을 수 있는지를 판단하는 기준의 하나가 된다.

② 정당은 선거에서 차별대우를 받은 경우 평등권의 주체로서 헌법소원심판을 청구할 수 있다.

③ 공법인은 원칙적으로 '기본권 수범자'일 뿐 '기본권 주체'는 아니

15. 기본권의 경합과 충돌에 대한 설명 중 옳지 않은 것은? (다툼이 있는 경우 판례에 의함)

① 기본권의 경합은 동일한 기본권 주체가 동시에 여러 기본권의 적용을 주장하는 경우에 발생하는 문제이다.

② 기본권의 충돌은 상이한 기본권 주체가 서로 대립되는 기본권의 적용을 주장할 때 발생하는 문제이다.

③ 조각가가 공사현장에서 대리석을 절취한 행위는 재산권과 예술의 자유의 충돌로 인정할 수 없다.

④ 예술적 표현수단을 사용하여 상업적 광고를 하는 경우 영업의 자유, 예술의 자유 등 복합적인 기본권 충돌의 문제가 발생한다.

⑤ 흡연권은 사생활의 자유를 실질적 핵으로 하는 것이고, 혐연권은 사생활의 자유뿐만 아니라 생명권에까지 연결되는 것이므로 혐연권이 흡연권보다 상위의 기본권이다.

16. 직업의 자유에 대한 제한 중 헌법에 위반되는 것은? (다툼이 있는 경우 판례에 의함)

① PC방 전체를 2년의 유예기간이 지난 뒤 전면금연구역으로 운영하도록 규제하는 것

② 자동차운전전문학원을 졸업하고 운전면허를 받은 사람 중 교통사고를 일으킨 비율이 대통령령이 정한 비율을 초과하는 경우 운전전문학원의 등록을 취소하거나 운영정지를 할 수 있도록 규정한 것

③ 외국인을 대상으로 하는 카지노 신규사업의 허가대상기관을 한국관광공사로 한정한 것

④ 청원경찰이 법원에서 자격정지의 형을 선고받은 경우 국가공무원법을 준용하여 당연퇴직하도록 한 것

지만, 예외적인 경우에 기본권 주체성이 인정될 수 있다.

④ 법인은 사단법인 · 재단법인 또는 영리법인 · 비영리법인을 가리지 아니하고 일정한 한계 내에서 헌법상 보장된 기본권이 침해되었음을 이유로 헌법소원심판을 청구할 수 있다.

⑤ 초기배아도 헌법상 생명권의 주체가 된다.

14. 대통령의 사면권에 관한 설명 중 옳지 않은 것은? (다툼이 있는 경우 판례에 의함)

① 법무부장관이 대통령에게 특별사면을 상신할 때에는 사면심사위원회의 사전심사를 거쳐야 한다.

② 일반사면은 일정한 종류의 범죄를 지은 자를 대상으로 형의 선고의 효력을 상실케 하거나 공소권을 소멸시키는 것이다.

③ 형의 집행을 종료하지 않았거나 집행의 면제를 받지 않은 경우에도 복권이 가능하다.

④ 일반사면은 국회의 동의를 얻어 대통령이 행한다.

⑤ 사면에는 일반사면과 특별사면이 있으며 모두 국무회의의 심의사항이다.

⑤ 무면허운전으로 벌금 이상의 형을 선고받은 자에게 2년 동안 운전면허를 취득할 수 없도록 하는 것

17. 대통령의 국가긴급권에 대한 설명 중 옳지 않은 것은?

① 대통령의 국가긴급권은 헌법보호의 비상수단이라고 할 수 있다.

② 헌법상 긴급재정 · 경제명령은 대통령령의 효력을 갖는다.

③ 헌법상 긴급명령은 법률의 효력을 갖는다.

④ 헌법 제76조의 국가긴급권을 행사한 때에는 지체없이 국회에 보고하여 그 승인을 얻어야 하며, 승인을 얻지 못한 때에는 그 처분 또는 명령은 그때부터 효력을 상실한다.

⑤ 헌법재판소 결정에 의하면 헌법 제76조의 국가긴급권은 기존질서의 유지 · 회복이 목적이므로, 공공복지의 증진과 같은 적극적 목적을 위한 긴급권의 행사는 불가능하다.

18. 헌법소원심판의 대상인 공권력에 대한 설명 중 옳은 것은? (다툼이 있는 경우 판례에 의함)

① 공권력의 불행사에 대한 헌법소원의 경우 불행사가 계속되는 한 청구기간에 제한이 없다.

② 수사기관에 의한 비공개 지명수배조치는 헌법소원의 대상이 되는 공권력 행사에 해당한다.

③ 행정입법부작위에 대하여는 다른 권리구제절차를 거치지 아니하고는 헌법소원심판을 청구할 수 없다.

④ 정부가 국회에 법률안을 제출하는 행위는 공권력 행사에 해당한다.

⑤ 국회의장이 국회의원을 특정 상임위원회 위원으로 선임하는 행위는 공권력 행사에 해당한다.

19. 탄핵심판에 대한 설명 중 옳지 않은 것은? (다툼이 있는 경우 판례에 의함)

① 탄핵소추의결서가 송달된 때에도 임명권자는 피소추자의 사직원을 접수하거나 해임할 수 있다.

② 탄핵심판과 민·형사재판 사이에는 일사부재리의 원칙이 적용되지 않는다.

③ 대통령은 탄핵결정에 의해서 파면된 공직자를 사면할 수 없다.

④ 탄핵심판절차에서 헌법재판소는 탄핵소추의결서에 기재되지 아니한 소추사유를 판단의 대상으로 삼을 수 없다.

⑤ 탄핵사유는 헌법과 법률에 위배된 때로 제한되며, 정치적 무능력이나 정책상의 과오 등 직책수행의 성실성 여부는 소추사유가 될 수 없다.

20. 정족수가 같은 것으로 연결되지 않은 것은?

① 국무총리 또는 국무위원에 대한 해임건의와 탄핵소추의결

② 국회의 헌법개정안 발의와 국회부의장 선출

③ 헌법개정안의 국회의결과 대통령 탄핵소추의결

④ 계엄해제 요구와 신속처리안건 지정 동의

⑤ 임시회 소집 요구와 전원위원회 소집 요구

정 보 학 개 론

1. <보기>는 정보학(Information Science)에 대한 학문적 정의이다. 이 정의를 제시한 정보학자는 누구인가?

<보 기>

- 정보학은 정보의 행태, 정보의 전달과정에 영향을 미치는 요인 및 최적의 접근성과 이용을 가지도록 정보처리에 필요한 기술을 연구하는 학문이다.
- 정보학은 주제를 연구하는 순수과학적 측면과 서비스와 방법론을 개발하는 응용과학적 측면을 가지고 있다.

① 사라세빅(T. Saracevic)
② 테일러(R. Taylor)
③ 세라(J. Shera)
④ 헤이스(R. Hayes)
⑤ 미하일로프(A. Michajlov)

2. 웹문헌 클러스터링의 설명으로 옳지 않은 것은?

① 인터넷으로 접근가능한 문헌의 양이 급증함에 따라 이를 효과적으로 조직하고 분류하는 작업이다.

4. 단일 언어 시소러스 작성을 위한 국제적 표준 지침인 ISO 2788-1986에서 정의한 시소러스 용어 관계에 대한 설명으로 옳지 않은 것은?

① 약어와 완전어같은 유사동의어나 속명과 학명같은 동의어는 등가관계에 포함된다.
② 부가관계는 다의성이 있는 용어에 세부분야를 부가하여 각 디스크립터를 구분하게 한다.
③ 계층관계는 디스크립터로 사용하는 용어를 상·하위 개념으로 연결시킴으로써 색인어와 검색어의 확장 혹은 축소에 도움을 준다.
④ 등가관계는 색인과 검색에서 디스크립터로 사용하는 우선어와 그렇지 않은 비우선어의 관계를 보여준다.
⑤ 연관관계는 개념적으로 밀접하게 관련되어 있으나 등가관계나 계층관계에 포함되지 않는 대체용어와의 관계를 나타낸다.

5. 도서관용 표준 메타데이터 스키마의 사례만으로 올바르게 짝지어진 것은?

① EAD - MARC - TEI
② DDI - EAD - MODS
③ TEI - MODS - MARC
④ INDECS - ONIX - DDI
⑤ MARC - MODS - INDECS

6. <보기>는 토픽맵(Topic Maps)과 토픽맵을 구성하는 TAO(Topic, Association, Occurrence)에 대한 설명이다. 옳은 설명을 모두 고

② 웹문헌에 나타난 용어들을 자동색인기법으로 추출하는 것이다.

③ 혼합형 클러스터링이란 단어기반과 링크기반 클러스터링을 혼합한 것이다.

④ 단어기반 클러스터링이란 웹문헌에 등장하는 단어 유사도에 기초하여 관련문헌을 군집화하는 기법이다.

⑤ 링크기반 클러스터링은 두 웹문헌 간에 하이퍼링크가 존재한다는 것은 두 문헌 간에 상호의미적 연관성이 있다는 것을 전제로 한 것이다.

3. 섀논(Shannon)과 위버(Weaver)의 정보이론에 대한 설명으로 옳지 않은 것은?

① 정보란 엔트로피를 증가시키는 도구로서 엔트로피는 정보전달을 효율적으로 이행하는 데 도움을 주는 요소를 의미한다.

② 열역학 제2법칙에서의 엔트로피 개념과 정보개념을 연결하여 정보를 정의하였다.

③ 어떤 사건이 발생하였을 때 얻는 정보의 크기는 그 사건에 대한 불확실성의 정도와 관계가 있다.

④ 정보이론은 방대한 정보원으로부터 정보를 선택하여야 할 상황에서 응용이 가능하다.

⑤ 정보를 정량적으로 측정하기 위하여 상용대수인 비트(bit)를 단위로 하는 수량적 관점을 제시하였다.

른 것은?

<보 기>

가. 토픽맵 : 차세대 웹인 시맨틱 웹 구현을 위해 등장한 개념체계인 온톨로지를 표현하기 위한 전용언어 중의 하나이다

나. 토픽(topic) : 사람, 개체, 개념 등 현실의 주제를 표현한 것으로, 특정 주제를 기계가 이해하고 처리할 수 있는 객체로 전환된 것을 말한다.

다. 연계(association) : 토픽과 토픽, 또는 토픽과 어커런스를 연결시켜주는 관계를 표현한다.

라. 어커런스(occurrence) : 토픽을 정보 자원과 연결시키는 역할을 한다.

① 가, 다

② 다, 라

③ 가, 나, 다

④ 가, 나, 라

⑤ 나, 다, 라

7. 문헌 범주화에 사용되는 분류기에 대한 설명으로 옳지 않은 것은?

① decision tree : 의사결정에 필요한 복잡한 규칙을 여러 개의 범주로 나누어 나무형태로 표시하여 관심대상의 범주를 구분하는 방법이다.

② kNN(k-nearest neighbors) : 분류대상인 입력문헌이 있을 때, 학습문헌 집합에서 이 문헌과 가장 근접한 k개의 문헌들을 찾아내고, 이 근접문헌들에 이미 할당된 범주들을 활용하여 가장 적합한 범주를 입력문헌에 할당한다.

③ naive Bayes : 두 개의 범주를 구성하는 데이터들을 가장 잘 분리해 낼 수 있는 결정면을 찾아내는 모형이다.

④ neural network : 경험을 통해 학습해가는 두뇌의 신경망 활동을 묘사하는 방법으로, 문헌들 사이에 존재하는 관계나 패턴을 찾아내어 분류에 활용하는 분류기이다.

⑤ SVM(support vector machine) : 구조적 위험의 최소화 원리에 근거한 것으로 궁극적으로 부정예제와 긍정예제를 찾아 양방간의 최대간격을 이루는 지지벡터를 찾아내는 것이다.

8. <보기>는 XML로 인코딩한 MODS 레코드의 일부이다. 밑줄 친 ㉠의 데이터를 더블린 코어(DC)로 변환할 때 적절한 요소는?

<보 기>

```
<titleInfo>
    <title>FranUlmer.com -- Home Page</title>
</titleInfo>
<name type="personal">
    <namePart>Ulmer, Fran</namePart>
```

10. <보기>의 검색결과를 참조하여 5명의 학생이 각각의 조건에 해당하는 검색효율을 측정하였다. 옳지 않은 측정을 한 학생은?

<보 기>

질의	적합문헌총수	검색문헌총수	검색된 적합문헌수
질의1	10	4	2
질의2	6	4	2

		검색효율 측정조건	측정값
①	A학생	질의1에 대한 누락률	0.8
②	B학생	질의2에 대한 잡음률	0.5
③	C학생	문헌지향적 방법에 의한 평균재현율	0.25
④	D학생	질의지향적 방법에 의한 평균정확률	0.25
⑤	E학생	문헌지향적 방법에 의한 평균정확률	0.5

11. 자동색인의 단어가중기법에 대한 설명으로 옳지 않은 것은?

① 초창기 자동색인의 대표적인 기법으로서 가중치기법으로 불리기도 한다.

② 문헌 내에 출현한 단어의 빈도에 따라 단어의 중요도를 판단하여 색인어를 선정한다.

③ 지프(Zipf)의 법칙을 룬(Luhn)이 색인기법에 적용한 통계적 기법에 포함된다.

④ 단순빈도, 상대빈도, 문헌분리가 등을 산출하여 색인어 선정에

```
</name>
<physicalDescription>
    <internetMediaType>㉠text/html</internetMediaType>
</physicalDescription>
```

① Type
② Identifier
③ Language
④ Format
⑤ Relation

9. 상호대차 서비스를 이용할 수 없는 도서관(이용자)의 경우, OCLC의 문헌배달서비스를 이용할 수 있는 방법으로 가장 적절한 것은?

① QuestionPoint
② VIAF
③ Web Harvester
④ WorldCat
⑤ FirstSearch

활용한다.

⑤ 주제어는 몇 개의 문헌 속에서 집중적으로 출현한다는 가정 하에 단어의 집중도를 이용하는 색인기법이다.

12. 크리에이티브 커먼즈 라이선스(Creative Commons license)의 이용허락조건 중 "Share Alike"에 해당하는 심볼 마크는?

① 
② 
③ 
④ 
⑤

13. <보기>는 통제어휘의 특징을 관점에 따라 비교한 것이다. ㉠-㉤에 대한 설명으로 옳은 것은?

<보 기>

특징 \ 통제어휘	시소러스	주제명표목표	분류표
분석방식		㉠	
조합방식		㉡	
특정성		㉢	
용어 구성요소		㉣	
목표문헌유형		㉤	

① ㉠의 경우, 분류표는 시소러스에 비해 합성 방식을 취하고 있다.

② ㉡의 경우, 분류표는 후조합인 반면 시소러스는 전조합이다.

③ ㉢의 경우, 분류표는 시소러스에 비해 특정성이 강하다.

④ ㉣의 경우, 분류표의 색인어는 분류기호인 반면 시소러스의 색인어는 디스크립터이다.

⑤ ㉤의 경우, 분류표는 비도서자료에 적용하고, 시소러스는 도서자료에 적용한다.

14. JISC IE의 기능모델에 대한 설명으로 옳지 않은 것은?

① UKLON의 MIA(MODELS Information Architecture)에서 유래하였다.

② 정보검색 포털 서비스의 기능을 아주 상세하게 제시하고 있다.

③ 이용자는 검색질의를 발전시켜가면서, 각 단계에서 적절한 정보를 조금씩 얻는다.

중에서 인코딩 스킴(Encoding Scheme)을 적용한 것은?

<보 기>

<?xml version="1.0" encoding="UTF-8"?>

<metadata

xmlns:xsi="http://www.w3.org/2001/XMLSchema-instance"

xmlns:dc="http://purl.org/dc/elements/1.1/"

xmlns:dcterms="http://purl.org/dc/terms/">

<dc:title>서양사 산책</dc:title>

㉠ <dcterms:alternative>지중해 시대</dcterms:alternative>

㉡ <dc:creator>진원숙</dc:creator>

㉢ <dc:subject xsi:type="dcterms:DDC">940</dc:subject>

㉣ <dcterms:abstract>서양 각국의 흥망성쇠를 고찰한 사학자의 교양역사서</dcterms:abstract>

㉤ <dc:language>Korean</dc:language>

</metadata>

① ㉠ ② ㉡
③ ㉢ ④ ㉣
⑤ ㉤

17. <보기>의 개념도를 바탕으로 RDF의 구성요소를 설명한 것으로 옳지 않은 것은?

④ JISC는 연구자, 학생, 교사의 이용을 위한 전자자원 포털과 가상 학습환경을 개발하고 있다.

⑤ 최종 이용자가 관심을 가질 시스템의 관점에서 특정한 시스템에 국한되지 않은 서비스 컴포넌트들을 제시하고 있다.

15. <보기>는 특정참고정보원에 대한 설명이다. 아래 설명을 모두 만족하는 참고정보원으로 옳은 것은?

<보 기>

가. 3000여종의 정기간행물에 포함된 각종 서지적 기사, 도서 및 팜플렛 또는 도서의 일부로 된 서지적 자료에 대한 종합적이고 완전한 안내서

나. 국제적 범위의 지명도가 낮은 人事와 主題에 관한 발견하기 어려운 자료를 검색하는 데 유용한 도구

① Periodical Index
② Bibliographic Abstracts
③ Readers' Guide to Periodical Literature
④ Universal Bibliography
⑤ Bibliographic Index

16. <보기>는 XML에 의한 더블린 코어(DC)의 기술 사례이다. ㉠~㉤

<보 기>

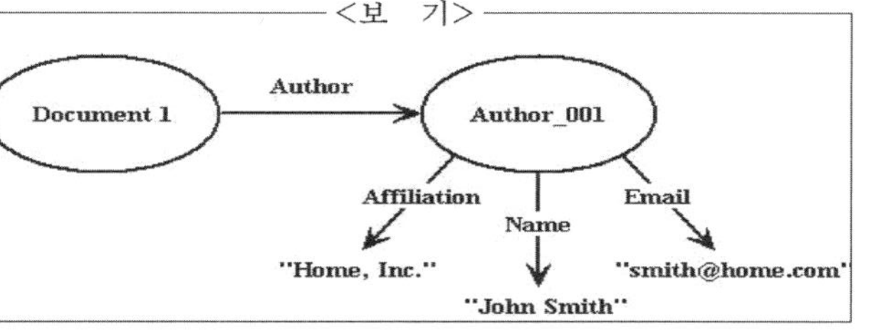

① RDF의 구성요소 중 '자원'은 3개이다.
② 'Author_001'은 'Document 1'의 속성값에 해당한다.
③ 'Name'은 'Author_001'의 속성유형이다.
④ 'Document 1'의 속성유형은 1개이다.
⑤ 'smith@home.com'은 'Author_001'의 속성값에 해당한다.

18. OAIS 참조모형의 정보패키지 중 <보기>의 ㉠에 해당하지 않는 것은?

<보 기>

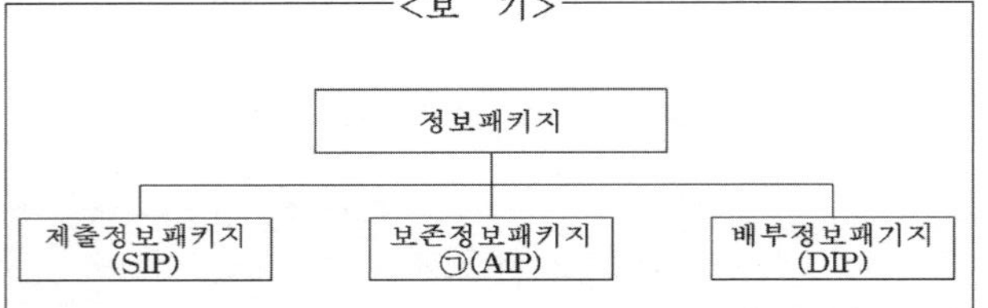

① 생산자정보(AI)
② 콘텐트정보(CI)
③ 보존설명정보(PDI)
④ 패킹정보(PI)
⑤ 서지정보(DI)

19. 디지털콘텐트의 효율적인 식별, 접근 및 관리를 위한 식별기호로써 URI에 대한 설명으로 옳은 것은?

① 네트워크상의 자원의 위치가 변경되면 해당 자원을 지시하는 URL링크는 자원의 새로운 위치가 반영되기 어려운 데드링크(dead-links)의 문제점이 발생한다.
② OpenURL은 정보자원자체의 식별이 아닌 위치정보의 식별을 위해서 필요한 메타데이터 집합이나 고유한 식별자를 통하여 정보자원을 연결한다.
③ DOI 관리와 변환기술을 기반으로 CNRI의 핸들 시스템(Handle System)이 도입되었다.

④ DOI는 참조대상이 되는 연계자원에 대한 메타데이터와 식별자를 기반으로 하여 '상황인식(Context-sensitive)연계'를 지원하는 구조이다.

⑤ URL링크에서는 자원에 접근하고자 하는 이용자의 상황이 전혀 고려되지 않는 절단링크(broken links)의 문제점이 있다.

20. <보기>는 DELOS에서 제시한 디지털도서관 운영체제를 구성하는 개념에 대한 설명이다. 설명과 개념이 바르게 연결된 것은?

<보 기>

가. 이용자에게 제공하는 서비스

나. 디지털도서관의 콘텐트와 행동의 특징을 구분하고 평가하는데 사용하는 변수

다. 디지털도서관과 이용자들간의 상호작용을 통제하는 조건

① 가 - Content
② 가 - Functionality
③ 나 - Policy
④ 다 - Architecture
⑤ 다 - Quality

정답표					
가형	국어	영어	한국사	헌법	정보학개론
문1	2	5	4	1	2
문2	4	1	4	4	2
문3	3	5	1	2	1
문4	5	3	5	2	2
문5	5	3	3	5	3
문6	3	1	3	2	4
문7	3	4	2	3	3
문8	1	2	4	5	4
문9	2	1	1	4	5
문10	4	3	5	3	4
문11	4	1	4	3	5
문12	5	3	3	4	4
문13	2	2	5	5	4
문14	1	2	1	3	3
문15	1	4	2	4	5
문16	4	5	2	2	3
문17	5	5	2	2	1
문18	4	2	4	1	1
문19	2	4	3	1	3
문20	1	4	1	4	2

국 어

1. **다음 중 어법상 옳지 않은 문장은?**
   ① 눈이 침침해서 안경의 도수를 돋궜다.
   ② 정면으로 부딪친 차들이 크게 부서졌다.
   ③ 그는 분을 삭히느라 깊이 숨을 들이마셨다.
   ④ 이 사건은 사람들의 무관심 속에 차츰 잊혀 갔다.
   ⑤ 신변을 보호하기 위해 경호원을 붙이기로 결정했다.

2. **다음 중 밑줄 친 부분의 표기가 옳지 않은 것은?**
   ① 나사는 <u>죄야</u> 하나?
   ② 봄 신상품을 <u>선뵈어야</u> 매출이 오를 거야.
   ③ 자네 덕에 생일을 잘 <u>쇠서</u> 고맙네.
   ④ 그는 오랜만에 고향 땅에 발을 <u>딛는</u> 감회가 새로웠다.
   ⑤ 장마 후 날씨가 <u>개어서</u> 가족과 함께 가까운 곳으로 소풍을 갔다.

3. **다음의 내용을 이해한 결과로 옳지 않은 것은?**

4. **다음 중 밑줄 친 표현의 쓰임이 옳지 않은 것은?**
   ① <u>손이 맑으면</u> 따르는 사람도 많은 법이다.
   ② 우리 집 강아지들이 <u>발을 타기</u> 시작했다.
   ③ 워낙 <u>귀가 질긴</u> 친구라 알아듣지 못할 것이다.
   ④ 마을 사람들 모두 <u>코가 빠져</u> 아무 일도 하지 못했다.
   ⑤ 그는 어머니의 모습이 <u>눈에 밟혀</u> 차마 발걸음을 옮길 수 없었다.

5. **다음 중 외래어 표기가 옳지 않은 것은?**
   ① license - 라이선스
   ② carpet - 카펫
   ③ barricade - 바리케이드
   ④ carburetor - 카뷰레이터
   ⑤ towel - 타월

6. **다음 중 그 뜻이 가장 다른 것은?**
   ① 發憤忘食
   ② 守株待兎
   ③ 自强不息
   ④ 切磋琢磨
   ⑤ 螢雪之功

삼다02 [삼 : 따] (삼아, 삼으니)

【…을 …으로】

「1」 어떤 대상과 인연을 맺어 자기와 관계있는 사람으로 만들다.
¶ 고아를 양자로 삼다.

「2」 무엇을 무엇이 되게 하거나 여기다.
¶ 위기를 전화위복의 계기로 삼다.

「3」 ((주로 '삼아' 꼴로 쓰여))(('…으로' 성분은 단독형으로 쓰인다))무엇을 무엇으로 가정하다.
¶ 그녀는 딸을 친구 삼아 이야기하곤 한다.

① '삼다02'는 동일한 철자를 가진 다른 단어가 존재한다.
② '삼다02'는 다의어에 속한다.
③ '삼다02'는 두 자리 서술어이다.
④ '삼다02'는 어간 모음의 길이가 변동한다.
⑤ '삼다02'는 부사어를 필수적인 문장 성분으로 요구한다.

7. 다음 밑줄 친 ㉠이 ㉡에 대해 느낀 감정으로 볼 수 없는 것은?

오늘따라 ㉠나 혼자 집에 남아 있기가 싫어 남편과 함께 대학으로 놀러 나가는 길이었소. 집에서 대학까지 5리는 착실히 되건만 그 늙고 어수룩한 ㉡인력거꾼은 에누리도 없이 10전을 불렀소. 북경처럼 인력거 많고 북경처럼 인력거 삯이 싼 데가 세계에 둘도 없을 게요.

이 늙은 인력거꾼은 큰길까지 채 나가기도 전부터 기침에 가슴이 메어 뛰지를 못하는 것이었소. 내 인력거가 늦어지는 까닭에 남편의 교수 시간이 늦을까 봐 마음이 조마조마해 나는 "부싱(不行)"이라고 골을 내고는 인력거를 멈추고 다른 젊고 튼튼한 인력거꾼을 골라 탔소.

그 늙은이는 아무 대꾸도 없이 내가 주는 동전 세 닢을-세 닢이래야 겨우 1전밖에 안 되는 것을-받고서는 그도 싫단 말도 없이 그 젊은 인력거꾼을 부러운 듯이 바라보며 비실비실 길가로 가서 앉는 것이었소.

(중략)

지금쯤 이 찬 밤에 어느 담 모퉁이에서 그 늙고 마른 다리를 주무르며 기침에 목이 메어 있는지! 아니 영영 내 마음의 빚은 갚지도 못한 채 이 밤 안으로 세상을 떠날지도 모르오.

밤이 지나고 아침이 오면 이 밤에 이렇게 마음 쓰려 하는 것도 다 잊고 또다시 그 굶주리는 인력거꾼들에게 단돈 한 닢이라도 깎아 주려고 또다시 나는 인색을 부리고 살진 친구들을 위해서는 오히려 자진해서 내 주머니를 풀 것이오.

이것도 세상 살아가는 모순 중의 하나인가 보오.

① 인력거꾼이 인력거 삯을 싸게 불러 만족스럽다.

격이다. 그러한 인격자만을 훌륭한 사람이라고 부를 수 있는 것이다.

(나) 그 동안 우리는 서양식 가치나 기능을 지나치게 받든 나머지 전통적 미덕의 가치를 많이 잃고 말았다. '효도'와 '우애'의 내면적 가치를 살리지 못하고 부모 형제를 가볍게 여기다가 가정과 사회의 질서가 무너졌으며, '자유'의 진정한 뜻을 바르게 이해하지 못하다가 책임과 의무를 거들떠보지 않는 방종으로 흘렀고, '평등'의 고귀한 뜻을 살려 쓰지 못하는 바람에 모두가 천민으로 평준화하는 불행에 휩쓸리고 있다. 서양식 덕목이라 해서 무조건 나쁘다는 뜻은 아니다. 그것을 어떻게 제대로 실천하느냐에 따라 결과가 크게 달라진다는 뜻이다. 가령, 평등의 뜻을 실천하면서 누구나가 '교양', '품위', '예절', '질서', '양보', '용기'와 같은 미덕을 발휘한다면 모든 국민의 의식 수준은 상향 평준화 쪽으로 발전하겠지만, 반대로 나간다면 그 결과는 하향 평준화 쪽으로 뒷걸음치고 만다. 그러한 국가사회는 자연히 천박한 사고방식에 휩쓸리게 될 것이다.

(다) 평교사로 정년을 맞은 어느 초등학교 교원이 기자에게 자랑스럽게 밝힌 이야기 한 도막이 떠오른다. 자신은 비록 평교사지만 제자 중에는 국회의원, 판검사, 대학 교수와 같은 훌륭한 사람이 많이 있기 때문에 보람을 느낀다는 내용이었다. 지위나 권력을 얻은 제자를 무심히 훌륭한 사람으로 생각한 듯하나 그러한 생각은 잘못된 것이다.

(라) 사실 이 세상에는 뛰어난 학자, 위대한 종교가, 유명한 예술가가 많다. 그들은 어디까지나 뛰어나고 위대하고 유명한 사람들이다. 그렇지만 그들 모두가 무조건 인격을 갖춘 훌륭한 사람이라고 보기는 어렵다. 그런데도 사람들은 흔히 훌륭하다는 말을 돈이나 권력이나 지위로 착각하고 '뛰어나다', '위

② 인력거꾼을 다시 만날까 봐 불안하다.
③ 인력거꾼에게 야박하게 대접해 미안하다.
④ 인력거꾼의 건강이 악화될까 걱정된다.
⑤ 인력거꾼이 인력거를 못 끌어서 짜증이 난다.

8. 다음 글들을 순서에 맞게 나열한 것으로 가장 적절한 것은?

우리 민족은 전통적으로 인간의 덕목을 강조해 왔다. 삼강오륜(三綱五倫)에 바탕을 둔 '충성', '효도', '우애'와 같은 단어는 지난 시절 지배 계층의 통치 논리로서 오늘날 그 실천 방법까지 액면 그대로 받아들이기는 어렵지만, 그 내용을 새로운 사회와 시대에 맞도록 손질해서 실천한다면 모두가 만고불변의 덕목으로 부끄럽지 않은 것이다. 실제로 이들 단어의 뜻을 올바르게 실천하기만 한다면 '사랑', '성실성', '끈기', '참을성', '용서', '양보', '희생', '봉사'와 같은 온갖 덕목을 함께 살릴 수도 있는 것이다.

(가) 품위 있는 단어의 뜻이 천박하게 쓰이고 있는 사례를 한 가지만 구체적으로 들어 보겠다. '훌륭하다'는 추상어의 뜻은 기본적으로 고귀한 경지를 나타내는 말이다. 그래서 선생님이나 어른들은 어린아이들에게 훌륭한 사람이 되라고 가르친다. 이때의 '훌륭한 사람'의 뜻을 한마디로 이르자면 '인격을 지닌 사람'이 될 것이다. 학문과 도덕과 예술을 두루 갖추고 그 덕성을 실천하며 사는 사람에게만 인격이라는 단어를 쓸 수 있는 것이다. 인격은 세상 사람들이 귀하게 여기는 이른바 돈이나 권력이나 지위 따위와는 아무런 관련이 없다. 예수나 석가나 공자와 같은 성인에게나 쓸 수 있는 말이 인대하다', '유명하다'는 뜻과 혼동하고 있다. 대통령, 국회의원, 대학 교수는 상당히 뛰어나고 위대하고 유명하기는 하나 그들을 한결같이 훌륭한 사람이라고 보기는 어렵다는 뜻이다.

(마) 이처럼 우리 주변에서는 '훌륭하다'는 말의 뜻이 '뛰어나다', '위대하다', '유명하다'는 뜻과 구별되지 않고 쓰이기 때문에 우리 사회는 잠시 생겼다 없어지고 마는 돈이나 권력이나 지위를 지나치게 높이 받드는 경향이 있다. 그러나 진정으로 훌륭한 것은 영원히 없어지지 않는 것이다. 그것이 곧 인격이다. 인격은 평생을 두고 노력한다 해서 쉽게 얻을 수도 없으며, 한번 얻은 인격은 영원히 없어지지도 않는다. 그래서 인격은 훌륭한 것이다. 성인들이 역사에 길이길이 남아 세상을 밝혀 주는 것도 그 때문이다.

① (가)-(나)-(다)-(라)-(마)
② (가)-(나)-(다)-(마)-(라)
③ (나)-(가)-(다)-(마)-(라)
④ (나)-(가)-(라)-(다)-(마)
⑤ (나)-(다)-(가)-(마)-(라)

※ [9-10] 다음 글을 읽고 물음에 답하시오.

(가) 인구 고령화, 미혼 인구 및 1인 가구의 증가로 국내 반려동물 인구는 1000만 시대에 이르렀다. 그중 개와 고양이를 포함한 반려동물 시장은 약 2조원대에 이르는 것으로 추정하고 있다. 이러한 추세는 신조어까지 등장시켰다. 최근 심심치 않게 등장하는 '펫팸족'이라는 단어는 반려동물을 의미하는 '펫(Pet)'과 가족을 의미하는 '패밀리(Family)'가 합쳐진 조어로 반려동물을 가족처럼 생각하는 사람을 뜻한다.

(나) 우리나라에서는 이러한 시대적 변화에 따라 올바른 반려동물 문화를 확립하고 동물에 대한 올바른 인식향상을 위한 반려동물 어울림 축제가 경기도를 중심으로 진행되고 있다.

(다) 과거에는 가정에서 몸집이 작고 귀여운 개나 고양이를 비롯해 색깔이 예쁘거나 우는 소리가 고운 새와 물고기, 진귀한 뱀이나 도마뱀, 거북이 등을 반려동물로 많이 길렀다. 그러나 최근에는 정서 함양이나 치유 목적으로 여치나 귀뚜라미 등 곤충을 기르는 사람이 늘고 있다.

(라) 영화 <마지막 황제>는 주인공 부의가 통 속의 귀뚜라미를 꺼내는 것으로 영화가 끝나 그 여운이 깊었다. 귀뚜라미는 우리나라에서도 친근한 곤충으로 예술작품 속에서 주요 소재로 이용되기도 했다. 고려시대에는 고단한 궁궐 생활을 하는 궁녀들의 외로움을 달래거나 고향을 생각하는 수단으로 귀뚜라미를 길렀다는 기록도 있다.

(마) 그리고 최근에는 농촌진흥청에서 세계 최초로 왕귀뚜라미가 노인들의 우울증과 인지기능을 개선시켜 정서적 안정에 도움이 된다는 연구 결과를 발표한 바 있다. 이는 개나 고양이 같

10. 다음의 내용이 들어갈 위치로 가장 적절한 것은?

> 과거부터 현재까지 인류는 오랫동안 곤충과 공존하며 생활해왔다. 사람들은 곤충에 대해 해충이다, 익충이다 가리기만 했을 뿐 자세하게 곤충을 이해하지 못했다. 그러나 전설이나 구전을 통해 곤충의 신비함이 전해져 왔으며, 오랜 세월이 지나면서 곤충이 지닌 참다운 의미와 인간에게 끼친 영향 등을 담은 곤충문화가 형성됐다.

① (가)와 (나) 사이
② (나)와 (다) 사이
③ (다)와 (라) 사이
④ (라)와 (마) 사이
⑤ (마)와 (바) 사이

11. 다음 중 복수 표준어가 아닌 것은?

① 어림잡다 - 어림재다
② 변덕스럽다 - 변덕맞다
③ 장가가다 - 장가들다
④ 흠가다 - 흠지다
⑤ 기세부리다 - 기세피우다

은 반려동물뿐만 아니라 곤충 또한 노인들의 정신과 심리에 긍정적으로 작용한다는 것을 보여줘 앞으로 곤충이 반려동물로서 그 범위를 크게 확장할 수 있음을 입증하는 계기가 됐다.

(바) 한 일간지 보도에 따르면 반려곤충을 키우면 아이들의 정서함양에 좋고 재미가 있어서 컴퓨터 사용 시간을 줄이게 된다고 한다. 곤충은 오래전부터 인간의 문학, 언어, 예술, 역사, 종교, 레크리에이션 등 우리 문화 속에서 광범위하게 활용돼 왔다. 그리고 앞으로 왕귀뚜라미처럼 심리치유 효과 규명 등을 통해 새로운 가치를 지속적으로 찾아낸다면 곤충들이 반려곤충으로 환영받는 시대가 더욱 빠르게 열릴 것이다.

9. 위 글에서 알 수 있는 내용이 아닌 것은?

① 반려동물의 증가 원인
② 반려동물에 대한 인식의 변화
③ 곤충에 대한 이해와 반려동물로서의 가능성
④ 반려곤충이 인간 심리에 미치는 영향
⑤ 반려곤충이 생태계에서 차지하는 위상

12. 다음 중 띄어쓰기가 옳지 않은 것은?

① 홍수가 나서 집이 모두 강물에 떠내려 가버렸다.
② 하라는 공부는 하지 않고 잘도 놀아만 나는구나!
③ 하고 다니는 꼴이 그게 뭐니? 칠칠맞지 못하게.
④ 어머니를 도와드리려는 게 그릇을 깨뜨려버렸다.
⑤ 그가 떠난 지가 오래지만 아직도 너무 그립다.

13. 다음 밑줄 친 부분에 부합하는 훈민정음의 창제 원리로 가장 적절한 것은?

중세 국어에 존재했다가 사라진 글자에 'ㆆ'이 있다. 이 글자는 목구멍에서 나는 소리를 적은 글자이다. <u>'ㆆ'을 흔히 '여린히읗'이라고 부르는데 이것은 'ㅎ'에 비해 여리다</u>는 의미를 지닌다.

① 초성자는 발음 기관의 모양을 형상화하여 만든다.
② 초성자는 획을 더하여 글자를 만든다.
③ 종성자는 따로 만들지 않고 초성자를 다시 사용한다.
④ 중성자는 하늘, 땅, 사람을 본떠서 만든다.
⑤ 초성, 중성, 종성을 합쳐서 글자를 완성한다.

14. 다음 밑줄 친 ㉠~㉤을 두 부류로 나눌 때 가장 적절한 것은?

> 허기가 져 급히 먹는 ㉠바람에 체했다.
> 약 ㉡바람에 아무런 통증을 느끼지 못했다.
> 어머니는 버선 ㉢바람으로 아들을 맞았다.
> 문호를 개방하면서 서구화 ㉣바람이 불어닥쳤다.
> 출발 신호음이 떨어지자 선수들은 ㉤바람같이 내달았다.

① ㉠, ㉡, ㉢ / ㉣, ㉤
② ㉠, ㉡, ㉣ / ㉢, ㉤
③ ㉡, ㉢, ㉣ / ㉠, ㉤
④ ㉡, ㉣, ㉤ / ㉠, ㉢
⑤ ㉢, ㉣, ㉤ / ㉠, ㉡

15. 다음 ㉠, ㉡에 대한 설명으로 옳은 것은?

> ㉠ 나는 할머니께 맛있는 과자를 드렸다.
> ㉡ 할머니께서는 내가 드린 과자를 잘 잡수셨다.

① ㉠, ㉡에는 모두 객체를 높이는 문법 형태소가 있다.
② ㉠, ㉡에는 모두 주격 조사가 있다.
③ ㉠, ㉡에는 모두 자동사가 있다.
④ ㉠, ㉡에는 모두 주체 높임의 어미가 있다.
⑤ ㉠, ㉡에는 모두 시제를 나타내는 어미가 있다.

17. 다음 글에 대한 설명으로 가장 적절한 것은?

> 걸음걸이는 그의 의지처럼 또한 정확했다. 아무리 한 걸음 한 걸음 다가가는 걸음걸이가 죽음에 접근하여 가는 마지막 것일지라도 결코 허투른, 불안한, 절망적인 것일 수는 없었다. 흰 눈, 그 속을 걷고 있다. 훤칠히 트인 벌판 너머로 마주선 언덕, 흰 눈이다. 연발하는 총성. 마치 외부 세계의 잡음만 같다. 아니 아무 것도 아닌 것이다. 그는 흰 속을 그대로 한 걸음 한 걸음 정확히 걸어가고 있었다. 눈 속에 부서지는 발자국 소리가 어렴풋이 들려온다. 두런두런 이야기 소리가 난다. 누가 뒤통수를 잡아 일으키는 것 같다. 뒤허리에 충격을 느꼈다. 아니 아무 것도 아니다. 아무 것도 아닌 것이다.
>
> 흰 눈이 회색빛으로 흩어지다가 점점 어두워 간다. 모든 것은 끝난 것이다. 놈들은 멋적게 총을 다시 거꾸로 둘러메고 본부로 돌아들 갈 테지. 눈을 털고 추위에 손을 비벼 가며 방안으로 들어들 갈 것이다. 몇 분 후면 화롯불에 손을 녹이며 아무 일도 없었던 듯 담배들을 말아 피우고 기지개를 할 것이다. 누가 죽었건 지나가고 나면 아무 것도 아니다. 모두 평범한 일인 것이다. 의식이 점점 그로부터 어두워 갔다. 흰 눈 위다. 햇볕이 따스히 눈 위에 부서진다.

① 시공간적 배경이 제시되며 전체적인 도입부의 역할을 하고 있다.
② 인물들 사이의 갈등이 시작되면서 본격적인 사건이 전개된다.
③ 단순한 갈등이 복잡화되면서 사건 전개가 긴밀해진다.
④ 주인공 내면의 갈등이 극대화되면서 주제 의식이 부각된다.
⑤ 전체적인 사건이 마무리되면서 극적 긴장감이 해소된다.

16. 다음 글에 부합하는 작품으로 가장 적절한 것은?

> 고전 시가 작품의 주제 중에는 임에 대한 사랑이 많다. 사랑이 시대를 초월한 보편적인 주제임을 고려할 때 이러한 상황은 쉽게 이해할 수 있다. 임에 대한 사랑은 직접 표출하기보다는 비유나 상징 등을 통해 간접적으로 표출하는 경우를 더 많이 보게 된다.

① 대쵸 볼 불근 골에 밤은 어이 뜻드르며 / 벼 뷘 그르헤 게는 어이 ᄂᆞ리는고 / 술 닉쟈 체쟝ᄉᆞ 도라가니 아니 먹고 어이리

② 옥으로 연고즐 사교이다 / 옥으로 연고즐 사교이다 / 바회 우희 접듀(接主)ᄒᆞ요이다 / 그 고지 삼동이 퓌거시아 / 그 고지 삼동이 퓌거시아 / 유덕(有德)ᄒᆞ신 니믈 여히ᄋᆞ와지이다

③ 어듸라 더디던 돌코 누리라 마치던 돌코 / 믜리도 괴리도 업시 마자셔 우니노라 / 얄리얄리 얄라셩 얄라리 얄라

④ 오백 년 도읍지를 필마로 도라드니 / 산천은 의구하되 인걸은 간듸 업다 / 어즈버 태평연월이 꿈이런가 ᄒᆞ노라

⑤ 잔 들고 혼자 안자 먼 뫼를 바라보니 / 그리던 님이 온들 반가옴이 이러하랴 / 말씀도 우음도 아녀도 못내 좋아 하노라

18. 다음 시에 대한 설명으로 가장 적절한 것은?

눈물 아롱아롱
피리 불고 가신 님의 밟으신 길은
진달래 꽃비 오는 서역 삼만 리
흰 옷깃 여며 여며 가옵신 님의
다시 오진 못하는 파촉 삼만 리

신이나 삼아줄걸 슬픈 사연의
올올이 아로새긴 육날 메투리
은장도 푸른 날로 이냥 베어서
부질없는 이 머리털 엮어 드릴걸

초롱이 불빛 지친 밤하늘
굽이굽이 은핫물 목이 젖은 새
차마 아니 솟는 가락 눈이 감겨서
제 피에 취한 새가 귀촉도 운다
그대 하늘 끝 호올로 가신 님아

① 우리나라 전래의 설화를 소재로 애잔한 정서를 노래했다.
② 버림받은 여인의 절망을 전통적 정서와 가락으로 노래했다.
③ 고유의 한과 체념을 여성적인 애절한 어조로 노래했다.
④ 여인의 정절을 소재로 강인한 삶의 의지를 노래했다.

"나 서참일세, 알겠나? 흥…… 자네 참 호살세 호사야…… 잘 죽었느니. 자네 살았으문 이만 호살 해보겠나? 인전 안경다리 고칠 걱정두 없구…… 아무튼지……."
하는데 박희완 영감이 들어서더니,
"이 사람 취했네그려."
하며 서참의를 밀어냈다.
박희완 영감도 가슴이 답답하였다. 분향을 하고 무슨 소리를 한마디 했으면 속이 후련히 트일 것 같아서 잠깐 멈칫하고 서 있어 보았으나,
"으흐흙……."
하고 울음이 먼저 터져 그만 나오고 말았다.
서참의와 박희완 영감도 묘지까지 나갈 작정이었으나 거기 모인 사람들이 하나도 마음에 들지 않아 도로 술집으로 내려오고 말았다.

19. 위 글에서 알 수 있는 내용으로 적절하지 않은 것은?

① 안초시는 불의의 사고로 사망했다.
② 안경화는 이름이 꽤 알려진 사람이다.
③ 안초시, 서참의, 박희완 영감은 친구 사이다.
④ 박희완 영감은 생활이 넉넉하지 못한 편이다.
⑤ 서참의는 안경화를 못마땅하게 여긴다.

⑤ 영원히 돌아오지 않을 님에 대한 원망을 은근하게 노래했다.

※ [19-20] 다음 글을 읽고 물음에 답하시오.

안초시의 소위 ㉠<u>영결식</u>이 그 딸의 연구소 마당에서 열리었다.

서참의와 박희완 영감은 술이 거나하게 취해 갔다. 박희완 영감이 무얼 잡혀서 가져왔다는 ㉡<u>부의</u> 이 원을 서참의가,

"장례비가 넉넉하니 자네 돈 그 계집애 줄 거 없네."

하고 우선 술집에 들러 거나하게 곱빼기들을 한 것이다.

영결식장에는 제법 반반한 조객들이 모여들었다. 예복을 차리고 온 사람도 두엇 있었다. 모두 고인을 알아 온 것이 아니요, 무용가 안경화를 보아 온 사람들 같았다. 그 중에는, 고인의 슬픔을 알아 우는 사람인지, 덩달아 기분으로 우는 사람인지 울음을 삼키느라고 끽끽 하는 사람도 있었다. 안경화도 제법 눈이 젖어 가지고 신식 상복이라나 공단 같은 새까만 양복으로 관 앞에 나와 향불을 놓고 절하였다. 그 뒤를 따라 한 이십 명 관 앞에 와 꾸벅거리었다. 그리고 무어라고 지껄이고 나가는 사람도 있었다.

그들의 분향이 거의 끝난 듯하였을 때,

"에헴!"

하고 얼굴이 시뻘건 서참의도 한마디 없을 수 없다는 듯이 나섰다. 향을 한움큼이나 집어 놓아 연기가 시커멓게 올려 솟더니 불이 일어났다. 후— 후— 불어 불을 끄고, 수염을 한번 쓰다듬고 절을 했다. 그리고 다시,

"헴……."

하더니 ㉢<u>조사</u>를 하였다.

20. 다음 중 ㉠, ㉡, ㉢의 한자 표기가 모두 옳은 것은?

① ㉠永訣式 ㉡附議 ㉢弔詞

② ㉠永決式 ㉡賻儀 ㉢弔辭

③ ㉠永訣式 ㉡附議 ㉢弔辭

④ ㉠永訣式 ㉡賻儀 ㉢弔辭

⑤ ㉠永決式 ㉡附議 ㉢弔詞

영 어

1. 다음 밑줄 친 부분에 들어갈 가장 적절한 표현을 고르시오.

One century earlier Wilhelm von Humboldt taught that "There is apparent connection between sound and meaning which, however, only seldom lends itself to an exact elucidation, is often only glimpsed, and most usually remains _____."

① clear
② distinct
③ obscure
④ semantic
⑤ phonetic

2. 다음 밑줄 친 (A)와 (B)에 들어갈 가장 적절한 표현을 고르시오.

Vulnerability assessment is the analysis of the expected impacts, risks and the adaptive capacity of a region to the effects of climate change. Vulnerability assessment

4. 다음 밑줄 친 부분에 들어갈 가장 적절한 표현을 고르시오.

Passive investments by Korean investors to the overseas markets are likely to continue in the second half of the year, especially with global economic expansion _____________.

① is likely to further retreat
② is likely to be further retreated
③ likely to further retreat
④ likely to be further retreat
⑤ like to further retreat

5. 다음 밑줄 친 부분 중 문법상 옳지 않은 것을 고르시오.

If you haven't been living under a rock lately, ①<u>you have most likely seen</u> these cool new toys that have become extremely popular ②<u>with celebrities and everyday people alike</u>—the self balancing scooter with two wheels. ③<u>They can go at a speed</u> around 8km/h to 20km/h, ④<u>depending on the model.</u> It is lightweight, smart and easy to move and fun to ride. And it takes some time ⑤<u>being used to.</u>

(A)________ more than simple measurement of the potential harm caused by events resulting from climate change. The term vulnerability is used very broadly in the climate change (B)________ to include a variety of concepts including sensitivity or susceptibility to harm and lack of capacity to cope and adapt.

(A) (B)

① indicates - asset
② fortifies - possibility
③ requires - avidity
④ induces - environment
⑤ encompasses - context

3. 다음 밑줄 친 부분에 들어갈 가장 적절한 표현을 고르시오.

The nineteen-year-old Anton appointed himself head of the ______ family - a responsibility he bore unfalteringly for the rest of his life - and decided to earn grocery money by writing comic sketches for the newspapers.

① rich ② independent
③ affluent ④ destitute
⑤ amiable

6. 다음 기사의 제목으로 가장 적절한 것을 고르시오.

When people consider traveling within Korea, most think about taking a train rather than a flight. There are a number of cheap flights to Jeju Island, but flying to other destinations has seemed extravagant - particularly with the arrival of the affordable KTX bullet train that connects many cities around the country. This has hit Korea's small regional airports hard, many of which have seen their domestic routes become unprofitable. Attempting to revive sluggish demand for domestic flights, airlines have been working with travel agencies, as well as federal and regional governments, to offer travel packages for day trips around Korea that are cheaper - and faster - than taking a train. Three domestic routes have currently been discounted: Gimpo, Gyeonggi to Pohang, North Gyeongsang; Gimpo to Sacheon, South Gyeongsang; and Gimpo to Yeosu, South Jeolla. Korean Air has particularly slashed prices on domestic flights for 11 travel agencies including Mode Tour, Lotte Tour and Hanjin Travel, which are offering different day-trip packages.

① Flights Save Themselves by Providing Cheaper Day Trips
② Domestic Flight Demands Soaring High in the Summer
③ New Domestic Routes Emerging as Hot Businesses
④ Diversified Travel Packages Attract More Travellers
⑤ KTX Emerging as the Best Domestic Traveling Option

7. 글의 흐름상 가장 적절하지 못한 문장을 고르시오.

Since the 2012 World Design Capital, Helsinki, has quietly continued its pursuit of excellence in design, contemporary arts and urban planning. ①Called the "Daughter of the Baltic", Helsinki is located on the tip of a peninsula and on 315 islands. ②The long-term vision of the Finnish capital has already started paying dividends for city construction. ③Construction cranes are active across the city, with a renewed waterfront, renovated museums and revived industrial spaces. ④This wave of progress has even spread to outlying neighborhoods, where recent openings range from cultural complexes to the most traditional Finnish attraction, the sauna. ⑤Now every corner of this cool Nordic city is heating up with passion for art and construction.

8. 다음 밑줄 친 부분에 들어갈 가장 적절한 표현을 고르시오.

Some parents of immigrant families are concerned that their children may be at a disadvantage if they do not speak or understand the majority language very well before starting kindergarten. They arrange for the majority language to be spoken by both parents to the child even at home. This solution means that they have to speak their non-native language to their child and may feel awkward. ________, there is a price to pay in the

10. 대화의 흐름으로 보아 다음 밑줄 친 부분에 들어갈 가장 적절한 표현을 고르시오.

A: I almost got into an accident last night.

B: What happened?

A: Well, I was going down the freeway when all of a sudden the car ahead of me slammed on his brakes.

B: Did you rear-end him?

A: No, but I almost did. ____________________.

B: What did you do?

A: I veered into the shoulder of the road just in the nick of time.

B: You were really lucky. It could have been worse.

① It was frustrated
② It was an impressive moment
③ I couldn't avoid the accident
④ He just jumped on the bandwagon
⑤ It was a close call

11. 다음 밑줄 친 부분에 들어갈 가장 적절한 표현을 고르시오.

All intercultural comparisons of intelligence are ____ by the lack of true comparability, and any generalizations about 'racial' differences in intellectual competence which

relationship between parent and children in later years. A mother faced with a rebellious teenager may be better equipped to counter defiance and rhetoric in her own language.

① However ② Nevertheless
③ For example ④ Besides
⑤ Fortunately

9. 다음 밑줄 친 부분에 들어갈 가장 적절한 것을 고르시오.

I was in a couple's home trying to fix their Internet connection. The husband called out to his wife in the other room for the computer password. "Start with a capital S, then 123," she shouted back. We tried S123 several times, but it didn't work. So we called the wife in. As she input the password, she muttered, "I really don't know what's so difficult about typing ________."

① s123 ② Start123
③ 123S ④ start123
⑤ 123s

do not take account of this are worthless.

① vitiated
② improved
③ endorsed
④ rejuvenated
⑤ detected

12. 다음 밑줄 친 부분에 들어갈 가장 적절한 표현을 고르시오.

My girlfriend is not the sort of woman who would go back ______ her word.

① to ② up
③ against ④ into
⑤ on

13. 다음 밑줄 친 부분에 들어갈 가장 적절한 표현을 고르시오.

An election is a formal decision-making process by which a population chooses an individual to hold public office. Elections have been the usual mechanism by which modern ________________ has operated since the 17th century. Elections may fill offices in the legislature, sometimes in the executive and judiciary, and for regional and local government.

① government structure
② representative democracy
③ political influence
④ government leadership
⑤ political ideology

14. 다음 밑줄 친 부분에 들어갈 가장 적절한 표현을 고르시오.

While creating the mouse, Douglas was working at the Stanford Research Institute. The mouse was originally referred ____ an "X-Y Position Indicator for a Display System." With the cord coming out of the back of the computer mouse, Douglas said the device reminded him of the rodent mouse and the name stuck.

① as

16. 다음 밑줄 친 make의 문법상 올바른 형태를 고르시오.

It is highly exhilarating to contemplate the progress make in the study of English since the opening years of this century. That assertion, too often repeated, that Englishmen are not really interested in their own language, is no longer valid. At last we English are showing an awakened interest in our mother tongue as something living and changing.

① making
② made
③ is made
④ makes
⑤ has made

17. 다음 기사의 요지로 가장 적절한 것을 고르시오.

Something strange is going on in medicine. Major diseases, like cancer, stroke, and heart disease, are waning in wealthy countries, and improved diagnosis and treatment cannot fully explain it. Scientists marvel at this good news, but many of them say that it is not really easy to come up with interesting, compelling explanations. They are still facing the challenge to figure out which of those interesting and compelling hypotheses might be correct. The fact of the matter is that these diseases are far from gone. They

② to with
③ by with
④ to as
⑤ on

15. **다음 밑줄 친 부분 중 문법상 옳지 않은 것을 고르시오.**

①Although there ②had been resistance to the high rate of immigration during the nineteenth century, only in the early twentieth century ③was several laws ④passed that restricted both the number of people who could come to the United States and where they could come ⑤from.

still cause enormous suffering and kill millions each year. But it looks as if people in the United States and some other wealthy countries are, unexpectedly, starting to beat back the diseases of aging. The leading killers are still the leading killers but they are occurring later in life, and people in general are living longer in good health.

① Major diseases are in decline because of a slow process of aging.
② A puzzle about adult diseases has been completely solved.
③ Americans are more vulnerable to major diseases than the people of other wealthy countries.
④ The changes in medicine impact the everyday life of Americans.
⑤ It is necessary to look for clues to medical dilemmas.

18. 다음 글의 순서로 문맥상 의미가 가장 잘 통할 수 있도록 나열한 것을 고르시오.

(A) A little more investigative work led the officer to the boy's accomplice: another boy about 100 yards beyond the radar trap with a sign reading "TIPS" and a bucket at his feet full of change.

(B) One day, however, the officer was amazed when everyone was under the speed limit, so he investigated and found the problem.

(C) A 10-year-old boy was standing on the side of the road with a huge hand painted sign which said "Radar Trap Ahead."

(D) A police officer found a perfect hiding place for watching for speeding motorists.

① (B)-(C)-(A)-(D)
② (B)-(D)-(A)-(C)
③ (C)-(A)-(B)-(D)
④ (D)-(B)-(C)-(A)
⑤ (D)-(C)-(B)-(A)

19. 다음 밑줄 친 부분에 들어갈 가장 적절한 표현을 고르시오.

Representing something graphically was a significant step beyond oral description of the objects and events being

20. 다음 밑줄 친 부분에 들어갈 가장 적절한 표현을 고르시오.

Some modern writers believe that the deliberate concealment of certain parts of the body originated not as a way of discouraging sexual interest, but as a clever device for arousing it. According to this view, clothes are the physical equivalent of remarks like "I've got a secret"; they are a tease, a come-on. It is certainly true that parts of the human form considered sexually arousing are often covered in such a way as to ______________________. People done up in shiny colored wrappings and bows affect us just as a birthday present does: we're curious, turned on; we want to undo the package.

① diminish and inhibit sexual interest
② completely hide one's bodily secret
③ exaggerate and draw attention to them
④ cover up one's physical complex
⑤ expose them vividly to the public

portrayed. Even if they were only mnemonic device – serving loosely as memory stimulators – depictions such as cave paintings could help a storyteller provide a more detailed and accurate account, compared with unaided recall. ____________, this illustrates one major purpose of writing. In all its forms, writing is a tool for preserving ideas that were expressed earlier. In other words (to borrow from today's computer jargon), writing is a system for information storage. Just as we seek more and more storage capacity in computers, primitive people sought systems of graphic representation of ideas to free themselves from the limitations and inaccuracies of human memory.

① For example
② In fact
③ Conversely
④ However
⑤ Unfortunately

한 국 사

1. **다음과 같은 무덤이 만들어진 시대에 대한 설명으로 옳은 것은?**

옹관묘(독무덤)	목관묘(널무덤)

① 대표적 유물은 반달 돌칼과 비파형 동검 등이다.
② 애니미즘, 토테미즘 등 원시적 신앙이 출현하였다.
③ 대표적 유적은 대부분 강가나 바닷가에 자리잡고 있다.
④ 유적지에서 명도전, 반량전 등의 중국 화폐가 출토되었다.
⑤ 야요이 토기는 이 시기에 만들어진 미송리식 토기의 영향을 받은 것이다.

2. **각 국가와 그에 대한 설명으로 옳은 것은?**

① 옥저 – 읍락끼리 각자의 영역을 침범하면 책화라고 하여 노비, 소, 말 등으로 변상하였다.
② 동예 – 어린 여자아이를 미리 신랑집에 데려다 놓고 살다가 결혼시키는 민며느리제가 있었다.
③ 부여 – 영고라는 제천행사는 농경사회의 유풍으로 매년 여름에 개최되었다.

4. **(ㄱ)과 (ㄴ) 사이의 시기에 있었던 사실로 옳은 것은?**

> (ㄱ) 왕 재위 41년 백제의 왕이 병력 3만 명을 거느리고 평양성을 공격해 왔다. 이에 왕이 군대를 내어 막다가 화살에 맞아 서거하였다.
>
> – 『삼국사기』 고구려본기 –
>
> (ㄴ) 왕 재위 3년 순장을 금지하는 명령을 내렸다. 3월에는 주와 군의 수령에게 명하여 농사를 권장케 하였고, 처음으로 소를 부려서 논밭을 갈았다.
>
> – 『삼국사기』 신라본기 –

① 고구려가 낙랑군을 축출하였다.
② 백제가 대야성을 함락시켰다.
③ 고구려가 평양으로 수도를 옮겼다.
④ 신라가 금관가야를 병합하였다.
⑤ 신라가 율령을 반포하였다.

5. **<보기>의 석탑이 만들어진 시대의 탑에 대한 설명으로 옳은 것은?**

> <보 기>
>
> 감은사지 3층 석탑, 불국사 3층 석탑, 화엄사 쌍사자 3층 석탑

① 이중의 기단 위에 5층으로 쌓은 석탑이 전형적인 양식이다.
② 석재를 벽돌 모양으로 다듬어 쌓은 탑으로는 분황사 탑이 있다.

④ 삼한 - 해마다 씨를 뿌리고 난 뒤인 5월과 가을 곡식을 거두어 들이는 10월에 계절제를 열었다.

⑤ 고구려 - 매년 12월에 전 국민이 하늘에 제사를 지내는데 이것을 동맹이라고 하였다.

3. 밑줄 친 ㉠에 대한 설명으로 옳은 것은?

> 대한제국 칙령 제41호 제2조에는 "군청 위치는 태하동으로 정하고, 관할 구역은 울릉 전도와 죽도, ㉠<u>석도(石島)</u>로 한다." 라고 기록되어 있다.

① 프랑스가 병인박해를 구실로 침입하였다.

② 영국이 러시아를 견제하기 위해 점령하였다.

③ 일본이 러·일 전쟁 중에 불법적으로 편입하였다.

④ 러시아가 저탄소 설치를 위해 조차를 요구하였다.

⑤ 일본이 안봉선 철도 부설권을 얻는 대가로 청에 귀속시켰다.

③ 말기에는 기단과 탑신에 불상의 부조를 새기는 등 다양한 변화가 나타났다.

④ 선종이 널리 퍼지면서 석종형을 기본으로 하는 승탑과 탑비가 유행하였다.

⑤ 다각다층의 석탑이 많이 만들어졌다.

6. 다음을 시기순으로 바르게 나열한 것은?

> ㄱ. 토지조사령　ㄴ. 조선광업령　ㄷ. 조선어업령　ㄹ. 회사령

① ㄱ-ㄴ-ㄷ-ㄹ

② ㄴ-ㄱ-ㄷ-ㄹ

③ ㄷ-ㄴ-ㄱ-ㄹ

④ ㄹ-ㄷ-ㄱ-ㄴ

⑤ ㄹ-ㄷ-ㄴ-ㄱ

7. 밑줄 친 ㉠과 관련된 사건으로 옳은 것은?

> 분사 검교소감 백수한 등이 스스로 음양의 술법을 안다고 칭하여 허황되고 불경한 말로 여러 사람을 현혹시켰다. 정지상 또한 서경 사람이라 그 말을 깊이 믿고 이르기를, "상경은 터전이 이미 쇠퇴하였고 ㉠궁궐이 모두 타서 남은 것이 없으나, 서경에는 왕기가 있으니 마땅히 왕의 거처를 옮겨서 상경으로 삼아야 한다."라고 하였다.
>
> \- 고려사 -

① 만적의 난
② 이자겸의 난
③ 거란의 침공
④ 몽골의 침략
⑤ 홍건적의 난

8. (가), (나) 인물에 대한 설명으로 옳은 것을 <보기>에서 모두 고른 것은?

(가)	(나)
국청사를 중심으로 해동 천태종을 개창하였으며, 수행 방법으로 교관겸수를 제시하였다.	수선사 결사를 통해 불교계를 개혁하고자 하였으며, 수행 방법으로 정혜쌍수를 제시하였다.

10. ㉠~㉢에 대한 설명으로 옳지 않은 것은?

> ㉠ 시정전시과(경종 1년) → ㉡ 개정전시과(목종 1년) → ㉢ 경정전시과(문종 30년)

① ㉠ - 4색 공복제에 입각하여 전시를 지급하였다.
② ㉡ - 문반, 무반, 잡업 계층으로 구분하여 전시를 지급하였다.
③ ㉡ - 실직자뿐 아니라 산직자에게도 전시를 지급하였다.
④ ㉢ - 무반에 대한 대우가 상승하였다.
⑤ ㉢ - 일부 관료에게는 시지를 지급하지 않았다.

11. 한국광복군이 조직된 시기로 옳은 것은?

1938. 10. 무한에서 조선의용대 결성
↓ ········· (ㄱ)
1940. 5. 한국독립당 창당
↓ ········· (ㄴ)
1941. 11. 대한민국 건국강령 발표
↓ ········· (ㄷ)
1941. 12. 대한민국 임시정부, 대일 선전 포고
↓ ········· (ㄹ)
1942. 10. 조선민족혁명당, 임시정부에 참여

<보 기>

ㄱ. (가) - 무애가를 지어 불교의 대중화에 힘썼다.
ㄴ. (가) - 불교 경전에 대한 주석서를 모아 교장(敎藏)을 편찬하였다.
ㄷ. (나) - 화엄일승법계도를 지어 화엄 사상을 정리하였다.
ㄹ. (나) - 돈오점수를 바탕으로 한 꾸준한 수행을 강조하였다.

① ㄱ, ㄷ
② ㄴ, ㄷ
③ ㄴ, ㄹ
④ ㄱ, ㄴ, ㄷ
⑤ ㄱ, ㄴ, ㄹ

9. 훈요십조의 내용으로 옳지 않은 것은?

① 궁궐을 지을 때에는 도선의 풍수사상에 맞게 지을 것
② 간쟁을 따르고 참언을 멀리하여 신민의 지지를 얻을 것
③ 경사(經史)를 널리 읽어 옛날을 거울삼아 오늘을 경계할 것
④ 농민의 요역과 세금을 가볍게 하여 민심을 얻고 부국안민을 이룰 것
⑤ 왕위는 장자상속을 원칙으로 하되, 장자가 현명하지 못할 때에는 신하들의 추대를 받은 다른 아들이 이을 것

↓ ……… (ㅁ)

1943. 8. 한국광복군 인면전구 공작대 파견

① ㄱ ② ㄴ ③ ㄷ ④ ㄹ ⑤ ㅁ

12. 조선 성종 연간에 편찬된 서적으로 옳지 않은 것은?

① 국조오례의
② 동국통감
③ 동문선
④ 악학궤범
⑤ 이륜행실도

13. 다음 선언문이 발표되던 시기의 우리나라 경제 상황으로 옳은 것은?

> 오늘 우리는 전 세계의 이목이 우리를 주시하는 가운데 40년 독재 정치를 청산하고 희망찬 민주 국가를 건설하기 위한 거보를 전 국민과 함께 내딛는다. 국가의 미래요 소망인 꽃다운 젊은이를 야만적인 고문으로 죽여 놓고, 그것도 모자라서 뻔뻔스럽게 국민을 속이려 했던 현 정권에게 국민의 분노가 무엇인지 분명히 보여주고 국민적 여망인 개헌을 일방적으로 파기한 4·13 폭거를 철회시키기 위한 민주 장정을 시작한다.

① 제1차 경제 개발 5개년 계획이 추진되었다.
② 오일 쇼크를 거치며 경제 성장이 둔화되었다.
③ 미국의 원조에 힘입어 삼백 산업이 발전하였다.
④ 외환 위기가 닥쳐 IMF로부터 구제 금융을 지원받았다.
⑤ 저유가, 저금리, 저달러의 3저 호황으로 고도성장이 가능하였다.

14. 다음 사건을 시기순으로 바르게 나열한 것은?

> ㄱ. 조·명 연합군이 평양성을 탈환하고, 왜군을 추격하다가 고양의 벽제관에서 패하였다.
> ㄴ. 선조는 세자와 함께 의주로 피난하고, 임해군과 순화군을 함경도와 강원도로 보내 근왕병을 모집하게 하였다.
> ㄷ. 이순신이 이끄는 수군이 한산도에서 일본 수군을 대파하여 해상권을 장악하였다.

16. 다음은 광복 직후부터 한국전쟁 직전까지 일어난 사건이다. ㉠~㉢의 시기에 있었던 사건으로 옳지 않은 것은?

> 8·15 광복
> ↓ ……… ㉠
> 모스크바 3국 외상회의
> ↓ ……… ㉡
> 대한민국 정부 수립
> ↓ ……… ㉢
> 한국전쟁 발발

① ㉠ - 여운형, 안재홍 등 좌우익이 참여한 조선건국준비위원회를 결성하였다.
② ㉠ - 중경 임시정부 요인들이 귀국하였다.
③ ㉡ - 여운형, 김규식 등이 좌우합작운동을 전개하였다.
④ ㉡ - 조선 민주주의 인민 공화국 정부 수립을 선포하였다.
⑤ ㉢ - 반민족 행위 처벌법을 제정하였다.

17. 다음 내용이 기록된 시기에 나타난 농업의 변화에 대한 설명으로 옳지 않은 것은?

> "서도 지방 담배, 한산 모시, 전주 생강, 강진 고구마, 황주 지황 밭에서의 수확은 모두 상상등전의 논에서 나는 수확

ㄹ. 김시민이 이끄는 군관민이 왜군 2만여 명과 진주성에서 격돌하여 방어에 성공하였다.

① ㄱ-ㄷ-ㄹ-ㄴ
② ㄴ-ㄷ-ㄹ-ㄱ
③ ㄴ-ㄹ-ㄱ-ㄷ
④ ㄷ-ㄹ-ㄱ-ㄴ
⑤ ㄹ-ㄴ-ㄷ-ㄱ

15. 다음 내용을 통해 알 수 있는 사화에 대한 설명으로 옳은 것은?

김종직의 조의제문이 문제가 되어 그를 대역죄로 다스려 부관참시하고 그 무리들을 능지처참하였다.

① 김일손의 사초가 발단이 되었다.
② 대윤과 소윤의 권력 다툼이 계기가 되었다.
③ 도학 정치를 주장한 조광조 등이 제거되었다.
④ 위훈 삭제에 대한 훈구 세력의 반발이 원인이 되었다.
⑤ 동인이 남인과 북인으로 분열되는 결과를 가져왔다.

의 10배에 이른다."

- 정약용, 『경세유표』 -

① 이앙법의 보급으로 적은 노동력으로 넓은 면적의 토지를 경작할 수 있게 되었다.
② 광작을 하여 수확을 증대시켰고, 그 수확물을 장시에 내다 팔았다.
③ 상품 화폐 경제의 발달로 쌀을 비롯하여 인삼, 면화, 고추 등의 상품 작물을 재배하였다.
④ 양반 지주들은 소작지의 면적을 줄이고 노비나 머슴을 고용하여 직접 농지를 경영하였다.
⑤ 밭농사에서는 조, 보리, 콩의 2년 3작이 시작되었다.

18. 다음은 17세기 후반에 발생한 정치적 격변과 관련된 연표이다. ㉠에 해당하는 사건과 관련된 설명으로 옳은 것은?

> ㅇ 1659년, 기해예송
> ㅇ 1674년, 갑인예송
> ㅇ 1680년, 경신환국
> ㅇ 1689년, ㉠
> ㅇ 1694년, 갑술환국

① 인현왕후 복위의 계기가 되었다.
② 노론의 영수 송시열이 사사되었다.
③ 윤휴가 송시열 등을 공격하면서 일어났다.
④ 김창집, 이이명 등 노론 4대신이 희생되었다.
⑤ 허적의 서자 허견의 역모 사건이 빌미가 되었다.

19. 갑오개혁의 내용에 대한 설명으로 옳은 것을 <보기> 에서 모두 고른 것은?

<보 기>

> ㄱ. 은본위 화폐제도와 조세의 금납화를 실시하였다.
> ㄴ. 양전사업을 실시하여 지계를 발급하였다.
> ㄷ. 군국기무처라는 임시특별기구가 설치되었다.
> ㄹ. 단발령을 폐지하였다.

① ㄱ, ㄷ
② ㄴ, ㄷ
③ ㄴ, ㄹ
④ ㄱ, ㄴ, ㄹ
⑤ ㄱ, ㄷ, ㄹ

20. 밑줄 친 ㉠이 지은 서적으로 옳은 것은?

> ㉠그는 한전론의 중요성을 인정하면서도 영농법의 혁신, 상업적 농업의 장려, 농기구 개량, 관개시설의 확충 등과 같은 경영과 기술적 측면의 개선을 통해 농업생산력을 높이는 문제에 더 큰 관심을 보였다.

① 열하일기
② 반계수록
③ 성호사설
④ 목민심서
⑤ 의산문답

헌 법

1. **다음 중 국적의 취득에 대한 설명으로 옳지 않은 것은?**

① 출생하기 전에 부(父)가 사망한 경우에는 그 사망 당시에 부(父)가 대한민국의 국민이었던 자는 출생과 동시에 대한민국 국적을 취득한다.

② 대한민국에서 발견된 기아(棄兒)는 대한민국에서 출생한 것으로 추정한다.

③ 부(父) 또는 모(母)가 대한민국의 국민이었던 외국인은 대한민국에 일정기간 거주하지 않아도 귀화허가를 받을 수 있다.

④ 외국인의 자(子)로서 대한민국의 「민법」상 미성년인 자는 부(父) 또는 모(母)가 귀화허가를 신청할 때 함께 국적 취득을 신청할 수 있다.

⑤ 대한민국 국적을 취득한 외국인으로서 외국 국적을 가지고 있는 자는 대한민국 국적을 취득한 날부터 1년 내에 그 외국 국적을 포기하여야 한다.

2. **다음 중 행복추구권에 대한 설명으로 옳은 것은? (다툼이 있는 경우 헌법재판소 판례에 의함)**

① 현행헌법에서 인간의 존엄과 가치와 행복추구권을 처음 규정하였다.

3. **다음 중 정당의 자유에 대한 설명으로 옳지 않은 것은? (다툼이 있는 경우 헌법재판소 판례에 의함)**

① 오늘날 대의민주주의에서 차지하는 정당의 기능을 고려하여, 헌법 제8조 제1항은 국민 누구나가 원칙적으로 국가의 간섭을 받지 아니하고 정당을 설립할 권리를 기본권으로 보장함과 아울러 복수정당제를 제도적으로 보장하고 있다.

② 헌법 제8조 제1항 전단은 단지 정당설립의 자유만을 명시적으로 규정하고 있지만, 정당설립의 자유는 당연히 정당존속의 자유와 정당활동의 자유를 포함하는 것이다.

③ 입법자는 정당설립의 자유를 최대한 보장하는 방향으로 입법하여야 하고, 헌법재판소는 정당설립의 자유를 제한하는 법률의 합헌성을 심사할 때에 엄격한 비례심사를 하여야 한다.

④ 국회의원선거에 참여하여 의석을 얻지 못하고 유효투표총수의 100분의 2 이상을 득표하지 못한 정당에 대해 그 등록을 취소하도록 하는 「정당법」 조항은 정당설립의 자유를 침해하는 것은 아니다.

⑤ 정당의 명칭은 그 정당의 정책과 정치적 신념을 나타내는 대표적인 표지에 해당하므로, 정당설립의 자유는 자신들이 원하는 명칭을 사용하여 정당을 설립하거나 정당활동을 할 자유도 포함한다.

4. **다음 중 사생활의 비밀과 자유에 대한 설명으로 옳지 않은 것은? (다툼이 있는 경우 헌법재판소 판례에 의함)**

① 존속상해치사죄를 가중처벌하는 것이 사생활의 자유를 침해하는 것은 아니다.

② 공직선거후보자로 등록하고자 하는 자가 제출하여야 하는 금고 이상의 형의 범죄경력에 실효된 형까지 포함하도록 하는 것은 사

② 공법인도 행복추구권의 주체가 될 수 있다.

③ 소비자가 자신의 의사에 따라 자유롭게 상품을 선택할 수 있는 소비자의 자기결정권은 행복추구권과는 무관하다.

④ 18세 미만자의 노래방출입제한을 통해 얻을 수 있는 공익이 이로 인해 제한되는 행복추구권의 법익보다 크다.

⑤ 행복추구권은 국민이 행복을 추구하기 위하여 필요한 급부를 국가에 대하여 적극적으로 요구할 수 있는 것을 기본적인 내용으로 한다.

생활의 비밀과 자유를 침해한다.

③ 4급 이상 공무원의 병역면제 사유인 질병명 공개는 사생활의 비밀과 자유를 침해한다.

④ 국정감사는 개인의 사생활을 침해하여서는 아니된다.

⑤ 구치소장이 수용자의 거실에 CCTV를 설치하여 계호한 행위가 수용자의 사생활의 비밀과 자유를 침해하는 것은 아니다.

5. 다음 중 청원권에 대한 설명으로 옳은 것은? (다툼이 있는 경우 헌법재판소 판례에 의함)

① 모든 국민은 법률이 정하는 바에 의하여 국가기관에 문서로 청원할 권리를 가지고, 국가는 청원에 대하여 심사할 의무를 지므로 청원인이 기대한 바에 미치지 못하는 처리내용은 헌법소원의 대상이 되는 공권력의 불행사이다.

② 청원권의 보호범위에는 청원사항의 처리결과에 심판서나 재결서에 준하여 이유를 명시할 것까지를 요구하는 것을 포함하는 것은 아니다.

③ 청원권은 특히 국회와 국민의 유대를 지속시켜 주는 수단이기 때문에 국회의 경우에는 국회의원의 소개를 받아서 청원을 하여야 하지만, 지방의회의 경우에는 지방의회의원의 소개를 얻지 않고서 가능하다.

④ 동일인이 동일한 내용의 청원서를 동일한 기관에 2건 이상 제출하거나 2 이상의 기관에 제출한 때에는 청원에 대한 심사 의무가 발생하지 않는다.

⑤ 청원서를 접수한 기관은 청원사항이 그 기관이 관장하는 사항이 아니라고 인정되는 때에는 청원인에게 청원서를 반려하여야 한다.

6. 다음 중 국회의 의사절차원칙에 대한 설명으로 옳지 않은 것은? (다툼이 있는 경우 헌법재판소 판례에 의함)

① 국회에 제출된 법률안 기타의 의안은 회기 중에 의결되지 못한 이유로 폐기되지 아니한다는 회기계속의 원칙은 의원의 임기만료 시에는 예외가 인정된다.

② 위원회에서 본회의에 부의할 필요가 없다고 결정된 의안을 본회의에서 다시 심의하더라도 이는 동일 사안의 재의가 아니다.

③ 가부동수가 된 안건을 같은 회기 중 다시 발의하는 것은 일사부재의 원칙에 위배된다.

④ 법률안에 대한 본회의의 표결이 종료되어 재적의원 과반수의 출석에 미달되었음이 확인된 경우에는, 출석의원 과반수의 찬성에 미달한 경우와 마찬가지로 국회의 의사는 부결로 확정되었다고 보아야 한다.

⑤ 의사공개의 원칙은 본회의에만 적용되고 위원회에는 적용되지 않는다.

7. 다음 중 권한쟁의심판에 대한 설명으로 옳지 않은 것은? (다툼이 있는 경우 헌법재판소 판례에 의함)

① 국회의원과 국회의장은 헌법 제111조 제1항 제4호의 "국가기관"에 해당하므로 권한쟁의심판의 당사자가 될 수 있다.

② 「헌법재판소법」이 국가기관 상호간의 권한쟁의심판을 "국회, 정부, 법원 및 중앙선거관리위원회 상호간의 권한쟁의심판"이라고 규정하고 있더라도 이는 한정적, 열거적인 조항이 아니라 예시적인 조항이라고 해석하는 것이 헌법에 합치된다.

③ 지방자치단체의 장이 국가위임 사무에 대해 국가기관의 지위에

9. 다음 중 현행헌법이 명문으로 규칙제정권을 부여하고 있지 않은 국가기관은?

① 국회

② 대법원

③ 감사원

④ 중앙선거관리위원회

⑤ 헌법재판소

10. 다음 중 국회 위원회의 권한에 대한 설명으로 옳은 것은?

① 상임위원회는 위원회 또는 상설소위원회를 정기적으로 개회하여 그 소관 중앙행정기관이 제출한 부령에 대하여 법률에의 위반여부 등을 검토하여 당해 부령이 법률의 취지 또는 내용에 합치되지 아니하다고 판단되는 경우 소관 중앙행정기관의 장에게 그 내용을 통보할 수 있다.

② 위원회는 중요한 안건 또는 전문지식을 요하는 안건을 심사하기 위하여 그 의결 또는 재적위원 4분의 1 이상의 요구로 공청회를 열고 이해관계자 또는 학식·경험이 있는 자 등으로부터 의견을 들을 수 있다.

③ 정보위원회는 그 소관사항을 분담·심사하기 위하여 상설소위원회를 둘 수 있다.

④ 상임위원회는 총리령, 부령이 법률의 취지 또는 내용에 합치되지 않는다고 판단한 경우에는 소관 행정기관의 장에게 수정·변경을 요구할 수 있다.

⑤ 위원회는 소관 현안, 중요한 안건의 심사와 국정감사 및 국정조

서 처분을 행한 경우에는 권한쟁의심판 청구의 당사자가 될 수 있다.

④ 국회의 구성원인 국회의원들은 국회의 "예산 외에 국가의 부담이 될 계약"의 체결에 있어 대통령에 대하여 동의권의 침해를 주장하는 권한쟁의심판을 청구할 수 있다.

⑤ 권한쟁의심판의 대상으로서의 처분은 입법행위와 같은 법률의 제정 또는 개정과 관련된 권한의 존부 및 행사상의 다툼, 행정처분은 물론 행정입법과 같은 모든 행정작용 그리고 법원의 재판 및 사법행정작용 등을 포함하는 넓은 의미의 공권력처분을 의미하는 것으로 보아야 한다.

8. 다음 중 대통령의 사면권에 대한 설명으로 옳지 않은 것은?

① 대통령의 일반사면은 죄를 범한 자에 대하여 국회의 동의를 얻어 법률의 형식으로 한다.

② 특별한 규정이 없는 한 대통령의 일반사면은 형 선고의 효력이 상실되며 형을 선고받지 아니한 자에 대하여는 공소권이 상실된다.

③ 대통령의 특별사면은 법무부장관이 사면심사위원회의 심사를 거쳐 대통령에게 상신하여야 한다.

④ 대통령의 특별사면은 형을 선고받은 자의 형 집행을 면제하는 것을 원칙으로 한다.

⑤ 형의 선고에 따라 이미 완성된 효과는 사면으로 인하여 변경되지 않는다.

사에 필요한 경우 증인·감정인·참고인으로부터 증언·진술의 청취와 증거의 채택을 위하여 그 의결로 청문회를 열 수 있다.

11. 다음 중 대의제 원리에 대한 설명으로 옳지 않은 것은? (다툼이 있는 경우 헌법재판소 판례에 의함)

① 국회의원은 정당의 대표가 아니라 국민 전체의 대표이기 때문에 당선 당시의 당적을 이탈·변경하더라도 국회의원의 직을 상실하지 않는다.

② 국회의원선거에서 유권자의 의사에 의하여 설정된 국회의 정당간 의석분포가 존속될 것이라는 내용의 '국회구성권'은 헌법상 인정되지 않는다.

③ 정당이 민주적 기본질서에 위배하여 해산되는 경우에는 해당 정당에 소속된 국회의원의 신분이 상실된다.

④ 소속 정당의 의사를 따르지 않는 국회의원에 대해서 국회의원의 신분에 변동을 가하지 않으면서 본인의 의사에 반하여 소속 상임위원회를 변경하는 조치는 국회의원의 권한을 침해하는 것은 아니다.

⑤ 대의제 원리가 적용되는 민주주의에서 국민투표와 같은 직접민주주의적 요소는 헌법이 규정하는 경우에 한하여 예외적으로 적용되며, 따라서 대통령의 신임을 국민투표를 통하여 묻는 것은 헌법이 명시하지 않았기 때문에 허용되지 않는다.

12. 다음 중 포괄위임입법금지원칙에 대한 설명으로 옳지 않은 것은? (다툼이 있는 경우 헌법재판소 판례에 의함)

① 헌법이 인정하고 있는 위임입법의 형식은 예시적인 것으로 보아야 할 것이고, 그것은 법률이 행정규칙에 위임하더라도 그 행정규칙은 위임된 사항만을 규율할 수 있으므로, 국회입법의 원칙과 상치되지 않는다.

② 자산의 양도차익을 계산함에 있어서 그 취득시기 및 양도시기에 관하여 대통령령으로 정하도록 규정한 구 「소득세법」 제98조는 조세법률주의 및 포괄위임입법금지원칙에 위배된다.

③ 오늘날 일정한 범위 내에서 행정입법을 허용하게 된 동기가 사회적 변화에 대응한 입법수요의 급증과 종래의 형식적 권력분립주의로는 현대사회에 대응할 수 없다는 기능적 권력분립론에 있다는 점 등을 감안하더라도 입법의 본질사항은 의회에 유보되어야 한다.

④ 조례제정권에 대한 지나친 제약은 바람직하지 않으므로 조례에 대한 법률의 위임은 법규명령에 대한 법률의 위임과 같이 반드시 구체적으로 범위를 정하여 할 필요는 없으며 포괄적인 것으로 족하다.

⑤ '무시험 추첨배정에 의한 고등학교 입학전형제도'를 포괄적으로 교육감에 위임하고 있는 「초·중등교육법」 제47조 제2항은 의회유보의 원칙에 위반되지 않는다.

13. 다음 중 신체의 자유에 대한 설명으로 옳지 않은 것은? (다툼이 있는 경우 헌법재판소 판례에 의함)

① 형벌은 범행의 경중과 행위자의 책임, 즉 형벌 사이에 비례성을

15. 다음 중 헌법이 금지하는 사전검열에 대한 설명으로 옳지 않은 것은? (다툼이 있는 경우 헌법재판소 판례에 의함)

① 사전검열로 인정되려면 사상이나 의견이 발표되기 전에 일반적으로 허가를 받기 위한 표현물의 제출의무가 있어야 한다.

② 행정권이 주체가 된 사전심사절차도 사전검열의 인정요소이다.

③ 사전검열로 인정되려면 허가를 받지 않은 의사표현의 금지도 필요하다.

④ 광고물 등의 모양, 크기, 색깔 등을 규제하는 것도 검열에 해당한다.

⑤ 자료의 납본만을 요구하는 경우에는 검열에 해당하지 않는다.

16. 다음 중 헌법소원의 청구인적격에 대한 설명으로 옳은 것은? (다툼이 있는 경우 헌법재판소 판례에 의함)

① 대통령은 중앙선거관리위원회의 선거운동에 관한 정치적 의사표현의 자유제한에 대하여 헌법소원을 청구할 수 없다.

② 국회의원은 법률안 의결과 관련하여 국회의장에 대하여 법률안 심의·표결권 침해를 이유로 헌법소원을 청구할 수 있다.

③ 단체는 원칙적으로 단체 자신의 기본권을 직접 침해당한 경우에만 그의 이름으로 헌법소원을 청구할 수 있는 것이 아니라, 구성원을 위하여 또는 구성원을 대신하여서도 헌법소원을 청구할 수 있다.

④ 한국신문편집인협회가 침해받았다고 주장하는 언론·출판의 자유는 그 성질상 법인이나 권리능력 없는 사단도 누릴 수 있는 권리이므로 동 협회가 언론·출판의 자유를 직접 구체적으로 침해받은 경우에는 헌법소원을 청구할 수 있다.

갖추어야 한다.

② 징역형 수형자에게 정역 의무를 부과하는 「형법」 제67조는 신체의 자유 침해가 아니다.

③ 범죄에 대한 형벌권은 대한민국에 있기 때문에 범죄를 저지르고 외국에서 형의 전부 혹은 일부의 집행을 받은 경우에 형을 감경 혹은 면제할 것인가의 여부를 법원이 임의로 판단할 수 있도록 한 것은 헌법에 위반되지 않는다.

④ 구속영장은 구속 전에 발부되어야 하지만 현행범인의 경우 또는 긴급체포의 경우에는 사후에 영장을 청구할 수 있다.

⑤ 행정상 즉시강제는 그 본질상 급박성을 요건으로 하고 있어 원칙적으로 영장주의가 적용되지 않는다.

14. 다음 중 재판청구권에 대한 설명으로 옳지 않은 것은? (다툼이 있는 경우 헌법재판소 판례에 의함)

① 재판을 받을 권리는 사법권의 독립이 보장된 법원에서 재판을 받을 권리를 포함한다.

② 재판청구권은 권리구제절차를 규정하는 절차법에 의해서 구체적으로 형성·실현되며 동시에 이에 의하여 제한된다.

③ 군사법원에서 심판관을 일반장교로 임명할 수 있도록 규정하는 것이 재판청구권을 침해하는 것은 아니다.

④ 법관에 의한 재판을 받을 권리를 보장한다고 함은 법관이 사실을 확정하고 법률을 해석·적용하는 재판을 받을 권리를 보장하는 것이다.

⑤ 교원에 대한 징계처분에 관하여 재심청구를 거치지 아니하고서는 행정소송을 제기할 수 없도록 하는 것은 재판청구권을 침해하는 것이다.

⑤ MBC 문화방송은 공법상의 재단법인인 방송문화진흥회가 최다출자자인 방송사업자로서 「방송법」 등에 의하여 공법상의 의무를 부담하고 있으므로 헌법소원을 청구할 수 없다.

17. 다음 중 재산권에 대한 설명으로 옳은 것은? (다툼이 있는 경우 헌법재판소 판례에 의함)

① 토지거래허가제는 위헌이다.

② 재건축사업 진행단계에 상관없이 임대인이 갱신거절권을 행사할 수 있도록 한 구 「상가건물 임대차보호법」 제10조 제1항 단서 제7호는 상가임차인의 재산권을 침해한다.

③ 토지수용 시에 개발이익이 포함되지 아니한 공시지가를 기준으로 보상하는 것은 합헌이다.

④ 강제집행권도 헌법상 보호되는 재산권에 속한다.

⑤ 자신의 토지를 장래에 건축이나 개발목적으로 사용할 수 있으리라는 기대가능성이나 신뢰 및 이에 따른 지가상승의 기회는 원칙적으로 재산권의 보호범위에 속한다.

18. 다음 중 위헌법률심판에 대한 설명으로 옳지 않은 것은? (다툼이 있는 경우 헌법재판소 판례에 의함)

① 위헌법률심판에서 재판의 전제성이 인정되기 위해서는 구체적인 사건이 법원에 계속 중이어야 하고, 위헌 여부가 문제되는 법률이 당해 소송의 재판에 적용되어야 하며, 적용법률의 위헌 여부에 따라 당해 사건을 담당하는 법원이 다른 내용의 재판을 하는 경우에 해당하여야 한다.

② 법원이 헌법재판소에 위헌법률심판을 제청한 때에는 당해 소송사건의 재판은 헌법재판소의 결정이 있을 때까지 정지된다.

③ 법률의 효력을 갖는 관습법은 위헌법률심판의 대상에 해당된다.

④ 위헌법률심판에서 재판관 5인이 단순위헌의견, 2인이 헌법불합치의견, 그리고 2인이 합헌의견을 낸 경우에는 헌법불합치결정의 주문을 채택한다.

⑤ 형벌에 관한 법률 조항에 대한 위헌결정은 소급효를 가지지만 해당 법률 또는 법률 조항에 대하여 종전에 합헌결정이 있는 경우에는 그 결정이 있는 날로부터 효력을 상실한다.

19. 다음 중 국회의 입법과정에 대한 설명으로 옳지 않은 것은?

① 국회의 위원회도 그 소관에 속하는 사항에 대해서는 법률안을 제출할 수 있다.

② 정부가 예산 또는 기금상의 조치가 수반되는 법률안을 제출하는 경우에는 재원조달방안을 비용추계서로 갈음하여 제출할 수 있다.

③ 국회의장은 법률안이 제출되면 이를 의원에게 배부하고 본회의에 보고하며 소관 상임위원회에 회부한다.

④ 위원회의 위원장은 간사와 협의하여 회부된 법률안(체계·자구 심

사를 위해 법제사법위원회에 회부된 법률안은 제외한다)에 대하여 원칙적으로 입법예고하여야 한다.

⑤ 위원회의 심사를 거친 안건에 대해서는 본회의의 의결로 질의와 토론 또는 그 중의 하나를 생략할 수 있다.

20. 다음 중 우리나라 헌정사에 대한 설명으로 옳지 않은 것은?

① 제헌헌법은 중요한 운수, 통신, 금융, 보험, 전기, 수리, 수도, 가스 및 공공성을 가진 기업을 국영 혹은 공영으로 하도록 하였다.

② 제2차 개정헌법은 초대 대통령에 한하여 중임제한 규정을 적용하지 않도록 하여 초대 대통령에게 영구집권의 가능성을 열어 주었다.

③ 제3차 개정헌법은 정당에 관한 규정을 처음으로 두었고, 정당이 민주적 기본질서에 위배되는 경우에 헌법위원회의 결정에 의하여 해산될 수 있도록 하였다.

④ 제5차 개정헌법은 인간의 존엄과 가치에 관한 규정을 처음으로 도입하였다.

⑤ 제7차 개정헌법은 기본권의 본질적 내용 침해 금지 조항을 삭제하였다.

행 정 학 개 론

1. **다음 중 비용편익분석이 평가하고자 하는 가치로 옳은 것은?**

① 형평성(Equity)
② 실현가능성(Feasibility)
③ 능률성(Efficiency)
④ 민주성(Democracy)
⑤ 대응성(Responsiveness)

2. **다음 중 공익에 대한 설명으로 옳은 것은?**

① 실체설은 사익을 조정해 공익을 산출할 수 있다고 보기 때문에 과정설이라고도 한다.
② 과정설은 다원주의 국가에서 일어나는 정책결정 과정을 전제로 한다.
③ 실체설에서는 사익의 총합이 곧 공익이 된다고 주장한다.
④ 공익은 국가 권력에 정당성을 부여하지만 정책평가의 기준으로 기능하지 못한다.
⑤ 행정의 최고 가치로서 공익 개념은 공·사행정 일원론 시대에 강조되었다.

5. **다음 중 우리나라 공무원 노동조합에 대한 설명으로 옳지 않은 것은?**

① 공무원 노동조합은 행정의 민주화와 행정 발전에 기여할 수 있으나 공무원 인사에 개입함으로써 실적제를 약화시키는 기능도 가지고 있다.
② 공직의 특수성에 비춰 공무원 노동조합의 구성과 활동을 원칙적으로 인정하되 단체행동은 제한적으로 인정하고 있다.
③ 공무원 노동조합은 공무원의 복지 증진과 사기 제고에 기여할 수 있으며 현대 인사행정에서 중시되고 있는 관리 도구의 하나이다.
④ 6급 이하 일반직에 상당하는 공무원은 노동조합과 공무원 직장협의회의 가입대상으로 규정되어 있다.
⑤ 우리나라 공무원 노동조합의 특성 중 하나는 공무원 노동조합 관련 법규가 많고 그러한 법규정에 따라 상이하게 구성된 공무원 노동조합의 종류가 너무 많다는 점이다.

6. **다음 중 2016년 현재 지방자치단체인 것은?**

① 평해읍
② 서귀포시
③ 진천읍
④ 원주시
⑤ 제주시

7. **다음 중 대표관료제에 대한 설명으로 옳지 않은 것은?**

3. 다음 중 주민자치제도와 단체자치제도의 차이점으로 옳지 않은 것은?

① 자치권의 인식에서 주민자치는 고유권으로, 단체자치는 전래권으로 본다.

② 주민자치는 권한부여방식으로 포괄적 위임주의를 채택하고, 단체자치는 개별적 지정주의를 채택하는 경향이 있다.

③ 사무구분에서 주민자치는 자치사무와 위임사무를 구분하지 않지만 단체자치는 이를 구분한다.

④ 주민자치는 자치정부에의 주민 참여를 중시하고, 단체자치는 지방자치단체의 중앙정부로부터의 독립을 중시한다.

⑤ 중앙정부와 지방정부의 관계의 경우 주민자치는 기능적 협력관계, 단체자치는 권력적 감독관계의 성격이 강하다.

4. 다음 중 비공식집단의 순기능으로 옳지 않은 것은?

① 심리적 안정감 제고

② 계층제의 경직성 완화

③ 품의제적 의사전달의 활성화

④ 구성원 간의 협조를 통한 직무의 능률적 수행

⑤ 구성원의 행동 기준 확립으로 사회적 통제 기능 수행

① 대표관료제는 실적주의의 폐단과 직업공무원제의 한계를 극복하고 사회적 약자를 보호하기 위해 등장했다.

② 대표관료제의 기본 전제인 적극적 대표성은 그 나라의 사회, 경제적 인구구성의 특징이 관료제의 구성에 그대로 반영되는 것을 의미한다.

③ 대표성을 지닌 관료집단 사이의 견제와 균형을 통해 국민의 의사를 균형있게 대변하여 관료제 내부 통제를 강화할 수 있기 때문에 도입 필요성이 인정된다.

④ 대표관료제는 관료제 인적 구성 비율을 사회의 각 집단에 비례하도록 구성하여 정부관료제의 민주성을 확보하고자 한다.

⑤ 대표관료제를 실시할 경우 임용할당제로 인한 역차별이라는 문제가 발생할 수 있다.

8. 조직 내 의사전달의 장애요인 중 전달자와 피전달자에 기인하는 것으로 옳지 않은 것은?

① 준거 기준의 차이

② 전달자의 자기방어

③ 전달자의 의식적 제한

④ 피전달자의 전달자에 대한 불신

⑤ 정보전달 채널의 부족

9. **<보기>는 정책과정에 대한 이론적 관점들 중 하나를 제시한 것이다. 다음 중 <보기>에 대한 설명으로 옳은 것은?**

<보 기>

사회의 현존 이익과 특권적 분배 상태를 변화시키려는 요구가 표현되기도 전에 질식·은폐되거나, 그러한 요구가 국가의 공식 의사결정 단계에 이르기 전에 소멸되기도 한다.

① 정책은 많은 이익집단의 경쟁적 타협의 산물이다.
② 연구의 초점이 정부의 공식적 기구와 제도에 맞추어져 있고 이익집단과 언론기관과 같은 비공식적 조직은 연구에서 배제된다.
③ 실제 정책과정은 기득권의 이익을 수호하려는 보수적인 성격을 나타낼 가능성이 높다.
④ 정부가 단독으로 정책을 결정·집행하는 것이 아니라 시장(market) 및 시민사회 등과 함께한다.
⑤ 후기 산업화 단계에서 고용주연합과 노동조합은 더 이상 사회집단의 일원으로 남아 있지 않고 국가와 함께 지배 기구로 편입되어 국가 정책을 만드는 데 큰 영향을 끼쳤다.

10. **다음 중 정부가 민간위탁하기 어려운 업무는?**

① 단순사실행위인 행정작용
② 특수한 전문지식과 기술을 요하는 사무
③ 공익성보다는 능률성이 더 많이 요구되는 사무
④ 국가의 검증·시험연구 등 공신력이 요구되는 사무
⑤ 기타 국민생활과 직결된 단순행정사무 등

13. **다음 중 정책의제설정에 대한 설명으로 옳은 것은?**

① 외부주도형 의제설정에서는 정부 내부의 정책결정자가 주도적으로 정부의제를 먼저 설정하고 정책순응 확보를 위해 공중의제화 과정을 거친다.
② 내부접근형은 정부의제가 공중의제가 되지 않고 곧바로 정책의제로 채택된다.
③ 동원형 의제설정에서는 정부 외부의 다양한 행위자들에 의해 특정 사회문제의 정책의제화가 주도된다.
④ 정책 이해관계자의 조직화 정도가 낮은 경우가 이해관계자의 조직화 정도가 높은 경우에 비해 정책의제화가 용이하다.
⑤ 정부기관의 입장에서 정책문제의 해결이 상대적으로 쉬울 것으로 인지될 경우 정책의제화가 어렵다.

14. **다음 중 바우처제도(Voucher)에 대한 설명으로 옳지 않은 것은?**

① 전통적 행정서비스 공급은 '수요자-공급자'의 수평적 이용구조이고, 바우처제도는 '수급자-제공기관'의 수직적 구조이다.
② 신공공관리주의에 기초한 새로운 행정서비스 공급방식으로 넓은 의미의 민간화(민영화)의 한 수단이다.
③ 행정서비스 생산을 민간부문에 위탁하되 수요자들에게 금전적 가치가 있는 쿠폰을 제공하여 수요자들의 선택권을 확보하는 방식이다.
④ 미국의 식품구매권(food stamp) 제공이 이에 해당된다.
⑤ 우리나라는 2007년 보건복지부에서 전자바우처 시스템을 도입했다.

11. **조직구성원의 동기부여에 대한 다음 이론 중 성격이 다른 것은?**

① 브룸(Vroom)의 선호-기대이론(preference-expectation theory)
② 애덤스(Adams)의 형평이론(equity theory)
③ 포터와 로울러(Porter and Lawler, III)의 성과-만족이론(performance-satisfaction theory)
④ 조고폴러스(Georgopoulos)의 통로-목표이론(path-goal theory)
⑤ 아지리스(Argyris)의 미성숙-성숙이론(immaturity-maturity theory)

12. **다음 중 관료제의 병리현상에 대한 설명으로 옳지 않은 것은?**

① 수단으로 간주되던 규칙 준수가 목적이 되는 파킨슨의 법칙(Parkinson's Law)
② 조직 내 대인관계에 대한 비인격성이 초래하는 조직 내 인간성 상실
③ 새로운 결정을 하지 않고 선례에 따르거나 상관의 지시에 영합하는 무사안일주의
④ 고도로 전문화되고 분화된 업무 구성에 기인하는 훈련된 무능
⑤ 국민에 대해 직접적인 책임을 지지 않는 데서 오는 행정의 독선화

15. **다음 중 우리나라 공무원 분류에 대한 설명으로 옳은 것은?**

① 특수경력직 공무원은 일반직 공무원을 제외한 공무원을 통칭하는 말이다.
② 별정직 공무원은 특정직 공무원의 한 유형이다.
③ 법관과 검사는 특수경력직 공무원에 해당된다.
④ 국회사무총장, 감사원장 등은 정무직 공무원이다.
⑤ 특수경력직 공무원은 특정직 공무원과 정무직 공무원으로 구성된다.

16. **다음 중 예산에 대한 설명으로 옳은 것은?**

① 정부는 예산안을 회계연도 개시 120일 전까지 국회에 제출하고, 국회는 회계연도 개시 45일 전까지 이를 의결해야 한다.

② 수정예산은 예산안이 국회에서 확정된 후에 생긴 사유로 이미 성립된 예산에 변경을 가할 필요가 있을 때 편성하는 예산을 말한다.

③ 잠정예산은 예산안이 회계연도 개시일까지 국회를 통과하지 못한 경우 기간의 제한 없이 국고지출을 허가하는 제도로 우리나라에서는 사용된 적이 없다.

④ 준예산은 우리나라에서 예산안이 회계연도 개시일까지 국회를 통과하지 못할 경우 사용하는 제도로 국회의 의결이 있어야 집행될 수 있다.

⑤ 우리나라가 채택한 적이 있는 가예산의 경우, 예산안이 회계연도 개시일까지 국회를 통과하지 못할 때 정부는 1개월 이내의 시간 범위 내에서 가예산을 지출할 수 있으며 국회의 의결은 불필요하다.

17. **다음 중 행정지도에 대한 설명으로 옳지 않은 것은?**

① 행정지도는 법적 구속력을 직접 수반하지 않는다.

② 행정지도를 받는 시민은 특정한 개인일 수도 있고, 법인이나 단체일 수도 있다.

③ 행정지도는 새로운 또는 긴급한 행정수요에 응급적으로 또는 보완적으로 대응할 수 있다.

④ 행정지도는 권력을 배경으로 하기 때문에 지도형식에 일률적인 제한을 받는다.

⑤ 과거 개발연대에 행정이 민간부문의 발전을 선도·관리하면서 행정지도의 영역이 매우 확대되었다.

20. **다음 중 특별행정기관에 대한 설명으로 옳지 않은 것은?**

① 특별행정기관은 국가사무를 집행하고자 중앙부처가 설치하는 일선집행기관이다.

② 특별행정기관은 국가사무의 효율적 집행과 광역적 추진에 효과적이다.

③ 특별행정기관은 중앙부처의 감독을 용이하게 하는 반면, 부처이기주의를 초래하는 요인이 되기도 한다.

④ 특별행정기관은 지방분권과 지방자치 측면에서 볼 때 자치단체인 일반행정기관의 책임행정 구현에 공헌한다.

⑤ 특별행정기관은 일반행정기관과의 기능 중복으로 인한 비효율성이 문제로 제기된다.

18. **다음 중 예산결정의 점증주의적 접근방법의 장점으로 옳지 않은 것은?**

① 협상과 타협의 과정을 통해 이해관계의 대립과 갈등을 조정하고 합의를 형성하는 데 유리하다.
② 지출대안의 탐색과 분석에 소요되는 비용을 줄일 수 있다.
③ 예산과정 참여자들의 역할과 기대를 안정시켜 예산과정의 예측가능성을 높인다.
④ 예산과정의 권력중심을 입법기관으로 옮겨주기 때문에 입법기관의 지지를 받을 수 있다.
⑤ 예산을 탄력적으로 활용하여 경기변동에 대응하는 재정정책적 기능을 수행할 수 있다.

19. **다음 중 공유재의 비극(The Tragedy of the Commons)에 대한 설명으로 옳지 않은 것은?**

① 공유재는 소비의 경합성과 비배제성을 갖는 재화이다.
② 공유재의 비극은 비용의 집중과 편익의 분산관계로 인해 발생한다.
③ 사적 이익의 극대화가 공공이익의 손실을 가져올 수 있다.
④ 공유재에서는 양심적인 행위자에게 손실이 발생할 수 있다.
⑤ 공유재의 보존을 위한 정부규제의 필요성 및 근거로 작용한다.

정답표					
가형	국어	영어	한국사	헌법	행정학개론
문1	3	3	4	3	3
문2	3	5	4	4	2
문3	3	4	3	4	2
문4	1	3	3	2	3
문5	4	5	3	2	1
문6	2	1	4	5	4
문7	2	1	2	4	2
문8	4	4	3	1	5
문9	5	2	1	3	3
문10	3	5	2	1	4
문11	1	1	2	1	5
문12	1	5	5	2	1
문13	2	2	5	3	2
문14	1	4	2	5	1
문15	5	3	1	4	4
문16	2	2	4	4	3
문17	5	1	5	3	4
문18	3	4	2	5	5
문19	1	2	1	2	2
문20	4	3	1	3	4

국 어

1. **다음 중 표준 발음법에 맞게 발음하지 않은 것은?**

① 그렇게 썰면 조금 얇지[얄 : 찌] 않을까요?
② 경찰은 범인을 찾기 위해 주변 지역을 샅샅이 훑고[훌꼬] 있다.
③ 경치가 좋으니 시나 한 수 읊고[읍꼬] 시작합시다.
④ 어제 비가 와서 그런지 하늘이 참 맑습니다[말씀니다].
⑤ 늙고[늘꼬] 병든 사람들을 보살피는 것 또한 사람의 도리가 아닌가?

2. **다음 중 한자의 독음이 옳지 않은 것은?**

① 捺印-눌인, 桎梏-질혹
② 謁見-알현, 龜裂-균열
③ 漏泄-누설, 敷衍-부연
④ 前揭-전게, 行列-항렬
⑤ 嚆矢-효시, 殺到-쇄도

6. **언어의 특성 차원에서 다음 글을 이해할 때, 가장 적절한 것은?**

> <표준국어대사전>에서는 '너무'라는 단어를 '일정한 정도나 한계에 지나치게'라는 의미로 풀이해 두고 있었다. 그래서 그 동안 "너무 크다/너무 늦다/너무 먹다/너무 가깝다"처럼 '너무'를 부정적인 의미로 쓰도록 제한해 왔다. 그런데 2015년 상반기에 이의 뜻풀이를 '일정한 정도나 한계를 훨씬 넘어선 상태로'라고 수정하게 되었다. 따라서 이제 그동안 쓰던 부정적인 의미는 물론 '너무 좋다/너무 예쁘다/너무 반갑다' 등처럼 긍정적인 의미에도 쓸 수 있게 되었다.

① 언어의 창조성 측면에서 보면, 드디어 '너무'라는 말이 생겨난 거야.
② 언어의 체계성을 생각해 보면, '너무'가 부정적인 의미가 있었으니 긍정적인 의미도 있어야겠지.
③ 언어의 분절성을 생각해 보면, 한번 정해진 표준어의 용법도 바뀔 수 있는 거야.
④ 언어의 역사성에 따르면, 정해진 의미는 100년이든 200년이든 똑같아야 하는 거 아니야?
⑤ 언어의 사회성 측면에서 볼 때, 많은 사람들이 그렇게 사용하니까 인정된 거겠지.

7. **다음 중 '두 손으로 따뜻한 볼을 쓸어 보면 손바닥에도 파란 물감이 묻어난다.'라는 문장이 들어가야 할 부분으로 가장 적절한 것은?**

3. **다음 중 어법상 올바른 문장은?**

① 날씨가 맑아 하늘을 날으는 매가 선명하게 보인다.
② 사기 사건의 용의자는 자신의 범죄를 감추기 위해 거짓말도 서슴치 않았다.
③ 물을 사용하신 후에는 수도꼭지를 꼭 잠궈 주세요.
④ 새로 지은 집의 담벼락에 괴발개발 아무렇게나 낙서가 되어 있었다.
⑤ 전염병의 영향으로 오늘부터 개최된 축제가 활기를 띄지 못하고 있다.

4. **다음 중 로마자 표기법에 따라 올바르게 적은 것은?**

① 영등포 - Yeungdeungpo
② 종로구 - Jongro-gu
③ 촉석루 - Chokseongnu
④ 다보탑 - Dabotab
⑤ 여의도 - Yeoeuido

5. **다음 중 표기가 모두 옳은 것은?**

① 우윳빛, 전셋집, 전세방, 인사말, 머릿방
② 우유빛, 전세집, 전세방, 인삿말, 머리방
③ 우윳빛, 전세집, 전셋방, 인사말, 머리방
④ 우유빛, 전셋집, 전세방, 인사말, 머릿방
⑤ 우윳빛, 전셋집, 전셋방, 인사말, 머리방

여기저기서 단풍잎 같은 슬픈 가을이 뚝뚝 떨어진다. 단풍잎 떨어져 나온 자리마다 봄을 마련해 놓고 나뭇가지 위에 하늘이 펼쳐 있다. (㉠) 가만히 하늘을 들여다보려면 눈썹에 파란 물감이 든다. (㉡) 다시 손바닥을 들여다본다. (㉢) 손금에는 맑은 강물이 흐르고, 맑은 강물이 흐르고, 강물 속에는 사랑처럼 슬픈 얼굴——아름다운 순이의 얼굴이 어린다. (㉣) 소년은 황홀히 눈을 감아 본다. 그래도 맑은 강물은 흘러 사랑처럼 슬픈 얼굴—— (㉤) 아름다운 순이의 얼굴은 어린다.

① ㉠ ② ㉡
③ ㉢ ④ ㉣
⑤ ㉤

※ [8-9] 다음 시를 읽고 물음에 답하시오.

껍데기는 가라
사월(四月)도 알맹이만 남고
껍데기는 가라

껍데기는 가라
동학년(東學年) 곰나루의 그 아우성만 살고
껍데기는 가라

그리하여 다시
껍데기는 가라
이곳에선, 두 가슴과 그곳까지 내논
아사달 아사녀가
중립(中立)의 초례청 앞에 서서
부끄럼 빛내며
맞절할지니

껍데기는 가라
한라에서 백두까지
향그러운 흙가슴만 남고
그, 모오든 쇠붙이는 가라

8. 위 시에 대한 설명으로 가장 적절한 것은?

10. 다음 글에 포함되어 있지 않은 내용은?

『삼국사기』 <견훤 · 궁예> 조에 실린 궁예 관련 기록을 <궁예전>이라 부를 수 있다. 이와 달리 설화 전승 집단이 <궁예전>의 전반부에 보이는 출생 과정의 신이성, 기아(棄兒) 그리고 극적 구출담과 후반부에 보이는 '궁예의 몰락과 비참한 죽음'을 토대로 하여 역사적 사실을 재해석하여 한 편의 새로운 이야기로 재구성한 것이 '궁예 설화'이다. <궁예전>이 설화화 과정을 거쳐 구전으로 전승될 수 있었던 것은 궁예 이야기에 내포된 허구적인 요소와 왕임에도 불구하고 비극적인 최후를 맞이한 역사적 사실이 설화 전승 집단의 흥미를 유발했기 때문이다.

설화 전승 집단은 <궁예전>에서 모티프를 취했음에도 불구하고 궁예와 관련된 역사적 사실을 재해석하고 있다. 따라서 궁예와 관련된 사실이나 사건을 <궁예전>과는 다른 시각에서 접근하게 된다. 이런 '궁예 설화'는 궁예와 관련된 신이성이 제거되어 행적 위주의 흥미 본위로 재구성된 이야기와 궁예의 몰락과 비참한 죽음을 그 지역에 산재되어 있는 증거물과 함께 활용하여 재구성된 이야기로 나눌 수 있다.

'궁예 설화'는 철원과 그 주변 지역을 중심으로 해서 집중적으로 전승되고 있다. 이런 '궁예 설화'를 전체적인 맥락에서 살펴보면, 철원은 원래 삼백 년 도읍터의 운을 타고 난 곳인데, 궁예의 인내심 부족과 경솔함 그리고 왕건으로 대표되는 외부 세력의 농간으로 삼십 년 도읍지로 전락하게 되었다는 것이다. 바로 이 설화 속에는 설화 전승 집단의 의식이 반영되어 있다.

비록 철원이 몇십 년이지만 한 나라의 도읍지였을 정도의 길지라는 자긍심이 설화 전승 집단으로 하여금 '궁예 설화'를

① 자연과의 교감을 통해 교훈적 의미를 찾아 전달하고 있다.
② 역설적 상황을 설정하여 주제 의식을 강렬하게 그려내고 있다.
③ '껍데기'라는 사물을 통해 섬세한 심리 변화를 나타내고 있다.
④ 현실을 냉소적으로 바라보는 역사관을 드러내고 있다.
⑤ 사회 문제에 대해 관심을 기울이고 발언하는 참여적인 성격을 드러내고 있다.

9. 위 시의 시어에 대한 설명으로 적절하지 않은 것은?

① '알맹이'는 '껍데기'와 대립되는 시어로 4·19혁명의 순수한 정신을 의미한다.
② '아사달'과 '아사녀'는 우리 민족의 원초적이고 본질적인 모습을 의미한다.
③ '한라에서 백두까지'는 우리나라를 의미하는 것으로 민족 분단의 현실을 극복하고자 하는 민족 통일에의 염원이 담겨 있는 표현이다.
④ '동학년 곰나루'는 동학 농민 전쟁의 본거지였던 웅진을 의미하고 '아우성'은 동학 전쟁 당시의 민중의 수난을 상징한다.
⑤ '쇠붙이'는 '향그러운 흙가슴'과 대립되는 시어로 민족의 통일을 가로막는 무력이나 이데올로기 대립과 같은 부정적인 요소를 일컫는다.

전승하게 한 원동력으로 보인다. 현재 철원과 포천 지역을 중심으로 전승되는 '궁예 설화'는 이 지역에 산재해 있는 증거물의 존재로 인해 전설의 형태로 계속 전승될 것으로 보이며, 그 밖의 지역에서는 증거물과 무관하기 때문에 궁예와 관련해서 행적을 위주로 한 흥미 본위의 이야기로 전승될 것으로 보인다.

① <궁예전>의 내용
② '궁예 설화'의 전승 이유
③ '궁예 설화' 속 철원의 지형
④ '궁예 설화' 설화 전승 집단의 지역적 자긍심
⑤ '궁예 설화'의 전승 전망

11. 다음 중 띄어쓰기가 모두 옳은 것은?

① 집에서∨처럼∨당신∨마음대로∨할∨수∨있는∨것은∨아네요.
② 그러려면∨고민도∨많이∨해∨보고,∨교양서적을∨읽어도봐야∨하죠.
③ 아는∨대로∨말하고∨약속한∨대로∨이행하는∨삶의∨자세가∨필요해요.
④ 직장에서∨만이라도∨부디∨예의를∨지킬∨줄∨아는∨사람이∨되어∨줘요.
⑤ 우리는∨언제든∨성장할수∨있어요.∨마음만∨먹으면∨누구든∨가능하죠.

12. 다음 중 밑줄 친 단어의 쓰임이 옳지 않은 것은?

① 오늘은 비가 와서 친구들과 집에서 호젓하게 즐거운 시간을 보냈다.
② 그는 언제나 호쾌히 부탁을 들어주는 멋진 사람이다.
③ 아름다운 이곳은 언제 봐도 참 호탕한 풍광이다.
④ 일주일 내내 야근을 했다. 과중한 업무에 몸이 호졸근히 되었다.
⑤ 호화찬란하게 꾸며 놓은 호텔에 도착하니 이제야 여행을 왔다는 실감이 났다.

13. 다음 중 표현이 가장 자연스러운 것은?

① 주어진 여건에서 최선을 다하는 것이 중요하다.
② 청소년들이 남은 여가를 선용하도록 지도해야 합니다.
③ 소위 말하는 여소 야대 정국이 출현했다.
④ 어느 나라 사람이나 오래오래 장수하기를 바랍니다.
⑤ 우리 민족은 옛날부터 기쁠 때 함께 춤추고 노래했다.

14. 괄호 속에 들어갈 적절한 단어를 ㄱ, ㄴ, ㄷ, ㄹ의 순서대로 옳게 제시한 것은?

ㄱ. 세계 석유 시장의 (　　　)에 주목해야 한다. (　　　)이 높다는 것은 석유의 생산국과 수출국이 소수이고, 이들 국가에 석유의 생산과 수출이 집중되어 있다는 것을 말한다.
ㄴ. 현대에 들어 의사소통을 위한 다양한 매체와 방법이 대두됨

16. 다음 예들과 동일한 구성 방식을 보이는 단어로 옳은 것은?

굶주리다, 늦더위, 높푸르다, 덮밥

① 논밭 ② 첫사랑
③ 늙은이 ④ 가로지르다
⑤ 곶감

17. 다음 시조에 드러난 주제적 정서를 가장 잘 표현할 수 있는 한자 성어는?

슬프나 즐거오나 옳다 하나 외다 하나
내 몸의 해올 일만 닦고 닦을 뿐이언정
그 밧긔 여남은 일이야 분별(分別)할 줄 이시랴

내 일 망녕된 줄 내라 하여 모랄 손가
이 마음 어리기도 님 위한 탓이로세
아뫼 아무리 일러도 임이 혜여 보소서

추성(秋城) 진호루(鎭胡樓) 밧긔 울어 예는 저 시내야
무음 호리라 주야(晝夜)에 흐르는다
님 향한 내 뜻을 조차 그칠 뉘를 모르나다

뫼흔 길고 길고 물은 멀고 멀고
어버이 그린 뜻은 많고 많고 하고 하고

에 따라 (　　　)은 과거처럼 글을 읽고 쓰는 능력만을 이야기하는 것이 아니라, 그림, 사진, 영상, 소리 등을 이해하고 표현하는 능력 전반을 가리키는 말이 되었다.

ㄷ. 최근 한국 드라마에 대한 비판 중의 하나는 자극적인 흥미에 치중한 나머지 허황되고 몽상적인 인물과 사건 설정으로 인해, 드라마 속의 이야기들이 현실화될 수 있다는 납득할 만한 (　　　)이 현저히 파괴되었다는 사실과 관련이 있다.

ㄹ. 최근 A 방송국에서 방영된 전염병을 소재로 한 시사 보도 프로그램은 메르스에 대한 국민의 궁금증을 풀어주고 불안감을 해소시켜 주었는데, 그 적절한 보도 시점 때문에 (　　　)을 칭찬해 줄 수 있다.

① 편재성(偏在性) - 시의성(時宜性) - 문식성(文識性) - 개연성(蓋然性)
② 편재성(偏在性) - 문식성(文識性) - 개연성(蓋然性) - 시의성(時宜性)
③ 편재성(偏在性) - 개연성(蓋然性) - 문식성(文識性) - 시의성(時宜性)
④ 개연성(蓋然性) - 문식성(文識性) - 편재성(偏在性) - 시의성(時宜性)
⑤ 문식성(文識性) - 시의성(時宜性) - 개연성(蓋然性) - 편재성(偏在性)

15. 다음 중 외래어 표기법에 따른 표기로 옳지 않은 것은?

① woe [wou] - 워　　② wag [wæg] - 왜그
③ yawn [jɔ : n] - 욘　　④ shank [ʃæŋk] - 생크
⑤ mirage [mirɑ : ʒ] - 미라지

어디서 외기러기는 울고 울고 가느니

어버이 그릴 줄을 처엄부터 알아마는
님군 향한 뜻도 하날이 삼겨시니
진실로 님군을 잊으면 긔 불효(不孝)인가 여기노라.

① 석별지정(惜別之情)
② 견권지정(繾綣之情)
③ 연독지정(吮犢之情)
④ 자유지정(自有之情)
⑤ 연군지정(戀君之情)

18. 다음 밑줄 친 부분 중 물건을 세는 단위가 옳지 않은 것은?

① 여기요, 접시 두 죽만 주세요.
② 이 북어 한 쾌는 얼마입니까?
③ 어이구, 장작을 세 우리나 팼네.
④ 올해는 마늘 한 접이 얼마일까?
⑤ 삼치 한 뭇 값이 올랐네.

19. 다음 글의 전개 순서로 가장 자연스러운 것은?

ㄱ. 특히 오늘의 세계는 숨 가쁠 정도의 기술 혁신의 와중에 있고 기술 정보의 양이 기하급수적으로 증가하고 있다. 이러한 기술 정보의 폭발적 증가는 기업이 꼭 필요로 하는 정보를 정확히 그리고 신속히 입수하는 일을 어렵게 하고 있다. 이에 정보처리 및 관리 기술이 정보의 폭발적 증가로 인한 문제를 해결해 주는 수단으로서 등장하고 있는 것이다. 컴퓨터, 인공위성을 위시한 각종 원격 통신기기 등 정보 처리 내지 통신수단의 발달은 거리와 시간을 구애받지 아니하고 각종 필요한 정보를 순식간에 탐색 입수하는 것을 가능하게 한다.

ㄴ. 이러한 장애 요인을 극복하기 위하여 한국산업경제기술연구원은 정보 처리 및 관리 업무에 종사하고 있는 사람들을 대상으로 최신 기법에 대한 교육을 실시하고 있다. 이번 국제산업기술정보 워크숍은 이러한 본 연구원의 사업을 국제적으로 확대하여 아시아 태평양 지역의 신흥 개발 국가들이 안고 있는 공통 애로를 개선하는 데 도움이 될 수 있도록 하는데 그 목적이 있다. 따라서 이번 국제 워크숍이 세계 산업기술 정보 서비스 분야의 발전을 위한 국제 협력의 좋은 본보기가 되었으면 하는 것이 우리의 바람이다.

ㄷ. 진실로 오늘날의 세계는 변화의 소용돌이라고 해도 과언이 아닐 것이다. 특히 기업 경영에 중대한 영향을 미치는 기술, 시장, 디자인, 법규 및 각종 제도 등 수없이 많은 요소들이 끊임없이 변화를 거듭함에 따라 기업 환경은 점점 복잡해지고 미래에 대한 예측이 더욱 어려워지고 있다. 따라서 이러

20. 다음 글에서 말하는 '감염주술'의 사례로 가장 적절한 것은?

주술의 원리가 되는 사고의 원리를 분석하면 다음의 두 가지로 귀결된다. 하나는 닮은 것은 닮은 것을 낳는다는 것이다. 다시 말해 결과는 그 원인을 닮았다는 것이다. 또 다른 하나는 이전에 서로 접촉이 있었던 것은 물리적인 접촉이 사라진 후 멀리서도 계속 상호 작용을 한다는 것이다. 앞의 것을 유사(類似)의 법칙, 뒤의 것을 접촉의 법칙 또는 감염의 법칙이라 부를 수 있다. 주술사는 유사의 법칙에 의해서 단지 어떤 것을 모방함으로써 원하는 결과를 얻을 수 있다고 생각한다. 또 두 번째 접촉의 법칙 또는 감염의 법칙에 의해서 어떤 사람에게 접촉했던 물체에 가한 행위는 그 사람의 신체에 직접 가하지 않더라도 그 행위와 같은 결과를 그 사람에게 준다고 생각한다. 유사의 법칙에 기초한 주술을 '유감주술'(類感呪術)이라 부르고, 접촉 또는 감염의 법칙에 기초한 주술을 '감염주술'(感染呪術)이라고 부른다.

유감주술에서 유사는 유사를 낳는다는 생각에 가장 익숙한 예는 적과 닮은 모습을 만들어서 상처를 입히거나 파괴해서 그 적에게 상처를 주거나 그를 죽이려는 시도이다. 닮은 모습을 괴롭히면 상대방도 마찬가지로 괴롭고, 그 모습이 파괴되면 상대방도 반드시 죽는다고 믿었기 때문에 여러 시대를 통해 이것을 사용했다. 한편 감염주술은 이전에 결합했던 것은 그 후 서로 떨어져 있어도 공감적인 관계를 계속 유지하며, 한쪽에 일어난 것은 다른 쪽에도 같은 영향을 미친다는 것이다.

① 오지브와족 인디언은 누군가에게 상처를 주고 싶으면 나무로 자

한 기업 환경하에서도 기업이 올바른 결정을 내리기 위해서는 의사결정에 필요한 제반 정보를 수집, 분석하는 기능이 그 어느 때보다도 중요하다고 할 수 있다. 기업 경영에 필요한 적절한 정보를 얼마나 정확히, 그리고 신속하게 입수하느냐가 기업 성공의 관건이 되고 있다.

ㄹ. 이와 같은 현대적인 정보 처리 및 관리 기술의 발전이 우리의 일상생활에서 얼마나 폭넓은 영향을 미치고 있는가를 한번 생각해 보면 정말 놀랍다. 그러나 신흥 개발 국가들은 최신 정보 처리 및 관리 업무를 수행할 자질을 갖춘 고급 요원이 부족하고, 바로 이 점이 이들 나라의 발전에 큰 장애요인이 되고 있다.

① ㄱ - ㄷ - ㄴ - ㄹ
② ㄱ - ㄹ - ㄷ - ㄴ
③ ㄴ - ㄱ - ㄹ - ㄷ
④ ㄷ - ㄱ - ㄹ - ㄴ
⑤ ㄷ - ㄹ - ㄴ - ㄱ

기가 노리는 상대의 작은 상을 만들어서 그 상의 머리나 심장에 침을 찌르거나 활을 쏜다.

② 중국의 일부 민족은 아이의 태반을 기가 좋은 곳에 잘 묻는데, 만약 그렇게 하지 않아 돼지나 개가 파내서 먹으면 아이가 지혜를 잃을 것이라고 생각한다.

③ 멕시코 인디언 코라족은 죽이고 싶은 상대가 있으면 태운 점토와 헝겊 조각들로 그 사람의 인형을 만들어 주문을 외우면서 인형의 머리를 침으로 찌른다.

④ 에스키모족의 주술사는 아이를 낳기를 원하는 자에게 아이를 상징하는 작은 인형을 만들어서 의식을 거행하고 그것을 베개 밑에 넣고 자라고 지시한다.

⑤ 캐나다 누트카족의 주술사는 물고기가 잡히지 않으면 물고기 모습을 모형으로 만들어서 물고기가 몰려오는 방향으로 그것을 물에 넣는다.

영 어

1. 다음 밑줄 친 부분의 의미와 가장 가까운 것은?

> I am afraid I should write this e-mail to you concerning your <u>recurrent</u> late arrival at the work place because it has caused a discontent among your co-workers.

① undeniable
② reckonable
③ unjustified
④ repeated
⑤ irregular

2. 다음 밑줄 친 부분의 의미와 가장 가까운 것은?

> Once a child's self-esteem is in place, it kindles further success. Tasks flow more <u>seamlessly</u> and troubles bounce off.

① concretely

4. 다음 밑줄 친 부분에 들어갈 가장 적절한 표현은?

> In this exhibition, the artist reflects her concern about the nature of the conflicts that are taking place in the Middle East. There is strength of feeling and a challenging rawness in the choice and treatment of the subject-matter. The work demonstrates strong determination in taking on such a controversial subject at this period of her life. It's a testament to her integrity and her ________ courage.

① ubiquitous
② unflinching
③ flattering
④ hypocritical
⑤ impertinent

5. 다음 밑줄 친 부분에 들어갈 가장 적절한 표현은?

> The horrific criminal scenes which the terrorists left behind them were enough to ________ their truth and to show the suffering of Joubar citizens as everything in the neighborhood reflects the acts of terrorism.

① divulge
② capitulate

② dramatically
③ energetically
④ selfishly
⑤ smoothly

3. 다음 밑줄 친 부분의 의미와 가장 가까운 것은?

> The company has a very strict dress code, and they <u>spell it out</u> for you when you start working there.

① examine it carefully
② make it obscure
③ state it clearly
④ ask it nicely
⑤ order it privately

③ impair
④ meander
⑤ precipitate

6. 다음 밑줄 친 부분에 들어갈 가장 적절한 표현은?

> The personnel department ___________ a job analysis, which is a detailed study of the elements and characteristics of each job.

① pulls out
② carries out
③ gets out
④ puts out
⑤ gets away

7. **다음 밑줄 친 부분 중 문법상 옳지 않은 것은?**

> Problems can ① <u>be appeared unsolvable</u>. We are social animals who need to ② <u>discuss our problems</u> with others. When we are alone, problems become more ③ <u>serious</u>. By sharing, we can get opinions and find solutions. An experiment was conducted with a group of women who had low satisfaction in life. Some of the women were introduced to others ④ <u>who were</u> in similar situations, and some of the women were left on their own ⑤ <u>to deal with</u> their concerns. Those who interacted with others reduced their concerns by 55 percent over time, but those who were left on their own showed no improvement.

8. **다음 중 문법상 옳지 않은 것은?**

① With no seat at the table, the man had no choice but to stand there.
② Whether mistakes were made and things just didn't work out, he had to apologize.
③ The steps toward the goal can be practiced only by oneself.
④ There were nearly 5.6 million open jobs at the end of May.
⑤ The number of women who own guns has been rising rapidly over the past decade.

11. **대화의 흐름으로 보아 밑줄 친 부분에 들어갈 가장 적절한 표현은?**

> A: How was your flight?
> B: It was good but a little long flight.
> A: Do you have much trouble with jet-lag?
> B: ______________________.
> A: Well, then shall we go to the conference room? The chief is waiting for you.

① I couldn't afford it
② That's out of the question
③ I was too busy to do that
④ It doesn't bother me that much
⑤ The first night is always ruined by it

12. **다음 문장을 영어로 옮길 때 가장 적절한 것은?**

> 많은 전문가들이 한국의 대(對)중국 자동차 수출이 작년부터 계속 감소해오고 있는 것을 우려하고 있다.

① Many experts are worried that China has decreased its exports since last year.
② Many experts are concerned that Korean car exports to China decreased continuously last year.
③ Many experts are worried that Korean car exports to China have stopped decreasing continuously since last year.

9. 밑줄 친 부분에 들어갈 말로 가장 적절한 것은?

Scientists say the Philae space probe has gathered data supporting the theory that comets can serve as cosmic laboratories ________ some of the essential elements for life are assembled.

① what
② in what
③ which
④ of which
⑤ in which

10. 다음 밑줄 친 부분 중 문법상 옳지 않은 것은?

Researchers at Carnegie Mellon University ① <u>have found</u> that individuals who spend even a few hours a week on-line ② <u>experiences</u> higher levels of depression and loneliness than ③ <u>those who</u> spend less or no time on the Internet. They also found that individuals who use the Internet more tend to decrease their communication with other family members and ④ <u>reduce</u> the size of their social circle. These findings are counterintuitive to ⑤ <u>what</u> we know about how socially the Internet is used.

④ Many experts are worried that Korean car exports to China have decreased continuously last year.

⑤ Many experts are concerned that Korean car exports to China have been continuously decreasing since last year.

13. 다음 문장이 들어갈 위치로 가장 적절한 곳은?

For example, Koreans believe that inequalities in English education lead to the inequalities in job prospects and earnings.

The so-called English divide becomes alarming in Korean society. The students' English proficiency comes to depend on how much their households earn and how much extra-curricular education they are receiving. ① The problem is that English divide is not limited to the sphere of their English proficiency. ② That is why Korean parents are spending huge sum of money in private English education. ③ That is also why there are a lot of 'wild-goose fathers' who have sent their families to English-speaking countries for their children's English education. ④ Given the shadow of polarization in the Korean society, the government should devise effective measures to narrow the English divide. ⑤

14. 글의 흐름상 적절하지 못한 문장은?

Facial emblems are used by the sender to talk about an emotion while he or she is not actually feeling it. They are different from the actual emotional expressions in that they are usually held for a longer or shorter time than the actual expression and performed by using only a part of the face. ① When you drop your jaw and hold your mouth open, you may be saying that you are dumbfounded by what the other person said. ② Widened eyes, without other features of the surprise may serve the same purpose as a verbal "Wow." ③ Facial displays are directed toward the organizational structure of the engaged conversation. ④ If you want to comment nonverbally on your disgust for a situation, a nose wrinkle or raising your upper lip should get your message across. ⑤ Sometimes one or both eyebrows will further communicate "I'm puzzled" or "I doubt that."

15. 주어진 글 다음에 이어질 글의 순서로 가장 적절한 것은?

In one survey, 8 in 10 American consumers said that they believe it's important to buy green brands and products from green companies. The U.S. consumer's focus on personal health is merging with a growing interest in global health.

16. 다음 글의 목적으로 가장 적절한 것은?

To the Tenant of Number 11:

Due to your failure to uphold the rental agreement, the Belfield Building Management serves this notice of eviction. Several warnings have been issued concerning the odor your restaurant has been emitting. Your rental agreement states clearly that the tenant cannot emit odor beyond his/her premise. You are required to vacate the property premises by September 20, 2015. Failure to conform shall result in legal action, which includes physical removal of the tenants from the property.

① 계약갱신의 시기를 알리려고
② 공지사항의 확인을 요청하려고
③ 세입자에게 퇴거를 요구하려고
④ 법률자문의 중요성을 강조하려고
⑤ 임대계약 내용의 변경을 알리려고

17. 다음 밑줄 친 부분에 들어갈 가장 적절한 표현은?

The birth of a work of art is an intensely private experience. Many artists can work only when they concentrate on their own endeavor completely alone and

(A) This label refers to people who worry about the environment, want products to be produced in a sustainable way, and spend money to advance what they see as their personal development and potential.

(B) These people represent a great market for products such as organic foods, energy-efficient appliances, and hybrid cars. It is estimated that they make up about 16 percent of the adults in the United States or 35 million people.

(C) Some analysts call this new value *conscientious consumerism.* It's clear that a sizable number of American consumers are shifting to what is often called LOHAS—an acronym for "lifestyles of health and sustainability."

① (A)-(C)-(B)
② (B)-(A)-(C)
③ (B)-(C)-(A)
④ (C)-(A)-(B)
⑤ (C)-(B)-(A)

many refuse to show their unfinished pieces to anyone. Yet, it must, as a final step, be shared by the public, in order for the birth to be successful. Artists do not create merely for their own satisfaction, but want their works recognized and appreciated by others. ____________, the hope for approval is what makes them want to create in the first place, and the creative process is not completed until the work has found an audience. In the end, works of art exist in order to be liked rather than to be debated.

① However
② In fact
③ For example
④ Rarely
⑤ Unfortunately

18. 다음 밑줄 친 부분에 들어갈 가장 적절한 표현은?

In England people remembered a day in 1910 which went down in the annals as “black Ascot.” In memory of Edward VII, who had just died, all visitors to the course appeared in elegant black. It was the fashion event of the decade. Bearing this example in mind, widows of the society tried to do justice to the demands of mourning during wartime. They insisted on wearing black to express their feeling of mourning. The longer the war went on and the more victims it claimed, however, ______________________. Only a few women wore black for a whole year or limited their jewelry to black jet. Gray and even mauve were soon considered just as proper and widows began to wear pearls when they went out.

① the less luxurious their fashion became
② the more conservative their fashion became
③ the less informal clothes became
④ the more relaxed clothing rules became
⑤ the more dominant this fashion became

19. 다음 밑줄 친 부분에 들어갈 가장 적절한 표현은?

The longing to know ourselves and to know our fellow

20. 다음 밑줄 친 부분에 들어갈 가장 적절한 표현은?

During the Second World War (1939-45), many women in Britain had gone to work in the fields and factories, but afterwards they were encouraged to return to their domestic roles as wives and mothers. The birth rate rose sharply and large families became fashionable. But at the same time ______________________. Divorces quadrupled from 8,000 per year pre-war to 32,000 in 1950, and continued to rise. More and more women began seeking the services of psychiatrists and marriage guidance counsellors.

① women were still minorities in medicine
② women's rights were dramatically curtailed
③ the role of women began to gain recognition
④ there were indications of domestic unhappiness
⑤ the majority of jobs open to women were low-paid

man is the mainspring of all psychology. But inasmuch as the desire is to know all of man, his innermost secret, the desire can never be fulfilled in knowledge of the ordinary kind. Even if we knew a thousand times more of ourselves, we would never reach bottom and we would still remain ________________.

① an enigma to ourselves

② a master to ourselves

③ no one to everyone

④ an enigma to everyone

⑤ a master to everyone

한 국 사

1. **다음 중 단군신화의 내용이 수록되어 있지 않은 것은?**
   ① 『삼국유사』
   ② 『제왕운기』
   ③ 『응제시주』
   ④ 『동명왕편』
   ⑤ 『세종실록지리지』

2. **현재의 감사원과 유사한 기능을 했던 고려와 조선의 관청으로 옳게 짝지어진 것은?**

	고려	조선
①	중추원	중추부
②	비서성	승정원
③	어사대	사헌부
④	한림원	혜민국
⑤	식목도감	선혜청

4. **(가) 시기에 일어났던 사건으로 옳은 것은?**

조선총독부 설치 ↓ 3·1운동 ↓ 만주사변 ↓

	(가)		

   ① 105인 사건으로 비밀결사 단체가 해체되었다.
   ② 경제적 독립을 이룩하기 위해 국채보상운동이 일어났다.
   ③ 만주 하얼빈 역에서 안중근이 이토 히로부미를 처단하였다.
   ④ 홍범도가 이끄는 대한독립군 등이 봉오동에서 승리를 거두었다.
   ⑤ 내선일체, 황국신민화 등이 제창되어 우리말과 글을 사용할 수 없게 되었다.

5. **독립협회에 관한 설명 중 옳지 않은 것은?**
   ① 독립신문 창간 후 발족되었다.
   ② 황국협회와 협력하면서 개혁을 추구하였다.
   ③ 만민공동회와 관민공동회를 개최하였다.
   ④ 토론회 활동 이후 민중세력의 참여가 두드러졌다.
   ⑤ 해산된 후 헌정연구회·대한자강회로 이념이 계승되었다.

3. **다음은 어떤 책의 서문이다. 『이 책』에 대한 설명으로 옳은 것은?**

> "세조께서 옥쇄를 쥐고 나라를 중흥시키시니, 창업과 수성을 겸비하신 것이다. 일찌기 좌우의 신하들에게 말씀하시기를, …(중략)… 우리 조종의 심후하신 인덕과 크고 아름다운 규범이 훌륭한 전장(典章)에 펴졌으니, …(중략)… 또 여러 번 내린 교지가 있어 법이 아름답지 않은 것은 아니지만, 어리석고 둔한 관리들이 법을 받들어 시행함에 어두웠던 것은 진실로 그 목차와 조문이 너무 번잡하고 앞뒤가 서로 맞지 않았기 때문이다. …(중략)… 이제 손익을 헤아리고 회통할 것을 산정하여 만대 성법을 만들고자 한다."
>
> – 서거정이 『이 책』을 올리면서 쓴 서문(序文)

① 국가 행사 때 사용될 의례 규범서인 『국조오례의』이다.
② 국가 통치의 기본 규범을 확립한 『경국대전』이다.
③ 후대에 모범이 될 만한 역대 국왕의 행적을 기록한 『국조보감』이다.
④ 효자, 충신, 열녀 등의 사례를 뽑아서 만든 백성들의 윤리서인 『삼강행실도』이다.
⑤ 중국 농사법에서 탈피하여 우리나라 풍토에 맞는 농법으로 편찬된 『농사직설』이다.

6. **다음은 군사제도의 변화 과정에 대한 서술이다. 시기순으로 올바르게 배열한 것은?**

> ㄱ. 부국강병을 목표로 개화 정책을 추진하는 과정에서 별기군을 창설하였다.
> ㄴ. 30만 명의 광군이 조직되었다.
> ㄷ. 정규군 외에 일종의 예비군인 잡색군을 두었다.
> ㄹ. 군사의 기동력을 높이기 위해 기병부대인 신기군이 설치되었다.
> ㅁ. 장기간 근무를 하고 일정한 급료를 받는 상비군으로 삼수병이 편성되었다.

① ㄱ-ㄴ-ㄷ-ㄹ-ㅁ
② ㄴ-ㄷ-ㄹ-ㅁ-ㄱ
③ ㄴ-ㄹ-ㄷ-ㅁ-ㄱ
④ ㄹ-ㄴ-ㅁ-ㄷ-ㄱ
⑤ ㄹ-ㄷ-ㅁ-ㄴ-ㄱ

7. 다음의 기록과 관련 있는 사건에 대한 설명으로 옳은 것은?

> 최명길이 마침내 국서를 가지고 비국에 물러가 앉아 수정을 가하였는데, 김상헌이 밖에서 그 글을 보고는 통곡하면서 찢어 버리고 임금을 뵙기를 청하였다.

① 효종이 죽자 인조의 계비의 복상기간에 대해 서인과 남인 사이에 논쟁이 일어났다.
② 사도세자가 죽임을 당한 이후, 시파와 벽파로 나뉘게 되었다.
③ 선조가 의주로 피난하고 명나라에 구원병을 요청하는 사신을 보냈다.
④ 일반 백성들의 공물부담을 줄여주기 위해 대동법을 시행하였다.
⑤ 인조가 항복하고 청나라에 사대하게 되었다.

8. 다음 사건들을 시기순으로 올바르게 배열한 것은?

> ㄱ. 묘청의 난
> ㄴ. 이시애의 난
> ㄷ. 홍경래의 난
> ㄹ. 만적의 난

① ㄱ-ㄹ-ㄴ-ㄷ
② ㄱ-ㄹ-ㄷ-ㄴ
③ ㄴ-ㄹ-ㄱ-ㄷ

10. 밑줄 친 '나'의 활동으로 옳은 것을 모두 고른 것은?

> 왜적이 항복한다 하였다. 아! 왜적이 항복! 이것은 <u>나</u>에게 기쁜 소식이라기보다는 하늘이 무너지는 듯한 일이었다. 천신만고 끝에 수년 동안 애를 써서 참전할 준비를 한 것도 다 허사이다. 시안과 푸양에서 훈련을 받은 우리 청년들에게 여러 가지 비밀 무기를 주어 산둥에서 미국 잠수함에 태워 본국으로 들여보내어 국내의 중요한 곳을 파괴하거나 점령한 뒤에 미국 비행기로 무기를 운반할 계획까지도 미국 육군성과 다 약속이 되었던 것을 한번 해보지도 못하고 왜적이 항복하였으니……

> ㄱ. 한인애국단 조직　ㄴ. 신탁통치 반대　ㄷ. 남북협상
> ㄹ. 제헌국회 설립　ㅁ. 반민족행위처벌법 제정

① ㄱ, ㄴ, ㄷ　② ㄱ, ㄴ, ㄹ
③ ㄴ, ㄷ, ㄹ　④ ㄴ, ㄹ, ㅁ
⑤ ㄷ, ㄹ, ㅁ

11. 다음은 삼국과 가야의 주요한 사건이다. 시기순으로 올바르게 배열한 것은?

> ㄱ. 고구려가 평양으로 천도하였다.
> ㄴ. 백제 침류왕이 불교를 받아들였다.

④ ㄷ-ㄹ-ㄴ-ㄱ
⑤ ㄹ-ㄱ-ㄴ-ㄷ

9. 다음 전문을 직접 포함하고 있는 것은?

> 남과 북은 분단된 조국의 평화적 통일을 염원하는 온 겨레의 뜻에 따라 7·4 남북 공동성명에서 천명된 조국통일 3대원칙을 재확인하고, 정치 군사적 대결상태를 해소하여 민족적 화해를 이룩하고, 무력에 의한 침략과 충돌을 막고 긴장 완화와 평화를 보장하며, 다각적인 교류·협력을 실현하여 민족 공동의 이익과 번영을 도모하며, 쌍방 사이의 관계가 나라와 나라 사이의 관계가 아닌 통일을 지향하는 과정에서 잠정적으로 형성되는 특수관계라는 것을 인정하고, 평화 통일을 성취하기 위한 공동의 노력을 경주할 것을 다짐하면서, 다음과 같이 합의하였다.

① 6·23 평화 통일 외교 정책 선언
② 12·13 남북 기본 합의서
③ 6·15 남북 공동선언
④ 10·4 남북 공동선언
⑤ 5·24 대북조치

> ㄷ. 신라 지증왕이 우산국을 정복하였다.
> ㄹ. 고령 지역에 있던 대가야가 멸망하였다.

① ㄱ-ㄴ-ㄷ-ㄹ
② ㄱ-ㄹ-ㄷ-ㄴ
③ ㄴ-ㄱ-ㄷ-ㄹ
④ ㄴ-ㄱ-ㄹ-ㄷ
⑤ ㄹ-ㄱ-ㄴ-ㄷ

12. 조선총독부의 헌병경찰에 의한 무단통치 시기와 관련이 깊은 것은?

① 여자정신근로령을 통해 여성에 대한 강제동원이 이루어졌다.
② 조선교육령을 개정하여 황국신민화 정책을 실시하였다.
③ 조선의 식민지배를 위해 경부선을 건설하였다.
④ 신간회 설립을 허가하였다가 탄압하였다.
⑤ 태로 볼기를 때리는 태형령을 제정하였다.

13. 다음 지도의 유적들이 조성된 시기에 대한 설명으로 옳은 것을 <보기>에서 모두 고르면?

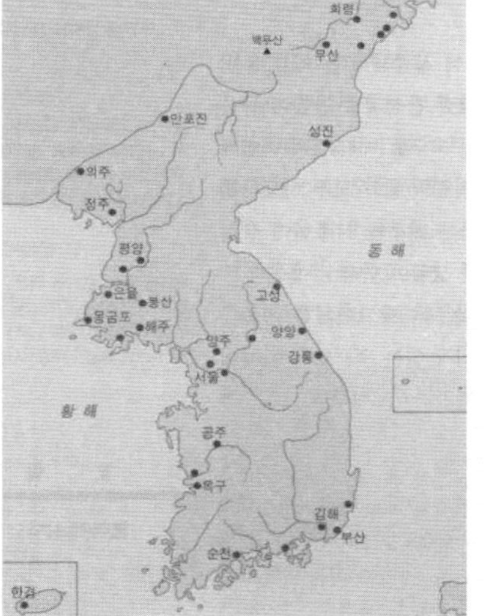

< 보 기 >

ㄱ. 민무늬 토기, 미송리식 토기 등을 사용하였다.
ㄴ. 가락바퀴나 뼈바늘로 옷이나 그물을 만들었다.
ㄷ. 굴, 홍합 등의 조개류를 먹었고, 때로는 깊은 곳에 사는 조개류를 따서 장식으로 이용하기도 하였다.
ㄹ. 움집의 중앙에 화덕을 설치하고, 햇빛을 많이 받는 남쪽으로 출입문을 내었다.
ㅁ. 나무로 만든 농기구로 땅을 개간하여 곡식을 심고, 가을에는

15. 고려시대에 대한 설명으로 옳지 않은 것은?

① 지방의 모든 군현에 지방관이 파견되어 행정을 담당하였다.
② 중앙군은 2군 6위, 지방군은 주현군·주진군으로 편성되었다.
③ 발해의 유민들을 받아들였으며, 발해 세자 대광현을 왕족으로 대우하였다.
④ 광종은 스스로 황제라 칭하였고, 개경을 황도(皇都)라 불렀으며, 독자적 연호를 사용하였다.
⑤ 국가에 봉사하는 대가로 관료에게 수조권을 지급하는 전시과제도를 운영하였다.

16. 다음은 조선시대 사림세력의 분화과정에 대한 설명이다. (ㄱ)~(ㄹ) 세력에 대한 설명으로 옳지 않은 것은?

선조 때에 이르러 사림학자들이 많이 배출되면서 사림사회에 갈등과 분화가 일어나 붕당이 형성되었다. 김효원을 지지하는 (ㄱ) 세력과 심의겸을 지지하는 (ㄴ) 세력으로 나뉘었다. 이후 (ㄱ) 세력은 정여립 모반 사건 등을 계기로 온건파인 (ㄷ) 세력과 급진파인 (ㄹ) 세력으로 다시 나뉘었다.

① (ㄱ)과 (ㄴ)의 분당은 이조전랑 자리를 둘러싼 기성사림과 신진사림 간의 경쟁에서 시작되었다.
② (ㄱ) 세력은 선비들의 수기(修己)에 역점을 두어 치자(治者)의 도덕성 제고를 중요하게 여겼다.
③ (ㄴ) 세력은 군대를 양성하고 성곽을 수리하는 등 북벌을 주장하며, 정권 유지를 도모하였다.
④ (ㄷ) 세력은 효종과 효종비에 대한 자의대비의 상복 문제를 놓고 사

반달 돌칼로 이삭을 잘라 추수하였다.

① ㄱ,ㄴ,ㄷ ② ㄱ,ㄴ,ㄹ ③ ㄴ,ㄷ,ㄹ ④ ㄴ,ㄹ,ㅁ ⑤ ㄷ,ㄹ,ㅁ

14. 다음의 자료를 통해 알 수 있는 조세 제도에 대한 설명으로 옳지 않은 것은?

> 갈밭마을 여인 울음도 서러워라. 현문(懸門) 향해 울부짖다 하늘보고 호소하네. 군인 남편 못 돌아옴은 있을 법도 한 일이나, 예부터 남절양(男絶陽)은 들어보지 못했노라. 시아버지 죽어서 이미 상복 입었고, 갓난아인 배냇물도 안 말랐는데, 3대의 이름이 군적에 실리다니. 달려가서 억울함을 호소하려 해도 범 같은 문지기 버티어 있고, 이정(里正)이 호통하여 단벌 소만 끌려가네. 남편 문득 칼을 갈아 방안으로 뛰어들자, 붉은 피 자리에 낭자하구나. 스스로 한탄하네. '아이 낳은 죄로구나.'
>
> – 『목민심서』 「애절양(哀絶陽)」

① 족징(族徵), 인징(隣徵), 백골징포(白骨徵布), 황구첨정(黃口簽丁) 등의 폐단이 있었다.

② 폐단을 시정하기 위해 숙종~영조 대에 걸쳐 다양한 양역변통론이 제기되었다.

③ 상층 양인 일부에게 선무군관(選武軍官)이라는 칭호를 주는 대신 군포를 부과하였다.

④ 토지 1결당 미곡 12두를 거두어 세입의 결손을 보완하고자 하였다.

⑤ 균역청에서 어세, 염세, 선세를 관할하게 하였다.

대부와 같은 예로 행해야 한다고 하여 신권을 강화하려고 하였다.

⑤ (ㄹ) 세력은 대체로 조식과 서경덕 문인들이 주류를 이루며, 광해군을 지지하였다.

17. 다음과 같은 농사기술이 널리 보급되던 시기의 생활모습이 아닌 것은?

> 일반적으로 모내기법을 귀중하게 여기는 이유는 세 가지가 있다. 김매기의 수고를 줄이는 것이 첫째이다. 두 땅의 힘으로 하나의 모를 서로 기르는 것이 둘째이다. 옛 흙을 떠나 새 흙으로 가서 고갱이를 씻어 내어 더러운 것을 제거하는 것이 셋째이다.
>
> 어떤 사람은 모낸 모가 큰 가뭄을 만나면 모든 노력이 허사가 된다 하여 모내기법을 위험한 방도라고 말한다. 그러나 여기에는 그렇지 않은 점이 있다. 무릇 벼를 심는 논에는 물을 끌어들일 수 있는 하천이나 물을 댈 수 있는 저수지가 꼭 필요하다. 이러한 것이 없다면 벼논이 아니다. 벼논이 아닌 곳에서 가뭄을 우려한다면 어찌 유독 모내기법에 대해서만 그렇다고 하는가.
>
> – 『임원경제지』

① 중국으로부터 『농상집요』 등의 농서가 수입되어 발달된 농업기술이 보급되었다.
② 광작(廣作)이 성행하게 되었는데, 광작은 지주도 할 수 있고, 병작인도 할 수 있었다.
③ 새로운 지대 관행으로 일정 액수를 지대로 납부하는 도조법이 확산되어갔다.
④ 쌀의 상품화가 활발해지면서 밭을 논으로 바꾸는 현상이 증가하였다.
⑤ 병작지를 얻기 어려워진 농민들은 도시로 옮겨가 상공업에 종사하거나 임노동자가 되었다.

라되었다.
② (ㄴ) – 여성의 단결, 남녀평등, 여성 교육 확대, 여성 노동자 권익옹호 등을 전개하였다.
③ (ㄷ) – 강령은 '정치적 · 경제적 각성을 촉구함, 단결을 공고히 함, 기회주의를 일체 부인함.'이었다.
④ (ㄹ) – 일제 강점기 노동 운동 중 가장 규모가 큰 것이었다.
⑤ (ㅁ) – '우리의 교육은 우리들 손에 맡겨라. 일본제국주의를 타파하라. 8시간 노동제를 채택하라.'는 내용의 전단을 뿌리며 만세를 불렀다.

20. 다음 설명은 고조선 이후 만주와 한반도에 등장한 여러 나라의 특징을 나타낸 것이다. (ㄱ)~(ㄹ) 나라에 대한 설명으로 옳은 것은?

> (ㄱ) 소녀가 10여 세가 되면 양가에서 서로 혼인할 것을 약속한 뒤, 소녀는 남자집에 보내졌다. 소녀가 장성하여 처녀가 되면 다시 본가로 돌려보낸다. 처녀집에서는 돈을 요구하고 그것이 지불된 뒤에야 처녀는 신랑집으로 가게 되었다.
> (ㄴ) 언어와 풍습은 대체로 고구려와 같았다. 그 읍락은 산과 내[川]를 경계로 하여 구역이 나뉘어 있어 함부로 다른 구역에 들어갈 수 없었다 한다. 그리고 이를 어겼을 경우 곧 벌책을 가하여 생구(生口), 즉 노예와 소나 말로 보상하게 하였는데, 이를 일컬어 '책화(責禍)'라 하였다.
> (ㄷ) 이 나라에는 왕 아래에 가축의 이름을 딴 마가·우가·저가·구가와 대사자·사자 등의 관리가 있었다. 이들 가는 저마다 따로 행정 구획인 사출도를 다스리고 있어서, 왕이 직접 통

18. 다음은 고려시대의 대표적인 역사서이다. 편찬 시기순으로 올바르게 배열한 것은?

> ㄱ. 『해동고승전』 ㄴ. 『삼국유사』 ㄷ. 『7대실록』 ㄹ. 『삼국사기』

① ㄱ-ㄴ-ㄷ-ㄹ
② ㄱ-ㄷ-ㄹ-ㄴ
③ ㄴ-ㄷ-ㄹ-ㄱ
④ ㄷ-ㄹ-ㄱ-ㄴ
⑤ ㄹ-ㄱ-ㄴ-ㄷ

19. 다음은 신간회에 대한 설명이다. (ㄱ)~(ㅁ)에 대한 설명으로 옳지 않은 것은?

> 신간회는 3·1운동 이후 민족주의자와 사회주의자들이 처음으로 민족 연합 전선을 구축하여 독립운동을 펼쳤다는 점에서 그 의의가 크다. 전국에 약 140여 개소의 지회를 두고, (ㄱ)약 4만 명의 회원을 확보했다. 자매 단체로 (ㄴ)근우회가 있었다. 신간회는 각 지방을 순회하면서 강연회를 열었고, (ㄷ)강령을 마련하고, 노동쟁의와 소작쟁의, 동맹휴학 등을 지도했는데, (ㄹ)원산노동자총파업과 (ㅁ)광주학생운동을 지원한 것은 대표적 활동이었다.

① (ㄱ) - 농민, 노동자, 상인이 주류를 이룬 가운데 각계각층이 망

치하는 중앙과 합쳐 5부를 이루었다. 왕이 죽으면 많은 사람을 껴묻거리와 함께 묻는 순장의 풍습이 있었다.

(ㄹ) 이 나라에서는 벼농사를 중심으로 한 농업이 발달하였다. 이에 따라 해마다 씨뿌리기가 끝난 5월과 추수가 끝난 10월에 하늘에 제사를 지냈다. 이 때 낮이나 밤이나 술자리를 베풀고 축제를 벌였다. 춤출 때에는 수십 명이 줄을 서서 땅을 밟으며 장단을 맞추었다.

① (ㄱ) - 서옥제라는 풍속과 동맹이라는 제천행사를 실시하였다.
② (ㄴ) - 정치와 제사가 분리된 제정분리 사회였으며, 천군이 소도라는 영역을 지배하였다.
③ (ㄷ) - 농사일이 모두 끝난 12월에 영고를 행하여, 하늘에 제사를 지내고 가무를 즐겼다.
④ (ㄹ) - 읍군과 삼로가 각각 자신의 부족을 다스렸다.
⑤ (ㄱ)~(ㄹ) 모두 중앙집권국가로 발전하였다.

전 기 이 론

1. 상이한 두 금속선의 접촉부를 통해 전류가 흐를 때 나타나는 열의 발생 또는 흡수작용을 무엇이라 하는가?

① 톰슨효과
② 핀치효과
③ 펠티에효과
④ 제벡효과
⑤ 홀효과

2. 다음 회로에서 전압 V를 가하니 20[A]의 전류가 흘렀다. 이 회로의 역률은?

R=9[Ω] X_L=15[Ω] X_C=3[Ω] 20[A]

① 0.5
② 0.6
③ 0.7
④ 0.8

4. 40[mH] 인덕터에 $100\cos 10\pi t$ [mA]의 전류가 흐른다. $t=\frac{1}{30}$ [sec]에서 에너지[J]는?

① 50[μJ]
② 100[μJ]
③ 150[μJ]
④ 200[μJ]
⑤ 250[μJ]

5. 5개의 20[mH] 인덕터와 10개의 10[mH] 인덕터를 직렬 또는 병렬로 연결하여 얻을 수 있는 인덕턴스[H]의 최소값은?
(단, 상호인덕턴스는 무시한다.)

① 0.2[mH]
② 0.4[mH]
③ 0.6[mH]
④ 0.8[mH]
⑤ 1.0[mH]

6. 다음 R-L 회로에서 t = 0일 때 스위치 K를 닫았다. 흐르는 전류 $i(t)$를 구하여라. (단, $i(0)=0$이다.)

⑤ 0.9

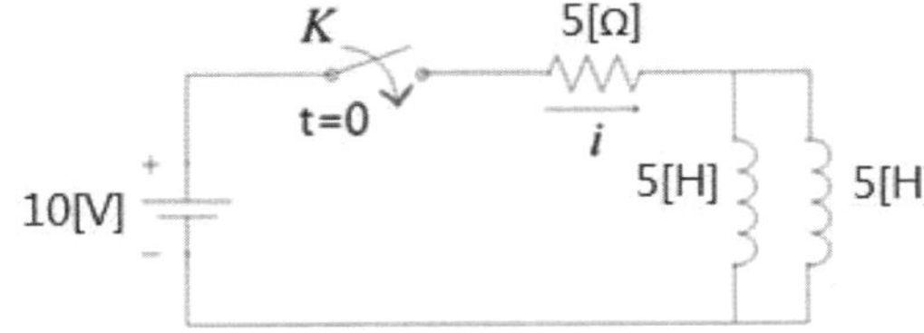

3. 무한평판도체 표면에서 수직거리 d[m]인 위치에 Q[C]의 점전하가 주어진 경우 이 점전하에 작용하는 힘(F)은?

① $\frac{Q^2}{2\pi\epsilon d^2}$[N]

② $\frac{Q^2}{4\pi\epsilon d^2}$[N]

③ $\frac{Q^2}{8\pi\epsilon d^2}$[N]

④ $\frac{Q^2}{16\pi\epsilon d^2}$[N]

⑤ $\frac{Q^2}{32\pi\epsilon d^2}$[N]

① $i(t) = 2 - 2e^{-2t}$

② $i(t) = 2 - 2e^{-t}$

③ $i(t) = 2 - 2e^{-0.5t}$

④ $i(t) = 1 - e^{-2t}$

⑤ $i(t) = 1 - e^{-t}$

7. 다음 회로에서 단자 ab에 나타나는 전압 V_{ab}[V]는? (소수점 둘째 자리에서 반올림 하시오.)

① 2
② 3.3
③ 4.3
④ 5.6
⑤ 8.0

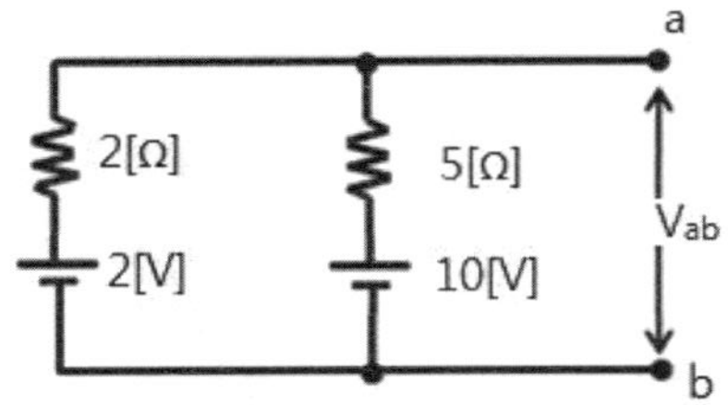

8. 다음 회로에서 저항 6[Ω]의 양단 전압이 5[V]일 때, 전압 V_g[V]는?

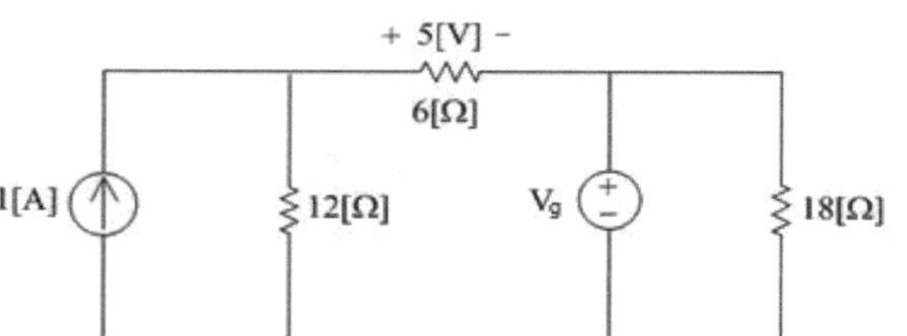

① 7
② -7
③ 5
④ 3
⑤ -3

9. 200회 감은 코일과 쇄교하는 자속이 0.1초 동안에 0.5[Wb]에서 0.3[Wb]로 감소했다. 이때 유기되는 기전력[V]은?

① 40
② 160
③ 400
④ 1,600

11. 권수가 100, 한 변의 길이가 0.5[m]인 정사각형 코일이 0.2[T]의 자속밀도를 가지는 평등자계 내에 놓여 있다. 이 코일에 작용하는 최대토크가 4×10^{-2}[N·m]라 하면 코일에 흐르는 전류는?

① 8[mA]
② 80[mA]
③ 12.5[mA]
④ 125[mA]
⑤ 10[mA]

12. 다음은 각각 무엇의 단위인가?

ㄱ. [C/s]　ㄴ. [J/s]　ㄷ. [C/V]　ㄹ. [J/C]

	ㄱ	ㄴ	ㄷ	ㄹ
①	커패시턴스	전류	전압	전력
②	전압	전력	커패시턴스	전류
③	전류	커패시턴스	전력	전압
④	전류	전력	커패시턴스	전압
⑤	커패시턴스	전압	전류	전력

⑤ 2,000

10. 다음 회로에서 전류의 방향과 전압의 극성을 정할 때, 전류 I 및 전압 V_1 과 V_2의 값으로 옳은 것은?

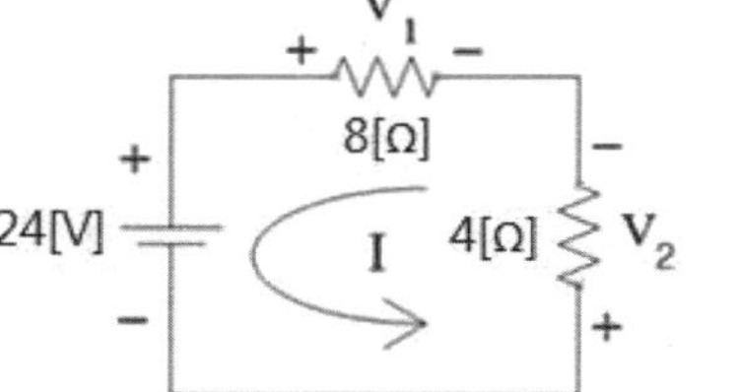

① I = 2[A], V_1 = -16[V], V_2 = 8[V]

② I = -2[A], V_1 = 16[V], V_2 = -8[V]

③ I = -2[A], V_1 = -16[V], V_2 = -8[V]

④ I = 2[A], V_1 = 16[V], V_2 = 8[V]

⑤ I = -2[A], V_1 = -16[V], V_2 = 8[V]

13. 반 무한장 도선이 z축을 따라 z=0에서 z=∞ 사이에 걸쳐 있다. 이 도선에서 전류 I가 +z 방향을 따라 흐른다면 z=0인 x-y평면에서 도선으로부터의 거리가 r[m]되는 위치에서의 자계의 세기[H]는?

① $\frac{I}{2\pi r}$

② $\frac{I}{4\pi r}$

③ $\frac{I}{2\pi r^2}$

④ $\frac{I}{4\pi r^2}$

⑤ $\frac{I}{8\pi r}$

14. 어떤 직류 전원에 10[Ω]의 저항을 연결하였더니 3[A]의 전류가, 50[Ω]을 연결하였더니 1[A]가 흘렀다. 테브난 등가회로로 본 전압원(V_{Th})과 내부 저항(R_{Th})은?

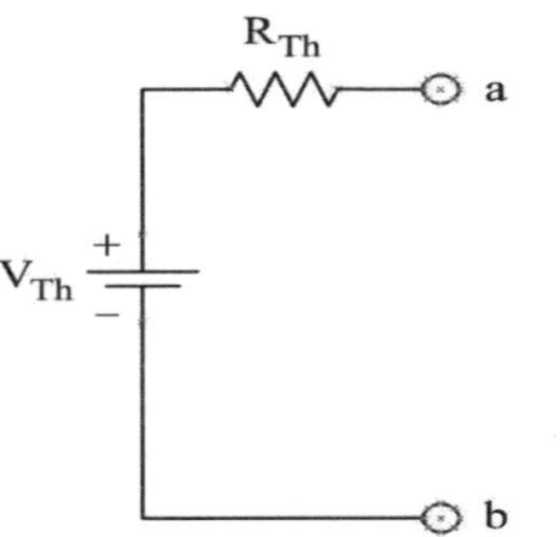

① V_{Th}=60[V], R_{Th}=10[Ω]

② V_{Th}=50[V], R_{Th}=12[Ω]

③ V_{Th}=30[V], R_{Th}=20[Ω]

④ V_{Th}=20[V], R_{Th}=30[Ω]

⑤ V_{Th}=10[V], R_{Th}=60[Ω]

15. 3상 불평형 전압에서 역상 전압이 50[V]이고, 정상 전압이 250[V], 영상 전압이 20[V]이면, 전압의 불평형률[%]은?

① 5

17. 피상 전력이 25[kVA]인 부하의 역률이 0.8이라면 무효전력[Var]은?

① 18,600

② 18,000

③ 17,600

④ 16,000

⑤ 15,000

18. 다음 회로에서 부하저항 R_L을 얼마로 할 때 최대 전력이 부하로 전달되는가? 또, 그 때 전달되는 전력(P_M)은?

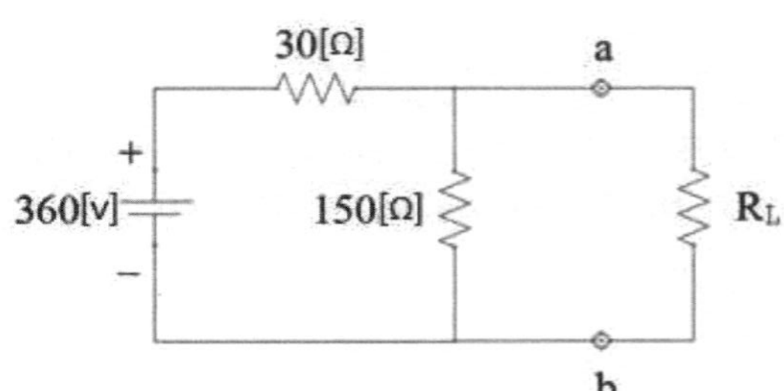

① R_L = 25[Ω], P_M = 900[W]

② R_L = 50[Ω], P_M = 450[W]

③ R_L = 25[Ω], P_M = 1,296[W]

④ R_L = 50[Ω], P_M = 750[W]

② 10
③ 15
④ 20
⑤ 25

16. 다음 회로에서 스위치가 충분히 오랜 시간 동안 닫혀 있다가 $t=0$인 순간에 열렸다. $t \ge 0$ 일 때의 전압 $v_C(t)$[V]는?

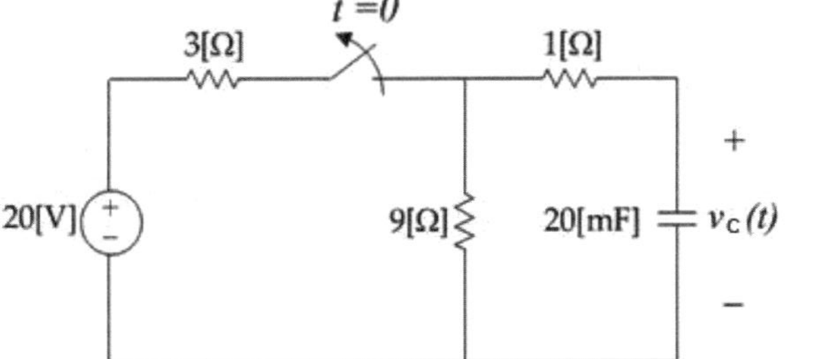

① $5e^{-0.5t}$
② $5e^{-5t}$
③ $10e^{-0.5t}$
④ $15e^{-0.5t}$
⑤ $15e^{-5t}$

⑤ R_L = 25[Ω], P_M = 1,080[W]

19. 다음 회로 중 저항 1[MΩ]에서 t = 0.5[sec]동안 소비되는 에너지[J]는?

① 2.5×10^{1}
② 2.5
③ 2.5×10^{-1}
④ 2.5×10^{-2}
⑤ 2.5×10^{-3}

20. 대지의 고유저항이 ρ[Ωm]일 때 반지름 a[m]인 반구형 접지전극의 접지저항[Ω]은?

① $2\pi\rho a$
② $\dfrac{2\pi a}{\rho}$
③ $\dfrac{\rho}{4\pi a}$
④ $\dfrac{\rho}{2\pi a}$
⑤ $4\pi\rho a$

전기기기

1. 직류 직권전동기의 부하토크가 16배로 증가하면 회전수는 어떻게 변화하는가?

① 1/4배
② 4배
③ 1/16배
④ 16배
⑤ 변하지 않는다.

2. 크로우링(crawling) 현상이 관찰될 수 있는 기기는?

① 농형 유도전동기
② 직류 직권전동기
③ 수은 정류기
④ 3상 변압기
⑤ 단상 변압기

5. 그림은 Y결선 동기발전기의 특성곡선이다. 다음 설명 중 옳지 않은 것은?

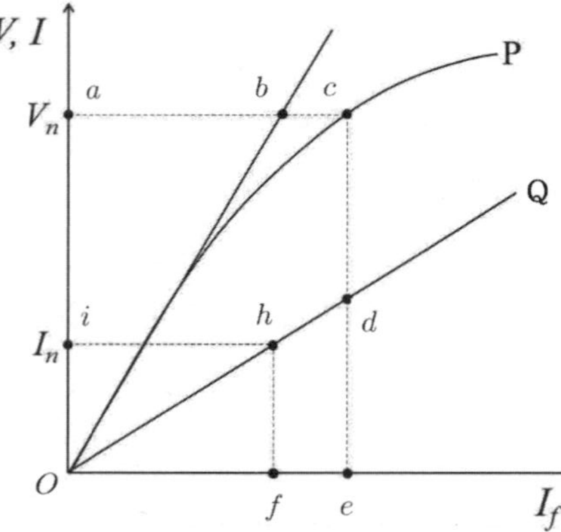

① OP의 특성은 무부하 상태에서 정격속도로 운전하여 구한 특성곡선이다.

② OQ의 특성은 중성점을 제외한 모든 단자를 단락시키고 정격속도로 운전하여 구한 특성곡선이다.

③ 동기임피던스는 $\frac{\overline{ec}/\sqrt{3}}{\overline{ed}}$의 비에 의해 구한다.

④ 단락비는 $\frac{\overline{Oe}}{\overline{Of}}$의 비에 의해 구한다.

⑤ % 동기임피던스는 $\frac{\overline{ed}}{\overline{fh}}\times 100$에 의해 구한다.

3. 10[kW], 100[V], 1,000[rpm]인 직류 분권전동기를 100[V] 직류 전원에 연결하여 사용한다. 무부하일 때 전동기는 1,000[rpm]으로 회전하고 이때의 부하 전류는 1.2[A]이다. 이 전동기의 회전손실은 얼마인가? (단, 전기자 저항은 0.1[Ω], 분권 계자 권선 저항은 100[Ω]이다.)

① 약 10[W]

② 약 20[W]

③ 약 30[W]

④ 약 40[W]

⑤ 약 50[W]

4. 3상 농형 유도전동기의 기동법으로 옳지 않은 것은?

① 전전압 기동

② Y-Δ 기동

③ 리액터 기동

④ 기동 보상기에 의한 기동

⑤ 2차 저항법

6. 권선비가 서로 다른 두 변압기를 병렬로 운전하고 있다. 정격부하로 운전될 때, (1) 2차 전압이 높은 변압기와 (2) 2차 전압이 낮은 변압기의 부하 상태로 옳은 것은?

① (1) 부분부하 상태, (2) 부분부하 상태

② (1) 과부하 상태, (2) 부분부하 상태

③ (1) 부분부하 상태, (2) 과부하 상태

④ (1) 과부하 상태, (2) 과부하 상태

⑤ (1) 정격부하 상태, (2) 정격부하 상태

7. 직류전동기의 속도제어에 대한 설명 중 옳지 않은 것은?

① 전기자에 가해지는 단자전압을 증가시키면 전동기의 속도는 증가한다.

② 계자 저항기를 통해 전동기 속도를 제어하면 비교적 광범위한 속도 조정이 이루어지므로 정출력 가변속도의 용도에 적합하다.

③ 전기자 회로에 병렬로 저항을 넣고 이것을 가감하면 전동기 속도를 제어할 수 있지만 전력손실이 커져 효율이 나쁘다.

④ 정토크 가변속도의 용도에 적합한 속도제어법은 전압제어법이다.

⑤ 정격운전 상태에서 전압제어는 정격속도 이하로, 계자제어는 정격속도 이상으로 제어할 수 있다.

8. **3상 공급 시 단상 변압기 3대를 사용하는 것과 3상 변압기 1대를 사용하는 것에 대해 비교하였다. 옳지 않은 것은?**

① 3상 변압기는 철심 재료가 절약되어 경제적이다.

② 3상 변압기는 결선이 용이하고 회로가 간결하다.

③ 3상 변압기는 1상에 고장이 생겨도 남은 2상으로 V결선 운전이 가능하다.

④ 부하시 탭 변환 장치를 채용하는데 3상 변압기가 유리하다.

⑤ 3상 변압기는 구조개선 등으로 소형화 되어 가고 있어 조립된 상태로 수송이 가능하다.

9. **직류 직권전동기에서 위험 속도가 되는 경우로 옳은 것은?**

① 저전압, 과여자

② 전기자에 저저항 접속

③ 정격전압, 과부하

④ 정격전압, 무부하

⑤ 저전압, 무여자

10. **3상 권선형 유도전동기의 저항제어에 관한 설명으로 옳지 않은 것은?**

① 2차회로의 저항을 최대로 하면 역률이 좋아져 효율이 좋아진다.

② 2차회로의 저항을 증가시키면 최대토크를 발생시키는 슬립이 변한다.

12. **다음 그림은 복권 직류발전기의 기계적 입력으로부터 전기적 출력의 흐름을 나타낸 것이다. 아래 그림은 각 단의 출력과 손실을 나타낸 것이다. (1)~(5)의 값으로 옳은 것은?**

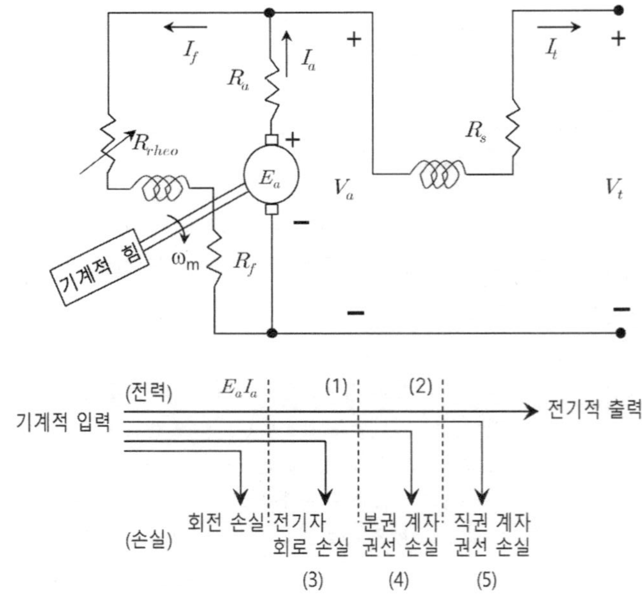

① $(1) = V_aI_t$

② $(2) = V_aI_a$

③ $(3) = (I_a - I_f)^2R_a$

③ 2차회로의 저항을 가감시켜 기동토크를 크게 하거나 속도를 제어한다.

④ 2차회로의 저항을 증가시켜도 최대토크는 변하지 않는다.

⑤ 2차회로의 저항을 m배 변화시키면 최대토크가 발생하는 슬립도 m배가 된다.

11. 6극 3상 유도전동기가 60[Hz]의 전원에 연결되어 운전하고 있다. 회전자 주파수가 3[Hz]일 때 회전자 속도[rpm]는 얼마인가?

① 1,200

② 1,180

③ 1,160

④ 1,140

⑤ 1,120

④ $(4) = I_f^2 R_f$

⑤ $(5) = I_t^2 R_s$

13. 철손 1[kW], 전부하에서의 동손 1.25[kW]인 변압기가 있다. 이 변압기가 매일 무부하로 10시간, $\frac{1}{2}$정격으로 8시간, 전부하로 6시간 운전되고 있다. 하루 동안의 총 손실[kWh]은 얼마인가? (단, 부하의 역률은 100[%]이다.)

① 40

② 38

③ 36

④ 34

⑤ 32

14. 아래는 어느 유도전동기의 명판(Name Plate)이다. 옳지 않은 것은?

Manufacturer Information		AMPS 163.	VOLTS 460
		PH 3	HZ 60
NEMA NOM. EFFICIENCY	96.2	HP 150	RPM 1785
GUARANTEED EFFICIENCY	95.8	S. F. 1.15	DUTY CONT
POWER FACTOR	89.7	Other Information	
MAX. CORR. KVAR.	20.0		

① 설계된 전동기의 평균 효율은 96.2[%]로 기대된다.
② 정격 운전 시 최소 효율은 95.8[%]로 기대된다.
③ 정격 전압과 전류는 460[V], 163[A] 이다.
④ 정격은 3상 60[Hz] 이다.
⑤ 서비스율 1.15에서 150마력, 1,785[rpm]의 출력이 기대된다.

15. 다음 회로의 입력전압(V_i)은 60[V]로 일정하고 MOSFET의 스위칭 주파수는 20[kHz], 통류율(Duty Ratio)은 0.4이다. 이 회로에서 출력전압(V_o)은? (단, 인덕터 전류는 일정하며, 커패시터의 값은 출력전압의 리플을 무시할 수 있을 정도로 크다.)

17. 3 대의 같은 특성을 가진 단상 변압기를 Δ결선으로 10[kW], 효율이 90[%], 역률 0.9인 3상 유도전동기를 운전하려고 한다. 이 경우 변압기 한 대의 최소 용량[kVA]은 얼마로 하면 되는가?

① 2.70
② 3.33
③ 4.12
④ 7.13
⑤ 10.70

18. BJT에 대비한 MOSFET의 특성으로 옳지 않은 것은?

① 구동회로가 단순하고 저렴하다.
② 스위칭 속도가 높아 고주파 스위칭에 사용된다.
③ 스너버(snubber) 회로가 간단하다.
④ 전류 제어형 소자이다.
⑤ 전압 제어형 소자이다.

19. 이상적인 변압기 2차측에 10∠30°[Ω]의 부하를 연결하였다. 1차측 단자에서 측정한 임피던스는 250∠30°[Ω]이었다. 이 변압기의 권선비는 얼마인가?

① 5
② 10

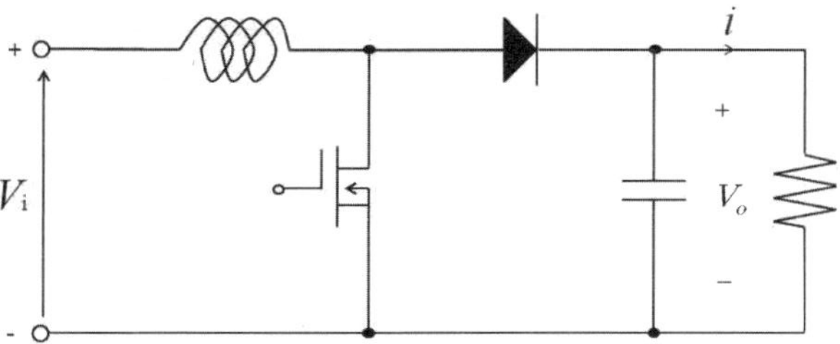

① 150[V]
② 100[V]
③ 40[V]
④ 36[V]
⑤ 24[V]

16. **동기전동기의 설명 중 옳지 않은 것은?**

① 정격주파수와 정격전압으로 기동 중 동기속도의 95[%] 정도에서의 토크를 공칭 인입 토크라 한다.
② 여자 전류의 조정에 따라 역률을 조정 할 수 있다.
③ 안정도를 증진하기 위하여 설계시 회전자의 관성을 작게 한다.
④ 난조를 방지하는 방법 중의 하나로 제동권선을 설치한다.
⑤ 정격주파수, 정격전압 및 규정된 여자상태에서 동기 운전할 수 있는 최대토크를 탈출토크라 한다.

③ 15
④ 20
⑤ 25

20. **극수 a, 회전수 1,200[rpm]인 교류발전기와 극수 b, 회전수 600[rpm]인 교류 발전기를 병렬운전하기 위한 a와 b사이의 관계에서 옳은 것은?**

① b=0.2a
② b=0.5a
③ b=a
④ b=2a
⑤ b=5a

정답표

가형	국어	영어	한국사	전기이론	전기기기
문1	4	4	4	3	1
문2	1	5	3	2	1
문3	4	3	2	4	2
문4	3	2	1	1	5
문5	1	1	2	4	5
문6	5	2	3	1	2
문7	2	1	5	3	3
문8	5	2	1	5	3
문9	4	5	2	3	4
문10	3	2	1	2	1
문11	3	4	3	1	4
문12	1	5	5	4	5
문13	5	2	3	2	4
문14	2	3	4	1	5
문15	4	4	1	4	2
문16	5	3	4	5	3
문17	5	2	1	5	3
문18	3	4	4	1	4
문19	4	1	5	5	1
문20	2	4	3	4	4

국 어

1. 다음 중 어법상 옳지 않은 문장은?

① 눈이 침침해서 안경의 도수를 돋궜다.
② 정면으로 부딪친 차들이 크게 부서졌다.
③ 그는 분을 삭히느라 깊이 숨을 들이마셨다.
④ 이 사건은 사람들의 무관심 속에 차츰 잊혀 갔다.
⑤ 신변을 보호하기 위해 경호원을 붙이기로 결정했다.

2. 다음 중 밑줄 친 부분의 표기가 옳지 않은 것은?

① 나사는 <u>죄야</u> 하나?
② 봄 신상품을 <u>선뵈어야</u> 매출이 오를 거야.
③ 자네 덕에 생일을 잘 <u>쇠서</u> 고맙네.
④ 그는 오랜만에 고향 땅에 발을 <u>딛는</u> 감회가 새로웠다.
⑤ 장마 후 날씨가 <u>개어서</u> 가족과 함께 가까운 곳으로 소풍을 갔다.

3. 다음의 내용을 이해한 결과로 옳지 않은 것은?

4. 다음 중 밑줄 친 표현의 쓰임이 옳지 않은 것은?

① <u>손이 맑으면</u> 따르는 사람도 많은 법이다.
② 우리 집 강아지들이 <u>발을 타기</u> 시작했다.
③ 워낙 <u>귀가 질긴</u> 친구라 알아듣지 못할 것이다.
④ 마을 사람들 모두 <u>코가 빠져</u> 아무 일도 하지 못했다.
⑤ 그는 어머니의 모습이 <u>눈에 밟혀</u> 차마 발걸음을 옮길 수 없었다.

5. 다음 중 외래어 표기가 옳지 않은 것은?

① license - 라이선스
② carpet - 카펫
③ barricade - 바리케이드
④ carburetor - 카뷰레이터
⑤ towel - 타월

6. 다음 중 그 뜻이 가장 다른 것은?

① 發憤忘食
② 守株待兎
③ 自强不息
④ 切磋琢磨
⑤ 螢雪之功

삼다02 [삼 : 따] (삼아, 삼으니)

【…을 …으로】

「1」 어떤 대상과 인연을 맺어 자기와 관계있는 사람으로 만들다.
¶ 고아를 양자로 삼다.

「2」 무엇을 무엇이 되게 하거나 여기다.
¶ 위기를 전화위복의 계기로 삼다.

「3」 ((주로 '삼아' 꼴로 쓰여))(('…으로' 성분은 단독형으로 쓰인다))무엇을 무엇으로 가정하다.
¶ 그녀는 딸을 친구 삼아 이야기하곤 한다.

① '삼다02'는 동일한 철자를 가진 다른 단어가 존재한다.
② '삼다02'는 다의어에 속한다.
③ '삼다02'는 두 자리 서술어이다.
④ '삼다02'는 어간 모음의 길이가 변동한다.
⑤ '삼다02'는 부사어를 필수적인 문장 성분으로 요구한다.

- 1 -

7. 다음 밑줄 친 ㉠이 ㉡에 대해 느낀 감정으로 볼 수 없는 것은?

> 오늘따라 ㉠나 혼자 집에 남아 있기가 싫어 남편과 함께 대학으로 놀러 나가는 길이었소. 집에서 대학까지 5리는 착실히 되건만 그 늙고 어수룩한 ㉡인력거꾼은 에누리도 없이 10전을 불렀소. 북경처럼 인력거 많고 북경처럼 인력거 삯이 싼 데가 세계에 둘도 없을 게요.
>
> 이 늙은 인력거꾼은 큰길까지 채 나가기도 전부터 기침에 가슴이 메어 뛰지를 못하는 것이었소. 내 인력거가 늦어지는 까닭에 남편의 교수 시간이 늦을까 봐 마음이 조마조마해 나는 "부싱(不行)"이라고 골을 내고는 인력거를 멈추고 다른 젊고 튼튼한 인력거꾼을 골라 탔소.
>
> 그 늙은이는 아무 대꾸도 없이 내가 주는 동전 세 닢을-세 닢이래야 겨우 1전밖에 안 되는 것을-받고서는 그도 싫단 말도 없이 그 젊은 인력거꾼을 부러운 듯이 바라보며 비실비실 길가로 가서 앉는 것이었소.
>
> (중략)
>
> 지금쯤 이 찬 밤에 어느 담 모퉁이에서 그 늙고 마른 다리를 주무르며 기침에 목이 메어 있는지! 아니 영영 내 마음의 빚은 갚지도 못한 채 이 밤 안으로 세상을 떠날지도 모르오.
>
> 밤이 지나고 아침이 오면 이 밤에 이렇게 마음 쓰려 하는 것도 다 잊고 또다시 그 굶주리는 인력거꾼들에게 단돈 한 닢이라도 깎아 주려고 또다시 나는 인색을 부리고 살진 친구들을 위해서는 오히려 자진해서 내 주머니를 풀 것이오.
>
> 이것도 세상 살아가는 모순 중의 하나인가 보오.

① 인력거꾼이 인력거 삯을 싸게 불러 만족스럽다.

> 격이다. 그러한 인격자만을 훌륭한 사람이라고 부를 수 있는 것이다.
>
> (나) 그 동안 우리는 서양식 가치나 기능을 지나치게 받든 나머지 전통적 미덕의 가치를 많이 잃고 말았다. '효도'와 '우애'의 내면적 가치를 살리지 못하고 부모 형제를 가볍게 여기다가 가정과 사회의 질서가 무너졌으며, '자유'의 진정한 뜻을 바르게 이해하지 못하다가 책임과 의무를 거들떠보지 않는 방종으로 흘렀고, '평등'의 고귀한 뜻을 살려 쓰지 못하는 바람에 모두가 천민으로 평준화하는 불행에 휩쓸리고 있다. 서양식 덕목이라 해서 무조건 나쁘다는 뜻은 아니다. 그것을 어떻게 제대로 실천하느냐에 따라 결과가 크게 달라진다는 뜻이다. 가령, 평등의 뜻을 실천하면서 누구나가 '교양', '품위', '예절', '질서', '양보', '용기'와 같은 미덕을 발휘한다면 모든 국민의 의식 수준은 상향 평준화 쪽으로 발전하겠지만, 반대로 나간다면 그 결과는 하향 평준화 쪽으로 뒷걸음치고 만다. 그러한 국가사회는 자연히 천박한 사고방식에 휩쓸리게 될 것이다.
>
> (다) 평교사로 정년을 맞은 어느 초등학교 교원이 기자에게 자랑스럽게 밝힌 이야기 한 도막이 떠오른다. 자신은 비록 평교사지만 제자 중에는 국회의원, 판검사, 대학 교수와 같은 훌륭한 사람이 많이 있기 때문에 보람을 느낀다는 내용이었다. 지위나 권력을 얻은 제자를 무심히 훌륭한 사람으로 생각한 듯하나 그러한 생각은 잘못된 것이다.
>
> (라) 사실 이 세상에는 뛰어난 학자, 위대한 종교가, 유명한 예술가가 많다. 그들은 어디까지나 뛰어나고 위대하고 유명한 사람들이다. 그렇지만 그들 모두가 무조건 인격을 갖춘 훌륭한 사람이라고 보기는 어렵다. 그런데도 사람들은 흔히 훌륭하

② 인력거꾼을 다시 만날까 봐 불안하다.
③ 인력거꾼에게 야박하게 대접해 미안하다.
④ 인력거꾼의 건강이 악화될까 걱정된다.
⑤ 인력거꾼이 인력거를 못 끌어서 짜증이 난다.

8. 다음 글들을 순서에 맞게 나열한 것으로 가장 적절한 것은?

우리 민족은 전통적으로 인간의 덕목을 강조해 왔다. 삼강오륜(三綱五倫)에 바탕을 둔 '충성', '효도', '우애'와 같은 단어는 지난 시절 지배 계층의 통치 논리로서 오늘날 그 실천 방법까지 액면 그대로 받아들이기는 어렵지만, 그 내용을 새로운 사회와 시대에 맞도록 손질해서 실천한다면 모두가 만고불변의 덕목으로 부끄럽지 않은 것이다. 실제로 이들 단어의 뜻을 올바르게 실천하기만 한다면 '사랑', '성실성', '끈기', '참을성', '용서', '양보', '희생', '봉사'와 같은 온갖 덕목을 함께 살릴 수도 있는 것이다.

(가) 품위 있는 단어의 뜻이 천박하게 쓰이고 있는 사례를 한 가지만 구체적으로 들어 보겠다. '훌륭하다'는 추상어의 뜻은 기본적으로 고귀한 경지를 나타내는 말이다. 그래서 선생님이나 어른들은 어린아이들에게 훌륭한 사람이 되라고 가르친다. 이때의 '훌륭한 사람'의 뜻을 한마디로 이르자면 '인격을 지닌 사람'이 될 것이다. 학문과 도덕과 예술을 두루 갖추고 그 덕성을 실천하며 사는 사람에게만 인격이라는 단어를 쓸 수 있는 것이다. 인격은 세상 사람들이 귀하게 여기는 이른바 돈이나 권력이나 지위 따위와는 아무런 관련이 없다. 예수나 석가나 공자와 같은 성인에게나 쓸 수 있는 말이 인다는 말을 돈이나 권력이나 지위로 착각하고 '뛰어나다', '위대하다', '유명하다'는 뜻과 혼동하고 있다. 대통령, 국회의원, 대학 교수는 상당히 뛰어나고 위대하고 유명하기는 하나 그들을 한결같이 훌륭한 사람이라고 보기는 어렵다는 뜻이다.

(마) 이처럼 우리 주변에서는 '훌륭하다'는 말의 뜻이 '뛰어나다', '위대하다', '유명하다'는 뜻과 구별되지 않고 쓰이기 때문에 우리 사회는 잠시 생겼다 없어지고 마는 돈이나 권력이나 지위를 지나치게 높이 받드는 경향이 있다. 그러나 진정으로 훌륭한 것은 영원히 없어지지 않는 것이다. 그것이 곧 인격이다. 인격은 평생을 두고 노력한다 해서 쉽게 얻을 수도 없으며, 한번 얻은 인격은 영원히 없어지지도 않는다. 그래서 인격은 훌륭한 것이다. 성인들이 역사에 길이길이 남아 세상을 밝혀 주는 것도 그 때문이다.

① (가)-(나)-(다)-(라)-(마)
② (가)-(나)-(다)-(마)-(라)
③ (나)-(가)-(다)-(마)-(라)
④ (나)-(가)-(라)-(다)-(마)
⑤ (나)-(다)-(가)-(마)-(라)

※ [9-10] 다음 글을 읽고 물음에 답하시오.

(가) 인구 고령화, 미혼 인구 및 1인 가구의 증가로 국내 반려동물 인구는 1000만 시대에 이르렀다. 그중 개와 고양이를 포함한 반려동물 시장은 약 2조원대에 이르는 것으로 추정하고 있다. 이러한 추세는 신조어까지 등장시켰다. 최근 심심치 않게 등장하는 '펫팸족'이라는 단어는 반려동물을 의미하는 '펫(Pet)'과 가족을 의미하는 '패밀리(Family)'가 합쳐진 조어로 반려동물을 가족처럼 생각하는 사람을 뜻한다.

(나) 우리나라에서는 이러한 시대적 변화에 따라 올바른 반려동물 문화를 확립하고 동물에 대한 올바른 인식향상을 위한 반려동물 어울림 축제가 경기도를 중심으로 진행되고 있다.

(다) 과거에는 가정에서 몸집이 작고 귀여운 개나 고양이를 비롯해 색깔이 예쁘거나 우는 소리가 고운 새와 물고기, 진귀한 뱀이나 도마뱀, 거북이 등을 반려동물로 많이 길렀다. 그러나 최근에는 정서 함양이나 치유 목적으로 여치나 귀뚜라미 등 곤충을 기르는 사람이 늘고 있다.

(라) 영화 <마지막 황제>는 주인공 부의가 통 속의 귀뚜라미를 꺼내는 것으로 영화가 끝나 그 여운이 깊었다. 귀뚜라미는 우리나라에서도 친근한 곤충으로 예술작품 속에서 주요 소재로 이용되기도 했다. 고려시대에는 고단한 궁궐 생활을 하는 궁녀들의 외로움을 달래거나 고향을 생각하는 수단으로 귀뚜라미를 길렀다는 기록도 있다.

(마) 그리고 최근에는 농촌진흥청에서 세계 최초로 왕귀뚜라미가 노인들의 우울증과 인지기능을 개선시켜 정서적 안정에 도움

10. 다음의 내용이 들어갈 위치로 가장 적절한 것은?

> 과거부터 현재까지 인류는 오랫동안 곤충과 공존하며 생활해왔다. 사람들은 곤충에 대해 해충이다, 익충이다 가리기만 했을 뿐 자세하게 곤충을 이해하지 못했다. 그러나 전설이나 구전을 통해 곤충의 신비함이 전해져 왔으며, 오랜 세월이 지나면서 곤충이 지닌 참다운 의미와 인간에게 끼친 영향 등을 담은 곤충문화가 형성됐다.

① (가)와 (나) 사이
② (나)와 (다) 사이
③ (다)와 (라) 사이
④ (라)와 (마) 사이
⑤ (마)와 (바) 사이

11. 다음 중 복수 표준어가 아닌 것은?

① 어림잡다 - 어림재다
② 변덕스럽다 - 변덕맞다
③ 장가가다 - 장가들다
④ 흠가다 - 흠지다
⑤ 기세부리다 - 기세피우다

이 된다는 연구 결과를 발표한 바 있다. 이는 개나 고양이 같은 반려동물뿐만 아니라 곤충 또한 노인들의 정신과 심리에 긍정적으로 작용한다는 것을 보여줘 앞으로 곤충이 반려동물로서 그 범위를 크게 확장할 수 있음을 입증하는 계기가 됐다.

(바) 한 일간지 보도에 따르면 반려곤충을 키우면 아이들의 정서함양에 좋고 재미가 있어서 컴퓨터 사용 시간을 줄이게 된다고 한다. 곤충은 오래전부터 인간의 문학, 언어, 예술, 역사, 종교, 레크리에이션 등 우리 문화 속에서 광범위하게 활용돼 왔다. 그리고 앞으로 왕귀뚜라미처럼 심리치유 효과 규명 등을 통해 새로운 가치를 지속적으로 찾아낸다면 곤충들이 반려곤충으로 환영받는 시대가 더욱 빠르게 열릴 것이다.

9. 위 글에서 알 수 있는 내용이 아닌 것은?

① 반려동물의 증가 원인
② 반려동물에 대한 인식의 변화
③ 곤충에 대한 이해와 반려동물로서의 가능성
④ 반려곤충이 인간 심리에 미치는 영향
⑤ 반려곤충이 생태계에서 차지하는 위상

12. 다음 중 띄어쓰기가 옳지 않은 것은?

① 홍수가 나서 집이 모두 강물에 떠내려 가버렸다.
② 하라는 공부는 하지 않고 잘도 놀아만 나는구나!
③ 하고 다니는 꼴이 그게 뭐니? 칠칠맞지 못하게.
④ 어머니를 도와드리려는 게 그릇을 깨뜨려버렸다.
⑤ 그가 떠난 지가 오래지만 아직도 너무 그립다.

13. 다음 밑줄 친 부분에 부합하는 훈민정음의 창제 원리로 가장 적절한 것은?

> 중세 국어에 존재했다가 사라진 글자에 'ㆆ'이 있다. 이 글자는 목구멍에서 나는 소리를 적은 글자이다. <u>'ㆆ'을 흔히 '여린히읗'이라고 부르는데 이것은 'ㅎ'에 비해 여리다</u>는 의미를 지닌다.

① 초성자는 발음 기관의 모양을 형상화하여 만든다.
② 초성자는 획을 더하여 글자를 만든다.
③ 종성자는 따로 만들지 않고 초성자를 다시 사용한다.
④ 중성자는 하늘, 땅, 사람을 본떠서 만든다.
⑤ 초성, 중성, 종성을 합쳐서 글자를 완성한다.

14. 다음 밑줄 친 ㉠~㉤을 두 부류로 나눌 때 가장 적절한 것은?

> 허기가 져 급히 먹는 ㉠<u>바람</u>에 체했다.
> 약 ㉡<u>바람</u>에 아무런 통증을 느끼지 못했다.
> 어머니는 버선 ㉢<u>바람</u>으로 아들을 맞았다.
> 문호를 개방하면서 서구화 ㉣<u>바람</u>이 불어닥쳤다.
> 출발 신호음이 떨어지자 선수들은 ㉤<u>바람</u>같이 내달았다.

① ㉠, ㉡, ㉢ / ㉣, ㉤
② ㉠, ㉡, ㉣ / ㉢, ㉤
③ ㉡, ㉢, ㉣ / ㉠, ㉤
④ ㉡, ㉣, ㉤ / ㉠, ㉢
⑤ ㉢, ㉣, ㉤ / ㉠, ㉡

15. 다음 ㉠, ㉡에 대한 설명으로 옳은 것은?

> ㉠ 나는 할머니께 맛있는 과자를 드렸다.
> ㉡ 할머니께서는 내가 드린 과자를 잘 잡수셨다.

① ㉠, ㉡에는 모두 객체를 높이는 문법 형태소가 있다.
② ㉠, ㉡에는 모두 주격 조사가 있다.
③ ㉠, ㉡에는 모두 자동사가 있다.
④ ㉠, ㉡에는 모두 주체 높임의 어미가 있다.
⑤ ㉠, ㉡에는 모두 시제를 나타내는 어미가 있다.

17. 다음 글에 대한 설명으로 가장 적절한 것은?

> 걸음걸이는 그의 의지처럼 또한 정확했다. 아무리 한 걸음 한 걸음 다가가는 걸음걸이가 죽음에 접근하여 가는 마지막 것일지라도 결코 허투른, 불안한, 절망적인 것일 수는 없었다. 흰 눈, 그 속을 걷고 있다. 휜칠히 트인 벌판 너머로 마주선 언덕, 흰 눈이다. 연발하는 총성. 마치 외부 세계의 잡음만 같다. 아니 아무 것도 아닌 것이다. 그는 흰 속을 그대로 한 걸음 한 걸음 정확히 걸어가고 있었다. 눈 속에 부서지는 발자국 소리가 어렴풋이 들려온다. 두런두런 이야기 소리가 난다. 누가 뒤통수를 잡아 일으키는 것 같다. 뒤허리에 충격을 느꼈다. 아니 아무 것도 아니다. 아무 것도 아닌 것이다.
>
> 흰 눈이 회색빛으로 흩어지다가 점점 어두워 간다. 모든 것은 끝난 것이다. 놈들은 멋적게 총을 다시 거꾸로 둘러메고 본부로 돌아들 갈 테지. 눈을 털고 추위에 손을 비벼 가며 방안으로 들어들 갈 것이다. 몇 분 후면 화롯불에 손을 녹이며 아무 일도 없었던 듯 담배들을 말아 피우고 기지개를 할 것이다. 누가 죽었건 지나가고 나면 아무 것도 아니다. 모두 평범한 일인 것이다. 의식이 점점 그로부터 어두워 갔다. 흰 눈 위다. 햇볕이 따스히 눈 위에 부서진다.

① 시공간적 배경이 제시되며 전체적인 도입부의 역할을 하고 있다.
② 인물들 사이의 갈등이 시작되면서 본격적인 사건이 전개된다.
③ 단순한 갈등이 복잡화되면서 사건 전개가 긴밀해진다.
④ 주인공 내면의 갈등이 극대화되면서 주제 의식이 부각된다.
⑤ 전체적인 사건이 마무리되면서 극적 긴장감이 해소된다.

16. 다음 글에 부합하는 작품으로 가장 적절한 것은?

고전 시가 작품의 주제 중에는 임에 대한 사랑이 많다. 사랑이 시대를 초월한 보편적인 주제임을 고려할 때 이러한 상황은 쉽게 이해할 수 있다. 임에 대한 사랑은 직접 표출하기보다는 비유나 상징 등을 통해 간접적으로 표출하는 경우를 더 많이 보게 된다.

① 대쵸 볼 불근 골에 밤은 어이 뜻드르며 / 벼 뷘 그르헤 게는 어이 ᄂᆞ리ᄂᆞ고 / 술 닉쟈 체쟝ᄉᆞ 도라가니 아니 먹고 어이리

② 옥으로 연고즐 사교이다 / 옥으로 연고즐 사교이다 / 바회 우희 졉듀(接主)ᄒᆞ요이다 / 그 고지 삼동이 퓌거시아 / 그 고지 삼동이 퓌거시아 / 유덕(有德)ᄒᆞ신 니믈 여ᄒᆡᄋᆞ와지이다

③ 어듸라 더디던 돌코 누리라 마치던 돌코 / 믜리도 괴리도 업시 마자셔 우니노라 / 얄리얄리 얄라셩 얄라리 얄라

④ 오백 년 도읍지를 필마로 도라드니 / 산천은 의구하되 인걸은 간듸 업다 / 어즈버 태평연월이 꿈이런가 ᄒᆞ노라

⑤ 잔 들고 혼자 안자 먼 뫼를 바라보니 / 그리던 님이 온들 반가옴이 이러하랴 / 말씀도 우음도 아녀도 못내 좋아 하노라

18. 다음 시에 대한 설명으로 가장 적절한 것은?

눈물 아롱아롱
피리 불고 가신 님의 밟으신 길은
진달래 꽃비 오는 서역 삼만 리
흰 옷깃 여며 여며 가옵신 님의
다시 오진 못하는 파촉 삼만 리

신이나 삼아줄걸 슬픈 사연의
올올이 아로새긴 육날 메투리
은장도 푸른 날로 이냥 베어서
부질없는 이 머리털 엮어 드릴걸

초롱이 불빛 지친 밤하늘
굽이굽이 은핫물 목이 젖은 새
차마 아니 솟는 가락 눈이 감겨서
제 피에 취한 새가 귀촉도 운다
그대 하늘 끝 호올로 가신 님아

① 우리나라 전래의 설화를 소재로 애잔한 정서를 노래했다.
② 버림받은 여인의 절망을 전통적 정서와 가락으로 노래했다.
③ 고유의 한과 체념을 여성적인 애절한 어조로 노래했다.
④ 여인의 정절을 소재로 강인한 삶의 의지를 노래했다.

"나 서참월세, 알겠나? 홍…… 자네 참 호살세 호사야…… 잘 죽었느니. 자네 살았으문 이만 호살 해보겠나? 인전 안경다리 고칠 걱정두 없구…… 아무튼지……."
하는데 박희완 영감이 들어서더니,
"이 사람 취했네그려."
하며 서참의를 밀어냈다.
박희완 영감도 가슴이 답답하였다. 분향을 하고 무슨 소리를 한마디 했으면 속이 후련히 트일 것 같아서 잠깐 멈칫하고 서 있어 보았으나,
"으흐흠……."
하고 울음이 먼저 터져 그만 나오고 말았다.
서참의와 박희완 영감도 묘지까지 나갈 작정이었으나 거기 모인 사람들이 하나도 마음에 들지 않아 도로 술집으로 내려오고 말았다.

19. 위 글에서 알 수 있는 내용으로 적절하지 않은 것은?

① 안초시는 불의의 사고로 사망했다.
② 안경화는 이름이 꽤 알려진 사람이다.
③ 안초시, 서참의, 박희완 영감은 친구 사이이다.
④ 박희완 영감은 생활이 넉넉하지 못한 편이다.
⑤ 서참의는 안경화를 못마땅하게 여긴다.

⑤ 영원히 돌아오지 않을 님에 대한 원망을 은근하게 노래했다.

※ [19-20] 다음 글을 읽고 물음에 답하시오.

안초시의 소위 ㉠영결식이 그 딸의 연구소 마당에서 열리었다.

서참의와 박희완 영감은 술이 거나하게 취해 갔다. 박희완 영감이 무얼 잡혀서 가져왔다는 ㉡부의 이 원을 서참의가,

"장례비가 넉넉하니 자네 돈 그 계집애 줄 거 없네."

하고 우선 술집에 들러 거나하게 곱빼기들을 한 것이다.

영결식장에는 제법 반반한 조객들이 모여들었다. 예복을 차리고 온 사람도 두엇 있었다. 모두 고인을 알아 온 것이 아니요, 무용가 안경화를 보아 온 사람들 같았다. 그 중에는, 고인의 슬픔을 알아 우는 사람인지, 덩달아 기분으로 우는 사람인지 울음을 삼키느라고 끽끽 하는 사람도 있었다. 안경화도 제법 눈이 젖어 가지고 신식 상복이라나 공단 같은 새까만 양복으로 관 앞에 나와 향불을 놓고 절하였다. 그 뒤를 따라 한 이십 명 관 앞에 와 꾸벅거리었다. 그리고 무어라고 지껄이고 나가는 사람도 있었다.

그들의 분향이 거의 끝난 듯하였을 때,

"에헴!"

하고 얼굴이 시뻘건 서참의도 한마디 없을 수 없다는 듯이 나섰다. 향을 한움큼이나 집어 놓아 연기가 시커멓게 올려 솟더니 불이 일어났다. 후— 후— 불어 불을 끄고, 수염을 한번 쓰다듬고 절을 했다. 그리고 다시,

"헴……."

하더니 ㉢조사를 하였다.

20. 다음 중 ㉠, ㉡, ㉢의 한자 표기가 모두 옳은 것은?

① ㉠永訣式 ㉡附議 ㉢弔詞
② ㉠永決式 ㉡賻儀 ㉢弔辭
③ ㉠永訣式 ㉡附議 ㉢弔辭
④ ㉠永訣式 ㉡賻儀 ㉢弔辭
⑤ ㉠永決式 ㉡附議 ㉢弔詞

영 어

1. 다음 밑줄 친 부분에 들어갈 가장 적절한 표현을 고르시오.

> One century earlier Wilhelm von Humboldt taught that "There is apparent connection between sound and meaning which, however, only seldom lends itself to an exact elucidation, is often only glimpsed, and most usually remains _____."

① clear
② distinct
③ obscure
④ semantic
⑤ phonetic

2. 다음 밑줄 친 (A)와 (B)에 들어갈 가장 적절한 표현을 고르시오.

> Vulnerability assessment is the analysis of the expected impacts, risks and the adaptive capacity of a region to the effects of climate change. Vulnerability assessment

4. 다음 밑줄 친 부분에 들어갈 가장 적절한 표현을 고르시오.

> Passive investments by Korean investors to the overseas markets are likely to continue in the second half of the year, especially with global economic expansion _____________.

① is likely to further retreat
② is likely to be further retreated
③ likely to further retreat
④ likely to be further retreat
⑤ like to further retreat

5. 다음 밑줄 친 부분 중 문법상 옳지 않은 것을 고르시오.

> If you haven't been living under a rock lately, ①you have most likely seen these cool new toys that have become extremely popular ②with celebrities and everyday people alike—the self balancing scooter with two wheels. ③They can go at a speed around 8km/h to 20km/h, ④depending on the model. It is lightweight, smart and easy to move and fun to ride. And it takes some time ⑤being used to.

(A)_______ more than simple measurement of the potential harm caused by events resulting from climate change. The term vulnerability is used very broadly in the climate change (B)________ to include a variety of concepts including sensitivity or susceptibility to harm and lack of capacity to cope and adapt.

(A) (B)

① indicates - asset

② fortifies - possibility

③ requires - avidity

④ induces - environment

⑤ encompasses - context

3. 다음 밑줄 친 부분에 들어갈 가장 적절한 표현을 고르시오.

The nineteen-year-old Anton appointed himself head of the ______ family - a responsibility he bore unfalteringly for the rest of his life - and decided to earn grocery money by writing comic sketches for the newspapers.

① rich ② independent

③ affluent ④ destitute

⑤ amiable

6. 다음 기사의 제목으로 가장 적절한 것을 고르시오.

When people consider traveling within Korea, most think about taking a train rather than a flight. There are a number of cheap flights to Jeju Island, but flying to other destinations has seemed extravagant - particularly with the arrival of the affordable KTX bullet train that connects many cities around the country. This has hit Korea's small regional airports hard, many of which have seen their domestic routes become unprofitable. Attempting to revive sluggish demand for domestic flights, airlines have been working with travel agencies, as well as federal and regional governments, to offer travel packages for day trips around Korea that are cheaper - and faster - than taking a train. Three domestic routes have currently been discounted: Gimpo, Gyeonggi to Pohang, North Gyeongsang; Gimpo to Sacheon, South Gyeongsang; and Gimpo to Yeosu, South Jeolla. Korean Air has particularly slashed prices on domestic flights for 11 travel agencies including Mode Tour, Lotte Tour and Hanjin Travel, which are offering different day-trip packages.

① Flights Save Themselves by Providing Cheaper Day Trips

② Domestic Flight Demands Soaring High in the Summer

③ New Domestic Routes Emerging as Hot Businesses

④ Diversified Travel Packages Attract More Travellers

⑤ KTX Emerging as the Best Domestic Traveling Option

7. 글의 흐름상 가장 적절하지 못한 문장을 고르시오.

Since the 2012 World Design Capital, Helsinki, has quietly continued its pursuit of excellence in design, contemporary arts and urban planning. ①Called the "Daughter of the Baltic", Helsinki is located on the tip of a peninsula and on 315 islands. ②The long-term vision of the Finnish capital has already started paying dividends for city construction. ③Construction cranes are active across the city, with a renewed waterfront, renovated museums and revived industrial spaces. ④This wave of progress has even spread to outlying neighborhoods, where recent openings range from cultural complexes to the most traditional Finnish attraction, the sauna. ⑤Now every corner of this cool Nordic city is heating up with passion for art and construction.

8. 다음 밑줄 친 부분에 들어갈 가장 적절한 표현을 고르시오.

Some parents of immigrant families are concerned that their children may be at a disadvantage if they do not speak or understand the majority language very well before starting kindergarten. They arrange for the majority language to be spoken by both parents to the child even at home. This solution means that they have to speak their non-native language to their child and may feel awkward. ________, there is a price to pay in the

10. 대화의 흐름으로 보아 다음 밑줄 친 부분에 들어갈 가장 적절한 표현을 고르시오.

A: I almost got into an accident last night.

B: What happened?

A: Well, I was going down the freeway when all of a sudden the car ahead of me slammed on his brakes.

B: Did you rear-end him?

A: No, but I almost did. ________________.

B: What did you do?

A: I veered into the shoulder of the road just in the nick of time.

B: You were really lucky. It could have been worse.

① It was frustrated
② It was an impressive moment
③ I couldn't avoid the accident
④ He just jumped on the bandwagon
⑤ It was a close call

11. 다음 밑줄 친 부분에 들어갈 가장 적절한 표현을 고르시오.

All intercultural comparisons of intelligence are ____ by the lack of true comparability, and any generalizations about 'racial' differences in intellectual competence which

relationship between parent and children in later years. A mother faced with a rebellious teenager may be better equipped to counter defiance and rhetoric in her own language.

① However ② Nevertheless
③ For example ④ Besides
⑤ Fortunately

9. 다음 밑줄 친 부분에 들어갈 가장 적절한 것을 고르시오.

I was in a couple's home trying to fix their Internet connection. The husband called out to his wife in the other room for the computer password. "Start with a capital S, then 123," she shouted back. We tried S123 several times, but it didn't work. So we called the wife in. As she input the password, she muttered, "I really don't know what's so difficult about typing ________."

① s123 ② Start123
③ 123S ④ start123
⑤ 123s

do not take account of this are worthless.

① vitiated
② improved
③ endorsed
④ rejuvenated
⑤ detected

12. 다음 밑줄 친 부분에 들어갈 가장 적절한 표현을 고르시오.

My girlfriend is not the sort of woman who would go back ______ her word.

① to ② up
③ against ④ into
⑤ on

13. 다음 밑줄 친 부분에 들어갈 가장 적절한 표현을 고르시오.

An election is a formal decision-making process by which a population chooses an individual to hold public office. Elections have been the usual mechanism by which modern ________________ has operated since the 17th century. Elections may fill offices in the legislature, sometimes in the executive and judiciary, and for regional and local government.

① government structure
② representative democracy
③ political influence
④ government leadership
⑤ political ideology

14. 다음 밑줄 친 부분에 들어갈 가장 적절한 표현을 고르시오.

While creating the mouse, Douglas was working at the Stanford Research Institute. The mouse was originally referred ____ an "X-Y Position Indicator for a Display System." With the cord coming out of the back of the computer mouse, Douglas said the device reminded him of the rodent mouse and the name stuck.

① as

16. 다음 밑줄 친 make의 문법상 올바른 형태를 고르시오.

It is highly exhilarating to contemplate the progress <u>make</u> in the study of English since the opening years of this century. That assertion, too often repeated, that Englishmen are not really interested in their own language, is no longer valid. At last we English are showing an awakened interest in our mother tongue as something living and changing.

① making
② made
③ is made
④ makes
⑤ has made

17. 다음 기사의 요지로 가장 적절한 것을 고르시오.

Something strange is going on in medicine. Major diseases, like cancer, stroke, and heart disease, are waning in wealthy countries, and improved diagnosis and treatment cannot fully explain it. Scientists marvel at this good news, but many of them say that it is not really easy to come up with interesting, compelling explanations. They are still facing the challenge to figure out which of those interesting and compelling hypotheses might be correct. The fact of the matter is that these diseases are far from gone. They

② to with
③ by with
④ to as
⑤ on

15. 다음 밑줄 친 부분 중 문법상 옳지 않은 것을 고르시오.

①<u>Although there</u> ②<u>had been</u> resistance to the high rate of immigration during the nineteenth century, only in the early twentieth century ③<u>was</u> several laws ④<u>passed</u> that restricted both the number of people who could come to the United States and where they could come ⑤<u>from</u>.

still cause enormous suffering and kill millions each year. But it looks as if people in the United States and some other wealthy countries are, unexpectedly, starting to beat back the diseases of aging. The leading killers are still the leading killers but they are occurring later in life, and people in general are living longer in good health.

① Major diseases are in decline because of a slow process of aging.
② A puzzle about adult diseases has been completely solved.
③ Americans are more vulnerable to major diseases than the people of other wealthy countries.
④ The changes in medicine impact the everyday life of Americans.
⑤ It is necessary to look for clues to medical dilemmas.

18. 다음 글의 순서로 문맥상 의미가 가장 잘 통할 수 있도록 나열한 것을 고르시오.

(A) A little more investigative work led the officer to the boy's accomplice: another boy about 100 yards beyond the radar trap with a sign reading "TIPS" and a bucket at his feet full of change.

(B) One day, however, the officer was amazed when everyone was under the speed limit, so he investigated and found the problem.

(C) A 10-year-old boy was standing on the side of the road with a huge hand painted sign which said "Radar Trap Ahead."

(D) A police officer found a perfect hiding place for watching for speeding motorists.

① (B)-(C)-(A)-(D)
② (B)-(D)-(A)-(C)
③ (C)-(A)-(B)-(D)
④ (D)-(B)-(C)-(A)
⑤ (D)-(C)-(B)-(A)

19. 다음 밑줄 친 부분에 들어갈 가장 적절한 표현을 고르시오.

Representing something graphically was a significant step beyond oral description of the objects and events being

20. 다음 밑줄 친 부분에 들어갈 가장 적절한 표현을 고르시오.

Some modern writers believe that the deliberate concealment of certain parts of the body originated not as a way of discouraging sexual interest, but as a clever device for arousing it. According to this view, clothes are the physical equivalent of remarks like "I've got a secret"; they are a tease, a come-on. It is certainly true that parts of the human form considered sexually arousing are often covered in such a way as to ______________. People done up in shiny colored wrappings and bows affect us just as a birthday present does: we're curious, turned on; we want to undo the package.

① diminish and inhibit sexual interest
② completely hide one's bodily secret
③ exaggerate and draw attention to them
④ cover up one's physical complex
⑤ expose them vividly to the public

portrayed. Even if they were only mnemonic device - serving loosely as memory stimulators - depictions such as cave paintings could help a storyteller provide a more detailed and accurate account, compared with unaided recall. ________, this illustrates one major purpose of writing. In all its forms, writing is a tool for preserving ideas that were expressed earlier. In other words (to borrow from today's computer jargon), writing is a system for information storage. Just as we seek more and more storage capacity in computers, primitive people sought systems of graphic representation of ideas to free themselves from the limitations and inaccuracies of human memory.

① For example
② In fact
③ Conversely
④ However
⑤ Unfortunately

한 국 사

1. **다음과 같은 무덤이 만들어진 시대에 대한 설명으로 옳은 것은?**

옹관묘(독무덤)	목관묘(널무덤)

① 대표적 유물은 반달 돌칼과 비파형 동검 등이다.
② 애니미즘, 토테미즘 등 원시적 신앙이 출현하였다.
③ 대표적 유적은 대부분 강가나 바닷가에 자리잡고 있다.
④ 유적지에서 명도전, 반량전 등의 중국 화폐가 출토되었다.
⑤ 야요이 토기는 이 시기에 만들어진 미송리식 토기의 영향을 받은 것이다.

2. **각 국가와 그에 대한 설명으로 옳은 것은?**

① 옥저 – 읍락끼리 각자의 영역을 침범하면 책화라고 하여 노비, 소, 말 등으로 변상하였다.
② 동예 – 어린 여자아이를 미리 신랑집에 데려다 놓고 살다가 결혼시키는 민며느리제가 있었다.
③ 부여 – 영고라는 제천행사는 농경사회의 유풍으로 매년 여름에 개최되었다.

4. **(ㄱ)과 (ㄴ) 사이의 시기에 있었던 사실로 옳은 것은?**

> (ㄱ) 왕 재위 41년 백제의 왕이 병력 3만 명을 거느리고 평양성을 공격해 왔다. 이에 왕이 군대를 내어 막다가 화살에 맞아 서거하였다.
>
> – 『삼국사기』 고구려본기 –
>
> (ㄴ) 왕 재위 3년 순장을 금지하는 명령을 내렸다. 3월에는 주와 군의 수령에게 명하여 농사를 권장케 하였고, 처음으로 소를 부려서 논밭을 갈았다.
>
> – 『삼국사기』 신라본기 –

① 고구려가 낙랑군을 축출하였다.
② 백제가 대야성을 함락시켰다.
③ 고구려가 평양으로 수도를 옮겼다.
④ 신라가 금관가야를 병합하였다.
⑤ 신라가 율령을 반포하였다.

5. **<보기>의 석탑이 만들어진 시대의 탑에 대한 설명으로 옳은 것은?**

<보 기>

감은사지 3층 석탑, 불국사 3층 석탑, 화엄사 쌍사자 3층 석탑

① 이중의 기단 위에 5층으로 쌓은 석탑이 전형적인 양식이다.
② 석재를 벽돌 모양으로 다듬어 쌓은 탑으로는 분황사 탑이 있다.

④ 삼한 - 해마다 씨를 뿌리고 난 뒤인 5월과 가을 곡식을 거두어 들이는 10월에 계절제를 열었다.

⑤ 고구려 - 매년 12월에 전 국민이 하늘에 제사를 지내는데 이것을 동맹이라고 하였다.

3. **밑줄 친 ㉠에 대한 설명으로 옳은 것은?**

> 대한제국 칙령 제41호 제2조에는 "군청 위치는 태하동으로 정하고, 관할 구역은 울릉 전도와 죽도, ㉠석도(石島)로 한다."라고 기록되어 있다.

① 프랑스가 병인박해를 구실로 침입하였다.

② 영국이 러시아를 견제하기 위해 점령하였다.

③ 일본이 러·일 전쟁 중에 불법적으로 편입하였다.

④ 러시아가 저탄소 설치를 위해 조차를 요구하였다.

⑤ 일본이 안봉선 철도 부설권을 얻는 대가로 청에 귀속시켰다.

③ 말기에는 기단과 탑신에 불상의 부조를 새기는 등 다양한 변화가 나타났다.

④ 선종이 널리 퍼지면서 석종형을 기본으로 하는 승탑과 탑비가 유행하였다.

⑤ 다각다층의 석탑이 많이 만들어졌다.

6. **다음을 시기순으로 바르게 나열한 것은?**

> ㄱ. 토지조사령　ㄴ. 조선광업령　ㄷ. 조선어업령　ㄹ. 회사령

① ㄱ-ㄴ-ㄷ-ㄹ

② ㄴ-ㄱ-ㄷ-ㄹ

③ ㄷ-ㄴ-ㄱ-ㄹ

④ ㄹ-ㄷ-ㄱ-ㄴ

⑤ ㄹ-ㄷ-ㄴ-ㄱ

7. **밑줄 친 ㉠과 관련된 사건으로 옳은 것은?**

> 분사 검교소감 백수한 등이 스스로 음양의 술법을 안다고 칭하여 허황되고 불경한 말로 여러 사람을 현혹시켰다. 정지상 또한 서경 사람이라 그 말을 깊이 믿고 이르기를, "상경은 터전이 이미 쇠퇴하였고 ㉠궁궐이 모두 타서 남은 것이 없으나, 서경에는 왕기가 있으니 마땅히 왕의 거처를 옮겨서 상경으로 삼아야 한다."라고 하였다.
>
> \- 고려사 -

① 만적의 난
② 이자겸의 난
③ 거란의 침공
④ 몽골의 침략
⑤ 홍건적의 난

8. **(가), (나) 인물에 대한 설명으로 옳은 것을 <보기>에서 모두 고른 것은?**

(가)	(나)
국청사를 중심으로 해동 천태종을 개창하였으며, 수행 방법으로 교관겸수를 제시하였다.	수선사 결사를 통해 불교계를 개혁하고자 하였으며, 수행 방법으로 정혜쌍수를 제시하였다.

10. **㉠~㉢에 대한 설명으로 옳지 않은 것은?**

> ㉠ 시정전시과(경종 1년) → ㉡ 개정전시과(목종 1년) → ㉢ 경정전시과(문종 30년)

① ㉠ - 4색 공복제에 입각하여 전시를 지급하였다.
② ㉡ - 문반, 무반, 잡업 계층으로 구분하여 전시를 지급하였다.
③ ㉡ - 실직자뿐 아니라 산직자에게도 전시를 지급하였다.
④ ㉢ - 무반에 대한 대우가 상승하였다.
⑤ ㉢ - 일부 관료에게는 시지를 지급하지 않았다.

11. **한국광복군이 조직된 시기로 옳은 것은?**

1938. 10. 무한에서 조선의용대 결성
↓ .... (ㄱ)
1940. 5. 한국독립당 창당
↓ .... (ㄴ)
1941. 11. 대한민국 건국강령 발표
↓ .... (ㄷ)
1941. 12. 대한민국 임시정부, 대일 선전 포고
↓ .... (ㄹ)
1942. 10. 조선민족혁명당, 임시정부에 참여

<보 기>

ㄱ. (가) - 무애가를 지어 불교의 대중화에 힘썼다.
ㄴ. (가) - 불교 경전에 대한 주석서를 모아 교장(教藏)을 편찬하였다.
ㄷ. (나) - 화엄일승법계도를 지어 화엄 사상을 정리하였다.
ㄹ. (나) - 돈오점수를 바탕으로 한 꾸준한 수행을 강조하였다.

① ㄱ, ㄷ
② ㄴ, ㄷ
③ ㄴ, ㄹ
④ ㄱ, ㄴ, ㄷ
⑤ ㄱ, ㄴ, ㄹ

9. 훈요십조의 내용으로 옳지 않은 것은?

① 궁궐을 지을 때에는 도선의 풍수사상에 맞게 지을 것
② 간쟁을 따르고 참언을 멀리하여 신민의 지지를 얻을 것
③ 경사(經史)를 널리 읽어 옛날을 거울삼아 오늘을 경계할 것
④ 농민의 요역과 세금을 가볍게 하여 민심을 얻고 부국안민을 이룰 것
⑤ 왕위는 장자상속을 원칙으로 하되, 장자가 현명하지 못할 때에는 신하들의 추대를 받은 다른 아들이 이을 것

↓ .... (ㅁ)

1943. 8. 한국광복군 인면전구 공작대 파견

① ㄱ ② ㄴ ③ ㄷ ④ ㄹ ⑤ ㅁ

12. 조선 성종 연간에 편찬된 서적으로 옳지 않은 것은?

① 국조오례의
② 동국통감
③ 동문선
④ 악학궤범
⑤ 이륜행실도

13. 다음 선언문이 발표되던 시기의 우리나라 경제 상황으로 옳은 것은?

> 오늘 우리는 전 세계의 이목이 우리를 주시하는 가운데 40년 독재 정치를 청산하고 희망찬 민주 국가를 건설하기 위한 거보를 전 국민과 함께 내딛는다. 국가의 미래요 소망인 꽃다운 젊은이를 야만적인 고문으로 죽여 놓고, 그것도 모자라서 뻔뻔스럽게 국민을 속이려 했던 현 정권에게 국민의 분노가 무엇인지 분명히 보여주고 국민적 여망인 개헌을 일방적으로 파기한 4·13 폭거를 철회시키기 위한 민주 장정을 시작한다.

① 제1차 경제 개발 5개년 계획이 추진되었다.
② 오일 쇼크를 거치며 경제 성장이 둔화되었다.
③ 미국의 원조에 힘입어 삼백 산업이 발전하였다.
④ 외환 위기가 닥쳐 IMF로부터 구제 금융을 지원받았다.
⑤ 저유가, 저금리, 저달러의 3저 호황으로 고도성장이 가능하였다.

14. 다음 사건을 시기순으로 바르게 나열한 것은?

> ㄱ. 조·명 연합군이 평양성을 탈환하고, 왜군을 추격하다가 고양의 벽제관에서 패하였다.
> ㄴ. 선조는 세자와 함께 의주로 피난하고, 임해군과 순화군을 함경도와 강원도로 보내 근왕병을 모집하게 하였다.
> ㄷ. 이순신이 이끄는 수군이 한산도에서 일본 수군을 대파하여 해상권을 장악하였다.

16. 다음은 광복 직후부터 한국전쟁 직전까지 일어난 사건이다. ㉠~㉢의 시기에 있었던 사건으로 옳지 않은 것은?

8·15 광복
↓ ……… ㉠
모스크바 3국 외상회의
↓ ……… ㉡
대한민국 정부 수립
↓ ……… ㉢
한국전쟁 발발

① ㉠ - 여운형, 안재홍 등 좌우익이 참여한 조선건국준비위원회를 결성하였다.
② ㉠ - 중경 임시정부 요인들이 귀국하였다.
③ ㉡ - 여운형, 김규식 등이 좌우합작운동을 전개하였다.
④ ㉡ - 조선 민주주의 인민 공화국 정부 수립을 선포하였다.
⑤ ㉢ - 반민족 행위 처벌법을 제정하였다.

17. 다음 내용이 기록된 시기에 나타난 농업의 변화에 대한 설명으로 옳지 않은 것은?

> "서도 지방 담배, 한산 모시, 전주 생강, 강진 고구마, 황주 지황 밭에서의 수확은 모두 상상등전의 논에서 나는 수확

ㄹ. 김시민이 이끄는 군관민이 왜군 2만여 명과 진주성에서 격돌하여 방어에 성공하였다.

① ㄱ-ㄷ-ㄹ-ㄴ
② ㄴ-ㄷ-ㄹ-ㄱ
③ ㄴ-ㄹ-ㄱ-ㄷ
④ ㄷ-ㄹ-ㄱ-ㄴ
⑤ ㄹ-ㄴ-ㄷ-ㄱ

15. 다음 내용을 통해 알 수 있는 사화에 대한 설명으로 옳은 것은?

김종직의 조의제문이 문제가 되어 그를 대역죄로 다스려 부관참시하고 그 무리들을 능지처참하였다.

① 김일손의 사초가 발단이 되었다.
② 대윤과 소윤의 권력 다툼이 계기가 되었다.
③ 도학 정치를 주장한 조광조 등이 제거되었다.
④ 위훈 삭제에 대한 훈구 세력의 반발이 원인이 되었다.
⑤ 동인이 남인과 북인으로 분열되는 결과를 가져왔다.

의 10배에 이른다."

- 정약용, 『경세유표』 -

① 이앙법의 보급으로 적은 노동력으로 넓은 면적의 토지를 경작할 수 있게 되었다.
② 광작을 하여 수확을 증대시켰고, 그 수확물을 장시에 내다 팔았다.
③ 상품 화폐 경제의 발달로 쌀을 비롯하여 인삼, 면화, 고추 등의 상품 작물을 재배하였다.
④ 양반 지주들은 소작지의 면적을 줄이고 노비나 머슴을 고용하여 직접 농지를 경영하였다.
⑤ 밭농사에서는 조, 보리, 콩의 2년 3작이 시작되었다.

18. 다음은 17세기 후반에 발생한 정치적 격변과 관련된 연표이다. ㉠에 해당하는 사건과 관련된 설명으로 옳은 것은?

- ○ 1659년, 기해예송
- ○ 1674년, 갑인예송
- ○ 1680년, 경신환국
- ○ 1689년, [㉠]
- ○ 1694년, 갑술환국

① 인현왕후 복위의 계기가 되었다.
② 노론의 영수 송시열이 사사되었다.
③ 윤휴가 송시열 등을 공격하면서 일어났다.
④ 김창집, 이이명 등 노론 4대신이 희생되었다.
⑤ 허적의 서자 허견의 역모 사건이 빌미가 되었다.

19. 갑오개혁의 내용에 대한 설명으로 옳은 것을 <보기> 에서 모두 고른 것은?

<보 기>

ㄱ. 은본위 화폐제도와 조세의 금납화를 실시하였다.
ㄴ. 양전사업을 실시하여 지계를 발급하였다.
ㄷ. 군국기무처라는 임시특별기구가 설치되었다.
ㄹ. 단발령을 폐지하였다.

① ㄱ, ㄷ
② ㄴ, ㄷ
③ ㄴ, ㄹ
④ ㄱ, ㄴ, ㄹ
⑤ ㄱ, ㄷ, ㄹ

20. 밑줄 친 ㉠이 지은 서적으로 옳은 것은?

> ㉠그는 한전론의 중요성을 인정하면서도 영농법의 혁신, 상업적 농업의 장려, 농기구 개량, 관개시설의 확충 등과 같은 경영과 기술적 측면의 개선을 통해 농업생산력을 높이는 문제에 더 큰 관심을 보였다.

① 열하일기
② 반계수록
③ 성호사설
④ 목민심서
⑤ 의산문답

컴퓨터일반

1. **다음 중 DBMS를 이용하여 데이터를 관리하고 활용함으로써 얻을 수 있는 장점으로 옳지 않은 것은?**

① 데이터의 중복성을 제어하여 저장공간의 낭비를 방지한다.
② 조직 내의 다양한 응용 사이의 데이터 일관성을 유지한다.
③ 효율적인 질의 처리를 위한 저장 구조와 탐색 기법을 제공한다.
④ 무결성 제약조건을 만족하도록 데이터를 관리한다.
⑤ 사용자가 데이터베이스의 모든 데이터를 자유롭게 액세스할 수 있다.

2. **다음 중 플립플롭(flip-flop)의 용도에 해당하는 것은?**

① n비트의 입력에서 1의 개수가 짝수면 1, 홀수면 0을 출력한다.
② 1비트의 0과 1의 두 개의 상태 중 하나를 안정적으로 저장할 수 있다.
③ n비트의 입력에 따라 2n개의 출력 중 하나만 1을 출력한다.
④ 두 비트의 입력에 대하여 합과 자리올림(carry)을 출력한다.
⑤ 여러 개의 입력 회선 중 선택된 한 회선의 입력을 출력 회선으로 출력한다.

5. **다음 중 자료구조 큐(queue)에 대한 설명으로 옳은 것은?**

① 후입선출(last-in first-out) 특성을 갖는 자료구조이다.
② 데이터를 넣는 위치는 뒤(rear)이고, 데이터를 꺼내는 위치는 앞(front)인 선형 리스트이다.
③ 프로그램 실행 시 함수 호출과 복귀를 위한 처리에 유용하다.
④ 인덱스를 이용하여 지정된 임의 위치에서 직접 데이터를 저장하거나 읽기 위한 자료구조이다.
⑤ 하나의 노드가 최대 2개의 자식 노드를 가질 수 있는 구조이다.

6. **개발할 프로그램의 LOC(Line of Code)가 50,000이고 개발에 참여할 프로그래머가 5명, 각 프로그래머들의 평균 생산성이 1,000LOC/MM(Man Month)일 때 개발에 소요되는 기간은?**

① 10개월 ② 15개월 ③ 20개월
④ 30개월 ⑤ 40개월

7. **다음 자바 프로그램에서 ㉠에 넣을 수 있는 문장과 그 결과 ㉡의 문장에 의해 출력되는 결과가 모두 옳은 것은?**

```
class Person {
    String name;
    public Person(String n) {   name = n;   }
    public void whoRU() {
        System.out.println(name+"입니다.");
    }
```

3. 다음 중 배열에 저장된 n개의 레코드를 키의 오름차순으로 정렬하는 알고리즘에 대한 설명으로 옳은 것은?

① 힙(heap) 정렬은 안정적 정렬 알고리즘이다.

② 최악의 경우 퀵(quick) 정렬의 시간 복잡도는 O(n logn)이다.

③ 평균적인 상황에서 병합(merge) 정렬의 시간 복잡도는 O(n logn)이다.

④ 이미 정렬되어 있는 경우 병합 정렬의 시간 복잡도는 O(n)이다.

⑤ 삽입(insertion) 정렬은 평균적인 상황에서 n이 클수록 퀵 정렬에 비해 빠르다.

4. 다음 중 기계학습(machine learning)에 관련된 설명으로 옳지 않은 것은?

① 학습 시 개별 데이터에 대한 미리 지정된 레이블 또는 목표치가 없는 경우에 적용하는 기법들을 비교사 또는 자율 학습(unsupervised learning)이라 부른다.

② 대표적인 unsupervised learning 기법으로는 clustering이 있다.

③ 인공 신경망(artificial neural network) 기법을 이용하여 unsupervised learning을 시행할 수 있다.

④ Decision tree는 unsupervised learning 기법으로 분류된다.

⑤ SVM(Support Vector Machine)은 교사 또는 지도 학습(supervised learning) 기법이다.

```
}
class Student extends Person {
    String school;
    public Student(String n, String s) {
        super(n);
        school = s;
    }
    public void whoRU() {
        System.out.println(school+"학교에 다니는 "+name+"입니다.");
    }
}
public class People {
    public static void main(String args[]) {
      [      ㉠      ]
        obj.whoRU();
    }       ㉡
}
```

① ㉠의 문장 : Person obj = new Student("김철수", "으뜸중");
㉡의 출력 : 김철수입니다.

② ㉠의 문장 : Student obj = new Person("김철수");
㉡의 출력 : 김철수입니다.

③ ㉠의 문장 : Person obj = new Student("김철수", "으뜸중");
㉡의 출력 : 으뜸중학교에 다니는 김철수입니다.

④ ㉠의 문장 : Student obj = new Student("김철수", "으뜸중");
㉡의 출력 : 김철수입니다.

⑤ ㉠의 문장 : Student obj = new Person("김철수");
㉡의 출력 : 출력이 되지 않음

8. 다음 중 JSP(Java Server Page)에 대한 설명으로 옳은 것은?

① 클라이언트에서 동작하도록 만들어진 스크립트이다.
② 마이크로소프트 윈도 환경에서만 동작한다.
③ JSP는 서블릿 기술과는 배타적으로 사용한다.
④ 웹 서버에서 정적으로 웹 페이지를 생성할 수 있게 한다.
⑤ JSP는 HTML 코드 안에 자바 코드를 삽입하는 형태로 작성한다.

9. 다음 중 IEEE 802.11 무선랜 표준에 대한 설명으로 옳지 않은 것은?

① 종류에 따라 최대 전송속도가 달라지고 최대 1 Gbps이상 전송할 수 있는 표준도 존재한다.
② CSMA/CA 방식의 MAC 프로토콜을 사용한다.
③ 대부분의 경우 다수의 사용 가능 채널(channel)이 존재하여 근접한 거리에 있는 서로 다른 두 쌍의 컴퓨터가 서로 간섭을 받지 않고 동시에 통신할 수 있다.
④ 모든 AP(Access Point)는 유선랜 기술로 인터넷에 연결되어 있어야 어떤 특정 사용자가 해당 AP를 통해서 인터넷에 접속할 수 있다.
⑤ AP 없이도 서로 다른 두 컴퓨터가 통신할 수 있다.

10. 프로토콜은 컴퓨터 간 데이터 전송의 효율성과 신뢰성을 보장하기 위해 여러 가지 기능을 수행한다. 다음 중 프로토콜의 일반적인 기능에 해당하지 않는 것은?

12. 다음 SQL 명령문들의 실행 후 상황에 대한 설명으로 옳은 것은?

```
CREATE TABLE UWORDS (ID INTEGER PRIMARY KEY, UWORD CHAR(5), FREQ INTEGER);
INSERT INTO UWORDS VALUES (500, 'THIS', 500);
INSERT INTO UWORDS VALUES (510, 'IS', 600);
INSERT INTO UWORDS VALUES (520, 'TEST', 700);
SELECT UWORD FROM UWORDS WHERE ID > 500;
DELETE FROM UWORDS WHERE FREQ < 600;
COMMIT;
```

① UWORDS 테이블의 레코드(record)의 개수는 3개이다.
② 3개의 레코드가 출력된다.
③ 출력 결과에서 700이란 숫자는 보이지 않는다.
④ UWORDS 테이블의 컬럼(column)의 개수는 2개이다.
⑤ UWORDS 테이블에 TEST라는 단어는 저장되어 있지 않다.

13. 다음 중 가상기억장치에 대한 설명으로 옳은 것은?

① 프로세스의 주소공간 전체가 주기억장치에 적재된다.
② 실행 중인 프로세스들에 필요한 전체 주소공간 크기의 합은 주기억장치 용량보다 클 수 없다.
③ 프로세스에서 사용되는 가상주소의 순서와 주기억장치의 물리주소 순서는 일치한다.
④ 페이징 기법에서 페이지의 크기는 프로그램의 모듈 단위로 정해지므로 모두 다르다.

① 주소 지정
② 오류 제어
③ 데이터 분할 및 조합
④ 비동기화
⑤ 흐름 제어 및 캡슐화

11. 다음 중 프로세스 교착 상태의 해결 방안에 해당하지 않는 것은?

① Prevention
② Avoidance
③ Detection
④ Elimination
⑤ Recovery

⑤ 프로세스에서 사용되는 가상주소를 주기억장치의 물리주소로 변환하는 것은 프로세스의 실행 중에 이루어진다.

14. 다음 중 모바일 데이터베이스의 특징 또는 종류에 해당하지 않는 것은?

① 클라이언트 측 데이터베이스의 복제 및 비동기화 기능
② 저성능 CPU와 제한된 주기억장치를 가진 모바일 기기에 탑재 가능
③ 내장형 데이터베이스
④ SQLite
⑤ DB2 Everyplace

15. 다음 중 UDP와 TCP 모두 해당하는 것은?

① 전송 중 손실된 데이터는 재전송을 통하여 복구한다.
② 수신단에서 수신된 데이터를 송신자가 보낸 순서에 일치하도록 재정렬한다.
③ 헤더(header) 부분에 체크섬(checksum)필드가 있다.
④ 네트워크의 혼잡 시 전송 속도를 줄인다.
⑤ 전송된 데이터의 수신 여부를 확인할 수 있다.

16. 다음 중 입출력 위주의 프로세스와 연산 위주 프로세스의 특성에 따라 CPU 사용 시간(할당량)을 다르게 부여하는 선점 방식의 CPU 스케줄링 기법으로 옳은 것은?

① Round-Robin
② Multi-level Feedback Queue
③ Shortest Job First
④ Highest Response ratio Next
⑤ Deadline

17. 다음 중 시스템버스에 대한 설명으로 옳지 않은 것은?

① 하드웨어 구성요소를 물리적으로 연결하며 구성요소 사이의 데이터 통로를 제공한다.
② 주소버스는 중앙처리장치가 주기억장치나 입출력장치에 데이터를 읽거나 쓰기 위해 필요한 주소를 전달하는 통로이다.
③ 제어버스는 주소버스와 데이터버스의 동작을 제어하기 위한 신호의 전달 통로이다.
④ 데이터버스는 중앙처리장치와 기타 모듈(기억장치, 입출력장치 등) 사이의 데이터를 전달하는 통로로 양방향 버스이다.
⑤ 시스템버스는 용도에 따라 주소버스, 입출력버스, 데이터버스, 제어버스로 구성된다.

18. 다음 C 언어로 작성된 함수는 정수 배열의 원소들의 총 합을 구하여 리턴하는 함수이다. ㉠의 위치에 들어가야 할 코드는?

20. 다음 중 소프트웨어 개발 생명주기의 대표적인 모델에 대한 설명으로 옳지 않은 것은?

① 프로토타입 모델, 폭포수 모델, 익스트림 프로그래밍 모델, 나선형 모델 등이 있다.
② 가장 전통적인 방법은 폭포수 모델이다.
③ 프로토타입 모델은 사용자의 의견을 중요하게 여긴다.
④ 최근에 등장한 소규모 소프트웨어 개발에 유리한 것은 익스트림 프로그래밍 모델이다.
⑤ 시간과 비용이 적게 들며, 위험 요인을 사전에 분석하여 제거하거나 낮출 수 있는 것은 나선형 모델이다.

(단, 함수의 첫 번째 인자는 배열의 시작 위치를 나타내는 포인터, 두 번째 인자는 배열의 크기임)

```
int sum(int* data, const int dsize)
{
        if (dsize > 0)
                return ㉠;
        return 0;
}
```

① *data + sum(data - 1, dsize + 1)

② data + sum(data - 1, dsize + 1)

③ *data + sum(data - 1, dsize - 1)

④ *data + sum(data + 1, dsize - 1)

⑤ data + sum(data + 1, dsize - 1)

19. 다음 중 자바의 예외처리에 대한 설명으로 옳은 것은?

① throw는 처리가 정상적으로 이루어졌음을 알리는 명령이다.

② 예외가 발생할 가능성이 있는 문장은 try 블록에 넣는다.

③ catch 블록에는 예외 발생 여부에 관계없이 실행할 문장을 넣는다.

④ 발생한 예외에 대한 처리는 finally 블록에서 할 수 없다.

⑤ 예외가 발생하였으나 예외 처리가 이루어지지 않은 경우 그 예외는 무시되고, 프로그램은 예외 발생 이후 지점부터 계속된다.

정 보 보 호 론

1. **정보보호시스템이 제공하는 보안서비스 개념과 그에 대한 설명으로 옳은 것은?**

ㄱ. 기밀성(Confidentiality): 데이터가 위·변조되지 않아야 함
ㄴ. 무결성(Integrity): 권한이 있는 자는 서비스를 사용하여야 함
ㄷ. 인증(Authentication): 정당한 자임을 상대방에게 입증하여야 함
ㄹ. 부인방지(Nonrepudiation): 거래사실을 부인할 수 없어야 함
ㅁ. 가용성(Availability): 비인가자에게는 메시지를 숨겨야 함

① ㄱ, ㄴ
② ㄱ, ㅁ
③ ㄴ, ㄷ
④ ㄷ, ㄹ
⑤ ㄹ, ㅁ

2. **서버 관리자가 해커의 공격이 발생하고 있음을 감지하고 tcpdump 프로그램으로 네트워크 패킷을 캡처하였다. 다음의 요약된 캡처**

4. **아래 그림은 TLS(Transport Layer Security)를 통해 쇼핑몰에 로그인하는 화면이다. 이에 대한 설명으로 옳지 않은 것은?**

https:// www.shoppingmall.com/

쇼핑몰 로그인

ID

비밀 번호

① TLS는 현재 1.1 버전까지 발표되었다.
② TLS는 SSL을 기반으로 한 IETF 인터넷 표준이다.
③ 서버 인증서를 통해 서버를 인증하고 키교환을 한다.
④ 상호 교환된 키로 사용자의 패스워드는 암호화된다.
⑤ 주소창에 있는 자물쇠를 클릭하면 서버 인증서를 볼 수 있다.

5. **TPM(Trusted Platform Module)에 대한 설명으로 옳지 않은 것은?**

① 하드웨어 기반으로 안전한 저장공간과 실행영역을 제공한다.
② 난수발생기, 암·복호화 엔진, RSA 키 생성기 등을 포함한다.
③ 비휘발성 메모리 영역에 최상위 루트 키가 탑재된다.
④ 단계적으로 인증된 절차로 운영체제가 부팅되도록 한다.
⑤ 국내 공인인증서 저장 시 서명키를 저장하는 표준방식이다.

정보가 나타내는 공격으로 옳은 것은?

```
13:07:13. 639870 192.168.1.73.2321 > 192.168.1.73.http ...
13:07:13. 670484 192.168.1.73.2321 > 192.168.1.73.http ...
13:07:13. 685593 192.168.1.73.2321 > 192.168.1.73.http ...
13:07:13. 693481 192.168.1.73.2321 > 192.168.1.73.http ...
13:07:13. 712833 192.168.1.73.2321 > 192.168.1.73.http ...
```

① Smudge 공격
② LAND 공격
③ Ping of Death 공격
④ Smurf 공격
⑤ Port Scan 공격

3. 메시지 인증 코드와 전자서명에 대한 설명으로 옳은 것은?

① 전자서명은 대칭키가 사전에 교환되어야 사용할 수 있다.
② 메시지 인증 코드와 전자서명 모두 무결성과 부인방지 기능을 제공한다.
③ 전자서명은 서명 생성자를 인증하는 기능이 있다.
④ 메시지 인증 코드값을 검증하는 데 공개키가 필요하다.
⑤ 전자서명은 서명-후-해시(Sign-then-Hash) 방식이다.

6. CPU의 NX(No-Execute) 비트 기술을 활용하여 효과적으로 차단할 수 있는 공격 유형으로 옳은 것은?

① Cross-Site Scripting 공격
② Denial of Service 공격
③ ARP Spoofing 공격
④ SQL Injection 공격
⑤ Buffer Overflow 공격

7. IPsec에 대한 설명으로 옳지 않은 것은?

① IPsec 정책 설정 과정에서 송·수신자의 IP주소를 입력한다.
② AH(Authentication Header) 프로토콜은 무결성을 제공한다.
③ 트랜스포트(Transport) 모드에서는 IP헤더도 암호화된다.
④ 재전송 공격을 막기 위해 IP패킷별로 순서번호를 부여한다.
⑤ IKE(Internet Key Exchange) 프로토콜로 세션키를 교환한다.

8. **「정보통신망 이용촉진 및 정보보호 등에 관한 법률」이 규정하는 정보보호 관리체계의 인증권자와 개인정보보호 관리체계의 인증권자를 순서대로 나열한 것으로 옳은 것은?**

① 미래창조과학부장관, 방송통신위원회
② 미래창조과학부장관, 한국인터넷진흥원
③ 방송통신위원회, 방송통신위원회
④ 방송통신위원회, 한국인터넷진흥원
⑤ 한국인터넷진흥원, 한국인터넷진흥원

9. **해커가 리눅스 서버에 침입 후 백도어를 설치하였다. 백도어와 연관된 포트가 열려있는지 확인하기 위해 사용할 수 있는 프로그램으로 옳은 것은?**

① ps
② nmap
③ nslookup
④ traceroute
⑤ ping

10. **암호학적 해시함수에 대한 설명으로 옳지 않은 것은?**

① MD5나 SHA-1은 취약점이 발견되어 더 이상 사용하지 않는 것이 바람직하다.
② 해시함수는 출력값에 대응하는 입력값을 구하기 어렵다.

12. **사용자 인증 방식에 대한 설명으로 옳지 않은 것은?**

① 패스워드 인증은 서버 측에서 인증시스템 구축이 용이하다는 장점이 있다.
② 시각 동기화 OTP(One Time Password)는 두 사용자가 사전에 대칭키를 공유해야 한다.
③ 전자서명 방식은 도전-응답(Challenge-Response) 프로토콜과 결합하여 사용자를 인증한다.
④ 생체인증은 생체정보를 인식할 때마다 발생할 수 있는 에러처리가 중요하다.
⑤ I-PIN은 주민등록번호 대신 사용할 수 있는 일회용 사용자 식별번호이다.

13. **DNS(Domain Name System)의 보안 위협과 DNSSEC(Domain Name System Security Extensions) 대응에 대한 설명으로 옳지 않은 것은?**

① Cache Poisoning 공격은 DNS 캐시에 저장된 정보를 오염시켜 공격자가 지정한 주소로 유도한다.
② DNS Spoofing은 서버에서 응답하는 IP 주소를 변조하여 의도하지 않은 주소로 유도한다.
③ DNSSEC는 서버의 응답에 전자서명을 부가함으로써 서버인증 및 무결성을 제공한다.
④ DNSSEC는 인증체인 형태로 확장되어 계층적 구조의 DNS 서버에도 적용될 수 있다.
⑤ DNSSEC는 서버의 응답을 숨기지는 않지만, 서비스 거부 공격을 막는 효과가 있다.

③ 해시함수의 내부 알고리즘에 관계없이 충돌저항성을 분석하는 방법으로 생일공격(Birthday Attack)이 있다.

④ 패스워드와 난수를 해시한 값을 전송할 때, 난수가 노출되어도 사전공격(Dictionary Attack)에 안전하다.

⑤ 최근에는 가상화폐인 비트코인(Bitcoin)을 채굴하는 알고리즘에 사용된다.

11. 공개키 암호와 대칭키 암호에 대한 설명으로 옳은 것은?

① 공개키를 교환하기 위해 대칭키 암호를 이용한다.

② 128비트 RSA 공개키와 2048비트 대칭키는 안전도가 비슷하다.

③ 두 암호 모두 기밀성과 무결성을 동시에 보장한다.

④ 긴 메시지 암호화에는 하이브리드 방식의 암호가 효율적이다.

⑤ 공개키 암호는 대칭키 암호에 비해 처리속도가 빠르다.

14. TCSEC(Trusted Computer System Evaluation Criteria)에 따라 보안 등급을 평가할 때 보안 수준이 높은 순서대로 나열한 것으로 옳은 것은?

① Structured Protection > Labeled Security Protection > Controlled Access Protection

② Discretionary Security Protection > Controlled Access Protection > Minimal Protection

③ Minimal Protection > Structured Protection > Labeled Security Protection

④ Discretionary Security Protection > Labeled Security Protection > Minimal Protection

⑤ Controlled Access Protection > Discretionary Security Protection > Structured Protection

15. PGP(Pretty Good Privacy)에 대한 설명으로 옳지 않은 것은?

① 이메일 보안이나 파일 암호화에 사용된다.
② 공개키 인증을 위해 PGP 인증서를 사용한다.
③ 자신의 공개키를 전달하는 데 인증기관의 서명이 필요하다.
④ 이메일에 서명할 때, 서명자의 패스워드를 요구한다.
⑤ 이메일 관리 프로그램에 플러그인도 가능하다.

16. 자원의 접근제어 방법 중 강제적 접근제어(Mandatory Access Control)에 해당하는 것으로 옳은 것은?

① 자원마다 보안등급이 부여된다.
② 사용자별로 접근권리를 이전할 수 있다.
③ UNIX 운영체제의 기본 접근제어 방식이다.
④ 조직의 역할에 따라 접근권한을 부여하는 방식이다.
⑤ 자원의 소유자가 자원에 대한 접근권한을 설정한다.

17. 다음 용어에 대한 설명으로 옳지 않은 것은?

① Rootkit: 시스템 침입 후의 공격을 도와주는 프로그램들의 집합
② Obfuscation: 코드를 분석하기 어렵도록 변조하는 행위
③ Ransomware: 복호화를 조건으로 금전을 요구하기 위해 피해자의 데이터를 암호화하는 악성코드
④ Cross-Site Scripting: 웹 애플리케이션의 데이터를 악성 스크립트 코드로 변조하는 공격

19. 국내 정보보호 관리체계(ISMS) 인증에 관한 평가 기준 중 시스템 개발보안에 대한 통제사항으로 옳지 않은 것은?

① 정보시스템 설계 시 사용자 인증에 관한 보안 요구사항을 고려하여야 한다.
② 알려진 기술적 보안 취약성에 대한 노출여부를 점검하고 이에 대한 보안대책을 수립하여야 한다.
③ 소스 프로그램은 운영환경에 보관하는 것을 원칙으로 하고, 인가된 사용자만 소스 프로그램에 접근하여야 한다.
④ 개발 및 시험 시스템은 운영시스템에 대한 비인가 접근 및 변경의 위험을 감소하기 위해 원칙적으로 분리하여야 한다.
⑤ 운영환경으로의 이관은 통제된 절차에 따라 이루어져야 하고, 실행코드는 시험과 사용자 인수 후 실행하여야 한다.

20. ISO/IEC 17799와 같은 정보보호 관리체계 표준에서 나열된 보안 통제사항들을 근거로 시스템에 대한 보안 위험을 분석하는 방법으로 옳은 것은?

① 비정형화된 접근법(Informal Approach)
② 기준 접근법(Baseline Approach)
③ 상세 위험 분석(Detailed Risk Analysis)
④ 통합 접근법(Combined Approach)
⑤ 시나리오 접근법(Scenario Approach)

⑤ Sandbox: 악성코드가 시스템 자원에 쉽게 접근하도록 만든 백도어

18. 「정보통신망 이용촉진 및 정보보호 등에 관한 법률」에서 정한 개인정보의 보호조치로 옳지 않은 것은?

① 개인정보를 안전하게 저장할 수 있는 암호화 기술 등을 이용

② 개인정보에 대한 불법적인 접근을 차단하기 위한 접근 통제장치의 설치

③ 접속기록의 변조 방지를 위한 조치

④ 개인정보를 안전하게 취급하기 위한 내부관리계획의 공개

⑤ 컴퓨터바이러스에 의한 침해 방지 조치

정답표					
가형	국어	영어	한국사	컴퓨터 일반	정보 보호론
문1	3	3	4	5	4
문2	3	5	4	2	2
문3	3	4	3	3	3
문4	1	3	3	4	1
문5	4	5	3	2	5
문6	2	1	4	1	5
문7	2	1	2	3	3
문8	4	4	3	5	1
문9	5	2	1	4	2
문10	3	5	2	4	4
문11	1	1	2	4	4
문12	1	5	5	3	5
문13	2	2	5	5	5
문14	1	4	2	1	1
문15	5	3	1	3	3
문16	2	2	4	2	1
문17	5	1	5	5	5
문18	3	4	2	4	4
문19	1	2	1	2	3
문20	4	3	1	5	2

국 어

1. **다음 중 표준 발음법에 맞게 발음하지 않은 것은?**

① 그렇게 썰면 조금 얇지[얄 : 찌] 않을까요?
② 경찰은 범인을 찾기 위해 주변 지역을 샅샅이 훑고[훌꼬] 있다.
③ 경치가 좋으니 시나 한 수 읊고[읍꼬] 시작합시다.
④ 어제 비가 와서 그런지 하늘이 참 맑습니다[말씀니다].
⑤ 늙고[늘꼬] 병든 사람들을 보살피는 것 또한 사람의 도리가 아닌가?

2. **다음 중 한자의 독음이 옳지 않은 것은?**

① 捺印-날인, 桎梏-질곡
② 謁見-알현, 龜裂-균열
③ 漏泄-누설, 敷衍-부연
④ 前揭-전게, 行列-항렬
⑤ 嚆矢-효시, 殺到-쇄도

6. **언어의 특성 차원에서 다음 글을 이해할 때, 가장 적절한 것은?**

> <표준국어대사전>에서는 '너무'라는 단어를 '일정한 정도나 한계에 지나치게'라는 의미로 풀이해 두고 있었다. 그래서 그동안 "너무 크다/너무 늦다/너무 먹다/너무 가깝다"처럼 '너무'를 부정적인 의미로 쓰도록 제한해 왔다. 그런데 2015년 상반기에 이의 뜻풀이를 '일정한 정도나 한계를 훨씬 넘어선 상태로'라고 수정하게 되었다. 따라서 이제 그동안 쓰던 부정적인 의미는 물론 '너무 좋다/너무 예쁘다/너무 반갑다' 등처럼 긍정적인 의미에도 쓸 수 있게 되었다.

① 언어의 창조성 측면에서 보면, 드디어 '너무'라는 말이 생겨난 거야.
② 언어의 체계성을 생각해 보면, '너무'가 부정적인 의미가 있었으니 긍정적인 의미도 있어야겠지.
③ 언어의 분절성을 생각해 보면, 한번 정해진 표준어의 용법도 바뀔 수 있는 거야.
④ 언어의 역사성에 따르면, 정해진 의미는 100년이든 200년이든 똑같아야 하는 거 아니야?
⑤ 언어의 사회성 측면에서 볼 때, 많은 사람들이 그렇게 사용하니까 인정된 거겠지.

7. **다음 중 '두 손으로 따뜻한 볼을 쓸어 보면 손바닥에도 파란 물감이 묻어난다.'라는 문장이 들어가야 할 부분으로 가장 적절한 것은?**

3. 다음 중 어법상 올바른 문장은?

① 날씨가 맑아 하늘을 날으는 매가 선명하게 보인다.
② 사기 사건의 용의자는 자신의 범죄를 감추기 위해 거짓말도 서슴치 않았다.
③ 물을 사용하신 후에는 수도꼭지를 꼭 잠궈 주세요.
④ 새로 지은 집의 담벼락에 괴발개발 아무렇게나 낙서가 되어 있었다.
⑤ 전염병의 영향으로 오늘부터 개최된 축제가 활기를 띄지 못하고 있다.

4. 다음 중 로마자 표기법에 따라 올바르게 적은 것은?

① 영등포 - Yeungdeungpo
② 종로구 - Jongro-gu
③ 촉석루 - Chokseongnu
④ 다보탑 - Dabotab
⑤ 여의도 - Yeoeuido

5. 다음 중 표기가 모두 옳은 것은?

① 우윳빛, 전셋집, 전세방, 인사말, 머릿방
② 우유빛, 전세집, 전세방, 인삿말, 머리방
③ 우윳빛, 전세집, 전셋방, 인사말, 머리방
④ 우유빛, 전셋집, 전세방, 인사말, 머릿방
⑤ 우윳빛, 전셋집, 전셋방, 인사말, 머리방

여기저기서 단풍잎 같은 슬픈 가을이 뚝뚝 떨어진다. 단풍잎 떨어져 나온 자리마다 봄을 마련해 놓고 나뭇가지 위에 하늘이 펼쳐 있다. (㉠) 가만히 하늘을 들여다보려면 눈썹에 파란 물감이 든다. (㉡) 다시 손바닥을 들여다본다. (㉢) 손금에는 맑은 강물이 흐르고, 맑은 강물이 흐르고, 강물 속에는 사랑처럼 슬픈 얼굴——아름다운 순이의 얼굴이 어린다. (㉣) 소년은 황홀히 눈을 감아 본다. 그래도 맑은 강물은 흘러 사랑처럼 슬픈 얼굴—— (㉤) 아름다운 순이의 얼굴은 어린다.

① ㉠ ② ㉡
③ ㉢ ④ ㉣
⑤ ㉤

※ [8-9] 다음 시를 읽고 물음에 답하시오.

껍데기는 가라
사월(四月)도 알맹이만 남고
껍데기는 가라

껍데기는 가라
동학년(東學年) 곰나루의 그 아우성만 살고
껍데기는 가라

그리하여 다시
껍데기는 가라
이곳에선, 두 가슴과 그곳까지 내논
아사달 아사녀가
중립(中立)의 초례청 앞에 서서
부끄럼 빛내며
맞절할지니

껍데기는 가라
한라에서 백두까지
향그러운 흙가슴만 남고
그, 모오든 쇠붙이는 가라

8. 위 시에 대한 설명으로 가장 적절한 것은?

10. 다음 글에 포함되어 있지 않은 내용은?

『삼국사기』 <견훤 · 궁예> 조에 실린 궁예 관련 기록을 <궁예전>이라 부를 수 있다. 이와 달리 설화 전승 집단이 <궁예전>의 전반부에 보이는 출생 과정의 신이성, 기아(棄兒) 그리고 극적 구출담과 후반부에 보이는 '궁예의 몰락과 비참한 죽음'을 토대로 하여 역사적 사실을 재해석하여 한 편의 새로운 이야기로 재구성한 것이 '궁예 설화'이다. <궁예전>이 설화화 과정을 거쳐 구전으로 전승될 수 있었던 것은 궁예 이야기에 내포된 허구적인 요소와 왕임에도 불구하고 비극적인 최후를 맞이한 역사적 사실이 설화 전승 집단의 흥미를 유발했기 때문이다.

설화 전승 집단은 <궁예전>에서 모티프를 취했음에도 불구하고 궁예와 관련된 역사적 사실을 재해석하고 있다. 따라서 궁예와 관련된 사실이나 사건을 <궁예전>과는 다른 시각에서 접근하게 된다. 이런 '궁예 설화'는 궁예와 관련된 신이성이 제거되어 행적 위주의 흥미 본위로 재구성된 이야기와 궁예의 몰락과 비참한 죽음을 그 지역에 산재되어 있는 증거물과 함께 활용하여 재구성된 이야기로 나눌 수 있다.

'궁예 설화'는 철원과 그 주변 지역을 중심으로 해서 집중적으로 전승되고 있다. 이런 '궁예 설화'를 전체적인 맥락에서 살펴보면, 철원은 원래 삼백 년 도읍터의 운을 타고 난 곳인데, 궁예의 인내심 부족과 경솔함 그리고 왕건으로 대표되는 외부 세력의 농간으로 삼십 년 도읍지로 전락하게 되었다는 것이다. 바로 이 설화 속에는 설화 전승 집단의 의식이 반영되어 있다.

비록 철원이 몇십 년이지만 한 나라의 도읍지였을 정도의

① 자연과의 교감을 통해 교훈적 의미를 찾아 전달하고 있다.
② 역설적 상황을 설정하여 주제 의식을 강렬하게 그려내고 있다.
③ '껍데기'라는 사물을 통해 섬세한 심리 변화를 나타내고 있다.
④ 현실을 냉소적으로 바라보는 역사관을 드러내고 있다.
⑤ 사회 문제에 대해 관심을 기울이고 발언하는 참여적인 성격을 드러내고 있다.

9. 위 시의 시어에 대한 설명으로 적절하지 않은 것은?

① '알맹이'는 '껍데기'와 대립되는 시어로 4·19혁명의 순수한 정신을 의미한다.
② '아사달'과 '아사녀'는 우리 민족의 원초적이고 본질적인 모습을 의미한다.
③ '한라에서 백두까지'는 우리나라를 의미하는 것으로 민족 분단의 현실을 극복하고자 하는 민족 통일에의 염원이 담겨 있는 표현이다.
④ '동학년 곰나루'는 동학 농민 전쟁의 본거지였던 웅진을 의미하고 '아우성'은 동학 전쟁 당시의 민중의 수난을 상징한다.
⑤ '쇠붙이'는 '향그러운 흙가슴'과 대립되는 시어로 민족의 통일을 가로막는 무력이나 이데올로기 대립과 같은 부정적인 요소를 일컫는다.

> 길지라는 자긍심이 설화 전승 집단으로 하여금 '궁예 설화'를 전승하게 한 원동력으로 보인다. 현재 철원과 포천 지역을 중심으로 전승되는 '궁예 설화'는 이 지역에 산재해 있는 증거물의 존재로 인해 전설의 형태로 계속 전승될 것으로 보이며, 그 밖의 지역에서는 증거물과 무관하기 때문에 궁예와 관련해서 행적을 위주로 한 흥미 본위의 이야기로 전승될 것으로 보인다.

① <궁예전>의 내용
② '궁예 설화'의 전승 이유
③ '궁예 설화' 속 철원의 지형
④ '궁예 설화' 설화 전승 집단의 지역적 자긍심
⑤ '궁예 설화'의 전승 전망

11. 다음 중 띄어쓰기가 모두 옳은 것은?

① 집에서∨처럼∨당신∨마음대로∨할∨수∨있는∨것은∨아네요.
② 그러려면∨고민도∨많이∨해∨보고,∨교양서적을∨읽어도봐야∨하죠.
③ 아는∨대로∨말하고∨약속한∨대로∨이행하는∨삶의∨자세가∨필요해요.
④ 직장에서∨만이라도∨부디∨예의를∨지킬∨줄∨아는∨사람이∨되어∨줘요.
⑤ 우리는∨언제든∨성장할수∨있어요.∨마음만∨먹으면∨누구든∨가능하죠.

12. **다음 중 밑줄 친 단어의 쓰임이 옳지 않은 것은?**

① 오늘은 비가 와서 친구들과 집에서 <u>호젓하게</u> 즐거운 시간을 보냈다.
② 그는 언제나 <u>호쾌히</u> 부탁을 들어주는 멋진 사람이다.
③ 아름다운 이곳은 언제 봐도 참 <u>호탕한</u> 풍광이다.
④ 일주일 내내 야근을 했다. 과중한 업무에 몸이 <u>호졸근히</u> 되었다.
⑤ <u>호화찬란하게</u> 꾸며 놓은 호텔에 도착하니 이제야 여행을 왔다는 실감이 났다.

13. **다음 중 표현이 가장 자연스러운 것은?**

① 주어진 여건에서 최선을 다하는 것이 중요하다.
② 청소년들이 남은 여가를 선용하도록 지도해야 합니다.
③ 소위 말하는 여소 야대 정국이 출현했다.
④ 어느 나라 사람이나 오래오래 장수하기를 바랍니다.
⑤ 우리 민족은 옛날부터 기쁠 때 함께 춤추고 노래했다.

14. **괄호 속에 들어갈 적절한 단어를 ㄱ, ㄴ, ㄷ, ㄹ의 순서대로 옳게 제시한 것은?**

ㄱ. 세계 석유 시장의 (　　)에 주목해야 한다. (　　)이 높다는 것은 석유의 생산국과 수출국이 소수이고, 이들 국가에 석유의 생산과 수출이 집중되어 있다는 것을 말한다.

16. **다음 예들과 동일한 구성 방식을 보이는 단어로 옳은 것은?**

굶주리다, 늦더위, 높푸르다, 덮밥

① 논밭　② 첫사랑
③ 늙은이　④ 가로지르다
⑤ 곶감

17. **다음 시조에 드러난 주제적 정서를 가장 잘 표현할 수 있는 한자 성어는?**

슬프나 즐거오나 옳다 하나 외다 하나
내 몸의 해올 일만 닦고 닦을 뿐이언정
그 밧긔 여남은 일이야 분별(分別)할 줄 이시랴

내 일 망녕된 줄 내라 하여 모랄 손가
이 마음 어리기도 님 위한 탓이로세
아뫼 아무리 일러도 임이 혜여 보소서

추성(秋城) 진호루(鎭胡樓) 밧긔 울어 예는 저 시내야
무음 호리라 주야(晝夜)에 흐르는다
님 향한 내 뜻을 조차 그칠 뉘를 모르나다

뫼흔 길고 길고 물은 멀고 멀고
어버이 그런 뜻은 많고 많고 하고 하고

ㄴ. 현대에 들어 의사소통을 위한 다양한 매체와 방법이 대두됨에 따라 (　　　)은 과거처럼 글을 읽고 쓰는 능력만을 이야기하는 것이 아니라, 그림, 사진, 영상, 소리 등을 이해하고 표현하는 능력 전반을 가리키는 말이 되었다.

ㄷ. 최근 한국 드라마에 대한 비판 중의 하나는 자극적인 흥미에 치중한 나머지 허황되고 몽상적인 인물과 사건 설정으로 인해, 드라마 속의 이야기들이 현실화될 수 있다는 납득할 만한 (　　　)이 현저히 파괴되었다는 사실과 관련이 있다.

ㄹ. 최근 A 방송국에서 방영된 전염병을 소재로 한 시사 보도 프로그램은 메르스에 대한 국민의 궁금증을 풀어주고 불안감을 해소시켜 주었는데, 그 적절한 보도 시점 때문에 (　　　)을 칭찬해 줄 수 있다.

① 편재성(偏在性) - 시의성(時宜性) - 문식성(文識性) - 개연성(蓋然性)
② 편재성(偏在性) - 문식성(文識性) - 개연성(蓋然性) - 시의성(時宜性)
③ 편재성(偏在性) - 개연성(蓋然性) - 문식성(文識性) - 시의성(時宜性)
④ 개연성(蓋然性) - 문식성(文識性) - 편재성(偏在性) - 시의성(時宜性)
⑤ 문식성(文識性) - 시의성(時宜性) - 개연성(蓋然性) - 편재성(偏在性)

15. 다음 중 외래어 표기법에 따른 표기로 옳지 않은 것은?

① woe [wou] - 워　　② wag [wæg] - 왜그
③ yawn [jɔ : n] - 욘　　④ shank [ʃæŋk] - 생크
⑤ mirage [mirɑ : ʒ] - 미라지

어디서 외기러기는 울고 울고 가느니

어버이 그릴 줄을 처엄부터 알아마는
님군 향한 뜻도 하날이 삼겨시니
진실로 님군을 잊으면 긔 불효(不孝)인가 여기노라.

① 석별지정(惜別之情)
② 견권지정(繾綣之情)
③ 연독지정(吮犢之情)
④ 자유지정(自有之情)
⑤ 연군지정(戀君之情)

18. 다음 밑줄 친 부분 중 물건을 세는 단위가 옳지 않은 것은?

① 여기요, 접시 두 <u>죽</u>만 주세요.
② 이 북어 한 <u>쾌</u>는 얼마입니까?
③ 어이구, 장작을 세 <u>우리</u>나 팼네.
④ 올해는 마늘 한 <u>접</u>이 얼마일까?
⑤ 삼치 한 <u>뭇</u> 값이 올랐네.

19. 다음 글의 전개 순서로 가장 자연스러운 것은?

ㄱ. 특히 오늘의 세계는 숨 가쁠 정도의 기술 혁신의 와중에 있고 기술 정보의 양이 기하급수적으로 증가하고 있다. 이러한 기술 정보의 폭발적 증가는 기업이 꼭 필요로 하는 정보를 정확히 그리고 신속히 입수하는 일을 어렵게 하고 있다. 이에 정보처리 및 관리 기술이 정보의 폭발적 증가로 인한 문제를 해결해 주는 수단으로서 등장하고 있는 것이다. 컴퓨터, 인공위성을 위시한 각종 원격 통신기기 등 정보 처리 내지 통신 수단의 발달은 거리와 시간을 구애받지 아니하고 각종 필요한 정보를 순식간에 탐색 입수하는 것을 가능하게 한다.

ㄴ. 이러한 장애 요인을 극복하기 위하여 한국산업경제기술연구원은 정보 처리 및 관리 업무에 종사하고 있는 사람들을 대상으로 최신 기법에 대한 교육을 실시하고 있다. 이번 국제산업기술정보 워크숍은 이러한 본 연구원의 사업을 국제적으로 확대하여 아시아 태평양 지역의 신흥 개발 국가들이 안고 있는 공통 애로를 개선하는 데 도움이 될 수 있도록 하는데 그 목적이 있다. 따라서 이번 국제 워크숍이 세계 산업기술 정보 서비스 분야의 발전을 위한 국제 협력의 좋은 본보기가 되었으면 하는 것이 우리의 바람이다.

ㄷ. 진실로 오늘날의 세계는 변화의 소용돌이라고 해도 과언이 아닐 것이다. 특히 기업 경영에 중대한 영향을 미치는 기술, 시장, 디자인, 법규 및 각종 제도 등 수없이 많은 요소들이 끊임없이 변화를 거듭함에 따라 기업 환경은 점점 복잡해지

20. 다음 글에서 말하는 '감염주술'의 사례로 가장 적절한 것은?

주술의 원리가 되는 사고의 원리를 분석하면 다음의 두 가지로 귀결된다. 하나는 닮은 것은 닮은 것을 낳는다는 것이다. 다시 말해 결과는 그 원인을 닮았다는 것이다. 또 다른 하나는 이전에 서로 접촉이 있었던 것은 물리적인 접촉이 사라진 후 멀리서도 계속 상호 작용을 한다는 것이다. 앞의 것을 유사(類似)의 법칙, 뒤의 것을 접촉의 법칙 또는 감염의 법칙이라 부를 수 있다. 주술사는 유사의 법칙에 의해서 단지 어떤 것을 모방함으로써 원하는 결과를 얻을 수 있다고 생각한다. 또 두 번째 접촉의 법칙 또는 감염의 법칙에 의해서 어떤 사람에게 접촉했던 물체에 가한 행위는 그 사람의 신체에 직접 가하지 않더라도 그 행위와 같은 결과를 그 사람에게 준다고 생각한다. 유사의 법칙에 기초한 주술을 '유감주술'(類感呪術)이라 부르고, 접촉 또는 감염의 법칙에 기초한 주술을 '감염주술'(感染呪術)이라고 부른다.

유감주술에서 유사는 유사를 낳는다는 생각에 가장 익숙한 예는 적과 닮은 모습을 만들어서 상처를 입히거나 파괴해서 그 적에게 상처를 주거나 그를 죽이려는 시도이다. 닮은 모습을 괴롭히면 상대방도 마찬가지로 괴롭고, 그 모습이 파괴되면 상대방도 반드시 죽는다고 믿었기 때문에 여러 시대를 통해 이것을 사용했다. 한편 감염주술은 이전에 결합했던 것은 그 후 서로 떨어져 있어도 공감적인 관계를 계속 유지하며, 한쪽에 일어난 것은 다른 쪽에도 같은 영향을 미친다는 것이다.

고 미래에 대한 예측이 더욱 어려워지고 있다. 따라서 이러한 기업 환경하에서도 기업이 올바른 결정을 내리기 위해서는 의사결정에 필요한 제반 정보를 수집, 분석하는 기능이 그 어느 때보다도 중요하다고 할 수 있다. 기업 경영에 필요한 적절한 정보를 얼마나 정확히, 그리고 신속하게 입수하느냐가 기업 성공의 관건이 되고 있다.

ㄹ. 이와 같은 현대적인 정보 처리 및 관리 기술의 발전이 우리의 일상생활에서 얼마나 폭넓은 영향을 미치고 있는가를 한번 생각해 보면 정말 놀랍다. 그러나 신흥 개발 국가들은 최신 정보 처리 및 관리 업무를 수행할 자질을 갖춘 고급 요원이 부족하고, 바로 이 점이 이들 나라의 발전에 큰 장애요인이 되고 있다.

① ㄱ - ㄷ - ㄴ - ㄹ
② ㄱ - ㄹ - ㄷ - ㄴ
③ ㄴ - ㄱ - ㄹ - ㄷ
④ ㄷ - ㄱ - ㄹ - ㄴ
⑤ ㄷ - ㄹ - ㄴ - ㄱ

① 오지브와족 인디언은 누군가에게 상처를 주고 싶으면 나무로 자기가 노리는 상대의 작은 상을 만들어서 그 상의 머리나 심장에 침을 찌르거나 활을 쏜다.
② 중국의 일부 민족은 아이의 태반을 기가 좋은 곳에 잘 묻는데, 만약 그렇게 하지 않아 돼지나 개가 파내서 먹으면 아이가 지혜를 잃을 것이라고 생각한다.
③ 멕시코 인디언 코라족은 죽이고 싶은 상대가 있으면 태운 점토와 헝겊 조각들로 그 사람의 인형을 만들어 주문을 외우면서 인형의 머리를 침으로 찌른다.
④ 에스키모족의 주술사는 아이를 낳기를 원하는 자에게 아이를 상징하는 작은 인형을 만들어서 의식을 거행하고 그것을 베개 밑에 넣고 자라고 지시한다.
⑤ 캐나다 누트카족의 주술사는 물고기가 잡히지 않으면 물고기 모습을 모형으로 만들어서 물고기가 몰려오는 방향으로 그것을 물에 넣는다.

영 어

1. 다음 밑줄 친 부분의 의미와 가장 가까운 것은?

I am afraid I should write this e-mail to you concerning your <u>recurrent</u> late arrival at the work place because it has caused a discontent among your co-workers.

① undeniable
② reckonable
③ unjustified
④ repeated
⑤ irregular

2. 다음 밑줄 친 부분의 의미와 가장 가까운 것은?

Once a child's self-esteem is in place, it kindles further success. Tasks flow more <u>seamlessly</u> and troubles bounce off.

① concretely

4. 다음 밑줄 친 부분에 들어갈 가장 적절한 표현은?

In this exhibition, the artist reflects her concern about the nature of the conflicts that are taking place in the Middle East. There is strength of feeling and a challenging rawness in the choice and treatment of the subject-matter. The work demonstrates strong determination in taking on such a controversial subject at this period of her life. It's a testament to her integrity and her ________ courage.

① ubiquitous
② unflinching
③ flattering
④ hypocritical
⑤ impertinent

5. 다음 밑줄 친 부분에 들어갈 가장 적절한 표현은?

The horrific criminal scenes which the terrorists left behind them were enough to ________ their truth and to show the suffering of Joubar citizens as everything in the neighborhood reflects the acts of terrorism.

① divulge
② capitulate

② dramatically
③ energetically
④ selfishly
⑤ smoothly

3. **다음 밑줄 친 부분의 의미와 가장 가까운 것은?**

> The company has a very strict dress code, and they <u>spell it out</u> for you when you start working there.

① examine it carefully
② make it obscure
③ state it clearly
④ ask it nicely
⑤ order it privately

③ impair
④ meander
⑤ precipitate

6. **다음 밑줄 친 부분에 들어갈 가장 적절한 표현은?**

> The personnel department ____________ a job analysis, which is a detailed study of the elements and characteristics of each job.

① pulls out
② carries out
③ gets out
④ puts out
⑤ gets away

7. 다음 밑줄 친 부분 중 문법상 옳지 않은 것은?

Problems can ① <u>be appeared unsolvable</u>. We are social animals who need to ② <u>discuss our problems</u> with others. When we are alone, problems become more ③ <u>serious</u>. By sharing, we can get opinions and find solutions. An experiment was conducted with a group of women who had low satisfaction in life. Some of the women were introduced to others ④ <u>who were</u> in similar situations, and some of the women were left on their own ⑤ <u>to deal with</u> their concerns. Those who interacted with others reduced their concerns by 55 percent over time, but those who were left on their own showed no improvement.

8. 다음 중 문법상 옳지 않은 것은?

① With no seat at the table, the man had no choice but to stand there.

② Whether mistakes were made and things just didn't work out, he had to apologize.

③ The steps toward the goal can be practiced only by oneself.

④ There were nearly 5.6 million open jobs at the end of May.

⑤ The number of women who own guns has been rising rapidly over the past decade.

11. 대화의 흐름으로 보아 밑줄 친 부분에 들어갈 가장 적절한 표현은?

A: How was your flight?
B: It was good but a little long flight.
A: Do you have much trouble with jet-lag?
B: ______________________________.
A: Well, then shall we go to the conference room? The chief is waiting for you.

① I couldn't afford it

② That's out of the question

③ I was too busy to do that

④ It doesn't bother me that much

⑤ The first night is always ruined by it

12. 다음 문장을 영어로 옮길 때 가장 적절한 것은?

많은 전문가들이 한국의 대(對)중국 자동차 수출이 작년부터 계속 감소해오고 있는 것을 우려하고 있다.

① Many experts are worried that China has decreased its exports since last year.

② Many experts are concerned that Korean car exports to China decreased continuously last year.

③ Many experts are worried that Korean car exports to China have stopped decreasing continuously since last year.

9. 밑줄 친 부분에 들어갈 말로 가장 적절한 것은?

> Scientists say the Philae space probe has gathered data supporting the theory that comets can serve as cosmic laboratories __________ some of the essential elements for life are assembled.

① what ② in what
③ which ④ of which
⑤ in which

10. 다음 밑줄 친 부분 중 문법상 옳지 않은 것은?

> Researchers at Carnegie Mellon University ① have found that individuals who spend even a few hours a week on-line ② experiences higher levels of depression and loneliness than ③ those who spend less or no time on the Internet. They also found that individuals who use the Internet more tend to decrease their communication with other family members and ④ reduce the size of their social circle. These findings are counterintuitive to ⑤ what we know about how socially the Internet is used.

④ Many experts are worried that Korean car exports to China have decreased continuously last year.

⑤ Many experts are concerned that Korean car exports to China have been continuously decreasing since last year.

13. 다음 문장이 들어갈 위치로 가장 적절한 곳은?

> For example, Koreans believe that inequalities in English education lead to the inequalities in job prospects and earnings.

> The so-called English divide becomes alarming in Korean society. The students' English proficiency comes to depend on how much their households earn and how much extra-curricular education they are receiving. ① The problem is that English divide is not limited to the sphere of their English proficiency. ② That is why Korean parents are spending huge sum of money in private English education. ③ That is also why there are a lot of 'wild-goose fathers' who have sent their families to English-speaking countries for their children's English education. ④ Given the shadow of polarization in the Korean society, the government should devise effective measures to narrow the English divide. ⑤

14. 글의 흐름상 적절하지 못한 문장은?

Facial emblems are used by the sender to talk about an emotion while he or she is not actually feeling it. They are different from the actual emotional expressions in that they are usually held for a longer or shorter time than the actual expression and performed by using only a part of the face. ① When you drop your jaw and hold your mouth open, you may be saying that you are dumbfounded by what the other person said. ② Widened eyes, without other features of the surprise may serve the same purpose as a verbal "Wow." ③ Facial displays are directed toward the organizational structure of the engaged conversation. ④ If you want to comment nonverbally on your disgust for a situation, a nose wrinkle or raising your upper lip should get your message across. ⑤ Sometimes one or both eyebrows will further communicate "I'm puzzled" or "I doubt that."

15. 주어진 글 다음에 이어질 글의 순서로 가장 적절한 것은?

In one survey, 8 in 10 American consumers said that they believe it's important to buy green brands and products from green companies. The U.S. consumer's focus on personal health is merging with a growing interest in global health.

16. 다음 글의 목적으로 가장 적절한 것은?

To the Tenant of Number 11:

Due to your failure to uphold the rental agreement, the Belfield Building Management serves this notice of eviction. Several warnings have been issued concerning the odor your restaurant has been emitting. Your rental agreement states clearly that the tenant cannot emit odor beyond his/her premise. You are required to vacate the property premises by September 20, 2015. Failure to conform shall result in legal action, which includes physical removal of the tenants from the property.

① 계약갱신의 시기를 알리려고
② 공지사항의 확인을 요청하려고
③ 세입자에게 퇴거를 요구하려고
④ 법률자문의 중요성을 강조하려고
⑤ 임대계약 내용의 변경을 알리려고

17. 다음 밑줄 친 부분에 들어갈 가장 적절한 표현은?

The birth of a work of art is an intensely private experience. Many artists can work only when they concentrate on their own endeavor completely alone and many refuse to show their unfinished pieces to anyone.

(A) This label refers to people who worry about the environment, want products to be produced in a sustainable way, and spend money to advance what they see as their personal development and potential.

(B) These people represent a great market for products such as organic foods, energy-efficient appliances, and hybrid cars. It is estimated that they make up about 16 percent of the adults in the United States or 35 million people.

(C) Some analysts call this new value *conscientious consumerism.* It's clear that a sizable number of American consumers are shifting to what is often called LOHAS—an acronym for "lifestyles of health and sustainability."

① (A)-(C)-(B)
② (B)-(A)-(C)
③ (B)-(C)-(A)
④ (C)-(A)-(B)
⑤ (C)-(B)-(A)

Yet, it must, as a final step, be shared by the public, in order for the birth to be successful. Artists do not create merely for their own satisfaction, but want their works recognized and appreciated by others. ______________, the hope for approval is what makes them want to create in the first place, and the creative process is not completed until the work has found an audience. In the end, works of art exist in order to be liked rather than to be debated.

① However
② In fact
③ For example
④ Rarely
⑤ Unfortunately

18. 다음 밑줄 친 부분에 들어갈 가장 적절한 표현은?

In England people remembered a day in 1910 which went down in the annals as "black Ascot." In memory of Edward VII, who had just died, all visitors to the course appeared in elegant black. It was the fashion event of the decade. Bearing this example in mind, widows of the society tried to do justice to the demands of mourning during wartime. They insisted on wearing black to express their feeling of mourning. The longer the war went on and the more victims it claimed, however, ____________________. Only a few women wore black for a whole year or limited their jewelry to black jet. Gray and even mauve were soon considered just as proper and widows began to wear pearls when they went out.

① the less luxurious their fashion became
② the more conservative their fashion became
③ the less informal clothes became
④ the more relaxed clothing rules became
⑤ the more dominant this fashion became

19. 다음 밑줄 친 부분에 들어갈 가장 적절한 표현은?

20. 다음 밑줄 친 부분에 들어갈 가장 적절한 표현은?

During the Second World War (1939-45), many women in Britain had gone to work in the fields and factories, but afterwards they were encouraged to return to their domestic roles as wives and mothers. The birth rate rose sharply and large families became fashionable. But at the same time ____________________. Divorces quadrupled from 8,000 per year pre-war to 32,000 in 1950, and continued to rise. More and more women began seeking the services of psychiatrists and marriage guidance counsellors.

① women were still minorities in medicine
② women's rights were dramatically curtailed
③ the role of women began to gain recognition
④ there were indications of domestic unhappiness
⑤ the majority of jobs open to women were low-paid

The longing to know ourselves and to know our fellow man is the mainspring of all psychology. But inasmuch as the desire is to know all of man, his innermost secret, the desire can never be fulfilled in knowledge of the ordinary kind. Even if we knew a thousand times more of ourselves, we would never reach bottom and we would still remain ________________.

① an enigma to ourselves
② a master to ourselves
③ no one to everyone
④ an enigma to everyone
⑤ a master to everyone

한 국 사

1. **다음 중 단군신화의 내용이 수록되어 있지 않은 것은?**
   ① 『삼국유사』
   ② 『제왕운기』
   ③ 『응제시주』
   ④ 『동명왕편』
   ⑤ 『세종실록지리지』

2. **현재의 감사원과 유사한 기능을 했던 고려와 조선의 관청으로 옳게 짝지어진 것은?**

	고려	조선
①	중추원	중추부
②	비서성	승정원
③	어사대	사헌부
④	한림원	혜민국
⑤	식목도감	선혜청

4. **(가) 시기에 일어났던 사건으로 옳은 것은?**

조선총독부 설치 ↓	3·1운동 ↓	만주사변 ↓	
	(가)		

   ① 105인 사건으로 비밀결사 단체가 해체되었다.
   ② 경제적 독립을 이룩하기 위해 국채보상운동이 일어났다.
   ③ 만주 하얼빈 역에서 안중근이 이토 히로부미를 처단하였다.
   ④ 홍범도가 이끄는 대한독립군 등이 봉오동에서 승리를 거두었다.
   ⑤ 내선일체, 황국신민화 등이 제창되어 우리말과 글을 사용할 수 없게 되었다.

5. **독립협회에 관한 설명 중 옳지 않은 것은?**
   ① 독립신문 창간 후 발족되었다.
   ② 황국협회와 협력하면서 개혁을 추구하였다.
   ③ 만민공동회와 관민공동회를 개최하였다.
   ④ 토론회 활동 이후 민중세력의 참여가 두드러졌다.
   ⑤ 해산된 후 헌정연구회·대한자강회로 이념이 계승되었다.

3. 다음은 어떤 책의 서문이다. 『이 책』에 대한 설명으로 옳은 것은?

> "세조께서 옥쇄를 쥐고 나라를 중흥시키시니, 창업과 수성을 겸비하신 것이다. 일찌기 좌우의 신하들에게 말씀하시기를, …(중략)… 우리 조종의 심후하신 인덕과 크고 아름다운 규범이 훌륭한 전장(典章)에 퍼졌으니, …(중략)… 또 여러 번 내린 교지가 있어 법이 아름답지 않은 것은 아니지만, 어리석고 둔한 관리들이 법을 받들어 시행함에 어두웠던 것은 진실로 그 목차와 조문이 너무 번잡하고 앞뒤가 서로 맞지 않았기 때문이다. …(중략)… 이제 손익을 헤아리고 회통할 것을 산정하여 만대 성법을 만들고자 한다."
>
> \- 서거정이 『이 책』을 올리면서 쓴 서문(序文)

① 국가 행사 때 사용될 의례 규범서인 『국조오례의』이다.
② 국가 통치의 기본 규범을 확립한 『경국대전』이다.
③ 후대에 모범이 될 만한 역대 국왕의 행적을 기록한 『국조보감』이다.
④ 효자, 충신, 열녀 등의 사례를 뽑아서 만든 백성들의 윤리서인 『삼강행실도』이다.
⑤ 중국 농사법에서 탈피하여 우리나라 풍토에 맞는 농법으로 편찬된 『농사직설』이다.

6. 다음은 군사제도의 변화 과정에 대한 서술이다. 시기순으로 올바르게 배열한 것은?

> ㄱ. 부국강병을 목표로 개화 정책을 추진하는 과정에서 별기군을 창설하였다.
> ㄴ. 30만 명의 광군이 조직되었다.
> ㄷ. 정규군 외에 일종의 예비군인 잡색군을 두었다.
> ㄹ. 군사의 기동력을 높이기 위해 기병부대인 신기군이 설치되었다.
> ㅁ. 장기간 근무를 하고 일정한 급료를 받는 상비군으로 삼수병이 편성되었다.

① ㄱ-ㄴ-ㄷ-ㄹ-ㅁ ② ㄴ-ㄷ-ㄹ-ㅁ-ㄱ
③ ㄴ-ㄹ-ㄷ-ㅁ-ㄱ ④ ㄹ-ㄴ-ㅁ-ㄷ-ㄱ
⑤ ㄹ-ㄷ-ㅁ-ㄴ-ㄱ

7. 다음의 기록과 관련 있는 사건에 대한 설명으로 옳은 것은?

> 최명길이 마침내 국서를 가지고 비국에 물러가 앉아 수정을 가하였는데, 김상헌이 밖에서 그 글을 보고는 통곡하면서 찢어 버리고 임금을 뵙기를 청하였다.

① 효종이 죽자 인조의 계비의 복상기간에 대해 서인과 남인 사이에 논쟁이 일어났다.
② 사도세자가 죽임을 당한 이후, 시파와 벽파로 나뉘게 되었다.
③ 선조가 의주로 피난하고 명나라에 구원병을 요청하는 사신을 보냈다.
④ 일반 백성들의 공물부담을 줄여주기 위해 대동법을 시행하였다.
⑤ 인조가 항복하고 청나라에 사대하게 되었다.

8. 다음 사건들을 시기순으로 올바르게 배열한 것은?

> ㄱ. 묘청의 난
> ㄴ. 이시애의 난
> ㄷ. 홍경래의 난
> ㄹ. 만적의 난

① ㄱ-ㄹ-ㄴ-ㄷ
② ㄱ-ㄹ-ㄷ-ㄴ
③ ㄴ-ㄹ-ㄱ-ㄷ

10. 밑줄 친 '나'의 활동으로 옳은 것을 모두 고른 것은?

> 왜적이 항복한다 하였다. 아! 왜적이 항복! 이것은 <u>나</u>에게 기쁜 소식이라기보다는 하늘이 무너지는 듯한 일이었다. 천신만고 끝에 수년 동안 애를 써서 참전할 준비를 한 것도 다 허사이다. 시안과 푸양에서 훈련을 받은 우리 청년들에게 여러 가지 비밀 무기를 주어 산둥에서 미국 잠수함에 태워 본국으로 들여보내어 국내의 중요한 곳을 파괴하거나 점령한 뒤에 미국 비행기로 무기를 운반할 계획까지도 미국 육군성과 다 약속이 되었던 것을 한번 해보지도 못하고 왜적이 항복하였으니……

> ㄱ. 한인애국단 조직　ㄴ. 신탁통치 반대　ㄷ. 남북협상
> ㄹ. 제헌국회 설립　ㅁ. 반민족행위처벌법 제정

① ㄱ, ㄴ, ㄷ　② ㄱ, ㄴ, ㄹ
③ ㄴ, ㄷ, ㄹ　④ ㄴ, ㄹ, ㅁ
⑤ ㄷ, ㄹ, ㅁ

11. 다음은 삼국과 가야의 주요한 사건이다. 시기순으로 올바르게 배열한 것은?

> ㄱ. 고구려가 평양으로 천도하였다.
> ㄴ. 백제 침류왕이 불교를 받아들였다.

④ ㄷ-ㄹ-ㄴ-ㄱ
⑤ ㄹ-ㄱ-ㄴ-ㄷ

9. 다음 전문을 직접 포함하고 있는 것은?

> 남과 북은 분단된 조국의 평화적 통일을 염원하는 온 겨레의 뜻에 따라 7·4 남북 공동성명에서 천명된 조국통일 3대원칙을 재확인하고, 정치 군사적 대결상태를 해소하여 민족적 화해를 이룩하고, 무력에 의한 침략과 충돌을 막고 긴장 완화와 평화를 보장하며, 다각적인 교류·협력을 실현하여 민족 공동의 이익과 번영을 도모하며, 쌍방 사이의 관계가 나라와 나라 사이의 관계가 아닌 통일을 지향하는 과정에서 잠정적으로 형성되는 특수관계라는 것을 인정하고, 평화 통일을 성취하기 위한 공동의 노력을 경주할 것을 다짐하면서, 다음과 같이 합의하였다.

① 6·23 평화 통일 외교 정책 선언
② 12·13 남북 기본 합의서
③ 6·15 남북 공동선언
④ 10·4 남북 공동선언
⑤ 5·24 대북조치

> ㄷ. 신라 지증왕이 우산국을 정복하였다.
> ㄹ. 고령 지역에 있던 대가야가 멸망하였다.

① ㄱ-ㄴ-ㄷ-ㄹ
② ㄱ-ㄹ-ㄷ-ㄴ
③ ㄴ-ㄱ-ㄷ-ㄹ
④ ㄴ-ㄱ-ㄹ-ㄷ
⑤ ㄹ-ㄱ-ㄴ-ㄷ

12. 조선총독부의 헌병경찰에 의한 무단통치 시기와 관련이 깊은 것은?

① 여자정신근로령을 통해 여성에 대한 강제동원이 이루어졌다.
② 조선교육령을 개정하여 황국신민화 정책을 실시하였다.
③ 조선의 식민지배를 위해 경부선을 건설하였다.
④ 신간회 설립을 허가하였다가 탄압하였다.
⑤ 태로 볼기를 때리는 태형령을 제정하였다.

13. 다음 지도의 유적들이 조성된 시기에 대한 설명으로 옳은 것을 <보기>에서 모두 고르면?

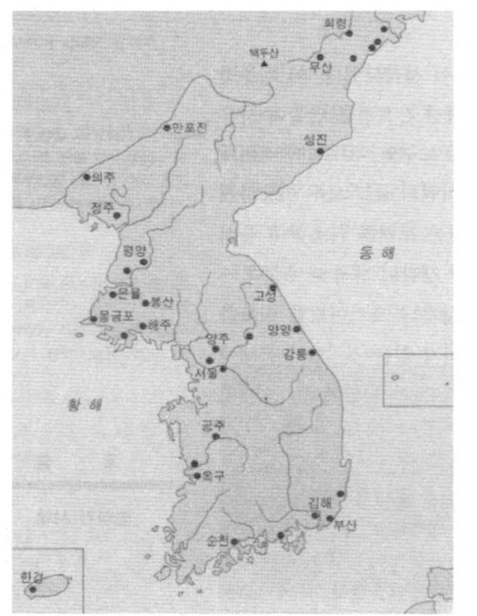

< 보 기 >

ㄱ. 민무늬 토기, 미송리식 토기 등을 사용하였다.
ㄴ. 가락바퀴나 뼈바늘로 옷이나 그물을 만들었다.
ㄷ. 굴, 홍합 등의 조개류를 먹었고, 때로는 깊은 곳에 사는 조개류를 따서 장식으로 이용하기도 하였다.
ㄹ. 움집의 중앙에 화덕을 설치하고, 햇빛을 많이 받는 남쪽으로 출입문을 내었다.

15. 고려시대에 대한 설명으로 옳지 않은 것은?

① 지방의 모든 군현에 지방관이 파견되어 행정을 담당하였다.
② 중앙군은 2군 6위, 지방군은 주현군·주진군으로 편성되었다.
③ 발해의 유민들을 받아들였으며, 발해 세자 대광현을 왕족으로 대우하였다.
④ 광종은 스스로 황제라 칭하였고, 개경을 황도(皇都)라 불렀으며, 독자적 연호를 사용하였다.
⑤ 국가에 봉사하는 대가로 관료에게 수조권을 지급하는 전시과제도를 운영하였다.

16. 다음은 조선시대 사림세력의 분화과정에 대한 설명이다. (ㄱ)~(ㄹ) 세력에 대한 설명으로 옳지 않은 것은?

> 선조 때에 이르러 사림학자들이 많이 배출되면서 사림사회에 갈등과 분화가 일어나 붕당이 형성되었다. 김효원을 지지하는 (ㄱ) 세력과 심의겸을 지지하는 (ㄴ) 세력으로 나뉘었다. 이후 (ㄱ) 세력은 정여립 모반 사건 등을 계기로 온건파인 (ㄷ) 세력과 급진파인 (ㄹ) 세력으로 다시 나뉘었다.

① (ㄱ)과 (ㄴ)의 분당은 이조전랑 자리를 둘러싼 기성사림과 신진사림 간의 경쟁에서 시작되었다.
② (ㄱ) 세력은 선비들의 수기(修己)에 역점을 두어 치자(治者)의 도덕성 제고를 중요하게 여겼다.
③ (ㄴ) 세력은 군대를 양성하고 성곽을 수리하는 등 북벌을 주장하며, 정권 유지를 도모하였다.

ㅁ. 나무로 만든 농기구로 땅을 개간하여 곡식을 심고, 가을에는 반달 돌칼로 이삭을 잘라 추수하였다.

① ㄱ,ㄴ,ㄷ ② ㄱ,ㄴ,ㄹ ③ ㄴ,ㄷ,ㄹ ④ ㄴ,ㄹ,ㅁ ⑤ ㄷ,ㄹ,ㅁ

14. 다음의 자료를 통해 알 수 있는 조세 제도에 대한 설명으로 옳지 않은 것은?

> 갈밭마을 여인 울음도 서러워라. 현문(懸門) 향해 울부짖다 하늘보고 호소하네. 군인 남편 못 돌아옴은 있을 법도 한 일이나, 예부터 남절양(男絶陽)은 들어보지 못했노라. 시아버지 죽어서 이미 상복 입었고, 갓난아인 배냇물도 안 말랐는데, 3대의 이름이 군적에 실리다니. 달려가서 억울함을 호소하려 해도 범 같은 문지기 버티어 있고, 이정(里正)이 호통하여 단벌 소만 끌려가네. 남편 문득 칼을 갈아 방안으로 뛰어들자, 붉은 피 자리에 낭자하구나. 스스로 한탄하네. '아이 낳은 죄로구나.'
>
> – 『목민심서』 「애절양(哀絶陽)」

① 족징(族徵), 인징(隣徵), 백골징포(白骨徵布), 황구첨정(黃口簽丁) 등의 폐단이 있었다.
② 폐단을 시정하기 위해 숙종~영조 대에 걸쳐 다양한 양역변통론이 제기되었다.
③ 상층 양인 일부에게 선무군관(選武軍官)이라는 칭호를 주는 대신 군포를 부과하였다.
④ 토지 1결당 미곡 12두를 거두어 세입의 결손을 보완하고자 하였다.
⑤ 균역청에서 어세, 염세, 선세를 관할하게 하였다.

④ (ㄷ) 세력은 효종과 효종비에 대한 자의대비의 상복 문제를 놓고 사대부와 같은 예로 행해야 한다고 하여 신권을 강화하려고 하였다.
⑤ (ㄹ) 세력은 대체로 조식과 서경덕 문인들이 주류를 이루며, 광해군을 지지하였다.

17. **다음과 같은 농사기술이 널리 보급되던 시기의 생활모습이 아닌 것은?**

> 일반적으로 모내기법을 귀중하게 여기는 이유는 세 가지가 있다. 김매기의 수고를 줄이는 것이 첫째이다. 두 땅의 힘으로 하나의 모를 서로 기르는 것이 둘째이다. 옛 흙을 떠나 새 흙으로 가서 고갱이를 씻어 내어 더러운 것을 제거하는 것이 셋째이다.
>
> 어떤 사람은 모낸 모가 큰 가뭄을 만나면 모든 노력이 허사가 된다 하여 모내기법을 위험한 방도라고 말한다. 그러나 여기에는 그렇지 않은 점이 있다. 무릇 벼를 심는 논에는 물을 끌어들일 수 있는 하천이나 물을 댈 수 있는 저수지가 꼭 필요하다. 이러한 것이 없다면 벼논이 아니다. 벼논이 아닌 곳에서 가뭄을 우려한다면 어찌 유독 모내기법에 대해서만 그렇다고 하는가.
>
> – 『임원경제지』

① 중국으로부터 『농상집요』 등의 농서가 수입되어 발달된 농업기술이 보급되었다.

② 광작(廣作)이 성행하게 되었는데, 광작은 지주도 할 수 있고, 병작인도 할 수 있었다.

③ 새로운 지대 관행으로 일정 액수를 지대로 납부하는 도조법이 확산되어갔다.

④ 쌀의 상품화가 활발해지면서 밭을 논으로 바꾸는 현상이 증가하였다.

⑤ 병작지를 얻기 어려워진 농민들은 도시로 옮겨가 상공업에 종사하거나 임노동자가 되었다.

라되었다.

② (ㄴ) – 여성의 단결, 남녀평등, 여성 교육 확대, 여성 노동자 권익 옹호 등을 전개하였다.

③ (ㄷ) – 강령은 '정치적 · 경제적 각성을 촉구함, 단결을 공고히 함, 기회주의를 일체 부인함.'이었다.

④ (ㄹ) – 일제 강점기 노동 운동 중 가장 규모가 큰 것이었다.

⑤ (ㅁ) – '우리의 교육은 우리들 손에 맡겨라. 일본제국주의를 타파하라. 8시간 노동제를 채택하라.'는 내용의 전단을 뿌리며 만세를 불렀다.

20. **다음 설명은 고조선 이후 만주와 한반도에 등장한 여러 나라의 특징을 나타낸 것이다. (ㄱ)~(ㄹ) 나라에 대한 설명으로 옳은 것은?**

> (ㄱ) 소녀가 10여 세가 되면 양가에서 서로 혼인할 것을 약속한 뒤, 소녀는 남자집에 보내졌다. 소녀가 장성하여 처녀가 되면 다시 본가로 돌려보낸다. 처녀집에서는 돈을 요구하고 그것이 지불된 뒤에야 처녀는 신랑집으로 가게 되었다.
>
> (ㄴ) 언어와 풍습은 대체로 고구려와 같았다. 그 읍락은 산과 내[川]를 경계로 하여 구역이 나뉘어 있어 함부로 다른 구역에 들어갈 수 없었다 한다. 그리고 이를 어겼을 경우 곧 벌책을 가하여 생구(生口), 즉 노예와 소나 말로 보상하게 하였는데, 이를 일컬어 '책화(責禍)'라 하였다.
>
> (ㄷ) 이 나라에는 왕 아래에 가축의 이름을 딴 마가·우가·저가·구가와 대사자·사자 등의 관리가 있었다. 이들 가는 저마다 따로 행정 구획인 사출도를 다스리고 있어서, 왕이 직접 통

18. 다음은 고려시대의 대표적인 역사서이다. 편찬 시기순으로 올바르게 배열한 것은?

> ㄱ. 『해동고승전』 ㄴ. 『삼국유사』 ㄷ. 『7대실록』 ㄹ. 『삼국사기』

① ㄱ-ㄴ-ㄷ-ㄹ
② ㄱ-ㄷ-ㄹ-ㄴ
③ ㄴ-ㄷ-ㄹ-ㄱ
④ ㄷ-ㄹ-ㄱ-ㄴ
⑤ ㄹ-ㄱ-ㄴ-ㄷ

19. 다음은 신간회에 대한 설명이다. (ㄱ)~(ㅁ)에 대한 설명으로 옳지 않은 것은?

> 신간회는 3·1운동 이후 민족주의자와 사회주의자들이 처음으로 민족 연합 전선을 구축하여 독립운동을 펼쳤다는 점에서 그 의의가 크다. 전국에 약 140여 개소의 지회를 두고, (ㄱ)약 4만 명의 회원을 확보했다. 자매 단체로 (ㄴ)근우회가 있었다. 신간회는 각 지방을 순회하면서 강연회를 열었고, (ㄷ)강령을 마련하고, 노동쟁의와 소작쟁의, 동맹휴학 등을 지도했는데, (ㄹ)원산노동자총파업과 (ㅁ)광주학생운동을 지원한 것은 대표적 활동이었다.

① (ㄱ) - 농민, 노동자, 상인이 주류를 이룬 가운데 각계각층이 망

치하는 중앙과 합쳐 5부를 이루었다. 왕이 죽으면 많은 사람을 껴묻거리와 함께 묻는 순장의 풍습이 있었다.

(ㄹ) 이 나라에서는 벼농사를 중심으로 한 농업이 발달하였다. 이에 따라 해마다 씨뿌리기가 끝난 5월과 추수가 끝난 10월에 하늘에 제사를 지냈다. 이 때 낮이나 밤이나 술자리를 베풀고 축제를 벌였다. 춤출 때에는 수십 명이 줄을 서서 땅을 밟으며 장단을 맞추었다.

① (ㄱ) - 서옥제라는 풍속과 동맹이라는 제천행사를 실시하였다.
② (ㄴ) - 정치와 제사가 분리된 제정분리 사회였으며, 천군이 소도라는 영역을 지배하였다.
③ (ㄷ) - 농사일이 모두 끝난 12월에 영고를 행하여, 하늘에 제사를 지내고 가무를 즐겼다.
④ (ㄹ) - 읍군과 삼로가 각각 자신의 부족을 다스렸다.
⑤ (ㄱ)~(ㄹ) 모두 중앙집권국가로 발전하였다.

응 용 역 학 개 론

1. **트러스 구조물 해석 시 적용하는 가정에 대한 설명 중에서 옳지 않은 것은?**

① 부재는 직선 또는 곡선부재이며 동일 평면 내에 존재한다.
② 하중은 격점에만 작용한다.
③ 부재의 중심선축은 각 절점에서 한 점으로 모인다.
④ 부재에는 전단력과 휨모멘트는 발생하지 않는다.
⑤ 부재는 마찰이 없는 힌지로 연결된다.

2. **길이가 $5m$인 양단 고정의 강봉이 $40℃$의 온도증가에 의해서 변형이 발생하였다면, 강봉에 작용하는 압축력[N]은? (단, 강봉의 선팽창계수는 $0.000012/℃$, 단면적은 $3{,}200cm^2$, 탄성계수 $E=2.1\times10^5$MPa이다.)**

① 32.26
② 47.87
③ 64.29
④ 72.34
⑤ 94.67

4. **다음 그림(a)와 같은 단순보 위를 그림(b)의 연행하중이 통과할 때 절대최대휨모멘트[$kN \cdot m$]는? (단, 보의 자중은 무시한다.)**

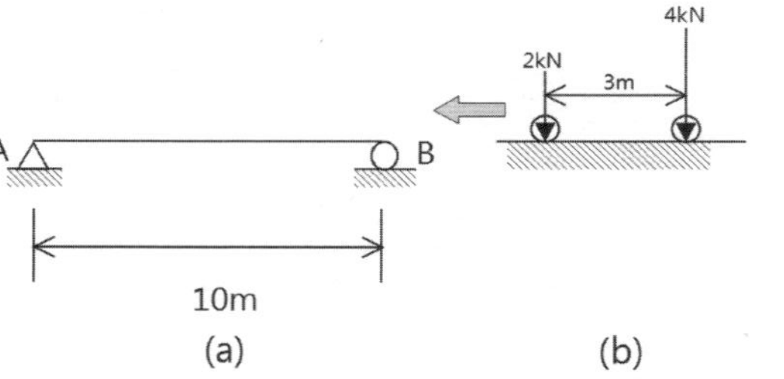

① 3.35
② 7.25
③ 9.45
④ 12.15
⑤ 17.65

5. **다음과 같은 구조물에서 케이블 DE에 작용하는 힘[kN]은? (단, 구조물의 자중은 무시한다.)**

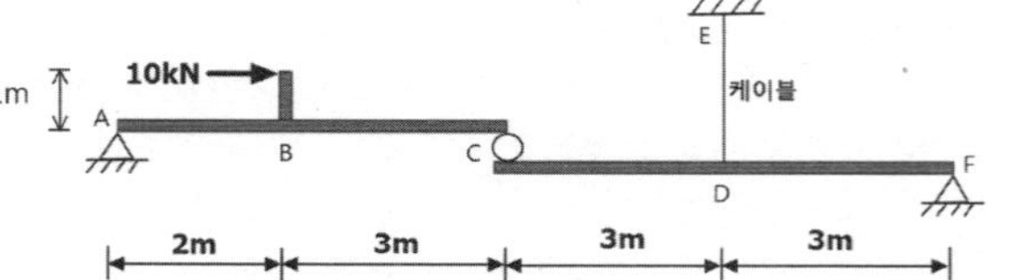

3. 일정한 크기의 단면을 갖는 캔틸레버 보의 길이가 L이고 자유단에 집중하중 P가 작용할 때의 처짐이 y이다. 동일한 단면의 캔틸레버 보의 길이가 $2L$이고 자유단에서 집중하중 P가 작용할 때 처짐은?

① $2y$
② $4y$
③ $8y$
④ $16y$
⑤ $32y$

① 2.6
② 3.4
③ 4.0
④ 4.5
⑤ 5.0

6. 다음과 같은 게르버보에 하중이 작용하는 경우 지점 A의 반력모멘트[$kN \cdot m$]는? (단, 보의 자중은 무시한다.)

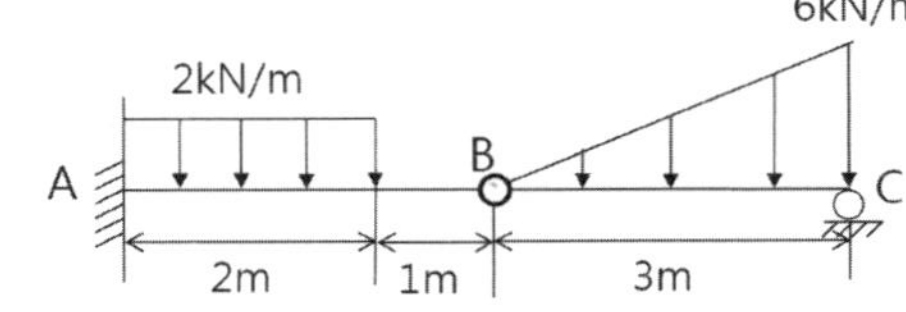

① 11
② 13
③ 15
④ 17
⑤ 19

7. 다음 그림과 같은 직사각형 단면의 최대 전단응력이 10MPa일 때 하중P[kN]는? (단, 보의 자중은 무시한다.)

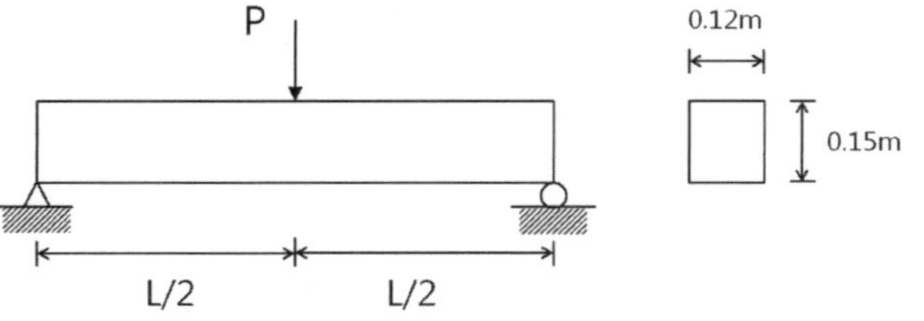

① 30
② 60
③ 120
④ 150
⑤ 240

8. 다음과 같이 스프링으로 지지된 캔틸레버보에 모멘트하중(M_o)이 작용하는 경우 스프링 계수 k는? (단, 보의 자중은 무시하며 보의 휨강성은 EI이고, 스프링에 작용하는 힘은 M_o/L이다.)

9. 다음 그림과 같은 단주에 축방향하중이 도심축으로부터 편심 $e=40mm$ 떨어져서 A점에 작용하는 경우 연단 B에서 발생되는 최대압축응력이 34MPa일 때 축 하중 P[kN]는?

① 30
② 60
③ 90
④ 120
⑤ 150

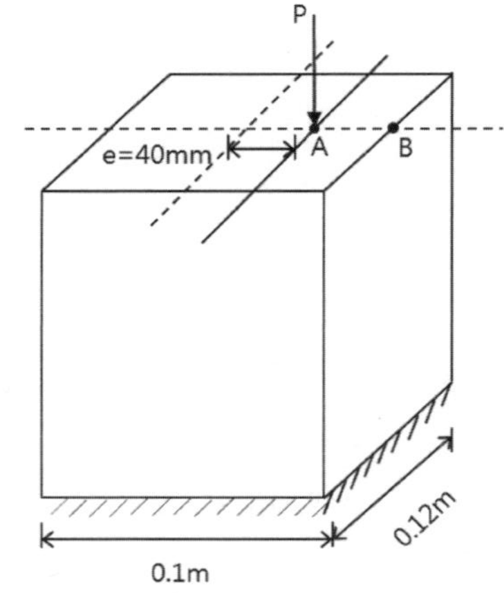

10. 다음 그림과 같은 캔틸레버보에 집중하중이 작용하는 경우 C점의 처짐각 θ_c는? (단, 보의 자중은 무시하며 EI는 일정하다.)

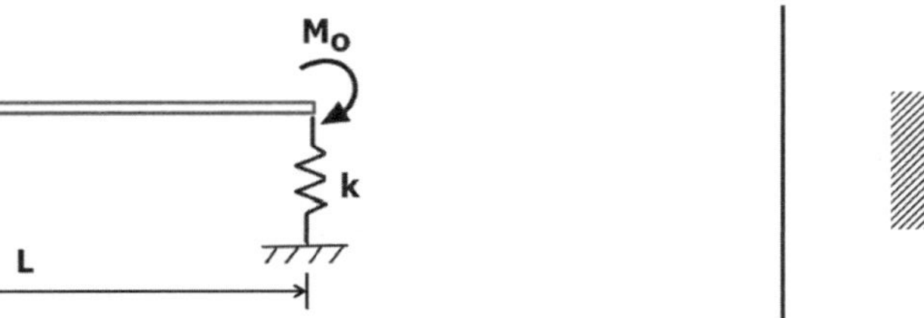

① $\frac{4EI}{L^3}$

② $\frac{6EI}{L^3}$

③ $\frac{8EI}{L^3}$

④ $\frac{9EI}{L^3}$

⑤ $\frac{12EI}{L^3}$

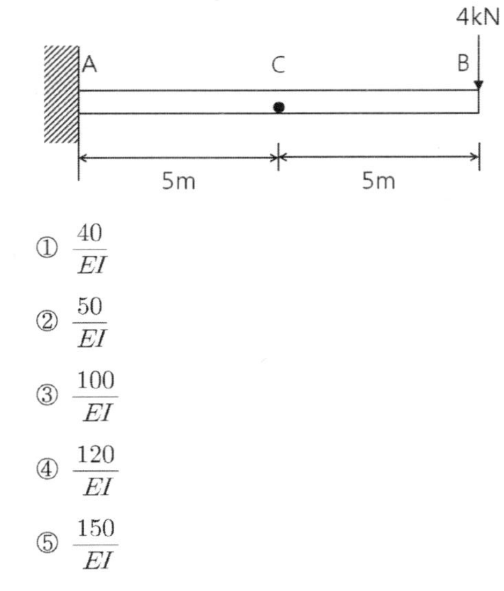

① $\frac{40}{EI}$

② $\frac{50}{EI}$

③ $\frac{100}{EI}$

④ $\frac{120}{EI}$

⑤ $\frac{150}{EI}$

11. 선형탄성재료인 축하중 부재에 대한 설명 중에서 옳지 않은 것은?

① 단위하중에 의한 변형을 강성도(Stiffness)라 한다.

② 축방향 변형률은 신장량에 비례한다.

③ 부재의 길이가 증가하면 강성도는 감소하고 유연도는 증가한다.

④ 신장량은 부재의 단면적에 반비례한다.

⑤ 부재의 유연도는 부재 탄성계수에 반비례한다.

12. 다음 그림과 같은 3힌지라멘에서 지점A의 수평반력[kN]은?

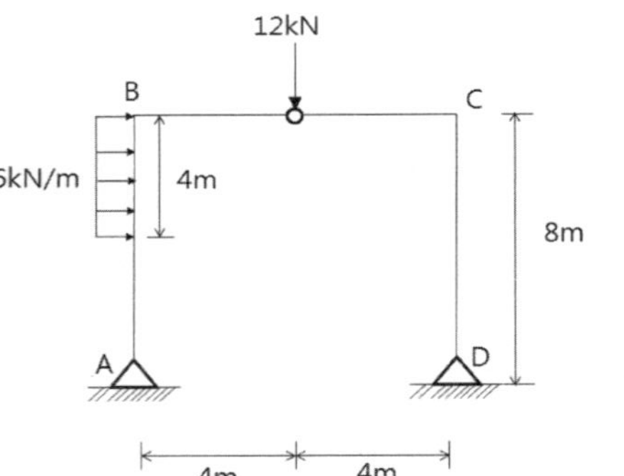

① 3
② 6
③ 12
④ 15
⑤ 18

13. 기둥A는 양단에서 힌지로 지지되어 있고 상단으로부터 $\frac{1}{3}$지점에서 수평변위가 구속되어 있으며 기둥B는 양단에서 고정지지 되어 있다. 두 기둥의 탄성좌굴하중의 비[$\frac{P_{(A)cr}}{P_{(B)cr}}$]는? (단, 두 기둥의 단면과 재질은 같다.)

15. 그림과 같은 내민보의 C점에 연직 하중 P가 작용하고 있다. 보에 저장되는 굽힘변형에너지는? (단, 보의 자중은 무시한다.)

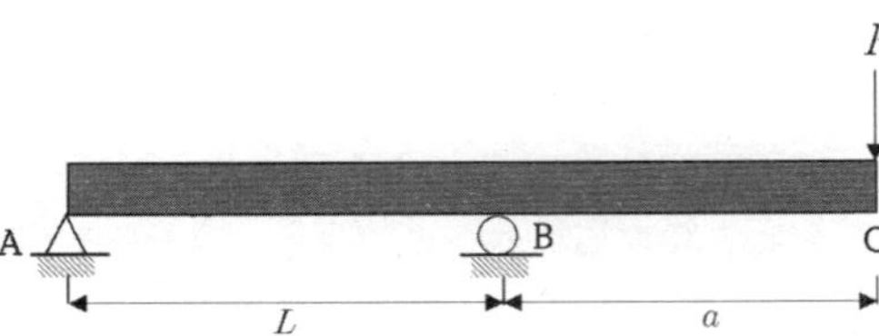

① $\frac{P^2L^3}{6EI}$
② $\frac{P^2a^2L}{8EI}$
③ $\frac{P^2a^2(L+a)}{6EI}$
④ $\frac{P^2L^2(L+a)}{6EI}$
⑤ $\frac{P^2a^2(L+a)}{8EI}$

16. 그림과 같이 집중하중을 받는 단순 지지된 보의 중앙점 A와 1/4지점 B에서의 곡률반경[m] ρ_A, ρ_B는? (단, 보의 자중은 무시하며 탄성계수는 200GPa이고 단면2차모멘트는 $10\times10^{-6}m^4$이다.)

① $\frac{1}{9}$

② $\frac{2}{9}$

③ $\frac{4}{9}$

④ $\frac{6}{16}$

⑤ $\frac{9}{16}$

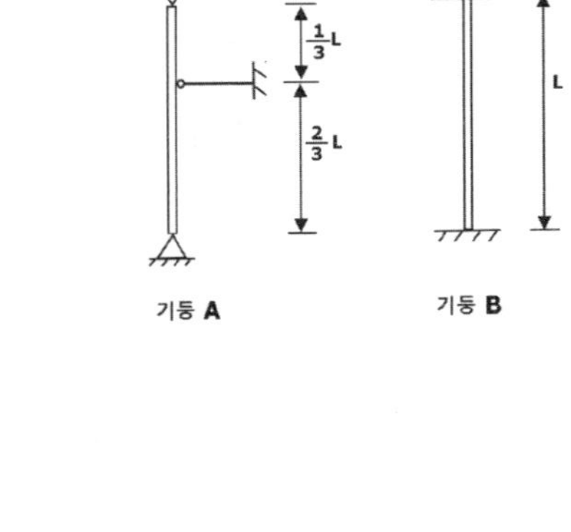
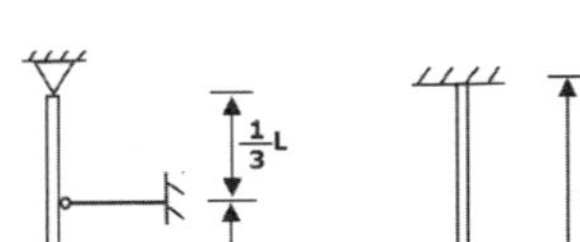
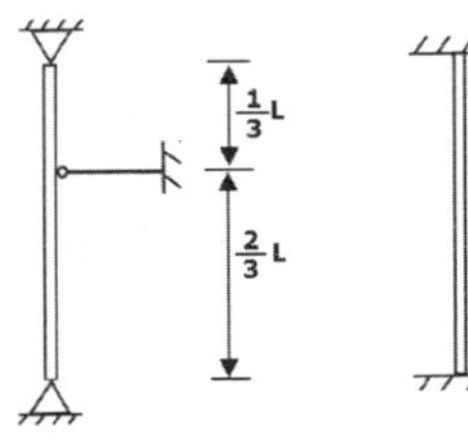
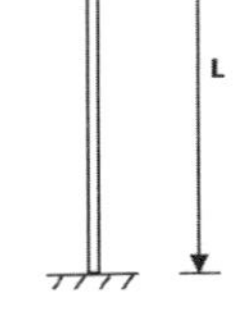

14. 그림과 같은 2축대칭 I형강의 도심 주축인 y축에 대한 항복모멘트 $M_{yy}[kN \cdot cm]$는? (단, $Ix = 120,000cm^4$, $Iy = 9,000cm^4$, 항복응력 $Fy = 250$MPa이다.)

① 15,000
② 24,000
③ 80,000
④ 90,000
⑤ 100,000

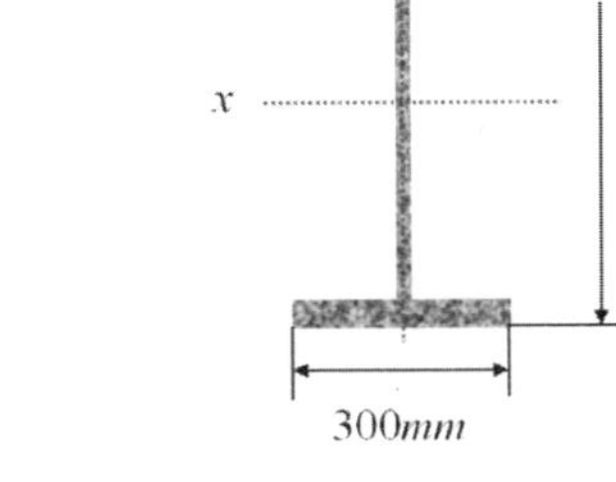
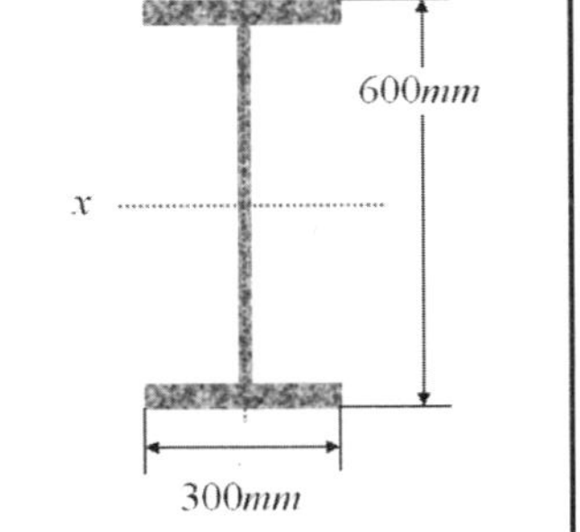

① $\rho_A = 400,\ \rho_B = 400$

② $\rho_A = 400,\ \rho_B = 200$

③ $\rho_A = 200,\ \rho_B = 100$

④ $\rho_A = 200,\ \rho_B = 200$

⑤ $\rho_A = 200,\ \rho_B = 400$

17. 그림과 같이 질량이 $10kg$, 길이가 $4m$인 사다리가 바닥에 미끄러지기 직전에 있다. A점에 발생하는 수평반력 $H_A[N]$는?(단, A점은 거친 바닥에 B점은 매우 미끄러운 벽에 있으며 정마찰 계수는 0.3, 동마찰계수는 0.2, 중력가속도는 $10m/sec^2$이다.)

① 20
② 30
③ 40
④ 50
⑤ 60

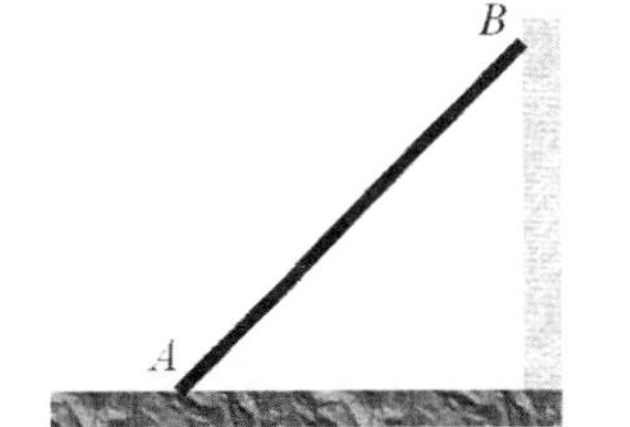

18. 다음 그림과 같은 응력-변형률 선도를 갖는 재료로 기둥을 제작하였다. 이 기둥의 좌굴응력 σ_{cr} [MPa]은? (단, 미소변형이론과 탄젠트계수 공식을 적용하며, 세장비는 60, $\pi = 3$으로 한다.)

① 25
② 50
③ 75
④ 125
⑤ 250

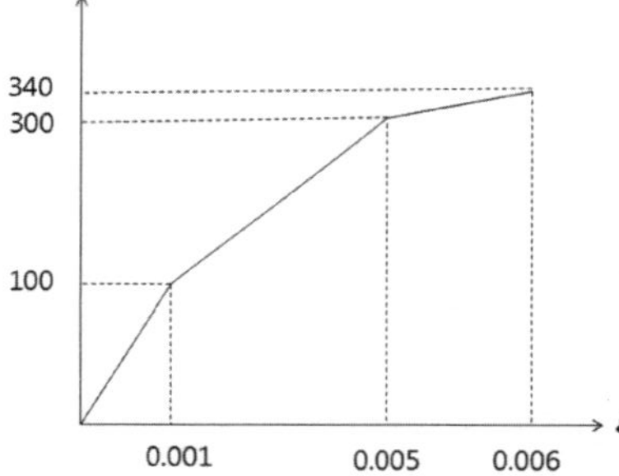

19. 다음 중 전형적인 강재의 물성치 특징을 설명한 것 중 옳지 않은 것은?

① 하중을 더이상 증가시키지 않아도 변형이 생기기 시작할 때의 응력을 항복점 또는 항복응력이라 한다.
② 온도가 상승하면 취성 파괴에 저항할 수 있는 능력인 인성은 감소한다.
③ 비례한계란 응력과 변형률의 관계가 직선적인 비례관계로 유지되는 최대 응력의 한계를 말한다.
④ 네킹구간에서는 시편의 단면적이 한 곳에서 집중적으로 줄어드는 현상이 발생하게 된다.

⑤ 레질리언스가 큰 재료는 소성변형 없이 큰 충격 에너지를 흡수할 수 있다.

20. **다음 그림과 같이 길이가 $2m$인 외팔보 끝단(점 A)에 연결된 연직방향 탄성스프링의 하단부(점 B)가 블록에 지지되어 있다. 스프링 하단부에서 블록을 제거하기 위한 수평방향의 최소 힘 $P[N]$는? (단, 블록의 무게 $W=2N$, 블록과 바닥의 마찰계수 $\mu=0.2$, 보의 휨강성 $EI=8N \cdot m^2$이다.)**

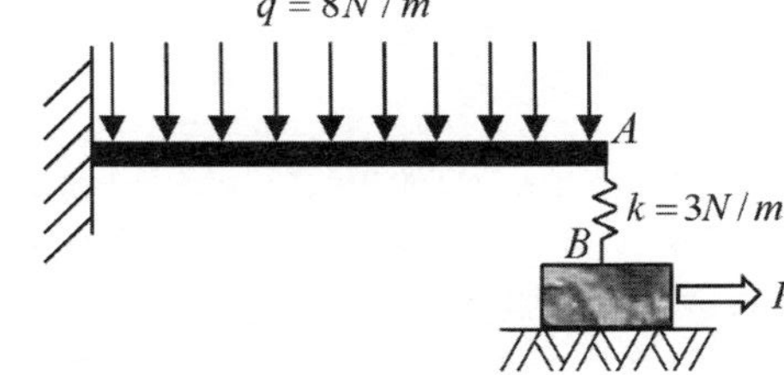

① 0.4
② 0.6
③ 0.8
④ 1.0
⑤ 1.2

토 목 설 계

1. 그림과 같은 단면의 압축연단에서 중립축까지의 거리 c에 작용하는 압축응력 분포를 직사각형으로 환산했을 때 음영으로 표시된 부분으로 나타났다면 필요철근량 A_s는 얼마인가? (단, f_{ck} = 30 MPa, f_y = 300 MPa, 빗금 친 부분의 면적은 27,000 mm²이며 「도로교설계기준 2012」를 적용한다. 콘크리트와 철근의 재료저항계수는 각각 ϕ_c = 0.65, ϕ_s = 0.90이다.)

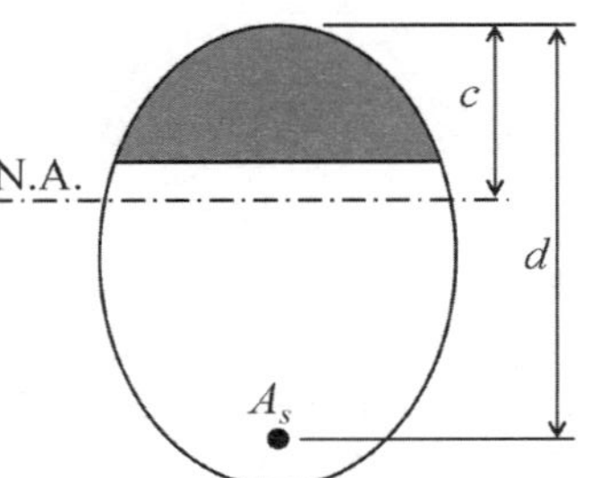

① 2,552.5 mm²
② 1,957.5 mm²
③ 1,852.5 mm²
④ 1,657.5 mm²
⑤ 1,462.5 mm²

4. 다음 그림과 같은 맞대기 용접의 용접부에 생기는 인장응력은 얼마인가?

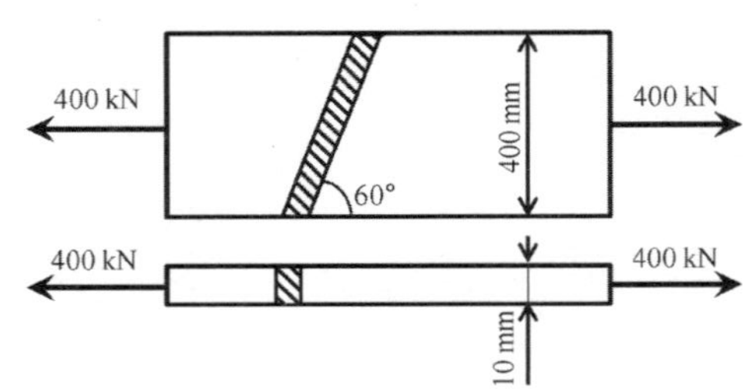

① 100 MPa
② 150 MPa
③ 200 MPa
④ 300 MPa
⑤ 400 MPa

5. 강재 단면의 인장강도에 대한 설명 중 옳지 않은 것은? (단, A_g는 총단면적이다.)

① 인장재가 항복 또는 파단 중 하나의 한계상태에 도달하면 파괴로 간주한다.

2. 콘크리트 구조물의 균열에 관한 다음의 설명 중 옳지 않은 것은?

① 균열의 제어를 위해서는 많은 수의 작은 지름 철근을 사용하는 것이 적은 수의 굵은 지름 철근을 사용하는 것보다 유리하다.

② 일반적으로 피복두께의 증가는 균열의 간격과 폭을 감소시킨다.

③ 균열폭은 철근의 응력이 증가함에 따라 증가한다.

④ 안정균열상태에서는 균열수는 더이상 증가하지 않고 기 발생된 균열의 폭이 증가한다.

⑤ 일반적으로 부착 조건이 양호한 철근을 배치한 경우는 그렇지 않은 경우보다 균열 간격이 좁다.

3. 「도로교설계기준 2012」의 내진설계기준의 기본개념에 대한 설명 중 옳지 않은 것은?

① 지진 시 교량 부재들의 부분적인 피해는 허용하나 전체적인 붕괴는 방지한다.

② 지진 시 가능한 한 교량의 기본 기능은 발휘할 수 있게 한다.

③ 교량의 정상수명 기간 내에 설계지진력이 발생할 가능성은 희박하다.

④ 설계기준은 남한 전역에 적용될 수 있다.

⑤ 창의력을 발휘하여 설계기준보다 발전된 설계를 할 경우라도 설계기준을 따라야 한다.

② 항복에 의해 시작되는 과도한 변형을 방지하려면, 총단면적에서의 응력이 항복응력 F_y보다 작아지도록 총단면적에 작용하는 하중이 충분히 작아야 한다.

③ 파단을 방지하려면, 유효순단면적에서의 응력이 인장강도 F_u보다 작아야 한다.

④ 항복에 대한 공칭강도는 $P_n = F_y A_g$이다.

⑤ 파단에 대한 공칭강도는 $P_n = F_u A_g$이다.

6. 경간 8 m의 단순보에 고정하중 50 kN/m, 활하중 5 kN/m의 등분포하중이 작용할 때, 극한한계상태 하중조합 I에 따른 계수휨모멘트는 얼마인가? (단, 「도로교설계기준 2012」를 적용한다.)

① 456 kN·m

② 484 kN·m

③ 528 kN·m

④ 560 kN·m

⑤ 572 kN·m

7. 단순지지된 내측거더의 중심간 거리 2.5 m, 플랜지 두께 100 mm, 복부폭 300 mm, 경간장 8 m인 T형 단면보의 플랜지 유효폭은 얼마인가? (단, 「도로교설계기준 2012」를 적용한다.)

① 1,150 mm ② 1,500 mm
③ 1,650 mm ④ 1,900 mm
⑤ 2,100 mm

8. 철근콘크리트 보에 스터럽을 배근하는 가장 중요한 이유는?

① 주철근 상호간의 위치를 바르게 하기 위하여
② 온도수축 균열을 저감시키기 위하여
③ 압축측 콘크리트의 좌굴을 방지하기 위하여
④ 콘크리트와 철근의 부착강도를 높이기 위하여
⑤ 보에 전단보강을 하기 위하여

9. 독립 확대기초가 기둥의 연직하중 1,200 kN을 받을 때 기초판의 최소필요면적은 얼마인가? (단, 지반의 허용지지력 q_a = 200 kN/m^{2}이며, 기초판의 자중은 무시한다.)

① 4.0 m^2 ② 6.0 m^2
③ 8.0 m^2 ④ 9.0 m^2
⑤ 12.0 m^2

12. 다음 그림과 같이 긴장재를 직선으로 도심에서 e만큼 편심 배치시키고 P만큼 긴장시켰다. 외력 w에 의해 모멘트 M이 작용하는 경우 보의 상연에 작용하는 응력은? (단, A는 보의 단면적, I는 보의 단면2차 모멘트, c는 보의 도심에서 상연까지의 거리이다. 양의 부호는 인장을 음의 부호는 압축을 나타낸다.)

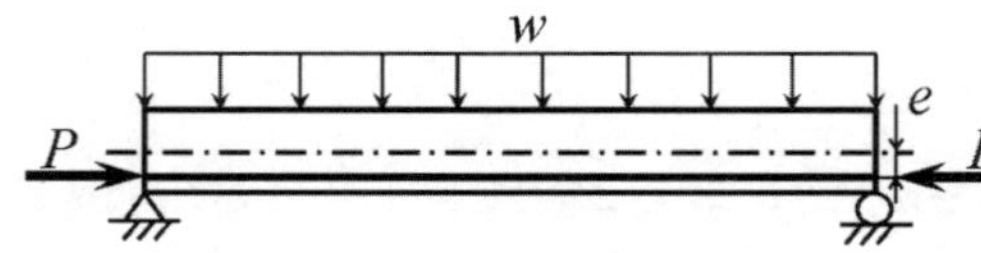

① $f=-\frac{P}{A}-\frac{Pe}{I}c-\frac{M}{I}c$

② $f=-\frac{P}{A}+\frac{Pe}{I}c-\frac{M}{I}c$

③ $f=\frac{P}{A}-\frac{Pe}{I}c+\frac{M}{I}c$

④ $f=\frac{P}{A}+\frac{Pe}{I}c+\frac{M}{I}c$

⑤ $f=-\frac{P}{A}+\frac{Pe}{I}c+\frac{M}{I}c$

13. 다음은 하중저항계수설계법의 장점에 대한 설명이다. 이 중 옳은 것을 모두 고르면?

10. 양단 고정된 원형기둥의 단면지름과 길이가 각각 400 mm, 10 m 이다. 이 기둥의 이론적 세장비는 얼마인가?

① 50
② 70
③ 80
④ 100
⑤ 120

11. 다음 설명의 괄호 안에 들어갈 단어를 A-B-C-D 순서대로 가장 적절히 표현한 것은 어느 것인가?

> 보가 (A)을 받게 되면 압축부는 압축부재와 동일하게 부재가 세장한 정도에 따라 좌굴이 발생한다. 그러나 압축부재와는 달리 (B)는 인장재에 의해 구속을 받게 되어 횡방향 변형은 (C) 현상을 수반한다. 이러한 형태의 불안정을 (D)이라고 한다.

① 휨변형 - 인장부 - 파단 - 플랜지국부좌굴
② 휨변형 - 압축부 - 과도한 변형 - 복부국부좌굴
③ 휨변형 - 압축부 - 비틀림 - 횡비틀림좌굴
④ 과도한 하중 - 인장부 - 과도한 변형 - 횡비틀림좌굴
⑤ 과도한 하중 - 인장부 - 비틀림 - 플랜지국부좌굴

> ㄱ. 신뢰도: 확률에 기초한 구조신뢰성방법에 의거 안전모수를 보정하기 때문에 광범위한 설계조건이나 상황에 대해서도 비교적 균일하고 일관성 있는 신뢰도를 갖는다.
>
> ㄴ. 안전률의 조정성: 각 파괴모드의 중요도나 심각성에 따라 바람직한 목표안전도를 정하고 이에 대응하도록 다중설계모수 중의 일부를 조정할 수 있다.
>
> ㄷ. 전통성: 오랫동안 설계해 온 방법으로 적용방법과 설계방법이 익숙하다.
>
> ㄹ. 거동: 구조물에 발생 가능한 모든 극한 또는 사용성 한계상태를 고려하여 설계하기 때문에 한계상태에 대응하는 구조물의 각종 파손, 파괴, 붕괴상태에 대한 보다 깊은 이해가 요구된다.
>
> ㅁ. 재료무관 설계기준: 시공형식, 재료에 무관하게 공통설계기준을 작성한다.
>
> ㅂ. 판단: 설계자가 상세하게 구조거동이나 특성을 잘 알 수 없는 특이한 구조물이나 특수구조물의 설계상황에서 거동과 안전에 대한 판단과 판별을 하는 데 유용한 도구로 사용될 수 있는 설계식과 규준을 제공한다.

① ㄱ, ㄴ, ㄷ, ㅁ
② ㄴ, ㄹ, ㅁ,
③ ㄷ, ㄹ, ㅁ, ㅂ
④ ㄱ, ㄴ, ㄹ, ㅁ, ㅂ
⑤ ㄴ, ㄹ, ㅁ, ㅂ

14. 다음 그림에 나타낸 편심연결에서 우력모멘트 M에 의해 볼트에 작용하는 전단력 p_m을 구하는 식은 어떤 것인가? (단, 왼쪽 그림은 볼트에 의해 편심 연결된 강재를 나타낸 것이고, 오른쪽 그림은 편심연결의 도심으로부터 직선거리가 d만큼 떨어진 임의의 볼트에 작용하는 전단력 p_m을 나타낸 것이다.)

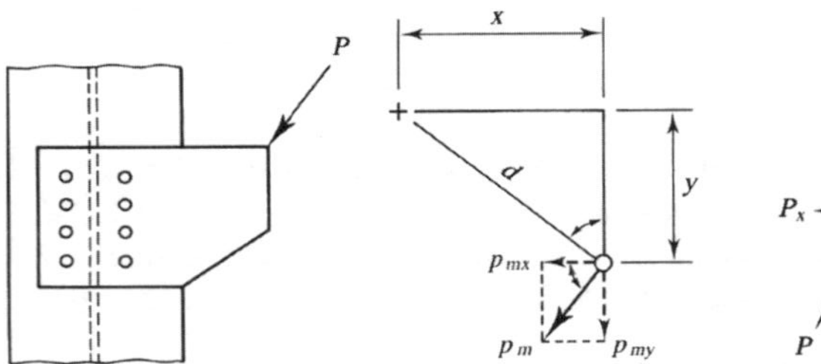

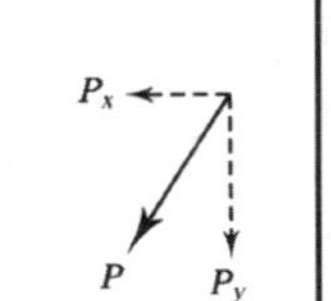

① $p_{mx} = \dfrac{My}{\Sigma(x^2+y^2)}$, $p_{my} = \dfrac{Mx}{\Sigma(x^2+y^2)}$

② $p_{mx} = \dfrac{Mx}{\Sigma(x^2+y^2)}$, $p_{my} = \dfrac{My}{\Sigma(x^2+y^2)}$

③ $p_{mx} = \dfrac{y}{d}\dfrac{Mx}{\Sigma(x^2+y^2)}$, $p_{my} = \dfrac{x}{d}\dfrac{My}{\Sigma(x^2+y^2)}$

④ $p_{mx} = \dfrac{x}{d}\dfrac{Mx}{\Sigma(x^2+y^2)}$, $p_{my} = \dfrac{y}{d}\dfrac{My}{\Sigma(x^2+y^2)}$

⑤ $p_{mx} = \dfrac{x}{d}\dfrac{My}{\Sigma(x^2+y^2)}$, $p_{my} = \dfrac{y}{d}\dfrac{Mx}{\Sigma(x^2+y^2)}$

16. 콘크리트 배합설계를 통해 단위수량 W = 140 kgf/m³, 단위시멘트량 C = 245 kgf/m³, 단위잔골재량 S = 600 kgf/m³, 단위굵은골재량 G = 1,100 kgf/m³을 각각 얻었다. 현장에 저장된 잔골재와 굵은 골재의 표면수를 측정하여 잔골재의 표면수는 잔골재 중량의 7%이고, 굵은 골재의 표면수는 굵은 골재 중량의 4% 임을 확인하였다. 이 현장조건을 고려하여 배합설계결과를 보정하면 단위수량, 잔골재량, 굵은골재량은 각각 얼마인가? (단위: kgf/m³)

① W : 54, S : 642, G : 1,144

② W : 67, S : 642, G : 1,131

③ W : 78, S : 633, G : 1,129

④ W : 91, S : 619, G : 1,130

⑤ W : 113, S : 614, G : 1,113

17. 시멘트의 성질에 대한 다음의 설명 중 옳지 않은 것은?

① 시멘트가 풍화될수록 감열감량이 증가한다.

② 시멘트가 풍화될수록 비중이 감소한다.

③ 조강포틀랜드 시멘트는 분말도를 크게 하여 입자 간의 수화반응이 활발하게 하도록 한 시멘트이다.

④ AE제의 사용은 워커빌리티를 좋게 하며 콘크리트의 강도를 증가시킨다.

⑤ 시멘트를 염산 및 탄산나트륨용액에 넣었을 때 녹지 않고 남는 불용해잔분의 정도는 시멘트 소성반응의 완전정도를 판별한다.

15. 다음 $x-x$축에 대칭인 단면의 소성모멘트 M_p는? (단, F_y는 항복응력, A_g는 총단면적, c는 단면에 작용하는 인장력과 압축력 사이의 거리이다.)

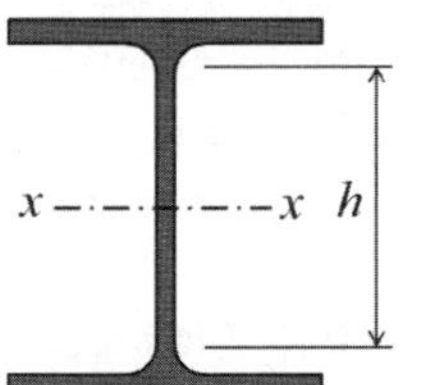
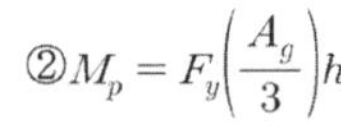

① $M_p = F_y\left(\frac{A_g}{4}\right)h$ ② $M_p = F_y\left(\frac{A_g}{3}\right)h$

③ $M_p = F_y\left(\frac{A_g}{2}\right)h$ ④ $M_p = F_y\left(\frac{A_g}{3}\right)c$

⑤ $M_p = F_y\left(\frac{A_g}{2}\right)c$

18. 그림과 같이 단면이 2축 대칭인 철근콘크리트 기둥에 건조수축이 발생하면 철근과 콘크리트 단면에 각각 어떤 응력이 발생하는가?

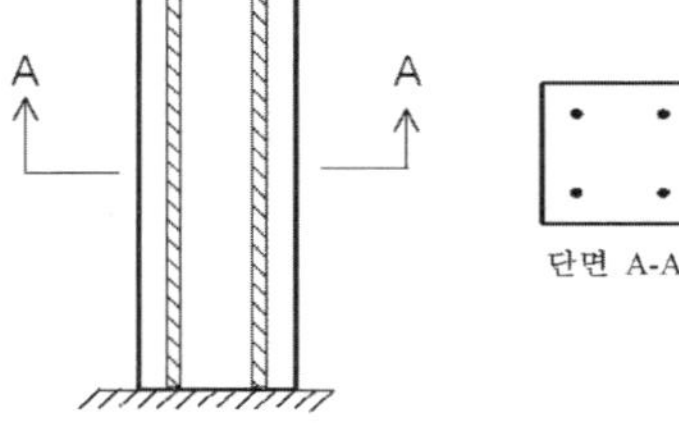

① 철근: 압축, 콘크리트: 압축
② 철근: 압축, 콘크리트: 인장
③ 철근: 인장, 콘크리트: 압축
④ 철근: 인장, 콘크리트: 무응력
⑤ 철근: 무응력, 콘크리트: 무응력

19. **아래 내용은 연약지반 개량공법 중 어떠한 공법에 대한 설명인가?**

> 느슨한 모래지반에 물분사와 수평방향의 진동작용을 동시에 일으킬 수 있는 장치를 이용하여 일정 깊이로부터 지표면까지 지반 내에 생긴 빈틈에 모래나 자갈을 채우면서 지반을 개량하는 공법

① 바이브로 컴포우저 공법
② 해머링 컴포우저 공법
③ 페이퍼 드레인 공법
④ 샌드 드레인 공법
⑤ 바이브로 플로테이션 공법

20. **건설사업의 입찰 또는 계약방식별 설명으로 옳지 않은 것은?**

① 설계시공일괄 입찰방식은 설계와 시공 작업이 단일 주체에 의해서 추진되는 계약방식이다.
② 설계시공분리 입찰방식은 설계와 시공이 서로 다른 주체에 의해서 수행되는 계약방식이다.
③ 건설사업관리(CM) 계약방식은 계획단계에서부터 설계 및 시공에 이르기까지 건설 전문가 집단의 사업관리 서비스를 받는 계약방식이다.
④ 설계시공분리 입찰방식은 일괄방식에 비해 많은 시간이 소요된다.
⑤ 사업주는 계약적 분쟁을 줄이기 위하여 설계와 시공 주체가 명확히 분리되어 있는 설계시공분리 입찰방식을 선호한다.

정답표					
가형	국어	영어	한국사	응용역학 개론	토목 설계
문1	4	4	4	1	4
문2	1	5	3	1	2
문3	4	3	2	3	5
문4	3	2	1	4	1
문5	1	1	2	3	5
문6	5	2	3	2	5
문7	2	1	5	5	2
문8	5	2	1	2	5
문9	4	5	2	4	2
문10	3	2	1	5	1
문11	3	4	3	1	3
문12	1	5	5	3	2
문13	5	2	3	5	4
문14	2	3	4	1	1
문15	4	4	1	3	5
문16	5	3	4	5	1
문17	5	2	1	2	4
문18	3	4	4	4	2
문19	4	1	5	2	5
문20	2	4	3	4	5

나도 이제 공무원이다

초판인쇄 2022년 5월 13일
초판발행 2022년 5월 18일

지은이 박정녀
발행인 조현수
펴낸곳 도서출판 프로방스
기획 조용재
마케팅 최관호
교열·교정 권수현
디자인 문화마중

주소 경기도 고양시 일산동구 백석2동 1301-2
넥스빌오피스텔 704호
전화 031-925-5366~7
팩스 031-925-5368
이메일 provence70@naver.com
등록번호 제2016-000126호
등록 2016년 06월 23일

정가 28,000원
ISBN 979-11-6480-205-0 (13320)